# Wirtschaftsethik in der globalisierten Welt

**Reihe herausgegeben von**

Christoph Lütge, Technische Universität München, München, Deutschland

Die Ordnungsethik analysiert die normativen Grundlagen moderner Gesellschaften einschließlich ihrer ökonomischen Aspekte und macht sie für die praktische Gestaltung zugänglich. Dies umfasst sowohl systematische als auch historische Perspektiven der Wirtschaftsethik sowie verwandter Gebiete der Philosophie, Ökonomik, Geistes- und Sozialwissenschaften.

**Herausgegeben von**
Prof. Dr. Christoph Lütge
Technische Universität München
Deutschland

Ulrich Stephan

# Hochfrequenzhandel im Spannungsfeld von Finanzmärkten, Realwirtschaft und Gesellschaft

## Ethik, Ordnung und die Suche nach einer (nachhaltigen) Balance

1682
J.B. METZLER

Ulrich Stephan
TUM School of Social Sciences
and Technology
Technische Universität München (TUM)
München, Deutschland

ISSN 2524-3802 ISSN 2524-3810 (electronic)
Wirtschaftsethik in der globalisierten Welt
ISBN 978-3-662-74018-7 ISBN 978-3-662-74019-4 (eBook)
https://doi.org/10.1007/978-3-662-74019-4

Die Deutsche Nationalbibliothek verzeichnet diese Publikation in der Deutschen Nationalbibliografie; detaillierte bibliografische Daten sind im Internet über https://portal.dnb.de abrufbar.



Planung/Lektorat: Carina Reibold
J.B. Metzler ist ein Imprint der eingetragenen Gesellschaft Springer-Verlag GmbH, DE und ist ein Teil von Springer Nature.
Die Anschrift der Gesellschaft ist: Heidelberger Platz 3, 14197 Berlin, Germany

# Vorwort

Die Dissertation mit dem Titel „Hochfrequenzhandel im Spannungsfeld von Finanzmarkt, Realwirtschaft und Gesellschaft – Ethik, Ordnung und die Suche nach einer (nachhaltigen) Balance“ beschäftigt sich mit der Fragestellung, wie der Börsenhandel, genauer der Hochfrequenzhandel, in seinen derzeitigen Strukturen den Ansprüchen eines „Gemeinsamen Gelingens“ entsprechen kann. Dabei ist unter einem „Gemeinsamen Gelingen“ in einem Markt unter Wettbewerbsbedingungen ein Handeln zu verstehen, das „simplen Glauben an die freie Marktwirtschaft“ (Lohmann, 2002, o. S.) ablehnt, die ordnende Hand des Staates fordert und sich an den „großen gemeinsamen Interessen der Menschheit“ (Lohmann, 2002, o. S.) orientiert. Zu diesen Interessen zählen z. B. elementare Lebens- und Sicherheitsbedürfnisse von Menschen, aber auch Normen wie Fairness, Gerechtigkeit und Integrität. Dies erfordert einen Ordnungsrahmen, der die Bedingungen für den Hochfrequenzhandel derart gestaltet, dass diese Form des Börsen- bzw. arithmetischen Handels den ökonomischen Markt- und Wettbewerbsanforderungen gerecht werden und gleichzeitig den gesellschaftlichen und ethischen Ansprüchen an Märkte entsprechen kann.

Im Ergebnis steht bei den Überlegungen dieser Arbeit die Frage im Vordergrund, ob bzw. wie die – auf den ersten Blick widersprüchlichen – Ziele von Ökonomie und Ethik im Sinne einer „ethischen Ökonomie“ im HFT-Kontext miteinander in Einklang gebracht werden können. Dabei sollten positive Wirkungen von HFT unterstützt und negative reduziert bzw. – wo möglich bzw. sinnvoll – vollständig beseitigt werden. Es gilt zu diskutieren, ob ein Dualismus zwischen Ethik und Ökonomie überhaupt möglich ist. Homann führt als Grundproblem der Ethik an, dass es bei der Ethik um moralische Urteile geht, aber fraglich bleibt, welcher Sinn der Moral zugesprochen wird (Homann, 2014, S. 43 ff.). Die Moral ist nach Homann in einer systemischen Abhängigkeit zu suchen (Homann, 2014,

S. 43 ff.). Damit ist gemeint, dass über das Wirtschaftssystem bzw. das Handeln von Wirtschaftssubjekten eine Antwort zur Lösung des Dualismusproblems gefunden werden muss bzw. kann (Homann, 2014, S. 43 und S. 136).

In der öffentlichen Diskussion werden die Begriffe „Ethik" und „Wirtschaft" typischerweise als Oxymoron wahrgenommen. Folglich wird suggeriert, dass sich ethisches Verhalten nur gegen wirtschaftliche Interessen durchsetzen lässt. Jedoch ist diese Annäherung an das Thema „Ethik und Wirtschaft" schon deshalb falsch, weil die moderne Welt von der Ökonomie durchdrungen ist. Wir leben nicht im sprichwörtlichen Schlaraffenland. Wirtschaft, Märkte und Wettbewerb sorgen für mehr Einkommen, Wohlstand, für Chancengleichheit und damit letztlich für mehr Freiheit. Der Wettbewerb ist zugleich ein Programm der Effizienz als auch ein Programm der Freiheit.

Daher kann es nicht um Ethik gegen die Wirtschaft, sondern nur um Ethik mit der Wirtschaft gehen. Es muss eine Verbindung zwischen ökonomischen Konzepten mit Verantwortung i. S. v. ethisch-moralischem Handeln geschaffen werden. Diese Verknüpfung ist nicht nur deshalb anspruchsvoll, weil sie in der wirtschaftswissenschaftlichen Ausbildung lange Zeit keinen Platz gefunden hat, sondern weil die Komplexität, Aspekte wie Würde oder Vertrauen in Theorien, Modellen oder konkreten unternehmerischen Handlungen messbar zu machen, sehr hoch ist. Daher erfolgen i. d. R. Reduktionen und Vereinfachungen (obwohl die neueren wirtschaftswissenschaftlichen Modelle versuchen, „Werte" bzw. „Einstellungen" von Menschen in den Nutzenfunktionen zu berücksichtigen), die dann aber einem holistischen Ansatz nicht mehr gerecht werden können.

Typischerweise verbinden viele mit Begriffen wie Moral und Ethik eher esoterische Weltanschauungen als Wirtschaft. Man hat offensichtlich Probleme, Moral im wirtschaftlichen Prozess einzuordnen und anzubringen. Das mag auch an der Wahrnehmung liegen, dass echte Moral „weh tun" muss. Man darf folglich keinen eigenen Vorteil aus eigenem Handeln ziehen, sondern muss es ganz in den Dienst anderer oder der Gemeinschaft stellen. Diese Auslegung ist nicht nur weit verbreitet, sondern auch ein Stück weit plausibel. Immer da, wo öffentlich von moralischem Handeln gesprochen wird, hat dies mit Mühen, Verzicht und Kosten zu tun.

Problematisch ist dabei, dass diese Art von Moral in der Wirtschaft, bei den Unternehmen und Managern nicht funktionieren kann. Es kann nicht verantwortlich sein, wenn Akteure in der Wirtschaft den Auftrag erhalten, das gesamte Handeln in den Dienst der Gemeinschaft zu stellen und (wahrscheinlich) Verluste zu machen. Unternehmen haben den Auftrag und die Verantwortung, Gewinne zu erzielen, nicht nur für sich, sondern für die Eigentümer, die Mitarbeiter, die Kunden und nicht zuletzt das Finanzamt, also die Gesellschaft.

Folglich müssen Vorteils- und Gewinnstreben nicht abgeschafft, sondern mit Moral, einem erweiterten Begriff von Moral, verbunden werden. Dieser Herausforderung stellt man sich aber nicht mit „flotten" Ankündigungen, sondern nur in einer Verbindung von ökonomischen Kenntnissen und Erkenntnissen mit Aspekten der Moral wie Fairness, Respekt und Verantwortung.

Eine Beseitigung des Konfliktes zwischen Ökonomie und Ethik kann durch vielfältige Möglichkeiten erfolgen, die in marktkonforme Lösungen und marktinkonforme Lösungen unterteilt werden können. Marktkonforme Lösungen sind z. B. Entwicklungen im Marktdesign, um entsprechende Anreize zu setzen, marktinkonforme Lösungen können etwa administrativ wirkende Regularien oder Verbote sein.

Um das Spannungsfeld zwischen Ökonomie und Ethik aufzulösen, gibt es drei Möglichkeiten: Die Wirtschaft hat uneingeschränkt Vorrang, die Ethik muss die Wirtschaft eingrenzen oder es wird eine Ethik entwickelt, die die ökonomischen Bedingungen und Gesetzmäßigkeiten versteht und berücksichtigt. Im zuletzt genannten Fall handelt es sich um eine Ethik, die ökonomische Anreizsysteme im Sinne der erwähnten „ethischen Ökonomie" berücksichtigt, was insbesondere durch Ordnungsethik geschehen kann.

Als Ausgangspunkt des Konfliktes zwischen Ökonomie und Ethik soll eine Kompatibilität von Moral und Eigeninteresse als eine Heuristik der Ethik diskutiert werden. Es soll geprüft werden, ob die Vorstellung, dass „Moral und Eigeninteresse (…) miteinander vereinbar – besser noch: füreinander fruchtbar zu machen" (Suchanek, 2001, S. 34) – sind, an modernen Finanzmärkten mit Hochfrequenzhandel realisiert werden kann. Im Mittelpunkt der Ethik steht die Frage nach einem moralischen Handeln von Individuen innerhalb von Regeln und Werten (Homann, & Lütge, 2013, S. 5). Unter dem Begriff „Ökonomie" wird dabei die Lehre vom optimalen Umgang mit knappen Ressourcen verstanden – vor dem Hintergrund, dass Anreizsysteme existieren, die einer optimalen Ressourcenallokation dienen (Göbel, 2003, S. 87). Jedoch geht es nach Homann und Suchanek nicht nur um eine möglichst effiziente Verteilung von Ressourcen, sondern um die Gestaltung der Bedingungen, unter denen Marktakteure auf der Grundlage ihrer individuellen Nutzenkalkulationen interagieren. (Homann, & Suchanek, 2005, S. 5 und 18). Im Idealfall ist es dabei Aufgabe der Ökonomie, Ordnungsdefizite zu erkennen, zu analysieren und letztlich auszugleichen.

Die Ethik in diesem Zusammenhang kann als „wissenschaftliche Disziplin der Moral" (Homann, & Lütge, 2013, S. 5) verstanden werden, die sich „mit den Prinzipien der Moral, mit dem Zusammenhang der einzelnen Normen, mit ihrer Begründung und Konsistenz, mit ihrer Entstehung und Funktion sowie mit Vorrangregeln für die Fälle, in denen es zwischen verschiedenen Regeln zu Handlungsempfehlungen kommt“ (Homann, & Lütge, 2013, S. 5), befasst.

Die Untersuchung der Thematik erfolgt interdisziplinär auf

- der intradisziplinären Ebene der Finanzmärkte (erste Ebene),
- der (real-)wirtschaftlichen Ebene (zweite Ebene) und
- der gesellschaftlichen bzw. politischen Ebene (dritte Ebene) (Schnebel, 2017, S. 16).

Die Wertung von HFT erfolgt anhand der Wirkungen (einschließlich der Externalitäten), die HFT auf die drei Ebenen bzw. Dimensionen entfaltet. Der Fokus dieser Arbeit liegt aufgrund der bereits umfassend vorhandenen Forschung auf Ebene der Finanzmärkte auf der gesellschaftlichen sowie der realwirtschaftlichen Dimension. Damit gilt es Ordnungskriterien für HFT aufzustellen, die nicht nur die Finanzmärkte an sich betreffen, sondern auch die Wirkung von HFT auf Realwirtschaft und Gesellschaft berücksichtigen.

Es geht folglich um die Interdependenzen zwischen den Dimensionen Finanzmärkte bzw. Börsen, der Realwirtschaft und der Gesellschaft in Analogie zum Vorschlag von Schnebel. Von besonderer Bedeutung sind dabei die Effekte und der Nutzen, den Börsen für die anderen beiden Dimensionen haben (Schnebel, 2017, S. 16 ff.). Hierbei darf es nicht nur um eine Fokussierung auf die Optimierung der Finanzmärkte selbst gehen, sondern es muss ebenso um die Analyse der Interdependenzen, die die Finanzmärkte mit der Wirtschaft und der Gesellschaft verbinden, gehen. Diese Fokussierung ist deshalb von Bedeutung, weil die Finanzmärkte keinen Selbstzweck verfolgen, sondern zu einer effizienten Allokation der knappen Ressource Kapital und somit zu Wohlstandsgewinnen für die Gesellschaft beitragen sollen. Dazu ist das Vertrauen der Wirtschaftssubjekte in effiziente und stabile Finanzmärkte genauso unerlässlich wie die Akzeptanz durch die Gesellschaft. Fraglich ist somit, wie ein Ordnungsrahmen, der Anreize und Leitplanken setzt, mit Mechanismen Märkte gestaltet werden kann. Im Ergebnis soll auf diese Weise den Finanzmärkten und Börsen eine effiziente Funktionsweise erlaubt werden, aber gleichzeitig gesichert sein, dass der Markt den realwirtschaftlichen und gesellschaftlichen Ansprüchen genügt.

Zu untersuchen gilt es, inwieweit Externalitäten, die im HFT-Kontext beispielsweise als Verzerrungen relativer Preise und hieraus entstehender Fehlallokationen, einer „Adverse Selection“, einer Bereicherung auf Kosten Dritter (z. B. der Fondssparer) oder eines hohen Ressourcenverbrauchs existieren können, eine Verarbeitung erfahren (Gekko, 2019, o. S.; Breyer, & Kolmar, 2010,

S. 255–260). Es soll untersucht werden, ob derartige Externalitäten bestehen, und bei Bestätigung dieser Frage hinterfragt werden, wie bzw. ob diese Externalitäten –

- bei negativen externen Effekten (Externalitäten) – entweder eliminiert oder internalisiert, d. h. dem Individuum/der Institution zugerechnet werden können oder –
- bei positiven Effekten – erhalten bleiben können.

Die Internalisierung kann entweder administrativ oder durch marktorientierte Anreizsysteme erfolgen. Im ersten Fall würde eine Finanzmarktregulierung dafür sorgen, dass negative Marktwirkungen oder systemdestabilisierende Aktivitäten „bestraft" und somit Risikobeiträge von Finanzmarktakteuren begrenzt werden. Im zweiten Fall würden den Finanzmarktakteuren Anreize gesetzt werden, die Auswirkungen von Risiken zu internalisieren, die durch ihr Handeln entstehen können (Illing, 2010, S. 10–16).

Letztlich stellt sich im Rahmen der Dissertation die Frage, ob der im HFT-Kontext agierende „Homo socialis" als „Homo oeconomicus" im Sinne einer „rationalen Wahl" handelt („Rational Choice") und sich für oder gegen eine Alternative entscheidet oder ob er sich von Moral, kulturellen Verhaltensweisen oder altruistischen Tendenzen in seiner Entscheidung für oder gegen eine Handlungsalternative beeinflussen lässt. Erst dann können die Regeln identifiziert werden, die Grundlagen der Entscheidungsprozesse sind, und es kann hinterfragt werden, in welchen Prozessen diese entstehen und wie sie beschaffen sind bzw. verbessert werden können oder müssen, um Vorteile auf den drei Ebenen aus HFT-Orders zu generieren (Schnebel, 2017, S. 16 ff.).

**Danksagung** Diese Arbeit war ein langer Prozess, bei dem ich viel lernen durfte. Die gesellschaftspolitischen bzw. philosophischen Fragen der Volkswirtschaft haben mich immer fasziniert. Die Voraussetzungen, um dieses Interesse in ein Buch zu übersetzen, kamen von meinem damaligen Chef Rainer Neske. Ich bin ihm zu Dankbarkeit verpflichtet, weil er immer Räume öffnete, in denen man lernen und wachsen konnte. Entsprechend bat mich Rainer Neske, mir den Hochfrequenzhandel genauer anzuschauen. Er öffnete mir Türen bei Investmentbanken und Asset Managern, mit denen ich intensiv über das Thema diskutieren konnte. Darüber hinaus brachte er mich mit dem Wittenberg Zentrum für Globale Ethik zusammen. Dort hatte ich die Freude, die Professoren Karl Homann, Andreas Suchanek, Ingo Pies und v. a. Christoph Lütge kennenzulernen. Damit tat sich eine für mich komplett neue Gedankenwelt auf. Wie ein kleiner Junge habe ich den Ausführungen gelauscht, Fragen gestellt und hoffentlich etwas gelernt. Ich bin dankbar für die Geduld und Mühe, die in mich investiert wurde. Mein besonderer Dank gilt aber natürlich Prof. Dr. Christoph Lütge, der mir nicht nur mit Gesprächen und Hinweisen zur Seite stand, sondern sich auch bereit erklärte, mir als Doktorvater bei diesem außerordentlichen Projekt zur Seite zu stehen. Schließlich kombinierten wir Kapitalmarkttheorie mit Ethik, was viele als Oxymoron begreifen würden. Darüber hinaus dauerte das gesamte Projekt fast 13 Jahre. Und mit einem 60-Jährigen, der Vollzeit im Berufsleben steht, zu promovieren, kommt wahrscheinlich auch nicht häufig vor. Ich danke Herrn Prof. Dr. Lütge sehr, dass er sich auf dieses Projekt mit mir eingelassen und alle die Jahre durchgehalten hat. Auch Prof. Dr. Alexander Bassen, der sich umgehend bereit erklärte, das Zweit-Gutachten zu erstellen, gilt mein besonderer Dank.

Mein Kollege Dr. Dirk Steffen musste mir immer wieder beim Denken zuhören. Ich danke für das Verständnis. Nicht anders ging es wahrscheinlich meinen Freunden Walter Allwicher, Carsten Kreuzer und Dr. Bernd Gauweiler. Auch sie verschonte ich bei Hundespaziergängen oder unseren Herrenabenden nicht mit meinen Überlegungen. Euch allen gilt mein Dank. Mein Schwiegersohn Konstantin Köhler hat mir bei Formatierungsfragen geholfen, insbesondere dann, wenn ich mal wieder panisch wurde, weil „etwas verschwunden" war. Lieber Konstantin, ich bewundere, wie Du meine gleichen Fragen auch zum x-ten Mal freundlich beantwortet hast. Schließlich hat mich meine Nichte Merle Nießen vor dem kompletten Systemausfall bewahrt – im wahrsten Sinne des Wortes. Mein Rechner hatte nicht gespeichert und ist „abgestürzt". Merle hat es geschafft, den Text über ein Rescue-Programm zu rekonstruieren.

Damit komme ich zu meiner Familie, meiner Frau, mit der ich seit fast 40 Jahren glücklich verheiratet bin, unseren vier Kindern und Schwiegerkindern sowie unseren acht Enkeln. Alle mussten sich zurücknehmen, wenn Mann, Vater, Schwiegervater und Opa mal wieder keine Zeit hatte oder Ruhe zum Arbeiten benötigte. Alle mussten die Aufs und v. a. Abs ertragen, die ein derartiges Projekt mit sich bringt. Ich danke allen ausdrücklich und herzlich für die Geduld und die Zusprache, die sie mir entgegengebracht haben. Insbesondere unsere Kinder Maximilian, Judith, Carolina und Johanna haben mich immer nach Kräften unterstützt. Mein ganz besonderer Dank gilt aber meiner Frau Christiane Stephan. Sie hat mich immer unterstützt, hat nie ein zweifelndes Wort verloren. Allerdings hat sie mir ein weiteres „Projekt“ untersagt – zumindest für die nächste Zeit. Denn die möchte auch ich mit meinen Freunden, meiner Familie und meiner lieben Frau verbringen. Ihr möchte ich für die vergangenen und die hoffentlich vielen Jahre, die noch kommen werden, diese Arbeit widmen.

**Interessenkonflikt** Der/die Autor*in hat keine relevanten Interessenskonflikte im Zusammenhang mit dieser Publikation.

# Zusammenfassung

Die Dissertation untersucht die ethische Dimension des modernen Börsenhandels am Beispiel des High Frequency Trading (HFT). Ausgangspunkt ist die Frage, inwiefern HFT im technologisierten Finanzmarkt zu einem „gemeinsamen Gelingen" beitragen kann – verstanden als ein Handeln im Einklang mit gesamtgesellschaftlichen Interessen. Im Zentrum steht die Spannung zwischen ökonomischer Effizienz und ethischen Prinzipien. Die Arbeit verbindet finanzmarktorientierte, realwirtschaftliche und gesellschaftliche Perspektiven in einem interdisziplinären Ansatz und stützt sich auf individual- und ordnungsethische Konzepte (u. a. Aristoteles, Kant, Rawls, Homann, Lütge).

Methodisch basiert die Analyse auf einer umfassenden Literaturauswertung. Untersucht werden die durch HFT entstehenden Externalitäten sowie ordnungsethische Anforderungen und geeignete Anreizsysteme zur Förderung positiver Effekte und zur Internalisierung negativer Folgen. Die Ergebnisse zeigen, dass HFT sowohl Effizienzpotenziale und höhere Marktliquidität bietet als auch Risiken für Marktintegrität, Ressourcenverbrauch und soziale Gerechtigkeit birgt.

Zur ethischen Gestaltung von HFT wird ein sanktionsgestützter Ordnungsrahmen empfohlen, der Marktakteure dazu befähigt, ihr Eigeninteresse mit gesellschaftlichem Wohlstand zu verbinden. Die Arbeit liefert konkrete Handlungsempfehlungen zur Reform regulatorischer Rahmenbedingungen und leistet einen Beitrag zur Entwicklung einer ethisch fundierten Finanzmarktordnung im digitalen Zeitalter.

# Inhaltsverzeichnis

# Abkürzungsverzeichnis

| | |
|---|---|
| aA | andere Auffassung |
| Abs. | Absatz |
| ACM | Advanced Conferences & Meetings |
| aF | alte Fassung |
| AG | Aktiengesellschaft |
| Anm. | Anmerkung |
| AnSVG | Anlegerschutzverbesserungsgesetz |
| APQC | American Productivity & Quality Center |
| APT | Arbitrage Pricing Theory |
| APuZ | Aus Politik und Zeitgeschehen |
| AT | Algorithmic Trading |
| BA | Bankenaufsicht |
| BaFin | Bundesanstalt für Finanzdienstleistungsaufsicht |
| BAI | Bundesverband Alternative Investments e. V. |
| BIS | Bank for International Settlements |
| BISE | Biodiversitätsinformationssystem für Europa |
| BörsG | Börsengesetz |
| BT | Bundestag |
| BX | Berner Börse |
| bzw. | beziehungsweise |
| ca. | cirka |
| CAPM | Capital Asset Pricing Model |
| CECPR | Center for Emergency Care Policy and Research |
| CESiFo | Center for Economic Studies |

| | |
|---|---|
| CFA | Chartered Financial Analyst |
| CFS | Committee on World Food Security |
| CFTC | Commodity Futures Trading Commission |
| CIFR | Centre for International Finance and Regulation |
| CLOB | Continuous Limit Order Book |
| c. p. | cetris paribus |
| CRS | Corporate Reporting Social |
| CSR | Corporate Social Responsibility |
| CSSA | Chemie-Stiftung Sozialpartner-Akademie |
| CSSA | Cyber Security Sharing & Analytics |
| d. | des |
| DACH | Deutschland, Österreich, Schweiz |
| DEA | Direct Electronic Access (dt.: Direkter Elektronischer Marktzugang) |
| DERA | Deutsche Rohstoffagentur |
| DFA | Dodd-Frank Wall Street Reform and Consumer Protection Act |
| d. h. | das heißt |
| Diss. | Dissertation |
| DIW | Deutsches Institut für Wirtschaftsforschung |
| DJIA-Index | Dow Jones Industrial Average-Index |
| DR | Driver Review |
| Dr. | Doktor |
| dt. | deutsch |
| EdBWL | Enzyklopädie der Betriebswirtschaftslehre |
| engl. | englisch |
| EOD | End-of-Day(-Manipulation) |
| ESMA | European Security and Market Authority |
| etc. | et cetera |
| ETF | Exchange-Traded-Funds |
| EUREX | European Exchange |
| e. V. | eingetragener Verein |
| E&Y | Ernst & Young |
| EZB | Europäische Zentralbank |
| f. | folgende |
| FAZ | Frankfurter Allgemeine Zeitung |
| FCA | Financial Conduct Authority |
| ff. | fortfolgende |
| FIA | Futures Industry Association |
| FN | Fußnote |

| | |
|---|---|
| FSB | Financial Stability Board |
| FSF | Financial Stability Forum |
| FT | Financial Times |
| FXCM | Forex Capital Markets |
| gem. | gemäß |
| GesKR | Zeitschrift für Gesellschafts- und Kapitalmarktrecht |
| GG | Grundgesetz |
| ggf. | gegebenenfalls |
| H | Hypothese |
| Habil. | Habilitation |
| habil. | habilitiert |
| HF | Hauptforschungsfragen |
| HF | High Frequency |
| HFT | High Frequency Trading |
| Hrsg. | Herausgeber |
| http | Hypertext Markup Language |
| HWB | Handwörterbuch der Betriebswirtschaft |
| IATP | The International Airlines Technical Pool |
| i. d. R. | in der Regel |
| IEA | Internationale Energieagentur |
| i. e. S. | im engeren Sinne |
| IMF | International Monetary Fund |
| Inc. | Incorporated |
| InvG | Investmentgesetz |
| IOSCO | International Organization of Securities Commissions |
| IPO | Initial Public Offering |
| IT | Informationstechnologie |
| ITG | Investment Technology Group |
| ITS | Internal Technical Standard |
| i. S. v. | im Sinne von |
| i. V. m. | in Verbindung mit |
| i. W. | im Wesentlichen |
| i. w. S. | im weitesten Sinne/im weiteren Sinne |
| IXE | Industry Selector Sector Index |
| JOBS | Jumpstart Our Business Startups |
| KIT | Karlsruhe Institut für Technologie |
| KIT | Karlsruher Institut für Technologie |
| LLC | Limited Liability Company |
| LSE | London Stock Exchange |

| | |
|---|---|
| MAD, MAR | Market Abuse Directive, Market Abuse Regulation |
| MaKonV | Marktmanipulations-Konkretisierungsverordnung (Volltitel: Verordnung zur Konkretisierung des Verbotes der Marktmanipulation) |
| MiFID II | Markets in Financial Instruments Directive 2 |
| MiFIR | Markets in Financial Instruments Regulation |
| MTF | Multilateral Trading Facility |
| NASDAQ | National Association of Securities Dealers Automated Quotations |
| NBIM | Norges Bank Investment Management |
| NE | Nikomachische Ethik |
| n. F. | neue Fassung |
| NJ | New York, New Jersey |
| No. | Number |
| NPÖ | Neue Politische Ökonomie |
| Nr. | Nummer |
| NYSE | New York Stock Exchange |
| OeNB | Österreichische Nationalbank |
| ÖFIT | Kompetenzzentrum Öffentliche IT |
| o. g. | oben genannte/n |
| o. J. | ohne Jahresangabe |
| o. O. | ohne Ortsangabe |
| o. S. | ohne Seitenangabe |
| OTC | Over the Counter |
| OTF | Organised Trading Facility |
| o. V. | ohne Verfasserangabe |
| PRIIP | Packaged Retail and Insurance-based Investment Products |
| Prof. | Professor |
| RCG | Radical Construction Grammar |
| RegAT | Regulation Automated Trading |
| RT | Reactive Trades |
| RTS | Regulatory Technical Standard |
| S. | Seite |
| SEC | Securities and Exchange Commission |
| SFC | Securities and Futures Commission |
| sog. | sogenannte/n |
| SWP | Stiftung Wirtschaft und Politik |
| TF | Teilforschungsfragen |
| TU | Technische Universität |

| | |
|---|---|
| u. Ä. | und Ähnliches/m |
| u. a. | unter anderem |
| UNSW | University of New South Wales |
| URL | Uniform Resource Locator |
| U.S. | United States |
| USA | United States of America |
| USD | US-Dollar |
| u. U. | unter Umständen |
| v. a. | vor allem |
| Verf. | Verfasser |
| Vol. | Volume |
| vs. | versus |
| VWS | Volkswirtschaftliche Schriften |
| WiFo | Österreichisches Institut für Wirtschaftsforschung |
| WP | Wertpapier |
| WpHG | Wertpapierhandelsgesetz |
| WSJ | The Wall Street Journal |
| WWDP | World Day of Prayer |
| WWW | World Wide Web |
| WZGE | Wittenberg Zentrum für Globale Ethik |
| z. B. | zum Beispiel |
| ZFP | Marketing Journal of Research and Management |
| zit. | zitiert in |
| ZNWU | Zentrum für Nachhaltige Wirtschafts- und Unternehmenspolitik |
| z. T. | zum Teil |

# Einführung 1

## 1.1 Funktion der Börsen und Entwicklung des Hochfrequenzhandels (High Frequency Trading)

Finanzmärkte gehören zur kritischen Infrastruktur, denn sie spielen eine zentrale Rolle für die Realwirtschaft und die gesellschaftliche Wohlfahrt. Sie ermöglichen eine effiziente Kapitalallokation, fördern Innovation sowie Wirtschaftswachstum und erlauben die Absicherung von Risiken. Funktionierende Finanzmärkte ermöglichen Unternehmen Finanzierungen, unterstützen dadurch Fortschritt sowie den Aufbau von Arbeitsplätzen und fördern zudem durch einen effizienten Vermögensaufbau den Wohlstand einer Gesellschaft. Finanzmärkte haben deshalb eine zentrale Bedeutung für eine Volkswirtschaft.

Um die Funktionen der Finanzmärkte sicherzustellen, bedarf es verschiedener Voraussetzungen. Diese sind

- Transparenz und die Verfügbarkeit von Informationen, damit qualifizierte Entscheidungen getroffen werden können,
- Marktliquidität, um jederzeit einen Kontrahenten für einen Handel finden zu können, ohne größere Preisbewegungen auszulösen,
- eine effiziente Preisbildung, damit der Preis zu jeder Zeit relevante Informationen inkorporiert (Informationseffizienz),
- technische Infrastruktur mit effizienten und kostengünstigen Handels- und Abwicklungssystemen (operative Effizienz),
- Rechts- und Regulierungssicherheit, um Eigentums- und Vertragsrechte zu garantieren und vor Missbrauch zu schützen,



U. Stephan, *Hochfrequenzhandel im Spannungsfeld von Finanzmärkten, Realwirtschaft und Gesellschaft*, Wirtschaftsethik in der globalisierten Welt,
https://doi.org/10.1007/978-3-662-74019-4_1

- Marktintegrität, die einen vertrauenswürdigen und fairen Handel sicherstellt, und
- ein freier Marktzugang für alle Marktteilnehmer.

Die Gewährleistung der Marktfunktionen wird typischerweise über die Merkmale Markttiefe, Liquidität, Spreads sowie Transaktionskosten, Volatilität, effiziente Preisbildungsprozesse und freien Marktzugang gemessen bzw. in ihrer Qualität beurteilt (Schmidt, 2010, S. 1 ff.).

Börsen gelten typischerweise als Märkte, die dem ökonomischen Ideal des vollkommenen Marktes nahekommen. Das liegt daran, dass Börsen einem atomistischen Wettbewerb mit sehr schneller Informationsverarbeitung und niedrigen Transaktionskosten unterliegen. Um diese Standards auch weiterhin gewährleisten zu können, hat die Technik in Form von Computern und Algorithmen Einzug in das Börsengeschehen gehalten. Algorithmen spielen dabei eine unterschiedliche Rolle: Manche dienen der Informationsbeschaffung bzw. -verarbeitung, wenn beispielsweise Zeitungen ausgelesen oder Kursmuster analysiert werden. Andere Algorithmen sorgen in der Handelsabwicklung für die Einhaltung der regulatorischen Anforderungen, etwa beim Rückkauf eigener Aktien durch Unternehmen. Wieder andere Algorithmen führen im Orderbuch die Kauf- und Verkaufsaufträge automatisch zusammen. Hat zuerst die elektronische Börse mit elektronischem Orderbuch den Parketthandel – das Open Outcry – ersetzt, übernehmen immer mehr Algorithmen an modernen Handelsplätzen die automatische Handelsdurchführung und -abwicklung. Das Algorithmic Trading (Algo-Trading (AT)) hat Einzug in die modernen Börsen gehalten. Bei Algo-Trading werden die analytisch zu trennenden Aufgaben von Informationsbeschaffung, Informationsverarbeitung und Exekution zusammengeführt. Findet dieser automatisierte Handel mit einer großen Geschwindigkeit statt – die Geschwindigkeit ist so hoch, dass es einem Individuum nicht möglich wäre, in dieser Zeit die Informationen zu beschaffen und zu verarbeiten –, spricht man von Hochfrequenzhandel oder High Frequency Trading (HFT). HFT ist somit als eine Unterkategorie oder Weiterentwicklung des algorithmischen Börsenhandels zu verstehen (Gomolka, 2011, S. 377; Mandes, 2016, S. 1 ff.; Lange, Lenglet, & Seyfert, 2016, S. 149–165). HFT prägt seit der Mitte der 2000er-Jahre die Aktienmärkte. Mittlerweile werden mehr als 50 Prozent des Handelsvolumens in den USA durch HFT bestimmt, in Europa liegt der Wert zwischen 24 und 43 Prozent (Breckenfelder, 2020, o. S.; Avellaneda, 2006, S. 1 f.).

Dabei findet der Begriff HFT als Teilmenge des AT in der Literatur keine einheitliche und schon gar keine allgemeingültige Definition (International Organization of Securities Commissions (IOSCO) (Hrsg.), 2011, S. 21). Allerdings kann über die Markets in Financial Instrumentes Directive II (MiFID II) mit Artikel 4(14) für Europa und die Securities and Exchange Commission (SEC) mit dem Concept Release on Equity Market Structure (SEC, 2010, o. S.) in den USA eine Legaldefinition abgeleitet werden. Die Literatur beschränkt sich bei der Beschreibung von HFT trotz dieser regulatorischen Definition typischerweise auf verschiedene Merkmale, die regelmäßig im HFT-Zusammenhang auftreten und somit die Möglichkeit geben, HFT zu charakterisieren. HFT ist demnach geprägt von der Maximierung der Handelsgeschwindigkeit zur Minimierung der Latenzzeiten, beispielsweise mittels Co-Location-Services bzw. Proximity Services (Offerte eines Servers im Rechenzentrum eines Internet Service Providers (ISP) in der geografischen Nähe zur Börse) (McNamara, 2016, S. 106; Kaya, 2016, S. 1). Dadurch können automatisiert viele Orders platziert und wieder gelöscht werden. Die Haltezeiten von Positionen sind sehr kurz; kleinste Preisunterschiede werden genutzt (Chlistalla, Speyer, Kaiser, & Mayer, 2011, S. 2; (BAI) (Hrsg.), o. J., S. 1; Phys Org (Hrsg.), 2013, o. S.). Typischerweise sind am Ende eines Tages keine Orders mehr offen. Des Weiteren kann HFT als ein Handel „ohne Menschen" charakterisiert werden, d. h. intramaschinelle Handelssysteme in Form eines Handels zwischen Maschinen bzw. Algorithmen sorgen für die Informationsbeschaffung, die Informationsverarbeitung und die Orderplatzierung (Gomber, Arndt, Lutat, & Uhle, 2011, S. 1 ff.).

## 1.2 High Frequency Trading

Die Handels- und Marktstrukturen der internationalen Finanzmärkte haben sich in den vergangenen 25 Jahren fundamental gewandelt. Wesentliche Treiber dieser Entwicklung sind die zunehmende Digitalisierung, die Einführung und Verbreitung innovativer Finanzinstrumente wie Exchange Traded Funds (ETFs), regulatorische Eingriffe, die zu einer Fragmentierung der Handelsplätze beigetragen haben (Avellandea, 2006, S. 1 f.), sowie eine Konzentration von Kapital bei großen institutionellen Anlegern. Die Deregulierung und Liberalisierung der Finanzmärkte seit den 1970er und 1980er Jahren legten den Grundstein für diese Entwicklung, indem sie den Kapitalverkehr erleichterte und neue Marktteilnehmer sowie Handelsstrategien ermöglichte. Der Aufstieg des Hochfrequenzhandels basiert auf diesen Entwicklungen und hat die Marktdynamik noch einmal grundlegend verändert (Smith, 2010, S. 18 ff.). Patterson ist sogar der Ansicht, dass nichts den Handel an den Börsen in den letzten Jahren mehr verändert hat als Hochfrequenzhändler und KI-Bots (Patterson, 2012/2013, S. 40–46; weed, 2013, S. 1).

Durch den Einsatz von leistungsfähigen Algorithmen und spezialisierter Hardware, wie Hochleistungsrechnern, hat HFT eine neue Dimension der Handelsgeschwindigkeit und -komplexität eröffnet (Beverungen, & Lange, 2017, S. 9 ff.; Deutsche Bundesbank (Hrsg.), 2016, S. 38). Durch Co-Location, ultraschnelle Datenleitungen und spezialisierte Soft- und Hardware können Orders in Mikro- bis Nanosekunden ausgeführt werden. Diese Fähigkeit zur praktisch latenzfreien Orderausführung ist ein zentrales Merkmal des HFT (Aldridge, 2013, S. 20–35; Gresser, 2016, S. 322–335). Während traditionelle Händler auf menschliche Entscheidungsprozesse angewiesen sind, agieren HFT-Systeme in Mikrosekunden und nutzen jede sich bietende Gelegenheit zur Gewinnerzielung (Brograad, Hendershot, & Riordan, 2014, S. 2278; Beverungen, & Lange, 2017, S. 9 ff.). Es erscheint somit konsequent, dass der Hochfrequenzhandel inzwischen große Teile des Handelsvolumens in liquiden Märkten dominiert (Menkveld, 2016, S. 4).

Gleichzeitig führte die Einführung alternativer Handelsplattformen (Multilateral Trading Facilities) und Dark Pools zu einer Fragmentierung der Märkte, sodass heute ein erheblicher Teil des Handelsvolumens außerhalb der traditionellen Börsen abgewickelt wird (Contratto, 2014, S. 153–155; Picardo, 2017, o. S.). Anstatt zentraler Börsen entwickelten sich dezentrale Marktplätze. Regulatorische Maßnahmen wie MiFID II in Europa und Reg NMS in den USA zielten darauf ab, Transparenz und Wettbewerb zu fördern, beschleunigten paradoxerweise aber die weitere Fragmentierung der Märkte, die dann wiederum zu Preisdifferenzen zwischen den verschiedenen Handelsplätzen führen kann. Die Fragmentierung mit Preisdifferenzen eröffnet dem Hochfrequenzhandel Arbitragemöglichkeiten, bei denen bereits minimale Preisunterschiede ausnutzen werden können (Contratto 2014, S. 155–157; O'Hara, 2015, S. 264; Budish, Cramton, & Shim, 2015, S. 1552–1555; Bongaerts, & Van Achter, 2015, S. 1–3).

Ein weiterer Treiber war die Zunahme komplexer Finanzinstrumente wie Indexderivate, strukturierter Produkte oder ETFs. Die Verbreitung von ETFs hat den Zugang zu Märkten erleichtert, da sie es ermöglichen, ganze Marktsegmente oder Indizes in einem einzigen Wertpapier zu handeln (Deutsche Börse, 2021, S. 12–14). Gleichzeitig sind neue Arbitragemöglichkeiten aufgrund von Preisdifferenzen zwischen ETFs und den sie abbildenden Einzeltiteln entstanden, die HFT in Echtzeit ausnutzen können (weed, 2013, S. 1). Bei Marktschocks beispielsweise reagieren HFT-Systeme sofort auf Veränderungen in Indexwerten oder ETFs und führen Orders für Einzeltitel im Orderbuch aus, bevor traditionelle Händler reagieren bzw. ihre Orders anpassen können (Benos, & Sagade, 2016, S. 12). Diese Geschwindigkeit verschafft HFT einen systematischen Vorteil gegenüber anderen Marktteilnehmern. Finanzprodukte auf Indizes ermöglichen folglich Arbitrage zwischen korrelierten Märkten oder Instrumentengattungen, etwa zwischen einem ETF und seinem Nettoinventarwert (NAV) oder zwischen einem Future auf einen Index und den zugrunde liegenden Einzeltiteln (Harris 2003, Kap. 16 und 17). Arbitrageaktivitäten durch HFT führen dabei häufig zu einer effizienteren Preisbildung – ein Effekt, der strukturell als Preisverknüpfung über Märkte hinweg beschrieben wird. In diesem Zuge führt Latency Arbitrage zu engeren Spreads und höherer Liquidität in normalen Zeiten (Hendershott, Jones, & Menkveld, 2011, S. 4).

Diese Entwicklungen zeigen einen tiefgreifenden strukturellen Wandel bezüglich der Richtung der Preisbildung: Wurden traditionell die Kurse einzelner Aktien aggregiert, um daraus den Index zu berechnen, ist heute oft das Gegenteil zu beobachten. Der Fokus institutioneller Anleger und algorithmischer Strategien auf handelbare Indexprodukte wie ETFs und Index-Futures führt dazu, dass der Preis des Index die Kurse der Einzeltitel beeinflusst – insbesondere in Stressphasen oder bei Rebalancing-Ereignissen handeln Anleger stärker das systematische als das unsystematische Risiko (Madhavan, & Wahal, 2014, S. 27–30; Madhavan, & Sobczyk, 2016, S. 86–102). Da und Shive (Da, & Shive, 2018, S. 136–168) zeigen empirisch, dass ETF-Arbitrage nicht nur Preisabweichungen reduziert, sondern zudem in weniger liquiden Märkten Verzerrungen auf Einzeltitelebene verursachen kann (Aquilina, Budish, & O'Neill, 2021, S. 1–71; Lin, Rakity, Stan, & Vijayakumar, 2024, o. S.). Die Entwicklung deutet auf einen Paradigmenwechsel in der Marktstruktur hin: Preisbildung erfolgt nicht mehr primär „bottom-up" durch Aggregation von Einzeltiteln, sondern zunehmend „top-down" über die Bewertung von Indexprodukten. Für Hochfrequenzhändler ergeben sich daraus vielfältige Arbitragemöglichkeiten, insbesondere in hochfrequent gehandelten Indexprodukten mit hoher Liquidität (Ahmed, Chai, Ding, Jiang, & Sun, 2009, S. 1–26). Foucault et al. sprechen von toxischer Arbitrage, die zu einer signifikanten Spreadausweitung führen kann (Foucault, Kozhan, & Tham, 2015, S. 1–7).

Somit zeigt sich, dass HFT und die Effizienz, die diese Handelsform mit sich bringt, nicht unumstritten sind. Der strukturelle Vorteil von HFT leitet zu Fragen der Marktintegrität und Fairness über. Dazu gehört auch, dass sich in Situationen plötzlicher Marktbewegungen oder Schocks, etwa beim Flash Crash am 6. Mai 2010, zeigt, dass HFT tatsächlich zur Marktinstabilität beitragen kann. Kirilenko et al. belegen, dass Hochfrequenzhändler während des Flash Crashs zunächst Liquidität stellten, sich aber innerhalb von Sekunden vom Markt zurückzogen, wodurch die Schockdynamik beschleunigt wurde (Kirilenko, Kyle, Samadi, & Tuzun, 2017, S. 967–998). HFT wirkt folglich nicht in allen Marktphasen stabilisierend, sondern kann zu erheblicher Volatilität und Preisverzerrungen beitragen (Duffy, Rabanal, & Rud, 2021, S. 1–32; Anatolyev,

Seleznev, & Selezneva, 2019, S. 1–44; Gerig, A., 2015, S. 1–10; Ben-David, Franzoni, & Moussawi, 2014, S. 1–33). Darüber hinaus gibt es Hinweise darauf, dass HFT bzw. bestimmte HFT-Strategien gezielt Mikrovolatilität erzeugen, um mittels der Reaktionsgeschwindigkeit von HFT gezielt die entstehenden Preisverzerrungen auszunutzen. Durch sog. „Microstructure Shocks" werden folglich Arbitragemöglichkeiten zwischen Handelsplätzen oder zwischen Indizes und der zugrundeliegenden Einzeltitelebene erst geschaffen – ein Verhalten, das sich beispielsweise in Form von Quote Stuffing, Layering oder Momentum Ignition manifestieren kann (Egginton, van Ness, & van Ness, 2016, S. 583–608; SEC, 2010, S. 3594–3614). In der Praxis sind die Linien zwischen aggressiver Arbitrage und manipulativer Schockerzeugung schwer zu ziehen. Manche Strategien nutzen bestehende Ineffizienzen und gleichen diese mit hoher Reaktionsgeschwindigkeit aus, andere Strategien sind explizit manipulierend angelegt. In der Literatur wird typischerweise von einer strategischen Ausnutzung der Mikrostruktur des Marktes gesprochen, die kaum von echter Manipulation unterschieden werden kann (Aït-Sahalia, & Yu, 2009, S. 422 f.).

## 1.3 Auswirkungen des High Frequency Trading auf Finanzmärkte und Kapitalallokation

Die Auswirkungen auf die Marktfunktionen sind als ambivalent zu bezeichnen (Musciotto, Piilo, & Mantegna,, 2021, S. 1). Befürworter des HFT argumentieren, dass die erhöhte Handelsaktivität zu mehr Liquidität und geringeren Spreads führt, was die Markteffizienz steigert. Empirische Studien bestätigen, dass HFT in normalen Marktphasen tatsächlich zu einer verbesserten Preisfindung beitragen kann (Easley, Lopez de Prado, & O'Hara, 2012, S. 19–29). Gleichzeitig verstärkt HFT jedoch die Informationsasymmetrie zwischen Marktteilnehmern, da HFT-Firmen Zugang zu Echtzeitdaten und modernster Technologie zur Umsetzung der Informationen in den Märkten haben, während traditionelle Investoren strukturell im Nachteil sind (Beverungen, & Lange 2017, S. 8 f.). Diese Asymmetrie kann zu einer Umverteilung von Gewinnen zugunsten der technologisch überlegenen Akteure führen, da andere Akteure nicht über diese Technologien verfügen (Biais, & Foucault, 2014, S. 6–15; Johnson, 2010, S. 305–310). In Stressphasen oder mittels bestimmter Strategien kann HFT zudem die Volatilität verstärken: Automatisierte Algorithmen lösten in Sekundenbruchteilen starke Kursbewegungen aus, ohne dass fundamentale Nachrichten vorliegen (Contratto 2014, S. 157–160; Aït-Sahalia, & Saglam, 2013, S. 1–5). Die Beeinflussung der Effizienz der Kapitalallokation durch HFT muss deshalb als ambivalent gelten.

Einerseits sorgt die schnelle Preisfindung für eine zügige Verteilung von Kapital in die produktivsten Verwendungen (Deutsche Börse, 2021, S. 10 ff.). Andererseits besteht die Gefahr, dass kurzfristige Arbitragegewinne und spekulative Strategien Preise verzerren und die langfristige Investitionsbereitschaft sowie die Finanzierung der Realwirtschaft beeinträchtigen (Giegold, 2008, S. 8–10).

Die Integrität und die Fairness der Märkte werden insofern durch HFT herausgefordert. Während HFT-Anbieter argumentieren, dass sie durch ihre Aktivitäten die Marktqualität verbessern, kritisieren andere Akteure, dass der Zugang zu HFT-Technologien und Co-Location-Diensten eine Zwei-Klassen-Gesellschaft am Markt schafft (Beverungen, & Lange 2017, S. 8 f.). Die Gefahr von Marktmanipulationen, etwa durch „Quote Stuffing" oder „Layering", ist real und wird von Aufsichtsbehörden zunehmend thematisiert (Contratto 2014, S. 158–160; Aitken, Cumming, & Zhan, 2015, S. 330–349). Das Vertrauen der Anleger leidet, wenn sie das Gefühl haben, gegenüber technologisch überlegenen Akteuren strukturell benachteiligt zu sein (McNamara, 2015, o. S.). Diese Asymmetrien können das Vertrauen von Anlegern in die Finanzmärkte untergraben, was langfristig die Teilnahme breiter Investorenschichten beeinträchtigen könnte. Studien zeigen, dass Privatanleger und institutionelle Investoren auf alternative Handelsplätze ausweichen oder sich ganz aus dem Markt zurückziehen, wenn sie die Fairness des Handels infrage stellen (Filimonov, & Sornette, 2014, o. S.).

## 1.4 Auswirkungen von High Frequency Trading auf die Gesellschaft

Diese Beobachtungen werfen grundlegende Fragen nach dem Nutzen von HFT für die Gesellschaft auf. Da sich fundamentale Nachrichten nicht mit der Geschwindigkeit von HFT ändern, stellt sich die ordnungspolitische Frage, ob die im HFT gebundenen Ressourcen nicht effizienter und für gesellschaftlich nützlichere Zwecke eingesetzt werden sollten. Möglicherweise fördert der Hochfrequenzhandel keine echten Informationsvorteile, sondern lediglich Rent-Seeking-Verhalten. Das Pareto-Kriterium verlangt, dass eine Umverteilung von Ressourcen dann gesellschaftlich wünschenswert ist, wenn sie mindestens einen Akteur besserstellt, ohne einen anderen schlechter zustellen (Lütz, 2002, S. 14–20 und 305–318). Bei HFT ist fraglich, ob der gesellschaftliche Nutzen der extrem schnellen Preisfindung die Kosten für Infrastruktur, Energie und mögliche Destabilisierungseffekte rechtfertigt (Stiglitz, 2014, S. 1–14). Der Wettlauf um immer schnellere Infrastruktur könnte aus gesamtwirtschaftlicher Perspektive ineffizient sein, da die Investitionen in minimale Latenzzeiten keinem entsprechenden

Nutzen auf realwirtschaftlicher Ebene gegenüberstehen (Budish, Cramton, & Shim, 2015, S. 1547–1621; weed, 2013, S. 1) – zumal HFT, das seine Orders nur schneller an den Handelsplätzen platziert, ohne einen Mehrwert für die Preisbildungsprozesse zu leisten, als parasitär gilt (Adrian, 2016, S. 256–278; Mildenberger, 2023, S. 369–383).

## 1.5 Normative Ethik zur Lösung der Herausforderungen von High Frequency Trading

Spätestens seit der großen Finanz- und Wirtschaftskrise 2008/09, der darauffolgenden Staatsschuldenkrise 2010 sowie dem Flash Crash am 6. Mai 2010 wird die Funktionsweise der Finanzmärkte hinterfragt. Viele Bereiche von Wirtschaft und Gesellschaft haben Forderung erhoben, dass sich das Handeln jedes Individuums grundsätzlich an den „Werten der Ehrlichkeit, der Gerechtigkeit und der Rechtschaffenheit" orientieren sollte (Min, 2013, S. 25–50). Im öffentlichen Diskurs wird der „ehrbare Kaufmann" bemüht (Hengsbach, 2005, S. 9 ff.).

Schon für Adam Smith bestimmt Sympathie (Mitgefühl) als Grundprinzip moralische Urteile: durch die Vorstellung der Gefühle eines anderen bewerten Menschen, was „sittlich richtig" ist. Bereits im ersten Kapitel der „Theorie der ethischen Gefühle" (Smith, 1994, S. 5–13) erklärt er, wie Individuen durch empathisches Miterleben Zustimmung oder Ablehnung gegenüber den Gefühlen anderer entwickeln. Auch von Hayek schließt sich dieser Fokussierung an, indem er schreibt: „Es ist zweifellos ein Element der Natur der meisten Menschen und vielleicht sogar die wichtigste Bedingung ihres Glücks, dass sie die Wohlfahrt anderer Menschen zu ihrer Hauptaufgabe machen" (von Hayek, 1991, S. 97). Dabei bekräftigt er die Aussagen, die von Mises tätigte, mit Blick auf das Handeln: „Das Denken des Liberalen hat immer das Ganze der Menschheit im Auge und nicht nur Teile, es haftet nicht an engen Gruppen, es endet nicht an den Grenzen des Dorfes, der Landschaft, des Staates und des Erdteils. Es ist ein kosmopolitisches, ein ökumenisches Denken, ein Denken, dass alle Menschen und die ganze Erde umspannt" (Mises, (1927) 1993, S. 33).

Diese Fähigkeit der Menschen, Mitgefühl aufzubringen, bildet die Grundlage sozialer Ethik. Dabei ist die Individualethik angesprochen, ein Konzept, dass sich auf Entscheidungen und Handlungen des Einzelnen konzentriert. Der Individualethik geht es im Sinne von Kant um den guten Willen bzw. die Absicht des Individuums, sich entsprechend moralischen Einsichten zu verhalten. Die Begründungen für den guten Willen und die moralische Einsicht sind zentral. Insofern bezieht sich die Individualethik auf wohl begründete moralische Prinzipien, die Akteure bei der Verfolgung ihrer individuellen Ziele und Interessen leiten. Bei einer vorgegebenen Situation wird untersucht, wie ein Individuum seine Absichten und Präferenzen verändern sollte, um moralisch richtig zu handeln. Es wird an das moralische Gewisse appelliert, um moralische Verhaltensänderungen herbeizuführen. Der jeweilige Akteur soll sich an universellen moralischen Werten orientieren, um auch im wirtschaftlichen Kontext korrekt zu agieren. Der Appell richtet sich entsprechend an die Verantwortung jedes Einzelnen, an Integrität, Fairness und Ehrlichkeit. Insofern steht die Kultivierung eines moralischen Gewissens innerhalb der Gemeinschaft im Vordergrund (Homann, 2014, S. 155 ff.; Pies, 2015, S. 3 ff.).

Jedoch können freie Menschen sich auch anders entscheiden. Erst recht in einem Zeitalter des gesellschaftlichen Wandels und einer zunehmenden interkulturellen Öffnung der Gesellschaft scheinen Versuche der Herstellung eines gemeinsamen Wertekanons nicht ausreichend (Kaschak, 2015, S. 127–132). Typischerweise wird das Übel der Welt an einem Verlust von Anstand und Moral festgemacht. Daraus ergeben sich Spannungen zwischen Sollen und Wollen (Homann, 2014, S. 152 f. und 157 f.). Die Ordnungsethik differenziert zwischen dem Wollen und dem Können – insbesondere unter den Bedingungen von Wettbewerb. Marktakteure müssen nicht nur moralisch richtig handeln wollen, sondern auch können. Pies schreibt hierzu: „Es gehört konstitutiv zur Würde des Menschen, vor der Zumutung bewahrt zu werden, gegen vitale Eigeninteressen zu verstoßen zu sollen“ (Pies, 2015, S. 2). Moralisches Handeln unterliegt der Fähigkeit, sich aufgrund von Vernunft richtig und kooperativ zu verhalten. Folglich müssen nicht die Handlungsmotive, sondern die Handlungsbedingungen mittels sanktionsbewehrter Institutionen geändert werden (Homann, 2014, S. 176).

Die Ordnungsethik sieht die Ursache ethischer Probleme somit weniger bei unmoralischen Motiven der Akteure, sondern in den spezifischen Interaktionsstrukturen. Die Ordnung ist der „systemische Ort der Moral“ (Homann, & Blome-Drees, 1992, S. 141). Entsprechend liegt der Fokus auf einer geeigneten Gestaltung der institutionellen Rahmenbedingungen, um Anreize zu aktivieren, eigennützige Handlungen in Richtung kollektiv gewünschter und moralisch gerechtfertigter Ergebnisse zu lenken (Lütge, 2012, S. 89) – d. h., die Ordnungsethik meint die politische Handlung als Gesamtheit aller das menschliche Zusammenleben betreffenden Vorschriften, Normen, Gesetze und andere Verhältnisse. (Wolters, 1984, S. 1081). Dabei ist zu beachten, dass dieser Ordnungsrahmen sich aus allgemein, abstrakten und sanktionsbewehrten Regelungen zusammensetzt, um dadurch die vermeintlichen Widersprüche zwischen Ethik und Ökonomie durch Integration zu einer „ethischen Ökonomie“ zu lösen (El-Shagi, & Ilgmann,

2010, S. 323; Richter, & Furubotn, 2010, S. 7; Schmoller, 1900, S. 61). Wo die Individualethik die jeweiligen Situationen als gegeben hinnimmt und die Motive der Handlung ändern möchte, setzt die Ordnungsethik an den Bedingungen an, die sie verändern will (Pies, 2015, S. 3). Ordnungsethik setzt dabei in ihren Überlegungen auf einer anreizkompatiblen Regelsetzung auf und basiert auf der Vertragstheorie von Hobbes, Rawls und Buchanan, dem philosophischen Kontraktualismus (Lütge, 2012, S. 89; Lütge, 2005, S. 111; Homann, & Lütge, 2005, S. 65 f.). Für alle Akteure müssen die Bedingungen mittels Regelsetzung geändert werden, um dadurch die Anreizstrukturen anzupassen. Auch Marktversagen gilt als Begründung für die Rahmensetzung, um unkompensierte Effekte zu internalisieren. Als normatives Kriterium gilt die Besserstellung aller im Sinne der Pareto-Effizienz (Pies, 2015, S. 15 f.).

Grundsätzlich erkennt auch die Ordnungsethik den individuellen guten Willen als Handlungsmotiv an, hält aber in komplexen Systemen die Gestaltung des institutionellen Rahmens zur Stützung der Moral für unverzichtbar. Denn immer dann, wenn sich Gründe für moralisches Handeln und Anreizstrukturen widersprechen, können einerseits die Begründungen für Werte und Normen oder andererseits die Anreizstrukturen angepasst werden. Das Begründungsdefizit durch Adaption von Wertvorstellungen, Normen und Tugenden auf die Missstände zu lösen, führt selten zu einer ethisch akzeptablen Lösung. Stattdessen können die Anreize als Fehlanreize interpretiert werden, weshalb die institutionellen Rahmenbedingungen entsprechend anzupassen sind. Folglich ist die Diskrepanz zwischen Gründen und Anreizen mit einem geeigneten Ordnungsrahmen aufzulösen. Dabei geht es um anreizbasierte Unterstützung der individuellen Moral (Pies, 2011, S. 3 f.; Pies, 2011, S. 4 ff.; Pies, 2015, S. 4).

Typischerweise gelten Finanzmärkte als Prototyp globaler, anonymer Märkte, in denen individuell-ethisches Verhalten aufgrund von Wettbewerbsdruck systematisch untergraben wird. Die Individualethik greift daher zu kurz, weil die Marktteilnehmer in einem Dilemma stehen: Sie müssten gegen ihre eigenen Anreize handeln, um kollektive Marktstabilität zu gewährleisten (Lütz 2002, S. 305–318). Ratzinger, der spätere Papst Benedikt XVI, formulierte hierzu: „Eine Moral, die die Sachkenntnis der Wirtschaftsgesetze überspringen zu können meint, ist keine Moral, sondern Moralismus, also das Gegenteil von Moral" (Ratzinger, 1986, S. 58). Grundsätzlich muss Moral folglich anreizkompatibel ausformuliert sein, will sie in einem wettbewerblichen Umfeld bestehen (Homann, 2008, S. 14; Suchanek, 2001, S. 31 ff.). Die Ordnungsethik erklärt, wie der Wettbewerb für die Verwirklichung moralischer Anliegen in Dienst genommen werden kann (Pies, 2011, S. 10). Dies kann an dem spieltheoretischen Modell des Gefangenendilemmas, wie es der Wettbewerb in anonymen globalen Gesellschaften ist, verdeutlicht werden. Denn in Dilemmastrukturen mit interdependentem Handeln besitzen die einzelnen Marktteilnehmer keine Kontrolle über die Interaktionsergebnisse. Da aber moralische Vorleistungen unter Wettbewerb grundsätzlich dem Risiko der systematischen Ausbeutung durch unkooperative Akteure ausgesetzt sind, müssen moralische Normen mit institutionellen Bedingungen aufgeladen werden, damit moralisches Verhalten zumindest keine Nachteile bringt. Um Normen real zu implementieren, bedarf es institutioneller Bedingungen, also eines sanktionsbewehrten Ordnungsrahmens (Lütge, 2012, S. 89; Lütge, 2005, S. 111; Homann, & Lütge, 2005, S. 90; Homann, 2014, S. 93 ff.).

## 1.6 Gefangenendilemma im Kontext des High Frequency Trading

Das Gefangenendilemma, das in den 1950er Jahren von Merrill Flood, Melvin Dresher und Albert W. Tucker im Rahmen der Spieltheorie entwickelt wurde (Poundstone, 1992, S. 117 f), ist bei der Herleitung der Notwendigkeit eines sanktionsbewehrten Ordnungsrahmens bzw. der Auffassung, dass Individualethik in Dilemmasituationen an ihre Grenzen stößt, dienlich (Homann, & Lütge, 2005, S. 32). Denn in Großgesellschaften kann die Anonymität genutzt werden, um sich auf Kosten Dritter Vorteile zu verschaffen. Da Menschen sich aber nicht dauerhaft ausnutzen lassen, sondern gegebenenfalls präventiv deflektieren, ist es die Ordnungsethik, die das Dilemma eines stabilen – aber suboptimalen – Gleichgewichts auflösen kann (Homann, 2019, o. S.).

Das Modell zeigt aufgrund von Interdependenzen zwischen individuellen Aktionen die mit diesen Handlungen verbundenen sozialen Dilemmastrukturen auf. Allerdings befasst sich (angewandte) Ethik nicht nur mit Modellen und kann entsprechend nicht mit der Spieltheorie gleichgesetzt werden. Das Modell des Gefangenendilemma wird jedoch als Mittel zur Darstellung der den Interdependenzen bzw. Interaktionen zugrundeliegenden Logik gewählt. Mit Hilfe des Modells kann gezeigt werden, wie und mit welchen Instrumenten den Dilemmata, die sich aus Anreizen ergeben können, begegnet werden kann (Suchanek, 2007, S. 52–54. Ein Beispiel: Zwei Gefangene – „A“ und „B“ – werden verdächtigt, einen gemeinsamen Diebstahl begangen zu haben. Da das Gericht nicht über ausreichend Beweise verfügt, um beide zu hohen Strafen verurteilen zu können, werden Geständnisse benötigt. Für die Gefangenen, die einzeln befragt werden und sich deshalb nicht absprechen können, ergibt sich das Problem, dass sie gestehen oder leugnen können. Gestehen beide Gefangenen in Erwartung eines geringeren Strafmaßes, werden sie zu Höchststrafen verurteilt. Würden beide weiterhin leugnen, könnte ihnen der Diebstahl nicht nachgewiesen werden. Es käme nur zu einer milden Strafe wegen unerlaubtem Zugang auf das fragliche Gelände. Das Dilemma ergibt sich für die Gefangenen aus der Möglichkeit, die Kronzeugenregelung in Anspruch zu nehmen. Würde bspw. der Gefangene „A" als Zeuge aussagen, käme er frei, weil er den anderen Gefangenen belastet und der Tat beschuldiget. Auf den Gefangenen „B" würde dann die Höchststrafe warten. Im Ergebnis wäre für beide Gefangenen zusammen die Kooperation, also das Leugnen, die beste Wahl. Für jeden einzelnen hingegen ist das Geständnis und die Inanspruchnahme der Kronzeugenregelung vorteilhafter, da dadurch keine Konsequenzen zu tragen sind (Sievers, & Dubcova, 2019, S. 398 f.). Aus Sicht des Einzelnen ist demnach die gemeinsame Lösung suboptimal. Die individuelle Lösung, zu gestehen und die Kronzeugenregelung in Anspruch zu nehmen, also freizukommen, ist hingegen optimal (Homann, & Lütge, 2005, S. 34). Dieser Anreiz führt dazu, dass sowohl „A" als auch „B" gestehen, was für beide hohe Gefängnisstrafen führt, jedoch als ein suboptimales (Nash-)Gleichgewicht anzusehen ist (Homann, & Lütge, 2005, S. 34; Rieck, 2013, S. 155–204).

Das Problem ist, dass Individuen präventiv unkooperativ agieren, wenn sie die Befürchtung haben müssen, dass sich andere unkooperativ verhalten. Diese Erwartung und das damit verbundene unkooperative Verhalten führen zu dem beschriebenen suboptimalen Gleichgewicht, welches sich nur mittels Regeln und Institutionen auflösen lässt. Ein Ordnungsrahmen verringert die Sorge des Einzelnen, systematisch ausgenutzt zu werden. Können sich Individuen auf die Kooperation anderer verlassen, handeln sie ebenfalls kooperativ, weshalb ein besseres Gleichgewicht zustande kommt. Hierzu bedarf es der „richtigen" Institutionen, um das Verhalten eines Individuums in dem vorgegebenen Rahmen lenken zu können (Homann, 1994, S. 399 ff.), der dafür sorgt, dass eine systematische Ausbeutung durch andere Marktteilnehmer oder die Gesellschaft verhindert wird. Dadurch kann eine kollektive Überwindung der Dilemmasituation möglich gemacht werden (Homann, 1999, S. 53–70; Münch, 2012, S. 8–12).

Das Gefangenendilemma beschreibt Situationen, in denen individuelle rationale Entscheidungen zu einem suboptimalen Ergebnis führen. Die Kooperationsbereitschaft ist nicht gegeben, da Beteiligte versuchen, ihre Position auf Kosten anderer zu verbessern (Münch, 2012, S. 7 f.). Im HFT ist eine ähnliche Dynamik festzustellen, da er in einem technologischen Wettlauf agieren, der die individuellen Vorteile maximieren soll. Kollektiv klännen dieser Wettlauf und die Praktiken zumindest einiger Strategien von HFT jedoch zu unerwünschten Ergebnissen bezüglich beispielsweise Stabilität der Märkte, Integrität und Fairness oder Informationsasymmetrien führen. McNamara weist auf ein Two-Tiered-System anstatt eines Level-Playing-Fields hin, „in which a small amount of players have preferential treatment or are otherwise advantaged“ (McNamara, 2016, S. 143). Auch im Kontext des HFT kann ein geeigneter Ordnungsrahmen die Dilemmata auflösen und Ressourcen können intensive sowie gesellschaftlich ineffiziente dysfunktionale Geschwindigkeitswettläufe überwinden (Kirilenko, Kyle, Samadi, & Tuzun, 2017, S. 967–998; Budish, Cramton, & Shim, 2015, S. 1563).

## 1.7 Haupt- und Teilforschungsfragen

Die beiden Hauptforschungsfragen (HF) lauten folgendermaßen:

- HF1: Wie sind die Interdependenzen zwischen HFT, den Finanzmärkten, der Realwirtschaft und der Gesellschaft? Trägt HFT vor dem Hintergrund dieser Interdependenzen zu einem „gemeinsamen Gelingen“ bei?
- HF2: Existieren Externalitäten (i. S. v. „gesellschaftliche Kosten“) bzw. verursacht HFT solche, die nicht von HFT-Marktteilnehmern getragen werden, und können diese Externalitäten als negative Folgewirkungen internalisiert, d. h. dem Verursacher zugerechnet und belastet, werden?

Aufbauend auf den Hauptforschungsfragen können folgende Teilforschungsfragen (TF) abgeleitet werden:

- TF1: Müssen ordnungsethische Überlegungen im Sinne eines sanktionsbewehrten Ordnungsrahmens für ein „neues“ HFT-System umgesetzt werden, und wenn ja, wie muss das geschehen?
- TF2: Welche Rolle spielen in diesem Zusammenhang Überlegungen der Individual- und Ordnungsethik?
- TF3: Kann HFT als „nützlich“ oder „schädlich“ aus ethischer und ökonomischer Sicht bewertet werden und wie ist HFT auf den drei Ebenen „Gesellschaft“, „Realwirtschaft“ und „Finanzmärkte“ zu bewerten?
- TF4: Welchen Nutzen haben Anreizstrukturen im HFT-Kontext?

Die Untersuchung erfolgt im Hinblick auf die Internalisierung von Externalitäten auf den drei genannten Ebenen und es werden auf den verschiedenen Ebenen die nachfolgend angeführten Fragestellungen – sog. Hilfsfragen – beantwortet:

- Für die Ebene der Finanzmärkte:

  - Wie gelingt es, effiziente Märkte bei Adverse Selection zu gestalten, die für eine effiziente Kapitalallokation benötigt werden?
- Für die realwirtschaftliche Ebene:
  - Welche Funktion haben Börsen im Allgemeinen und HFT im Speziellen für die Wirtschaft bzw. Unternehmen und deren Wertschöpfungsketten?
  - Führt HFT zu einer besseren oder schlechteren Funktionsweise von Börsen in Hinblick auf die Allokation von Kapital?
  - Unterstützen Börsen im Allgemeinen und HFT im Speziellen die Entstehung von Wachstum und Wohlstand in geeigneter Weise?
- Für die gesellschaftliche bzw. politische Ebene:
  - Welchen (gesellschaftlichen) Nutzen stiftet HFT und unter welchen Voraussetzungen erfolgt bei einer effizienten Zusammenbringung von Kapitalangebot und -nachfrage diese Nutzenstiftung zum Wohle der Gesellschaft („gemeinsames Gelingen")?
  - Ist die Börse in diesem Zusammenhang ein Ort, um maximale Freiheiten für Individuen im Handeln zu offerieren?
  - Fallen in diesem Zusammenhang Externalitäten an bzw. können diese eingegrenzt (d. h. internalisiert) werden?
  - Können die volkswirtschaftlichen Funktionen von Märkten oder Börsen nicht nur zu Markteffizienzen, sondern auch zu einem weiteren gesellschaftlichen Nutzen über die Markteffizienz hinaus für alle Menschen beitragen?
  - Welche Kosten sind mit HFT verbunden bzw. lassen sich die aufgewendeten Ressourcen in eine „bessere" Verwendung lenken und wer entscheidet über diese Verwendung bzw. die Bewertung?

## 1.8 Zielsetzung der Untersuchung

Der Hochfrequenzhandel bildet mittlerweile das dominante Intermediationsparadigma an Aktien- und Terminbörsen, nicht nur in Europa und Nordamerika; in einzelnen Segmenten werden mehr als zwei Drittel des gesamten Auftragsvolumens durch sub-millisekundenschnelle Algorithmen generiert (Brogaard, Hendershott, & Riordan 2013, S. 3 f.). Die ökonomische Forschung widmet sich deshalb intensiv den mikrostrukturellen Wirkungen dieses Phänomens – etwa der Bid/Ask-Spread-Verengung, der Preisfindung oder der Volatilität. Allerdings bleibt die Frage nach realwirtschaftlichen und gesellschaftlichen Rückwirkungen weitgehend ungelöst. Eine auf Finanzmärkte isolierte Betrachtung greift deshalb zu kurz, weil die Bewertung der Effekte des Hochfrequenzhandels erst dann abschließend möglich ist, wenn Interdependenzen zwischen Finanzsystem,

Realwirtschaft und politisch-gesellschaftlichem Umfeld gemeinsam in den Blick genommen werden. Die ethischen und regulatorischen Rahmenbedingungen für HFT dürfen daher nicht nur auf die Markteffizienz ausgerichtet sein, sondern müssen systematisch die Marktintegrität und Fairness priorisieren.

Die öffentliche Wahrnehmung des Hochfrequenzhandels ist von Skepsis geprägt. Michael Lewis' Bestseller „Flash Boys" konstruierte das Narrativ eines durch technische Übermacht privilegierten „Insider-Clubs", der sich auf Kosten des Publikums bereichere. Zugleich rückte der „Flash Crash" vom 6. Mai 2010, als der Dow-Jones-Index binnen Minuten um fast neun Prozent einbrach und sich ebenso rasch erholte, die Verwundbarkeit hochautomatisierter Märkte spektakulär ins Licht der Öffentlichkeit. Empirische Untersuchungen der Finanzmärkte zeigen allerdings ein ambivalentes Bild: Unter normalen Bedingungen sinken Transaktionskosten signifikant, weil HFT-Akteure durch rasche Quote Updates Arbitrage-Fenster schließen und so die Informationseffizienz erhöhen (Brogaard, Hendershott, & Riordan 2013, S. 4 f.). Gleichzeitig dokumentiert die Analyse von tausenden sub-sekundären Extremereignissen („ultrafast black swans") einen systematischen Liquiditätsschwund, sobald viele Algorithmen gleichzeitig Gefahr laufen, offene Risikopositionen exponiert zu halten; das Aggregatverhalten kann binnen 25 Millisekunden Preisbewegungen auslösen, die außerhalb menschlicher Reaktionsfähigkeit liegen (Johnson, 2010, S. 126–130).

Aus realwirtschaftlicher Perspektive wird häufig argumentiert, dass technologische Entwicklungen im Finanzhandel – insbesondere der Hochfrequenzhandel – zu einer verbesserten Markteffizienz beitragen können. Engere Bid/Ask-Spreads, eine erhöhte Liquidität sowie präzisere und schnellere Preissignale gelten als zentrale Effizienzgewinne (Hendershott, Jones, & Menkveld, 2011, S. 1–3; Brogaard, 2010, S. 45 ff.). Diese Faktoren können theoretisch zu einer Senkung der Kapitalkosten führen, was wiederum Investitionen in der Realwirtschaft erleichtern könnte. Des Weiteren könnte die schnelle Preisfindung eine präzisere Kapitalallokation ermöglichen, da Märkte schneller und genauer die zugrunde liegenden wirtschaftlichen Fundamentaldaten widerspiegeln.

Allerdings bleibt die entscheidende Frage offen, ob diese potenziellen mikrostrukturellen Effizienzgewinne tatsächlich in realwirtschaftlich relevante Impulse – etwa in Form von Innovationen, nachhaltigem Wachstum oder Beschäftigung – übersetzt werden (Cartea, Jaimungal, & Penalva, 2015, S. 200–210). Kritisch zu hinterfragen ist insbesondere, ob die durch HFT ermöglichte kurzfristige Informationsverarbeitung nicht zu Informationsasymmetrien führt und Anreize für kurzfristiges Handelsaktivitäten verstärkt (Jovanovic, & Menkveld, 2015, S. 5, 16 und 24). Denn die extrem schnelle Informationsbeschaffung und -verarbeitung führen typischerweise zu größerem Handelsvolumen und höherer

Volatilität (Martínez, & Rosu, 2013, S. 41–50). Dadurch könnte die Gefahr bestehen, dass sich Finanzmärkte von ihren traditionellen Funktionen – der Finanzierung langfristiger, produktiver Investitionen – zunehmend entfernen und stattdessen auf arbitrageorientierte Strategien fokussieren, die kaum realwirtschaftliche Relevanz besitzen. Zudem ist fraglich, inwiefern die potenziellen Verbesserungen in der Preisbildung tatsächlich auf fundamentalen Informationen beruhen oder lediglich technologische Reaktionsgeschwindigkeiten widerspiegeln. Wenn Preissignale primär durch mikrosekundenschnelle Orderausführung und Liquiditätsfragmentierung geprägt sind, könnte dies die Informationseffizienz sowie die Transparenz und Aussagekraft von Marktpreisen langfristig sogar beeinträchtigen (Cooper, Davis, & van Vliet, 2016, S. 1 f.).

Mit Blick auf die Realwirtschaft sind daher insbesondere zwei Aspekte entscheidend: Erstens, ob HFT tatsächlich zu einer effizienteren Allokation von Kapital beiträgt – also Investitionen dorthin lenkt, wo sie volkswirtschaftlich am produktivsten sind. Zweitens, ob die durch HFT erzeugte Preisgestaltung nicht nur schnell, sondern auch inhaltlich fundiert und transparent ist. In Abwesenheit solcher Kriterien besteht die Gefahr, dass die scheinbare Effizienzsteigerung v. a. oberflächlich bleibt und reale wirtschaftliche Potenziale ungenutzt bleiben (Cartea, Jaimungal, & Penalva, 2015, S. 200–210).

Aus gesellschaftsethischer Perspektive stellen algorithmische Handelssysteme im Hochfrequenzbereich ein vielschichtiges Problem dar, das in Fragen der Verantwortung, der Verteilungsgerechtigkeit und der Nachhaltigkeit eingreift. Die Verlagerung von Entscheidungskompetenzen von handelnden Subjekten auf algorithmische Systeme führt zu einer fundamentalen Erosion traditioneller Verantwortungsketten (Holtermann, Schneider, 2018, S. 9). Während klassische Verantwortungsethik auf klar zugeordneten Akteurs- und Handlungsbeziehungen basiert, verschleiern hochautomatisierte Systeme diese Zusammenhänge. Die algorithmischen Entscheidungen operieren weitgehend als Black Boxes, deren innere Logik oft weder für die Marktteilnehmer noch für die Aufsichtsbehörden hinreichend transparent ist. Diese Opazität widerspricht grundlegenden Prinzipien ethischen Designs, das erklärbare, überprüfbare und rückverfolgbare Systeme fordert (Floridi, Cowls, Beltrametti, & Chatila, 2018, S. 696). Die fehlende Erklärbarkeit von Entscheidungen algorithmischer Systeme untergräbt die normative Voraussetzung für individuelle Rechenschaft und kollektive Legitimation in marktbasierten Institutionen.

Hinzu kommt eine zunehmend asymmetrische Verteilung von Informationsrechten, die sich zugunsten jener Marktteilnehmer verschiebt, die in der Lage sind, sich latenzoptimierte Infrastrukturen – etwa dedizierte Glasfasertrassen oder Mikrowellenverbindungen zwischen Börsenplätzen – zu leisten.

Diese technische Hochrüstung schafft faktisch eine neue Form der Informationselite, in der der Marktzugang nicht länger primär durch Wettbewerbsideen oder Innovationsfähigkeit definiert wird, sondern durch die physikalische Nähe zu Börsenservern sowie durch die Fähigkeit zur Finanzierung hochspezialisierter Technologien (MacKenzie, 2021, S. 103–106). Damit kann eine systematische Verletzung des Fairnessprinzips verbunden sein, das eine gleichberechtigte Teilhabe aller Marktakteure voraussetzt. Derartige Marktstrukturen verstoßen gegen die ordnungsökonomische Idee von Wettbewerbsneutralität und erzeugen eine Legitimationslücke, die sich nicht allein durch die Effizienzgewinne technischer Innovation rechtfertigen lässt.

Zudem entstehen in Stresssituationen – etwa bei plötzlichen Marktbewegungen oder technischen Störungen – externe Effekte, die die Stabilität des Gesamtsystems gefährden (Kirilenko, Kyle, Samadi, & Tuzun, 2017, S. 967–998). Die Systemlogik des HFT ist auf Geschwindigkeit und kurzfristige Arbitrageeffekte optimiert, nicht aber auf Robustheit oder Liquiditätssicherung im Krisenfall. Wenn sich Liquidität in Bruchteilen von Sekunden zurückzieht, können klassische Schutzmechanismen wie Circuit Breaker oft nicht schnell genug greifen. Das bedeutet, dass individuell rationale Strategien – etwa das massenhafte Stornieren von Orders bei Volatilitätssprüngen – in ihrer Aggregation zu kollektiv irrationalen Ergebnissen führen können, bis hin zu vollständigem Marktversagen. Es liegt damit eine klassische Allokationsstörung im Sinne eines Gefangenendilemmas vor, wie es Homann beschrieben hat: Ohne institutionelle Rahmensetzung versagen die Koordinationsmechanismen des Marktes, weil kollektive Wohlfahrtsverluste durch individuell gewinnorientiertes Verhalten erzeugt werden (Homann, 1992, S. 7).

Kritisch zu bewerten ist zudem der enorme Ressourcenverbrauch algorithmischer Handelssysteme – sowohl in energetischer als auch in kapitalallokativer Hinsicht. Rechenzentren, die HFT betreiben, gehören zu den energieintensivsten digitalen Infrastrukturen und tragen signifikant zum globalen Stromverbrauch bei. Prognosen der Internationalen Energieagentur zufolge könnte der Energieverbrauch digitaler Systeme bis 2028 auf über 1.000 Terawattstunden pro Jahr steigen, wobei HFT ein nicht zu vernachlässigender Anteil zukommt (Internationale Energieagentur (IEA) (Hrsg.), 2024, o. S.). Hinzu treten möglicherweise erhebliche Opportunitätskosten: Die Investitionen in latenzoptimierte Glasfasertrassen oder spezialisierte Hardware könnten ebenso gut für gesellschaftlich andere, vermeintlich nützlichere Anwendungen eingesetzt werden, etwa für medizinische Forschung, Open-Source-Infrastrukturen oder den Ausbau digitaler Souveränität in Entwicklungsregionen. Betrachtet man darüber hinaus den schnellen Turnover spezialisierter Hardwarekomponenten, ergibt sich auch eine massive Belastung durch Elektroschrott und einen ethisch fragwürdigen Umgang mit seltenen Ressourcen, deren Gewinnung vielfach unter prekären sozialen und ökologischen Bedingungen erfolgt.

All diese Beispiele zeigen, dass der algorithmische Hochfrequenzhandel nicht nur ökonomisch, sondern auch normativ ambivalent zu beurteilen ist. Denn Fehlfunktionen haben nicht bloß Auswirkungen auf die Finanzmärkte, sondern wirken sich auch in Realwirtschaft und Gesellschaft aus. Es geht dabei nicht nur um aggregierte Einzelrisiken, sondern um systemische Gefahren (Cooper, Davis, van Vliet, 2016, S. 11 f.). Die realen Effizienzgewinne werden teuer erkauft: mit der Aushöhlung von Verantwortung, der Entstehung neuer Ungleichheiten und der Gefährdung systemischer Stabilität. Vor diesem Hintergrund erscheint eine doppelte Transformation notwendig: einerseits sind regulatorische Institutionen, beispielsweise Transaktionssteuern, Mindestlatenzzeiten, Speed Bumps oder ein geändertes Market Design, zu implementieren, um nicht produktive Arbitrage zu entwerten; andererseits ist dieses Ziel durch die Anwendung regelgebundener ethischer Prinzipien wie Transparenz, Nachhaltigkeit, Fairness und Verantwortung zu bewirken, die sowohl in die Systemarchitektur als auch in die Governance eingebettet werden müssen. Nur durch ein solches Zusammenwirken von Regulierung und Gestaltung kann das Gefangenendilemma aufgelöst und ein Markt, der nicht nur effizient, sondern auch gerecht und ökologisch tragfähig ist, geschaffen werden.

Das Hochfrequenzhandelsgesetz (HFT-Gesetz) der Bundesrepublik bildet den ersten Versuch, solche Koordinationsdefizite zu adressieren. Es verlangt eine Kennzeichnung algorithmisch erzeugter Orders, limitiert das Order-zu-Transaktions-Verhältnis und ermächtigt die Börsenaufsicht, bei systemischer Gefährdung Eingriffe bis hin zur Unterbrechung des Handels anzuordnen (BGBl. I 2013, S. 1162 ff.). Auf supranationaler Ebene konkretisiert die Delegierte Verordnung (EU) 2017/589 zu MiFID II Organisationspflichten, Test- und Kill-Switch-Anforderungen sowie eine lückenlose Änderungsprotokollierung aller algorithmischen Komponenten (ABl. L 87/417–418). Beide Normen folgen implizit einer doppelt kontraktualistischen Logik: Zum einen knüpfen sie an Rawls' Prinzip der fairen Teilhabe an Märkten an, indem sie Chancengleichheit über Diskriminierungsverbote bei Marktzugängen sichern (Rawls 1971, S. 266 ff.). Zum anderen entsprechen sie der instrumentalistischen Tradition von Buchanan/Lütge, welche Märkte als kooperative Spiele versteht, die nur dann Wohlfahrtspotenzial entfalten, wenn die Spielregeln opportunistisches Verhalten sanktionieren und produktive Effekte incentivieren (Müller, & Lütge 2014, S. 92).

Aus der signifikanten Rolle der Finanzmärkte für die Realwirtschaft ergibt sich, dass Störungen der Finanzmärkte die Möglichkeit der Wirtschaft behindern, gesellschaftlichen Wohlstand und ein gutes Leben sicherzustellen (Gabriel, Klein, Schaefers, & Utz, 2016, S. 4 und 15). Die vorliegende Arbeit schlägt daher einen ethisch-normativen Ordnungsrahmen vor, der vier Komplementärdimensionen verbindet. Erstens sind Zulassungs- und Überwachungspflichten für alle HFT-Algorithmen vorzusehen, die nicht nur Quellcode-Versionen, sondern auch Entscheidungsheuristiken dokumentieren; dies ermöglicht Ex-ante-Prüfungen auf Marktrückkopplungen und Ex-post-Haftungszuweisungen. Zweitens muss funktionale Transparenz hergestellt werden, um den ökonomischen Vorteil einer reinen Latenzstrategie zu relativieren, ohne legitime Arbitrage-Funktionen zu unterbinden. Drittens sind technische Stabilitätsmaßnahmen erforderlich, um algorithmische Rückkoppelungsschleifen in Stresslagen zu dämpfen. Viertens verlangt die Marktgerechtigkeit einen diskriminierungsfreien Zugang zu ultraschnellen Datenfeeds und Ko-Lokationsdiensten; andernfalls entsteht ein privates Latenz-Monopol, das reale Effizienzgewinne wieder neutralisiert.

Damit solche Regeln nicht an nationalstaatlichen Grenzen verpuffen, bedarf es einer transnationalen Governance unter Einbindung von ESMA, IOSCO, dem Financial Stability Board und der Bank für Internationalen Zahlungsverkehr. Nur eine koordiniert fortgeschriebene Regulierungsarchitektur verhindert Arbitragemigrationen in weniger regulierte Jurisdiktionen und hält Schritt mit der Innovationsdynamik, sowohl hinsichtlich Handelsstrategien als auch bezüglich Hardware-Latenzen, die inzwischen an die physikalische Lichtgeschwindigkeitsgrenze führt (Biais, & Foucault, 2014, S. 6–15). Zugleich ist eine Ethical-by-Design-Strategie notwendig: Entwickler müssen Sicherheits- und Kontrollstandards institutionell verankern. Ein solcher Ansatz operationalisiert Verantwortung dort, wo sie faktisch entsteht – im Code-Repository und in den Deployment-Pipelines –, statt sie nachträglich auf Trader oder Aufsichtbehörden abzuwälzen. Er ergänzt die „Top-down“-Ordnungsethik Homanns, die mittels externer Regeln kooperative Ergebnisse erzwingt, um eine „Bottom-up“-Technikethik, die Normen bereits in den Artefakten implementiert.

In der Summe zeigt sich, dass HFT weder als per se schädliche Spekulationsform diskreditiert noch als reine Effizienz-Maschine verklärt werden darf. Seine positiven Wirkungen – Engführung von Spreads, beschleunigte Preisintegration, Liquiditätsbereitstellung – sind empirisch belegt; ebenso manifestieren sich in Stressphasen negative Externalitäten in Form selbstverstärkender Liquiditätsfluchten (Ait-Sahalia, & Saglam, 2013, S. 44; Hautsch, Noé, & Zhang, 2017, S. 56–61). Erst der institutionelle Ordnungsrahmen, der einerseits kontraktualistisch Fairness und Teilhabe garantiert und andererseits instrumentell die

Stabilität des Systems wahrt, ermöglicht eine normativ tragfähige Synthese. Mit einem solchen „gemeinsamen Gelingen" wird HFT von einem partikularen Rent-Seeking-Werkzeug zu einem sozial erwünschten Innovationstreiber, der reale Wertschöpfung, Marktintegrität und gesellschaftliches Vertrauen miteinander in Einklang bringen kann (Dietzfelbinger, 2004, S. 214). Durch ordnungspolitische Rahmensetzung lassen sich die Vorteile des technologischen Fortschritts mit den Anforderungen an faire, stabile und vertrauenswürdige Finanzmärkte in Einklang bringen (Contratto, 2014, S. 159–160; Giegold, 2008, S. 12–14; Beverungen, & Lange, 2017, S. 9).

## 1.9 Gang der Untersuchung

Zur Erreichung der Zielsetzung ist die Dissertation wie folgt aufgebaut:

Nach dieser Einführung, die die Grundlagen für die Arbeit legt und die Thematik einordnet (Kapitel 1), werden in Kapitel 2 die im Rahmen der Einführung aufgezeigten Themenstellungen vertieft, indem zunächst die zentralen Begriffe näher definiert werden, um ein einheitliches Verständnis dieser im Rahmen der Untersuchung sicherzustellen.

Eine theoretische Darstellung von Grundprinzipien der Ethik folgt in Kapitel 3.

In Kapitel 4 werden darauf aufbauend die Rahmenbedingungen für Handlungen an den Börsen präsentiert und es wird ein erster Abgleich zu ethischen Grundprinzipien vorgenommen. Dies erfolgt insbesondere in Bezug auf die technische Unterstützung an Börsen, im Hinblick auf den Zweck von Börsen sowie bezüglich der Handelsstrategien.

Kapitel 5 schließlich dient der Darstellung der Grundzüge des HFT und Kapitel 6 der Präsentationen von regulatorischen und aufsichtsrechtlichen Bestimmungen im HFT-Kontext. Dabei erfolgt insbesondere eine Abgrenzung zwischen europäischen und US-amerikanischen Regelungen.

Schließlich kann im Kapitel 7 eine Darstellung der Probleme des HFT erfolgen. Dies geschieht nach einer grundlegenden Einordnung getrennt in die Bewertung aus Sicht der Finanzmärkte, aus Sicht der Realwirtschaft und aus Sicht der Gesellschaft.

Kapitel 8 leitet darauf aufbauend Lösungen (Empfehlungen) für die Probleme des HFT ab. Die Lösungen werden auf administrativer Ebene und auf marktwirtschaftlicher Ebene gesucht. Empfehlungen sind hierbei zu verstehen als eine Summe aus geeigneten Maßnahmen, einem Ordnungsrahmen im Sinne der Ordnungsethik und/oder – soweit notwendig, erforderlich bzw. sinnvoll – Werten,

Prinzipien u. Ä., die im Rahmen individualethischer Überlegungen zu formulieren sind.

Die Arbeit schließt mit einer Schlussbetrachtung in Kapitel 9. Hier erfolgen eine zusammenfassende Würdigung der Interdependenzen von HFT auf Realwirtschaft und Gesellschaft sowie eine Beantwortung der Forschungsfragen. Schließlich wird ein Fazit gezogen.

## 1.10 Methodische Vorgehensweise

Zur Bearbeitung der Thematik dient methodisch eine klassische Literaturrecherche als Verfahren. Die gesamte Arbeit folgt dabei in ihrer Grundüberlegung der offenen Vorgehensweise nach der „Grounded Theory". Letztere bildet den Rahmen für eine Theoriebildung, die bereits einen Gegenstand hat. Die von Strauss und Corbin im Jahre 1996 (1996, S. 1 ff.) vorgelegte Systematik erscheint für diese Arbeit der geeignetste Ansatz zu sein, weil sie postuliert, dass alle erhobenen Informationen (zunächst) relevant sind (Corbin, & Strauss, 1990, S. 3–20).

In Anlehnung an Glaser und Strauss (1967, S. 1 ff.) beschreibt die Grounded Theory einen Forschungs- und Erkenntnisprozess, der sich von der Entwicklung einer Forschungsfrage bis zum Erstellen eines Ergebnisberichts erstrecken kann. Der Forschungsprozess umfasst gleichermaßen die Datenerhebung, die Datenanalyse und die Theorienbildung (Böhm, 2000, S. 475). Die Datenerhebung wird auf Grundlage einer möglichst offenen Fragestellung in einem abgegrenzten Untersuchungsfeld durchgeführt, wobei verschiedene Forschungsmethoden zum Einsatz kommen können. Die Datenanalyse erfolgt durch ein permanentes Vergleichen der erhobenen Informationen und verfolgt das Ziel, Ähnlichkeiten und Unterschiede im Datenmaterial zu eruieren. Die Entwicklung einer verankerten Theorie erfolgt durch das Codieren bzw. „Übersetzen von Daten" (Böhm, 2000, S. 476) in Konzepte und Kategorien, wobei verschiedene Arten des Codierens verwendet werden können (Böhm, 2000, S. 475–476). Das Ziel der Grounded Theory ist es, eine „Beschreibung und Erklärung der untersuchten sozialen Phänomene zu liefern" (Böhm, 2000, S. 476), um von beobachteten Einzelfällen auf eine allgemeingültige Theorie schließen zu können (Mayer, 2009, S. 24).

Aus der Literatur – und dies rechtfertigt diesen Ansatz – kann im Rahmen dieser Arbeit umfangreiches Material für eine Analyse zur Verfügung gestellt werden, aus dem „Kernaspekte" herausgefiltert werden müssen. Aufgrund der aus der Theorieforschung formulierten Vorkenntnisse ist es ebenfalls möglich, Konzepte zu finden, die dabei helfen, das Material analytisch aufzubrechen. Auf eine

Definition von einzelnen Codes verzichtet der Verfasser zugunsten einer breiten Aufnahme der Literatur jedoch.

An wissenschaftlichen Gütekriterien müssen in einem Auswertungsverfahren die Objektivität, die Reliabilität und die Validität erfüllt sein. Eine Objektivität in der Vorgehensweise ist dann gegeben, wenn keine Beeinflussung/Veränderung während der Informationsaufnahme möglich ist, d. h., dass die Recherche soweit wie möglich durch subjektive Einflüsse aufgrund eigener Meinungen des Verfassers keine Begrenzung erfahren sollte. Von einer Reliabilität spricht man, wenn die Ergebnisse stabil (konsistent) und äquivalent (Rückfragemöglichkeiten vorhanden) sind. Die Validität von Ergebnissen ist gegeben, wenn sie den „wahren Werten“ nahekommen bzw. bei mehrmaliger Durchführung der Informationsaufnahme die gleichen Ergebnisse zu erwarten sind.

Final erfolgen eine Zusammenfassung der über die Analyse der Literatur gewonnenen Erkenntnisse in Hypothesen und anschließend eine Prüfung der Übertragbarkeit auf HFT. Dies geschieht im Rahmen der Ableitung der Handlungsempfehlungen.

# Begriffliche Grundlagen und Einordnungen

# 2

## 2.1 Begriff „Ethik"

Der Begriff „Ethik" ist von dem griechischen Terminus „ethos" (ἠθική (ἐπιστήμη)) abgeleitet und kann im Deutschen mit den Begriffen „Gewohnheit", „Brauch", „Gesittung", „sittliches Verständnis" oder aber „Charakter" wiedergegeben werden. Folgt man Karl Marx, bezieht sich die Ethik auf die philosophische Ergründung sowie Erklärung sog. sittlicher Tatsachen (Marx, 2003, S. 36). Homann definiert den Begriff der Ethik als wissenschaftliche Reflexion über die Moral. Dabei bezieht sich letztere auf die in der Gesellschaft tatsächlich geltenden Normen, Werte und Tugenden, während die Ethik den Versuch darstellt, diese kritisch zu analysieren, wissenschaftlich zu begründen und gegebenenfalls zu verändern (Homann, K., 2002, S. 3). Lütge erweitert den Begriff der Ethik über die Bewertung von Handlungen hinsichtlich der moralischen Richtigkeit hinaus um die Bedingungen und Mechanismen, unter denen moralische Normen in der Gesellschaft entstehen und umgesetzt werden können (Lütge, & Uhl, 2017, S. 6–8).

Im Mittelpunkt der Ethik steht die Frage nach einem moralischen Handeln. Begründer des Begriffes „Ethik" als wissenschaftliche Disziplin war Aristoteles (384–322 v. Chr.). Schon bei diesem wurden dem Wort „Ethik" zwei Bedeutungen zugeschrieben: das Sittliche selbst und die Wissenschaft vom Sittlichen. Ethik kann demnach als ein Teilgebiet der Philosophie aufgefasst werden, das als „praktische Philosophie" verstanden wird und sich mit dem menschlichen Handeln beschäftigt. Ethik wirkt dabei normativ. Normativ im Sinne von wertend heißt, dass mittels Reflexion und Bereitstellung von Wertmaßstäben ein



U. Stephan, *Hochfrequenzhandel im Spannungsfeld von Finanzmärkten, Realwirtschaft und Gesellschaft*, Wirtschaftsethik in der globalisierten Welt,
https://doi.org/10.1007/978-3-662-74019-4_2

begründetes Handeln und eine „richtige" Lebensform ermöglicht werden (Trillhaas, 1972, S. 19). Aristoteles stellt heraus, dass Ethik nicht aus Regeln und Prinzipien besteht, sondern „nur" eine Antwort auf die Frage nach dem „guten Leben" gibt, was durch „das richtige Zusammenspiel von Form, Vorgehen, Inhalt, Wertekanon und Reflexion (Praktische Weisheit) dargestellt werden kann. Ethik muss geübt werden, um zur tugendhaften Haltung (Hexis) führen zu können (…)" (Gscheidmeyer, 2017, o. S.).

Hübner konstatiert diesbezüglich, dass sich in Bezug auf das Wort „Ethik" v. a. zwei Verwendungsweisen etabliert haben, nämlich auf der einen Seite im Sinne von „Sitte", „Gewohnheit" und „Brauch", wobei der Terminus vorrangig auf kollektive Gepflogenheiten, die in einem Gemeinwesen wie einem Staat herrschen, referiert. Auf der anderen Seite bezieht sich der Begriff auf Konzepte wie „Denkweise", „Charakter" oder „Sinnesart" und referiert auf individuelle Einstellungen und Haltungen von Individuen. Anzumerken ist hinsichtlich des Terminus „Ethos" zudem, dass er weder in der ersten noch in der zweiten Verwendungsweise positive oder negative Konnotationen aufweist. Vielmehr, so Hübner weiter, kann der Begriff für eine wertneutrale, eine schlechte oder aber eine gute Sitte stehen und vice versa einen wertfreien, einen bösen oder einen guten Charakter bezeichnen (Hübner, 2010, S. 1).

Die Ethik folgt hierbei wissenschaftlichen Methoden, wobei im Zuge ethischer Analysen das menschliche Handeln vor dem Hintergrund spezifischer Normen und Werte einerseits theoretisch reflektiert und andererseits kritisch betrachtet wird. De facto werden sowohl das Verhältnis des Menschen zu sich selbst als auch das zu den Mitmenschen und der (ökologischen) Umwelt (Höffe, 2002, S. 170) erfasst. Die ethischen Bewertungen basieren dabei auf dem Prinzip der Vernunft (Kunze, 2007, S. 17).

Im Regelfall können drei zentrale philosophische Ethiken bzw. ethische Ausrichtungen unterschieden werden, die die Grundlage der modernen Ethikdiskussion darstellen und sich seit Aristoteles entwickelt haben (Nida-Rümelin, 2005, S. 10–30):

- die Tugendethik, die auf Aristoteles zurückgeht,
- die deontologische Ethik (Pflichtenethik), die mit Kant verbunden ist, und
- der Utilitarismus, der die Basis der teleologischen Ethik (der zielgerichteten Ethik) darstellt und von Bentham und Mill geprägt wurde.

Aristoteles hat sein Verständnis von Ethik in der nikomachischen Ethik manifestiert, die Ethik philosophisch als Lehre vom guten, gerechten Leben und Handeln sowie von der Sittlichkeit und Tugend versteht. Dabei sieht Aristoteles als wichtigen Weg zu einem guten bzw. tugendhaften Leben das „Maßhalten" an, d. h., die Mitte (griechisch „Mesotes") zwischen den Extremen zu suchen und zu finden. Nur ein in diesem Sinne tugendhaftes Leben kann dann zu Glück führen (Meck, & Zschaler, 2012, S. 2–7). Die Pflichtethik nach Kant ist eine Form der deontologischen Ethik, die moralisches Handeln allein nach dem Prinzip der Pflichterfüllung bewertet, unabhängig von den Folgen. Für Kant ist der gute Wille moralisch wertvoll. Man muss nicht nur das Richtige tun, sondern man muss es auch aus den richtigen Gründen tun. Im Zentrum der Pflichtethik von Kant steht der kategorische Imperativ, der besagt, dass das Individuum derart handeln soll, dass seine Handlungen allgemeines Gesetz werden können (Kant, 1785/1911, S. 421). Im Kontrast zu Kant steht der Utilitarismus von Bentham und Mill. Im Utilitarismus wird moralisches Handeln einzig nach dem Ergebnis der Handlung, nämlich der Erzielung höchstmöglichen Glücks, beurteilt. Dieser Konsequentialismus konzentriert sich auf die Maximierung des allgemeinen Wohlergehens (Bentham, 2013, Mill, 2009).

In der Moderne wird Ethik als Grundlagenwissenschaft gewertet, d. h. als Lehre vom „guten Leben" und vom „richtigen Handeln und Wollen". Damit stellt Ethik einen allgemeingültigen und endgültigen Maßstab für menschliches Handeln bzw. Unterlassen zur Verfügung und präsentiert sich in diesem Sinne als praktische Philosophie, die als wissenschaftliche Reflexionsform von Moral und Werten verstanden werden kann (Meck, & Zschaler, 2012, S. 2–7). Die Ethik will Handlungen als gerecht begründen und rechtfertigen, wenn diese Handlungen als „qualitativ moralisch richtig" eingeschätzt und als ethisch korrekt gelten (Pieper, 2003, S. 10 ff.; Sievers, & Dubcova, 2019, S. 393). Je nach Ausrichtung der Ethik werden verschiedene Aspekte des Handelns in den Vordergrund gestellt.

## 2.2 Begriffe „Moral" und „praktischer Syllogismus"

Der Begriff „Moral" stammt aus dem Lateinischen. Dabei wird im Sinne der „klassischen Definition" unter „Moral" ein „(…) Komplex von Regeln und Normen, der das Handeln der Menschen bestimmen oder bestimmen sollen und deren Übertretung zu Schuldvorwürfen gegen sich selbst bzw. gegen andere führt" verstanden. „Ethik" wird, wie oben gezeigt, im Gegensatz hierzu als „wissenschaftliche Disziplin der Moral" verstanden und „(…) befasst sich mit den Prinzipien der Moral (…)" und somit mit den Vorgaben „hinter" der Moral (Homann, & Lütge, 2013, S. 5). „Moral" ist im Gegensatz zur Ethik als das praktizierte System von Regeln, Normen und Werten zu verstehen, das Individuen und Organisationen in die Lage versetzt, „(…) die moralischen Urteile anderer in die eigenen Überlegungen einzubeziehen – und zwar sowohl normativ, also was andere vernünftigerweise erwarten und fordern [,] [sic!] als auch empirisch, d. h. wie sie tatsächlich urteilen, und dann möglicherweise auch handeln“ (Suchanek, 2014, S. 7).

Der praktische Syllogismus ist ein methodisches Instrument der normativen Ethik. Er umfasst eine logische Konzeption zur Herleitung moralischer Urteile, das sich sowohl auf normative als auch auf empirische Prämissen stützt. Das Ziel ist es, moralisch fundierte und zugleich praktisch realisierbare Handlungsempfehlungen herzuleiten. Der praktische Syllogismus ist eine praktische Erwägung zur Ableitung praktischen Handelns (Corcilius, 2009, S. 130 ff.). Gem. Homann und Lütge umfasst der praktische Syllogismus drei Elemente: eine normative Prämisse, eine empirische Prämisse und eine normative Konklusion. Der praktische Syllogismus verbindet somit die Fragestellung nach einer Handlung („Was soll ich tun?“), die Konklusion, mit zwei dieser Frage vorangestellten Stufen bzw. Fragen, den Prämissen: Die erste Frage bezieht sich auf die Ziele („Was will ich?“), während die zweite Frage auf die Rahmenbedingungen, in denen man agiert („Was hält mich davon ab?“), abzielt. Somit wird das abstrakte Modell, das aus (a) normativen Werten und Zielen, (b) empirischen Bedingungen und (c) einer Handlung besteht, der Ich-Perspektive mit (a) eigenen Zielen und Werten, (b) eigenen Kompetenzen und anderen Bedingungen und (c) einem eigenen Handeln und Tun gegenübergestellt (Suchanek, 2015, S. 44 f.). Die normative Prämisse enthält ein moralisches Ziel bzw. ein anzustrebendes Ziel, beispielsweise Freiheit oder Gerechtigkeit. Die empirische Prämisse beschreibt die tatsächlichen Gegebenheiten oder Rahmenbedingungen, unter denen die Handlung durchgeführt wird. Aus der Verbindung beider Prämissen ergibt sich die Konklusion als konkrete moralische Handlungsempfehlung (Homann, & Lütge, 2005, S. 35 f.). Handlungen folgen nicht nur den Handlungsregeln, sondern berücksichtigen auch die Handlungsumstände, die Kontexte und Abweichungen von den üblichen Handlungen (Lutz-Bachmann, 2013, S. 115). In Summe bedeutet dies, dass es nicht ausreicht, eine Handlung zu betrachten, um ein moralisches Urteil abgeben zu können, sondern es ist immer notwendig, auch das Umfeld bzw. die Bedingungen zu betrachten, unter denen diese Handlung verübt wurde (Müller-Wienbergen, 2016, S. 18).

## 2.3 Begriffe „Ökonomik“ und „Ökonomie“

Die Begriffe Ökonomie und Ökonomik werden umgangssprachlich synonym verwendet. Jedoch werden sie in der wissenschaftlichen Diskussion differenziert eingesetzt. Während der Begriff Ökonomie (griechisch oikonomia, Haushaltsführung) allgemein das Wirtschaftssystem bzw. die Praxis des Wirtschaftens bezeichnet, meint der Begriff der Ökonomik (englisch economics) die wissenschaftliche Disziplin, die wirtschaftliche Zusammenhänge theoretisch und empirisch analysiert (Lütge, & Uhl, 2017, S. 7). Sie ist die Wissenschaft von der Knappheit und deren Bewältigung durch rationale Handlungen. Sie befasst sich mit den Wünschen (Präferenzen) und Mitteln (Restriktionen) der Wirtschaftssubjekte, d. h. mit der effizienten Mittelverwendung zur Erreichung eines bestimmten Ziels (Kirchgässner, 2000, S. 5; Horn, 1996, S. 24). Demnach ist „Ökonomik“ als „Summe menschlichen Verhaltens [zu verstehen, Anm. d. Verf.], als eine Beziehung zwischen Zielen und knappen Mitteln, die unterschiedliche Verwendung finden“ (Lütge, & Uhl, 2017, S. 7; Homann, Lütge, 2005, S. 3). Es gilt: „Ökonomik befasst sich mit der Erklärung und Gestaltung der Bedingungen und Folgen von Interaktionen auf der Grundlage individueller Vorteils-/Nachteilskalkulationen“ (Homann, & Suchanek, 2005, S. 5 und 18). Die Fokussierung auf die Interaktion von Wirtschaftssubjekten geht über das typischerweise in der Nationalökonomie formulierte Verständnis von Ökonomie als der Behandlung der Allokation knapper Ressourcen hinaus (Münch, 2012, S. 7). Die Ökonomik ist somit eine Sozialwissenschaft, die auf das (rationale) Verhalten von Menschen ausgerichtet ist (Kirchgässner, 2013, S. 2; Hoppe, 2016, S. 12). Sie betrifft die Wirtschaft als Funktionsbereich der Gesellschaft (Göbel, 2024, S. 65). Grundsätzlich ist die Ökonomik eine positive Wissenschaft, da die Erkenntnisse unabhängig von der Einstellung und den Wertvorstellungen des Anwenders gelten. Sie ist im Sinne Max Webers eine wertfreie Wissenschaft (Kirchgässner, 2013, S. 2 f.). Jedoch gibt es auch Zweige wie die Allokationstheorie, die notwendigerweise Werturteile voraussetzen und mithin in den Bereich der normativen Ökonomik fallen (Sohmen, 1992, S. 1). Nach Göbel steht dabei in der „Ökonomik“ die Suche nach einem „allgemeinen Gleichgewicht“ im Vordergrund, das durch Anreizsysteme ermöglicht wird. Diese sollen dazu dienen, Ressourcen optimal zu allokieren (Göbel, 2013, S. 87).

Relevant für die vorliegende Untersuchung ist, wie Wertvorstellungen, Moral sowie Ökonomie zusammengeführt werden können. Dabei gilt, dass ethische Normen unter Wettbewerb den ökonomischen Prinzipien bzw. der wirtschaftlichen Logik folgen müssen, sollen sie eingehalten werden (Horn, 1996, S. 25 und 28). Homann spricht von einem „Dualismus von Ethik und Ökonomie“ (Homann,

2014, S. 6), der entweder über die Generierung von Wettbewerbsvorteilen durch moralisches Handeln oder durch die Beachtung von Moralstandards in Form von Spielregeln (einem Ordnungsrahmen) als eine „für alle verbindliche und sanktionsbewehrte Rahmenordnung“ (Homann, 2004, S. 2) erreicht werden kann. Er spricht sich dabei für einen sanktionsbewehrten Ordnungsrahmen aus, der – damit die Individualethik erhalten bleibt – nicht nur aus Spielregeln und Spielzügen, sondern auch aus einem Spielverständnis konkretisiert bzw. ergänzt werden kann. Die Spielregeln repräsentieren dabei den Ordnungsrahmen. Sie stellen die Gesetze, Verordnungen und Verträge dar und sichern die Einhaltung der Rahmenbedingungen im Verhalten der „Spieler“. Die Spielzüge sind die Handlungen innerhalb dieses Ordnungsrahmens. Das Spielverständnis steht für gemeinsame Normen und Überzeugungen als ungeschriebene Gesetze und Regeln. Es verhindert in dieser Ausprägung unterschiedliche Einstellungen zu Regeln und Normen und sorgt somit für eine übereinstimmende Interpretation bzw. bildet ein übergeordnetes, gemeinsames, Verständnis und Wissen um den Sinn und Zweck des Spiels (Suchanek, 2010, S. 1–20; von Broock, S. 13–30). Nach Suchanek ist insbesondere das Spielverständnis von zentraler Bedeutung, da es die Verbindung zwischen Ordnungsethik (den „eigentlichen“ Spielregeln) und der Individualethik (dem Spielverständnis selbst) herstellt (van Broock, & Suchanek, 2009, S. 9; Müller-Wienbergen, 2016, S. 25; Homann, 2014, S. 6).

Nach Homann ist folglich die erwähnte Schaffung eines Ordnungsrahmens die Lösung des Dilemmas zwischen Ethik und Ökonomik und stellt damit den Dualismus von Ethik und Ökonomie her (Homann, 2004, S. 2; Luhmann, 1997, S. 1 ff.). Das gilt insbesondere in modernen, globalisierten Großgesellschaften, in denen dem sozialen Druck, sich ethisch zu verhalten, ausgewichen werden kann. Moral lässt sich demnach „nur mit den und durch die Gesetzmäßigkeiten der empirischen Welt, nicht aber gegen sie“ realisieren (Homann, 2012, S. 11; Pippin, 2005, S. 59–70). Hierzu ist Voraussetzung, dass das Handeln der Akteure nicht systematisch mit Nachteilen bestraft wird (Homann, 2003, S. 18). Dann kann „moralische Motivation“ bestehen und dadurch eine moderne eudämonistische Ethik entstehen – in der Literatur wird im Regelfall von „Klugheitsethik“ gesprochen –, die für rationelle Situationen sorgt und somit die Grundlage dafür darstellt, dass individuelle Vorteilserwartungen hinter Vorteilen für die Gemeinschaft zurückstehen (Homann, 2003, S. 20 f.). Mit anderen Worten, der Ordnungsrahmen lenkt die Anreize in einer Weise, dass sie dem Einzelnen dienen und der Gemeinschaft mindestens nicht schaden.

## 2.4 Begriff „Wirtschaftsethik"

„Wirtschaftsethik" stellt übergeordnete Fragen von Verantwortungen, Gerechtigkeit und Fairness in der Wirtschaft. Sie beschäftigt sich mir moralischen Grundlagen, Prinzipien und Normen des gesamten Wirtschaftssystems. Insofern sind gesamtwirtschaftliche Fragestellungen und die Rahmenbedingungen des Wirtschaftens zentrale Punkte der Wirtschaftsethik. Sie ist als „angewandte Ethik" zu betrachten, ohne auf einzelne Unternehmen bzw. die Anwendung in einzelnen Unternehmen begrenzt zu sein. Unter dem Begriff „Wirtschaftsethik" ist die Anwendung der Prinzipien der Gerechtigkeit, der Fairness, der positiven Absicht und der Freiwilligkeit auf das wirtschaftliche Umfeld zu verstehen (Göbel, 2013, S. 87). Lütge und Uhl beschreiben „Wirtschaftsethik" als „Ethik mit ökonomischer Methode" (Lütge, & Uhl, 2017, S. 7), d. h. als „eine Ethik für die Wirtschaft" (Lütge, & Uhl, 2017, S. 7), die für die Wirtschaft relevante Problemstellungen untersucht und damit auf einem traditionellen Verständnis von Ökonomik beruht (Lütge, & Uhl, 2017, S. 7). Somit ist Wirtschaftsethik als allgemeine Ethik zu verstehen, die unter der Fragestellung der Normenimplementierung, also der „Umsetzung von Regeln im sozialen Kontext" (Lütge, & Uhl, 2017, S. 8), zu bewerten ist. Göbel definiert Wirtschaftsethik umfassend wie folgt: „Wirtschaftsethik ist die Anwendung der Ethik auf den Sachbereich Wirtschaft. Sie befasst sich mit den ethischen Fragen von guten und richtigen Handlungen und Haltungen sowie sittlich erwünschten Zuständen im Subsystem Wirtschaft" (Göbel, 2013, S. 89).

Es existieren verschiedene Bereiche einer angewandten Wirtschaftsethik. Diese sind folgende (Göbel, 2013, S. 87 ff.):

- die korrigierende Wirtschaftsethik, die den Markt als unmoralisch einstuft und Ethik als Möglichkeit ansieht, korrigierend bei der Produkt- bzw. Leistungserstellung sowie der anschließenden Verteilung der Gewinne einzugreifen,
- die funktionale Wirtschaftsethik, die die Marktlogik in den Mittelpunkt des Denkens und Handelns stellt – Gewinnsteigerungen gelten als grundsätzlich moralisch (sog. Utilitarismus) –, und schließlich eine
- integrative Wirtschaftsethik, die davon ausgeht, dass jede wirtschaftliche Handlung sich normativ-ethischen Grundsätzen unterwerfen muss (sog. deontologische Ethik).

Mit Blick auf Homann und Lütge muss hier allerdings die an der Ordnung orientierte Wirtschaftsethik ergänzt werden. Dabei sollen normative Ziele unter ökonomischen Realitäten erzielt werden. Die Ordnungsethik zielt auf institutionelle Rahmenbedingungen, unter denen moralisches Verhalten nicht nur möglich, sondern rational vorteilhaft ist. Funktionale und integrative Elemente werden berührt, sind aber nicht die Hauptstoßrichtung. In Abschnitt 2.7 findet sich eine ausführlichere Diskussion zur Ordnungsethik (Homann, & Lütge, 2005, S. 20–24 und 35 f.).

Auf Basis dieser Unterscheidung kann die Wirtschaftsethik eine weitreichende Bedeutung haben. Es lassen sich grundsätzliche ethische Ansatzpunkte wie der ethische Absolutismus, der ethische Relativismus, der ethische Konsequenzialismus bzw. der ethische Non-Konsequenzialismus aus ihr ableiten. Hieraus wiederum lassen sich soziale Normen im Sozialvertragstheorem herstellen, die helfen können, um eine Handlung als „richtig" oder „falsch" zu bewerten (Schmidt, 2009, S. 43 ff.). Unter dem ethischen Absolutismus subsumiert man ethische Theorien, die als sog. Pflichtethik beschrieben werden. Diese Pflichtethik bewertet Handlungen nicht anhand ihrer Konsequenzen als „gut" oder „schlecht", sondern danach, ob die Handlungen einer vorhandenen Regel entsprechen (Schmidt, 2009, S. 43–49). Beim ethischen Relativismus werden moralische Prinzipien, Urteile und Überzeugungen im Kontext der Metaethik auf Gegebenheiten zurückgeführt, die sozial, kulturell, historisch oder persönlich geprägt sind (Dreier, 2005, S. 240–264). Bei dem ethischen Konsequenzialismus bzw. dem ethischen Non-Konsequenzialismus stehen „Der-Zweck-heiligt-die-Mittel"-Fragestellungen im Vordergrund (Darwell (Hrsg.), 2007, S. 1 ff.).

Abschließend kann Wirtschaftsethik nach Göbel in die Mikroebene der Wirtschaftsethik, die Makroebene der Wirtschaftsethik und die Mesoebene der Wirtschaftsethik aufgeteilt werden (Göbel, 2013, S. 89 f.). Göbel versteht unter der Mikroebene der Wirtschaftsethik die Betrachtung der Wirtschaftsakteure, indem auf die Rolle der Individuen in ihrer Aktivität als Wirtschaftsakteure geblickt wird. Hierbei können die Individuen als Konsumenten (Konsumentenethik), Produzenten (Produzentenethik) oder Investoren (Investorenethik) auftreten (Göbel, 2013, S. 89–94). Bei der Makroebene der Wirtschaftsethik erfolgt eine ethische Bewertung der wirtschaftlichen Institutionen, mithin der institutionellen Rahmenbedingungen des Wirtschaftens. Dabei gilt als Institution eine Summe von Konventionen und Regeln der Moral, der Sitte und des Rechts. Institutionen beeinflussen individuelles Handeln, indem sie einen Rahmen möglicher Werte und Zwecke vorbestimmen, die entsprechenden Mittel nahelegen und mit den Handlungen bestimmte Folgen verbinden. Sie tragen zur Komplexitätsbewältigung durch eine „Vorselektion von Handlungsmöglichkeiten bei" (Göbel, 2013, S. 95). Bei der Mesoebene der Wirtschaftsethik handelt es sich um die Unternehmensethik (Göbel, 2013, S. 95 ff.).

## 2.5 Begriff „Unternehmensethik“

Die „Unternehmensethik“ ist insofern ein Teilbereich der Wirtschaftsethik, der sich mit dem Verhältnis von Marktwirtschaft und Moral aus gesellschaftlicher Sicht beschäftigt. Sie bezieht sich sowohl auf die Innensicht als auch die Außenbeziehungen von Unternehmen, Unternehmern und Managern und stellt moralische Forderungen auf (Enste, & Wildner, 2014, S. 8). Die Wirtschaftsethik beschäftigt sich mit ethischen Prägungen in den Unternehmen und hinterfragt die Verhaltensweise der Verantwortlichen in Unternehmen unter ethischen Aspekten. Potenzielle Konflikte zwischen Gewinnstreben und Moral werden reflektiert und adressiert (Pies, 2008, S. 1 f.). Angesprochen wird das moralische Agieren von wirtschaftlichen Organisationen (vor allen Dingen börsennotierten Unternehmen). Dabei wird unterstellt, dass

- Unternehmen mit ihren Mitarbeitern selbst als moralischer Akteur aktiv sein können,
- als Subjekt die Macht haben, Wirkungen in Bezug auf Objekte hervorzurufen,
- sie bei ihren Entscheidungen nicht vollständig extern determiniert sind,
- die innere Struktur im Unternehmen lernfähig ist und
- das Unternehmen eine Sozialität aufweist, d. h. mit „anderen“ in Kontakt tritt (Göbel, 2003, S. 100 f.).

Die Unternehmensethik hinterfragt Strukturen und Kulturen in Unternehmen, die ethisches Handeln ermöglichen und fördern, um einzelne Akteure, wie bspw. Mitarbeiter, zu entlasten, auf allein individueller Ebene moralische Verantwortung tragen zu müssen. Insofern unterstützen die Regeln moralische Handlungen, wenn sich die Akteure regelgerecht verhalten (Enste, & Wildner, 2014, S. 8 f.). Im Mittelpunkt der Unternehmensethik steht die Frage nach Verlässlichkeit als Kernwert unternehmerischer Verantwortung. Es ist nicht nur von zentraler Bedeutung, dass unternehmerisch verantwortlich gehandelt wird, sondern auch, „dass diese Handlungen als verantwortlich gesehen und anerkannt werden“. Es gilt Versprechen einzuhalten, das Vertrauen von Kooperationspartnern zu gewinnen, es einzuhalten und damit letztlich nachhaltig und erfolgreich Wertschöpfung im Unternehmen zu betreiben (Suchanek, 2010, S. 3).

„Unternehmensethik“ beschäftigt sich „(…) mit den ethischen Pflichten, Werten und Tugenden der kommerziellen, [der, Anm. d. Verf.] gewinnerzielenden und der unternehmensähnlichen Organisationen und gemeinnützigen Unternehmen“. Sie wird verstanden als ein Mittel des unternehmerischen Risikomanagements, weil durch die Wahrnehmung von unternehmerischer Verantwortung Verlässlichkeit im Tun erreicht werden kann (Koslowski, 2009, S. 31).

## 2.6 Begriff „Finanzethik"

Der Begriff „Finanzethik" hinterfragt als „Sonderfall der Wirtschaftsethik", welche Normen und Regeln in der Finanzwirtschaft aus ethischer Sicht prägend sind und als sachgerecht identifiziert werden können (Sachgerechtigkeit als ein Prinzip einer konkreten Ethik) (von Rosen, 2000, o. S.).

Im Rahmen dieser angewandten Ethik werden die Prinzipien aus der theoretischen Ethik auf ein konkretes Problemfeld angewendet; im Fall der Finanzethik auf die Finanzindustrie.

## 2.7 Begriff „Ordnungsethik"

Gem. Lütge ist der Begriff der Ordnungsethik eine Reminiszenz an die Ordnungspolitik, wie sie in der Freiburger Schule entwickelt wurde. Ordnungsethik kann als bereichsethischer Ansatz verstanden werden, da Konzeptionen aus „verschiedenen" ethischen Bereichen zusammengeführt werden (Müller, & Lütge, 2014, S. 79). Als Begründer dieses Ansatzes einer normativen Ethik für die Wirtschaft werden Homann und Lütge genannt. Der Ansatz verschränkt methodisch Ethik mit der ökonomischen Rationalitätslogik. Moralische Normen sind nur dann implementierbar, wenn aus ihrer Befolgung für die handelnden Akteure ein individuell antizipierter Nutzen resultiert. Diese Perspektive gründet auf einer anthropologischen Annahme, die in der Tradition eines moralischen Skeptizismus steht. Der Mensch ist nicht aus sich heraus moralisch motiviert, sondern moralisch relevantes Verhalten bedarf einer externen Absicherung durch Anreizsysteme. Entsprechend wird moralische Selbstbindung nur dann als stabil empfunden, wenn sie durch positive oder negative Sanktionierung flankiert ist (Lütge, 2012, S. 20 f.). Der moralische Appell allein bleibt aus dieser Sicht wirkungslos (Homann, & Pies, 2007, S. 10; Homann, 2007, S. 30). Eucken formuliert hierzu: „Die Gesamtordnung sollte so sein, dass sie den Menschen das Leben nach ethischen Prinzipien ermöglicht" (Eucken, 1990, S. 199). In dieser Logik sind moralische Normbefolgung und individuelle Vorteilserwartung nicht gegensätzlich, sondern sich bedingende Größen. Die Regelbefolgung ist dann zu erwarten, wenn die Akteure subjektiv davon ausgehen können, dass die Einhaltung moralischer Prinzipien mit individuellen Vorteilen korreliert. Moral wird nicht primär als Ausdruck altruistischer Gesinnung interpretiert, sondern als institutionell vermittelte Rationalitätsform, die individuelle Vorteilskalküle mit kollektiven Kooperationsgewinnen systematisch zu verbinden sucht. Ethische Fragestellungen können nicht an Egoismus oder Altruismus festgemacht werden (Lütge, 2012, S. 9 f.). Daraus leitet sich das ordnungsethische Konzept des kooperativen Ordnungsrahmens ab (Wurzer, 2014, S. 34–116). Die Theorie setzt auf eine „anreizkompatible Regelsetzung" und basiert auf der (philosophischen) Vertragstheorie von Hobbes, Rawls und Buchanan, dem sog. „philosophischen Kontraktualismus". Wesentliche Einflüsse kommen des Weiteren aus den Überlegungen von Mandeville, Smith und Hume (Lütge, 2005, S. 111; Homann, & Lütge, 2005, S. 65 f.).

Im Fokus der Ordnungsethik stehen Rahmenbedingungen als sanktionsbewehrter Ordnungsrahmen in Form von Regeln „unter denen menschliches Handeln steht oder kurz: (…) Ordnungen" (Lütge, 2012, S. 89). Sie ist insofern eine Ethik, die Anreize, Institutionen und strukturelle Bedingungen betrachtet (Lütge, 2024, S. 4). Homann sieht die Lösung für Unternehmen darin, sich (a) in den Prozess der Entwicklung einer sozialen Ordnung aktiv einzubringen und (b) verbindliche Entscheidungen zu treffen, um mit den Anspruchsgruppen zu kommunizieren und sich dadurch als Teil der Ordnung zu verstehen (Homann, 2004, S. 4 f.).

Die Ordnungsrahmen ist notwendig, weil in modernen Großgesellschaften die Möglichkeit des Free Ryders, des Trittbrettfahrers, gegenwärtig ist. Wirtschaftssubjekte genießen die Vorteile der Kooperation, verweigern aber, den eigenen Anteil an dieser Kooperation bereitzustellen. Rechnen jedoch die eigentlich kooperativen Teilnehmer mit unkooperativem Verhalten, sind sie selbst nicht bereit, kooperativ zu handeln, sie defektieren präventiv. Typischerweise wird dieses Problem in der Spieltheorie als Gefangenendilemma beschrieben. Nun könnte man einen individualethischen Ansatz wählen und im Sinne von Kants deontologischer Ethik auf die Moral des Einzelnen setzen. Dieser Möglichkeit steht jedoch die anonyme Großgesellschaft gegenüber, in der man potenziell ungestraft unkooperativ handeln kann. Es bedarf einer Umstellung von der Steuerung über Moral zu einer Steuerung durch Vorteilserwartungen. Dabei sind es sanktionsbewehrte Regeln, die die Handlungsbedingungen der Individuen derart lenken, dass sie aus Eigeninteresse kooperieren. Denn bei einem Kampf mit den Funktionsgesetzen der modernen Marktwirtschaft muss die Moral unterliegen (Homann, & Pies, 2007, S. 6). Bertolt Brecht schrieb in seiner „Dreigroschenoper": „Denn erst kommt das Fressen, und dann kommt Moral. Ein leerer Magen hat kein Ohr für die Moral" (Brecht, 2004, S. 283 f.). Die Ordnungsethik implementiert die Moral über einen sanktionsbewehrten institutionellen Rahmen und führt somit im Ergebnis zu einem positiven Handlungsergebnis (Lütge, 2012, S. 90 ff.). Hier knüpft die Ordnungsethik an den praktischen Syllogismus an. Denn das einzelne Wirtschaftssubjekt kontrolliert seine Ziele und Motive, nicht jedoch die Bedingungen, unter denen gehandelt wird. Bei kollektiven Handlungen kontrolliert die Gesellschaft bzw. Politik die Rahmenbedingungen, nicht aber die Ziele und Motive, Überzeugungen und Einstellungen der einzelnen Akteure. Diese Argumentation stellt sich mitnichten gegen individualethische Einstellungen. Im Gegenteil braucht auch die Ordnungsethik den guten Willen Kants und die moralische Motivation des Einzelnen. Jedoch sollte die Ethik ein Teilbereich in einem übergeordneten Konzept sein, welches ermöglicht, Probleme mithilfe der Ausdifferenzierung von Funktionssystemen zu lösen (Homann, 2008, S. 11). Die Ordnungsethik zeigt, dass unter der Voraussetzung von Großgesellschaften ein Gefangenendilemma besteht und dieses Dilemma nur über einen geeigneten Ordnungsrahmen aufgelöst werden kann (Homann, 2022, o. S.). Die Rahmenordnung ist der Ort der Moral (Homann, & Lütge, 2005, S. 30). Zentrale Fragen innerhalb der Ordnungsethik sind daher Fragen der Implementierung und der Anreiz von Regeln (Homann, & Lütge, 2013, S. 112). Das gilt in besonderer Weise für den Kapitalmarkt und den Hochfrequenzhandel. Kress argumentiert, dass eine institutionenökonomische, anreizorientierte Regelsetzung entscheidend für einen funktionsfähigen, innovativen und stabilen Kapitalmarkt ist (Kress, 1996, S. 351–386).

Ein weiterer Grund für die Ordnungsethik sind Wettbewerb und Globalisierung. Bis zur industriellen Revolution existierten zwar Märkte, es bestand aber kaum Wettbewerb, da die Märkte von Zünften und Innungen beherrscht waren, es gab Zölle und stark regulierte lokale Monopole. Die Zünfte begrenzten die Markteintrittsmöglichkeiten, den Wettbewerb und damit Innovationen. Erst mit der industriellen Revolution und dem Übergang zu kapitalistischen Strukturen kamen Wettbewerb und Gewerbefreiheit auf. Die industrielle Revolution brachte enorme Produktivitätsfortschritte durch Arbeitsteilung und Spezialisierung einerseits und technische Entwicklung andererseits. Damit wurde auch einem Nullsummenspiel ein Positivsummenspiel (Landes, 2010, S. 82–90; Mokyr, 2009, S. 29–33). Die moderne Wirtschaft und insbesondere die Globalisierung beschleunigten diese Entwicklung. Denn eine globalisierte Gesellschaft und Wirtschaft sind geprägt durch hohe Mobilität sowie kulturelle, soziale, weltanschauliche und religiöse Unterschiedlichkeiten. Die Unsicherheit der Belohnung moralischen Handelns wird ungewisser (Homann, 2003, S. 16). Auch hier gilt die Logik des Gefangenendilemmas, weshalb es struktureller Rahmenbedingungen bedarf, um die Handlungen der Einzelnen zu lenken. Allerdings kann diese Ordnung auf globaler Ebene auch unterhalb von gesetzlichen Regelungen erfolgen (Lütge, 2024, S. 4–7).

Ordnungsethik kann somit dazu dienen, das sog. „Zwei-Pluralismus-Problem" in Gesellschaften, die geprägt sind von einem Nebeneinander unterschiedlicher Weltanschauungen und Lebenskonzept, zu lösen (Müller, & Lütge, 2014, S. 65 und 80). Im Ergebnis kann „Ordnungsethik" dabei helfen, das Einzel- und Gemeininteresse auszugleichen und dadurch im Sinne bzw. durch Kompromisslösungen das Gemeinwohl und den Gemeinwillen voranzutreiben (Schild, 2017, S. 39; Hengsbach, 2005, S. 16 ff.). Dazu sind angewandte Ethiken wie die Diskursethik nach Habermas notwendig (Habermas, 1983, S. 10), die durch eine Letztbegründung die Setzung von Rahmenbedingungen als Konfliktlösung bzw. Ergebnisfindung im Diskurs als Ziel verfolgt. Die Diskursethik will dabei möglichst universelle Aussagen über allgemein anerkannte Moralprinzipien ermitteln.

## 2.8 Begriff „Individualethik"

Während die Ordnungsethik nach Homann und Lütge mit einem grundsätzlich offenen Vorteilsbegriff das Ziel verfolgt, eine einheitliche Rationalitätstheorie für alle gesellschaftlichen Belange zu etablieren, strebt die Individualethik nach Ulrich eine Rückbindung des ökonomischen Systems an die Lebenswirklichkeit an (Ulrich, 2008, S. 102). Beide Ethiken verbindet das Anliegen, die ökonomische Rationalität einer normativen Vernunft zugänglich zu machen. Die Individualethik entwickelt jedoch ein Verständnis von ökonomischer Vernunft, das sich an der Diskursethik orientiert. Der öffentliche Diskurs und die Offenlegung der argumentativen Kritik sind für Ulrich der Ort der Moral (Ulrich, 1991, S. 535). Dabei steht ein wirtschaftliches Denken, welches sich nicht nur funktional, sondern auch sozial und ethisch verantwortlich zeigt, im Mittelpunkt. Somit verbindet Ulrich mit der integrativen Wirtschaftsethik das Konzept der Diskursethik mit dem politischen Denken des republikanischen Liberalismus. Auf dieser Grundlage wird bestimmt, welche institutionellen Strukturen und persönlichen Haltungen notwendig sind, um ökonomisches Handeln nicht nur effizienter, sondern auch ethisch verantwortlicher zu machen. Ziel ist es, eine ethisch begründete Vorstellung von Wirtschaft zu entwickeln, die auch tatsächlich gelebt und umgesetzt werden kann. Es gilt das Prinzip der Reziprozität, also die Fähigkeit des Menschen, sich in die Rolle des anderen zu versetzen (Ulrich, 2008, S. 45 f.). Ulrich sieht die Orientierung an Gewinnstreben als verwerflich an. Die Gewinnmaximierung ist in der Individualethik keine legitime Handlungsoption und erst recht keine Rechtfertigung für amoralisches Verhalten. Gewinnausfälle aufgrund moralischen Verhaltens bezeichnet Ulrich als Investitionen in die Zukunft (Belghanou, 2021,

S. 34–37). Im Kontrast dazu versteht die Ordnungsethik das Dilemma, dass Wirtschaftsakteure unter Wettbewerbsbedingungen kaum kostenpflichtige Vor- oder Mehrleistungen erbringen können, ohne langfristig aus dem Markt gedrängt zu werden, als Grundproblem an. Ein moralischer Anspruch, der dauerhafte wirtschaftliche Nachteile bringt, ist nicht zu realisieren. Homann problematisiert die Ausbeutung moralischen Verhaltens unter Wettbewerb durch Trittbrettfahrer (Homann, & Lütge, 2005, S. 20; Homann, 1997, o. S.). Ulrich hingegen betont, dass nicht Marktwerte sich im Zentrum ökonomischen Handelns befinden müssen, sondern Lebensdienlichkeit entgegen allen Sachzwängen dort stehen muss (Ulrich, 1998, S. 15–27; Ulrich, 2008, S. 218). Allerdings räumt er ein, dass moralische Ansprüche an Wirtschaftsakteure, die unter existenziellen Wettbewerbsbedingungen stehen, nur innerhalb eines Ordnungsrahmens gestellt werden dürfen. Dieser muss die Akteure vor selbst nicht lösbaren moralischen Dilemmata bewahren (Ulrich, 2008, S. 310). Das Primat der Politik muss die Ordnung des Marktes derart gestalten, dass sich faire Spielregeln und ein vernünftiges Wirtschaften ergeben.

Ulrich lehnt die Theorie der funktionalen Äquivalente der Moral von Homann und der Ordnungsethik ab. In der Individualethik ist die Stützung moralischer Handlungen durch institutionelle Rahmensetzung, die traditionelle Normen ergänzen, auch unter den Bedingungen globalisierten Wirtschaftens nicht zulässig (Lütge, 2024, S. 5; Liebig, 2007, S. 79). Ulrich wendet sich gegen eine entfesselte, autonome Ökonomie. Er sucht die Reinigung der Ökonomik vor der Exklusion verantwortlicher Wirtschaftssubjekte (Ulrich, 1998, S. 15–27; Ulrich, 2002, S. 31).

Bereits in den Rezeptionen von Aristoteles im 19. Jahrhundert wurden die Ideale einer engen Verbindung von Politik, Ökonomie und Ethik vertreten. Dieses Verständnis diente als normatives Leitbild für die entstehende Nationalökonomie, also als Orientierung dafür, wie wirtschaftliches Handeln mit politischen und moralischen Prinzipien in Einklang stehen sollte. Erst mit dem Aufstieg der neoklassischen Theorie kam es zu einer systematischen Trennung dieser Sphären. Zwar würde sich die Ordnungsethik um eine ökonomische Anschlussfähigkeit moralischer Argumentation bemühen und auf die von Smith inspirierte programmatische Moralisierung über Strukturen von Handlungssystemen verweisen. Die Individualethik strebt jedoch mit einem integrativen Ansatz eine Reaktualisierung der aristotelischen Einheit von Politik, Ökonomie und Ethik an. Dabei beruft sich auch Ulrich auf Smith, wobei er allerdings die These vertritt, dass die Trias im ökonomischen Denken nie verschwunden ist. Die Neoklassik habe die Trias verlassen. Unter dem Begriff der ökonomischen Rationalität wird eine rein instrumentelle Zweck-Mittel-Rationalität verstanden, die sich an den ökonomischen Prinzipien orientiert. Dem setzt die Individualethik die dezidierte Kritik an der normativen Logik der Ordnungsethik entgegen. Ulrich distanziert sich zwar nicht vollständig von der Ordnungsethik, kritisiert aber das utilitaristische Fundament, das sich hinter dem Ausdruck der wertfreien ökonomischen Sachlogik verberge. Der Begriff der ökonomischen Sachlogik von Menger und Walras verdrängte das verantwortliche Subjekt aus den ökonomischen Modellen. An dessen Stelle trat die Konstruktion des Homo oeconomicus, die auch der Ordnungsethik zugrunde liegt. Die Individualethik hingegen plädiert für die Rehabilitierung der in Vergessenheit geratenen Perspektive der Akteure gegenüber einem sich verselbständigten System (Ulrich, 2008, S. 24). Die Individualethik nach Ulrich will das Wirtschaftssubjekt und seine Verantwortung in den Mittelpunkt des ethischen Diskurses zurückführen (Wurzer, 2014, S. 122–199). Zwar unterstellt Ulrich den Wirtschaftssubjekten grundsätzliche Vernunftsbereitschaft (Ulrich, 2008, S. 45 f.), aber er übersieht die Tatsache, dass die Akteure verschiedene Motive und Ziele verfolgen (Belghanou, 2021, S. 34–37).

In Abgrenzung zur Ordnungsethik kann vor diesem Hintergrund auf Lütge zurückgegriffen werden. Jener formuliert die These der Individualethik folgendermaßen: „An moralisch fragwürdigen Zuständen (…) [sind, Anm. d. Verf.] die unmoralischen Motive oder Präferenzen der Akteure schuld" (Lütge, 2012, S. 94). Als daraus resultierende Forderung der Individualethik nennt Lütge, dass „diese Zustände (…) dadurch behoben werden [sollen, Anm. d. Verf.], dass man moralische Forderungen an die Akteure stellen und sie zu einem Bewusstseinswandel, zu einer Änderung ihrer Motive, auffordern" (Lütge, 2012, S. 94) muss. Dies erfolgt vorrangig durch Appelle (Lütge, 2012, S. 94). Daraus entstehen Spannungsfelder zwischen den Anreizen bzw. Zielen des Einzelnen und seinem ethischen Handeln im Sinne eines gemeinsamen Gelingens. Diese Spannung kann durch eine sanktionsbewehrte Ordnung gelöst werden, d. h. durch eine Ordnungsethik.

Während Ulrich die Rahmensetzungen nicht grundsätzlich verneint, diese aber auf der Ebene des Individuums sieht und fordert (Ulrich, 1993, S. 80–106), geht Thielemann davon aus, dass Individual- und Ordnungsethik gar nicht voneinander abgegrenzt werden können: „Es wäre ein grober Fehler, Individual- und Ordnungsethik gegeneinander auszuspielen. Eine gute Rahmenordnung erübrigt nicht etwa das integre und verantwortungsvolle Handeln der einzelnen Marktakteure, sondern im Gegenteil stützt dieses. Darin lässt sich die Idee des liberalen Rechtsstaats erblicken: Die sanktionsbewehrten Regeln sind so zu setzen, dass der verantwortungsbewusst Handelnde im Wettbewerb nicht ‚der Dumme' ist, d. h., dass er keine unzumutbaren Nachteile zu gewärtigen hat" (Thielemann, o. J.,

o. S.). Nach Thielemann ist somit eine Abgrenzung zwischen Individual- und Ordnungsethik nicht möglich, weil sich beide Formen gegenseitig bedingen bzw. nur miteinander existieren können. Ulrich hingegen erkennt die Singularität von Individualethik an und stellt das Handeln des Individuums in den Vordergrund, das sich jedoch im durch die Ordnungsethik vorgegebenen Rahmen bewegen muss. Bei der Individualethik steht demnach sowohl aus Sicht Thielemann als auch aus derjenigen Ulrichs das Handeln Einzelner nicht die Ordnung im Vordergrund. Dabei kann die Individualethik entweder dazu dienen, die Voraussetzungen für eine Ordnungsethik zu liefern oder aber dem Individuum Rahmenbedingungen für sein Handeln vorzugeben. Auf unzulässige Weise reduziere der ordnungsethische Ansatz die Moral auf die ökonomische Effizienz (Ulrich, 2000, S. 555–567; Thielemann, 2009, S. 207–2017).

Zusammenfassend gilt, dass mit Hilfe der Ordnungsethik nach Homann und Lütge die Frage geklärt werden kann, wie moralischen Normen im Pluralismus von Gesellschaften und in einer globalisierten Welt Geltung verschafft werden kann. Die Individualethik kann der Operationalisierung und Konkretisierung des Verhaltens des Individuums dienen.

## 2.9 Begriff „High Frequency Trading" (HFT)

Börsen gelten typischerweise als Handelsplätze, die dem ökonomischen Ideal des vollkommenen Marktes nahekommen. Das liegt daran, dass Börsen einem atomistischen Wettbewerb mit sehr schneller Informationsverarbeitung und niedrigen Transaktionskosten unterliegen. Dabei galten, seitdem es Börsen gibt, Geschwindigkeit und Informationsvorsprung als essenzielle Vorteile (NBIM, 2013, S. 5 f.). Legendär sind die Brieftauben, durch die die Rothschilds in London vor allen anderen Marktteilnehmern von der Niederlage Napoleons erfuhren und diesen Wissensvorsprung in glänzende Geschäfte verwandelten. Aus diesen Gründen ist es wenig überraschend, dass Technik in Form von Computern und Algorithmen sehr früh Einzug in das Börsengeschehen gefunden hat. Algorithmen spielen dabei eine unterschiedliche Rolle. Einige dienen der Informationsbeschaffung bzw. -verarbeitung, wenn beispielsweise Zeitungen ausgelesen oder Kursmuster analysiert werden. Andere Algorithmen sorgen in der Handelsabwicklung für die Einhaltung der regulatorischen Anforderungen, etwa beim Rückkauf eigener Aktien durch Unternehmen. Wieder andere Algorithmen führen im Orderbuch die Kauf- und Verkaufsaufträge automatisch zusammen. Hat zuerst die elektronische Börse mit elektronischem Orderbuch das Open Outcry ersetzt, übernehmen immer mehr die Algorithmen bei modernen Handelsplätzen die automatische

Handelsabwicklung. Das sog. „Algo-Trading" ist aus modernen Handelsplätzen nicht mehr wegzudenken. Findet dieser automatisierte Handel mit einer großen Geschwindigkeit statt, spricht man vom „Hochfrequenzhandel" oder dem sog. „High Frequency Trading" (McNamara, 2016, S. 90 ff.; Cioalella, 2015, S. 95–110). Der Hochfrequenzhandel hat dem Aspekt „Geschwindigkeit" noch einmal einen ganz neuen Stellenwert verschafft (Bundesbank (Hrsg.), 2016, S. 38).

HFT kann dabei als „natural evolution" der Wertpapiermärkte bezeichnet werden. Das Streben nach immer höheren Geschwindigkeiten ist, wie oben beschrieben, kein „completely new phenomenon", wobei HFT an sich ein neues Phänomen ist (Gomber, Arndt, Lutat, & Uhle, 2011, S. 1). Allerdings kamen bei der Entstehung von HFT weitere Entwicklungen hinzu. Als Erstes ist die Technologie zu nennen – und zwar sowohl Hard- als auch Software. Darüber hinaus hat auch die Regulierung zur Entstehung von HFT beigetragen. Zu nennen sind der Wettbewerb zwischen den Handelsplattformen und die Fragmentierung der Märkte bei gleichzeitiger Verpflichtung, den Investoren die besten Preise (Best Execution) zu garantieren (Chlistalla, Speyer, Kaiser, & Mayer, 2011, S. 2; Gomber, Arndt, Lutat, & Uhle, 2011, S. 1–3; Ringe, & Patel, 2019, S. 1 ff.). Darüber hinaus ist eine Konzentration von Geldern bei wenigen Kapitalanlagestellen festzustellen, die entsprechende größere Orders marktschonend handeln müssen. Auch dabei spielen Algorithmen eine entscheidende Rolle (NBIM, 2013, S. 3–7).

HFT ist als eine Unterkategorie (ein Subset) oder eine Weiterentwicklung des algorithmischen Börsenhandels zu verstehen (Gomolka, 2011, S. 377): „Dabei ist HFT eine Art der technischen Umsetzung einer Anlagestrategie, die auf bestimmten Algorithmen basiert, und keine eigenständige Strategie an sich. Hochfrequenzhandel ist somit als eine Untergruppe des AT [Algorithmic Trading, Anm. d. Verf.] zu bezeichnen" (Bundesverband Alternative Investments e. V. (BAI) (Hrsg.), o. J., S. 1). HFT ist nicht als eigenständige Handelsform bzw. Handelsstrategie zu verstehen, sondern als technische Möglichkeit, bereits etablierte Handelsstrategien effizient und v. a. schneller zu implementieren. Allerdings können auf Grundlage dieser Geschwindigkeitsvorteile Handelsstrategien etabliert werden, die nur im HFT-Kontext umsetzbar sind (McNamara, 2016, S. 99 ff.). Die Mehrzahl der HFT-Strategien basiert auf der Marktliquidität (sog. „Market Making Strategies"), auf der Suche nach (relativen) Preisen bzw. Preismustern (sog. „Price Discovery Strategies") sowie auf der Erreichung von Markteffizienzen (sog. „Arbitrage Strategies") (McNamara, 2016, S. 99 ff.; Vuorenmaa, 2012, S. 1; Goldstein, Kumar, & Grafes, 2014, S. 1 ff.). Dabei zeigt sich bei gestiegener Volatilität ein Rückgang der HFT-Aktivitäten (AMF (Hrsg.), 2017, S. 2), allerdings kann HFT Marktentwicklungen nicht antizipieren (FCA (Hrsg.), 2016, S. 1).

Das Handeln im Rahmen des AT geht nach McNamara auf Barr zurück, der 1975 Kovarianzmatrizes erstellte und eine Software anbot, mit deren Hilfe auf Basis der Informationen aus den Matrizen optimale Portfolien zusammengestellt werden konnten (McNamara, 2016, S. 99).

Der Begriff HFT selbst findet in der Literatur keine einheitliche und schon gar keine allgemeingültige Definition, wenn auch die „Markets in Financial Instruments Directive" (MiFID II) im Artikel 4(14) eine Legaldefinition liefert (International Organization of Securities Commissions (IOSCO (Hrsg.), 2011, S. 21). Dennoch lässt sich HFT primär anhand der Aufnahme verschiedener Merkmale beschreiben (McNamara, 2016, S. 106). Diese sind vor dem Hintergrund zu sehen, dass HFT die Geschwindigkeiten im Handel maximiert und dadurch die Latenzzeiten verkürzt. Dabei werden i. d. R. sehr viele Orders begeben und gegebenenfalls wieder gelöscht. Es werden kleinste Preisunterschiede genutzt, weshalb die Haltezeiten von Positionen i. d. R. sehr kurz sind (Chlistalla, Speyer, Kaiser, & Mayer, 2011, S. 2; Bundesverband Alternative Investments e. V. (BAI (Hrsg.), o. J., S. 1; insbesondere für Latenzzeiten Phys Org (Hrsg.), 2013, o. S.; IOSCO (Hrsg.), 2011, S. 21 f.; Vaananen, 2015, S. 10; Dammert, 2012, S. 11; Miller, & Shorter, 2016, S. 1 ff.; Tse, Lin, & Vincent, 2012 (a), S. 1–6; Tse, Lin, & Vincent, 2012 (b), S. 1–9; Breckenfelder, 2019, S. 1; Breckenfelder, 2020, o. S.):

- Schnelligkeit in der Ausführung aufgrund von Algorithmen (Nutzung von vollautomatisiert agierenden Computersystemen zur Marktanalyse, Entscheidungsfindung und Handelsausführung innerhalb von Mikro- oder Nanosekunden),
- Existenz von leistungsfähiger IT-Infrastruktur, die in räumlicher Nähe zu den Handelsplätzen bzw. deren Rechensystemen untergebracht ist, um die Übertragungsgeschwindigkeiten zu reduzieren (maximal verkürzte Latenzzeiten),
- Glattstellung der Positionen am Ende des Handelstages bei extrem kurzer Haltung dieser Positionen (Vermeidung von offenen Risikopositionen) und
- Nutzung von speziellen Ordertypen (komplexe Kauf- und Verkaufsorders, bei denen Algorithmen bestimmen, unter welchen Bedingungen (Strategien) und wann diese am Markt platziert werden).

Der Hochfrequenzhandel hat insofern die Mikrostruktur der Handelsplätze stark verändert (Brogaard, Hendershott, & Riordan, R., 2014, S. 2267–2306). Beispielsweise schreibt Nikitin, dass mindestens jedes zweite Aktiengeschäft unterhalb einer Sekunde abgewickelt und in über 80 Prozent der Fälle eine Aktie weniger als 10 Minuten gehalten wird (Nikitin, 2016, S. 10–20). Der Einsatz von HFT verlangt deshalb eine aufsichtsrechtliche Begleitung und Begutachtung der Strategien sowie der eingesetzten Technik und Risikomanagementsysteme, um eine ausreichende Transparenz auf den Märkten und Akzeptanz dieser Handelsform in der Gesellschaft sicherzustellen. Gomber, Arndt, Lutat und Uhle formulieren hierzu: „They [die Regulierungsbehörden, Anm. d. Verf.] have to draw attention to the fact that they [HFT, Anm. d. Verf.] are an evolution of securities markets, supply liquidity and contribute to price discovery for the benefit of markets" (Gomber, Arndt, Lutat, & Uhle, 2011, S. 3).

## 2.10 Begriff „Marktteilnehmer"

Als „Marktteilnehmer" werden aus mikroökonomischer Sicht alle Wirtschaftssubjekte verstanden, die am betrachteten Markt agieren, d. h. Güter und/oder Dienstleistungen untereinander (aus-)tauschen (Pelzig, 2012, S. 77). Grundsätzlich wird an den Kapitalmärkten zwischen Spekulanten, Hedgern, Arbitrageuren und Market Makern differenziert. Allerdings ist diese Unterscheidung nach dem Geschäftszweck fließend (Wörner, 1988, S. 121). Spekulanten übernehmen Risiken, um von Preisentwicklungen zu profitieren. Da sie Handelsvolumen generieren, tragen sie zur Liquidität an den Märkten bei (Cartea, & Penalva, 2012, S. 5–12). Durch die Analyse von relevanten Marktdaten (Hendershott, & Riordan, 2013, S. 1001–1024; Heinrich, & Leist, 2000, S. 141–150) verbessern sie die Informationseffizienz. Da auch Spekulanten die neuen Techniken an den Finanzmärkten nutzen, haben sie zu Geschwindigkeit und Komplexität der Märkte beigetragen. Hedger sind bestrebt, Risiken abzusichern. Typischerweise gehen institutionelle Anleger oder realwirtschaftlich agierende Akteure Hedging-Strategien über Finanzderivate ein (Hepp, 2002, S. 475–490). Dabei gilt: „Hedging involves taking an offsetting position in a derivative in order to balance any gains and losses to the underlying asset. Hedging attempts to eliminate the volatility associated with the price of an asset by taking offsetting positions contrary to what the investor currently has" (Sargeant, 2017, o. S.). Sie tragen insofern zur Marktintegration bei, da sie reale Wirtschaftsaktivitäten mit den Finanzmärkten verknüpfen. Arbitrageure nutzen Preisunterschiede zwischen Märkten oder Finanzinstrumenten zu theoretisch risikolosen Gewinnen. Grundsätzlich gleichen sie Preisunterschiede aus und verbessern die Preisbildungsprozesse. Die Fragmentierung der Märkte, die Geschwindigkeit und insbesondere der Hochfrequenzhandel haben die Arbitrage stark verändert, denn moderne Arbitrage nutzt Algorithmen, um in Echtzeit Marktineffizienzen zu identifizieren (Hull, 2018, S. 10–15 und 20–25). Darüber hinaus nimmt die Funktion des Market Makings eine bedeutende Rolle an den Finanzmärkten ein

(Heinrich, & Leist, 2000, S. 141–150). Der Market Maker verpflichtet sich, kontinuierlich Kauf- und Verkaufspreise ins Orderbuch zu stellen und somit für Liquidität am Markt zu sorgen (O'Hara, 1995, S. 13). Die Funktion des Market Makings hat sich mit dem Hochfrequenzhandel verändert und an Bedeutung gewonnen, auch, weil viele Market Maker ihrerseits Hochfrequenzhändler sind (Menkveld, 2013, S. 712–715; Brogaard, Hendershott, & Riordan, 2014, S. 2270 ff.).

Schließlich sind die Aufsichtsbehörden zwar keine direkten Marktteilnehmer, üben aber erheblichen Einfluss auf die Märkte und die Marktteilnehmer aus. Zu nennen sind insbesondere die US-Regulierung NMS aus dem Jahr 2005 und in Europa die MiFID II von 2018. Beide Regulierungen haben die Transparenz gefördert und den Wettbewerb zwischen den Marktteilnehmern, insbesondere den Market Makern, erhöht. Die Behörden beeinflussen auch die Strategien von Spekulanten, Hedger und Arbitrageure, beispielsweise über Kapitalanforderungen und Risikolimite. Das Aufkommen von Dark Pools, in denen große Orders unerkannt abgewickelt werden wollen, stellt noch einmal besondere Herausforderungen für Marktteilnehmer und Aufsichtsbehörden dar, die sich auf die Transparenz und Integrität von Märkten bezieht. Denn Dark Pools ermöglichen anonymen Handel, ohne dass Orders vor der Ausführung öffentlich sichtbar sind. Insbesondere HFT-Algorithmen sind aber in der Lage, Preisdifferenzen zwischen Dark Pools und Lit Markets zu analysieren und auszunutzen. Studien zeigen, dass HFT über Latency Arbitrage Informationsasymmetrien ausnutzt oder Quote Stuffing betreibt, was diese Strategien als manipulativ qualifiziert (Comerton-Forde, & Putnins, 2015, S. 70–92; Menkveld, & Yueshen, 2019, S. 4476). Schließlich sei die Zunahme der passiven Handelsvolumina genannt, die ähnlich wie HFT zu einer deutlichen Veränderung der Struktur von Handel und Märkten, beispielsweise hinsichtlich Volatilität und Korrelation der zugrundeliegenden Wertpapiere, beigetragen hat (Ben-David, Franzoni, & Moussawi, 2014, 1–58). Auch die Preisbildung und damit der Informationsgehalt der Preise werden von passiven Instrumenten durch die Verdrängung aktiver Finanzprodukte beeinflusst (Glosten, Nallareddy, & Zou, 2021, S. 22–47). Insbesondere für HFT ergeben sich aus dem zunehmenden Handelsvolumen in passiven Finanzinstrumenten Möglichkeiten, da diese Instrumente aufgrund von Struktur und Handelsweise ideale Bedingungen für HFT-Strategien schaffen, insbesondere für Arbitrageure (Menkveld, & Yueshen, 2019, S. 4470–4488; Brogaard, Ringgenberg, & Sovich, 2019, S. 3461–3499). Die Kombination von HFT und passiven Instrumenten hat die Marktstruktur hin zu größerer Automatisierung und Fragmentierung verschoben.

## 2.11 Begriff „gemeinsames Gelingen"

Das Konzept des gemeinsamen Gelingens hat sich in der Wirtschafts- und Unternehmensethik als zentrale Idee etabliert, um Herausforderungen global vernetzter Gesellschaften zu adressieren. Es ist mehr als ein moralisches Schlagwort: Es ist eine theoriegeleitete Konstruktion, die individuelle Eigeninteressen, institutionelle Rahmenbedingungen und globale Verantwortlichkeit verknüpft, und beschreibt die Fähigkeit von Individuen, Organisationen und Gesellschaften, durch kooperative Interaktion und institutionelle Regelungen gemeinsame Ziele zu erreichen, die individuelle und kollektive Wertschöpfung fördern (Homann, & Lütge, 2005, S. 33 und 44 ff.). Das Konzept des gemeinsamen Gelingens basiert auf der Idee, dass individuelle Handlungen in sozialen und wirtschaftlichen Kontexten nicht isoliert betrachtet werden können, sondern durch Interdependenzen geprägt sind (Pies, 2020, S. 25). Weber (Weber, 1972, S. 1) beschreibt Handeln als menschliches Verhalten. Es kann in Tun, Unterlassen oder Dulden bestehen und findet sowohl im Inneren als auch nach außen gerichtet statt (Korte, 2017, S. 116). Die handelnde Person verbindet mit ihrem Verhalten einen subjektiven Sinn. Soziales Handeln beschreibt ein Handeln, das auf das Verhalten anderer ausgerichtet ist, und kann somit zu einem Gelingen – einem Ergebnis – führen (Weber, 1972, S. 1–4).

Homann betont, dass wirtschaftliches Handeln immer in einem sozialen Gefüge stattfindet, dass durch Anreize und Regeln gesteuert wird. Moral darf dabei nicht als Gegensatz zu Eigeninteressen verstanden werden, sondern muss als Teil eines institutionellen Rahmens, der kooperatives Verhalten ermöglicht, aufgefasst werden (Pies, 2020, S. 7; Homann, 2002, S. 45 ff.). Gemeinsames Gelingen erfordert deshalb Regeln, die das Eigeninteresse und die gesellschaftliche Wohlfahrt in Einklang bringen. In diesem Zusammenhang darf darauf verwiesen werden, dass der ordonomische Ansatz, der Ordnungstheorie, Ethik und Ökonomik miteinander verbindet, das gemeinsame Gelingen sogar als Ziel der Wirtschaftsethik begreift. Durch Kooperation können Win-win-Situationen hergestellt werden, die einen Mehrwert für alle herstellen (Pies, 2022, S. 4). Allerdings bedarf es dazu Vertrauen und Fairness als sozialem Kapital, um die Kooperation nachhaltig abzusichern. Hierzu wird neben den Spielregeln und den Spielzügen das Konzept des Spielverständnisses eingeführt. Dies ist in globalen Gesellschaften mit weltumspannenden Handelsbeziehungen, mithin komplexen Interdependenzen und kulturellen Unterschieden, von hoher Relevanz (Suchanek, & von Broock, 2012, S. 8–12; Suchanek, 2024, o. S.; Suchanek, 2015, S. 78–82). Homann schreibt, dass es in „der Wirtschaftsethik um ein qualitatives Mehr gegenüber dem Gewinn-, Rendite- und Effizienzstreben im herkömmlichen

Verständnis von kapitalistischer Wirtschaft und neoklassischer Ökonomik" geht (Homann, 2012, S. 1 f.). Auch Lütge stellt die Wirtschaftsethik in einen globalen Kontext. Das gemeinsame Gelingen kann in einer globalen und digitalen Welt durch ethische Innovationen in Form von fairen Algorithmen und nachhaltigen Geschäftsmodellen erreicht werden. Lütge betont, dass ethisches Handeln nicht altruistisch sein muss, sondern durch kluge Regeln und Anreize mit dem Eigeninteresse kompatibel gemacht werden kann (Homann, & Lütge, 2005, S. 29; Lütge, 2019, S. 55 ff.). Auch hier wird der Aufbau von Vertrauen durch ethisches Verhalten und transparente Kommunikation für ein gemeinsames Gelingen betont. Unterschiedliche Perspektiven und Interessen dürfen nicht nivelliert werden, sondern müssen in einen produktiven Austausch gebracht werden (Suchanek, & von Broock, 2012, S. 5 f. und 9). Die Akteure, alle Bürger und Unternehmen, müssen sich, um ihrer Verantwortung für das Allgemeinwohl gerecht werden zu können, in den Diskurs um Moral und die Gestaltung der Ordnung einbringen (Pies, 2022, S. 8; Hengsbach, 2005, S. 16 ff.). Insgesamt zeigt sich, dass sich das ethische Konzept des gemeinsamen Gelingens nicht automatisch einstellt oder durch Appelle erreicht werden kann, sondern ein gezielter institutioneller und ethischer Rahmen geschaffen werden muss. Der Ansatz des gemeinsamen Gelingens beschreibt die Struktur moderner Interaktionssituationen als Dilemma, vergleichbar mit dem Gefangenendilemma (Homann, 2012, S. 7). Dabei verweist die Ordnungsethik auf die Bedeutung der Rahmengebung für das gemeinsame Gelingen. Institutionen, wie Normen, Verträge und besonders Gesetze, sind entscheidend, um Dilemmata zu überwinden. Insbesondere das Gefangenendilemma beschreibt Problemstrukturen, in denen auf aggregierter Ebene Ergebnisse entstehen, die von keinem der handelnden Akteure intendiert sind (Homann, 2012, S. 8).

Gemeinsames Gelingen bedeutet, gesellschaftliche Lernprozesse zu fördern und Blockaden zu überwinden, indem moralische Paradoxien erkannt und transparent gemacht werden. Der zentrale Punkt ist die Überwindung dieser Dilemmastrukturen mittels Regeln, die Vertrauen und Fairness fördern – wobei Tanner argumentiert, dass Regeln und Regelungen nachhaltiger wirken als Absichtserklärungen. Vertrauen muss institutionell unterlegt sein, da emotionales Vertrauen i. d. R. trügerisch ist (Tanner, 2014, S. 87–95). Die ordonomische Methode zielt darauf ab, Rahmenbedingungen so zu gestalten, dass individuelle Interessen und kollektive Ziele in Einklang gebracht werden (Pies, 2022, S. 17–23). Pies betont, dass Market Design auf Grundlage von spieltheoretischen Ansätzen geeignet ist, eine derartige Ordnung herzustellen, die kooperatives Verhalten fördert. Moralisches Verhalten muss nicht nur möglich, sondern auch belohnt werden (Pies, & von Winning, 2013, S. 1 f.). Dies schließt die Gestaltung von Märkten ein, die Anreize für nachhaltiges und kooperatives Verhalten setzen. Für die Gestaltung von Märkten bzw. deren Funktionen, um zu besseren Ergebnissen, insbesondere auch in digitalen Märkten, zu gelangen, kann Market Design als regulatorische Maßnahme ein wichtiges Instrument sein (Ockenfels, 2021, S. 260 ff.). Das gemeinsame Gelingen ist insofern nicht nur ein ethisches Ideal, sondern schafft zudem ökonomischen Mehrwert. Akteure, die ethische Prinzipien in ihre Strategien integrieren, können langfristig von einer höheren Legitimation und geringeren Kosten aufgrund von Konflikten profitieren. Gleichzeitig erfordert das gemeinsame Gelingen eine Balance zwischen individuellen und kollektiven Interessen, die durch eine geeignete Gestaltung institutioneller Rahmenbedingungen hergestellt wird (Pies, 2013, S. 1 ff.). Für eine nachhaltige Entwicklung und wirtschaftsethische Verantwortung ist das gemeinsame Gelingen entscheidend. Es beschreibt die Fähigkeit von Individuen, Organisationen und Gesellschaften, ein gemeinsames Ziel zu erreichen, Herausforderungen zu bewältigen und dabei Werte wie Vertrauen, Respekt und Integrität zu wahren. Es ist kein ethischer Luxus, sondern ein strategisch implementierbares Konzept, das rationale Grundlagen, institutionelle Sicherung und globale Relevanz miteinander verknüpft.

## 2.12 Begriff „Market Design"

Die Disziplin des Market Designs beruht nicht nur auf ökonomischen Erkenntnissen, sondern integriert die Grundsätze der Spieltheorie und der Verhaltensökonomik (Chen, Cramton, List, & Ockenfels, 2021, S. 5319–5322). Beim Market Design steht die Frage im Vordergrund, wie Marktprozesse mit Blick auf die im Voraus definierten Ziele gestaltet sein sollen. Es bezeichnet dabei die Gestaltung von Regeln, Mechanismen und Institutionen, um den Handel auf Märkten effizient, fair und stabil zu gestalten. Ziel ist es daher, Marktmechanismen derart zu konzipieren, dass Angebot und Nachfrage optimal koordiniert, Transaktionskosten minimiert und Marktversagen, beispielsweise Informationsasymmetrien, vermieden werden (Roth, 2015, S. 1–15; Kittsteiner, & Ockenfels, 2006, S. 121 ff.). Die Perspektive wechselt von der Beschreibung zur aktiven Gestaltung von Marktmechanismen (Roth, 2002, S. 1341 ff.). Ockenfels definiert den Begriff des Market Designs wie folgt: „Marktdesign ist die Kunst, Institutionen so auszugestalten, dass die Verhaltensanreize für individuelle Marktteilnehmer mit den übergeordneten Zielen des Marktarchitekten im Einklang stehen. Solche Ziele können sein die Maximierung der Erlöse, Effizienz oder

der Liquidität, die Minimierung der Kosten, die Offenbarung privater Informationen, etc.“ (Ockenfels, o. J., o. S.). Market Design ist insofern eine Form der institutionellen Ordnung. Daher betont Klemperer auch die Rolle effektiver wettbewerbsrechtlicher Rahmenbedingungen zur Sicherung fairer Bedingungen (Klemperer, 2002, S. 180–189).

Zunächst wurde die Disziplin des Market Designs auf Märkten konzipiert, auf denen es weniger um Geld als um besondere Zuordnungsprobleme von Ressourcen ging. Beispielhaft sei die Organspende, die Auswahl der passenden Schule oder auch die Einstellung neuer Mitarbeiter genannt. Auf diesen Matching Markets kann man nicht aussuchen, sondern wird ausgewählt. Es müssen daher andere Prozesse verfolgt werden, um die Zuordnung transparent, fair und effizient zu gestalten. Market Design analysiert zunächst die spezifische Gestaltung des entsprechenden Marktes, um dann Lösungen für bestimmte Probleme in einzelnen Märkten anzubieten (Cramton, & Ockenfels, 2000, o. S.; Roth, 2002, S. 1346–1355). Market Design hat gewissermaßen zu einem Umdenken geführt, indem die Details und Friktionen realer Märkte analysiert und Regeln für eine bessere Funktionsfähigkeit gesucht werden. Es werden wissenschaftliche Erkenntnisse auf konkrete Zuordnungsprobleme übertragen. Insofern prüft Market Design auch, inwiefern die betreffenden Märkte sachgerecht reguliert sind. Dabei ist zudem zu beachten, dass Verbote oft umgangen werden und es folglich vorteilhaft sein kann, die Struktur eines Marktes zu verändern (Roth, 2015, S. 16–22). Allerdings muss man sich der Grenzen dieses Konstruktivismus bewusst sein, wenn ein ungeeignetes Design gewählt wird. Daher muss sich auch das Market Design angepasst werden, insbesondere dann, wenn sich Märkte beispielsweise aufgrund von Technik dynamisch entwickeln.

Diese Überlegung des Market Designs basiert auf der Annahme, dass Märkte nicht – wie im Kontext der „Invisible Hand“ von Adam Smith angenommen – vollkommen sind, sondern durch Ineffizienzen, Verzerrungen oder Marktversagen wie Informationsasymmetrien, externe Effekte oder Marktmacht geprägt sein können (Roth, 2015, S. 11–15; Milgrom, 2004, S. 3–7). Auch um spezielle Ziele bzw. Ergebnisse, etwa auf Finanzmärkten oder beim Hochfrequenzhandel, erreichen zu können, wird Market Design eingesetzt (Klemperer, 2004, S. 9–12; Cramton, Shoham, & Steinberg, 2006, S. 1–5).

## 2.13 Begriff „Marktintegrität"

Der Begriff der Marktintegrität bezieht sich auf den Gesamtzustand des Marktes, wobei dieser Zustand von Ehrlichkeit, Fairness und Zuverlässigkeit gekennzeichnet ist. Dabei basiert die Marktintegrität auf Transparenz, ethischem Verhalten und einem rechtlichen Rahmen. Bedeutend ist die Marktintegrität für das Vertrauen der Marktteilnehmer in den entsprechenden Markt, für gleiche, faire und transparente Bedingungen auf den Märkten sowie eine Balance aus Effizienz und Stabilität der Märket. Grundsätzlich steht Marktintegrität folglich für Märkte mit fairem Wettbewerb und transparenter Preisbildung ohne Informationsasymmetrien. Entsprechend heißt es: „Second, these objectives of market integrity and fainess require non-discriminatory access to the market for all those wishing to participate. Third, to maintain market integrity and market fainess, transparent and accurate information about the price of securities must be available to all participants at the same time" (Austin, 2016, o. S.).

Laut IOSCO ist Marktintegrität auf den Finanzmärkten gegeben, wenn ein Markt fair und geordnet funktioniert und durch geeignete Regeln das Vertrauen der Akteure gewährleistet ist (IOSCO, 2011, S. 9). Die Marktintegrität ist die Grundlage für eine transparente Preisbildung, den Schutz vor Manipulationen und eine effiziente Kapitalallokation und somit für Wohlstand in der Gesellschaft. Entsprechend definiert auch die MiFID II Marktintegrität als einen Zustand, bei dem Preise auf den Finanzmärkten durch Angebot und Nachfrage, frei von Manipulation oder Insiderhandel zustande kommen und der Marktzugang fair geregelt ist. Der Schutz der Marktintegrität ist maßgeblich für die Ausprägung und ein zentraler Bestimmungsfaktor für das Anlegervertrauens in die Finanzmärkte (Richtlinie 2014/65/EU, MiFID II Erwägungsgrund 53, ABl.L.173, 12.6.2014, S. 349; Verordnung (EU), 596/2014, (Marktmissbrauch-VO, MAR, Erwägungsgrund 2, ABl.L.173, 12.6.2014, S. 1). Die US-amerikanische Aufsichtsbehörde SEC benutzt den Begriff der Marktintegrität (market integrity) typischerweise in Verbindung mit dem Schutz vor Marktmißbrauch und systematischen Risiken für die Finanzmärkte. Sie schreibt in ihrem Mission Statement: „The mission of the SEC is to protect investors; maintain fair, orderly, and efficient markets; and facilitate capital formation" (U.S. Securities and Exchange Commission (SEC), What we do, Mission). Schließlich verweist auch das Financial Stability Board (FSB) darauf, dass die Integrität der Finanzmärkte eine Voraussetzung für die Wahrung der Finanzstabilität ist, da sie das Vertrauen der Marktteilnehmer fördert und eine effiziente Ressourcenallokation ermöglicht (FSB, 2017, o. S.). Die Bank für Internationalen Zahlungsausgleich (BIS) verweist auf die technischen

Systeme und die Governance-Regelwerke der Märkte. Sie schreibt, dass Marktintegrität erfordert, dass sich die Marktteilnehmer auf die Transparenz, Richtigkeit und Endgültigkeit der Transaktionen verlassen können müssen und kein Teilnehmer eine marktbeherrschende Stellung missbrauchen kann (BIS (Hrsg.), 2015, S. 142).

Risiken für die Integrität der Finanzmärkte sieht die IOSCO in technischen Entwicklungen wie dem algorithmischen Handel, dem Hochfrequenzhandel, Dark Pools Direct Market Access, Fee Structure, Tick Size und Co-Location (IOSCO, 2011, S. 10–20). Mit Blick auf HFT bestehen Sorgen hinsichtlich der extrem kurzen Haltedauern, der Order-to-Trade-Ratio, dem Einsatz von Co-Lokation zur weiteren Reduzierung der Latenzzeiten und damit zu einer Verschiebung an den Märkten zu Lasten traditioneller Anleger (IOSCO, 2011, S. 22–23) – d. h., nur wenn ein Markt transparent und liquide ist, kann ein sicheres Umfeld geschaffen werden, das entsprechende Preisbildungen ermöglicht (Bundesanstalt für Finanzdienstleistungsaufsicht (BaFin), 2018, o. S.).

## 2.14 Begriff „Regulatorik"

Grundsätzlich bezieht sich der Begriff der Regulatorik auf Gesetze, Regeln, Vorschriften und Standards, die von Regierungen, Aufsichtsbehörden oder anderen Institutionen erlassen werden, um das Verhalten von Organisationen, Unternehmen und Personen zu steuern und zu kontrollieren. Regulatorik wird im Zuge der hier vorliegenden Untersuchung als Vorlage eines Ordnungsrahmens sowie als Formulierung von Vorgaben für den Hochfrequenzhandel bzw. einzelne HFT-Strategien verstanden. Von besonderer Bedeutung ist dabei der Ordnungsrahmen, der als Struktur für ein System verstanden werden kann, das die einzelnen relevanten Elemente für das System ordnet, strukturiert und zueinander in eine Beziehung setzt. Ein Ordnungsrahmen kann demnach als Modell verstanden werden, „dessen Konstruktion Verzeichnisbereiche liefert, die der Zuordnung anderer Modelle dienen" (vom Brocke, 2003, S. 128). Demnach steht der Ordnungsrahmen in Relation zu anderen Modellen und sorgt für eine ordnende Rolle, indem er eine Verdichtung nach ordnenden Merkmalen vornimmt und dadurch eine ordnende Wirkung aufweist. Der Ordnungsrahmen kann daher auch als Abstraktionskonzept verstanden werden (vom Brocke, 2003, S. 128).

## 2.15 Begriffe „Externalisierung" und „Internalisierung"

Externalitäten sind ein zentrales Konzept der Wohlfahrtsökonomie und beschreiben Auswirkungen wirtschaftlicher Aktivitäten, die nicht über Marktpreise abgebildet werden und Dritte betreffen, ohne dass diese direkt am Marktgeschehen beteiligt sind. Externalitäten entstehen folglich, wenn die Aktivitäten eines Wirtschaftssubjekts die Wohlfahrt anderer beeinflussen, ohne dass diese Effekte über den Marktpreis kompensiert oder berücksichtigt werden (Richter, & Furubotn, 2010, S. 109 f.; Pindyck, & Rubinfeld, 2018, S. 614). Externe Effekte sind insofern unkompensierte Auswirkungen von ökonomischer Entscheidung, die weder im Preis enthalten noch vom Verursacher getragen werden (ECOPLAN/INFAS, 2024, S. 13 und 55 f.). Zwischen den Beteiligten bzw. Betroffenen existieren weder vertragliche noch marktbezogene Beziehungen (Coase, 1960, S. 2–8).

Sie können sowohl positiv als auch negativ auf die Nutzenfunktion wirken, also Dritten Nutzenvorteile oder -nachteile zufügen (Fritsch, 2011, S. 118–126; Puls, 2009, S. 8). Positive Externalitäten sind beispielsweise Wissensvermehrung durch Grundlagenforschung oder die Bienenzucht wegen der Bestäubung von Obstbäumen (Varian, 2014, S. 629 ff.). Negative Effekte ergeben sich etwa aus Umweltverschmutzungen (Mankiw, 2015, S. 196). Tendenziell führen negativen Externalitäten zu einer Überproduktion und Ressourcenverschwendung, weil weder Produzenten noch Konsumenten alle gesellschaftlichen Kosten tragen (Pindyck, R. S., Rubinfeld, 2018, S. 616), während positive externe Effekte eine Unterproduktion herbeiführen, denn der Verursacher kann nur einen Teil des Nutzens realisieren (Willms, 1992, S. 391 f.; Mankiw, 2015, S. 198). Die Abweichungen können zu Marktversagen und einer ineffizienten Allokation führen. Da kein Marktgleichgewicht vorliegt, kann auch keine Pareto-optimale Ressourcenallokation erreicht werden.

Darüber hinaus lassen sich Externalitäten nach verschiedenen Kriterien klassifizieren. Eine gängige Unterscheidung ist die zwischen Produktions- und Konsumexternalitäten. Produktionsexternalitäten entstehen durch wirtschaftliche Aktivitäten in der Produktion, etwa durch Umweltverschmutzung, während Konsumexternalitäten durch das Verhalten von Konsumenten verursacht werden, wie Passivrauchen (Hartwig, 1992, S. 134 ff.; Baumol, & Oates, 1988, S. 17; Nicholson, & Snyder, 2012, S. 570–596). Zudem können Externalitäten statisch (zeitpunktbezogen) oder dynamisch (über die Zeit hinweg) auftreten, wobei letztere oft mit technologischen Spillover-Effekten oder langfristigen Umweltschäden verbunden sind (Richter, & Furubotn, 2010, S. 109; Perman, Ma, Common, Maddison, & McGilvray, 2011, S. 122).

Die Quantifizierung von Externalitäten stellt eine Herausforderung dar, da die Bewertung von Schäden oder Nutzen oft subjektiv ist und von weiteren Faktoren abhängt. Ökonomen nutzen Methoden wie die Kontingenzbewertung oder die Schätzung von Vermeidungskosten, um Externalitäten zu monetarisieren (Perman, Ma, Common, Maddison, & McGilvray, 2011, S. 349). Dennoch bleiben solche Schätzungen mit Unsicherheiten behaftet, was politisch problematisch ist und Entscheidungen erschwert (Krugman, & Wells, 2010, S. 596; Samuelson, & Nordhaus, 1998, S. 60 f.).

Um Externalitäten zu internalisieren, mithin die sozialen Kosten bzw. den Nutzen in individuelle Entscheidungen einzubeziehen, schlägt die ökonomische Theorie verschiedene Instrumente vor. Die Wahl des Instruments hängt von der spezifischen Externalität, den administrativen Kosten und der politischen Durchsetzbarkeit ab:

- (a) Der Ansatz von Pigou (1920) schlägt die Einführung von Steuern oder Subventionen vor, um die sozialen Kosten oder den Nutzen in die Preise einzubeziehen bzw. zu internalisieren (Pigou, 1920, S. 183–196). Eine Pigou-Steuer auf Umweltverschmutzung erhöht beispielsweise die Produktionskosten und reduziert die Überproduktion (Baumol, & Oates, 1988, S. 23). Positive Externalitäten wie Forschung und Entwicklung können durch Subventionen gefördert werden (Mankiw, & Taylor, 2008, S. 241 ff.; Stiglitz, & Rosengard, 2015, S. 350 ff.).
- (b) Coase argumentiert, dass Externalitäten durch Verhandlungen zwischen den betroffenen Parteien gelöst werden können, sofern Eigentumsrechte klar definiert sind und Transaktionskosten niedrig sind (Coase, 1960, S. 8–15). Diese marktwirtschaftliche Lösung ist unter dem Begriff des Coase-Theorems bekannt geworden (Mankiw, & Taylor, 2008, S. 238 ff.). In der Praxis ist diese Lösung jedoch von den Transaktionskosten oder Machtungleichgewichten am Markt abhängig. Ein Beispiel für die praktische Umsetzung des Konzepts ist das EU-ETS mit handelbaren Emissionsrechte. Hierbei wird eine Obergrenze für Emissionen festgelegt und Unternehmen können die Emissionsrechte handeln. Zwar sind die Transaktionskosten nicht null, wie im Coase-Theorem, aber die Internalisierung der externen Effekte gelingt (Krugman, & Wells, 2010, S. 595–601 ff.; Mankiw, & Taylor, 2008, S. 246 f.; Richter, & Furubotn, 2010, S. 110 ff.; Samuelson, & Nordhaus, 1998, S. 417 f.; Perman, Ma, Common, Maddison, & McGilvray, 2011, S. 202).
- (c) Schließlich sind auch staatliche Eingriffe durch Regulierungen, also Geoder Verbote, möglich. Beispielsweise können Emissionsgrenzwerte oder

Technologiestandards vorgegeben werden. Diese Arten des staatlichen Eingriffs in die Marktfunktionen sind zwar verbreitet, bergen aber das Risiko ineffizienter Bürokratie oder unzureichender Flexibilität (Krugman, & Wells, 2010, S. 604 ff.; Samuelson, & Nordhaus, 1998, 418 ff.; Pindyck, & Rubinfeld, 2018, S. 622).

Externalitäten führen zu Marktversagen und erfordern staatliche bzw. institutionelle Interventionen, um eine Pareto-effiziente Allokation erreichen zu können. Die Internalisierung von externen Effekten ist deshalb von großer Bedeutung für die Maximierung der Wohlfahrt einer Volkswirtschaft (Richter, & Furubotn, 2010, S. 109–116; Krugman, & Wells, 2010, S. 595–616; Mankiw, & Taylor, 2008, S. 230–249). Die Rahmenbedingungen sind letztlich für die Auswahl der Instrumente entscheidend, wobei grundsätzlich marktnahe Lösungen zu bevorzugen sind.

# Ethische Theorien und Grundprinzipien im Überblick

# 3

## 3.1 Ethik als Wissenschaft

### 3.1.1 Aristoteles

Aristoteles legt mit der nikomanischen Ethik – benannt nach seinem Sohn Nikomachos – den Grundstein für die praktische Philosophie des Abendlandes. Gleichzeitig etabliert er mit dieser wichtigsten Schrift die Ethik als eigenständigen Zweig der Philosophie. Die nikomanische Ethik ist Tugendethik, beschäftigt sich dementsprechend mit den Fragen, welche Charaktereigenschaften im Sinne von Haltungen eine Person für eine bestmögliche Lebensführung haben sollte. Im Zentrum steht die Vorstellung, dass moralisches Handeln aus einem guten Charakter erwächst. Aristoteles zeigt auf, wie man ein guter Mensch werden kann und ein Leben im Sinne der sog. „Eudaimonia" – einer gelungenen Lebensführung als Erfüllung der Anforderungen und Grundsätze einer philosophischen Ethik und einem damit verbundenen ausgeglichenen geistlichen Zustand – geführt wird. Die Ethik ist mithin eine Theorie des gelingenden Zusammenlebens von Menschen, bei der nicht die Willkür gilt, sondern Normen und Tugenden gelten, die Entscheidungen, Eigentums- und Verfügungsrechte sowie Herrschaft und Rechtsprechung regeln (Lienemann, 2008, S. 113 ff.). Dabei geht Aristoteles so weit, Folgendes zu formulieren: „Wer die beste Verfassung nach Gebühr in Betracht nehmen will, muss zuerst bestimmen, welches das begehrteste Leben ist. Solange man das nicht weiß, kann man auch nicht wissen, welches die beste Verfassung ist" (Aristoteles, 1990, S. 227). Ethik und Politik führen zwei zentrale Aspekte zusammen, a) die



U. Stephan, *Hochfrequenzhandel im Spannungsfeld von Finanzmärkten, Realwirtschaft und Gesellschaft*, Wirtschaftsethik in der globalisierten Welt,
https://doi.org/10.1007/978-3-662-74019-4_3

Frage nach dem, was gut für die Menschen ist, und b) die Problematik des Entwurfes einer Ordnung für die Gesellschaft (Kersting, 1994, S. 4 ff.; Schwaabe, 2018, S. 44 f.).

Aristoteles, ein Schüler und Kritiker Platons, nahm hierzu ebenso wie sein Lehrer an, dass jede Aktivität auf ein spezifisches Ziel, griechisch telos, ausgerichtet ist: „Jedes praktische Können und jede wissenschaftliche Untersuchung, ebenso alles Handeln und Wählen, strebt nach einem Gut, wie allgemein angenommen wird" (Aristoteles, 1921, 12. Kapitel). Dieses Ziel muss, gem. der Theorie, zumindest aus Sicht des Handelnden selbst ein gutes Ziel sein. Dabei wird in einer unabhängig existierenden Ideenwelt agiert, die dem Menschen zugänglich ist, wobei das Handeln innerhalb dieser Welt zu neuen Erkenntnissen führt, die in direkter Konsequenz zu einem Ordnungskonzeption – einem Idealstaat (Platon) bzw. einer natürlichen Ordnung (Aristoteles) – steht (Klein, 2000, S. 36 f.).

Die Ziele folgen in der Lehre des Aristoteles einer hierarchischen Ordnung, wobei das Streben nach untergeordneten Zielen grundsätzlich mit der Absicht erfolgt, ein höheres Ziel erreichen zu können. Das Verfolgen eines intermediären Ziels, das nur angestrebt wird, um das Endziel erreichen zu können, ist nach Aristoteles instrumenteller Natur und vom Wert des eigentlichen Ziels abgeleitet (Werner, 2021, S. 32 ff.). Das höhere Ziel kann auch als „Endziel" bezeichnet werden. Endziele sind notwendig, damit das Streben des Menschen nicht sinnlos ist und ins Leere – respektive Endlose – läuft. Das Erreichen des Endzieles kann mit dem Erreichen des eigentlich Guten gleichgesetzt werden, wobei sich exakt in diesem Aspekt die grundsätzliche Aufgabe der Ethik verorten lässt, nämlich in der Bestimmung dessen, was als höchstes Gut anzusehen ist (Aristoteles, 1921, 12. Kapitel).

Dieses höchste Ziel nennt Aristoteles – wie zu Beginn des Abschnitts angeführt – „Eudaimonia", was Janke etwa mit „Götterhuld" übersetzt (Janke, 2002, S. 23). Zumeist wird „Eudaimonia" aber mit „Glück" oder „Glückseligkeit" gleichgesetzt. Mit Eudaimonia ist allerdings nicht ein subjektives Glücksmoment angesprochen, sondern ein objektives Wohlergehen (Schwaabe, 2018, S. 47). Da aber Glück das angestrebte Ziel allen Handelns ist, stellt sich die Frage, wie dieses erreicht werden kann. Wenn davon ausgegangen wird, dass das eigene Glück, zumindest bis zu einem gewissen Grad, in der Macht des Menschen liegt und damit nicht bloßer Zufall ist, sind die jeweiligen Handlungen zur Erlangung von Glück von zentraler Bedeutung. Viele menschliche Handlungen scheinen allerdings nicht das menschliche Glück zu befördern. Welcher Art müssen also die Handlungen sein, damit der Mensch glücklich werden kann? Aristoteles antwortet hierauf, dass der Grund einer Handlung eine „Arete" zu sein habe. „Arete", dessen wörtliche Übersetzung „Gutheit“ ist, wird zumeist mit „Tugend“ oder „guten Charaktereigenschaften“ übersetzt (Janke, 2002, S. 23 ff.). Mit anderen Worten: Menschen verfügen dann über „Arete“, wenn sie durch ihre Handlungen das realisieren, was ihrer naturgegebenen Bestimmung entspricht. Arete ist eine Haltung zwischen den Extremen von Überfluss und Mangel. Allerdings ist diese Mitte nicht exakt bestimmbar, sondern relativ zu Person und Situation. Aristoteles schreibt hierzu: „Es ist mithin die Tugend ein Habitus des Wählens, der die nach uns bemessene Mitte hält und durch die Vernunft bestimmt wird, und zwar so, wie ein kluger Mann ihn zu bestimmen pflegt“ (Aristoteles, 2020, Buch II, Kap. 6, S. 86). Folgt man Aristoteles, handelt es sich dabei um die Realisierung der Begabungen des vernünftigen Menschen, also ein „Animal Rationale“. Dies wiederum kann nur dann gelingen, wenn der Mensch ein vernunftbegabtes Leben führt. Ist dies der Fall, ist er zudem ein „guter“ Mensch, denn er verfügt über „Arete“ und folglich über Glück (Janke, 2002, S. 23). Die Klugheit ist eine Tugend der praktischen Vernunft. Sie ermöglicht es grundsätzlich, in konkreten Situationen die richtigen Mittel zu wählen und somit die ethische Mitte zu finden (Aristoteles, 2020, Buch IV, Kap. 5 und 13, S. 206–213). Aristoteles will Orientierung für moralisch richtiges Handeln geben, er verweist darauf, dass ethische Vorgaben aufgrund der Komplexität und Diversität des menschlichen Handlungsraums abstrakt gehalten werden müssen (Lutz-Bachmann, 2013, S. 56 f.).

Zusammenfassend gilt für Aristoteles, dass Glückseligkeit das höchste Gut ist. Sie ist kein Mittel zum Zweck, sondern steht für sich selbst. Individuen streben nach Glückseligkeit um ihrer selbst willen. Die Handlungen der Menschen stellen eine Ausprägung des teleologischen Strebens auf ein Ziel hin dar, da die Menschen sowohl die angestrebten Ziele als auch die zur Erreichung verwendeten Mittel wählen können (Lutz-Bachmann, 2013, S. 63). Glückseligkeit fungiert als das Endziel des Handelns des Individuums. Sie kann erreicht werden durch Tätigsein der Seele gem. der Vernunft, Tätigkeitsein auf eine vollendete Weise und Tätigsein in einem vollen Leben.

Aristoteles entwickelt in der nikomanischen Ethik bereits alle grundlegenden Begriffe der Ethik, beispielsweise Glück, Tugenden, Gerechtigkeit, Verantwortung und Klugheit. Die Tugendethik hatte über Jahrhunderte bis heute großen Einfluss, auch auf Theologen wie Albertus Magnus und Thomas von Aquin. Erst Immanuel Kant etablierte mit der Pflichtethik einen alternativen philosophischen Ansatz.

### 3.1.2 Thomas von Aquin

Thomas von Aquin zählt als Schüler von Albertus Magnus zu den Hauptvertretern der mittelalterlichen Scholastik, die die christliche Theologie mit den philosophischen und wissenschaftlichen Erkenntnissen der Antike verband. In Bezug auf die Handlungstheorie des Thomas von Aquin merkt Natterer an, dass diese diejenige des Aristoteles detailliert rekonstruiere und ihr folge; daher ist Thomas von Aquin im Kontext zu Aristoteles zu diskutieren (Natterer, 2008, S. 1). Die Ethik des Thomas von Aquin knüpft an die aristotelische Tugendethik an (Schönberger 2020, S. 177–197). Allerdings geht sein Ansatz über Aristoteles hinaus, denn er bereichert dessen Handlungstheorie mit Elementen der nacharistotelischen hellenistischen Tradition, indem Thomas von Aquin die „Natur des Menschen" in seinen Überlegungen mit einbezieht. Thomas von Aquin greift dabei Elemente der Tugendethik der Stoiker auf, für die einerseits Tugenden wie Weisheit, Gerechtigkeit, Mut und Mäßigung als Leitfaden richtigen Handelns gelten und für die andererseits die Vernunft und rationales Denken zentral sind (Werner, 2021, S. 43). Thomas von Aquin unterscheidet dabei zwischen den vier Kardinaltugenden (Klugheit, Gerechtigkeit, Tapferkeit und Mäßigung), die er Platons Seelenlehre (Platon, 2011, Buch IV, 435b–441c, S. 119–135) entnommen hat, sowie den drei theologischen Tugenden (Glaube, Hoffnung, Liebe), die ursprünglich aus dem Korintherbrief (1. Korinther 13) des Paulus stammen (Thomas von Aquin, 1994, q. 61, a. 2; Lutz-Bachmann, 2013, S. 131 f.).

Während Kant mit der deontologischen Pflichtethik an die Vernunft appelliert und das Ziel einer Handlung nicht vom Ziel, sondern von dem Motiv abhängt, vertritt Thomas von Aquin eine teleologische Tugendethik, bei der sich das moralische Verhalten an der natürlichen Ordnung und der Vollkommenheit des Menschen durch Tugenden orientiert (Kant, 1983, AA IV, S. 421; Thomas von Aquin, 1994, q. 1, a. 8). Thomas von Aquin fordert: „Das Gute des Menschen, sofern er Mensch ist, liegt darin: dass die Vernunft vollendet sei in der Erkenntnis der Wahrheit und die untergeordneten Begehrungskräfte geleitet werden gemäß der Richtschnur der Vernunft. Denn des Menschen Menschsein kommt daher, dass er der Vernunft mächtig ist" (Thomas von Aquin, 1942, S. 9). Die Vernunft des Menschen erkennt das Gute und die sich daran ausrichteten Handlungen werden damit zwingend und normativ auffordernd. Die Vernunft gibt dem Menschen vor, wie richtig zu handeln ist (Lutz-Bachmann, 2013, S. 147). Für Thomas von Aquin sind auch schlechte Handlungen auf einen guten Zweck ausgerichtet. Kein Mensch strebt etwas Schlechtes um des Schlechten Willens an (Werner, 2021, S. 70). Die Wirkungsgeschichte der Handlungstheorie des Thomas von Aquin reicht dabei weit – hier bis hin zu dem Begriff und dem Feld der praktischen Vernunft und zur Ethik Kants (Natterer, 2008, S. 1), wenngleich es Kant überlassen bleibt, den Gedanken von der grundlegenden Einsicht in das moralisch Richtige durch die eigene Vernunft des Menschen auszuformulieren (Lutz-Bachmann, 2013, S. 79).

Müller konstatiert in Bezug auf die thomistische Handlungstheorie, dass es sich bei ihr um die erste elaborierte Handlungstheorie des lateinischen Mittelalters handele (Müller, 2016, S. 20 f.). Dabei ist sie eingebettet in eine komplexe teleologische Konzeption und entsprechende Denkmuster. Teleologie geht dabei davon aus, dass Handlungen und Entwicklungen zielfokussiert erfolgen. Der theologische Hintergrund als Lehre von einem religiösen Glauben durchzieht die thomistische Ethik ebenso wie seine ontologische Konzeption, die sich mit den Grundstrukturen der Wirklichkeit und Fragen des Seins beschäftigt. Grundlage der Ethik ist dabei, ähnlich wie bei Aristoteles, das Gute. Der ethische Wille ist für Thomas von Aquin ein Motiv, das sich von Natur aus auf das Gute richtet (Müller, 2016, S. 20 f.). Ethisches Verhalten zeichnet sich durch die Tugenden Klugheit, Gerechtigkeit und Mäßigung aus, die dazu dienen, das rechte Maß bzw. einen Ausgleich zwischen vernunftwidrigen Situationen zu finden. Ethisches Verhalten beruht auf der Vernunft des Naturrechts und entspricht somit dem göttlichen Willen (Thomas von Aquin, 1994, q. 91, a. 2).

Thomas von Aquin unterscheidet zwischen vier Gesetzmäßigkeiten, die aufeinander wirken. Das „ewige Gesetz" besagt, dass göttliche Vernunft die Welt leitet, Gott die Welt nach der Schöpfung nicht alleingelassen hat. Nun stellt sich die Frage, wie der Mensch frei und vernünftig handeln kann, wenn Gott „lenkt". Zu deren Beantwortung stützt sich Thomas von Aquin auf das „natürliche Gesetz, das universelle, vernünftige und moralische Vorstellungen, also das natürliche Wissen um Gut und Böse beinhaltet (Thomas von Aquin, 1994, q. 91, a. 2). Es entspricht insofern der sog. „Goldenen Regel". Der vernunftbegabe Mensch ist durch das natürliche Gesetz Teil des ewigen Gesetzes. Als dritten Baustein führt Thomas von Aquin das „göttliche Gesetz" ein. Dieses entspricht nicht dem ewigen Gesetz, sondern beinhaltet Gebote, die dem Menschen dabei helfen, Erlösung zu finden. Das „menschliche Gesetz" schließlich regelt konkrete Einzelfälle im menschlichen Zusammenleben. Es basiert auf den Grundsätzen des natürlichen Gesetzes. Das menschliche Gesetz ist ein schöpferischer Akt, in dem das natürliche Gesetze für Einzelfälle ausformuliert wird. Menschliche Gesetze basieren immer auf dem natürlichen Gesetz und müssen am Gemeinwohl ausgerichtet sein (Thomas von Aquin, 1994, q. 96, a. 4). Insgesamt wird deutlich, dass die praktische Vernunft das Richtmaß für menschliches Handeln ist. Sie erlaubt es dem Menschen, aktiv am ewigen Gesetz teilzunehmen. Das ewige Gesetz ist keine inhaltliche Regel, sondern bedingt die Möglichkeit, die praktische Vernunft ausüben zu können. Der Mensch unterscheidet sich von anderen Wesen insofern, als dass er nicht instinktiv und triebhaft (natürlichen) Zielen folgt, sondern als freies und vernunftbegabtes Wesen seine Ziele selbst setzt (Thomas von Aquin, 1994, q. 1, a. 1). Zwar ist die Natur des Menschen vorgegeben, jedoch nur als Möglichkeit (Sein können), die mit Hilfe der Vernunft umgesetzt werden muss (Mandrella, 2012, S. 1 ff.). In der Gesellschaft, auf die sich der Mensch als soziales Wesen stützt, erfolgt die menschliche Selbstentfaltung (Schachtschabel, 1971, S. 18).

De facto definiert Thomas von Aquin dabei Handlungen als „motivierende Nebenwirkungen" und weist zudem auf die „zweifachen Kausalität des Willens" (Thomas von Aquin, 1933, S. 1–13) hin. Hierunter versteht er einerseits die „direkte" Einwirkung des Willens (es wird durch einen Willensakt ein Ereignis hervorgerufen) und andererseits die „indirekte" Wirkung (das Ereignis tritt ein, weil der Wille untätig bleibt). Hieraus leitet sich ein „Tun" bzw. ein „Unterlassen" ab, wobei beides eine Handlung darstellt, die einer ethischen Würdigung bedarf (Thomas von Aquin, 1933, S. 1–13). Alle Entscheidungen sind in der Theorie des Thomas von Aquin durch den „göttlichen Willen des Guten" geprägt, denn dieser gilt als Maßstab für das menschliche Handeln. Zudem fordert der göttliche Wille, dass zwischen dem menschlichen Handeln und dem „besonderen Guten" eine Konformität hergestellt wird. In der Gedankenwelt des Thomas von Aquin wird die Konformität zwischen beiden Entscheidungen dadurch gewahrt, dass das „menschliche Wollen" als „Wollen" verstanden wird, „von dem Gott will, dass es der Mensch will" (Thomas von Aquin, 1933, S. 1 ff.).

Zusammenfassend kann für diese zweite Form ethischen Denkens festgehalten werden, dass allein der „göttliche Wille" Maßstab jedes Denkens und Handelns ist. Ein Mensch handelt demnach dann „gut", wenn er sich diesem Maßstab entsprechend verhält. Aufgrund der Vernunft und der Freiheit ist der Mensch als Abbild Gottes Herr und Ursprung seiner Handlungen, so, wie auch Gott der Schöpfer seiner Werke ist. Die Vernunft bildet das Ziel und der Wille bewegt die Handlung auf dieses Ziel zu. Die so entstehende Ordnung ist damit als göttliche, natürliche und positive (menschliche) Ordnung zu verstehen (Klein, 2000, S. 94).

### 3.1.3 Immanuel Kant

Ethik wird in aristotelische, deontologische und utilitaristische Ethik eingeteilt. Ein zentraler Vertreter der deontologischen Ethik ist der Philosoph Kant. Im

Zentrum seiner ethischen Überlegungen stehen die Begriffe „Pflicht“ und „guter Wille“. Sein Werk „Grundlegung zur Metaphysik der Sitten“ beginnt mit der These, dass es nichts in der Welt gäbe, das uneingeschränkt das Prädikat „gut“ verdiene, als der „gute Wille“ (Kant, 1983, S. 18). Denn die Frage von Moral kann gem. Kant nur deontologisch, nämlich durch die ethische Pflicht, beantwortet werden, nicht durch Ergebnisse oder Erfolgskonzepte. Kant stellt sich hier gegen Aristoteles – und die Utilitaristen. Er fragt nicht, welche Handlungen ratsam sind, um glücklich zu werden, sondern sieht einzig die Handlungen moralisch geboten, die aus unserer Pflicht erwachsen (Schaal, & Heidenreich, 2016, S. 114 f.). Nicht das Ziel des Wollens oder der Zweck macht Handlungen „gut“, sondern allein das Wollen an sich ist es, das „gut“ zu sein hat (Kant, 1983, S. 19). Die Gesinnung ist es, die aus einer gesetzestreuen Tat eine moralisch gute macht. Empirische Fragen nach dem guten Leben führen laut Kant nur zu einem prinzipienlosen Relativismus, da jeder etwas anderes unter einem glücklichen Leben versteht und sich dieses Verständnis mit den Gegebenheiten ändern kann (Schaal, & Heidenreich, 2016, S. 115; Werner, 2021, S. 140 ff.).

Aus dieser Prämisse resultiert die Frage, wodurch ein Wille zu einem guten Willen wird. Hier kommt der „kategorische Imperativ“ Kants zum Tragen. Er fungiert als Ausgangspunkt allen vernünftigen Handelns und ist damit Voraussetzung eines guten Willens. Dieser lautet in seiner einfachen und nicht abgewandelten Form: „Handle nur nach derjenigen Maxime, durch die du zugleich wollen kannst, dass sie ein allgemeines Gesetz werde“ (Kant, 1983, S. 125). Diese Verallgemeinerung des Gewollten bietet ein objektives Kriterium zur Beurteilung von moralischen Handlungen. Der kategorische Imperativ gilt insofern als objektiver Grundsatz, weil er dem Willen jedes vernünftigen Menschen entsprechen muss. Nicht das subjektive Gefühl oder willkürliche Entscheidungen oder die kulturelle Herkunft und geübte Konventionen sind Ursache für moralisches Handeln, sondern der Wille in Freiheit und die Verpflichtung zur Vernunft. Das moralische Sollen steht über dem Streben nach Glück (Schwaabe, 2018, S. 177 f.). Die Aufgabe des „kategorischen Imperativs“ ist es, Maxime auf ihre Verallgemeinerungsfähigkeit im Sinne eines handlungsleitenden Willens zu überprüfen (Kersting, 1994, S. 181; Lutz-Bachmann, 2013, S. 78 f.; Lienemann, 2008, S. 121). Der kategorische Imperativ sagt nur, nach welchen Prinzipien wir unseren Willen entwickeln sollen, jedoch nicht, wie die Willensbildung konkret inhaltlich auszugestalten ist. Wenn eine Person oder ein Objekt diesen Test besteht, kann ein Wille, der sich als handlungsleitend gesetzt hat, als gut bezeichnet werden. Der letzte Schritt besteht nun darin, dass das Gute unbedingt gewollt ist. Daher ist es die Pflicht eines vernünftigen Wesens, wenn es das Gute erkannt hat, dieses auch zu wollen und im Rahmen seiner Handlungen zu realisieren (Kant,

1983, S. 51 und 125). Das Individuum schuldet es seiner Würde, nicht in Widerspruch mit der in Vernunft erkannten Sittlichkeit zu geraten (Schwaabe, 2018, S. 178 f.; Becker, Schmidt, & Zintl, 2021, S. 131 f.). Kant will das moralische Handeln und Entscheiden aus der subjektiven Sinneswelt durch die Betonung der Vernunft befreien. Der Verstand ist es, der die allgemeingültigen Grundsätze entwickelt (Lutz-Bachmann, 2013, S. 81 ff.). Denn ein allgemeingültiges Moralgesetz lässt sich nur unabhängig von persönlichen Erfahrungen, die auf zufälligen Erfahrungen beruhen, entwickeln. Dabei geht es um rational begründbare ethische Prinzipien für das richtige Handeln, um universal anwendbare Maßstäbe (Lutz-Bachmann, 2013, S. 77). Kant führt die liberale Tradition mit Elementen von David Hume weiter, in deren Mittelpunkt das Recht als Schutz der persönlichen Freiheit und der Rechtsstaat stehen (Klein, 2000, S. 173). Kant setzt voraus, dass Menschen soziale Wesen sind, die logisch nachvollziehen können, dass sie sich koordinieren müssen, um zu überleben (Lienemann, 2008, S. 120). Weil die Freiheit des Einzelnen auf die Freiheit des Anderen trifft, braucht die Gesellschaft das Recht. Um die Vereinbarkeit der vielen Freiheiten sicherzustellen, bedarf es der Einrichtung eines Gesellschaftsvertrages, mithin einer bürgerlichen Verfassung. Kant ist Vertragstheoretiker aus Einsicht und Vernunft (Schaal, & Heidenreich, 2016, S. 115 f.). Der Staat setzt Recht, ist aber nicht für die Glückseligkeit der Bürger zuständig. Auch Tugenden lassen sich rechtlich nicht erzwingen, aber durch die Anerkennung und Unterwerfung des Menschen unter die (Sitten-) Gesetze ist er frei (Schaal, & Heidenreich, 2016, S. 116). Der Verfassungsstaat ist Pendant des kategorischen Imperativs. Denn der Rechtsstaat verpflichtet die Gemeinschaft auf eine allgemeine Gesetzlichkeit, wie der kategorische Imperativ den vernünftigen Willen zu selbst gesetztem moralischem Handeln verpflichtet (Kersting, 1994, S. 183). Diese Trennung von Recht und Moral bewahrt den Rechtsstaat vor Moralisierung, denn das Recht fordert nur Legalität. Recht und Freiheit sind damit die zentralen Punkte von Kants Philosophie. Die kantsche Philosophie ist insofern die Grundlage des modernen Liberalismus. Die liberale Staatsgründung basiert auf Vernunft und Freiheit (Schaal, & Heidenreich, 2016, S. 111). Deshalb muss auch die Staatsgewalt begrenzt sein, denn der Zwang der Freiheit sichert die Freiheit und darf nicht seinerseits die Freiheit bedrohen (Becker, Schmidt, & Zintl, 2021, S. 135). Das philosophische und gesellschaftliche Ziel der Aufklärung ist es, die Welt mit Vernunft zu beherrschen und eine bessere, weil vernünftigere Ordnung zu erschaffen (Schwaabe, 2018, S. 171 f., 180 ff. und 190 f.; Schaal, & Heidenreich, 2016, S. 115 ff.).

Im Sinne der Aufklärung will Kant den Menschen durch den Verstandsgebrauch mündig machen. Entsprechend bezieht er sich in seinen Überlegungen auf die ethische Aufrüstung des Einzelnen. Jeder Einzelne soll nur nach der Maxime handeln, von der er zugleich wollen kann, dass sie ein allgemeines Gesetz werde. Der Vernunftmensch lässt seinen Willen nicht von sinnlichen Trieben bestimmen, sondern handelt in Freiheit. Denn es bedarf der freien Willensbildung, um überhaupt moralische Verantwortung tragen zu können (Schwaabe, 2018, S. 176; Kersting, 1994, S. 183 ff.). Daher ist es auch bedeutend, andere Menschen in ihrer Würde und Freiheit zu achten. In diesem Modell geht es folglich darum, eine gute moralische Einstellung bei jedem einzelnen durch Erziehung, Vorbilder etc. zu entwickeln. Durch Tugendhaftigkeit soll den Verführungen des Alltags widerstanden werden. Dabei kommen Prinzipien und Tugenden wie Mäßigung, Bescheidenheit, Maß und Mitte zum Tragen (Stephan, 2013, S. 6 ff.). Manche Philosophen wenden ein, dass der Mensch derart stark durch die Sinneswelt (Bedürfnisse, Neigungen, Begehren etc.) geprägt ist, dass er sich nicht daraus zu befreien vermag. Befreien könnte der Mensch sich nur von äußeren Zwängen. Für Kant bedarf es aber auch einer inneren Freiheit, um moralisch verantwortlich zu sein und verantwortlich gemacht zu werden. Wenig Sinn hingegen ergibt es, eine Tat zu bereuen, wenn man in Wirklichkeit keine Wahl hatte, als in der entsprechenden Situation genauso zu handeln.

Zusammenfassend ist festzuhalten, dass Kant das rationale Prinzip im menschlichen Vermögen sieht, das moralisch Richtige nicht nur zu erkennen, sondern vielmehr diese Einsicht auch in ein Gesetz für moralisches Handeln zu übersetzen. Den Grundsatz, dass unsere eigene Vernunft das richtige moralische Handeln selbst erkennt, nennt Kant Autonomie (Kant, 1785/1911, S. 440). Sittlichkeit wird somit aus Selbstertüchtigung des Willens und der Freiheit des Einzelnen abgeleitet, nicht aus der Suche nach Glückseligkeit, nicht aus dem Ordnungsprinzip des Naturrechts oder der Gemeinschaft und auch nicht von Gott (Schwaabe, 2018, S. 172 f.). Kant emanzipiert den Menschen von der Herrschaft des theologischen Absolutismus und der Bindung an das teleologische Naturrecht. Hier findet sich ein Gedanke, der später von Habermas und der Diskursethik aufgegriffen wird: Damit sich die dem Gesetz unterworfenen zugleich dessen Autoren verstehen können, müssen sie frei sein (Schaal, & Heidenreich, 2016, S. 118 f.; Kersting, 1994, S. 180 ff.; Werner, 2021, S. 145 f. und 158 ff.). Kants Ethik unterscheidet sich von der des Aristoteles insofern, als dass Aristoteles den Vorrang des moralisch Richtigen aus den Handlungen des tugendhaften Menschen ableitet. Für den utilitaristischen Konsequentialismus sind hingegen das Kriterium für das moralisch Richtige der Handlungserfolg und dessen Nutzen bzw. Glück für die Betroffenen. Bei Kant steht der vom Handelnden selbst erkannte rationale und eigenbestimmte Wille zum Handeln unter dem Prinzip der praktischen Vernunft im Mittelpunkt der Betrachtung. Kant schreibt in Grundlegung zur Metaphysik der Sitten: „Der moralische Wert der Handlung liegt nicht in der

Absicht der Wirkung, sondern in der Maxime, nach der sie beschlossen wurde (Kant, 1785/1911, S. 399). Die Verpflichtung zum Befolgen der Erkenntnisse der praktischen Vernunft entleiht Kant den Stoikern, die mit Weisheit, Gerechtigkeit, Mut und Mäßigung bereits in der Antike eine deontologische Ethik unbedingt einzuhaltender moralischer Pflichten ausgearbeitet haben. Die (praktische) Vernunft befähigt den Menschen, nicht nur die Handlung selbst, sondern auch die dem Handeln vorgelagerte Willensbildung frei und unabhängig von seinen Leidenschaften herzuleiten und zu bestimmen. Die freie Willensbildung, die zur Handlung verpflichtet, ist für Kant Voraussetzung für moralisches Agieren (Lutz-Bachmann, 2013, S. 77–80; Lienemann, 2008, S. 120 ff.; Becker, Schmidt, & Zintl, 2021, S. 131 ff.).

### 3.1.4 Jeremy Bentham und John Stuart Mill

Die dritte Form ethischen Denkens, der Utilitarismus – die anderen beiden Formen wurden bereits im Abschnitt 3.1.1 und 3.1.4 behandelt –, geht ursprünglich auf die hedonistische Lehre Epikurs zurück und wurde von Bentham begründet. Der Begriff „Utilitarismus" leitet sich von „utilis" ab und kann mit Nützlichkeit übersetzt werden. Er ist konsequentialistisch angelegt und unterscheidet zwischen Recht und Unrecht, ohne göttlich Autoritäten oder natürliche und unveräußerliche Wertvorstellungen bemühen zu müssen (Lienemann, 2008, S. 124). Da alle Menschen nach Glück streben, gilt als moralisch richtig, was „Lust" bringt, und als falsch, was Schmerz verursacht. Im Gegensatz zu Kants Pflichtethik geht es dem Utilitarismus um die Folgen einer Handlung. Die empirischen Bedingungen finden im Utilitarismus ebenfalls in Abgrenzung zu Kant ausdrücklich Berücksichtigung (Suchanek, 2007, S. 18). Ganz allgemein lässt sich sagen, dass im Utilitarismus die moralische Richtigkeit einer Handlung durch die Nützlichkeit der Folgen dieser Handlung bestimmt ist. Bentham führt Nützlichkeit auf empfundene Freude oder Lust bzw. Leid zurück. Demgemäß kann die Nützlichkeit einer Handlung oder eines Sachverhaltes in der Fähigkeit liegen, Lust zu erzeugen. Bentham führte hierzu ein hedonistisches Nutzenkalkül ein, nach dem eine Handlung in dem Maße zu billigen sei, wie ihr die Tendenz innenwohne, das Glück aller Betroffenen zu vermehren (Bentham, 1777, S. 391–400). Im Gegensatz zum Egoismus steht nicht das individuelle, sondern das kollektive Glück im Fokus. Der Utilitarismus besagt, dass Handlungen gut und moralisch wertvoll sind sowie die entsprechenden Ergebnisse das größte Glück für eine größtmögliche Anzahl von Menschen bewirken sollen. Bentham schreibt hierzu: „By the principle (…) of utility is meant that principle which approves or disapproves of every action whatsoever, according to the tendency which it appears to have to augment or disminish the happiness oft he party whose interest is in question: or, what ist he same thing in other words, to promote or to oppose that happiness" (Bentham, 1789/1907, S. 2 f.). Das Prinzip der allgemeinen Nützlichkeit wird zum verbindlichen Kriterium und zur ethischen Norm erhoben (Horn, 1996, S. 87). Bentham setzt Nützlichkeit und Glück gleich, setzt sich aber weit von der moralischen Interpretation des Begriffs Glück, wie er von Aristoteles verwendet wurde, ab. Die Utilitaristen verstehen Glück als einen hedonistischen Zustand des subjektiven Wohlbefindens. Im Gegensatz zu Aristoteles ist der utilitaristische Glücksbegriff nicht auf sinnlichen Genuss ausgerichtet, sondern indifferent bezüglich der Art und Weise des subjektiven Wohles. Es kommt auf die Menge des produzierten Glücks an, eine qualitative Differenzierung nimmt Bentham nicht vor (Werner, 2021, S. 114 ff.; Horn, 1996, S. 87 ff.).

Ein weiterer bedeutender Vertreter des Utilitarismus ist Mill, der zwar auf Bentham aufbaut, allerdings eine elaboriertere theoretische Konzeption entwickelt. Auch Mill geht von der Prämisse aus, dass Menschen immer nach Lust streben, indem er die utilitaristische Kernthese bestätigt: „The creed which accepts as the foundation of morals, utility, or the happiness principle, holds that actions are right in proportion as they tend to promote happiness, wrong as they tend to produce the reverse of happiness. By happiness is intended pleasure, and the absence of pain, by unhappiness, pain and the privation of pleasure" (Mill, 1963, Band 10, S. 210). Er schließt daraus auf das Werturteil, dass nur das Ausleben eigener Vorstellungen an sich gut sei. Mill stimmt zwar einerseits dem Nützlichkeitskalkül Benthams zu, erweitert aber die Betrachtung um einige entscheidende Aspekte (Mill, 1998, S. 55). Mill nimmt die Kritik an Bentham auf, der hedonistische Utilitarismus propagiere lediglich eine vulgäre Triebbefriedigung. Für Mill ist neben der reinen Quantität auch die Qualität der Lust entscheidend. Er unterscheidet zwischen sinnlicher bzw. körperlicher Lust und geistigem Vergnügen. Dabei kann wahres Glück nur derjenige erfahren, der sich intellektuell betätigt und sich für das Gemeinwohl einsetzt. Das Prinzip des allgemeinen Wohlergehens findet sich in Mills Utilitarismus regelmäßig in Begriffen wie dem größtmöglichen Glück oder der größtmöglichen Zahl wieder (Lutz-Bachmann, 2013, S. 68). Der Utilitarismus orientiert sich bei Mill nicht am individuellen Glück, sondern an der gesellschaftlichen Wohlfahrt, folglich an der optimalen Bedürfnisbefriedigung bzw. der geringsten Frustration aller Betroffenen (Lienemann, 2008, S. 126; Horn, 1996, S. 89). Wer hingegen selbstsüchtig eigene Interessen verfolgt, findet nur flüchtiges Glück. Mill schreibt hierzu: „Menschen haben Fähigkeiten, die weit höher stehen als tierische Triebe, und wenn sie sich dieser bewusst werden, erkennen sie nichts als ihr Glück an, was diese Fähigkeiten nicht mit einschließt" (Kühn (Hrsg.), 2009, S. 13). Mill hält es für wenig plausibel, dass der Wert von Glück und Freude ausschließlich von der Quantität bestimmt wird, da alle Wertbestimmungen grundsätzlich sowohl von der Qualität als auch von der Quantität abhängen. Mill schreibt diesbezüglich: „Es ist besser, ein unzufriedener Mensch zu sein als ein zufriedenes Schwein; besser ein unzufriedener Sokrates als ein zufriedener Narr" (Mill, 1963, Band 10, S. 212). Er betont die individuelle Wahlfreiheit und die damit verbundene Diversität der Lebensgestaltungen (Becker, Schmidt, & Zintl, 2021, S. 140). Der Verstand ist dabei essenziell, um die Konsequenzen der Handlungen abschätzen zu können

Mill kombiniert moralische Annahmen wie die Fokussierung auf Handlungserfolge mit anthropologischen Prämissen zur menschlichen Natur mit ethischen Werturteilen bezüglich guter und richtiger Handlungen (Lutz-Bachmann, 2013, S. 69). Der utilitaristische Ansatz von Mill wurzelt mithin in den sozialen Gefühlen der Menschen. In einer gerechten Gesellschaft wächst das Bewusstsein, dass ein Miteinander nur dann möglich erscheint, wenn die Interessen aller Menschen gleichermaßen Berücksichtigung finden. Sympathie und äußere Sanktionen stützen das soziale Miteinander. Insofern kann Mill von Lüsten („Pleasures") sprechen, die er mit Attributen wie „higher" oder „lower" bewertet; gleichwohl kann nicht jedes Individuum diese unterschiedlichen Qualitäten erfahren. Nur ein erfahrener Mensch (durch Erziehung und Bildung) ist in der Lage, differente Genüsse zu erfahren und ihre langfristigen Folgen zu beurteilen. Auf Grundlage dieser Theorie ist es auch möglich, geistigen, kulturellen oder intellektuellen Tätigkeiten einen Wert zuzuschreiben, der sich als „besser" gegenüber rein körperlichen Lüsten erweist, weil hierbei Erfahrungen nutzbar gemacht werden können für die Formulierung von Konzepten, die Nutzen kardinal messbar und interpersonell überprüfbar bzw. vergleichbar machen.

Zusammenfassend kann für den Utilitarismus formuliert werden, dass Menschen generell nach Lust bzw. Glück streben, indem sie die Nützlichkeit ihrer Handlung und die Folgen daraus beachten. Diese Nützlichkeit setzt sich aus der empfundenen Freude, dem empfundenen Leid oder der empfundenen Lust der jeweiligen Handlung zusammen. Dabei ist jedoch nicht nur die Quantität dieser Lust für den Menschen im Hinblick auf die Nutzenbefriedigung entscheidend, sondern auch ihre Qualität. Für Utilitaristen ist die größte Befriedigung, sich für das Glück anderer unter bewusstem Verzicht auf persönliche Belange einzusetzen. Deshalb ist auch nicht das persönliche Glück des Einzelnen entscheidend, sondern das Glück aller ist der utilitaristische Maßstab richtigen Handelns. Die neoklassische Theorie leitet aus dem Utilitarismus die individuelle Nutzenmaximierung ab. Es wird herausgestellt, dass Ungleichheit so lange gerechtfertigt ist, wie der Gesamtnutzen für die Gesellschaft ansteigt. Gleichzeitig wendet sich der Utilitarismus gegen traditionelle Privilegien und soziale Diskriminierung. Jeder Mensch verdient bei der Suche nach größtmöglichem Glück die gleiche Berücksichtigung (Werner, 2021, S. 115 f.). Insofern übernimmt der Utilitarismus die Forderungen des klassischen Liberalismus nach der Herrschaft des Rechts, der freien Entfaltungsmöglichkeit der Persönlichkeit, der Beschränkung staatlicher Gewalt und der wirtschaftlichen Freizügigkeit (Lienemann, 2008, S. 125; Becker, Schmidt, & Zintl, 2021, S. 137).

### 3.1.5 John Rawls

Rawls nimmt die normative Philosophie auf und entwirft ein konstruktives Gerechtigkeitsprinzip. Sein Beitrag ist insofern bemerkenswert, da seine Gerechtigkeitsvorstellung als Ergänzung der Moralphilosophie von Aristoteles zu verstehen ist bzw. die Begriffe des Guten, des Nützlichen und des Vernünftigen erweitert. Aristoteles fokussiert in seiner Bewertung von Handlungen das „Gute", Rawls stellt zur Sicherstellung dieser „Gutheit" in Form von Gerichtsbarkeit den notwendigen institutionellen Rahmen zur Verfügung. Dabei nimmt Rawls auch die vertragstheoretischen Argumente von Hobbes und Kant auf und führt diese in einer systematischen rechtfertigungstheoretischen Argumentation zusammen (Kersting, 1994, S. 261 f.). In seinem Werk „A Theory of Justice" beschreibt Rawls Gerechtigkeit wie folgt: „Justice is the first virtue of social institutions, as truth is of systems of thought. A theory however elegant and economical must be rejected or revised if it is untrue; likewise, laws and institutions no matter how efficient and well-arranged must be reformed or abolished if they are unjust. Each person possesses an inviolability founded on justice that even the welfare of society as a whole cannot override. For this reason, justice denies that the loss of freedom for some is made right by a greater good shared by others" (Rawls, 1971, S. 1). Damit adaptiert Rawls die Theorie des Aristoteles auf die moderne und liberale Gesellschaft.

Rawls fordert die Konstitution von Institutionen in der Weise, dass Gerechtigkeit als maßgebliche Tugend hergestellt wird, und entwickelt daraus ein Gerechtigkeitskonzept, das mit Fairness gleichgesetzt werden kann. Dieses Prinzip verwirklicht sich konkret in Verfassungsgerechtigkeit, d. h. einer auf Gerechtigkeit ausgerichteten an der Institution Verfassung (Rawls, 1971, S. 1 ff.). Er nutzt den Kontraktualismus als Grundlage für die Prinzipien sozialer und politischer Gerechtigkeit (Kersting, 1994, S. 262).

Rawls geht von einer arbeitsteiligen Gesellschaft aus. Diese wird akzeptiert, da Arbeitsteilung und Spezialisierung grundsätzlich Vorteile für alle bringen. Allerdings entstehen Verteilungskonflikte bezüglich der Erträge aus der Spezialisierung. Damit die Gesellschaft nicht in Anspruchskonkurrenz und Verteilungskonflikte gerät, bedarf es Normen und Regeln. Es müssen Prinzipien zur Verteilung der Kooperationsgewinne gesetzt werden (Kersting, 1994, S. 266 f.). Nach Rawls können zwei (Gerechtigkeits-)Grundsätze gewählt werden, die für die Festlegung einer Grundstruktur der Gesellschaft verantwortlich sind, d. h., die sicherstellen, dass sich freie und vernünftige Menschen in einer (fairen und gleichen) Ausgangssituation derart entscheiden können, dass diese Entscheidung ihrem eigenen Interesse entspricht. Zur Entwicklung dieser Grundsätze nutzt Rawls die Konstruktion eines „Schleiers des Nichtwissens", der darstellt, was als gerecht gesetzt werden kann, wenn der Handelnde bzw. Entscheider seine und die Positionen bzw. Rollen anderer in einer Gesellschaft nicht kennen würde (Lütge, 2012, S. 93 und 96 f.). Alle Menschen sind im Urzustand hinter einem Schleier des Nichtwissens über ihre potenzielle Stellung in der Gesellschaft, über Klasse oder Status sowie über die Ausstattung mit natürlichen Ressourcen wie Gesundheut und Intelligenz. Das eigene Interesse, der eigene Nutzen kann unter einer Kosten-Nutzen Analyse sowie unter Beachtung der Maximin-Regel, also der Maximierung des minimalen Nutzens (Schaal, & Heidenreich, 2016, S. 125–128), nur auf eine möglichst weit reichende Gerechtigkeit, unabhängig von Position, Hintergrund oder Rolle, abzielen (Kersting, 1994, S. 269). Die dabei bestimmenden zwei Grundsätze sind nach Rawls folgende: „(a) Jede Person hat den gleichen unabdingbaren Anspruch auf ein völlig adäquates System gleicher Grundfreiheiten, das mit demselben System von Freiheiten für alle vereinbar ist. (b) Soziale und ökonomische Ungleichheiten müssen zwei Bedingungen erfüllen: erstens müssen sie mit Ämtern und Positionen verbunden sein, die unter Bedingungen fairer Chancengleichheit allen offenstehen; und zweitens müssen sie den am wenigsten begünstigten Angehörigen der Gesellschaft den größten Vorteil bringen (Differenzprinzip)" (Rawls, 2001, S. 78). Das Differenzprinzip soll die moralisch unvorteilhafte Situation des Einflusses der natürlichen Lotterie, also der sozialen Herkunft, auf Verteilungsfragen zurückdrängen. Damit ergibt sich aus dem Differenzprinzip eine egalitäre Funktion, die Gesellschaft nicht als Naturereignis begreift (Kersting, 1994, S. 277–280).

Allerdings hat der erste Grundsatz (Chancengleichheit) Vorrang vor dem Differenzprinzip, wobei Rawls keine Beschränkung der Chancengleichheit erlaubt, um das Differenzprinzip herauszustellen. Kersting schreibt dazu: „Das System der liberalen Gleichheit bereichert das System der natürlichen Freiheit um die Forderung nach fairer Chancengleichheit“ (Kersting, 1994, S. 278). Allerdings ist in der normativen Zielausrichtung von Rawls Theorie der Gerechtigkeit soziale Ungerechtigkeit dann legitim, wenn auch die Unprivilegierten insgesamt noch ausreichend Vorteile erhalten. Rawls referenziert hier auf die Funktionslogik von Markt und Wettbewerb, die unter geeigneten Rahmenbedingungen zu wirtschaftlicher Dynamik und Wachstum führen. Ein Gesellschaftssystem mit Märkten und Wettbewerb ist eben kein Nullsummenspiel und bringt insofern auch für die Unprivilegierten Wohlstandseffekte mit sich (Große Kracht, 2001, S. 179 f.; Pies, 2016, S. 23–25). Während Rawls somit Verteilungsfragen diskutiert, stellt Buchanan die Legitimität von Regeln aus individueller Perspektive in den Vordergrund (Buchanan, 1975, S. 2 ff.). Rawls und Buchanan wählen einen vertragstheoretischen Ansatz, jedoch mit unterschiedlicher Stoßrichtung. Rawls legt Prinzipien für eine ex ante gerechte Gesellschaft vor, während es Buchanan um die Zustimmung von Individuen zu verfassungsmäßigen Regeln, die einerseits die Handlungsfreiheiten begrenzen und andererseits Kooperation ermöglichen, geht. Dadurch verschiebt sich die Diskussion von einem idealen Endzustand bei Rawls zu einem konstitutionellen Entstehungsprozess gesellschaftlicher Ordnung bei Buchanan (Rawls, 1971, S. 136 ff.; Buchanan, 1975, S. 23 ff.). Entscheidend für diese Verschiebung ist ein unterschiedliches Menschenbild. Rawls geht von moralisch motivierten Akteuren aus, die Gerechtigkeit und Fairness akzeptieren (Lütge, 2012, S. 101). Buchanan stellt rationale Nutzenmaximierer in den Mittelpunkt, bei denen institutionelle Regelordnungen unverzichtbar sind, um kooperatives Verhalten zu ermöglichen und potenzielle Externalitäten zu internalisieren. Buchanan entwirft keine philosophisch idealtypische Gesellschaft, sondern einen auf freiwilliger Zustimmung souveräner Individuen basierenden Ordnungsrahmen (Lütge, 2012, S. 113 f.). Rawls argumentiert teleologisch und ethisch normativ (Rawls, 1971, S. 75–83), Buchanan ist prozessorientiert und entwirft einen konstitutiven Ordnungsrahmen (Buchanan, 1975, S. 17). Diese Vorgehensweise erlaubt es Buchanan, das Spannungsverhältnis zwischen individueller Freiheit und kollektiver Ordnung anstatt mit Prinzipien der Moral, beispielsweise Gerechtigkeitsfragen, durch einen Ordnungsrahmen zu lösen (Lütge, 2012, S. 55 f.). Die zentrale Frage lautet insofern nicht, was gerecht ist, sondern, welche Regeln rationale Menschen akzeptieren, um einem Naturzustand zu entkommen (Buchanan, 1975, S. 4 und 10 ff.). Buchanan greift insofern den Naturzustand von Hobbes auf, während Rawls versucht, mit seiner vertragstheoretischen Betrachtung einen Ausgleich zwischen Aristoteles, Utilitarismus und Kant herzustellen (Lienemann, 2008, S. 128 f.). Allerdings verzichtet

Rawls – im Gegensatz zum Utilitarismus – auf eine Einschränkung von Freiheiten zur Herstellung von Gerechtigkeit.

In vielen anderen Feldern und Denkschulen werden solche Einschränkungen hingegen vorgenommen, beispielsweise zur Herstellung einer formalen Chancengleichheit. Rawls fordert jedoch im Rahmen seines Liberalismus keine formale Chancengleichheit im Sinne gleicher Ausgangsbedingungen für alle Menschen, sondern (nur) faire Chancen für alle Menschen, d. h., Menschen, die ähnliche Fähigkeiten aufweisen, sollen auch ähnliche Lebenschancen besitzen bzw. erfahren (Rawls, 2020, S. 63). Sen hat in diesem Zusammenhang den Begriff der Chancengleichheit um die Verwirklichungschancen erweitert. Dabei steht die Befähigung, nicht nur um die negative Freiheit, also die Abwesenheit von Hindernissen, sondern insbesondere um die positive Freiheit, also die Möglichkeit, diese Freiheit (und Chancen) auch tatsächlich nutzen zu können, im Mittelpunkt (Sen, 1997, S. 155–171).

Rawls Theorie der Gerechtigkeit kann zusammenfassend darin beschrieben werden, dass eine Gesellschaft dann gerecht ist, wenn ein vernünftiger Mensch mit einem Vertrag schließen würde, ohne durch seine soziale Situation voreingenommen zu sein. Mithin geht es um die Frage, ob der Modus, auf dessen Grundlage in einer Gesellschaft Rechte, Pflichten und Kooperationsgewinne verteilt werden, als gerecht angesehen werden kann. Rawls zeigt hier ein deontologisches Verständnis moralischer Gerechtigkeit, bei dem nicht nur unmoralisch maximierte Güter zugeteilt werden, sondern faire Chancen auf die Verwirklichung eigener Lebenspläne gewährleistet werden (Werner, 2021, S. 175 f.). Die Wirkung des Ansatzes liegt in der Spannung von individueller Freiheit und den von allen Gesellschaftsmitgliedern geteilten Vorteilen in einer gemeinsam anerkannten Ordnung. Rawls stellt zwei Prinzipen auf, das der Freiheit, wie es in der liberalen Tradition seit John Locke formuliert wird, und das der Gleichheit im Sinne von gleichen Chancen (Schwaabe, 2018, S. 264–269). Dabei ist die Chancengleichheit in Freiheit der Vorteil aller, den Rawls als „Fairness" bezeichnet und der das entscheidende Kriterium der Gerechtigkeit darstellt. Gerechtigkeit braucht für Rawls Freiheit, und Fairness kann es nur dann geben, wenn die Freiheit von niemanden eingeschränkt wird (Lutz-Bachmann, 2013, S. 74). Rawls schreibt entsprechend: „Jedermann soll gleiches Recht auf das umfangreiche System gleicher Grundfreiheiten haben, das mit dem gleichen System für alle anderen verträglich ist" (Rawls, 1971, S. 81).

## 3.2 Normative Ethiken

### 3.2.1 Überblick

Im Rahmen der normativen Ethik wird aufgezeigt, welches Handeln als „richtig“ bzw. „falsch“ definiert und verstanden werden kann. Zudem wird evaluiert, welche Motivationen dem richtigen Handeln zugrunde liegen und ob hierfür allgemeingültige Prinzipien angenommen werden können respektive existieren. Demnach wird im Rahmen der normativen Ethik versucht, die Frage nach dem „Wie“ des Handelns zu beantworten – im Gegensatz zur deskriptiven Ethik, die nach dem „Was“ und „Warum“ fragt und somit ethische Richtlinien als Orientierungs- und Bewertungsmaßstäbe abzuleiten sucht (Düwell, Hübenthal, & Wener (Hrsg.), 2011, S. 25 ff.).

Die normative Ethik nimmt wertend Stellung, d. h., sie stellt ein Normensystem und Regeln zur Verfügung, und legt innerhalb dieses Systems fest, welche Handlungen von Menschen als moralisch „gut“ bzw. „schlecht“ zu definieren sind bzw. was die „richtige“ Moral ist. Gegenüber Dritten verfolgt die normative Ethik den Anspruch, dass den im Rahmen der normativen Ethik gesetzten Regeln zugestimmt werden muss und ihre Vorschriften befolgt werden müssen (Homann, & Lütge, 2013, S. 5; Düwell, Hübenthal, & Wener (Hrsg.), 2011, S. 25–35). Allerdings geht die normative Ethik über die Festlegung von Regeln hinaus und fordert z. B. die Existenz von Normen oder Werten (Düwell, Hübenthal, & Wener (Hrsg.), 2011, S. 25 ff.). Ein Beispiel für ein Konzept bzw. Konstrukt der normativen Ethik ist das Recht. Begründet werden kann dies durch die Tatsache, dass das Recht durch spezifische und in der Regel schriftlich fixierte Rechtsnormen Vorschriften für das menschliche Verhalten bietet und diese durch Sanktionen verbindlich macht. Der Zusammenhang zwischen Ethik, Moral und Recht ergibt sich, weil durch die (normative) Ethik die Gesetze mit dem Ziel formuliert werden, u. a. Ungerechtigkeit zu vermeiden (Waibl 2004, S. 26 f.).

Dabei ist festzuhalten, dass die Prinzipien der moralkonformen Lebensführung, die die normative Ethik formuliert, von Epoche zu Epoche bzw. von Kultur zu Kultur veränderlich sind sowie zu unterschiedlichen Zeiten bzw. Kontexten unterschiedliche Begründungen liefern bzw. in den Mittelpunkt der Diskussionen stellen (politische, individuelle oder universelle Fragestellungen) (Düwell, Hübenthal, & Wener (Hrsg.), 2011, S. 25–35). Folgende Prinzipien bzw. Aspekte können dabei verantwortlich für die Veränderungen sein (von der Pfordten, 2008, S. 1):

- geänderte Normen und Werte,
- veränderte Ziele, Wünsche, Bedürfnisse und Belange bzw. Interessen von Individuen,
- der Pluralismus in der Gesellschaft,
- technologischen Veränderungen und
- Normen für Abwägungen zwischen den Belangen.

Darauf aufbauend entwickelt Kant eine Ordnungskonzeption, die den vertragstheoretischen Ansatz als Vernunftidee und die friedliche Anarchie beinhaltet (Klein, 2000, S. 211). Als zentrale Ausprägungen der normativen Ethiken gilt die teleologische Ethik (Ansätze) bzw. die deontologische Ethik (Ansätze).

### 3.2.2 Teleologische Ethik

In Bezug auf teleologische Ansätze der Ethik kann festgehalten werden, dass der moralische Wert von Personen und Handlungen davon abhängig ist, was mit den jeweiligen Handlungen herbeigeführt wird oder aber werden soll (sog. außermoralischer Wert) (Frankena, 1973, S. 16). Die teleologische Ethik (abgeleitet vom griechischen Begriff „télos“, was mit „Ziel“ oder „Zweck“ übersetzt werden kann) wird als Folgenethik bezeichnet, da eine Handlung dann als „gut“ bzw. „richtig“ verstanden wird, wenn deren Konsequenzen als „gut“ bezeichnet werden können. Sie wird in der Literatur teils als eigenständige Ethik gewertet, zum Teil aber auch als Ausprägung der normativen Ethiken angesehen (Homann, & Lütge, 2013, S. 7).

Der wichtigste Ansatz innerhalb der teleologischen Ethik ist der Utilitarismus bzw. dessen Vorläufer, der Hedonismus. Dabei wird beim Utilitarismus ein ökonomischer Parameter eingeführt, der auch quantifizierbar erscheint: der Nutzen (hier in der Ableitung von lateinisch „utilis“ = nützlich), wobei die Folgen des Handelns in Nutzeneinheiten bewertet werden, d. h., Handlungen, die den Nutzen erhöhen, sind „gut“, Handlungen, die den Nutzen pro Kopf vermindern, sind „schlecht“ (Homann, & Lütge, 2013, S. 9). Man spricht davon, dass ein Kosten-Nutzen-Kalkül eingeführt wird, was in die Sphäre der Ethik eindringt (Frankena, 1973, S. 8), und sich dadurch ein nutzenethischer Ansatz entwickelt, der davon ausgeht, dass ein eigennütziges Handeln der Individuen durch Verfolgung von nutzenmaximierenden Handlungen zu einer Steigerung der gesamten Wohlfahrt führt, um hierdurch das Gesamtwohl in der Gesellschaft zu optimieren (Frankena, 1973, S. 15).

Zusammenfassend kann unter telelogischen Ansätzen verstanden werden, dass Menschen, wenn sie nach diesem ethischen Prinzip handeln, grundsätzlich selbst einen Werterahmen setzen. Dieser individuelle Werterahmen jedes Einzelnen bestimmt dann auch „automatisch" die Grenzen des Handelns des Individuums, indem der Einzelne für sich über „gut", „böse", „richtig" oder „falsch" definiert.

### 3.2.3 Deontologische Ethik

Deontologen wie Kant gehen davon aus, dass Handlungen dann „gut" sind, wenn sie verpflichtenden Regeln folgen, während bei es teleologischen Ansätzen um den Zweck bzw. das Ziel der Handlung geht. Damit darf nach den Grundsätzen der Deontologie selbst dann nicht gegen Regeln gehandelt werden, wenn ein „besseres" Ergebnis durch diese Handlung zu erzielen wäre. Anders formuliert: Folgt man deontologischen Konzeptionen, ist es möglich, dass Handlungsregeln oder Handlungen pflichtgemäß oder moralisch richtig sein können, auch wenn „sie nicht das größtmögliche Übergewicht von guten gegenüber schlechten Folgen für den Handelnden, eine Gesellschaft oder das Universum herbeiführt" (Frankena, 1973, S. 17). Die Tatsache, dass eine Handlungsregel oder Handlung deshalb pflichtgemäß oder richtig sein kann, ohne dass ein Grund hierfür vorliegt oder ein spezifischer Umstand auf sie zutrifft, können Deontologen für sich beanspruchen (Frankena, 1973, S. 17).

Im Gegensatz zu teleologischen Ansätzen beurteilen deontologische Ansätze (abgeleitet von griechisch „to deon" = die Pflicht) bzw. die deontologische Ethik die Handlung selbst als „gut" oder „schlecht" („böse") – und nicht deren Folgen. Als Exponent gilt der kategorische Imperativ Kants. Er gilt als „unbedingt"; Folgenkalkulationen haben dahinter keinen Wert mehr (Homann, & Lütge, 2013, S. 7). Handlungen bzw. deren Begründung müssen folglich einer Generalisierungsprüfung standhalten (Nida-Rümelin, 2005, S. 10–30)

Unter dem Sammelbegriff der deontologischen Ethiken werden alle Ethiken zusammengefasst, bei denen Handlungsfolgen als moralisch untergeordnet oder sogar irrelevant verstanden werden. Weber spricht im Sinne der deontologischen Ethik in seinem Werk „Politik als Beruf" daher von der Gesinnungsethik (Motive des Handels geben das Kriterium für „gut" oder „böse" vor) (Weber, 1919, S. 10 ff.; Düwell, Hübenthal, & Werner (Hrsg.), 2011, S. 122; Homann, & Lütge, 2013, S. 8).

Andere Philosophen, z. B. Rawls, schließen sich dieser Definition an, wobei Nida-Rümelin eine engere Definition für den Begriff der „deontologischen Ethik“ wählt. Nach Nida-Rümelin ist eine Ethik nur dann deontologisch, wenn das moralisch Gute vom moralisch Richtigen abhängig ist, d. h., dass das handelnde Individuum durch die Wahl einer moralisch „richtigen“ Handlung automatisch auch eine als „gut“ bewertete Entscheidung trifft (Nida-Rümelin, 1993, S. 87; Nida-Rümelin, 2005, S. 3 ff.). Damit referiert Nida-Rümelin neben teleologischen und deontologischen Ethiken auf eine dritte Kategorie der Ethik, nämlich die Tugend- und Motivationsethiken, „die das moralisch Gute nicht schon durch das richtige Handeln realisiert sehen, sondern beispielsweise erst durch die Verbindung mit bestimmten charakterlichen Dispositionen oder Haltungen“ (Düwell, Hübenthal, & Werner (Hrsg.), 2011, S. 123) – d. h. Nida-Rümelin bewertet eine Handlung aufgrund von inneren Haltungen zur jeweiligen Handlung (Nida-Rümelin, 1993, S. 87 ff.).

Somit gilt zusammenfassend, dass im Rahmen der teleologischen Ethik eine Handlung mit Blick auf den bestmöglichen Nutzen erfolgt, im Rahmen der deontologischen Ethik die Handlung aus Pflicht erfolgt und im Rahmen der Tugendethik die Handlung tugendhaft erfolgt, d. h. sie sollte sittlich richtig sein (Quante, 2011, S. 141). Anzumerken ist dabei, dass die dargestellten Typen von Ethiken sich nicht zwangsläufig konträr gegenüberstehen müssen. Vielmehr finden sich mittlerweile auch integrative Ansätze (Quante, 2011, S. 141). Charakteristisch für deontologische Ethiken ist jedoch, dass die durch sie begründeten Verpflichtungen akteursbezogen sind, ein „moralisch relevanter Unterschied zwischen dem (…) Herbeiführen und dem bloßen Geschehenlassen von Ereignissen“ (Düwell, Hübenthal, & Werner (Hrsg.), 2011, S. 126) besteht und Menschen nicht „für nichtintendierte Handlungskonsequenzen verantwortlich sind“ (Düwell, Hübenthal, & Werner (Hrsg.), 2011, S. 126).

### 3.2.4 Normative und kontextualistische Ansätze von Ethik

Neben jenen Ansätzen, die entweder als teleologische oder deontologische Ethik eingruppiert werden, gibt es jene teilweise sehr unterschiedlichen Ansätze, die v. a., weil sie den ersten beiden nicht klar zugehören, als normative und kontextualistische Ansätze erfasst werden. Dazu gehören als schwach normative Ansätze der Kohärentismus, die Klugheitsethik und die Diskursethik. Die wichtigsten kontextualistischen Ansätze sind die hermeneutische und die narrative

Ethik (Wolters, 1984, S. 382 f). Letztere nutzen zum Verstehen den Kontext bzw. die Empirie. Erstere zeichnen relationale und schwache Normen nach.

Im Falle des Kohärentismus wird versucht, eine Rechtfertigung von Meinungen mit Hilfe von Theorien zu finden, die als Teil eines kohärenten Systems von Überzeugungen verstanden werden. Dabei wird davon ausgegangen, dass es bei einer ansteigenden Zahl von gleichartigen Meinungen unwahrscheinlicher wird, dass sich diese zu einem „falschen" System zusammenfügen (BonJour, 1976, S. 281–312). Der Terminus „Kohärentismus" kann dabei wie folgt konkretisiert werden: „Kohärentisten bestreiten (…) die Existenz von basalen Überzeugungen. Sie [die Kohärentisten, Am. d. Verf.] setzen gegen das Bild unseres Wissens mit einer Basis und einer darauf aufbauenden nach oben gerichteten Rechtfertigungsstruktur ihre (…) Konzeption von Wissen und Rechtfertigung, bei der einzelne Überzeugungen durch ihre Einbettung in ein möglichst kohärentes Netz von Überzeugungen und Metaüberzeugungen, die sich gegenseitig stützen, gerechtfertigt werden" (Bartelborth, 2019, S. 238). Demnach gilt als zentraler Aspekt im Kohärentismus, dass Meinungen nur dann gerechtfertigt sind, wenn sie Teil von Überzeugungen sind. Ein System ist damit dann kohärent, wenn es keine Widersprüche aufweist. Setzt man sich in einem kohärenten System permanent mit den vorhandenen Meinungen auseinander, wird die Zahl der „falschen" Meinungen im Zeitablauf permanent abnehmen. Neu erworbene Meinungen könnten umgehend auf ihre Stimmigkeit hin überprüft werden (Bartelborth, 2019, S. 238 ff.).

Die Klugheitsethik (Aristoteles) wird als zweite Sichtweise zur Anerkennung und Überwindung des Pluralismus der Gesellschaft neben der Diskursethik (Habermas) angesehen und zählt zu den schwach normativen Ansätzen. Dabei steht bei der Klugheitsethik die Erhaltung der Handlungsfähigkeit im Vordergrund, d. h., oberstes Ziel ist ein „gelingendes" Leben, wobei dieses unterschiedlich inhaltlich und kulturell ausgefüllt werden kann. Im Fokus befindet sich dabei der „Erhalt der Mitte", der durch die Vermeidung von Mangel und Überfluss realisiert wird (Ulrich, 1993, S. 80–106), also der Zurückweisung von Randverteilungen. Zusammengefasst werden die Inhalte der Klugheitsethik in vier Punkten (Ulrich, 1993, S. 80–106):

- Anhand des Konzeptes des Guten kann erläutert werden, wie ein Gelingen möglich ist. Soll ein Handeln erfolgreich sein – im Sinne eines gelingenden Handelns –, muss es sich am Konzept des Guten ausrichten.
- Bei der Wahl der Handlungsmittel zur Realisierung „des Guten" geht es nicht nur darum, dass die Handlung gelingt, sondern auch darum, dass ein „guter" Gesamtlebensvollzug sichergestellt ist.
- Zielsetzung ist die Herstellung von (Über-)Lebensgleichgewichten.

- Politische Aktivitäten dienen zur Vervollkommnung der Ethik, d. h. ethische Aspekte stellen die Grundlage jedes Denkens und Handelns dar – die Politik dient „nur" der Ergänzung dieser Ansätze.

Als Klugheitsethik kann diejenigen Ethik verstanden werden, deren Akteur – und zwar ganz gleich, ob es sich bei diesem um einen institutionellen oder einen individuellen handelt – „vernünftig-überlegt, [um, Anm. d. Verf.] situationsangemessen handeln zu können" (Hubig & Luckner, 2013, S. 148). Hubig und Luckner erläutern hierzu: „Insbesondere wird ein Akteur dann klug genannt, wenn er auch in unüberschaubaren Handlungssituationen im Stande ist, oder sogar seine Handlungsziele zur Disposition zu stellen vermag, wenn es die Situation im Lichte der Vorstellung eines gelingenden Gesamtlebensvollzuges erforderlich macht. Im Unterschied zum heutzutage in der Ethik oftmals in Abgrenzung zur Moral gebrauchten Begriff von Klugheit als Prinzip eines rationalen Egoismus handelt es sich bei dieser Eigenschaft um eine (intellektuelle) Tüchtigkeit/Fähigkeit, die, wenn sie sich zu einer Haltung verfestigt hat, (intellektuelle) Tugend genannt wird" (Hubig, & Luckner, 2013, S. 148). Bei der Diskursethik hingegen geht es nicht um die Suche nach der „Mitte", sondern darum, dass die Betroffenen den Folgen und Konsequenzen einer Handlung zustimmen müssen, wie dies auch in einer klassischen Demokratie erfolgt – nämlich in einem herrschaftsfreien Diskurs. Erst dann kann die Handlung als „gut" oder „böse" gewertet werden (Ulrich, 1993, S. 80–106; Reese-Schäfer, 2001, S. 1). Demnach geht es bei der Diskursethik darum, eine Richtigkeit von (ethischen) Aussagen mit Hilfe eines Diskurses zu erhalten. Präskriptive Sätze sollen dabei im freien argumentativen Gespräch der gesellschaftlichen Individuen und Gruppen diskutiert werden. Dabei geht die Diskursethik davon aus, dass jedes Subjekt an Diskursen teilnehmen darf und jedes Individuum unter Angabe von Gründen eine Behauptung formulieren darf, die allerdings nur dann in den Diskurs einzubringen ist, wenn das Individuum von der Meinung überzeugt ist. Eine Beschränkung des Diskurses durch Dritte ist dabei nicht „erlaubt" (Ulrich, 1993, S. 80–106; Reese-Schäfer, 2001, S. 1).

Als weitere – abschließende – Ausprägung der hier beschriebenen Ansätze gilt die hermeneutische bzw. narrative Ethik, die zu den kontextualistischen Ansätze zu zählen ist.

Die hermeneutische Ethik findet ihre Anwendung insbesondere in technologischen Gesellschaften (Irrgang, 2017, S. 11). Mittelpunkt ist dabei das „Verstehen" der Wirklichkeit und der Zeit. Hierbei bilden Text und Sprache die Brücke zwischen Wirklichkeit und Sollen bzw. Die Ethik wird um Erfahrungen und Erkenntnisse aus der Praxis ergänzt. Die hermeneutische Ethik ist daher in der Lage, durch die Betonung der Elemente Wirklichkeit (zugänglich über Text und Sprache), Erfahrung (moralische Kontrasterfahrung) sowie Praxis zwischen „gut“ und „böse“ zu unterscheiden. Die entscheidende Erweiterung der hermeneutischen Ethik findet sich in der Ergänzung bisheriger Sichtweisen um einen praxisbezogenen Kontext. Damit trägt die hermeneutische Ethik zum „besseren“ Verstehen der Wirklichkeit bei und kann als Begründung für Verhaltensweisen von Individuen in der Marktwirtschaft dienen. Dies können z. B. Handlungen sein, die sich in der Beteiligung an Angebots- und Nachfragehandlungen zeigen (Mieth, 2002, S. 223 ff.).

Ähnliche Überlegungen stellt die narrative Ethik an (von Joisten (Hrsg.), 2009, S. 10), in deren Mittelpunkt das menschliche Handeln und (die Bewertung) seine(r) Folgen stehen. Von Joisten formuliert hierzu: „Der Begriff ‚Narrativität‘ tritt heute als ein Modewort in Erscheinung, das sogar Einzug ins Feuilleton gehalten hat. Im Kontext der Philosophie des 20. und 21. Jahrhunderts kann der Mensch als narratives Wesen bestimmt werden. Erzählung [i. S. v. Argumentation, Anm. d. Verf.] dient hier nicht allein als Inbegriff einer Gesamtheit von Sinnbildungen, sondern v. a. zur Kennzeichnung des wirklich Menschlichen (...)“ (von Joisten (Hrsg.), 2009, Abstract). Dementsprechend untersucht die narrative Ethik, inwieweit sich Geschichten oder Erzählungen in ihrer Darstellung an menschlichem Handeln orientieren, um letztlich diese moralisch in der Form werten zu können (Hübner, 2001, S. 5–9).

Zusammenfassend können der Kohärentismus, die Klugheitsethik, die Diskursethik sowie hermeneutische und narrative Ansätze unterschieden werden. Beim Kohärentismus wird versucht, Meinungen durch ein System von Überzeugungen zu bilden. Bei der Klugheitsethik steht das inhaltlich und kulturell ausgefüllte Leben mit Maß und Mitte als oberste Zielsetzung des Menschen im Vordergrund. Die Diskursethik verfolgt das Ziel, dass Menschen sich mit den Folgen und Konsequenzen einer (ihrer) Handlung auseinandersetzen und dieser zustimmen. Während die hermeneutische Ethik versucht, die Wirklichkeit (die Technik) zu verstehen, geht die narrative Ethik noch etwas weiter und will die Realität anhand ihrer gesellschaftspolitischen Entwicklungen verstehen, die in die Historie eingeordnet werden. Dabei stellt sie einen Praxisaspekt in den Mittelpunkt ihrer Handlungen bzw. ergänzt die ethischen Betrachtungen um diesen Aspekt.

## 3.3 Deskriptive Ethiken

Im Zuge der deskriptiven Ethik werden die Moral, die in einer Gruppe oder einer Gesellschaft vorherrscht, und die darauf aufbauende individuelle wertorientierte Grundhaltung, beschrieben (Düwell, Hübenthal, & Werner (Hrsg.), 2011, S. 25–35).

Mit Hilfe der deskriptiven Ethik kann herausgearbeitet werden, welche Verhaltensweisen – auch wirtschaftliche – in einem Kulturkreis zu empfehlen sind, in einem anderen aber abgelehnt werden. Schließlich ist es durch einen Vergleich der einzelnen Wertevorstellungen möglich, die differenten Anschauungen zu reflektieren. Aufbauend auf den Ergebnissen dieser Reflexion können Ableitungen und Erkenntnisse darüber gewonnen werden, welche gesellschaftlichen und individuellen Konsequenzen im Rahmen der jeweiligen Wertevorstellungen gezogen werden müssen (Rehm, 2005, S. 207). Hierzu ist ein „minimaler Grundkonsens" (Küng, 1990, S. 48 f.) notwendig, der durch ein Minimum an gemeinsamen Werten, Normen und Haltungen charakterisiert ist (Küng, 1990, S. 49). Im Gegensatz zu normativen Ethiken fragen deskriptive Ethiken demnach nicht nach dem „Richtig" und „Falsch" bzw. dem „Gut" oder „Böse", sondern sie stehen dem normativen Suchen nach der „richtigen Moral" neutral gegenüber (Düwell, Hübenthal, & Werner (Hrsg.), 2011, S. 25–35). Weder Menschen noch deren Handlungen werden bewertet. Es erfolgt (zunächst) eine möglichst neutrale Aufnahme von Verhaltensweisen und den damit in Zusammenhang stehenden Werten und Normen, die sich in Handlungen ausdrücken. Erst im Rahmen weiterer Interpretationsprozesse erfolgt eine Bewertung. Daher wird die deskriptive Ethik in der Literatur häufig nicht als eigenständige Form der Ethik verstanden, sondern nur als Methodik zur Beschreibung von Wertevorstellungen und Normen in einer Gemeinschaft (Düwell, Hübenthal, & Werner (Hrsg.), 2011, S. 25–35).

Primäres Ziel der deskriptiven Ethiken ist es, Erscheinungsformen zu beschreiben (Beschreibung von Normensystemen) und erst sekundär nach Erklärungen zu suchen. Die Moral ist aus Sicht der deskriptiven Ethik eine anthropologische Konstante, die mit moralischen Vorstellungen und Idealen abhängig von Gesellschaft und kulturellem Umfeld „gefüllt" wird. Somit wird zunächst die menschliche Moral „als solche" beschrieben, um darauf aufbauend aus einer neutralen Sicht heraus das komplexe und vielschichtige „Phänomen Moral" erklären zu können (Düwell, Hübenthal, & Werner (Hrsg.), 2011, S. 25–35). Die Erklärung des „Phänomens Moral" kann

- kulturanthropologisch (durch empirische Beschreibungen von Gesellschaften),
- soziologisch (durch Analyse gesellschaftlicher Konventionen),

- aus Sicht der Moralpsychologie (durch Erforschung des Erwerbs von moralischen Kompetenzen) oder
- evolutionstheoretisch (durch die Suche nach einer Erklärung für das Erscheinen von Moral und ähnlichen Phänomenen)
  erfolgen (Düwell, Hübenthal, & Werner (Hrsg.), 2011, S. 25–35).

Abschließend sei bei dieser kurzen Beschreibung der deskriptiven Ethiken darauf verwiesen, dass sich diese als Ergänzung zur normativen Sichtweise und nicht als „Entweder-Oder-Entscheidung" versteht (Düwell, Hübenthal, & Werner (Hrsg.), 2011, S. 25–35). Deskriptive Ethiken können eine Ergänzung zur normativen Sichtweise darstellen, indem sie Moral aus anthropologischen, soziologischen, psychologischen und evolutionstheoretischen Gesichtspunkten heraus beschreiben bzw. bewerten.

Zusammenfassend gilt für die deskriptiven Ethiken, die dem Bereich der praktischen Philosophie zuzurechnen sind, dass sie das Verhalten, die Sitten, die Werte und die Moral menschlicher Gruppen und Kulturen beschreiben, um darauf aufbauend Erklärungen für das Verhalten zu suchen.

## 3.4 Metaethik

Als weitere Unterscheidung zu den normativen und deskriptiven Ethiken führt die Literatur die Metaethik an. Die Differenzierung erfolgt hierarchisch zwar auf der gleichen Ebene, jedoch versucht die Metaethik, Aspekte der normativen und der deskriptiven Ethik miteinander zu verbinden, indem sie Gedanken aus beiden „Welten" aufnimmt. Metaethiken geben demnach Antworten auf Fragen, die normative und deskriptive Ethiken nicht liefern können (Gerwendorf, & Meggle (Hrsg.), 1995, S. 1 ff.). Scarano beschreibt dies wie folgt: „Metaethische Theorien fällen selbst keine moralischen Urteile wie die normativen Ethiken. Sie beschreiben auch nicht, welche moralischen Urteile gefällt werden und welche Rolle moralische Urteile für unser Denken und Handeln spielen, wie die deskriptiv arbeitenden Moraltheorien. Vielmehr setzen sie eine Stufe tiefer an und fragen, was überhaupt unter einem moralischen Urteil zu verstehen ist. Die Metaethik fällt also selbst keine moralischen Urteile, sondern macht Aussagen und formuliert Hypothesen über diese. (…) Deshalb kann man von der Metaethik auch als einem Diskurs zweiter Ordnung sprechen" (Scarano, 2002, S. 31).

Aufgabe der Metaethik ist es demnach, zu untersuchen, was ein „moralisches Urteil" ist und worin sich „moralische Urteile" von anderen Urteilsarten unterscheiden. Mit anderen Worten: Die Metaethik reflektiert und analysiert die vorhandene Sprache der Moral sowie die Sprache der normativen Ethik und die Methodiken, die zur Umsetzung verwendet werden, und leitet daraus ab, ob bzw. wie normative Aussagen begründet werden können (Grewendorf, & Meggle (Hrsg.), 1995, S. 1 ff.). Sie versucht folglich, die Natur der Moral zu bestimmen, und arbeitet hierzu mit der semantischen Analyse von moralischen Aussagen, ohne jedoch einzelne Handlungen zu bewerten. Es geht hierbei folglich (nur) um die Fragen nach Bedeutungen z. B. der Begriffe „gut"/„schlecht" oder der Begriffe „sollen", „können" und „dürfen" (Grewendorf, & Meggle (Hrsg.), 1995, S. 1 ff.). Dabei beschäftigt sich die Metaethik mit drei Grundfragen (Grewendorf, & Meggle (Hrsg.), 1995, S. 1 ff.):

- Wird eine Handlung als solche erkannt und wird sie als solche befürwortet?
- Existieren objektive Werte abseits von subjektiven Wertvorstellungen?
- Kann sich der Mensch moralisch verhalten und warum sollte er dies tun?

Zusammenfassend gilt, dass im Rahmen der Metaethik selbst keine moralischen Urteile gefällt werden. Auch wird nicht beschrieben, welche Rolle moralische Urteile für Aktivitäten spielen (sog. „Diskurs zweiter Ordnung"). Damit erweist sich die Metaethik als tatsächlich auf einer Metaebene operierend. Anders als die anderen Ansätze der Ethik, die hier vorgestellt und diskutiert wurden, greift die Metaethik den Grund und vorgelagerte Fragen zur Ethik auf, baut aber keine eigene Ethik auf.

## 3.5 Zwischenresümee: normative Ethik, deskriptive Ethik und Metaethik

Insgesamt kann festgehalten werden, dass eine Differenzierung zwischen normativen Ethiken, deskriptiven Ethiken und der Metaethik möglich und auch üblich ist.

Die normative Ethik beschäftigt sich damit, Antworten auf moralethische Fragen zu finden. Ihr Ziel ist es, Prinzipien aufzustellen und zu begründen. Diese Prinzipien der normativen Ethik dienen dazu, festzulegen, was Individuen tun und was sie nicht tun sollen.

De facto handelt es sich – dem Namen entsprechend – bei der normativen Ethik nicht um eine beschreibende respektive empirische und damit deskriptive Ethik, sondern um eine vorschreibende, präskriptive Disziplin. Im Zuge der normativen Ethik wird vorgegeben, was getan werden sollte.

Anders gestaltet sich dies in Bezug auf die deskriptive Ethik, denn in deren Zuge sollen Antworten auf moralische und teilweise auch pragmatische Fragen beschreibend dargestellt werden. Grundsätzlich handelt es sich bei der deskriptiven Ethik nicht primär um eine philosophische Ethik. Vielmehr kann sie als eine sozialwissenschaftlich-historische Domäne verstanden werden. Dennoch bilden philosophische Thesen und Überlegungen die Basis der deskriptiven Ethik. In der deskriptiven Ethik können entsprechend Handlungsmuster und Überzeugungen differenter Kulturen, Gesellschaften und Institutionen zu differenten Zeitpunkten ebenso untersucht werden wie universelle und damit allgemeingültige Merkmale, die die differenten moralischen Systeme gemeinsam haben.

Bei der Metaethik handelt es sich um eine philosophische Disziplin, in der sowohl moralische Fragen als auch Argumente und Antworten unter Rekurs auf die Sprache, in der sie formuliert sind, analysiert werden. Im Mittelpunkt der Metaethik steht demnach die Verwendung charakteristischer Termini wie „gut" und „schlecht" oder aber „sollen", „wollen" und „müssen" sowie von Begriffen wie „Wille" und „Intellekt" etc. Insgesamt sind die Differenzen zwischen der Metaethik und der normativen Ethik gradueller Natur, eine vollständige Trennung beider Bereiche ist kaum möglich.

## 3.6 Ordnungsethik als Ergebnis

### 3.6.1 Die Begründung der Ordnung

Grundsätzlich muss zwischen den Ebenen der Gesellschaft und der des einzelnen Individuums differenziert werden. Auf persönlicher Ebene ist selbstverständlich Moral gefordert. Jedoch läuft eine derartige Forderung auf gesellschaftlicher Ebene, erst recht bei einer anonymen Weltgesellschaft, ins Leere.

In einer modernen pluralistischen und offenen Gesellschaft muss es Unterschiedlichkeiten geben dürfen (Lütge, 2012, S. 123 f.). Werden aber Debatten über die Moral geführt, beginnen die Probleme. Denn die Moral kennt nur „schwarz" oder „weiß", nur „gut" oder „böse", sie lässt keine Kompromisse zu. Moralvorstellungen sind unbedingt und deshalb kategorisch zu erfüllen. Die Diskussion wird schnell intolerant und nicht mehr anschlussfähig, sie spaltet die Gesellschaft. Niklas Luhmann meinte gar, dass Moral als Mittel zur Lösung von Problemen einen polemogenen Charakter entfaltet (Luhmann, 1989, S. 19 f.; Luhmann, 2008, S. 122 ff.).

Gem. Kants „Grundlegung zur Metaphysik der Sitten" (Kant, 2011, S. 1 ff.) bedeutet Moral nicht nur, das Richtige zu tun, sondern auch, aus den richtigen Gründen das Richtige zu tun. Jede Beimischung von persönlichen Motiven degradiert die Moral zu nur noch „klugem Handeln" (Homann, 2014, S. 58; Lutz-Bachmann, 2013, S. 78). Allerdings beschreibt Kant in der „Schrift zum ewigen Frieden" das Phänomen der Staatseinrichtung, also das der gesellschaftlichen Moral. Dabei schreibt Kant, dass der Staat „selbst von einem Volk von Teufeln" errichtet werden kann – wenn sie Verstand haben: „Eine Menge von vernünftigen Wesen, die insgesamt allgemeine Gesetze für ihre Erhaltung verlangen, deren jedes aber in Geheim sich davon auszunehmen geneigt ist, so zu ordnen und ihre Verfassung einzurichten, dass, obgleich sie in ihren Privatgesinnungen einander entgegen streben, diese einander doch so aufhalten, dass in ihrem öffentlichen Verhalten der Erfolg eben derselben ist, als ob sie keine solche böse Gesinnung hätten" (Kant, 1795, S. 224). Rationale Menschen mit egoistischen Motiven können das Zusammenleben in einer Gesellschaft bzw. in einem Staat entwerfen – d. h. der Staat funktioniert auf der Basis des klug gestalteten Eigeninteresses unter Beachtung der entsprechenden Regeln bzw. Gesetze. Für Kant ist folglich beides richtig, die Moral auf persönlicher Ebene (Individualethik) und das gestaltete bzw. gelenkte Eigeninteresse auf gesellschaftlicher Ebene (Ordnungsethik). Aber er trennt klar zwischen Rechtsstaat und Moralgesetz, zwischen Rechtsphilosophie und Moralphilosophie. Der Rechtsstaat erwächst nicht durch die Kultivierung der Menschen, sondern ist auch für unmoralische Akteure eine vernünftige Notwendigkeit (Schaal, & Heidenreich, 2016, S. 116). Das Recht wird mit Hilfe von staatlichen Zwangsmitteln durchgesetzt, damit die einzelnen Menschen die Möglichkeit haben, ihr Leben nach eigenen Vorstellungen und Vorlieben zu leben (Becker, Schmidt, & Zintl, 2021, S. 134 f.). Allerdings sollten alle kollektiven Entscheidungen auf die Präferenzen und Rationalitätskalküle der einzelnen Akteure zurückgeführt werden, damit der Staat nicht übergriffig wird. (Brennan, & Buchanan, J., 1985, S. 27). Legitime Ordnungen entstehen folglich durch die freiwillige Zustimmung der Beteiligten (Buchanan, 1975, S. 52) bzw. durch den abschließenden gesellschaftlichen Diskurs (Habermas, 1991, S. 133 f.). Entscheidend ist der institutionelle Rahmen, der den Handlungen des Einzelnen zugrunde liegt (Buchanan, 1990, S. 12). Denn im methodologischen Individualismus ist der individuelle Handlungsraum, also die Summe aller grundsätzlich möglichen Handlungen des Einzelnen, von den institutionellen Gegebenheiten und den Handlungen Dritter determiniert (Sunken, & Schubert, 2018, S. 24–29). Bei der Frage „was soll ich tun" kann jeder Einzelne nur seine Handlungen, Motive und Ziele beeinflussen, nicht aber die Umstände und Bedingungen, unter denen gehandelt werden muss. Gem. dem praktischen Syllogismus ist es für eine moralische Einordnung aber unerlässlich, beides zu berücksichtigen, die Werte und Normen der Moral sowie die Bedingungen, unter denen gehandelt wird (Homann, 2014, S. 13–18; Lutz-Bachmann, 2013, S. 115).

Auf der gesellschaftlichen Ebene ist es umgekehrt: Der Staat hat keinen Zugriff auf die Motive oder die Einsichten der Menschen, kann aber die Umstände und Bedingungen beeinflussen. Der Staat sollte entsprechend die Bedingungen ändern, damit der Einzelne unter Verfolgung seiner Eigeninteressen das Richtige bzw. Gewünschte tut. Der Staat muss demzufolge für die entsprechenden Anreize sorgen. Kant schreibt, dass es die Bösartigkeit der menschlichen Natur sei, welche den Zwang notwendig macht (Kant, 1795, S. 245), womit der Grundstein für eine äußere Ordnung gelegt ist, die die moralische Entwicklung des Menschen ermöglicht. Rechtlosigkeit zerstört die Freiheit. Das Individuum ist erst durch die Anerkennung von Recht und Ordnung frei (Becker, Schmidt, & Zintl, 2021, S. 132 f.; Schaal, & Heidenreich, 2016, S. 115 ff.; Schwaabe, 2018, S. 185–191).

Jedoch gibt es bei kollektivem oder gesellschaftlichem Handeln immer Trittbrettfahrer. Man denke beispielsweise an Wilhelm Tell von Friedrich Schiller: „Es kann der Frömmste nicht im Frieden bleiben, wenn es dem bösen Nachbarn nicht gefällt" (Schiller, o. J., 3. Szene). Jede Gesellschaft erträgt ein gewisses Maß an Devianz, aber sie darf nicht Überhand nehmen. Die Gesellschaft muss somit derart gebaut werden, dass das Eigeninteresse ausreicht, um die Kooperation in der Gesellschaft stabil zu halten. Dafür wiederum ist ein sanktionsbedingter Ordnungsrahmen geeignet (Homann, 2015, S. 44–56). Die Freiheit der Gesellschaft, die grundsätzlich mit der Freiheit der Menschen zusammen gedacht werden muss, wird durch das Recht stabilisiert (Schwaabe, 2018, S. 173 ff.).

Typischerweise ist die Freiheit i. S. v. Handlungsfreiheit des Individuums folglich durch Normen und Gesetze, also durch kollektive Regeln und Sanktionen, stabilisiert. Trittbrettfahren ist ein Grundproblem allen kollektiven Handelns und kann nur über einen geeigneten sanktionsbewehrten Ordnungsrahmen überwunden werden. Der Erfolg des Handelns ist abhängig von den Handlungen der anderen. Solange der Einzelne aber nicht weiß, ob sich die anderen kooperativ verhalten, hält er sich zurück, denn niemand möchte systematisch ausgenutzt werden. Dann geht man nicht, wie zunächst von Kant gefordert, mit gutem Beispiel voran. Denn die moralische Vorleistung ermutigt andere geradezu, ihren Beitrag zurückzuhalten. Eine moralische Vorleistung bringt aber nicht viel, wenn die anderen nicht mitmachen (Lütge, 2012, S. 99 ff.). Im Gegenteil, wenn die anderen der Vorleistung nicht folgen, reagiert man i. d. R. empört. Entsprechend kann festgehalten werden, dass gesellschaftliche Probleme nicht durch Appelle an die Moral des Einzelnen gelöst werden, sondern lediglich durch einen sanktionsbedingten Ordnungsrahmen. Nur die Reziprozität der gegenseitigen Vorteile, die durch einen institutionellen Rahmen bereitgestellt werden, binden die Akteure wirksam und lösen Dilemmata auf. Kant verweist auf den Vorrang des Rechts vor der Moral unter der Voraussetzung, dass das damit verbundene Postulat der Verpflichtung zur strikten Neutralität des Staates gegenüber den individuellen Vorstellungen eines glücklichen und erfüllten Lebens des Individuums aufrechterhalten wird (Lütge, 2012, S. 116 f.; Kersting, 1994, S. 182–186). Damit verbindet Kant beides, den Aufruf zu persönlicher Moral und ein Regelwerk zur gesellschaftlichen Kooperation.

Kollektives Handeln verlangt das Mitwirken aller und gleichzeitig hat jeder Einzelne einen starken Anreiz, seine Beiträge zu verweigern, da er sich der Kooperation der anderen nicht sicher sein kann. Solange man nicht sicher sein kann, dass die anderen kooperativ sind, ist man es selbst auch nicht. Diese Nichtkooperation erfolgt jedoch nicht aus Egoismus, sondern zur Selbstverteidigung, wie im Gefangenendilemma beschrieben. Das Motiv, nicht kooperativ und moralisch (nicht gesellschaftlich) zu agieren, ist folglich eine Verteidigung. Diese Situation hat nichts mit dem Bild vom Menschen, der dem Menschen ein Wolf ist, also dem Kampf aller gegen alle, zu tun. Thomas Hobbes sagt im gleichen Satz, dass der Mensch dem Menschen ein Gott sein kann. Nach Hobbes sind beide Aussagen, so widersprüchlich sie auch erscheinen, wahr (Homann, 2008, S. 9 f.; Lütge, 2011, S. 1–4).

Allerdings beziehen sie sich auf unterschiedliche Situationen. Hobbes schreibt, dass sich der Teilsatz „der Mensch sei dem Menschen ein Wolf" („Homo homimi lupus") auf die Beziehung zwischen Staaten bezieht, während der Teilsatz, dass „der Mensch dem Menschen ein Gott sei" („Homo homini deus"), für die Verhältnisse. bzw. Beziehungen innerhalb von sozialen Gruppen gelten (Hobbes, 2017, S. 7 ff.). Die Aussagen von Hobbes sind folglich nicht auf Menschen, sondern auf Situationen bezogen. Während „der Mensch dem Menschen ein Wolf" dann gilt, wenn es keine gemeinsame Rechtsordnung gibt, die die Menschen in ihren Handlungen bindet, gilt „der Mensch dem Menschen ein Gott" bei der Existenz und Beachtung von Gesetzen, Regeln und Normen (Homann, 2003, S. 6 und 18), also nur dann, wenn die Menschen unter einem Rechtssystem mit Sanktionen leben. Anders formuliert: Die außerhalb eines Gemeinwesens lebenden Menschen sind für ihresgleichen eine gefährliche Bedrohung. Der in ein Gemeinwesen bzw. in eine Ordnung eingebundene Mensch ist hingegen für seine Mitmenschen ein Gott (Höffe, 2018, S. 7 f.). Entsprechend schreibt Thomas Hobbes, dass kein Zweifel bestehen könne, dass beide Formeln wahr sind: Der Mensch ist dem Menschen ein Gott und der Mensch ist dem Menschen ein Wolf; die erste, wenn Menschen unter Normen und Gesetzen agieren, die zweite, wenn Staaten untereinander ohne Rechtsrahmen agieren. Freiheit kann in sozialen Gemeinschaften nur mit Geboten und Regeln gedacht werden. Diesen Regeln Geltung zu verschaffen, erfordert, Zwang auszuüben. Allerdings muss die Ausübung von Zwang derart gestaltet sein, dass er die gleichen Rechte und Handlungsspielräume für alle Akteure sichert (Schaal, & Heidenreich, 2016, S. 84 ff.). Ein friedliches Zusammenleben gelingt nur dann, wenn die beteiligten Individuen auf gewisse Freiheitsrechte verzichten. Allerdings kann ein derartiger Verzicht den Menschen nur dann zugemutet werden, wenn sichergestellt ist, dass auch alle anderen Akteure den gleichen Rechtsverzicht leisten. Um Kooperation zu gewährleisten, ist folglich ein Vertrag zu schließen, eine Ordnung zu schaffen (Becker, Schmidt, & Zintl, 2021, S. 36). Nach Hobbes sind Menschen selbst unter widrigen Bedingungen, aber mit Vernunft, in der Lage, eine Situation zu schaffen bzw. eine Ordnung zu entwerfen, in der sie friedlich zusammenleben können. Diese Ordnung setzt auf Vorteilserwartungen. Denn für das „gemeinsame Gelingen“ ist man immer auf das friedliche Mitwirken der anderen angewiesen (Schrift „De Cive“ von 1642, in der Hobbes den Sachverhalt weiter ausführt als im „Leviathan“). Im Naturzustand herrscht ein Krieg aller gegen alle, in dem sich ausschließlich der Stärkere durchsetzt. Hobbes schreibt, dass das Leben der Menschen im Naturzustand einsam, armselig, häßlich, brutal und kurz sei (Hobbes, 1982, S. 184). Da niemand sich den Auseinandersetzungen entziehen kann, münden die (Wett-)Kämpfe unter Anomie spieltheoretisch in einem suboptimalen, aber stabilen Gleichgewicht, dem Gefangenendilemma. Problematisch ist dabei, dass kein Beteiligter auf den Einsatz von Macht- und Gewaltmitteln verzichten kann, da er, wenn andere nicht das Gleiche tun, selbst zur Beute wird. Solange keiner die Bedürfnisse der anderen respektiert und auf Forderungen verzichtet, gibt es aus dem Dilemma kein Entrinnen. Das wird erst möglich, wenn sich alle wechselseitig auf eine allmächtige Institution einigen können, die der Friedenssicherung verpflichtet ist (Bonß, Dimbath, Maurer, Pelizäus, & Schmid, 2021, S. 23 f.). Für Hobbes benötigen die Menschen folglich einen „Herrscher“, also ein Staatswesen, um den Naturzustand, überwinden zu können. Der staatlichen Ordnung liegt mithin eine Art Gesellschaftsvertrag zugrunde, in dem die Menschen um der Selbsterhaltung Willen Freiheitsrechte an den Staat abtreten Der Mensch reflektiert ein rational abgewogenes Eigeninteresse. Dieses Eigeninteresse ist die Leitlinie, mit deren Hilfe er Handlungen evaluiert. Deshalb muss die friedenssichernde Institution Nutzen stiften, denn Individuum und Staat müssen strikt getrennte gedacht werden. Die Institution Staat ist vom Menschen für einen bestimmten Zweck, die Überwindung der Anomie, geschaffen (Schwaabe, 2018, S. 109 f.). Friede, Gerechtigkeit und Wohlstand sind kollektive Unternehmungen, bei denen wir nicht auf die Moral setzen dürfen, sondern auf die Vorteilserwartungen der Einzelnen, die durch Regeln und Sanktionen motiviert sind. Die Moral ist wichtig und wirkt auf der Ebene der Einzelnen. In der Gemeinschaft bedarf es aber anderer Mechanismen. Jeder ist bereit, einige Mal in Vorleistung zu treten. Wird er aber systematisch ausgenutzt, wird er beginnen, zu defektieren. Es kommt zu einem suboptimalen Nash-Gleichgewicht, in dem kein Akteur seinen Nutzen durch eine unilaterale Änderung seiner Strategie verbessern kann, solange die Strategien der anderen Akteure gleich bleibt (Gibbons, 1992, S. 8). Auf kollektiver Ebene wird durch Moralisierung das Trittbrettfahren ignoriert, was zu Verärgerung und präventiver Defektion führt – und zu gesellschaftlichen Konflikten (Homann, 2003, S. 6 und 18).

Der Diskurstheoretiker Karl-Otto Apel argumentierte, dass mit der Letztbegründung alle Menschen überzeugt sind, sich moralisch zu verhalten (Apel, 1973, o. S.; Habermas, 1981, S. 44 f.). Der Diskurs von ethisch abwägenden Menschen tritt an die Stelle des einzelnen Subjekts, das bei Kant für sich selbst sein Wollen und seine Handlungen ethisch reflektiert (Habermas, 1991, S. 133 f.; Lutz-Bachmann, 2013, S. 96). Aber auch hier wird nicht auf das Nichtmitmachen der anderen, auf das Trittbrettfahren eingegangen. Laut Apel genügt die Begründung, um alle zu überzeugen, die Begründung reicht als Motivation (Homann, 2014, S. 59). Aber die Einsicht wird nicht notwendigerweise zur Motivation, das Verhalten zu verändern – es besteht weiterhin ein Realisierungs- bzw. Implementierungsproblem (Homann, 2003, S. 6 und S. 17).

Jürgen Habermas geht davon aus, dass rational motivierte Akteure performative Widersprüche vermeiden. Der zwanglose Diskurs beansprucht normative Gültigkeit, weil die gewonnenen Ergebnisse die Interessen aller Betroffenen in geeigneter Form beinhaltet (Schaal, & Heidenreich, 2016, S. 276). Die moralische Einsicht ist ein hinreichendes Motiv für moralisches Handeln. Allerdings, so Habermas, gilt: „Die Gültigkeit moralischer Gebote ist an die Bedingung geknüpft, dass diese als Grundlage einer allgemeinen Praxis generell befolgt werden" (Habermas, 1991, S. 136). Und weiter: „Erst eine rechtliche Institutionalisierung kann die allgemeine Befolgung moralisch gültiger Normen sichern" (Habermas, 1991, S. 199). Habermas ist insofern vorsichtiger, wenn er vom schwachen Zwang des besseren Arguments spricht. Er schreibt: „Von der diskursiv gewonnen Einsicht gibt es keinen gesicherten Transfer zum Handeln" (Habermas, 1996/1999, S. 51). Das bessere Argument hat folglich nur eine schwache Motivations- und Überzeugungskraft. Habermas sieht, dass die Diskurstheorie in Bezug auf Individualethik gut funktioniert. Jedoch erkennt auch er die Notwendigkeit einer Rechtstheorie, um gesellschaftliche Probleme lösen zu können (Lütge, 2012, S. 124–128). Die Legislative ist der Ort der sozialen Integrität und Solidarität. Das Recht dient als Medium, um kommunikative Macht administrativ umzusetzen (Schwaabe, 2018, S. 254 f.). Habermas sieht folglich die Implementierungsproblematik von Moral und erkennt die Vorteilskalkulationen, dass man sich entsprechend verhält, weil andernfalls Strafen drohen. Die Forderung nach einer Rechtstheorie inkludiert die Sanktionsandrohung (Homann, 2003, S. 6; Homann, 2008, S. 7 f.; Homann, 2014, S. 61).

Gesellschafts-, Kollektiv- oder Staatsprobleme mit individueller Moral lösen zu wollen, ist nicht geeignet. Entsprechend sollte das Strukturproblem des Trittbrettfahrens anerkannt und adressiert werden. Denn selbst dann, wenn alle das gleiche Ziel verfolgen, heißt das nicht, dass sich alle in der gleichen Weise einbringen (Homann, 2014, S. 32). Man unterstützt das Ziel, partizipiert an dem Erreichten, aber hält sich mit den eigenen Beiträgen zurück. Die optimale Strategie ist es, das volle Ergebnis ohne Anstrengung erreichen zu können. Die entscheidende Frage ist folglich, wie man erreicht, dass alle ihre Beiträge leisten, mithin kooperieren. Die Antwort liegt in den Anreizen (beispielsweise Market Design), die entsprechend gesetzt werden müssen, damit sich alle kooperativ verhalten.

Der Anreiz wird über handlungsbestimmende Vorteilserwartungen des Einzelnen gesetzt, das bedeutet, dass die Steuerung über Anreizsysteme läuft – z. B. beim Thema Umweltverschmutzung: Steigt der CO2-Preis, wird der Ausstoß vermieden; das Gegenteil ist der Fall, wenn Kohlenstoffe billig sind. Moralisieren hilft nicht weiter, obwohl Kant dieses Verhalten nach Vorteilserwartungen „nur" als klug, aber nicht als moralisch klassifiziert hat. Die rechtliche Ordnung legt die Anreizstrukturen für die Handlungen der Akteure fest (Homann, 2014, S. 63).

Adam Smith gilt typischerweise als „Vater der modernen Ökonomie". Dabei war er eigentlich Professor für Logik und Moralphilosophie. Smith hat nicht nur „Wealth of Nations", sondern auch die „Theorie der ethischen Gefühle" geschrieben. Dabei geht es um das Wesen des Menschen. Smith geht davon aus, dass sich Menschen gegenseitig beobachten und aus Ähnlichkeiten des gegenseitigen Empfindens von Pflichtgefühl, Lust, Leid usw. Moral entsteht. Entsprechend bildet sich Moral in einem komplexen Prozess des Miteinander, mithin in gesellschaftlichen Rückkoppelungsprozessen (Horn, 2023, S. 8). Smith schreibt hierzu: „Die fortgesetzten Beobachtungen, die wir über das Veralten anderer Menschen machen, bringen uns unmerklich dazu, dass wir uns gewisse allgemeine Regeln darüber bilden, was zu tun oder zu meiden schicklich und angemessen ist" (Smith, 1994, S. 238). Handlungen werden als legitim angesehen, wenn sie auf anständigen und rechtschaffenden Motiven beruhen (nicht Eigennutz). Die gegenseitige Beobachtung, die Interaktion, sorgt für sozialen Druck und damit Anreize, sich wohl zu verhalten. Anders formuliert: Der Umstand, dass sich die Menschen gegenseitig beobachten, treibt sie dazu, sich anständig zu verhalten oder dies zumindest nach außen hin vorzugeben. Smith konstruiert einen „neutralen Beobachter", der entscheidet, was fair und anständig ist. Insgesamt entwickelt sich ein gemeinsamer Standpunkt, die Moral, die als gemeinsame Grundlage akzeptiert wird. Smith schreibt in der Theorie der ethischen Gefühle: „Wir bemühen uns so zu beurteilen, wie wir uns vorstellen, dass es ein fairer und unparteiischer Zuschauer beurteilen würde" (Smith, 1994, S. 128 f. und 167). Das Konstrukt des „Beobachters" erlaubt es, das eigene Verhalten und die eigenen Motive zu reflektieren. Allerdings muss der Einzelne auch den Willen zu Empathie aufbringen, um sich in die Rolle des anderen versetzen zu können. Smith beschreibt, dass man sich in einer gewissen Weise sympathisch sein muss, um in Interaktion treten zu können. Menschen möchten anerkannt und respektiert werden sowie sich als ehrliche und ehrenwerte Wesen fühlen. Smith bewegt sich auf der Ebene der einzelnen Individuen, nicht auf der gesellschaftlichen Ebene.

In „Wealth of Nations" steht die oft zitierte „unsichtbare Hand": „Nicht vom Wohlwollen des Metzgers, Bäckers, Brauers erwarten wir unsere Mahlzeit, sondern davon, dass sie ihre eigenen Interessen wahrnehmen" (Smith, 1974, S. 17). Das ist kein Appell an die Menschenliebe, sondern an die eigenen Interessen. Das gesellschaftlich erwünschte Ergebnis steuern wir über das Eigeninteresse der Akteure, wobei die Steuerung durch das Regelsystem – wie im Sport – erfolgt. Solidarität entsteht durch wechselseitiges Eigeninteresse (Lütge, 2012, S. 32). Gesellschaftspolitik hat die Aufgabe, diese Steuerung über das Eigeninteresse der Einzelnen nicht zu vernachlässigen. Entscheidend ist, dass wir die Steuerung im Alltag gar nicht merken. Es bedarf eines sanktionsbewehrten Ordnungsrahmens, damit das Eigeninteressen geleitete Streben des Einzelnen dem Gemeinwohl nicht nur nicht schadet, sondern es sogar befördert (Homann, 2003, S. 6 und 17). Man hält nicht vor der roten Ampel, weil man sein Eigeninteresse befragt hat, sondern, weil man ansonsten sanktioniert wird (= Punkte in Flensburg). Die Einschränkung der Freiheit wird in Kauf genommen. Denn die Freiheit verdanken wir nur den Institutionen, also den Regeln. Es ist müssig, seine Freiheit proklamieren zu wollen und zu erklären, dass man tun und lassen könne, was man will. Denn wenn jeder macht, was er will, kommt genau das dabei heraus, was Hobbes mit „der Mensch ist dem Menschen ein Wolf" beschreibt. Dann gilt das Recht des Stärkeren, was das Leben weder schöner noch freier macht. Hayek schreibt in „Die Verfassung der Freiheit" diesbezüglich Folgendes: „Freiheit bedeutet nicht, dass jeder tun kann, was ihm beliebt, sondern dass wir in einer Gesellschaft leben, in der die für alle geltenden Regeln gleichermassen und vorhersehbar angewendet werden. (…) Nur innerhalb eines solchen Rahmens allgemeiner Regeln ist individuelle Freiheit möglich“ (von Hayek, 1991, S. 72). Die Freiheit basiert folglich auf Regeln, weshalb es unsinnig ist, bei jeder Einschränkung von Menschenrechten zu widersprechen. Was nutzt die Freiheit, wenn der andere sie nicht respektiert?

Die Sanktionen können positiv oder negativ ausfallen, also über Belohnungen oder Bestrafungen (monetär oder sozial). Es ist eine empirische Frage, welche Form besser wirkt. Die Wirkung ist möglicherweise auch von der jeweiligen Kultur oder Gesellschaft abhängig. Es gibt Gesellschaften, beispielsweise den Konfuzianismus, bei denen mehr und länger Nachteile in Kauf genommen werden. Aber die Akzeptanz von Benachteiligungen wegen Nichtkooperation anderer hält nicht dauerhaft. Einzelne Nachteile werden in Kauf genommen, aber nicht systematisch. Sogar der Papst Benedikt XVI. hat davon gesprochen, dass die soziale Ordnung der Ort der Nächstenliebe ist (Benedikt XVI., 2005, S. 40–45).

International gilt zwischen einzelnen Ländern das Gleiche. Im Pluralismus moderner Großgesellschaften hinsichtlich Religion, Weltanschauung, Kultur und anderem bedarf es einer institutionellen Ordnung mit entsprechender Vorteilsbegründung. In einer globalisierten arbeitsteiligen Welt mit steigender Mobilität werden Produktionsumwege und Interaktionsketten länger, weshalb die Kausalität zwischen den Handlungen der Akteure und den Ergebnissen dieser Handlungen zunehmend schwieriger festzustellen ist. Intendierte Ergebnisse können kaum noch den moralischen Handlungen zugeordnet werden. In einer modernen Gesellschaft mit differenzierten Strukturen kann nur ein Ordnungsrahmen, der für alle zugleich gilt, eine gewisse Sittlichkeit herstellen. Institutionen, auch internationale, haben die Aufgabe, eine Ordnung zu setzen, in der moralisches Verhalten prämiert und Fehlverhalten sanktioniert wird (Homann, 2003, S. 6, 16–19). Hegel spricht von der Kanalisierung des individuellen Vorteilsstrebens durch institutionelle Rahmengebung (Hegel, 1986, S. 409). Beispielsweise versuchen einzelne Länder, internationale Vereinbarungen (etwa COP) zu verwässern, um nicht unter Beobachtung zu geraten. Politik muss deshalb immer wieder versuchen, Vereinbarungen und Regeln durchzusetzen. Moralisch voranzuschreiten, entlastet nur die anderen (= Trittbrettfahrer). Normativ erwünschte Gesellschaftszustände müssen mit Eigeninteresse realisiert werden. Unter der Bedingung von Wettbewerb kann sich der moralische Akteur Vor- oder Mehrleistungen nur dann erlauben, wenn er davon ausgehen kann, dass der mitunter weniger moralische Konkurrent zu gleichen moralischen Standards gezwungen wird (Lütge, 2012, S. 40). Kant argumentiert, dass mit stabiler Ordnung Moral entstehen kann, nicht umgekehrt: „Recht ist der Inbegriff der Bedingungen, unter denen die Willkür des einen mit der Willkür anderen nach einem allgemeinen Gesetz der Freiheit zusammen vereinigt werden kann“ (Kant, 1997, S. 230 f.). Es ist die Aufgabe von Institutionen, moralisches Verhalten zu belohnen und unmoralisches Handeln zu sanktionieren. Anders ausgedrückt: Informelle Kontroll- und Sanktionsmechanismen der Vormoderne werden durch institutionelle Regeln ersetzt (Homann, 2003, S. 6, S. 19 f.).

Das hat sogar Karl Marx erkannt, der den Kapitalisten keinen Vorwurf gemacht, sondern diese auch nur als Gefangene des Systems bzw. ihrer Logik gesehen hat. Marx stellte fest, dass die Moralischen langfristig aus dem Markt verdrängt werden. In der Konsequenz wollte er den gesamten Kapitalismus, die Märkte und den Wettbewerb abschaffen (Homann, 2008, S. 5). Das war aber, wie ausreichend Beispiele des real existierenden Sozialismus zeigen, ein Fehler. Besser ist es, die Dynamik des Marktes und die Eigeninteressen mit Hilfe von Regelwerken zu lenken (Homann, 2014, S. 57).

### 3.6.2 Das Scheitern der klassischen Ethik

Typischerweise scheitert die klassische (Individual-)Ethik, trifft sie auf eine Wirtschaft unter Wettbewerb. Dies ist darauf zurückzuführen, dass die moralischen Vorstellungen in einer pluralistischen Gesellschaft nicht von allen Individuen geteilt werden; und selbst unter der Voraussetzung, dass dies der Fall wäre, kann es zu Interaktionsstörungen zwischen den Individuen kommen. Dieses Phänomen ist insbesondere auf die vorhandenen (ökonomischen) Anreizstrukturen zurückzuführen (Coleman, 1990/1991, S. 10). Anreizstrukturen liegen Kosten-Nutzen-Überlegungen zu Grunde, die als Signale verstanden werden können und ihre Monetarisierung in der Betrachtung von Opportunitätskosten erfahren. Das gilt um so mehr in anonymen Großgesellschaften, in denen sich nicht nur Strukturen der Interaktion geändert haben, sondern auch das Korrektiv kleiner sozialer Verbünde verlorengegangen ist. Menschliches Handeln kann demnach über die Veränderung von Restriktionen (i. S. v. Ressourcen bzw. Mittel, die zur Verfügung stehen) und äußeren Handlungsanreizen (Anreizstrukturen) gesteuert werden, was zusammenfassend als ökonomische Verhaltenstheorie beschrieben werden kann (Eucken, 1990, S. 28 ff.).

Die Ordnungsethik kann vor diesem Hintergrund eine Verbindung zwischen Markt und Moral schaffen und als Abwehrmechanismus gegen einen Missbrauch der Freiheit (Dahrendorf, 2007, S. 11–29) verstanden werden. Sie verhindert, dass sich Menschen einer Problemlösung entziehen, weil sie aus Kosten-Nutzen-Überlegungen heraus ihren eigenen Vorteil maximieren möchten und dieser nicht notwendigerweise mit einem Wohlfahrtszuwachs für die Gesamtheit einhergeht

(Gaus, 2012, S. 1 ff.). Kersting formuliert hierzu: „Die Wunden der Moderne können wir nicht durch eine Flucht aus der Moderne, sondern nur durch eine kritische Handhabung ihrer Wertperspektiven, Einstellungen und Errungenschaften heilen, durch einen kritisch reflektierten Modernismus, der gegen sozialromantische Vergangenheitsbeschwörungen ebenso gefeit ist wie gegen die egalitaristische Utopie einer geschichtslosen Welt. (…) Daher können wir die Kräfte des Wettbewerbsmarktes nur dadurch zähmen, dass wir sie in eine freiheitsrechtliche Ordnung zwingen. (…) Moderne Ordnungen sind institutionalisiertes Menschenrecht. (…) Aber es gibt auch marktexterne Gelingensvoraussetzungen für die wirtschaftlichen Abläufe" (Kersting, 2012, S. 25).

Rüstow und Röpke arbeiten, aufbauend auf dem sog. „Böckenförde-Diktum", heraus (Böckenförde, 1991, S. 112 f; Böckenförde, 1967, S. 75–94), dass bestimmte Werte wie Vertrauen dem Markt nicht inhärent sind. Mit anderen Worten: Die soziale Einbettung und kulturelle Integration von Markt und Wettbewerb sind nur dann gegeben und lediglich dann gemeinverträglich, wenn sich der kapitalistischen Wirtschaft die Kräfte traditioneller Sittlichkeit entschieden entgegenstellen. Dazu bedarf es eines Ordnungsrahmens der gewährleistet, dass die Wirtschaft „für die Menschen" wirkt und die Menschen der Wirtschaft vertrauen können. Zugleich können sich Akteure des Marktes nur in einem Ordnungsrahmen gegenseitig vertrauen. Lediglich die Ordnung erlaubt es somit, eine ethisch funktionierende Wirtschaft zu entwickeln (Röpke, 1937/1994, S. 1 ff.; Rüstow, 2001, S. 1 ff.). Dabei benötigen Märkte innerhalb des Rahmens eine (Grund-) Freiheit, um ihre Funktionen wahrnehmen zu können. Freiheit und Wettbewerb erlauben es, Ideen zu realisieren. Freiheit ermöglicht Kreativität und Innovationen, Wettbewerb setzt die entsprechenden Anreize. Freiheit und Wettbewerb gehen aber auch mit der Möglichkeit des Scheiterns einher, dessen Konsequenzen bzw. für die Haftung getragen werden muss. Freiheit und Wettbewerb sind die Triebfedern der Menschheit und führen, wie es Schumpeter formulierte, zum kreativen Prozess der „schöpferischen Zerstörung" (Schumpeter, 1987, S. 93 ff.; Röpke, & Stiller (Hrsg.), 2006, S. 10 ff.). Es geht folglich nicht um die Ausschaltung von Freiheit und Wettbewerb, sondern um deren Einbindung mittels eines geeigneten Ordnungsrahmens in der Marktwirtschaft (Homann, 2014, S. 4–10).

Kersting ist demnach der Ansicht, dass beispielsweise der Sozialstaat im Sinne eines versorgenden paternalistischen Staates oder gar die Zentralverwaltungswirtschaft kein Ort ethischer Exzellenz ist und er bzw. sie nicht zur Moral erzieht. Kersting beschreibt das Charakteristikum des Sozialstaatsdenkens insofern, als die enge Verbindung zwischen dem Sozialen und der Freiheitsförderlichkeit aufgelöst worden ist (Kersting, 2012, S. 20–24). Das Bemühen um das Soziale, also um die soziale Gerechtigkeit, wird ausschließlich durch den Gleichheitsgedanken bestimmt. Dann ist es nur noch ein kleiner Schritt, unverhältnismäßige Umverteilung als Schlüssel zur gerechtigkeitsethischen Verbesserung der Verhältnisse zu sehen. Begründet man den Gerechtigkeitsgedanken und das Konzept der „sozialen Gerechtigkeit" aber mit der Freiheit des Individuums, rückt die Chancengleichheit in den Mittelpunkt der Betrachtung (Stephan, 2013, S. 9). Der Sozialismus begünstigt demnach den Egoismus mindestens genauso wie die Marktwirtschaft. Die Menschen betreiben die Vorsorgekarrieren mit der gleichen egoistischen Konzentration wie die Erfolgskarrieren in der Marktwirtschaft. Allerdings gibt es weder im Sozialismus noch im Sozialstaat im Sinne Kerstings die disziplinierende Selbstverantwortung, die der Markt jedem Einzelnen abverlangt (Stephan, 2013, S. 6 ff.).

Daraus resultieren Thesen und Forderungen der Ordnungsethik, die auf dem Grundgedanken aufbauen, dass – sollten sich alle Menschen moralisch integer verhalten –, eine Definition von Regeln und Gesetzen nicht notwendig wäre. Da es aber unterschiedliche Auffassungen und Verhaltensweisen von Menschen gibt, ist zu hinterfragen, wie sich Menschen unter dem Schutz der Anonymität in Großgesellschaften verhalten (Homann, 2014, S. 27 f.). Hierzu sind ordnungsethische Vorgaben notwendig, um moralisch „für Ordnung zu sorgen" (Lütge, 2007, S. 44; Lütge, 2012, S. 95). Die Ordnungsethik geht davon aus, dass das Verhalten von Menschen durch (sanktionsbewehrte) Regeln derart gelenkt werden kann, dass Kooperation möglich ist, ohne grundsätzlich Ausnutzung befürchten zu müssen. Denn bei modernen Gesellschaften besteht, unter Ausnutzung der Anonymität, die Versuchung, den eigenen Vorteil zu Lasten Dritter zu maximieren. Sanktionsbewehrte Regeln verhindern die systematische Ausbeutung Dritter und erhöhen die Bereitschaft zur Kooperation. Dabei sollten die Regeln anreizkompatibel gestaltet sein, also nicht im Widerspruch zu den marktwirtschaftlichen Anreizen stehen (Lütge, 2007, S. 44; Lütge, 2012, S. 95). Der Ordnungsrahmen verhindert die systematische Missachtung moralischer Wertvorstellungen. Das Ethos wird dabei nicht „marktintern" gebildet, sondern muss in der und durch die Gesellschaft entwickelt und gepflegt werden (Habermas, 1983, S. 1 ff.). Unter dem Begriff der „anonymen Großgesellschaft" wird dabei nach Hayek eine Gesellschaft verstanden, die über eine kulturelle Evolution von einer geschlossenen Mikrogemeinschaft hin zu einer offenen Gesellschaft der Moderne entstanden ist. Sie ist geprägt von einem rationalistischen Konstruktivismus und einer modernen, zeitgenössischen, Politik (von Hayek, 1967/1969, S. 97–107). Der rationale Konstruktivismus geht davon aus, dass sich die Realität für jedes Individuum als die Konstruktion von eigenen Sinnesanreizen und Gedächtnisleistungen zeigt. Als weitere Charakterzüge einer „anonymen Großgesellschaft" nennt Hayek Freiheit, Offenheit, Pluralismus und Spontaneität (von Hayek, 1967/1969, S. 97–107).

### 3.6.3 Ordnungsethische Lösungsvorschläge zur Lösung von normativen Problemen

Ordnungsethik, die auch als Institutionenethik bezeichnet wird, und Individualethik schließen sich nicht aus. Im Gegenteil: Sie bedingen sich sogar gegenseitig. Anders formuliert: Die Individualethik ist Voraussetzung für die Ordnungsethik, denn für eine Wirksamkeit der Ordnungsethik muss auch die Individualethik anreizkonform sein (Lütge, 2007, S. 44 ff.). Das Verhältnis kann folgendermaßen verstanden werden: Die Ordnungsethik geht normative Problematiken mit Regeln an. Damit entsteht ein verlässlicher Rahmen für Handlungen von Individuen. Entsprechende Regeln können aber nicht nur als Ordnungsrahmen gesetzt werden, sondern sich auch informell herausbilden, etwa in Gestalt von Normen. Die Vielzahl von Normen, Werten und Sitten und ihre Dependenzen werden zur Moral, durch die Individualethik eine Operationalisierung erfährt. Diese Regeln als Rahmen und jene informellen Normen und Sitten in der menschlichen Interaktion müssen dabei untereinander kongruent und kompatibel sein. Im größeren gesellschaftlichen Rahmen zeigt die Ordnungsethik ihre Wirkungen; im Rahmen von Face-to-Face-Interaktionen hingegen wirkt primär die Individualethik (Lütge, 2007, S. 44 ff.). Die Ordnungsethik, also die Regeln und Gesetze, beruht dabei auf einem sozio-kulturellen Diskurs und letztlich auf den gesellschaftlichen Wertvorstellungen. Die Ordnung ist somit in gewisser Weise das Spiegelbild der gesellschaftlichen Moral oder die Aggregation von individuellen Moralvorstellungen. Nach Homann und Suchanek müssen Unternehmen an der Gestaltung der Rahmenordnung mitwirken (Homann, 2012, S. 9 ff.; Homann, & Suchanek, 2000/2005, S. 36 ff.), damit die konstitutionellen Grundlagen derart gestaltet werden, dass individuelle Freiheit und Stabilität gewährleistet sind (von Weizsäcker, 2005, S. 107–111).

Aber auch unter der Verwirklichung eines Ordnungsrahmens besteht das soziale Phänomen darin, dass die individuellen Handlungen durch individuelle Werte bestimmt sind (Coleman, 1990/1991, S. 10). Im Rahmen der Interaktion von Menschen untereinander können sich Dilemmastrukturen ergeben, besonders unter Wettbewerb: Es kommt zur „kollektiven Selbstschädigung" (Lütge, 2012, S. 99) der beteiligten Individuen, weil sich diese gezwungen sehen, präventiv zu defektieren (Gefangenendilemma). Denn dem Wettbewerb sind gegenläufige Interessen und die „Schädigung" anderer immanent. Der Wettbewerb ist ein Gefangenendilemma auf der gleichen Marktseite (Blumenhändler konkurriert mit Blumenhändler) (Homann, & Pies, 2007, S. 10; Homann, 2014, S. 7 f.). Die Ordnungsethik kann die Dilemmastrukturen aufbrechen, indem das gesellschaftliche Ergebnis von Wettbewerb gelenkt wird: Ordnungsethik als Operationalisierung von Ordnungen löst Dilemmata auf der gesellschaftlichen Ebene auf und verhindert „Marktversagen“. Sie stellt somit eine Struktur dar, in der Ethik wirken kann (Lütge, 2012, S. 99). Daher ist die Ordnungsethik notwendig, um den Markt und den Wettbewerb zu lenken und dadurch zu erreichen, dass über die Ordnung die Moral auf marktwirtschaftliche Gegebenheiten, den Wettbewerb oder das Gewinnstreben angewendet wird (Münch, 2015, S. 138–143). Folgen bzw. (negative) Ausprägungen eines „Marktversagens“ können Informationsasymmetrien, Externalitäten sowie Monopole sein. Letztere können einseitig ihre Macht ausüben und den Wettbewerb beschränken– diese gilt es zu verhindern bzw. in ihren Wirkungen zu minimieren (Münch, 2015, S. 138–143, S. 171–174 und S. 176–181). Die Ordnungsethik löst den Dualismus zwischen Markt bzw. Wettbewerb und Moral insofern auf, weil Moral und Ethik mithilfe der ökonomischen Logik wirksam werden – und nicht gegen wirtschaftliche Gesetzmäßigkeiten (Homann, & Pies, 2007, S. 3). Die Ethik des Marktes ist unter Wettbewerbsbedingungen weder in den Handlungen noch in den Motiven der einzelnen Wirtschaftssubjekte zu suchen, sondern in sanktionsbewehrten Rahmenbedingungen. Milton Friedman argumentierte zugespitzt: „There is one and only one social responsibility of business – to use ist resources and engage in activities designed to increase its profits so long as it stays within the rules of the game, which is to say, engages in open and free competition without deception or fraud“ (Friedman, 1970, S. 32 f.). Dieser Ordnungsrahmen ist es, der die Anreize setzt, damit die einzelnen Wettbewerbshandlungen auf das gemeinsame Gelingen und damit auf das Wohl aller ausgerichtet sind (Homann, 2014, S. 9 f.).

### 3.6.4 Grenzen der Ordnungsethik und Kritik an der Modelltheorie

Ordnungsethik kommt an ihre Grenzen, wenn Phänomene zu behandeln sind, die mit Hilfe von Regeln nicht gesteuert werden können (Pieper, 2001, S. 1 ff.). Noch bedeutsamer ist jedoch, dass eine bestehende und etablierte Ordnungsethik bei Innovationen und Systembrüchen versagt bzw. versagen muss (Münch, 2015, Kapitel 2). Das ist darauf zurückzuführen, dass sich mit Innovationen die Umweltbedingungen ändern. Diese geänderten Bedingungen sind es, die eine neue Rahmenordnung erfordern. Das gilt auch für Finanzmärkte und Finanzinnovationen. Eine innovative Veränderung kann i. d. R. mit einer bestehenden Ordnung nicht ausreichend reguliert werden. Zunächst bedeutet das nur, dass Innovation zur Entwicklung einer „neuen“ Ordnungsethik herausfordert. Allerdings ist dies kein gleichwertiger Prozess, da sowohl zeitlich als auch organisatorisch ein Ungleichgewicht besteht. Das Versagen der Ordnungsethik verlangt deren Modifikation, die jedoch aufgrund dynamischer Entwicklungen immer nur mit einer zeitlichen Verzögerung umgesetzt werden kann. In der Zwischenzeit entstehen Interpretationsspielräume, die mit Hilfe der individuellen Moral des Einzelnen gefüllt werden müssen, sowohl in der konkreten Problemlösung als auch im Diskurs zur Entwicklung eines angepassten Ordnungsrahmens (Göbel, 2006, S. 168; Homann, 2007, S. 12). Auch hier tritt die Bedeutung der Individualethik deutlich hervor (Münch, 2015, Kapitel 2).

Darauf bauen u. a. weitere kritische Stimmen zur Ordnungsethik auf. Als prominentester Vertreter kann Ulrich genannt werden. Laut Ulrich ist Ordnungsethik ein „ökonomischer Rahmendeterminismus" (Ulrich, 1993, S. 80; Ulrich, 1998, S. 15–27) und die innerhalb der Ordnungsethik verlangte Fremddisziplinierung von Individuen ein „modelltheoretischer Idealfall" (Ulrich, 1993, S. 80). Nach dieser Sicht ist Ordnungsethik nicht, wie dargestellt, mit der Individualethik kompatibel und eng verbunden, sondern versucht, diese gewissermaßen zu regulieren und zu bestimmen. Ulrich und auch Thielemann werfen den Vertretern der Ordnungsethik vor, eine unzulässige Fokussierung auf die „Ordnung als Entmoralisierung des Einzelnen" (Ulrich, 1993, S. 80) vorzunehmen. Ordnungsethik als Rahmen würde zu einer Verkürzung bzw. Einengung der Individualethik führen (Thielemann, 2011, S. 216). Ulrich kritisiert im Grunde aber nicht die Ordnungsethik an sich, sondern die Akzeptanz der wettbewerblichen Anreizsysteme. Der normative Gehalt der ökonomischen Rationalität selbst soll hinterfragt werden. Die in der wirtschaftlichen Sachlogik angelegten Handlungsanreize und Verhaltensweisen seien ethisch zu reflektieren (Ulrich, 1997, S. 13). Ulrich kritisiert insofern die Ordnungsethik, weil sie die ökonomische Logik akzeptziert und nicht deren Grundsätze hinterfragt (Ulrich, 2000, S. 562 f.; Ulrich, 2008, S. 128, 171 und 366). Thielemann stellt heraus, dass „ein zum Prinzip erhobener Markt auf eine Ethik des Rechts des Stärkeren hinausläuft" (Thielemann, 2011, S. 237), und fokussiert sich demnach auf die Wirkungen der Handlungen des Individuums in der Gesellschaft. Der Ordnungsrahmen könne den Einzelnen nicht von moralischer Verantwortung entbinden. Die integrative Wirtschaftsethik hat somit den Anspruch, die normativen Voraussetzungen eines vernünftigen Wirtschaftens kritisch zu reflektieren. Sie sucht nach einer anderen, ethisch integrierten ökonomischen Vernunft (Ulrich, 2000, S. 555–559). Der freie Markt und v. a. der Wettbewerb zwingen alle Wirtschaftssubjekte, sich seinen Sachzwängen unterzuordnen. Die Rechtfertigung des Marktes wird als metaphysische Ideologie bezeichnet, die die Moral untergräbt (Ulrich, 2008, S. 178–187). Für Ulrich sind die eigendynamischen Rationalisierungsprozesse der ökonomischen Sachlogik hin zu einer Sachzwecklogik das strukturelle Grundproblem der modernen Wirtschaft. Die tradierten Vorstellungen eines guten und erfüllenden Lebens werden zunehmend zurückgedrängt, „humane Bedürfnisse oder gesellschaftliche Anliegen“ (Ulrich, 2008, S. 13) bleiben in der modernen Wirtschaft ausgeblendet. In der Tradition von Karl Marx moniert die integrative Wirtschaftsethik, dass den Wirtschaftssubjekten nichts anderes übrigbleiben würde, als selbstorientiert den eigenen Nutzen zu optimieren (Suchanek, 2002, S. 109–121; Homann, 2008, S. 5). Kirchgässner schreibt in diesem Zusammenhang: „Besondere moralische Anstrengungen sind dann, wenn diese teuer sind und ein Unternehmen unter hartem Wettbewerbsdruck steht, gar nicht möglich“ (Kirchgässner, 1998, S. 47). Auch die integrative Wirtschaftsethik betont die einen persönlichen Lebensentwurf einschränkenden Folgen des wettbewerblichen Wirtschaftssystems. Es scheint, als bleibe die ethische Dimension des vernünftigen Wirtschaftens unberücksichtigt. Diese kann nach Ulrich nur durch die Individualethik und persönliche Verantwortung des einzelnen Akteurs zurückgebracht werden (Ulrich, 2000, S. 562 f.; Panther, 2004, S. 9–11; Kalcher, 2017, S. 114 ff.).

Allerdings führt Ulrich aus, dass dieser Markt als Koordinationssystem zwar unpersönlich funktioniert, aber dabei keinesfalls unparteiisch wirkt. Der Wettbewerb ist besonders für die „Schwächeren“ eine Zumutung, da diese nicht nach ihren Lebensidealen, sondern sich aus Gründen der existenziellen Selbstbehauptung zwangsweise der ökonomischen Logik unterwerfen müssen. Ulrich folgert daraus: „Wer Selbstbegrenzungen individuell zumutbar halten und machen will, der wird daher Ordnungspolitik nicht allein unter Effizienz- und Wohlfahrtsgesichtspunkten, sondern stets zugleich als mögliche Sachzwangbegrenzungspolitik in ethischer Absicht betrachten und gestalten wollen“ (Ulrich, 2008, S. 366). Er stellt mit der „integrativen Wirtschaftsethik“ die individuelle Verantwortung in den Mittelpunkt. Die integrative Ethik postuliert, dass ein unternehmerisches Gewinnstreben dann legitim ist, wenn es eine moralische Begrenzung erfährt. Notwendig für die moralische Begrenzung des Gewinnstrebens ist jedoch das Verständnis für und die Existenz einer unternehmerischen Mitverantwortung, da nur hierdurch Grenzen im Handeln erkannt und realisiert werden können. Auf diese Weise sorgt eine unternehmerische Mitverantwortung für die Bändigung der Marktkräfte und die Qualität der Bedingungen, die notwendig sind, um ein (begrenztes) Gewinnstreben in der genannten Form zu realisieren (Ulrich, 1993, S. 80–100).

Im Verhältnis von Ordnungsethik zu Individualethik ist Ulrich der Ansicht, dass die Ordnungsethik institutionalisiert Ethik in die Wirtschafts- und Gesellschaftsordnung aufnimmt, um mittelbar durch Rechtsnormen und Anreize moralisch auf das Verhalten von Wirtschaftsakteuren zu wirken. Individualethik hingegen befasst sich mit der Handlungsverantwortung des einzelnen Akteurs, die diesem unmittelbar zugeordnet werden kann (Ulrich, 1998, S. 15–27; Ulrich, 2008, S. 309). Die integrative Wirtschaftsethik sieht insofern die Interdependenzen von Ordnungs- und Individuallösung zwischen den moralischen Ansprüchen an das individuelle Verhalten der Wirtschaftssubjekte einerseits und den Anreizstrukturen aufgrund der rechtlichen Setzung des Ordnungsrahmens andererseits. Allerdings fordert Ulrich eine moralische Begrenzung des Wettbewerbs und sieht die Unternehmer in der Verantwortung (Ulrich, 2008, S. 450 und 472). Damit ist der Fokus der integrativen Wirtschaftsethik auf die persönliche Verantwortung der Wirtschaftssubjekte und somit auf die Individualethik gelegt. Das einzelne Individuum muss mit seinen moralischen Motiven über das sich verselbständigte Wirtschaftssystem dominieren (Kalcher, 2017, S. 118 f.). „So wünschbar es zweifellos ist, den institutionellen Anreizstrukturen des Marktes möglichst starke moralische Elemente einzuschreiben, so unabdingbar ist es, dass sich Wirtschaftssubjekte zugleich ein Stück persönliche Verantwortung für die Gesamtfolgen ihres Handelns zuschreiben und zumuten lassen" (Ulrich, 2000, S. 565). Das bedingt einen fairen und verantwortungsvollen Umgang der Wirtschaftssubjekte miteinander (Thielemann, 2011, S. 213–216). Erkennbar sind die typischen Vorbehalte gegen die Funktionsbedingungen der Marktwirtschaft, die sich insbesondere in der Abneigung vor den Lasten des Wettbewerbs ausdrücken und noch gravierender in den Konflikten von Markt und Moral mit den moralischen Intuitionen der Menschen zeigen (Homann, 2012, S. 16; Vanberg, 2011, S. 16 ff.). Problematisch erscheint an der integrativen Wirtschaftsethik bzw. der Individualethik allerdings nicht nur aus institutionenökonomischer Sicht, dass die Motivation der Zumutung einer persönlichen Selbstbegrenzung offen bleibt. Moralisches Handeln aus Pflicht, wie in der deontologischen Ethik Immanuel Kants, dürfte jedenfalls gegen die reflektierten Eigeninteressen der Akteure kaum dauerhaften Bestand haben (Suchanek, 2008, S. 2–5). Was ist der Anlass zur Berücksichtigung allgemeiner Moralvorstellungen, wenn dies mit persönlichen Nachteilen verbunden ist? Die Befolgung moralischer Forderungen der Gesellschaft muss zwangsläufig von einer tiefen Überzeugung in deren Erforderlichkeit getragen werden. Die Ordnungsethik unterstellt hier eine Überforderung und löst die Dilemmata mittels sanktionsbewehrten institutionellen Rahmens auf (Homann, & Pies, 2007, S. 10 f.; Homann, 2014, S. 62 f.; Kirchgässner, & Schneider, 2002, S. 19).

Im Gegensatz zur integrativen Wirtschaftsethik erkennt die Ordnungsethik die Vorteile der Funktionsprinzipen der Marktwirtschaft, weil eine funktionierende Wirtschaftsordnung zu erheblichem Wohlstand führt (Watrin, 1994, S. 340 f.). Der Wettbewerb wird deshalb als vorteilhaft angesehen, weil er die Wirkungen (a) des Anreizmechanismus i. S. d. Transformation von auf Eigennutz orientierten Handlungsmotiven in gemeinnützige Handlungsergebnisse bewerkstelligt,

(b) dem Entdeckungsverfahren und der damit verbundenen permanenten Suche nach Verbesserungen dient und (c) ein Entmachtungsinstrument darstellt, das dem Missbrauch von Macht vorbeugt (Sautter, 2010, S. 8). Der Wettbewerb ist insofern Mittel zum Zweck. Das Gewinnstreben ist Ausdruck der Wertschätzung eines Angebots in einer globalisierten Welt mit Arbeitsteilung und Spezialisierung. Die Spezialisierung erhöht die Produktivität der menschlichen Arbeit als wichtigsten Beitrag zur Schaffung von Wohlstand. Dabei können in globalen Großgesellschaften nicht die gleichen Normen angelegt werden wie in vormodernen Kleingruppen (Vanberg, 2011, S. 16–25; von Hayek, 1996, S. 15). Während traditionelle Verbünde sich auf Glaubensgrundsätze mit deontologischer Moralbegründung einigen konnten, stützen sich pluralistische freie Gesellschaften, bei denen alle Personen gleichberechtigt sind und keine Subgruppe über Privilegien verfügt, auf teleologische Prinzipien, die auf die Wirkungen verschiedener Regeln gerichtet sind (Vanberg, 2011, S. 4 ff.; Rawls,1975, S. 48; Homann, 2012, S. 9 f.). Die Ordnungsethik fokussiert sich auf diese Regeln, die das menschliche Zusammenleben zum gegenseitigen Vorteil sicherstellen sollen. Dabei müssen die Regeln gegenseitige Interessen zu einem gemeinsamen Gelingen führen. Bereits die Institutionenökonomik und insbesondere James Buchanan haben zwischen Spielregeln und -zügen, also zwischen Handlungsbedingungen und Handlungen, unterschieden. Mit Hilfe dieser Unterscheidung lassen sich Moral und Wettbewerb versöhnen. Die selbstbindenden Regeln ermöglichen durch das gegenseitige Versprechen, sich an die Vereinbarungen zu halten, eine multilaterale Kooperation. Die Regeln determinieren die Moral, während der Wettbewerb in den Handlungen stattfindet (Homann, 2014, S. 62). Homann schreibt hierzu: „Eine solche Ethik verlangt nicht die Bändigung oder Durchbrechung der ‚Natur‘, also der empirischen Gesetzmäßigkeiten, sondern deren humane Gestaltung (…). Moral lässt sich nur mit den und durch die Gesetzmäßigkeiten der empirischen Welt realisieren, nicht aber gegen sie“ (Homann, 2012, S. 11).

Homann, dessen Position die Verbindung von Ordnungs- und Individualethik zulässt, stellt mithin klar, dass Individualethik in einer anonymen Großgesellschaft nicht ausreichen kann, um zu einem Konsens im Sinne von Kooperation zu kommen. Daher bedarf es ergänzend eines Ordnungsrahmens (Homann, 2002, S. 95 ff.). Auch die Ordnungsethik erkennt an, dass es in der Ethik letztlich um die Entscheidungen und Handlungen von einzelnen Menschen geht. In der individualethischen Argumentation werden Appelle an wirtschaftliche Akteure gerichtet, sich an normative Anliegen der Gesellschaft zu halten. Aufgrund eines gesellschaftlichen Missstandes soll die (moralische) Einsicht wachsen, eine notwendige Verhaltensänderung herbeizuführen. Der Appell hat nicht nur das Ziel, auf einen Missstand hinzuweisen, sondern zudem dasjenige, bei den

Wirtschaftssubjekten auch die moralische Motivation auszulösen, individuelle Verantwortung (wie von Ulrich gefordert) zu übernehmen. Jedoch sind derartige Appelle unter den Bedingungen des Wettbewerbs problematisch, da neben dem moralischen „Sollen“ das „Können“ nicht zwingend sinnvoll erscheinen muss. Homann schreibt hierzu: „Moralische Ideale haben nur dann Bestand, wenn sie ein ökonomisches Fundament aufweisen. Sie werden von den Menschen im Alltag nur hochgehalten, wenn sie unter den institutionellen Bedingungen davon individuelle Vorteile erwarten können, jedenfalls keine systematischen Nachteile befürchten müssen“ (Homann, & Pies, 2007, S. 5). Moralische Appelle laufen insofern Gefahr, gegen den moralischen Grundsatz „ultra posse nemo obligatur“ (Homann, 2014, S. 248–251) zu verstoßen. Oder anders formuliert: Die Forderung, eigene Interessen zu missachten, verstößt gegen die „Würde des Menschen“ (Lütge, 2012, S. 38–42). Im Gegenteil, Freiheit und Würde des Menschen hängen auch von der Gestaltung der Wirtschaftsordnung ab (Höffner, 1985, S. 5–23).

Wirtschaftsakteure, die im Wettbewerb Aufwand betreiben, um moralische Leistungen zu erbringen, laufen Gefahr, von weniger moralischen Konkurrenten ausgebeutet zu werden. William Baumol geht gar einen Schritt weiter, indem er moralische Handlungen unter Wettbewerbsbedingungen für nicht wünschenswert erklärt, wenn der entsprechende Wirtschaftsakteur aufgrund seiner moralischen Handlungen aus dem Markt gedrängt zu werden droht (Baumol, 1975, S. 46 f.). „Es sind die Dilemma-Situationen, die allem sozialen Handeln, allen Interaktionen inhärent sind, die auch bei einer Population mit zahlreichen Altruisten aufgrund der Asymmetrie den Mechanismus der präventiven Defektion in Gang setzen und dadurch das langfristige Gesamtresultat determinieren“ (Homann, 1997, S. 20). Die Wirtschaftsordnung sorgt dafür, dass sich alle Wirtschaftssubjekte denselben Regeln unterwerfen müssen, mithin die gleichen ethischen Standards herrschen. Das Wirtschaftssystem wird in Anlehnung an Luhmann als ein ausdifferenzierter Funktionsbereich mit eigenen Gesetzmäßigkeiten interpretiert (Panther, 2004, S. 4). Individuelles Vorteilsstreben ist darin kein Handlungsmotiv, sondern Systemimperativ einer wettbewerblichen Ordnung. Der Wettbewerb, der zu den Grundprinzipien der Marktwirtschaft gehört, setzt Anreize zu Eigennutz und Gewinnstreben (Münch, 2012, S. 23). Moralische Verfehlungen sind insofern nicht auf den Einzelnen, sondern auf Ordnungsdefizite zurückzuführen (Homann, 2012, S. 13). Es scheint geboten, das Eigeninteresse einer Selbstbindung somit einem Regelwerk zu unterwerfen (Lin-Hi, & Suchanek, 2009, S. 6). Allerdings wird u. a. von Ulrich die Zurückweisung von moralischen Appellen dahingehend missverstanden, dass in der Ordnungsethik die Individualethik ablehnt oder zumindest unüberbrückbare Differenzen existieren. Dabei setzt die Ordnungsethik i. S. Homanns auf die Wechselwirkungen von individueller Intention und gesellschaftlichen Institution (Homann, 2014, S. 252 f.). Pies beschreibt diesen Sachverhalt deutlich: Es gehe um extrinsische Anreize zu ethischem Verhalten, die die intrinsische Motivation stützen, deren ordnende Wirkungen aber nicht darauf angewiesen sind, dass eine Individualmoral tatsächlich vorhanden ist. Auf diese Weise sollen moralisch gewünschte Verhaltensweisen allgemeine (universelle) Gültigkeit für alle Akteure erhalten. Da auch unter Wettbewerb jedes Wirtschaftssubjekt darauf vertrauen, kann das eigene moralische Verhalten nicht zu seinem Nachteil ausgenutzt wird. Jeder Wirtschafsakteur muss gegen die Ausbeutung von moralischem Handeln geschützt werden. Die Individualethik und die Ordnungsethik zielen folglich in die gleiche Richtung, nämlich auf die Veränderung von individuellen Handlungen, um gesellschaftliche Situationen zu verbessern bzw. zu einem gemeinsamen Gelingen beizutragen. Der Unterschied liegt jedoch in der Methode zur Verhaltensänderung. Während die Individualethik auf die Intuitionen des Einzelnen setzt, um den guten „Willen" zu aktivieren, führt die Ordnungsethik Restriktionen und sanktionsbedingte Regeln ein, um Anreizstrukturen zu verändern (Pies, 2015, S. 1–10). Die Sanktionen sind derart auszuformulieren, dass sich unmoralisches Handeln für die Akteure nicht lohnt (Homann, 2014, S. 9). Individualethik will intendierte Ergebnisse durch Einsicht verändern, Ordnungsethik korrigiert nicht intendierte Ergebnisse mit Hilfe von Regelwerken. Unter der Berücksichtigung der Individualethik will ein Einzelner sein Verhalten absichtlich ändern, um sich moralisch korrekt zu verhalten. Unter der Ordnungsethik verändern viele Individuen ihr Verhalten nicht deshalb, weil sie ein anderes Ergebnis explizit wünschen, sondern, weil sich ihre Vorteilserwartungen (Anreize) durch die Rahmensetzung geändert haben. Der Zusammenhang lässt sich auf jede Situation unter Wettbewerbsbedingungen konstruieren, beispielsweise im Sport. Die individualmoralische Einstellung wird durch Regeln gestützt, damit alle Beteiligten von einem „fairen" Wettbewerb ausgehen können (Pies, 2015, S. 2–4). Insofern wird die „unsichtbare Hand" der Marktkräfte durch den Ordnungsrahmen wirksam, durch Selbstbindung in dem Sinne, als dass sich die Wirtschaftsakteure das Versprechen geben, sich gegenseitig an die Regeln zu halten (Vanberg, 2011, S. 1–10; Watrin, 1994, S. 340–344) – oder nach Homann: „(…) die moralischen Ergebnisse der Marktwirtschaft werden von den handlungsleitenden Motiven der Akteure abgekoppelt" (Homann, 2014, S. 10). Die Ordnungsregeln der Wirtschaft machen ein unbedingtes Vertrauen allein in die Marktkräfte obsolet (Homann, 2007, S. 15).

In vormodernen Gesellschaften waren Ordnungen nicht zwingend, da das Individuum abhängig von einem bestimmten und ihm bekannten Personenkreis agierte. Asoziales Verhalten trat deshalb nicht auf, weil die Kosten, die für die Normenübertretung zu erwarten waren, wie der Gruppenausschluss, zu hoch erschienen. Der vormoderne Mensch war folglich ein Kollektivist. Sein Moralsystem war seinen Lebensverhältnissen nicht nur angepasst, sondern er konnte ausschließlich mit diesem System an Regeln, Traditionen und Moral überleben (Stephan, 2013, S. 4). In der anonymen Großgesellschaft bedarf es aber abstrakter Regeln. Dabei haben sich die soziologischen Funktionssysteme wie Recht, Politik, Wirtschaft und Wissenschaft herausgebildet (Homann, 2014, S. 45–48). Die Leistungsfähigkeit dieser Systeme hängt von der Konzentration auf bestimmte Zusammenhänge unter Abstraktion von anderen Systemen ab. Die moderne Großgesellschaft, in der Menschen mit verschiedenen und komplementären Fähigkeiten leben, macht Spezialisierung und Arbeitsteilung erst rational. Der entscheidende Schritt, der eine friedliche Zusammenarbeit ermöglichte, ohne dass eine gemeinsame Zielsetzung bestehen muss, ist die Entwicklung von Handel und Tausch. Allerdings besteht in anonymen Großgesellschaften die Gefahr, den eigenen Vorteil zu optimieren, indem in der Anonymität Handlungen zu Lasten Dritter eingegangen werden. Das gilt insbesondere in einer globalisierten Welt, in der nationale „Ordnungspolitik" begrenze Lenkungswirkungen entfalten kann. Aus diesem Grund ist die Aufgabe darin zu suchen, der globalisierten und arbeitsteiligen Welt eine funktionsfähige und menschenwürdige Ordnung zu geben (Stephan, 2013, S. 4 ff.).

Gemeinsam ist den Ansätzen von Homann und Ulrich jedoch, dass es in Summe einer integrativen Ethik bedarf, und sie betonen, dass der Ordnungsrahmen mit Hilfe von soziokulturellen Diskursen und aufgrund der gesellschaftlichen Wertvorstellungen entsteht. Individuen handeln aus Sicht beider Ansätze nicht in einem sozialen Vakuum, sondern jedes Handeln berührt die Interessen und Ansprüche anderer. Allerdings unterscheiden sich die Positionen, wie das kooperative Miteinander herzustellen ist: einerseits durch Ordnungsethik, in der der Ordnungsrahmen der Ort der Moral ist (Homann) und die individuellen Moralansprüche unterstützt, bzw. andererseits durch Individualethik, mit der die Moral wieder in das scheinbar verselbständigte Wirtschaftssystem eingebunden werden kann (Thielemann, 2011, S. 216 f.; Homann, 2012, S. 9 f.; Ulrich, 1993, S. 80–100; Ulrich, 1998, S. 15–27; Thielemann, 2004, S. 45–68). Als Stütze der Wirtschaftsbürger wirkt in der integrativen Wirtschaftsethik eine deliberative Wirtschaftsordnung. Diese muss sich aber den normativen Grundsätzen der Ethik unterordnen (Wurzer, 2014, S. 11 und 31–33).

Bei der Betrachtung, wie eine derartige Ordnung entsteht, zeigt sich der entscheidende Unterschied in der Sichtweise zwischen Homann und Ulrich. Dieser Unterschied liegt in der Betonung bzw. Gewichtung von Individual- und Ordnungsethik (Homann, 2002, S. 95 ff.; Thielemann, 2011, S. 216). Während

Homann die Notwendigkeit des Ordnungsrahmen betont, mit dem die Individualethik kompatibel sein muss, unterstreichen Ulrich und Thielemann, dass Ordnungsethik nur funktionieren kann, wenn sie der Individualethik folgt (Thielemann, 2011, S. 216; Ulrich, 2000, S. 40–42; Ulrich, 200, S. 562 f.; Ulrich, 2008, S. 122 ff.). Kompatibilität im Sinne von Homann ist hierbei als ein „Fit" zwischen Ordnungsrahmen und Individualethik zu verstehen, der nur dann entstehen kann, wenn die ordnungspolitischen Regelungen dem Individuum eine ausreichende Freiheit geben und von ihm im Rahmen seiner Handlungen akzeptiert werden (Homann, 2002, S. 95 ff.). Zusammenfassend kann daher formuliert werden, dass nach Homann als Ort der Moral in der Marktwirtschaft die Rahmenordnung zu sehen ist, denn nur hierdurch kann es gelingen, unerwünschte Dilemmastrukturen zu überwinden. Mit moralisch „erhobenem Zeigefinger" gelinge dies nicht.

Suchanek liefert einen Ansatz zur „Versöhnung" beider Felder der Ethik – der normativen Ökonomik (Ordnungsethik) sowie der integrativen Wirtschaftsethik (Individualethik). In Anlehnung an die Arbeiten von Rüstow und Röpke formuliert er: „Eine erfolgreiche Wirtschaft gründet nicht allein auf Recht und Gesetz – sie benötigt immer auch das Grundvertrauen der Menschen" (Suchanek, & von Broock, 2011, S. 4). Er folgt dabei der Ansicht, dass Ordnungsethik nur wirksam sein kann, wenn eine funktionierende Individualethik als Grundlage existiert, von ihm als „Spielverständnis" beschrieben. Dieses „Spielverständnis" ergänzt die (Ordnungs-)Regeln und liegt diesen zugleich zu Grunde (Suchanek, 2000/2005, S. 286). Das Handeln der Akteure ist dabei nach Suchanek als interdependent zu bezeichnen, d. h., die Akteure sind auf die Interaktion mit anderen angewiesen, um ihre eigenen Vorteile realisieren zu können. Oder anders formuliert: der Einzelne muss darauf vertrauen dürfen, dass alle Wirtschaftsakteure die in den Spielregeln angelegten Rechtsgrundlagen anerkennen und entsprechend handeln. Suchanek fordert mithin gemeinsame Maßstäbe, denn auch Regeln oder Vorschriften sind interpretationsfähig (Suchanek, & von Broock, 2011, S. 5 f.). Denn die Interaktion und besonders der Wettbewerb erfolgen unter der Bedingung, dass jedes Wirtschaftssubjekt, das seinen Vorteil sucht, auf Akteure trifft, die eigene Interessen verfolgen und entsprechende Strategien einsetzen. Auf der Ebene der Spielzüge ist nicht zwingend mit Kooperationsbereitschaft zu rechnen, bzw. Interessenskonflikte sind im Wettbewerb gesellschaftlich unter Wohlfahrtsaspekten sogar erwünscht (Suchanek, & von Broock, 2011, S. 7 ff.). Die Regeln und das Spielverständnis sollen dazu dienen, die Anreize zu lenken, damit die Vorteilserzielung nicht unfair auf Kosten Dritter erreicht wird (Homann, 2002, S. 95; Homann, & Pies, 2007, S. 9). Dabei sind die Interdependenzen zwischen den Spielregeln, den Spielzügen und dem Spielverständnis zu berücksichtigen.

Die Wirtschaftssubjekte sind folglich in ihren Handlungen durch Spielregeln beeinflusst, wobei der Handelnde aufgrund der Freiheit des Gegenübers keine vollständige Kontrolle über die Realisierung seines eigenen Vorteils besitzen kann (die Notwendigkeit von Spielzügen) und die handelnden Personen – da vertrauenswürdige und nicht vertrauenswürdige Partner existieren – nur über unvollständige Informationen im Hinblick auf die Vertrauenswürdigkeit der Interaktionspartner verfügen (die Notwendigkeit von Spielverständnis) (Suchanek, 2001/2007, S. 55 ff.). Aus spieltheoretischer Sicht geht es beim Spielverständnis mithin um gemeinsames Vorwissen, dass die Koordination der Interaktionen aufgrund wechselseitiger Erwartungen in Bezug auf das Verhalten des jeweils anderen erst ermöglicht (WGZE (Hrsg.), 2012, S. 4).

Diese Vorgaben stellen ein „Drei-Ebenen-Paradigma" dar, welches die Voraussetzungen für Vertrauen aufzeigt, eine Interdependenz zwischen den Ebenen zeigt sowie das existierende Risiko, auf einen nicht vertrauenswürdigen Partner zu treffen, beschreibt (Suchanek, & von Broock, 2008, S. 42 ff.). Die Voraussetzungen für das Vertrauen werden dabei durch Spielregeln als allgemein akzeptierte Rahmenbedingungen, die von Institutionen gesetzt werden und für alle Akteure gleich gelten, bestimmt. Spielzüge zur Beschreibung der Interdependenz zwischen den Ebenen werden als Interaktionen verstanden, die im Rahmen von Spielregeln sowie unter der Berücksichtigung des Spielverständnisses erfolgen und die so eine Bewertung im Sinne von „gut" oder „schlecht" erfahren. Das Spielverständnis spiegelt einen hinreichend allgemeinen Konsens einerseits über die normativen Grundlagen des Spiels und seine Ziele sowie andererseits über die Prämissen und Bedingungen, unter denen das Spiel ablaufen soll, wider. Das Spielverständnis, ausgedrückt in gemeinsamer Werter, Normen und Motivationen im Sinne von Orientierungspunkten, ist die Grundlage für grundsätzlich gemeinsame Interessen, die überhaupt erst über das Zustandekommen und den Fortbestand des Spiels entscheiden (Suchanek, & von Broock, 2012, S. 8 f.).

Damit erfolgt im Rahmen des „Drei-Ebenen-Paradigmas" eine Erweiterung der Zweistufigkeit der sog. Interaktionsökonomik, die Spielzüge und Spielregeln umfasst, um das Spielverständnis und folglich die Metaebene (Homann, & Suchanek, 2000/2005, S. 36 ff.). Das gemeinsame und geteilte Spielverständnis nach Suchanek sorgt für gemeinsame Wertvorstellungen aller Beteiligter und gemeinsame Ansichten über die Wirklichkeit und ihre Interpretation. Anders ausgedrückt, bedarf es sowohl einer gemeinsamen Individualethik als auch einer Ordnungsethik, um entsprechende Interaktionen zu ermöglichen (Suchanek, & von Broock, 2012, S. 3). Das „Drei-Ebene-Paradigma" hat dabei i. W. eine Orientierungsfunktion und wird ergänzt um eine Bewertungsfunktion sowie eine Legitimationsfunktion und eine Gestaltungsfunktion (von Broock, & Suchanek,

2009, S. 8 ff.). Die Ergänzung um die Bewertungsfunktion erfolgt in der Form, dass bei Handlungen, die dem Spielverständnis entsprechen, diese positiv bewertet werden – und vice versa. Die Legitimationsfunktion präsentiert den Konsens als Voraussetzung und Legitimation für das eigene Handeln. Die Gestaltungsfunktion schließlich wird relevant – bei Weiterentwicklungen der Spielregeln, wenn die Interessen von allen Handelnden gewahrt werden.

Nur Spielregeln und Spielzüge allein reichen nach Suchanek folglich nicht aus, um das „gemeinsamen Gelingen" zu ermöglichen. Es bedarf auch eines geteilten Spielverständnisses, das unterschiedliche Moral- und Wertevorstellungen verknüpft und prägend für jegliche Interaktion sein dürfte. Darauf aufbauend kann das gemeinsame Spielverständnis als Ausdruck von gemeinsamen Werten entwickelt werden, indem diese in der Interaktion (den Spielzügen) zusammengeführt werden. Auf diese Weise entsteht über die kritische Auseinandersetzung mit dem Gefangenendilemma ein gemeinsames Verständnis (Suchanek, & von Broock, 2012, S. 5–9).

Das Grundproblem der verschiedenen Positionen zum Verhältnis von Individual- und Ordnungsethik ist auf die Frage zurückzuführen, auf welcher Ebene Anreizstrukturen der Handlungen von Individuen behandelt werden sollten. Zu unterscheiden sind hier die Makro- und die Mikroebene. Während einerseits ein Zugang auf der Makroebene gefordert wird, weil die Handlungen sich aus der Struktur der Gesellschaft bzw. der Logik des Wirtschaftssystems heraus erklären, wird andererseits auf Mikroebene gefordert, dass die Gesellschaft nur im Rahmen der Betrachtung der einzelnen Individuen entsteht und somit Menschen sich in ihren Handlungen an den Handlungen anderer orientieren, wodurch Strukturen entstehen. Übertragen auf Homann und Ulrich bestätigt sich demnach eine enge Verbindung zwischen Individualethik (Mikroebene) und Ordnungsethik (Makroebene). Während Homann jedoch Veränderungen von Anreizstrukturen fordert, um eine Gesellschaft bzw. das wirtschaftliche Handeln moralisch zu steuern, indem für alle Akteure gleiche Regeln gelten, fokussiert sich Ulrich auf die „integrative Wirtschaftsethik" mit einer starken Betonung der persönlichen Verantwortung und Begrenzung in der Individualethik. Nach Ulrich hat Ethik die Aufgabe, einen Unterbau für das Wirtschaften zu liefern, was im Sinne von Sen eine gerechte Befähigung aller Menschen „zur chancengleichen Integration in den marktwirtschaftlichen Produktions- und Konsumptionsprozess" bedeutet (Kordesch, 2015, S. 133). Hierzu reicht nach Ulrich die Ordnungspolitik allein nicht aus, weil sich ein Gemeinwohl nicht per se aus einer marktwirtschaftlichen Ordnung ergibt. Dem ist zwar grundsätzlich zuzustimmen, jedoch sind es die marktwirtschaftliche Ordnung und der Wettbewerb, die immense Wohlstandszugewinne bringen. Um den Wohlstand und damit am Ende auch das Gemeinwohl nicht zu beschädigen, ist es daher wichtig, die marktwirtschaftlichen Kräfte mit der Ethik verbinden. Der Weg zu der Versöhnung von Markt und Wirtschaft führt, wie Homann gezeigt hat, über die Ordnungsethik. Dem stimmt auch Hengsbach mit der Forderung nach einem politisch fundierten institutionellen Rahmen zu (Hengsbach, 2005, S. 19 ff.)

## 3.7 Anwendung und Bedeutung der ethischen Prinzipien in der Ökonomie

### 3.7.1 Entwicklung einer ethischen Ökonomie

Der Ökonomie als Erfahrungswissenschaft werden eher Seiens- als Sollensaussagen zugeschrieben. Des Weiteren scheint sich das Postulat eines rationalen und eigeninteressierten Verhaltens kaum mit den Empfindungen eines moralischen Menschen verbinden zu lassen (Vanberg, 2011, S. 1 f.). In der öffentlichen Diskussion werden die Ausdrücke „Ethik" und „Ökonomie" daher als Oxymoron wahrgenommen. Die marktwirtschaftliche Ordnung wird zwar aufgrund ihrer liberalen Merkmale von den meisten Menschen bevorzugt, gleichzeitig halten viele Menschen die Funktionsprinzipien des Marktes aber für moralisch defizitär. Daher werden Korrekturen gefordert, die jedoch die Leistungsfähigkeit der Marktwirtschaft und des Wettbewerbs konterkarieren können (Vanberg, 2011, S. 3 und 12–15). Folglich wird suggeriert, dass sich ethisches Verhalten nur gegen wirtschaftliche Interessen durchsetzen lässt. Allerdings ist diese Annäherung an das Thema „Ethik und Wirtschaft" schon deshalb grundlegend falsch, weil die moderne Welt von der Ökonomie durchdrungen ist. Wirtschaft, Märkte und Wettbewerb sorgen für mehr Einkommen, Wohlstand, für Chancengleichheit und damit letztlich für mehr Freiheit. Denn er wirkt in mehrfacher Hinsicht: a) über Anreizsysteme zur Erstellung von Leistungen, die nachgefragt werden, b) als Entdeckungsverfahren bei der ständigen Suche nach Verbesserungen des Leistungsangebotes und c) als Entmachtungsinstrument, da der Wettbewerb Wahlmöglichkeiten schafft, die Abhängigkeiten entgegenwirkt (Vanberg, 211, S. 16 f.). Der Wettbewerb ist zugleich sowohl ein Programm der Effizienz als auch ein Programm der Freiheit; und Wettbewerb bzw. die Katallaxie ist freiwillig. Die Spielregeln der Katallaxie müssen derart gestaltet sein, dass die Belohnung für die erbrachte Leistung von denen abhängt, die an dieser Leistung interessiert sind. Das Scheitern ist in der Marktwirtschaft und im Wettbewerb systemimmanent (Vanberg, 2011, S. 12; Vanberg, 2007, S. 4 f.). Folglich müssen Vorteils- und Gewinnstreben nicht abgeschafft, sondern mit Moral, einem erweiterten Begriff von Moral, verbunden werden (Stephan, 2013, S. 1–3). Die Marktwirtschaft bzw. eine marktwirtschaftliche Ordnung ist für das Zusammenleben gleicher und gleichberechtigter Menschen von essenzieller Bedeutung. Die Marktwirtschaft, verbunden mit Demokratie, verhindert eine Ordnung, die ausgewählten Begünstigten Privilegien gewährt und Sonderrechte zu Lasten anderer Mitglieder der Gesellschaft begründet (Vanberg, 2011, S. 5; Vanberg, 2007, S. 1).

Typischerweise können moralische Probleme aber nicht nur mit Moral gelöst werden. Insofern ist die Moral zwar eine notwendige, aber keine hinreichende Bedingung. Vielmehr unterliegt der gute moralische Wille auch den realen Umweltbedingungen. Der „gute Wille" hat etwas mit Können zu tun. Der praktische Syllogismus verbindet die Moral mit den herrschenden Umweltbedingungen, um aus dieser Synthese ethische Urteile abzuleiten (Homann, 2014, S. 13 f.). Er löst sich insofern vom kategorischen Imperativ. Moralische Urteile können folglich nicht nur aufgrund von Normen, Sitten und Gebräuchen getroffen werden, die empirische Wirklichkeit muss zwingend einbezogen werden (Stephan, 2013, S. 1–3). Der Ethik geht es um normative Urteile. Diese Urteile gründen immer auf normativen Prinzipien und empirischen Realisierungsbedingungen. Karl Homann schreibt dazu: „Wer Urteile allein aus den normativen Prinzipien ableitet, diese also direkt, ohne Rücksicht auf die empirischen Realitätsbedingungen, umsetzen will, kann als Fundamentalist bezeichnet werden" (Homann, 2014, S. 14). Denn bei der Wahl von Handlungsalternativen muss auf die Gesamtsituation und den Wertekanon abgestellt werden. Es gilt als Grundeinsicht, dass das Gute nicht in einem Prinzip ausgedrückt werden kann, sondern ausschließlich unter der Beachtung der Wirklichkeit (Koslowski, 2010, S. 50 f.).

Die Herausforderung bei der Anwendung von ethischen Prinzipien in der Ökonomie ist damit, nicht nur das Eigeninteresse bzw. das Streben nach Gewinn und die Verfolgung von Moral im Sinne der Ordnungsethik zu integrieren, sondern auch die wettbewerblichen Rahmenbedingungen und die normativen Vorstellungen zusammenzubringen. Es muss eine „ethische Ökonomie" entstehen, die als Grundlage für die Wirtschafts- und Unternehmensethik verstanden werden (Koslowski, 2009, S. 30).

Für Georg Wilhelm Friedrich Hegel ist der Markt der Ort der individuellen Freiheit. Er begrüßt seine wohlstandsfördernde Wirkung, sieht ihn aber durch politische Prinzipien eingegrenzt (Herzog, & Honneth, 2014, S. 359). Für Emile Durkheimer stehen Normen, Werte und Überzeugungen, die die Gesellschaft zusammenhalten, im Zentrum. Ganz im Sinne von Adam Smith interpretiert er Märkte und Arbeitsteilung als Institutionen zur Schaffung von sozialen Bindungen (Herzog, & Honneth, 2014, S. 36 f.). Auch Durkheimer thematisiert das besondere Verhältnis von Individuen und Gesellschaft. Für Peter Koslowski ist der Kapitalismus hingegen mit den drei Strukturmerkmalen a) der privaten Verfügung über Produktionsmittel, b) des Preismechanismus als Koordinationsverfahren und c) der Gewinn- und Nutzenmaximierung verbunden. Diese Strukturelemente der Wirtschaftsordnung sind notwendige Bestandteile einer freien Gesellschaft. Allerdings schränkt Koslowski ein, dass der Kapitalismus keine Gesellschaftsform ist, sondern die vom Ordoliberalismus erhobene Interdependenz der Ordnung gilt. Der Kapitalismus muss daher eine weitere Perspektive im Sinne der Moralphilosophie einnehmen. Der Kapitalismus bzw. die Marktwirtschaft als Gesellschaftsform freier Individuen fordert enorme moralische Anforderungen an den Einzelnen, die, wie Wilhelm Röpke es ausdrückte, von der Ökonomik nicht hervorgebracht werden können (Koslowski, 2010, S. 11 f.). Der praktische Syllogismus ist daher nicht nur anspruchsvoll, er ist darüber hinaus auch für den Kapitalismus und die Finanzmärkte, in denen die Freiheitsräume stark ausgeprägt sind, wichtig.

Für den Kapitalmarkt bedeutet dies, dass eine Interpretation der Ethik deshalb notwendig ist, weil der Kapitalmarkt neben der Regulierung und der Konzentration von Kapital auch durch die Technisierung sowie Digitalisierung seit Anfang der 1990er Jahre

- eine „Ausdehnung der Gleichzeitigkeit des Raumes" (Koslowski, 2009, S. 54 f.) erfahren hat – d. h. die grundlegenden Ordnungsrelationen Ort und Zeit, also Gleichzeitigkeit und Ungleichzeitigkeit sowie Zentrum und Peripherie, ändern sich. Es wird zunehmend die Möglichkeit der Parallelität von Ereignissen und Prozessen geschaffen.
- Zudem hat die Möglichkeit der Kontrolle über große Entfernungen zugenommen. Diese Kontrollmöglichkeiten erhöhen die räumliche Reichweite der einzelnen Akteure des Kapitalmarktes, was wiederum eine Ausdehnung und Internationalisierung von Finanzinnovationen zur Folge hat.
- Die Geschwindigkeit von Informationsbeschaffung und -verarbeitung schafft eine virtuelle Nähe (Koslowski, 2009, S. 54 f.).

Die konstitutionelle Ökonomik im Sinne einer Ordnungsökonomik ist somit vor dem Hintergrund von regulatorischen Anforderungen, der technischen Innovationen, einer nahezu vollständigen Konkurrenz an den Kapitalmärkten und der Konzentration von Kapital in großen Kapitalsammelstellen zu betrachten, um dem praktischen Syllogismus gerecht zu werden. Grundsätzlich wird der Zugang zu den Kapitalmärkten mit Auswirkungen auf die Preisbildungsprozesse, die Allokation von Kapital und die Anlagemöglichkeiten einfacher. Neben hoch technisierten Kapitalsammelstellen und ultraschnellen Händlern hat eine Demokratisierung der Kapitalanlage stattgefunden. Die Anzahl der Marktteilnehmer hat trotz der Konzentration von Kapital aufgrund der Technik und der Globalisierung der Märkte zugenommen. Es gilt diese Entwicklungen sowie deren Rückwirkungen auf die Finanzmärkte, die (Real-)Wirtschaft und die Gesellschaft zu berücksichtigen. Dabei sind, als konstitutive Faktoren für Ethik in der Marktwirtschaft, folgende Aspekte einzubeziehen (Stephan, 2013, S. 10 ff.):

- Ethik muss grundsätzlich entlang zweier Stufen entwickelt werden. Es gilt sich einerseits um die Handlungen der Einzelnen zu kümmern (Individualethik). Andererseits muss eine Ordnungs- oder Institutionenethik etabliert werden. Die Entwicklung einer derartigen Ordnungs- oder Institutionenethik sollte den Einzelnen nicht aus seiner Verantwortung entlassen.
- Unter Wettbewerb können sich Moral und Ethik nur mit der ökonomischen Logik von Anreizen realisieren lassen. Eine Moral, die nicht kompatibel mit den ökonomischen Anreizsystemen ist und folglich keine nachhaltigen Vorteile verheißt, kann im Alltag unter Wettbewerbsbedingungen kaum praktiziert werden.
- Der Wohlstand aller hängt nicht vom Wohlwollen der Akteure ab, sondern von der wettbewerblichen Ordnung, die in einer geeigneten Rahmenordnung eingebunden sein muss. Andersherum gilt das Gleiche mit fast noch größerer Bedeutung.
- Moralische Übel dürfen nicht auf moralische Defekte Einzelner zurückgeführt werden, sondern sind Fehler, die dem Regelsystemen angerechnet werden müssen. Aus Sicht von Pies müssen sich dabei Individualethik und Institutionenethik nicht widersprechen; im Gegenteil, sie können sogar die gleichen Ziele verfolgen und wirken komplementär. Die Institutionenethik arbeitet der Individualethik zu, „indem sie argumentative Beiträge leistet, jene gesellschaftlichen Rahmenbedingungen bereitzustellen, unter denen der handlungslogische Argumentationsmodus der Individualethik seine besondere Stärke entfalten kann“ (Pies, 2015, S. 8).
- Die Trennlinie zwischen moralischem und unmoralischem Verhalten läuft nicht entlang der Unterscheidung von Egoismus und Altruismus, sondern sie liegt zwischen dem individuellem Vorteilsstreben auf Kosten anderer bzw. dem Vorteilsstreben, das anderen über die normalen Tauschprozesse auf Märkten ebenfalls Vorteile verschafft.

### 3.7.2 Voraussetzungen und Bedingungen zur Erreichung von Wettbewerbs- und Kooperationsfähigkeit

Zunächst ist als Voraussetzung festhalten, dass die Aktivitäten von Unternehmen bzw. Individuen in einen „wettbewerblichen Handlungsrahmen“ in der Weise integriert werden müssen, dass im Rahmen einer kapitalistischen Gesellschaft „ethische Ökonomie“ realisiert werden kann. Darauf aufbauend gilt es in einem weiteren Schritt die Diskussion auf den Kontext des Finanzmarktes zu lenken.

Die Trennung der Sphären Wirtschaft und Moral ist künstlich und analytisch nicht hilfreich. Sie wird auch der Wirklichkeit nicht gerecht (Horn, 2011, S. 5). Die Absicht ist, einen verlässlichen Rahmen für den Handel und den Preismechanismus als zentrales Element einer Marktwirtschaft darzustellen. Dieser soll gewährleisten, dass Finanzmärkte die wirtschaftliche Entwicklung fördern, zur Wertschöpfung der Unternehmen beitragen sowie die gesellschaftliche Wohlfahrt erhöhen. Finanzmärkte können und sollten aber nur insoweit in den Dienst der Realwirtschaft gestellt werden, als eine effiziente Preisbildung und optimale Allokation von Kapital möglich sind und erlaubt sein müssen (Goebbels, 2012, o. S.). Denn nur dann können Finanzmärkte ihre Funktionen, die Unternehmen einerseits mit Kapital zu versorgen und den Sparern andererseits rentable Anlagemöglichkeiten zu bieten (Koslowski, 2009, S. 58), dauerhaft erfüllen und der Realwirtschaft mit einer effizienten Kapitalallokation dienlich sein. Die Idee hinter dieser Argumentation ist, dass Finanzmärkte sich innerhalb eines Ordnungsrahmens selbst gestalten. Der Marktmechanismus und das System relativer Preise dürfen bei aller politischen bzw. gesellschaftlichen Regulierung und Lenkung nicht ausgehebelt werden, da sonst die primäre Funktion von Märkten und insbesondere auch von Finanzmärkten, nämlich die optimale Allokation von Kapital, gestört wäre. Nur funktionierende Märkte dienen der Realwirtschaft, indem sie insbesondere Kapital für Investitionen zur Verfügung stellen. Somit darf es lediglich darum gehen, einen Rahmen zu setzen, innerhalb dessen Finanzmärkte für ihre eigene Funktionalität sorgen.

Als weitere Voraussetzung ist zu nennen, dass Ordnungen zu entwerfen sind, die ethische Wertvorstellungen unterstützen und für einen funktionierenden Wettbewerb sorgen. Ordnungskriterien als Ausprägungen bzw. Teile des Ordnungsrahmens bzw. der Wirtschaftsverfassung sind dabei als allgemeingültig zu bezeichnen und zu verstehen. Mittels dieser Ordnungskriterien gilt es dann Regeln zu schaffen, die ökonomisch und ethisch auf die jeweiligen Handlungen wirken. Grundsätzlich dienen Regelsysteme, Traditionen und Normen im Sinne von Vorgaben – die die gegenseitige Wahrnehmung von Freiheiten sicherstellen – der Reduzierung von Informations- und Entscheidungskosten (Stephan,

2013, S. 2; van Kervel, & Menkvel, 2015, S. 1 ff.; van Kervel, 2012, S. 18 f.). Regeln helfen dabei, sich in komplexen Systemen zurechtzufinden (Vanberg, 2011, S. 2 f.).

Diesbezüglich kann für Deutschland auf den Ordoliberalismus verwiesen werden, wie ihn u. a. Walter Eucken entwarf und der zur Entwicklung der sozialen Marktwirtschaft führte. Die Ordoliberalen stellten Leitlinien oder Kriterien für einen Ordnungsrahmen auf. Der unter Berücksichtigung dieser Ordnungskriterien ausformulierte Ordnungsrahmen stellt konkrete Bedingungen auf, innerhalb derer sich die Wirtschaft frei entfalten soll. Der Ordnungsrahmen dient dazu, sowohl den Wettbewerb als auch die Freiheit der Bürger auf dem Markt zu gewährleisten. Eine liberale Wirtschaftsverfassung gründet dabei auf einer Ordnung unter Rechtsgleichen, frei von Privilegien (Vanberg, 2008, S. 8). Grundlage der Leitlinien sind wirtschaftliche Notwendigkeiten (Sachnotwendigkeiten), eine Bewertung des Ist-Zustandes inklusive Zukunftserwartungen und ein ethischer Rahmen, der die Vorstellungen, wofür Wirtschaft wirken soll bzw., wie Verantwortung in Wirtschaft umzusetzen ist, verwirklicht. Dies zeigt sich u. a. in Vorgaben des Kartellrechts, des Eigentumsrechts oder in der Sicherung eines freien Marktzugangs. Eines der wichtigsten Ordnungskriterien ist jedoch die Haftung, die auch als Verantwortung interpretiert werden darf. Mit den – den Ordnungsrahmen begründenden – Ordnungskriterien entsteht ein Bild davon, wofür Wirtschaft stehen sollte (Eucken, 2004, S. 1 ff.).

Viktor Vanberg schreibt dazu: „Die Vorstellung, dass wirtschaftlicher Wettbewerb nach den Spielregeln eines rechtlich geordneten Leistungswettbewerbes ablaufen sollte, zielt auf die Schaffung von rechtlich-institutionellen Rahmenbedingungen, unter denen wirtschaftlicher Erfolg möglichst nur dadurch zu realisieren ist, dass man seine Wettbewerber durch attraktive Leistungsangebote an die Marktgegenseite übertrifft“ (Vanberg, 2008, S. 8). In Summe bestimmt somit der Ordnungsrahmen den Preismechanismus, wobei der Ordnungsrahmen je nach vorhandenen Gesellschaftsordnungen und sozialen bzw. kulturellen Wertvorstellungen eine unterschiedliche Ausprägung erfahren wird. Eine freie und funktionierende Marktwirtschaft baut auf der Freiheit des Individuums und seinen Eigentums- und Verfügungsrechten, wie sie bereits von John Locke formuliert wurden, auf (Herzog/Honneth (Hrsg.), 2014, S. 13 f.). Markt und Wettbewerb haben zu großem Wohlstand beigetragen. Homann, Lütge und Suchanek plädieren zur Realisierung dieser funktionierenden Marktwirtschaft für eine Ethik, die Markt und Wettbewerb versöhnt. Hierzu muss der Rahmen des Handelns durch eine Ordnungsethik bestimmt werden, die Vorgaben für ein ethisch „korrektes“ Markthandeln und damit auch für einen funktionierenden Markt liefert (Homann, 2003, S. 31 und 42 ff.).

Auf diese Weise eingehegt soll der Markt Freiheit entfalten. Hierzu gilt es im Rahmen der angewandten Ordnungskriterien Privateigentum (Eigentums- und Übertragungsrechte) sicherzustellen, die Koordination der Wirtschaftsaktivitäten durch Märkte (freier Marktzugang bzw. Verhinderung von Monopolen) und ein System von relativen Preisen zu akzeptieren sowie die Haftung für ökonomische Entscheidungen zu übernehmen, was bereits auch Eucken in seinen Ordnungskriterien herausgestellt hat (Eucken, 2004, S. 10 ff.). Der Markt- und Preismechanismus als solches muss zwingend erhalten bleiben. Der Ordnungsrahmen offeriert Gestaltungsoptionen für den Preisbildungsmechanismus. Es gilt darauf aufbauend ein Market Design für die Markt- und Preisprozesse zu entwickeln, mit dessen Hilfe erreicht werden kann, dass die ökonomischen Anreize mit den übergeordneten Interessen an die Gerechtigkeit der Märkte kompatibel sind. Stellvertretend für die konkrete Ausgestaltung von Preisbildungsprozessen mittels Market Design können die Versteigerungen von Telekommunikationsfrequenzen oder – für den Hochfrequenzhandel – die Einführung eines Speed Bumps oder Auktionssystems genannt werden (Baldauf, & Mollner, 2019, o. S.; Aquilina, Budish, & O'Neill, 2021, S. 1 ff.). Während Speed Bumps bestimmte Ordertypen verlangsamen bzw. mit niedrigerer Priorisierung abwickeln, spricht Budish bei seinem Vorschlag von Frequent Batch Auctions anstatt eines Continuous Market Orde Systems für den Handel an Börsen. Beiden Vorschlägen ist gemein, die Geschwindigkeitsvorteile von HFT durchbrechen zu wollen. Um dem sich dynamisch ändernde Umfeld an den internationalen Finanzplätzen Rechnung zu tragen und ausreichende Flexibilität zu gewährleisten, wird die Implementierung nicht mit Hilfe von Geboten oder Verboten, sondern durch die sog. Börsen-Usance, also Konventionen, vorgeschlagen (Cramton, Bergemann, & Bobbio, 2020, o. S.).

Bei einer „zu starken" Regulierung besteht die Gefahr, dass Freiheiten derart stark eingeschränkt werden, dass Märkte in ihren Funktionen geschädigt werden oder zum Erliegen kommen und dadurch ihre Rolle bzw. ihre Existenzberechtigung grundsätzlich in Frage gestellt ist (Homann, 2003, S. 42 ff.). Gewinnmaximierung als Grundprinzip der Märkte sollte deshalb keinesfalls „neutralisiert" werden, sondern ist Notwendigkeit eines funktionierenden Marktes (Homann, 2003, S. 42 ff.). Mit einer mit marktwirtschaftlichen Wettbewerbsordnung erhöht jeder seine Chance auf Befriedigung der eigenen Bedürfnisse. Es schadet dem Wettbewerb im marktwirtschaftlichen System nicht, dass Einzelne oder Gruppen Fehlschläge erleiden können, solange sich die Wettbewerber an die Spielregeln halten und nicht systematisch immer dieselben Gruppen verlieren (von Hayek, 2003, S. 221; Homann, 2014, S. 12).

## 3.8 Übertragbarkeit von ethischen Prinzipien auf das High Frequency Trading

Gem. den bisherigen Überlegungen steht im Vordergrund für die Übertragung von ethischen Prinzipien in Form der „ethischen Ökonomie" auf HFT die Schaffung eines Ordnungsrahmens, der die Übertragung von ethischen Kriterien auf den Kapitalmarkt und besonders auf HFT zulässt.

Als Übertragungsmechanismus zwischen Theorie und praktischer (betriebs- und volkswirtschaftlicher) Anwendung bedarf es nun einer „Methodik", die diesen Transfer ermöglicht. Hierzu kann auf das Prinzip der „strukturellen Kopplung" zurückgegriffen werden. Schnebel entwickelte zur Übertragung von solchen ethischen Überlegungen auf den Finanzmarkt ein eigenes Modell, das auf den Grundgedanken des „Structural Couplings" (dt.: der „strukturellen Kopplung") von Luhmann basiert (Luhmann, 1998, S. 110). Hierunter versteht Luhmann eine nicht ontologische Beziehung im Sinne einer nicht veränderlichen Beziehung zwischen Systemen, der Feststellung folgend, dass soziale Systeme operativ geschlossen und kognitiv offen sind. Operative geschlossene Systeme sind als Systeme zu verstehen, die nur in der Interaktion mit anderen Systemen eine Öffnung erfahren können. Das System kann lediglich im Kontext eigener Strukturen operieren und ist auf Strukturen angewiesen, die mit eigenen Operationen im Sinne eines immanenten Handelns entwickelt werden können. Geschlossene Systeme erfahren Offenheit durch ihre Abgrenzung von der Umwelt und von anderen Systemen. Denn um die Abgrenzung zu erreichen, damit sich Systeme als System verstehen können, bedarf es der Beschäftigung mit der Umwelt. Systeme entstehen mithin durch die Abgrenzung von der Umwelt. Was nicht zum System und folglich zur Umwelt gehört (auch andere Systeme sind für ein System Umwelt), bestimmt das System. Kognitive Offenheit im Sinne der Bereitschaft z. B. der Verarbeitung von Fakten oder der Fähigkeit bzw. Bereitschaft, zu lernen, ermöglicht es an sich geschlossenen Systemen (wie politischen Systemen, dem Rechtssystem oder dem Wirtschaftssystem), mit der Umwelt und anderen Systemen zu kommunizieren, was durch die genannte strukturelle Kopplung geschieht. Allerdings bleibt die Informationsverarbeitung selektiv beschränkt, damit die eigenen Handlungen bzw. Operationen anschlussfähig bleiben, mithin nicht überfordert werden. Die im System sowie in der Umwelt vorhandene Komplexität zwingt Systeme, aus den bestehenden Alternativen zu wählen. Dabei ist die Beschränkung der Kapazitäten kein Fehler, sondern für jede soziale Interaktion konstitutiv. Die Strukturen im System legen die Resonanzfähigkeit fest. Als Resonanz wird dabei die Fähigkeit beschrieben, auf Umweltereignisse reagieren zu können. So öffnen sich geschlossene Systeme. Hierzu wiederum ist der

Aufbau von Erwartungsstrukturen innerhalb des Systems notwendig, weshalb das System für Irritationen (Perturbationen) offen sein muss. Die operative Geschlossenheit ist dabei Voraussetzung für die kognitive Öffnung, die eine strukturelle Kopplung zur Folge haben kann. Dabei ist unter operativer Geschlossenheit zu verstehen, dass Systeme nur innerhalb eigener Strukturen operieren können (Autopoiesis). Auf diese Weise verbinden sich soziale Systeme wie Wirtschaft (das Wirtschaftssystem mit seinen Codes im Sinne von operativen Prägungen), Politik (das politische System) oder Recht (das Rechtssystem) mit psychischen Systemen, z. B. dem Menschen. Dies erfolgt durch Sprache bzw. Kommunikation, die selbst kein System darstellt. Kommunikation ist folglich das grundlegende und konstituierende Element sozialer Systeme. Systeme – auch die gesamte Gesellschaft – bestehen nicht aus Menschen, sondern aus Kommunikation, die sich immer weiter reproduziert. Zwei Systeme – etwa Wirtschaft und Gesellschaft– erfahren demnach eine Koppelung über Sprache, was zur Folge hat, dass Erwartungsstrukturen entstehen. Demnach gilt zusammenfassend, dass Systeme untereinander sowie Systeme und ihre Umwelt zunächst voneinander losgelöst zu betrachten sind, aber es durch eine „strukturelle Kopplung" von Bewusstsein und Kommunikation trotzdem gelingen kann, dass ein Austausch entsteht. Jahraus beschreibt dies eindrücklich anhand der Metapher von zwei nebeneinander gestellten Uhren, die zwar für sich allein ticken, aber mittels Sensoren erfassen, wie die jeweils andere Uhr tickt und darauf aufbauend das eigene Ticken anpassen können (Jahraus, 2011, S. 17–40). Wenn Systeme aufhören, zu kommunizieren – im Beispiel: zu ticken –, enden sie auch als System. Denn die Differenz zwischen System und Umwelt definiert das System (Differenzprinzip). Ohne Kommunikation kann das System keine Umwelttatbestände feststellen bzw. darauf reagieren. Durch die Differenz zwischen Umwelt und System steuert das System seine Operationen bzw. Aktivitäten.

In einem nächsten Schritt wird das sprachliche „Structural Coupling" (die „Sensoren" im Sinne von Jahraus) zwischen Wirtschaft und Mensch ergänzt um die Fertigkeit, Signale ethisch zu bewerten und zu hinterfragen (Schnebel, 2016, S. 2; Parsons, 1977, S. 204–228; Parsons, 1990, S. 319–333). Neben Kommunikation und Austausch tritt nun die Interpretation des Systems bzw. der Methodik hinzu. Beispielsweise versorgt das ökonomische System nach Luhmann alle handelnden Personen mit den „notwendigen" Informationen zur ethischen Bewertung und bleibt nicht bei der Vermittlung über Sprache „stehen". Das System versetzt somit alle handelnden Personen in die Lage, ökonomisch sinnvolle Entscheidungen zu treffen, was von Hayek als Entdeckungsverfahren im Sinne der Informationsgewinnung beschreibt (Luhmann, 1998, S. 198; von Hayek, 2002, S. 65 ff.). Um nun Informationen zu gewinnen, ist es notwendig, Wissen im

Hinblick auf den Vorgang der Gewinnung zu besitzen, gleichzeitig sorgt eine Informationsgewinnung dafür, vorhandenes Wissen zu erweitern. Ergebnis dieser Wissensentdeckung, Wissensgewinnung und der darauf aufbauenden Wissensverarbeitung kann dann ökonomischer Erfolg sein. Voraussetzung hierfür ist, dass der Wettbewerb um Wissen nicht gestört oder gar blockiert wird (von Hayek, 2002, S. 65 ff.). Dabei ist Wettbewerb durch Anstrengung und Leistung charakterisiert; das Individuum muss sich präventiv um die Maximierung der Ressourcen bemühen. Diese fortdauernden Bemühungen können schließlich im Ergebnis zu Wohlstand führen, der als Folge eines Gewinnmaximierungsstrebens angesehen werden kann. Deshalb ist die Gewinnmaximierung kein moralischer Defekt, sondern die systemimmanente Folge des Wettbewerbs – Gewinnmaximierung ist unter Wettbewerb ein System-Imperativ (Homann, 1995, S. 42).

Somit kann das „Structural Coupling" als Methodik Verwendung finden, theoretische Überlegungen der Ethik praktisch anwendbar zu machen. Ethik kann nun darauf aufbauend zeigen, wie Betroffene ethisch-verantwortlich im und mit dem Finanzmarkt agieren. Um hier ethisch „korrekt" – Schnebel spricht von „responsible" (Schnebel, 2016, S. 3) – zu handeln, muss jedes Individuum die Kontrolle über seine finanzielle Situation behalten und die Aspekte „Finance" (Investments, Risikoprämien, Zinsen etc.), „Economy" (Verteilung von Ressourcen, Zahlungsverkehr, Geld etc.) und „Society" (Grundbedürfnisse, Humanität, Beschäftigung etc.) in den Handlungen miteinander verbindet (Luhmann, 1998, S. 198 ff.; Goldman Sachs (Hrsg.), 2021b, S. 1 ff.).

Dem Handelnden steht es dabei frei, wie in jeder Entscheidungssituation, die verfügbaren Informationen zu verwenden, oder nicht. Allerdings erfahren Handlungen im Rahmen des „Structural Couplings" durch die Individualethik und die Ordnungsethik eine Begrenzung (Schnebel, 2016, S. 4). Vereinfacht zusammengefasst beruhen ethische Entscheidungen im Bereich des Finanzmarktes auf dem Grundprinzip der Kopplung zwischen den Systemen Wirtschaft und Gesellschaft. In diesem Rahmen verbinden sich dann Ordnungsethik und Individualethik, was zu einem „intrinsic social aspect of finance" und so zur Stärkung der funktionalen Rolle von Märkten in der Gesellschaft führt (Schnebel, 2016, S. 4 und 15).

Hierzu bedarf es der Setzung von Rahmenbedingungen, „that (…) generate an optimal social value" (Schnebel, 2016, S. 15). Anders formuliert bedarf es einer Ordnungsethik, damit Finanzmärkte ethisch funktionieren. Ziel ist es, dass „investments turn to social or moral aspects, where all participants have similar and transparent access" (Schnebel, 2016, S. 15).

Folgende Aspekte sind demnach als Grundlage für die Übertragung von ethischen Prinzipien auf das HFT festzuhalten:

- Zielsetzung ist die Realisierung einer „ethischen Ökonomie" bzw. einer besonderen „ethischen Ökonomie des Kapitalmarktes".
- Diese „gesonderte ethische Ökonomie des Kapitalmarktes" muss die unterschiedlichen Charakteristika des modernen Kapitalmarktes umfassen (die „Ausdehnung der Gleichzeitigkeit des Raumes", eine Ausdehnung der Kontrolle von Ferne aus und eine höhere Geschwindigkeit der Informationsverarbeitung und -übermittlung).
- Die Börse muss als (zumindest theoretisch) effizienter Markt akzeptiert werden.
- Zur Erfüllung der Aufgaben der Ökonomie und damit auch der (positiven) Aufgaben von HFT bedarf es der Akzeptanz, dass sich (negative) Externalitäten (oder Nebenwirkungen) als moralisches Problem (der sog. Probabilismus) ergeben können, und dass damit ein moralisches Problem der Ökonomie und ein Zentralproblem der Moral generell entstehen können, was zur Forderung nach Internalisierung in Form der verursachungsgerechten Zuweisung der Kosten und daraus resultierender positiver externer Effekte für die Gesellschaft führt.
- Es muss ein „kapitalistischer Handlungsrahmen" im Sinne einer Ordnungsethik existieren.

# Veränderte Rahmenbedingungen für Handlungen an den Börsen

4

## 4.1 Regulierung

Eine einheitliche Theorie der Regulierung gibt es nicht. Die normative Theorie der Regulierung geht den Ursachen und Gründen für Eingriffe in das freie Spiel des Wettbewerbs nach. Der positive Ansatz der Regulierung verfolgt hingegen politische Aspekte (Märkt, 2002, S. 1).

Typischerweise beschreiben normative Konzepte Sollzustände. Es geht folglich weniger um bestehende als um theoretisch wünschenswerte Situationen. Es geht um die Frage, inwiefern Eingriffe in den Wettbewerb geboten oder sogar notwendig sind. Der Wettbewerb gilt dabei als konstituierendes Ordnungskriterium, das die Interessen von Individuen und Gesellschaften verbinden kann (Vanberg, 1994, S. 19–32). Die Regulierung ist dann angewandte Wohlfahrtsökonomik, die Effizienznormen unter den Bedingungen eines allgemeinen Konkurrenzgleichgewichts genügen muss. Nur eine Abweichung vom Sollzustand begründet regulatorische Eingriffe, um die gesamtwirtschaftliche Wohlfahrtssituation zu verbessern. Regulierung ist folglich dann gerechtfertigt, wenn die Effizienzverluste des Wettbewerbs unter Berücksichtigung der Regulierung kompensiert werden. Regulierung muss entsprechend zwei Fragen beantworten: (a) die Notwendigkeit einen Markt zu regulieren und (b) die Angemessenheit und Verhältnismäßigkeit der Maßnahme, was im HFT-Kontext – wie im Kapitel 5 noch weiter auszuführen sein wird – in Europa bzw. Deutschland über die „Markets in Financial Instruments Directive" (MiFID), die „Markets in Financial Instruments Regulation" (MiFIR), das Wertpapierhandelsgesetz (WpHG), das „Gesetz zur Vermeidung von Gefahren und Missbräuchen im Hochfrequenzhandel" (sog. Hochfrequenzhandelsgesetz) vom 15.05.2013 sowie das Rundschreiben

 
U. Stephan, *Hochfrequenzhandel im Spannungsfeld von Finanzmärkten, Realwirtschaft und Gesellschaft*, Wirtschaftsethik in der globalisierten Welt,
https://doi.org/10.1007/978-3-662-74019-4_4

06/2013 der Bundesanstalt für Finanzdienstleistungsaufsicht (BaFin) („Rundschreiben 06/2013 (BA): Anforderungen an Systeme und Kontrollen für den Algorithmus Handel von Instituten") erfolgt (Heider, 2015, S. 2 f. und 65 f.; Nikitin, 2016, S. 39–41). Das Hochfrequenzhandelsgesetz ist dabei als Folge bzw. dem Ruf nach

- stärkeren Auskunftspflichten über (nicht) ausgeführte Orders in Form eines untertägigen Mitteilungszwangs,
- der Beaufsichtigung der HFT-Marktteilnehmer durch die BaFin (Erlaubnispflicht),
- der Kenntlichmachung von HFT-Orders sowie
- einer Forderung nach einer Minimierung von Informationsasymmetrien zwischen den Marktteilnehmern

zu verstehen (Ullmann, 2021, S. 71). Dabei stellt der Deutsche Bundestag in der Gesetzesbegründung heraus, dass mit dem Gesetz nicht HFT in Gänze untersagt werden soll bzw. dies nicht Ziel der Gesetzgebung ist (Ullmann, 2021, S. 72). Das Gesetz versteht dabei unter HFT eine hochfrequente algorithmische Handelstechnik, die auf Infrastrukturen zurückgreift, um Latenzzeiten zu minimieren und die Ausführung und Weiterleitung von Orders ohne menschliche Eingriffe zu ermöglichen (sog. Systementscheidung) (Ullmann, 2021, S. 75). Die Regelungen aus dem Gesetz erfahren auch eine Übertragung auf multilaterale Handelssysteme, um ein einheitliches „Level Playing Field" im HFT-Kontext sicherzustellen (Ullmann, 2021, S. 89).

Bei den Konzepten der positiven Theorie der Regulierung werden Wohlfahrtsverluste akzeptiert. Anstatt der Effizienzbetrachtung rückt die Frage des Prozesses von Regulatorik in den Mittelpunkt der Betrachtung. Bedingungen wie die Nichtberücksichtigung von Partikularinteressen oder der vollständigen Information über Ist- und Sollzustände werden aufgegeben. Stattdessen wird anerkannt, dass die Regulierung einem demokratischen Prozess mit verschiedenen Interessen unterliegt, der zwar im besten Fall zu maximaler gesellschaftlicher Wohlfahrt führt, dieses aber nicht notwendigerweise muss. Die ökonomische Theorie der Demokratie von Anthony Downs sowie die Capture Theory nach George Stigler können beispielhaft erwähnt werden (Downs, 1957, S. 135–150; Stigler, 1971, S. 3–21). Downs beschäftigt sich mit den Beziehungen von Wählern und Parteien. Analog zu Marktstrukturen bieten Parteien Programme an, für die sich die Wähler entscheiden können. Dabei streicht Downs heraus, dass Wähler die Parteiprogramme nach einem eigenen Nutzenkalkül analysieren, während Parteien die Programme in Hinblick auf eine Maximierung des Stimmanteils verfassen. Als handlungsprägendes Motiv von Parteien und Politiker gilt folglich nicht die Wohlfahrt der Gesellschaft, sondern die Erzielung von Macht bzw. deren Erhalt (Downs, 1957, S. 135–150). Stigler sieht in Demokratien einen Markt für Regulierung. Wirtschaftssubjekte und Interessenverbände fragen Regulierung zum eigenen Vorteil nach und offerieren den anbietenden Politikern Unterstützung. Regulierung könnte in diesem Fall zu Sondervorteilen für bestimmte Interessengruppen führen (Stigler, 1971, S. 3–21).

Die normative Theorie der Regulatorik findet in Marktversagen eine Rechtfertigung, während die positive Theorie der Regulierung zu Politikversagen führen kann, wenn die Regeln schlecht oder falsch aufgestellt worden sind (Ströbele, 1999, S. 13–70). Aus diesem Grund muss jeweils geprüft werden, ob sich eine Notwendigkeit zur Regulierung aus einer marktimmanenten Instabilität ergibt oder eine ineffiziente Regelung vorliegt.

Die hervorgehobene Bedeutung des Finanzmarktes ergibt sich aus seiner Funktion der Allokation der Ressource Kapital und damit der Ermöglichung von Investitionen und Innovationen, wofür Fristen-, Größen- und Risikotransformationen wichtig sind. Die Wohlfahrt einer Gesellschaft ist unmittelbar auf die Effizienz des Finanzmarktes zurückzuführen. Denn die Finanzmarktstabilität bildet über die Spar- und Investitionsentscheidungen, also die effiziente Allokation der knappen Ressource Kapital, die Grundlage für das langfristige Wachstum einer Volkswirtschaft. Je besser die Funktionsweise der Finanz- und Kreditmärkte ist, desto effizienter sind die Kapitalströme und desto nachhaltiger ist die Leistungsfähigkeit einer Volkswirtschaft (Knütter, & Mohr, 2008, S. 3, 7 und 13 f.).

In Folge eines ungeeigneten oder fehlenden Ordnungsrahmens stellen sich i. d. R. unerwünschte Marktergebnisse ein, die der Gesellschaft Schaden zufügen können. Nur die Diagnose eines Marktversagens kann folglich aus ökonomischer Perspektive der Anlass zur Vermutung sein, dass ein regulatorischer Eingriff in die Marktfunktionen überhaupt eine wohlfahrtssteigernde Wirkung aufweisen kann (Roth, 2006, S. 143). Die Finanzmarktregulierung zielt mithin darauf ab, Fehlanreize und Friktionen im Finanzsystem zu vermeiden und somit negative externe Effekte zu verhindern bzw. zu internalisieren. Allerdings ist dem Prozess einer Marktwirtschaft die Ungewissheit immanent, weshalb es problematisch wäre, grundsätzlich alle Risiken umgehen zu wollen. Insbesondere sind Finanzinnovationen ein Garant für gesellschaftliche Wohlfahrt. Aufgabe der Regulierung muss entsprechend ein marktwirtschaftlich organisierter und gesellschaftlich dienender Finanzmarkt sein. Es gilt geeignete Rahmenbedingungen für einen funktionierenden Wettbewerb zu definieren (Enquête-Kommission des Deutschen Bundestages „Wachstum, Wohlstand und Lebensqualität“ (Hrsg.), 2013, S. 107–137).

Insofern stellt sich neben den Mindestanforderungen an Ordnungskriterien (Eigentums- und Verfügungsrechte, Begrenzung von Marktmacht, Verantwortung und Haftung), die für alle Märkte gelten, für Finanzmärkte die Frage, welcher weitere institutionelle Rahmen von Nöten ist, um die Effizienz und Stabilität des Kapitalmarktes zu gewährleisten. Diese Frage führt zur Definition der Stabilität des Finanzsystems.

Einen ersten Hinweis auf Finanzstabilität könnte die Volatilität der Märkte geben. Allerdings weisen der Internationale Währungsfonds (IWF) und die Bank für Internationalen Zahlungsausgleich (BIZ) darauf hin, dass eine Destabilisierung des Finanzmarktes i. d. R. von hohen Volatilitäten begleitet werde, jedoch dürfe umgekehrt nicht grundsätzlich von einer hohen Volatilität auf Finanzinstabilität geschlossen werden (Internationaler Währungsfonds (IWF) (Hrsg.), 2003, S. 89). Denn nach der Theorie effizienter Märkte eskomptieren die Preise alle verfügbaren Informationen. Höhere Volatilitäten können somit auch die Folge von Unsicherheit und der Einpreisung von Risiken sein. Aus höherer Volatilität lässt sich daher nicht zwangsläufig auf eine Instabilität schließen (Knütter, & Mohr, 2008, S. 5 f. und 9 ff.). Jedoch weist der IWF auf mögliche Rückkopplungseffekte auf die Liquidität von Märkten bei erhöhter Volatilität hin (Internationaler Währungsfonds (IWF) (Hrsg.), 2003, S. 100 ff.). Andere Autoren wie Davis definieren Finanzstabilität durch die Beschreibung von Instabilität bzw. die Quellen von Instabilität (Davis, 2003, S. 2–17). Mishkin schlägt als Maßstab für Finanzstabilität bzw. Regulierung die Lösung von Problemen wie asymmetrische Information, Adverse Selection und Moral Hazard vor (Mishkin, 2013, S. 242 ff.). Der Finanzmarkt ist dann stabil, wenn er über die Fähigkeit zur effizienten Allokation von Kapital verfügt. Zweckmäßig erscheint hier die Definition, die von Schinasi wie folgt beschrieben wird: „A financial system is in a range of stability whenever it is capable of facilitating (rather than impeding) the performance of an economy, and of dissipating financial imbalances that arise endogenously or as a result of significant adverse and unanticipated events“ (Schinasi, 2004, S. 8).

Die Stabilität des Finanzsystems lässt sich folglich nicht auf einen Zielwert reduzieren, sondern hängt von verschiedenen – mitunter interdependenten – Parametern ab, wobei für jeden Parameter ein Spektrum möglicher Ergebnisse zugelassen ist, bei denen Stabilität unterstellt wird. Des Weiteren verbindet die Definition von Schinasi die Stabilität des Systems mit dessen Effizienz (Schinasi, 2004, S. 8). Die Stabilität wird mit weitreichenden Implikationen für Regulierungsmaßnahmen als konstituierende Voraussetzung für die Wirtschaft, nicht als

Selbstzweck, aufgefasst. Denn Regulatorik, die zwar einerseits die Finanzstabilität erhöht, andererseits aber die Effizienz und damit die gesamtwirtschaftliche Wohlfahrt beschädigt, kann im Ganzen nicht zur Stabilität des Finanzsystems beitragen. Die Stabilität ist folglich von der Erfüllung der Kernfunktionen des Finanzsystems abhängig. Einzelne Funktionen können eingeschränkt sein („Range"). Das belastet zwar die Stabilität, gefährdet aber nicht zwingend das gesamte System, solange dieses die Kernfunktionen erfüllen kann. Nicht erwähnt werden muss hierbei, dass sich der Begriff der Finanzstabilität nicht auf einzelne Marktteilnehmer, sondern ausschließlich auf das System bezieht. Einzelne Teilnehmer können im Wettbewerb selbstverständlich scheitern. Dieses Scheitern darf aber nicht systemisch stattfinden. Zusammenfassend kann festgehalten werden, dass Regulierungseingriffe immer dann gerechtfertigt sind, wenn sie die Stabilität des Systems erhöhen und die Kosten der Maßnahme den gesellschaftlichen Wohlfahrtsgewinn nicht überkompensieren (Arentz, 2008, S. 10 f.).

Die zunehmende Regulierung (nicht nur) an den Finanzmärkten soll u. a. helfen, um Transparenzdefizite bzw. asymmetrische Information an den Märkten zu vermeiden. Dabei kann diese Entwicklung jedoch auch dazu führen, dass Marktteilnehmer versuchen, Beschränkungen ihrer Handlungen durch regulatorische Vorgaben zu umgehen – mit dem Ziel, entweder eigene Gewinne zu maximieren oder dies für andere Marktteilnehmer zu ermöglichen. Ein sanktionsbewehrter Ordnungsrahmen kann dabei solche Fehlentwicklungen vermeiden (Sajnovits, 2019, S. 162).

## 4.2 Technologie

Die Digitalisierung nimmt auch den Bereich des Börsenhandels nicht aus. Spätestens seit Gründung der US-Börse NASDAQ im Jahre 1971 begann die Technologisierung der Finanzmärkte. In den 1980er Jahren setzten sich computergestützte Kursinformationssysteme durch und in den 1990er Jahren kamen die integrierten Börsenhandels- und Informationssysteme auf. Möglicherweise geht diese Entwicklung mit digitalen Assets und der Tokenisierung des Handels auf Basis der Distributed Ledger Technology in den kommenden Jahren weiter. In jedem Fall haben alle diese Entwicklungsschritte nicht nur den Handel an sich, sondern auch ganze Geschäftsmodelle verändert.

Von zentraler Bedeutung im Untersuchungskontext ist der Technikeinsatz beim Hochfrequenzhandel, denn HFT ist nur durch die Adaption neuer Technologien überhaupt erst möglich geworden (Gomber, Arndt, Lutat, & Uhle, 2011, S. 3). Ohne Innovationen im Finanz- und Technologiesektor ist HFT demnach in der heutigen Form nicht vorstellbar und wäre auch nicht existent. Dabei ist primär auf die Digitalisierung, die Automatisierung und die Akzelerierung des Börsenhandels hinzuweisen (Contratto, 2014, S. 144). Laut Mark Buchanan sind Geschwindigkeiten bis zu 100.000 Transaktionen pro Sekunde möglich. Allein der transatlantische Glasfaserlink Hibernia Express band im Jahr 2015 die Handelszentren in London und New York um 2,6 Millisekunden schneller zusammen. Schneller geht es mit Mikro- bzw. Millimeterwellenbereich durch die Luft. Noch schneller sind Lasernetzwerke, wobei bereits an Hochleistungsglasfaserkabeln gearbeitet wird. Die letzte Barriere bei dem Ziel, noch schneller zu sein, scheinen nur noch die Grenzen der Physik – die Lichtgeschwindigkeit – zu sein: Eine Order von London nach Frankfurt benötigt 2,21 Millisekunden, Licht braucht für die gleiche Entfernung 2,12 Millisekunden (Zoican, 2014, S. 1 f.; Buchmann, 2015, S. 161–163).

Die Bedeutung des Händlers an der Börse findet sich mittlerweile überwiegend bei Börseneinführungen, Kapitalerhöhungen, Openings etc.; die Orders werden dabei allenfalls am Primärmarkt über Händler platziert. Am Sekundärmarkt beherrscht der Handel über Algorithmen die Börse. Die Ordergrößen an sich werden dabei kleiner, was dem zunehmenden Aufkommen von HFT zugeschrieben wird, und die Anzahl der Algorithmen ist mittlerweile nahezu unüberschaubar geworden. Dabei gilt: Je mehr Algorithmen existieren, desto größer wird die Bedeutung des Vertrauens der „Non-Algo-Händler" bzw. „Market Maker" untereinander, die maximal 30 Aktien intensiv beobachten – und so Volumen und Preise. Umso wichtiger und bedeutsamer wird daher für HFT die technische Unterstützung. Während der Primärmarkt noch weitgehend ohne technische Unterstützung „zurechtkommen" könnte, ist dies bei HFT nicht mehr vorstellbar.

HFT basiert für ein Erkennen von Liquidität und der Antizipation von Orders auf geringen Latenzen, die – wie im Kapitel 5 noch näher zu erläutern sein wird – durch optische Leitungen oder Laserleitungen sowie Verbindungen mit Hilfe von Mikrowellen in Kombination mit Co-Location-Services und Service-Providern möglich werden (AZSLIDE (Hrsg.), 2015, o. S.; Ehrenhauser, 2018, S. 21–60). So liegt die Latenz z. B. zwischen London und Frankfurt über Mikrowellen gerade mal bei zwei Millisekunden, zwischen London und New York bei 31 Millisekunden (Hautsch, 2017, S. 2). Daher wird teilweise in der Literatur die Meinung vertreten, dass Technologie die Effizienz von Märkten deutlich verbessert hat. Die Entstehung von HFT kann nach dieser Lesart als die logische Konsequenz dieser Entwicklung angesehen werden (Malkiel, 2009, S. 10 ff.; Hashbrouck, & Saar, 2013, S. 10 ff.).

## 4.3 Wettbewerb

Der Wettbewerb ist ein konstituierendes Merkmal der Marktwirtschaft. Er ist damit das dominierende Verfahren, um wirtschaftliche Entscheidungen über die Verwendung knapper Ressourcen bei miteinander konkurrierenden Zwecken zu treffen. Der Wettbewerb kann folglich einerseits als ein Prozess der „schöpferischen Zerstörung“ (Joseph A. Schumpeter) und andererseits als ein „Entdeckungsverfahren“ (Friedrich A. von Hayek) mit der Folge eines permanenten Anpassungsprozesses angesehen werden (Berg, 1992, S. 241 f.). Während aber die Theorie rationalen Handels das tatsächliche Verhalten als eine Abfolge unabhängiger Einzelentscheidungen zur Verfolgung individueller Ziele betrachtet, betont die konstitutionelle Ordnungsökonomik die Notwendigkeit von Regeln, um sich in einer komplexen Welt erfolgreich bewegen zu können (Vanberg, 2011, S. 2 f.). Die Wettbewerbsordnung sollte folglich sowohl die Funktionalität marktwirtschaftlicher Anreiz-, Lenkungs- und Kontrollverfahren sicherstellen als auch die individuelle Handlungs- und Entscheidungsfreiheit der Marktteilnehmer nicht unangemessen einschränken (Berg, 1992, S. 260). Voraussetzungen für einen fairen Wettbewerb sind nicht nur freier Marktzugang ohne Barrieren, sondern auch der Respekt von Eigentums- und Verfügungsrechten sowie die Internalisierung von Externalitäten. Dabei besteht die Notwendigkeit, den Ordnungsrahmen entsprechend den gemeinsamen Interessen aller Beteiligten zu entwerfen, ausdrücklich anzuerkennen. Allerdings sollten die Regeln grundsätzlich für alle Beteiligten in diskriminierungsfreier Weise gültig sein (Vanberg, 2008, S. 9 f.). Die effiziente Allokation von knappen Ressourcen mit der Absicht, die Leistungsfähigkeit einer Volkswirtschaft zu maximieren und auch die Zusammensetzung der Produktion nach bestimmten Kriterien zu optimieren, erhöht u. a. das Wohlstandsniveau einer gesamten Gesellschaft und erleichtert es somit, andere wirtschaftspolitische Aufgaben, wie die Versorgung von Ärmeren, zu bewerkstelligen (Sohmen, 1992, S. 4).

Traditionell ist der Börsenhandel durch eine hohe Wettbewerbsdynamik gekennzeichnet. Dieses Merkmal wurde durch Regulierungsmaßnahmen in Hinsicht auf die Zulassung von weiteren Handelsplätzen, insbesondere der Multilateral Trading Facilities (MTF), verschärft. Allerdings haben die Regulationsbehörden mit der Zulassungen alternativer Handelsplattformen auch die Pflicht eingeführt, den Marktteilnehmern die beste Ausführung zu garantieren (EU: „Best Execution“; US: „Best Bid and Offer“). Diese Verpflichtung wiederum konnten die Handelshäuser bzw. Handelsplattformen nur mittels technischer Aufrüstung gerecht werden. Überlagert wurden diese Tendenzen schließlich von Kapitalsammelstellen, die immer höhere Volumina an Kapital an sich zogen. Es gab mithin mehrere Börsenplätze, auf die große Orders „marktschonend“ verteilt werden mussten. Diese Situation begünstigte die Entwicklung des HFT. Gomber et al. verstehen deshalb HFT als Marktentwicklung, die durch neue Technologien, Innovation, Regulierung und eben den Wettbewerb ausgelöst wurde (Gomber, Arndt, Lutat, & Uhle, 2011, S. 3). Die Fragmentierung der Börsen und die technische Entwicklung haben HFT folglich erst möglich gemacht. Nach Biais gilt, dass „Algos help to cope with fragmentation“ (Biais, 2001, S. 9). Im Falle von HFT wird der automatisierte Handel mit extrem schnellen Handelssystemen und ultrakurzen Latenzzeiten verbunden. HFT kann somit die Fragmentierung ausnutzen und Orders schneller platzieren als herkömmliche Marktteilnehmer, was primär auf den Einsatz digitaler Kommunikationsmittel zurückzuführen ist: „Die längste Zeit ihres Bestehens war die Börse ein Ort, an dem Händler und Makler ihre Waren- und Wertpapiergeschäfte per Zuruf abschlossen. Heutzutage machen moderne Kommunikationsmittel sogar vielfach einen Verzicht auf die physische Anwesenheit der Marktakteure möglich, der räumliche Aspekt der Börse ist fast völlig entfallen“ (Marxsen, o. J., o. S.; auch: Menkveld, 2011, S. 4 ff.). Die Ausnutzung der Fragmentierung wird dabei dadurch begünstigt, dass Börsen nach Fama (Fama, 1970) in Abhängigkeit der von ihm erkannten Effizienzstärken als nahezu vollkommene Märkte verstanden werden können, die als tragendes Element durch die „Theorie rationaler Erwartungen“ geprägt sind. Börsen gelten in der Wirtschaftstheorie somit als (nahezu) als vollkommene Märkte, bei denen gilt, dass alle Anbieter und Nachfrager nach dem ökonomischen Prinzip handeln, d. h. die Güter bzw. Angebote und Nachfragen homogen sind, alle Nachfrager in der Lage sein müssen, Güter sofort abzunehmen, und Anbieter im Gegensatz dazu, sofort zu liefern, und vollständige Markttransparenz herrscht (Marondel, 2017, o. S.).

Brad Katsuyama, der „Chief Executive Officer“ (CEO) der Handelsplattform IEX, hat diesen Tatbestand bei einer Konferenz 2015 treffend beschrieb. Vor Jahren habe er Aktien handeln wollen und die Aktien auch tatsächlich zum angezeigten Preis erhalten. Ab Mitte der 2000er Jahre habe er zwar die Aktien zu einem bestimmten Preis am Handelsbildschirm gesehen, aber nicht mehr bzw. nur noch teilweise handeln können. Dieses Phänomen konnte nicht mit einem außergewöhnlichen Interesse an der Aktie zusammengehangen haben, denn der Markt, also verfügbare Stücke und Preise, verändern sich erst, nachdem der „Kaufen“-Button am Bildschirm gedrückt wurde. Denn die Gesamtzahl der am Bildschirm angezeigten Aktien wurden nicht an einer Handelsplattform angeboten, sondern an verschiedenen Plattformen. Die Kauforder am Bildschirm löst folglich mehrere Orders an verschiedenen Börsenplätzen aus. Allerdings liegen die Börsen in unterschiedlichen Distanzen zum Händler bzw. zu seinem Handelsbildschirm. Über sog. „Smart Order Router Systems" werden die Orders auf die verschiedenen Handelsplattformen verteilt, kommen dort aber zu verschiedenen Zeitpunkten an. Beispielsweise betrug der Zeitunterschied in den 2000er Jahren zwischen der „New York Stock Exchange" (NYSE) und dem „Better Alternative Trading System" (BATS) ganze zwei Millisekunden. Diese Latenzzeiten werden von HFT ausgenutzt. Denn HFT-Algorithmen handeln nicht im Millisekunden-Bereich, sondern in Micro- oder Nanosekunden. Sobald also die erste Teilorder einen Handelsplatz erreicht hat, kauft der HFT alle Aktien zum genannten Kurs an den anderen Handelsplätzen und bietet sie zu einem höheren Kurs wieder an. HFT verfügt über einen systematischen Geschwindigkeitsvorteil und damit Wettbewerbsvorteil im Handel mit Finanzinstrumenten (Katsuyama, 2015, o. S.; Katsuyama, 2017, S. 1 ff.), was insgesamt erkären kann, dass HFT zur Steigerung von systematischen Risiken führt (Khashanah, Florescu, & Yang, 2014, S. 1).

Die Wettbewerbsdynamik an den Börsen ist durch die veränderten Erwartungen der Kunden mit Blick auf die börslichen und außerbörslichen Marktzugänge definiert (Gresser, 2016, S. 169). Mit Blick auf die Fragmentierung der Märkte gilt, dass diese dadurch gekennzeichnet ist, „dass Handelsvolumina zunehmend weg von den Börsen und hin zu börsenähnlichen Handelsplattformen verlagert werden" (Stuttgart Financial (Hrsg.), 2019, S. I) – eine Entwicklung, die seit den 1980er-Jahren zu beobachten ist. Infolgedessen entstehen Informationsasymmetrien und private Anleger erfahren in ihren Handlungen eine Diskriminierung (Stuttgart Financial (Hrsg.), 2019, S. I). Dadurch können die Funktionen von Märkten in Frage gestellt werden (Schwarting, 2014, S. 6 f.). Marktteilnehmer beobachten und orientieren sich häufig gegenseitig in ihren Handlungen, was einer transparenter Informationsprozesse bedarf (Blasco, Corredor, & Ferreruela, 2017, S. 114–121). Hierdurch werden „Quasi"-Marktordnungen geschaffen (Schimank, 2007, S. 29–45), die auf einem hohen Informationsbedarf basieren. Dieser Informationsbedarf kann der Geschwindigkeit im modernen Börsenhandel i. d. R. nicht folgen.

HFT kann allerdings nur in liquiden Märkten stattfinden, wobei die Frage, ob HFT selbst Liquidität stiftet oder verbraucht, umstritten ist (Menkveld, 2014, S. 333). Die Mehrheit der hier relevanten Studien zeigt allerdings, dass sich die Fragmentierung auch unter

HFT negativ auf die Liquidität an den Börsen auswirkt (Gomber, Haferkon, & Zimmermann, 2015, S. 313–337). Die Fragmentierung am HFT-Markt wird demnach durch eine „natürliche" Tendenz zur Konzentration von Liquidität an einem Ort bestimmt. HFT kann nur demnach in liquiden Märkten stattfinden bzw. HFT sorgt für ein hohes Maß an Liquidität an den Märkten (Menkveld, 2014,

S. 333). Einige Studien haben zu diesem Zweck nicht nur die Liquidität, sondern auch die Tiefe der Märkte untersucht. Im Gegensatz zu „normalen" „Market Makern" müssen nämlich HFT-„Market Maker" nicht fortlaufend Kurse stellen (Technical Committee of the International Organization of Securities Commission (OICV - IOSCO) (Hrsg.), 2011, S. 19–30).

## 4.4 Marktvollkommenheit

Märkte bestehen aus Gruppen möglicher Käufer bzw. Verkäufer. Sie können grundsätzlich verschiedene Formen des Organisationsgrades annehmen. Sind die Märkte organisiert und treffen viele Käufer und Verkäufer aufeinander, haben die einzelnen Marktteilnehmer typischerweise keinen oder nur einen sehr geringen Einfluss auf den Marktpreis. In einem vollkommenen Markt sind alle Marktteilnehmer Preisnehmer, wobei die Preise den Grenzkosten entsprechen (Mankiw, & Taylor, 2008; S. 73 ff.; Krugman, & Wells, 2010, S. 236 ff.; Samuelson, & Nordhaus, 1998, S. 177 ff.). Das Idealbild des vollkommenen Marktes basiert auf der Theorie rationaler Erwartungen und der Nutzenmaximierung des Homo oeconomicus (Münch, 2012, S. 20). Die Annahmen für einen vollkommenen Markt nach von Suntum sind die Existenz homogener Präferenzen und Erwartungen, das Fehlen von Markteintrittsbarrieren, eine polypolistische Angebots- und Nachfragesituation (vollkommene Konkurrenz), vollständige Information und nicht vorhandene Transaktionskosten. Für die Kapitalmärkte ist insbesondere der Punkt der Arbitragefreiheit wichtig. Angebot und Nachfrage räumen den Markt im Marktgleichgewicht (von Suntum, 1999, S. 11 f.).

Da das Modell des vollkommenen Marktes einer Idealvorstellung folgt, ist es in der Realität nicht anzutreffen, sondern beruht insbesondere auf den mathematischen Arbeiten von Alfred Marschall und Leon Walras. Jedoch ist das Modell des vollkommenen Marktes nicht für alle Märkte anwendbar. Die tatsächliche Unvollkommenheit der Märkte, u. a. aufgrund von Informationsasymmetrien, Kosten der Informationsbeschaffung und -verarbeitung und Marktzutrittsbarrieren, bietet den Regulatoren die Argumentation für Eingriffe in den marktwirtschaftlichen Prozess. Dennoch dient das Modell des vollkommenen Marktes als Grundlage zur Analyse von Märkten (Marondel, 2017, o. S.). Es kann helfen, um spezifische Fragestellungen zu beantworten, da es komplexe empirische Phänomene strukturiert. Andreas Suchanek formuliert hierzu: „Welche Handlungsfolgen ergeben sich als Resultat zahlreicher individueller Handlungen, die ihrerseits als Reaktion auf gegebene Handlungsbedingungen angesehen werden können?" (Suchanek, 2007, S. 179)

Insbesondere Börsen kommen der Idealvorstellung des vollkommenen Marktes nahe. Denn an Finanzmärkten werden homogene Güter in hoher Geschwindigkeit und mit niedrigen Transaktionskosten gehandelt. In der Theorie sind zeitliche, räumliche oder sachliche Arbitragemöglichkeiten ausgeschlossen und in der Praxis aufgrund von Geschwindigkeit sowie informativer Transparenz ebenfalls weitgehend eingeschränkt. Beim Konstrukt des vollkommenen Markts handelt es sich zunächst um eine rein theoretische Überlegung, die bei Existenz von (Kapital-) Markteffizienz als notwendige Bedingung eine Übertragung in die Praxis erfahren kann, was wiederum einer Informationseffizienz bedarf. Letztere ist als Verbindung zwischen den Anforderungen der Marktteilnehmer an einen transparenten Markt zu verstehen und sorgt für möglichst wenig (Informations-)Barrieren. Dabei bezieht sich die Zustandsbeschreibung der (Kapital-)Markteffizienz lediglich auf die Informationseffizienz und nicht auf die, wie von der Vorstellung des vollkommenen Markts gefordert, auch auf die Abwesenheit von Steuern, Losgrößen und Transaktionskosten. Eugene F. Fama unterscheidet in der Effizienzmarkthypothese (EMH) drei Formen von Informationseffizienz: die schwache, die mittlere und die strenge Form der Markteffizienz (Fama, 1970, S. 383–417). Bei dieser Unterscheidung geht es insbesondere darum, wie schnell und vollständig Informationen an den Börsen in den Kursen verarbeitet werden (Stephan, 1998, S. 212–220). Bei schneller Verarbeitung von Informationen in den Kursen lassen sich zwei Implikationen ableiten: zum einen, dass die Kurse zu jeder Zeit den „wahren" Wert eines Wertpapiers oder Finanzinstruments abbilden, und zum anderen, dass es unmöglich ist, die künftige Kursentwicklung abzuleiten. Die erste Implikation ist wohl abzulehnen, die zweite nicht. Allerdings liegt der Effizienzhypothese ein Paradoxon zugrunde. Sind nämlich alle Informationen in den Preisen eskomptiert, findet kein Handel statt, da alle (rationalen) Marktteilnehmer über die gleichen Informationen verfügen. Die Annahmen der Effizienzmarkthypothese mit vollständigen Märkten und rationalen Marktteilnehmern sind anspruchsvoll und daher – wie beschrieben – nur annähernd erfüllt. Trotzdem bilden diese Modelle einen gängigen Rahmen für die Analyse von Finanzmärkten (Deutsche Bundesbank (Hrsg.), 2011, S. 45–48).

Vor diesem Hintergrund gilt es zu hinterfragen, ob die Vollkommenheit von Finanzmärkten auch für den HFT-Kontext gelten kann, oder, ob HFT mit seinen immensen Investitionen in Infrastruktur und Software nicht zu Markteintrittsbeschränkungen bzw. gar adverser Selektion mit einer ineffizienten Kapitalallokation in der Volkswirtschaft führen kann (Breckenfelder, 2020, o. S.; Breckenfelder, 2013, S. 1 ff.). Würde demnach HFT den Wettbewerb behindern, wären Regulierungen im Sinne der Ordnungskriterien nach Eucken erforderlich, andernfalls entbehrlich. Konkret geht es um die Informationsbeschaffung und -verarbeitung an Finanzmärkten, die Abwesenheit von Arbitragemöglichkeiten und die Vermeidung externer Effekte (Samuelson, & Nordhaus, 1995, S. 179 ff.). Es geht um die Frage, ob HFT Marktunvollkommenheiten ausnutzt oder diese sogar schafft.

# Definition und Ausprägungsformen des High Frequency Trading 5

## 5.1 Definition und Eigenschaften des High Frequency Trading und Abgrenzung zum Algorithmic Trading

### 5.1.1 Algorithmic Trading

Algorithmic Trading (AT) versteht sich als eine automatisierte Handelsstrategie, die zur Generierung einer sehr großen Zahl an Wertpapierkauf- und -verkaufsaufträgen dient, die automatisch ausgeführt werden. Dabei stehen Menge und Geschwindigkeit nicht im Vordergrund der Handelsentscheidungen. Die Entscheidung für bzw. gegen einen Kauf- oder Verkauf erfolgt vielmehr auf der Grundlage von mathematischen Formeln, die unmittelbar zu Käufen bzw. Verkäufen führen (Filimonoy, & Sornette, 2014, S. 20).

Zusammenfassend zeigt die nachfolgende Abbildung die zentralen Unterschiede zwischen AT und HFT auf. Gemeinsamkeiten zwischen AT und HFT zeigen sich dabei in der Verarbeitung von Marktdaten in Echtzeit, einer automatischen Orderausführung sowie einem direkten Markzugang. Unterschiede finden sich im Handelsobjekt, in der Orderhäufigkeit, der Haltedauer, der Latenz sowie den angesprochenen Investitionsmöglichkeiten (Cioalella, 2015, S. 95–110).

### 5.1.2 High Frequency Trading

In der Literatur existieren zahlreiche Definition von HFT, die nachfolgend in ihren zentralen Charakteristika betrachtet werden sollen.



U. Stephan, *Hochfrequenzhandel im Spannungsfeld von Finanzmärkten, Realwirtschaft und Gesellschaft*, Wirtschaftsethik in der globalisierten Welt,
https://doi.org/10.1007/978-3-662-74019-4_5

Eine gängige Definition zu HFT findet sich bei Macintosh, die gleichzeitig die Auswirkungen von HFT beschreibt und Mindestanforderungen in Form eines (a) extrem schnellen Handels und (b) einem Handel ohne Menschen aufgreift. Bei MacIntosh heißt es: „High frequency trading (HFT) – the use of extremely high-speed computers and automated trading algorithms to trade high volumes of stock at lightning speed (…)" (Macintosh, 2013, S. 2).

Nach McNamara ist HFT den algorithmischen Strategien zuordnen (McNamara, 2016, S. 99) und kann daher nicht per se als eigenständige Strategie verstanden werden, sondern als eine Untergruppe des AT. MacIntosh formuliert hierzu, dass HFT als „subset of algorithmic trading (AT)" (MacIntosh, 2013, S. 3). HFT ist dabei auf den Ebenen

- Infrastruktur (Rechnerleistung, Existenz und Nutzung von Co-Location-Services als Dienstleister, die Rechenzentren für Dritte bereitstellen, Proximity-Hosting in Form der Nutzung von Services von Drittanbietern für Finanzinstitute zur direkten Anbindung der Rechenzentren an die Börse),
- Handelsstrategien (niedrige Preise bzw. Ausnutzung von kleinsten Preisunterschieden, Löschung einer Vielzahl von Orders vor der Ausführung, hohe Anzahl von Ereignissen pro Tag mit geringen Volumina) und
- Auswirkungen der Geschwindigkeit (kein Einfluss von Menschen bei der Ausführung von Aufträgen)

zu charakterisieren (Lattemann, Loos, & Gomolka, 2012, S. 91 f.; Budish, Cramton, & Shim, 2015, S. 1548; Gomber, Arndt, Lutat, & Uhle, 2011, S. 15; Jones, 2013, S. 5; Katsuyama, 2019, Kapitel 4).

Die Europäischen Kommission stellt in ihrer Definition die Nutzung von Strategien im HFT-Kontext in den Vordergrund. Hierzu wird formuliert, dass charakterisierend für HFT „the use of very sophisticated technology to implement traditional trading strategies" ist (European Commission (Hrsg.), 2011, S. 14). Aus Sicht der Kommission greifen damit HF-Händler auf gängige Marktstrategien zurück, optimieren diese im Hinblick auf die Profitabilität und verwenden dabei „high-speed computers and sophisticated trading algorithms" (MacIntosh, 2013, S. 3). Der HF-Händler nutzt hierzu IT-Systeme mit Blick auf die Ausnutzung des Geschwindigkeitsvorteils; damit ist Geschwindigkeit als das entscheidende Charakteristikum zu verstehen, das den HF-Trader beschreibt bzw. ihn von den klassischen Händlern unterscheidet (Albust, 2013, S. 4–7).

Die BaFin greift in ihrer Definition i. W. auf die Aussagen im „Gesetz zur Vermeidung von Gefahren und Missbräuchen im Hochfrequenzhandel" (Hochfrequenzhandelsgesetz) vom 15.05.2013 zurück. HFT wird dabei definiert als „Teil des algorithmischen Handels. Es zeichnet sich durch eine hohe Anzahl von Auftragseingaben, -änderungen oder -löschungen innerhalb von Mikrosekunden aus. Hochfrequenzhändler suchen die unmittelbare Nähe zum Server des Handelsplatzes [sog. „Co-Location“, Anm. d. Verf.], um durch den kurzen Weg der Signale Geschwindigkeitsvorteile zu haben“ (BaFin (Hrsg.), o. J., o. S.; Eurex (Hrsg.), 2017, S. 1–14). HFT ist damit auf eine moderne und auf Geschwindigkeitsoptimierung fokussierte technische Infrastruktur zur Realisierung von Gewinnen angewiesen, da hierdurch die Schnelligkeit der Übertragungen (z. B. auch durch eine räumliche Nähe des Serverstandorts zur Börse) und die notwendige automatische Verarbeitung (Initiierung, Generierung, Weiterleitung und Ausführung der Orders) der Transaktionen überhaupt erst möglich werden (Deutsche Bundesbank (Hrsg.), 2016, S. 39).

### 5.1.3 Ableitung einer Arbeitsdefinition für High Frequency Trading

Zusammenfassend gilt für HFT, dass diese Handelsform charakterisiert wird durch

- eine hohe Anzahl an Aufträgen,
- eine schnelle Auftragsabwicklung,
- die (schnelle) Glattstellung aller Positionen zum Handelsschluss („Flat Position“) und damit geringe (kurze) Halteperioden,
- geringe Margins pro Order,
- eine Fokussierung auf hochliquide Instrumente,
- die sehr geringen Volumina pro Order,
- die Generierung von Profiten über Market Maker durch Kauf- und Verkaufsprozesse,
- einer Nutzung von Co-Location-Services sowie der
- Fokussierung auf hochliquide Instrumente, z. B. DAX-Futures und entsprechende Märkte i. S. v. Aktien und Derivaten (Gomber, Arndt, Lutat, & Uhle, 2011, S. 15; Stock Market Watch (Hrsg.), o. J., o. S.).

Folgende Arbeitsdefinition, angelehnt an Radanovic (2017, o. S.) für HFT, kann vor dem Hintergrund der gemachten Ausführungen für HFT abgeleitet werden: „HFT ist als Handelsvariante innerhalb des AT zu verstehen, die durch hohe Geschwindigkeiten und einen Handel ‚ohne Menschen‘ bei Glattstellung der Transaktionen zum Handelsschluss charakterisiert ist. Sie dient der Abwicklung einer sehr großen Zahl an Wertpapierkauf- und -verkaufsaufträgen, die auf Algorithmen basiert. Technisch sind hierfür leistungsfähige Datenleitungen zur Minimierung der Latenzen und ein Co-Location-Service zwingend erforderlich" (Boco, Germain, & Rousseau, 2017, S. 1–6).

## 5.2 Historische Entwicklungen und Grundlagen des High Frequency Trading

Contratto beschreibt die Existenz und damit die Entstehung von HFT als Konsequenz eines Strukturwandels innerhalb des Börsenhandels (Contratto, 2014, S. 144). Dabei wird festgehalten, dass HFT durch drei sich überlagernde und sich ergänzende Entwicklungen entstanden ist und nach wie vor geprägt wird:

- Technik bzw. Technologie, d. h. schnellere Rechner mit einer höheren Leistung, die „entsprechende" (Handels-)Geschwindigkeiten überhaupt erst ermöglichen; Lewis (2016, S. 141 ff.) diskutiert z. B. in diesem Zusammenhang, entsprechende Glasfaserleitungen zur Reduzierung der Latenzen zu verlegen, oder die Geschwindigkeiten über Co-Location-Services,
- (De-)Regulierung/Fragmentierung der Märkte, also die Gründung von „Multilateral Trading Facilities" (MTF) in Europa sowie „Alternative Trading Systems" (ATS) in Nordamerika neben den traditionellen Börsenplätzen, und der Verpflichtung zur „besten Ausführung" („Best Execution") von Orders (Anand, Samadi, Skobin, & Venkataraman, 2019, S. 1 ff.) sowie die
- Konzentration von Anlegerkapital in wenigen Händen, z. B. bei Kapitalsammelstellen wie Pensionskassen oder Kapitalanlagegesellschaften, was dazu führt, dass die Orders immer „größer" (im Hinblick auf die Volumina) werden und damit potenziell marktbewegend sein können, wodurch alternative Marktplätze („Dark Pools") entstanden sind, die zu einem „Verstecken" der Orders aufgrund der Nichtoffenlegung des Orderbuches führen (Jakobs, 2016, S. 1 ff.).

Ohne Innovationen im Finanz- und Technologiesektor ist HFT daher in der heutigen Form nicht vorstellbar und wäre auch nicht existent. In Bezug auf die Thematik „Technologie" ist primär auf die Digitalisierung, die Automatisierung und die Akzelerierung des Börsenhandels hinzuweisen (Contratto, 2014, S. 144).

Die Digitalisierung prägt den Börsenhandel seit den 1970er Jahren, als das Ende des Präsenzhandel („Open Outcry") durch den elektronischen Handel eingeleitet wurde. Demnach findet auch HFT seinen Ursprung im Jahre 1971 und hier im Kontext der Gründung der „National Association of Securities Dealers Automated Quotations" – kurz NASDAQ – als erste elektronische Börse in den USA. Dies kann als Start einer Entwicklung des elektronischen Orderbuches verstanden werden, die sich über mehrere Stufen zum heutigen Verständnis von HFT entwickelt hat.

Als historisch weiterer wichtiger Schritt muss die Einführung des Programmhandels Mitte der 1980er Jahre erwähnt werden, der in der Folge auch die Grundlage für HFT bildet. Programmhandel zeichnet sich dadurch aus, dass Marktanalysen automatisiert von Computerprogrammen vorgenommen und Handelsentscheidungen getroffen werden. Die Dienste von Maklern werden beim Programmhandel überflüssig (Contratto, 2014, S. 145).

Der Programmhandel wird als Vorläufer des AT verstanden (Contratto, 2014, S. 145). Denn wie beim AT werden auch beim Programmhandel die Informationsbeschaffung sowie die -analyse mit der Handelsausführung verbunden. Der Computer verbindet die verschiedenen Arbeitsschritte automatisiert. Die Verantwortung für den Börsenhandel geht vom traditionellen Händler auf den Programmierer des Algorithmus über (Contratto, 2014, S. 145).

Als eigentlicher „Startzeitpunkt" für HFT kann das Jahr 2006 angesehen werden. In diesem Jahr wurde das Handelsprotokoll „Fast" eingeführt. Das Protokoll hat zum Ziel, die Austauschgeschwindigkeit von Informationen und damit Transaktionen an und zwischen Börsen (plätzen) zu verbessern. Im Ergebnis stiegen dadurch in den USA die Marktanteile von HFT-Transaktionen von rund 20 Prozent im Jahr 2005 auf dann rund 60 Prozent im Jahr 2009/2010 an; 34 Prozent des täglichen Handelsvolumens in den USA werden dabei innerhalb von 30 Minuten gehandelt (Filimonoy, & Sornette, 2014, S. 24; Hendershott, & Riordan, 2013, S. 1001–1024; Evercore ISI (Hrsg.), 2021, S. 22).

Zusammenfassend kann die Gründung der NASDAQ und ihres elektronischen Handelssystems als „Auslöser" für die Entstehung von HFT angesehen werden. Durch den damit ermöglichten Programmhandel wurde die Grundlage für das AT und damit letztendlich auch für HFT gelegt.

## 5.3 Geschäftsmodelle des High Frequency Trading

Gemeinhin wird mit Hilfe eines „Geschäftsmodell" die Basis für Managemententscheidungen getroffen. Dabei beantwortet das Modell die Frage, was die Bedürfnisse eines Kunden sind, wie Kundennutzen geschaffen und daraus Gewinn für das Unternehmen generiert werden kann. Jedes Unternehmen stellt sein Geschäftsmodell in den Mittelpunkt seines Handelns. Dieses Geschäftsmodell trägt zu zwei wesentlichen Zielen bei: der Generierung von Wertschöpfung und der Wertsteigerung des Unternehmens bzw. im Unternehmen (Chesbrough, 2007, S. 12–17).

Ein Geschäftsmodell erfüllt hierzu v. a. eine deskriptive Funktion. Durch die Verwendung von Geschäftsmodellen wird die Erstellung von Fallstudien für Unternehmen möglich. Allerdings können Geschäftsmodelle auch zur Bewertung eingesetzt werden. Beispielsweise können die Wirtschaftslage und die Konkurrenzfähigkeit eines Unternehmens über ein Geschäftsmodell bzw. mit dessen Hilfe bestimmt werden. Zusammengefasst dient ein Geschäftsmodell demnach der Gestaltung, Beschreibung, Erklärung, Kommunikation und Generierung von neuen Maßnahmen gehören (Osterwalder, & Pigneur, 2010, S. 15 ff.). Eine gängige Definition von Armit und Zott lautet vor diesem Hintergrund: „Ein Geschäftsmodell beschreibt den Inhalt, Struktur und Steuerung von Transaktionen, die dazu da sind, um durch die Nutzung von Geschäftsmöglichkeiten einen Mehrwert zu schaffen" (Armit, & Zott, 2010, S. 216). Ähnlich beschreiben Bieger et al. den Begriff: „Ein Geschäftsmodell beschreibt die Grundlogik, wie eine Organisation Werte schafft. Dabei bestimmt das Geschäftsmodell, (1) was eine Organisation anbietet, das von Wert für Kunden ist, (2) wie Werte in einem Organisationssystem geschaffen werden, (3) wie die geschaffenen Werte dem Kunden kommuniziert und übertragen werden, (4) wie die geschaffenen Werte in Form von Erträgen durch das Unternehmen ‚eingefangen' werden, (5) wie die Werte in der Organisation und an Anspruchsgruppen verteilt werden und (6) wie die Grundlogik der Schaffung von Wert weiterentwickelt wird, um die Nachhaltigkeit des Geschäftsmodells in der Zukunft sicherzustellen" (Bieger, zu Knyphausen-Aufseß, & Krys, 2011, S. 10).

Übertragen auf den HFT-Kontext können unter dem Begriff „Geschäftsmodell" die Ausgestaltung und Wahrnehmung von HFT-Transaktionen beim Initiator der Transaktion (i. d. R. eine Investmentbank, ein Market Maker oder eine Kapitalsammelstelle) sowie bei Serviceanbietern verstanden werden. Im ersten Fall sind die Nutzung der Börsenfunktion, um Orders schnell an Börsen zu senden, sowie die Ausnutzung von Informationsasymmetrien zu nennen (Schnebel, 2016, S. 10). Hierauf bauen die zentralen Strategien des HFT auf, die sich in passive („low“) und aktive („high“) Strategien unterteilen lassen (Ohlms, 2005, S. 37), wobei in der Literatur eine Vielzahl von Strukturierungsmodellen für HFT-Strategien existiert. Eine bekannte und allgemein anerkannte stammt von Gresser, der HFT-Strategien in

- Manipulationsstrategien (z. B. Pinging, Spoofing, Quote Stuffing, Sniffing),
- Arbitragestrategien (Gresser, 2018a, S. 275 ff.) – beides als Strategien zu bezeichnen, die einen manipulativen Einfluss haben können und daher einer Regulierung bedürfen –,
- Marketing-Making-Strategien sowie
- Latenzstrategien

vollzieht (Gresser, 2018a, S. 275 ff.). Im zweiten Fall sind Servicedienstleistungen wie das Angebot von Co-Location-Services oder ein bewusster Ausschluss von HF-Tradern vom Markt durch Verzögerung der Kurse (Geschwindigkeitsbegrenzung) zu nennen (Kremer, 2016, o. S.; Gomber, Arndt, Lutat, & Uhle, 2011, S. 15; Gresser, 2016, S. 2; Gresser, 2018a, S. 203 und 2018; Avramovic, Lin, & Krishnan, 2017, S. 1–6; Dolgopolov, 2014, S. 1 ff.).

## 5.4 Passive Strategien

### 5.4.1 Market Making

Der Begriff „Market Making“ beschreibt die Tätigkeit eines sog. „Market Makers“, der dafür sorgt, dass ständig ein Geld- bzw. ein Briefkurs an der Börse offeriert wird. Dies erfolgt, um einen Handel zu ermöglichen. Das „Market Making“ stellt dabei keine eigenständige Handelsstrategie dar, sondern ist vielmehr als eine Art Oberbegriff für Strategien zu verstehen, die für die Liquiditätssicherung am Markt sorgen. Dennoch wird Market Making in der Literatur häufig als Handelsstrategie aufgefasst und sogar als am meisten verbreitete Strategie im HFT-Kontext präsentiert (Jakobs, 2016, S. 1 ff.; Zubulake, & Lee, 2011, S. 4).

Unterschieden wird im Rahmen von Marketing Making im HFT-Kontext zwischen dem „Spread Capturing“ und dem „Rebate-Trading“. Im ersten Fall agiert der „Market Maker“ liquiditätsgenerierend, indem er gleichzeitig einen limitierten Kauf- sowie eine limitierte Verkaufsorder am Markt platziert und somit die Kursunterschiede zwischen der Bid-/Ask-Spanne als Gewinn für sich vereinnahmen kann (Gomber, Arndt, Lutat, & Uhle, 2011, S. 16–18; Avramovic, Lin, &

Krishnan, 2017, S. 3). Die Handelsteilnehmer profitieren gleichzeitig von dieser Strategie, weil sich die Bid-/Ask-Spannen aufgrund dieses genannten Verhaltens der Händler reduzieren und dadurch immer genügend Liquidität für das gehandelte Wertpapiere offeriert werden kann (Gomber, Arndt, Lutat, & Uhle, 2011, S. 18; Avellaneda, & Stoikov, 2008, S. 217f). Beim zweiten Fall stellt der Händler ebenfalls limitierte Kauf- und Verkaufsanträge in den Markt und generiert so Liquidität. Dabei stimmt jedoch der Ankaufskurs, zu dem ein Wertpapier gekauft wird, mit dem Weiterverkaufskurs überein, wodurch hierdurch kein Gewinn generiert werden kann. Der „Market Maker" erhält dann aber vom Betreiber der Börse einen Rabatt auf seine Order oder eine Provision, weil er Liquidität schafft (sog. „Anreizprämie") (Gomolka, 2011, S. 162). Dieser Rabatt stellt den eigentlichen Gewinn für den Akteur (Händler) dar: Der „Liquiditätsnachfrager" zahlt eine höhere Transaktionsgebühr und finanziert somit indirekt den „Liquiditätsspender", was ihm die Rolle eines attraktiven Handelspartners zukommen lässt (Teall, 2013, S. 85; Katsuyama, 2019, Kapitel 4).

## 5.4.2 Statistical Arbitrage

### 5.4.2.1 Einordnung von Arbitrage

Unter dem Begriff Arbitrage wird ein „gewinnbringendes Ausnutzen von Preisdifferenzen durch simultanes Handeln eines Gutes" (Stephan, 1998, S. 39) verstanden. So kann Arbitrage dafür sorgen, dass ein Ausgleichsprozess zwischen Gütern auf räumlich oder temporär getrennten Märkten vollzogen wird (Stephan, 1998, S. 39).

Inhaltlich können die räumliche, die inhaltliche und die zeitliche Arbitrage unterschieden werden.

Die räumliche Arbitrage ist dadurch bestimmt, dass Preisunterschiede auf Märkten erkannt werden, die räumlich voneinander getrennt sind. Dabei kann die räumliche Arbitrage weiter aufgeteilt werden in Ausgleichs- und Differenzarbitrage (Stephan, 1998, S. 40). Im ersten Fall entsteht die Arbitrage aufgrund einer Transaktion am „günstigsten" Ort, im zweiten Fall ergibt sich die Arbitrage aus zwei Transaktionen, die aus einem Verkauf und einem Kauf bestehen (Stephan, 1998, S. 40).

Bei der inhaltlichen Arbitrage können Preisunterschiede genutzt werden, aufgrund der Nutzung unterschiedlicher Instrumente (Cochrane, 2014, o. S.).

Die zeitliche Arbitrage schließlich basiert auf der Ausnutzung von Preisdifferenzen aufgrund von unterschiedlichen Zeithorizonten (Stephan, 1998, S. 41).

#### 5.4.2.2 Anwendung von Arbitrage im Untersuchungskontext

Unter dem Begriff der „Statistical Arbitrage“ – umgangssprachlich und in der Literatur oftmals synonym (aber nicht korrekt) zum Begriff der allgemeinen „Arbitrage“ verwendet – werden Finanzhandelsstrategien subsumiert, die mathematische Modelle nutzen, um Muster in Kursentwicklungen zu erkennen, die dann gewinnbringend ausgenutzt werden können (Lazzarino, Berrill, & Sevic, 2018, S. 888–908). Typische Beispiele für statistische Arbitrage sind „Mean Reversion“-Modelle, bei denen Computerprogramme die Abweichung von Kursen zu einem statistischen Mittelwert erkennen, oder „Pair Trades“, bei denen ein als unterbewertet analysiertes Wertpapier gekauft und gleichzeitig ein als überbewertet geltendes Wertpapier verkauft wird (Castura, Litzenberger, Görlich, & Dwivedi, 2010, S. 2–5).

Für den HFT-Kontext ist sowohl die Geschwindigkeit im Sinne des Handelns der Händler als auch die Geschwindigkeit in den Kursentwicklungen im Sinne der Generierung von Preisunterschieden relevant. HFT ist damit dazu geeignet, Märkte aufgrund der (technischen) Voraussetzungen schneller zu analysieren. Daher können infolgedessen schneller Orders platziert werden, um erkannte Muster bzw. Arbitragen auszunutzen (Cochrane, 2012, o. S., Cochrane, 2014, o. S.). Im Rahmen der „Statistical Arbitrage“ kann somit die Rolle des Arbitrageurs durch HF-Trader wahrgenommen werden, indem diese die (vermeintlich oder tatsächlich) existierenden Preisunterschiede erkennen und nutzen, wodurch die Preise wieder in ein Gleichgewicht gebracht werden. Dies ist auf räumlicher (räumliche Arbitrage), inhaltlicher (inhaltliche Arbitrage) und zeitlicher (zeitliche Arbitrage) Ebene möglich (Albust, 2013, S. 8–12).

Bei der „Statistical Arbitrage“ werden grundsätzlich zwei Unterstrategien unterschieden. Dies ist einerseits die „Market-Neutral-Arbitrage“ als markneutrale Strategie und andererseits die „Cross-Assets-Arbitrage“ oder „Cross-Markets-Arbitrage“ als nichtmarkneutrale Strategie. Die markneutrale Strategie bedient sich einer Long- und Short-Positionierung (sog. „Pair Trades“). „Pair Trades“ sind niemals vollkommen marktneutral. Allerdings sind von vier möglichen Varianten drei positiv. Dabei wird versucht, Wertpapiere zu finden, die eine hohe Korrelation zueinander haben, um Marktschwankungen nahezu auszuschließen. Bei den nicht markneutralen Strategien werden Preisineffizienzen über Märkte oder Assets hinweg genutzt (Gomber, Arndt, Lutat, & Uhle, 2011, S. 28).

### 5.4.3 News Reaction

Die „News Reaction“ bzw. das sog. „News Trading“ (dt.: die „Reaktion auf Neuigkeiten“) zählt zu den direktionalen Strategien. Zielsetzung der „News Reaction“ bzw. des „News Trading“ ist es, Preisveränderungen möglichst früh zu erkennen und kurzfristige Preistrends zu nutzen oder schnellstmöglich auf Informationen zu reagieren, die öffentlich verfügbar sind und dazu geeignet sind, Kurse zu beeinflussen. Je schneller der Händler die Informationen beschafft und verarbeitet sowie Orders platziert, desto gewinnbringender kann dieser Informationsvorsprung eingesetzt werden. Da HFT bezüglich Infrastruktur und Algorithmen auf Geschwindigkeit ausgelegt ist, scheint es für diese Art des Handels besonders geeignet (Foucault, Hombert, & Roşu, 2016, S. 335–382). Zur Umsetzung der Strategie wird i. d. R. auf sog. „News Reader“, auch unter Inanspruchnahme von künstlicher Intelligenz, zurückgegriffen, die die Nachrichtentexte auswerten und die Informationen zur Verarbeitung zur Verfügung stellen bzw. diese direkt zur Ausführung von Orders in Handelssysteme einspeisen (Foucault, Hombert, & Roşu, 2016, S. 335–382).

## 5.5 Aktive Strategien

### 5.5.1 Quote Stuffing und Quote Smoking

Beide in der Kapitelüberschrift genannte Strategien werden zu den manipulativen Strategien gezählt. Beim „Quote Stuffing“ (dt.: Blitzaufträge (Schnebel, 2016, S. 111)) werden Schwachstellen in der Marktinfrastruktur z. B. durch die Aussendung einer großen Anzahl von Nachrichten an die Markt-Server mit der Absicht der gezielten Überlastung genutzt, um dadurch die Preisbildung an den Märkten zu beeinflussen. Das System wird „künstlich“ verlangsamt, weshalb infolge dieser Server-Überlastung andere Händler nicht mehr mit der vollen Geschwindigkeit handeln können und entsprechend Nachteile erfahren (Gai, Yao, & Ye, 2013, S. 2; Tse, Lin, & Vincent, 2012, 2012 (b), S. 1–9).

Beim „Quote Stuffing“ geht es mit anderen Worten um ein „using rapide fire quotes to overwehlm the capacity of exchange servers or other traders to process them“ (McNamara, 2016, S. 116) – d. h., es werden innerhalb kurzer Zeit große Menge Orders versendet, die sofort wieder gelöscht werden (Nagel, 2012, S. 14). Der Markt wird mit Orders überflutet, die von anderen Marktteilnehmern analysiert werden müssen. Die Analyse bracht Zeit, was den Quote Stuffers einen Geschwindigkeits- und Wettbewerbsvorteil verschafft (Solomon, 2012, S. 1–25).

Dabei hat dieses Verhalten einen „two-fold-purpose“: Einerseits kann der „original trader“ die Situation ausnutzen, indem er seine Konkurrenten vom Markt verdrängt bzw. Vorteile für sich generiert, weil die Gegenparteien Nachteile in der Erfassung und Verarbeitung der Situation haben, da die Systeme aufgrund nicht skalierbarer Rechnerkapazitäten verlangsamt sind. Dies gilt „while the algorithms of other traders will not know to do this“ (McNamara, 2016, S. 116). Anderserseits kann Quote Stuffing verwendet werden „to slow down to process of transmitting prices from an exchange“ (McNamara, 2016, S. 116) und im Rahmen dessen auch Arbitragen zwischen Märkten zu generieren.

Beim „Quote Smoking“ werden Angebote eingestellt und diese langsameren Marktteilnehmern offeriert. Will ein langsamerer Marktteilnehmer dieses Angebot wahrnehmen, wird es annulliert, was zur Folge hat, dass der Marktteilnehmer einen teureren Preis für das Wertpapier bezahlen muss, als er ursprünglich wollte (Filimonovy, & Sornette, 2014, S. 21). Dies ist darauf zurückzuführen, dass das Angebot dann enger (attraktiver) wird, was Preissteigerungen zur Folge hat. Um von einer erfolgreichen „Quote Smoking“-Strategie ausgehen zu können, bedarf es einer schnelleren Reaktionszeit des „Market Makers“ im Vergleich zu anderen Marktteilnehmern. Darüber hinaus ist die Order zu stornieren, wenn diese nicht mehr als beste Kauf- oder Verkaufsorders existiert. Demnach kann Geschwindigkeit als zentraler Erfolgsfaktor im Kontext von „Quote Smoking“ angesehen werden (Guo, 2012, S. 10–12).

### 5.5.2 Quote Matching

Beim „Quote Matching“ „heftet“ sich der Händler an große Transaktionen (Nagel, 2012, S. 14), d. h., er sucht gezielt nach Aufträgen im Orderbuch, die größere Volumina aufweisen. Das „Anheften“ geschieht in der Art und Weise, dass der Händler selbst eine Kauforder platziert, das Limit aber leicht über der „entdeckten“ Order festlegt, um am Preisanstieg der „anderen“ Order, die zuerst ausgeführt wird, zu partizipieren (Harris, 2003, S. 113 und 250). Die Information hierzu erhält der Händler entweder (legal) aus öffentlichen Quellen, die ein Verhalten antizipieren lassen, oder (illegal) von anderen Händlern bzw. Unternehmensvertretern. Durch „Nachahmung“ dieses antizipierten bzw. betrachteten Verhaltens können dann Gewinne realisiert werden.

### 5.5.3 Liquidity Detection (Sniffing, Pinging, Sniping)

Im Rahmen der sog. „Liquidity Detection“ ist das Ziel, Liquidität zu suchen, um festzustellen, ob Wertpapiere gehandelt werden. Liquidität wird demnach als Signal für einen aktiven Handel verstanden (Cochrane, 2005, S. 22). Daher werden HF-Trader auch häufig als sog. „Scouts“ und die entsprechenden Orders als sog. „Scout Orders“ (auch: „Iceberg Orders“ oder „Sliced Orders“) bezeichnet (Macintosh, 2013, S. 10). Dabei ist darauf hinzuweisen, dass Teile der Literatur auch das „Quote Matching“ zu „Liquidity Detection“ zählt (MacIntosh, 2013, S. 10 ff.).

Der Händler platziert im Rahmen einer „Liquidity Detection“ (wiederholt) eine bzw. mehrere (kleinere) Order(s), um potenzielle Kontrahenten zu locken. Ziel ist es, in Erfahrung zu bringen (sog. „Sniffing“), ob und – wenn ja – wie „groß“ die („versteckte“) Liquidität bezüglich eines Wertpapieres oder von Orders generell an dem Zielmarkt ist und welche Preisgrenzen am Markt existieren (Gai, Yao, & Ye, 2013, S. 2). Damit will der HF-Trader dem Verhalten einer anderen Partei „zuvorkommen“, d. h., der Händler vermutet, dass ein (größerer und ähnlicher) Auftrag in Kürze gestellt wird (Miller, & Shorter, 2016, S. 5).

Beim sog. „Pinging“ werden ebenfalls kleine Orders gestellt, die den konventionellen Händler dazu bewegen sollen, größere Orders zu platzieren, „that ensures it a nearly risk-free profit at the expense of the buy-sider, who will end up receiving an unfavorable price for its large order“ (Picardo, 2016, o. S.). Der Anteil am gesamten Liquiditätsaufkommen wird beispielsweise an der NASDAQ auf bis zu 20 Prozent, in engen Märkten auf bis zu 50 Prozent geschätzt (Xu, 2014, S. 29–35). Die Zielsetzung von „Pinging“ ist, das Orderbuch zu erkunden, d. h., es soll getestet werden, ob eine Gegenseite am Markt existiert, wohingegen beim Sniffing primär die Höhe der Orders erkannt werden soll (Nagel, 2012, S. 14). Pinging ist insofern eine Methode zur Inventory-Kontrolle bzw. zur Momentum-Jagd (Xu, 2014, S. 1 f).

Ähnlich wird das sog. „Sniping“ eingesetzt. Hier werden Orders durch Marktteilnehmer platziert, bei denen beispielsweise die Aktie gleichzeitig ge- und wieder verkauft wird (The Economist (Hrsg.), 2014, o. S.). Dies erfolgt in der Form, dass fortlaufend Orders versendet werden, um Limits zu erkennen (Nagel, 2012, S. 14). Dabei gilt bzw. dies hat zur Folge: „In the authors’ model, sniping pushes up bid-ask spreads, as marketmakers must insure themselves against it. The effect also reduces market ‘thickness’: the volume of shares marketmakers are prepared to buy or sell. This is because the cost of thickness – the risk of being sniped on a large scale – increases proportionally with the size of marketmakers’ quotes but the benefits do not: there are usually only a few investors who want to trade in big volumes. In a less thick market, a big institution may find that the overall cost of doing a deal has increased, because the price impact of a large trade is greater“ (The Economist (Hrsg.), 2014, o. S.). Diese Reduktion der „Market Thickness“ durch „Sniping“ ist demnach darauf zurückzuführen, dass die Größe von Orders einen möglichen Markt verengt, denn je größer die Orders sind, desto mehr sinkt die Zahl der Investoren, die diese Orders aufnehmen können. Demnach hat „Sniping“ nicht primär zum Ziel, Gewinne durch die Platzierung der Orders zu generieren, sondern die Strategie dient – zumindest zunächst – nur dazu, Vorgänge im Orderbuch bzw. Liquidität zu erkennen. Sind hier positive Signale zu erkennen, können dann entsprechende Orders darauf aufgesetzt werden (Deutsche Bundesbank (Hrsg.), 2016, S. 40; Budish, Cramton, & Shim, 2013, S. 1).

### 5.5.4 Spoofing

Unter „Spoofing“ (auch synonym als sog. „Phantom Bids“ bezeichnet) versteht man, dass ein Angebot offeriert wird, indem der Händler gleichzeitig als Käufer und Verkäufer auftritt. Es wird somit „falsche“ Liquidität vorgetäuscht, weil durch die Personeneinheit zwischen Käufer und Verkäufer nur die Illusion der Existenz eines „echten“ Angebotes geschaffen wird. Die Angebotsofferte verfolgt das Ziel, eine Reaktion der Marktteilnehmer auszulösen (Schnebel, 2016, S. 11). Aufgrund der Illusion, die geschaffen wird, wird auch der Begriff der „Wash Trades“ synonym für das „Spoofing“ verwendet (Nagel, 2012, S. 14; Schnebel, 2016, S. 11).

Im Rahmen der Reaktion wird dann jedoch die Gegentransaktion ausgeführt, nachdem andere Beteiligte am Markt ihr Angebot als Antwort auf die Offerte erhöht haben. Damit können durch die daraufhin gestiegene Nachfrage höhere Preise generiert werden und damit kann ein höherer Profit erzielt werden, weil eine gestiegene Nachfrage bei gleichem Angebot zu höheren Preisen führen muss (McNamara, 2016, S. 114 f.; Albust, 2013, S. 8–12; Ehrenhauser, 2018, S. 61–130).

„Spoofing“ wird zu den manipulativen Strategien im Rahmen der Anwendung im HFT gerechnet (Solomon, 2012, S. 1–25; Jones, 2013, S. 13). Zurückgeführt wird diese Einordnung i. W. darauf, dass nach den o. g. Handlungen die ursprüngliche Order gelöscht wird und damit Markverzerrungen die Folge sein können: „In this way prices in the market are manipulated higher or lower without the manipulating party having to act on the quotes it has placed on an exchange or other trading venue. The fact that an estimated 95 % of orders entered onto markets are cancelled may illustrate how frequently this technique (…) is used" (McNamara, 2016, S. 115).

Nagel spricht in diesem zuvor erwähnten Zusammenhang auch von einem „Momentum Ignition" (Nagel, 2012, S. 14) und stellt somit die Verbindung zum „Layering" her, das im nächsten Kapitel erläutert wird (Nagel, 2012, S. 14). Beim „Momentum Inginition" werden andere Händler dazu „angeleitet", Marktaktivitäten zu tätigen, die eine Preisbewegung auslösen (Solomon, 2012, S. 1–25) oder – wie Jones es zusammenfassend formuliert – „attempt to trigger an number of other participants to trade quickly and cause rapid prive move" (Jones, 2013, S. 13).

### 5.5.5 Layering

Beim „Layering" (synonym als sog. „Latency Arbitrage" bezeichnet) wird der Fokus auf die Beeinflussung der Latenz gelegt (Nagel, 2012, S. 14; Wah, & Wellman, 2013, S. 1). Dabei sorgt das „Layering" dafür, „to create an artifical bid and cancellation before being carried out" (Jones, 2013, S. 13) – d. h., der HF-Händler stellt eine große Menge unterschiedlicher Orders in einer vorgegebenen Zeitdauer an den Märkt, um sein Interesse an Orders bzw. Wertpapieren vorzutäuschen (Simulation von Verkaufs- oder Kaufdruck). Tatsächlich kommt es dann aber nicht zu einer Transaktion (Kauf oder Verkauf), sondern die Orders werden in Sekundenbruchteilen wieder gelöscht. Demnach hatte der Händler überhaupt keine Verkaufs- oder Kaufabsicht, sondern verfolgte nur das Ziel, durch den künstlich simulierten Verkaufs- oder Kaufdruck ein gewünschtes Wertpapier günstiger zu erwerben oder zu verkaufen und so durch die Reduzierung der Latenzzeiten andere Marktteilnehmer vom Handel nahezu auszuschließen. Sobald die Kurse wieder das „Normalniveau" erreicht haben, werden die Wertpapiere durch den Händler verkauft oder gekauft und der entstandene Gewinn wird durch die Orderdurchführung vereinnahmt (Tse, Lin, & Vincent, 2012, S. 4). Die eigentliche Gewinngenerierung im „Layering"-Kontext erfolgt demnach erst im Nachgang durch die Umsetzung der Ordner nach der künstlichen Generierung des Verkaufs- oder Kaufdrucks und dem dadurch erfolgten Ausschluss anderer Marktteilnehmer. Durch die Bereinigung des Marktes um Marktteilnehmer ist dann eine Gewinnerzielung möglich.

### 5.5.6 Order Triggering

Unter dem „Order Triggering“ wird eine Summe von automatisierten Orders verstanden, die dadurch geprägt sind, dass kein weiterer menschlicher Eingriff in die Handelsaktivitäten notwendig ist, weil die Handelsentscheidungen an im Voraus bestimmte „Trigger“ geknüpft werden. Als „Trigger“ werden hierbei Marktkonstellationen beschrieben, die durch ansteigende oder fallende Marktpreise geprägt sind. Der „Trigger“ kann z. B. eine Nachricht, ein technisches Signal oder die Kursentwicklung eines anderen Wertpapiers sein. Anwendung findet das „Order Triggering“ im HFT-Kontext überwiegend im Rahmen automatischer Markteintritts- und Marktaustrittsstrategien, die dann wieder durch eine hohe Geschwindigkeit im Sinne der Reaktion auf den Trigger geprägt sind (Levy, 2011, S. 123; Davis, 2012, S. 134). So basiert „Order Triggering“ im Gegensatz zu den anderen erwähnten Strategien auf der Minimierung von Orderkosten und der gleichzeitigen Maximierung von Ordergeschwindigkeiten (Zhou, Zhang, & Fang, 2021, S. 798).

Im Zusammenhang mit HFT wird als eine gängige Strategie für das „Order Triggering“ die sog. „Bear Raid“ erwähnt. Hierunter versteht man die Platzierung einer beispielsweise großen Verkaufsorder mit dem Ziel, den Preis des Wertpapiers zu reduzieren. In dem Moment, in dem andere Marktteilnehmer dies wahrnehmen, folgen sie dieser Aktivität, indem sie ebenfalls Verkaufsorders platzieren. Auf jeden Fall wird der initiierende Händler an einem bestimmten Preisniveau, das er für sich i. d. R. im Voraus definiert hat, das Wertpapier wieder günstig erwerben, um von zukünftigen Kurssteigerungen zu profitieren (Gregoriou (Hrsg.), 2015, S. 119). Die anfängliche Order diente folglich als Signal für andere Trader, dem Trend zu folgen.

# 6 Regulierung und aufsichtsrechtliche Behandlung von High Frequency Trading

## 6.1 Überblick über relevante gesetzliche Bestimmungen

Relevante gesetzliche Bestimmungen für das HFT zeigen sich in der Regulierung mit Blick auf Marktstandards, Qualifikationen der Händler und Rahmenbedingungen für die Märkte (Durbin, 2010, S. 132; Ciallela, 2010, S. 105–107). Zentrale Regelungen für Deutschland finden sich im „Gesetz zur Vermeidung von Gefahren von Missbräuchen im Hochfrequenzhandel" (Hochfrequenzhandelsgesetz), das im Jahr 2013 vom nationalen Gesetzgeber erlassen wurde (Bundesanstalt für Finanzdienstleistungsaufsicht (BaFin) (Hrsg.), 2019, o. S.). Dabei orientieren sich die Inhalte des Gesetzes i. W. an den aufgrund europarechtlicher Änderungen notwendigen Überarbeitungen der MiFID II, da die MiFID I keine speziellen Vorgaben für das HFT enthielt. Folgende Inhalte sieht das Gesetz u. a. vor: Zulassungspflicht für nicht regulierte Hochfrequenzhändler, Ausgestaltung der Handelssysteme zur Vermeidung von Störungen am Markt (Belastbarkeit der Handelssysteme), Einstufung von bestimmten Handelsstrategien als manipulative Strategien, Begrenzung des Verhältnisses zwischen aufgegebenen und tatsächlich ausgeführten Orders sowie eine Kennzeichnungspflicht für algorithmische Aufträge.

Die Wirkungen des Gesetzes sind allerdings in der Anlagepraxis umstritten. Nach einer Umfrage der „Deutschen Vereinigung für Finanzanalyse und Asset Management" (DVFA) sehen 67,4 Prozent der Befragten die negativen Wirkungen aus HFT überwiegen und 76 Prozent der Befragten befürworten schärfere Regulierungen (Kögler, 2015, o. S.; Deutsche Bundesbank (Hrsg.), 2016, S. 37–61), was u. a. auf die stark gestiegenen Handelsvolumina im HFT-Kontext



U. Stephan, *Hochfrequenzhandel im Spannungsfeld von Finanzmärkten, Realwirtschaft und Gesellschaft*, Wirtschaftsethik in der globalisierten Welt,
https://doi.org/10.1007/978-3-662-74019-4_6

zurückgeführt wird: 2021 lag das Handelsvolumen beim 2,7-Fachen des Vorjahres (FAZ (Hrsg.), 2021, o. S.; Cartea, & Penalva, 2012, S. 5–12).

Grundsätzlich müssen bezüglich der Regulierungen drei relevante Ebenen unterschieden werden:

- die internationalen Regulierungsbestrebungen im G20-Kontext ausgehend vom Financial Stability Board (FSB) bzw. IWF/FSF,
- die Regulierungen, die innerhalb der EU gelten, im Rahmen der MiFID II-Regulierung (MiFID II-Verordnung als europäisches Primärrecht und MiFID II-Richtlinie als MAD und MAR in Form eines europäischen Sekundärrechts) bzw. den Vorgaben der ESMA (European Securities and Markets Authority (ESMA) (Hrsg.), 2016, S. 1–5) sowie die
- jeweiligen nationalen Umsetzungen.

Im US-Kontext finden sich die nationalen Umsetzungen im Rahmen des Dodd-Frank-Acts, in Deutschland im erwähnten Hochfrequenzhandelsgesetz sowie in Änderungen von weiteren nationalen Gesetzen (z. B. BörsG, Wertpapierhandelsgesetz (WpHG), KWG, InvG, AnSVG, MaKonV) bzw. Verordnungen (Börsenordnungen, Rundschreiben der Börsen) und in anderen Staaten der EU in den dort ausfließenden nationalen Regelungen (Cartea, Jaimungal, & Penalva, 2015, S. 6 ff.).

Im Hinblick auf globale Vorgaben bzw. bei der MiFID II-Regulierung spielten HFT bzw. HFT-Strategien, die geeignet sind, Märkte zu manipulieren, im Zuge der Veröffentlichung der „Market Abuse Regulation“ (MAR) durch die EU im Oktober 2011 eine zentrale Rolle. Letztlich flossen die Ergebnisse der Überlegungen in die MiFID II im Jahre 2018 als Überarbeitung der MiFID I aus dem Jahr 2004 bzw. den Vorgaben der ESMA ein – mit dem Ziel höherer Transparenz im Umgang mit HFT-Orders. Im Einzelnen können folgende Regelungen bzw. Zielsetzungen beschrieben werden, die sich in der MiFID II aus der MAR wiederfinden (Merli, Massa, & Lucchetti, 2014, S. 186 ff.; Deutsche Börse AG (Hrsg.), 2018, o. S.; Bundesanstalt für Finanzdienstleistungsaufsicht (BaFin) (Hrsg.), 2018, o. S.; Chaboud Dao, & Vega, 2019, S. 1 f.; Breckenfelder, 2020, o. S.; Goldman Sachs (Hrsg.), 2022, S. 2 ff.; Jaccard, 2015, S. 1–5 und 80–100):

- Sicherstellung einer „Best Execution“ in der Form, dass bei der Orderausführung nicht nur der Kurs, sondern auch weitere Rahmendaten wie Kosten und Rahmenbedingungen der Umsetzung berücksichtigt werden,
- Sicherstellung einer „fairen“ und effizienten Preisstellung, um eine Informationstransparenz am Markt zu ermöglichen,

- Dokumentationsanforderungen bezüglich der eingesetzten Handelssysteme und genutzten Marktzugänge, um die Funktionsweisen dieser für die Marktbeteiligten nachvollziehbar zu gestalten,
- Einführung von „Circuit Breaks“ in Form der Aussetzung von Handelsaktivitäten, wenn bestimmte Verlustgrenzen erreicht sind, um einen ordnungsgemäßen Börsenhandel im HFT-Kontext sicherzustellen (Albust, 2013, S. 18–22),
- Reduktion des „Tick Size“ als „minimum level of price change“, um die Liquidität im Rahmen der Orders in Form eines Anstiegs der Liquiditätsnachfrage von Hochfrequenzhändlers sowie die Informationsversorgung am Markt zu sichern (Goldman Sachs (Hrsg.), 2021a, S. 1 ff.),
- Festlegung einer Mindestgröße für den „Tick Size“ (sog. „Minimum Tick Size“ (MTS)), um den Handel bei Bedarf zu unterbrechen und unausgeführte Aufträge abzuwickeln bzw. den Wettbewerb zu sichern – was im negativen Fall jedoch eine Zunahme spekulativer Strategien nach sich ziehen kann (Breckenfelder, 2020, o. S.),
- Festlegung einer „Minimum Order Exposure Time“ als Mindestwartezeit, um Kursverzerrungen zu vermeiden und
- Festlegung eines Limits für Orders und Ausführungen („Order to Trade Ratio“ (OTR), dt. Order-Transaktions-Verhältnis), um „Scheinaufträge“ zu vermeiden, indem Händler eine große Zahl an Aufträge an den Markt stellen, diese aber vor Ausführung wieder zurücknehmen; die BaFin schreibt zum sog. angemessenen Order-Transaktionsverhältnis: „Handelsteilnehmer müssen über diese Bestimmungen hinaus ein angemessenes Order-Transaktionsverhältnis gewährleisten, um Risiken für den ordnungsgemäßen Börsenhandel zu vermeiden (§ 26a BörsG). Auch hierzu enthalten die Börsenordnungen nähere Details“ (Bundesanstalt für Finanzdienstleistungsaufsicht (BaFin) (Hrsg.), o. J., o. S.).

Im Rahmen der Regulierung in Deutschland ist das sog. „Hochfrequenzhandelsgesetz“ – auch als „HFT-Gesetz“ bezeichnet – zu nennen. Es ist in Kraft getreten am 15.05.2013 und regelt unter dem Volltitel „Gesetz zur Vermeidung von Gefahren und Missbräuchen im Hochfrequenzhandel“ folgende neun Teile der HFT-Wertschöpfungskette (Deutsche Börse AG (Hrsg.), o. J., o. S.):

- Handel,
- Clearing,
- Abwicklung,
- Sicherheits- und Liquiditätsmanagement,
- Marktdaten,

- Indizes und
- Technologie.

Dabei formuliert die BaFin in Bezug auf die Zielsetzung des Gesetzes: „Um den mit dem algorithmischen Handel und den mit dem Hochfrequenzhandel verbundenen Risiken entgegenzuwirken, hat der Gesetzgeber gehandelt und das Gesetz zur Vermeidung von Gefahren und Missbräuchen im Hochfrequenzhandel (Hochfrequenzhandelsgesetz) erlassen. Das Gesetz ist seit dem 15. Mai 2013 in Kraft und formuliert die Regeln für den Hochfrequenz- und den algorithmischen Handel. Diese gelten sowohl für Handelsteilnehmer als auch für Handelsplätze. Das Gesetz orientiert sich an den neuen europäischen Regelungen zum algorithmischen Handel und Hochfrequenzhandel, die aufgrund der Überarbeitung der Finanzmarktrichtlinie vorgesehen sind“ (Bundesanstalt für Finanzdienstleistungsaufsicht (BaFin) (Hrsg.), 2018, o. S.). Es gibt u. a. Vorgaben zu Kennzeichnungspflichten, Erlaubnistatbeständen und Handelsbegrenzungen; und in Form weiterer Regelungen „nennt das Gesetz weitere Pflichten für Handelsplätze. Sie betreffen die Erhebung von separaten Entgelten oder Gebühren (sog. ‚Maker-Taker-Pricing‘, indem ‚Maker‘ (Liquiditätsgeber) eine Rückerstattung für Aufträge erhalten und „Taker“ (Liquiditätsnehmer) eine Gebühr für die Ausführung der Aufträge zahlen) bei übermäßiger Nutzung der Börsensysteme mit Blick auf die Sicherstellung eines „gesunden“ Verhältnisses zwischen Orders und Orderlöschungen, die Festlegung einer angemessenen Größe der kleinstmöglichen Preisänderung (die sog. ‚Tick Size‘) [Anm. d. Verf.] und zu Volatilitätsunterbrechern (die sog. ‚Circuit Breaker‘, die als ‚Cooling-Off-Period‘ den Investoren Bedenkzeit zur Marktorientierung verschaffen sollen) [Anm. d. Verf.]. Das Gesetz stellt zudem klar, dass auch Handelspraktiken, die Computeralgorithmen beinhalten, unter bestimmten Voraussetzungen Marktmanipulationen darstellen können. Schließlich enthält das Gesetz Auskunftsbefugnisse für die Aufsichtsbehörden [und die Öffentlichkeit, Anm. d. Verf.] im Hinblick auf den algorithmisch betriebenen Handel“ (Bundesanstalt für Finanzdienstleistungsaufsicht (BaFin) (Hrsg.), o. J., o. S.).

Anspruchsgruppen, die vom HFT-Kontext betroffen sind, sind die HFT-Händler (mittelbar und unmittelbar), der organisierte Markt und die MFT sowie die BaFin als relevante Aufsichtsbehörde in Deutschland (Temporale, Wenzel, Rodriguez, & Dreyer, 2018, S. 4).

Weitere Regelungen für Deutschland finden sich im BörsG sowie im WpHG, das die Regulierungen aus der MiFID II für Deutschland enthält bzw. die Regelungen gem. Art. 17, Abs. 2, Unterabsatz 1 und Art. 17, Abs. 5, Unterabsatz 3

MiFID II in deutsches Recht umsetzt, und im Investmentgesetz (InvG) sowie in der Marktmanipulations-Konkretisierungsverordnung (MaKonV),

Neben der Unterscheidung auf Grundlage von gesetzgeberischen Aktivitäten kann die Regulierung auch inhaltlich bzw. im Hinblick auf ihre Zielsetzungen differenziert werden. Genannt werden können hier „generelle Ziele“, „transparenzerhöhende Ziele“, „restriktive Ziele“ und „prohibitive Ziele“. Folgende Zuordnungen nimmt die Deutsche Bundesbank vor (Nagel, 2012, S. 15):

- „generelle Ziele“:
  - allgemeine Regulierungen

- „transparenzerhöhende Ziele“:
  - Informationspflichten
  - Einführung einer Zulassungspflicht für HF-Trader

- „restriktive Ziele“:
  - Einführung einer Order Transaction Ratio (OTR) betreffend Quote Stuffing, Quote Matching, Sniping, Pinging und Spread Capturing
  - Einführung von MTS betreffend Frontrunning, Quote Matching, Sniping, Arbitrage-Strategien sowie Spread Capturing

- „prohibtive Ziele“
  - Verbot von Frontrunning, Quote Stuffing, Spoofing und Wash Trades

## 6.2 Präsentation von relevanten Detailregelungen

### 6.2.1 Anzeigepflicht für das Betreiben von algorithmischem Handel und Erlaubnispflicht für Hochfrequenzhändler (BaFin-Beaufsichtigung)

Für Wertpapierdienstleistungsunternehmen, die algorithmischen Handel anbieten bzw. einen direkten elektronischen Marktzugang (DEA) zu einem Handelsplatz offerieren, gelten seit dem 03.01.2018 im Rahmen der MiFID II erweiterte Anzeigepflichten, die durch das „Zweite Finanzmarktnovellierungsgesetz“ und damit die Umsetzung der MiFID II als Finanzmarktrichtlinie eingeführt wurden (Bundesanstalt für Finanzdienstleistungsaufsicht (BaFin) (Hrsg.), 2018, o. S.). Gem. § 2, Abs. 30 WpHG i. V. m. §§ 77, Abs. 2, S. 1 und 80, Abs. 2, S. 5

WpHG, in der Fassung gültig ab 03.02.2018, sind Mitglieder eines multilateralen Handelssystems (Multilateral Trading Facility (MTF)) oder eines organisierten Handelssystems (Organised Trading Facility (OTF)) und einen DEA oder einen algorithmischen Handel anbieten, zur Anzeige dieser Handelsaktivitäten an die BaFin verpflichtet (Bundesanstalt für Finanzdienstleistungsaufsicht (BaFin) (Hrsg.), 2018, o. S.).

Darüber hinaus ist der Hochfrequenzhandel nach dem KWG als erlaubnispflichtiges Geschäft anzusehen – einschlägige Wertpapierdienstleistungsunternehmen gelten als Finanzinstitute im Sinne des KWG; dabei müssen auch „solche Unternehmen, die den direkten elektronischen Zugang zu Märkten mittels anderer Handelsteilnehmer haben (sog. Sponsored Access), eine Erlaubnis der BaFin einholen“ (Temporale, Wenzel, Rodriguez, & Dreyer, 2018, S. 5). Diese Genehmigungspflicht betrifft somit „alle unmittelbaren und mittelbaren Handelsteilnehmer an einem organisierten Markt oder multilateralem Handelssystem (MTF) in Deutschland, die mittels hochfrequenter algorithmischer Handelstechniken handeln und dabei keine Dienstleistung für Dritte erbringen“ (Bundesanstalt für Finanzdienstleistungsaufsicht (BaFin) (Hrsg.), 2018, o. S.). Dabei ist HFT – und damit die Erlaubnispflicht – dadurch gekennzeichnet, dass

- Strukturen genutzt werden, um die Latenzzeiten zu minimieren,
- eine Entscheidung des Systems über Einleitung/Erzeugung, Weiterleitung oder Ausführung eines Auftrages ohne menschliche Eingriffe erfolgt und
- ein hohes Mittelaufkommen während eines Tages festzustellen

ist (Bundesanstalt für Finanzdienstleistungsaufsicht (BaFin) (Hrsg.), 2018, o. S.). Damit entspricht die Definition bzw. das Verständnis der BaFin von HFT weitgehend dem, das in der MiFID II/der MiFIR festgeschrieben ist. Dort heißt es: HFT ist

- „(…) eine Technik, die gekennzeichnet ist durch eine Infrastruktur zur Minimierung von Netzwerklatenzen und anderen Verzögerungen bei der Orderübertragung (Latenzen) über Kollokation, Proximity Hosting oder direkten elektronischen Hochgeschwindigkeitszugang,
- die Entscheidung des Systems über die Einleitung, das Erzeugen, das Weiterleiten oder die Ausführung eines Auftrags ohne menschliche Intervention, und
- ein hohes untertägiges Mitteilungsaufkommen in Form von Aufträgen, Quotes oder Stornierungen“ (Deutsche Börse AG (Hrsg.), 2018, o. S.).

Erteilt die BaFin die Erlaubnis, als Händler tätig zu werden, sind hieraus in der Folge Pflichten im Hinblick auf das Risikomanagement und das Eigenkapital abzuleiten. Im Einzelnen müssen

- algorithmische Handelsstrategien in Folge beschrieben werden und eine jährliche Meldung deren Anwendung erfahren, um fehlerhafte Algorithmen zu vermeiden,
- Einzelheiten zu den Handelsparametern oder den Handelsobergrenzen des Systems präsentiert werden,
- Verfahren zur Überprüfung der Risiken offeriert werden,
- eine Einhaltung der besonderen Risikokontrollanforderungen nach § 33, Abs. 1a WpHG n. F. muss sichergestellt werden und es muss
- über durchgeführte Systemprüfungen informiert werden (Temporale, Wenzel, Rodriguez, & Dreyer, 2018, S. 2).

### 6.2.2 Einführung von Kontrollen

Ein Wertpapierdienstleistungsunternehmen, das algorithmischen Handel in Verfolgung einer Market-Making-Strategie betreibt muss gem. MiFID II bzw. Markets in Financial Instruments Regulation (MiFIR) sicherstellen, dass das Market Making während eines festgelegten Teils der Handelszeiten des Handelsplatzes kontinuierlich betrieben wird. Was als „festgelegter Teil" zu verstehen ist, wird in den technischen Standards festgelegt, „wobei die Besonderheiten des gehandelten Finanzinstruments sowie die Liquidität, Größe und Art des Marktes, an dem es gehandelt wird, zu berücksichtigen sind" (Deutsche Börse AG (Hrsg.), 2018, o. S.). Entsprechende Systeme und Kontrolle müssen existieren, um diese Umsetzung sicherzustellen (Deutsche Börse AG (Hrsg.), 2018, o. S.).

Zu Kontrollzwecken und zur Überprüfung der Anforderungen müssen die Händler ihre Algorithmen auf den Systemen des Handelsplatzes testen (Deutsche Börse AG (Hrsg.), 2018, o. S.). Hierbei sind die Wertpapierdienstleistungsunternehmen verpflichtet, „alle platzierten, ausgeführten und stornierten Orders und Offerten an Handelsplätzen in der Reihenfolge des zeitlichen Ablaufs und (…) korrekt zu speichern. Diese Informationen sind den zuständigen Behörden auf deren Verlangen zur Verfügung zu stellen" (Deutsche Börse AG (Hrsg.), 2018, o. S.).

### 6.2.3 Anforderungen an das Risikomanagement der Wertpapierdienstleistungsunternehmen

Gem. § 33, Abs. 1a WpHG müssen Wertpapierdienstleistungsunternehmen, die algorithmischen Handel betreiben, angemessene System- und Risikokontrollen in ihren Systemen ausweisen. Darüber hinaus müssen sie über ein Notfallmanagementsystem verfügen, das sicherstellt, welche Aktivitäten beim Ausfall der Handelssysteme vollzogen werden müssen. Entsprechende Dokumentationen über die Systeme und Änderungen an den Systemen sind zu erstellen BaFin) (Hrsg.), 2018, o. S.). Die Handelssysteme selbst müssen dabei z. B. über angemessene Handelsobergrenzen/Handelsschwellen verfügen, belastbar sein, entsprechende Kapazitäten (Serverkapazitäten) aufweisen, es müssen Funktionsstörungen im Vorfeld vermieden werden, die Strategien müssen mit der Market Absuses Directive (MAD) bzw. der MAR in Einklang gebracht werden und die Vorgaben müssen regelmäßig überprüft und die Prüfung dokumentiert werden (Temporale, Wenzel, Rodriguez, & Dreyer, 2018, S. 5 f.). Damit werden u. a. auch die Vorgaben der MaKonV erfüllt, die sich im Rahmen des Anlegerschutzverbesserungsgesetzes (AnSVG) im § 20 a WpHG (Verbot der Kurs- und Marktmanipulationen, neu: Verbot der Marktmanipulationen) wiederfinden. Hierbei liegt der Fokus auf der Verhinderung marktmanipulativer Praktiken und damit dem Verbot von Geschäften bzw. Kauf- und Verkaufsaufträgen, die „geeignet sind, falsche oder irreführende Signale für das Angebot, die Nachfrage oder den Börsen- oder Marktpreis von Finanzinstrumenten zu geben oder ein künstliches Preisniveau herbeizuführen" (BaFin (Hrsg.), 2015, S. 1; BaFin (Hrsg.), 2025, Artikel 12 MAR und Artikel 91 MiCAR; Bodek, 2013, S. 13–24 und 67–80).

### 6.2.4 Offenlegung von Algorithmen/Kennzeichnung von Börsenorders als Handelsalgorithmen und automatischen Orders

Automatisch generierte Aufträge müssen von den Handelsteilnehmer als solche gekennzeichnet werden (§ 16, Abs. 2, Nr. 3 BörsG); hierbei handelt es sich um das sog. „Flagging" (Temporale, Wenzel, Rodriguez, & Dreyer, 2018, S. 2). Darüber hinaus muss der Algorithmus deutlich gemacht werden, der genutzt wird (BaFin) (Hrsg.), 2018, o. S.). Die jeweiligen Börsenaufsichtsbehörden veröffentlichen hierzu in ihren Börsenordnungen detaillierte Vorgaben. Beispielhaft können die Vorgaben des Hessischen Ministeriums für Wirtschaft, Energie und Landesentwicklung vom 22.09.2014 erwähnt werden. Dort werden „Hinweise zur

Erfüllung der Verpflichtung zur Kennzeichnung von Handelsagorithmen nach § 16, Abs. 2, Nr. 3 BörsG, § 33, Abs. 1 a WpHG, § 72 a Börsenordnung für die Frankfurter Wertpapierbörse und § 17 a Börsenordnung für die Eurex Deutschland und die Eurex Zürich" gegeben (Eurex (Hrsg.), 2013, S. 3 ff.). Demnach gehören dazu der Algorithmus sowie die Speicherung und Dokumentation der Nutzungen, die Angabe, ob Kauf oder Verkauf, die Stückzahl, der Ordertyp, der Preis (Limit), der Handelsplatz und der Zeitpunkt der Übermittlung an den Handelsplatz (Hessisches Ministerium für Wirtschaft, Energie, Verkehr und Landesentwicklung (Hrsg.), 2014, S. 2). Die Kennzeichnung selbst erfolgt dabei mit Hilfe eines Kennzeichnungsschlüssel, der aufzeigt, in welcher Form der Handelsalgorithmus genutzt wurde (Hessisches Ministerium für Wirtschaft, Energie, Verkehr und Landesentwicklung (Hrsg.), 2014, S. 6).

### 6.2.5 Entgelte für die Nutzung von Börsensystemen

Marktbetreiber erhalten die Erlaubnis, im Rahmen des Gesetzes „angemessene Entgelte für unverhältnismäßig viele Auftragseingaben, -änderungen und -löschungen zu verlangen" (Temporale, Wenzel, Rodriguez, & Dreyer, 2018, S. 5). Diese Entgelte sollen die Marktteilnehmer „motivieren" bzw. Anreize setzen, sich an die gesetzlichen Vorgaben und Rahmenbedingungen zu halten. Je höher dabei die Quote von gelöschten Orders ist, desto höher werden die Kosten – und damit sinkt die Motivation, Orderzahlen zu steigern.

## 6.3 Vergleich der Regulierungen

### 6.3.1 Supranationale Ebene

Als weltweit gültige Regulierungen ist auf die Richtlinien des „Financial Stability Board" (FSB) bzw. der entsprechenden Empfehlungen der „G20" einzugehen. Bei den „G20" (Abkürzung für „Gruppe der 20" oder „Gruppe der Zwanzig") handelt es sich um einen seit 1999 bestehenden informeller Zusammenschluss aus 19 Staaten und der EU. Sie repräsentiert die wichtigsten Industrie- und Schwellenländer. Die „G20" haben das FSB in Pittsburgh 2009 gegründet bzw. als Nachfolgeorgan des „Financial Stability Forum" (FSF) etabliert. Das FSB ist bei der „Bank für Internationalen Zahlungsverkehr" (BIZ) in Basel angesiedelt und wird von den Notenbanken geleitet. Die G20 haben das FSB beauftragt, tragfähige Regulierungen zu finden und entsprechende Empfehlungen – die dann bestenfalls in nationales Recht übersetzt werden – auszusprechen.

Im Einzelnen sind für die weltweite Regulierung folgende Richtlinien zu nennen:

- „High-level requirements for investment firms engaging in algorithmic trading,
- requirements for high frequency traders,
- requirements for those providing Direct Electronic Access (DEA),
- new rules for a person who acts as a general clearing member“ (Financial Conduct Authority (FCA) (Hrsg.), 2018, o. S.)

Ergänzend kann das Papier „Artifical Intelligence and machine learning in financial services – Market developments and financial stability implications“ des FSB erwähnt werden.

## 6.3.2 Europäische Ebene

Die Regulierungen in der EU sind auf Grundlage des Reports der „Securities and Exchange Commission“ (SEC) und der „Commodity Futures Trading Commission“ (CFTC) vom November 2010 einzuordnen, die sich mit den Ursachen des „Flash Crash“ im Jahre 2010 beschäftigt. Die europäische Regulierung greift folglich auf US-amerikanische Erkenntnisse zurück.

Anzuführen ist als Resultat aus diesen US-Reports sowie den Vorgaben der „European Security and Market Authority“ (ESMA) die MiFID-II-Direktive (MiFID II-Verordnung als europäisches Primärrecht) und die neue Marktmissbrauchsrichtlinie (MAD, MAR) als europäisches Sekundärrecht sowie als allgemeine Folge der Finanzkrise die „Capital Requirements Regulation“ (CRR II) sowie die „Capital Requirements Directive“ (CRD IV). Die Umsetzung der MiFID II in nationales Recht hatte bis zum 03.07.2021 zu erfolgen, die später angeführte MiFIR zeigt ihre Gültigkeit ab dem 03.01.2018 (Ullmann, 2021, S. 117). Inhaltlich gehen dabei die deutschen Regulierungen über die europäischen Regulierungen via MiFID II und MiFIR hinaus; daher bedürfen in diesen Fällen die europäischen Regelungen keiner nationalen Umsetzung mehr (Ullmann, 2021, S. 117).

Aufgrund der zentralen Bedeutung der MiFID II bzw. der „Capital Requirements Directive II“ (CRD II) soll nachfolgend diese Regulierung im HFT-Kontext näher betrachtet werden. Von der EU-Kommission wurde eine überarbeitete

Gesetzgebung zur Finanzmarktregulierung unter dem Begriff „MiFID II" veröffentlicht, die Regelungen enthält, die u. a. auf die Transparenz und die Stabilität der Finanzmärkte abzielen. Diese Veröffentlichung ist als Reaktion auf einen gestiegenen Wettbewerb zwischen den Finanzplätzen und einer Weiterentwicklung der Informationstechnologie zu verstehen. Gemeinsam mit der „Markets in Financial Instruments Regulation" (MiFIR) wird die Veröffentlichung der MiFID II als sog. „Level 1"-Veröffentlichung bezeichnet; die darauf basierenden technischen Regulierungsstandards und technischen Durchführungsstandards ergeben die sog. „Level 2"-Veröffentlichung. Diese technischen Standards („Regulatory Technical Standard" (Regulatorischer technischer Standard) (RTS)) und die Durchführungsstandards („Internal Technical Standard" (Technischer Durchführungsstandard) (ITS)) dienen dabei der Detailumsetzung (Čuk, & ban Waeyenberge, 2018, S. 146–153).

Die MiFID II wurde am 21.04.2014 im Europäischen Parlament verabschiedet und enthält Regelungen für HFT in Bezug auf die sog. „Organized-Training-Facilites" (als neue Form der Handelsplätze), eine Erweiterung der Transparenzanforderungen durch das sog. „Flagging" (Kennzeichnung) von durch AT ausgelösten Orders sowie die Offenlegung der Alogrithmen, Handelsverpflichtungsregelungen für Aktien und Derivate sowie Clearingverpflichtungen für Derivate (Gomber, & Nassauer, 2014, S. 3). Für Wertpapierfirmen, die HFT betreiben, bedeutet dies, dass hohe Anforderungen an deren Systeme sowie Prozesse (u. a. im Hinblick auf Effektivität und Effizienz der Systeme, Sicherstellung von Kapazitäten auch in Zeiten hoher Belastungen, Einschränkung dysfunktional agierender Algorithmen – hierunter sind Algorithmen zu verstehen, die nicht funktional den Zielen des HFT dienen, sondern ausschließlich Vorteile bei einer Partei generieren sollen –, Einschränkung von exzessiver Systemausnutzung durch sog. „Order Trade Ratios"; mit Letzterem soll verhindert werden, dass Scheinliquidität und fehlende Markttiefe durch Löschung zu vieler Orders entsteht) und an Risikokontrollen gestellt werden (AFM (Hrsg.), 2016, S. 3, 7, 12). Des Weiteren sind Vorkehrungen für den Ausfall von Handelssystemen (sog. „Notfallpläne", regelmäßige Durchführung von Belastungs- und (Stress-)Tests, Möglichkeit der Handelsunterbrechungen (sog. „Circuit Breakers") bei extremen Ereignissen) zu treffen. Außerdem hat die Aufsicht umfassende Eingriffsmöglichkeiten, wenn erhebliche Bedenken hinsichtlich des Anlagerschutzes existieren oder eine Gefahr für die Funktionalität, Stabilität oder Integrität der Finanzmärkte gesehen wird. Dabei können z. B. Zulassungsbeschränkungen verschärft oder Produktportfolien eingeschränkt werden bzw. Produkte verboten werden (Contratto, 2014, S. 156).

Im Einzelnen reguliert die MiFID II, dass HF-Trader einer Erlaubnispflicht durch nationale Aufsichtsbehörden (MiFID II, Nr. 63 bzw. Artikel 17 2(1) und Artikel 17 5(3) MiFID II) unterliegen und Systeme sowie Risikokontrollen vorgeschrieben sind, die belastbare Handelssysteme, eine ausreichende Kapazität (im Sinne von Ressourcen) und die Vermeidung fehlerhafter Orders fordern, um einen funktionsfähigen Markt zu gewährleisten. Weitere Regulierungen, die sich in der MiFID II zu HFT finden, lauten (Čuk, & ban Waeyenberge, 2018, S. 146–153):

- Formulierung einer gültigen Definition für HFT (Artikel 4(14) MiFID II),
- Notwendigkeit der Einreichung von Beschreibungen und Dokumentationen der Algorithmen und Monitoring der Algorithmen durch die nationale Aufsicht (MiFID II, Nr. 143),
- Aufsetzen geeigneter Compliance-Funktionen bei HFT-Akteuren,
- Regulierung von Co-Location (MiFID II, Nr. 62),
- Regulierung der Gebührenstruktur (Artikel 27(2) MiFID II),
- Definition eines sog. „Minimum Tick Size“ (Artikel 49 MiFID II) und
- Formulierung von technischen Anforderungen an HFT-Akteure (z. B. Synchronisation von Uhren) (u. a. MiFID II, Nr. 133).

Bereits in der Vorgängerversion – der MiFID I – waren Vorgaben in Bezug auf die Transparenz zu finden. Hier wurden insbesondere „Dark Pools“ reguliert, die in Form der sog. „Dark Execution“-Regulierung eine Beschränkung erfahren sollten. Allerdings fanden sich in der MiFID I keine speziellen Vorgaben für HFT (Čuk, & van Waeyenberge, 2018, S. 146–153). Das neue Regime, bestehend aus MiFID II und ergänzt um die Marktmissbrauchsrichtlinie (MAR) sowie die „Market Abuse Directive“ (MAD)), basiert daher stärker auf einer Vermeidung von Marktmissbrauch und entsprechenden Sanktionen von Fehlverhalten (Čuk, & van Waeyenberge, 2018, S. 146–153). Die MAR (Richtlinie 2014/57/EU) – in Kraft getreten zum 27.07.2014 – soll strafrechtliche Sanktionen bei Marktmanipulationen und beim Marktmissbrauch ermöglichen (Ullmann, 2021, S. 119; Jaccard, 2015, S. 80–108). Dies betrifft insbesondere Verschärfungen des bisherigen Rechts des § 20a WpHG a. F. bei den Regelungen zum Insiderrecht, bei der Ad-hoc-Publizität, bei Directors Dealings und der Marktmanipulation selbst (Ullmann, 2021, S. 119). Im Rahmen der MAR wird HFT ohne „echte“ Handelsabsicht – demnach die Tätigkeit eines Spekulativen-HFT-Market Makers – als Tatbestandsvariante gehandelt. Demnach sind Marktmanipulationen, die in diesem Sektor zu erkennen sind, verboten. Die MAR zählt hierzu beispielhafte Merkmale auf, die ein Verbot erlauben. Genannt wird z. B. die Störung oder Verzögerung von Funktionen, die der Handelsplatz bietet, die Erschwerung der Ermittlung „echter“ Kauf- und Verkaufsaufträge oder auch die Setzung von falschen und irreführenden Signalen beim Angebot eines Finanzinstruments (Ullmann, 2021, S. 121).

Auf europäischer Ebene ist die MiFID II bzw. die MiFIR zu erwähnen, die im Januar 2018 zahlreiche neue Regelungen zur Begrenzung negativer Auswirkungen des HFT erfahren haben. Der Gesetzgeber verfolgt in der MiFID II / der MiFIR das Leitmotiv „kein Markt, kein Marktteilnehmer, kein Marktgeschäft ohne Regulierung“ und stellt fest, dass HFT nicht als eigenständige Strategie anzusehen ist, sondern als Einsatz von Technologien zur Umsetzung von traditionellen Handelsstrategien (Temporale (Hrsg.), 2015, S. 59). Temporale (20215, S. 59) spricht daher im HFT-Kontext von einer „zweiten Evolutionsstufe“ des Handels von Finanzinstrumenten, die dadurch gekennzeichnet ist, „dass Computerprogramme die Erwerbs- und Veräußerungsbefehle generieren und versenden und die Preisfindung ebenfalls computerbasiert erfolgt“ (Temporale (Hrsg.), 2015, S. 59).

Die Vorgaben der MiFiD II/MiFIR zum HFT greifen dann, wenn Unternehmen tätig sind, die algorithmische oder hochfrequente algorithmische Handelstechniken anwenden bzw. einen direkten elektronischen Zugang dafür bereitstellen (persönlicher Anwendungsbereich), und algorithmische Handelssysteme angewendet werden (Handelstechnik) und in Finanzinstrumenten an Börsen und elektronischen Handelsplätzen (MFT bzw. OTF) gehandelt werden (Temporale (Hrsg.), 2015, S. 63).

Folgende zentrale Regelungen gelten dann:

- Zulassung von Unternehmen bei den zuständigen Aufsichtsbehörden, die algorithmischen Hochfrequenzhandel betreiben,
- Existenz von Vorkehrungen, um zu verhindern, dass algorithmische und hochfrequente Techniken zu Marktstörungen führen,
- regelmäßiger und umfangreicher Test der Handelssysteme,
- Existenz von Notfallsystemen bei Ausfall der Handelssysteme,
- Existenz einer personellen Struktur, die Mitarbeiter verlangt, die die Handelssysteme betreuen können, zeitnah erreichbar sind und diese technisch und inhaltlich verstehen,
- Erfüllung von organisatorischen Anforderungen (Order-to-Trade Ratio, Tick Sizes, Aufzeichnungspflichten, Quotierungspflichten, Nutzung von Kollokationsdiensten) und

- Existenz und Nutzung von Instrumenten zur Überwachung des algorithmischen Handels und des Hochfrequenzhandels z. B. durch Kennzeichnung aller durch algorithmischen Handel generierten Aufträgen (sog. Flagging).

### 6.3.3 Deutsche Ebene

Für Deutschland sind die europäischen Regulierungen der MiFiD II sowie deren Umsetzung im Rahmen des Wertpapierhandelsgesetzes (WpHG) und das deutsche „Hochfrequenzhandelsgesetz“ (in Kraft getreten am 15.05.2013, Volltitel: „Gesetz zur Vermeidung von Gefahren und Missbräuchen im Hochfrequenzhandel“, engl.: „High-Frequency Trading Act“) zu nennen. Das Hochfrequenzhandelsgesetz basiert auf den Entwürfen des europäischen Primärrecht in Form der MiFID-II-Verordnung und dem europäischen Sekundärrecht in Form der MAD und der MiFID-II-Richtlinie (Ernst & Young (Hrsg.), 2015, S. 4; Arquint, 2014, S. 1–12). Das Hochfrequenzhandelsgesetz zeigt dabei ergänzend Einflüsse bzw. Auswirkungen in einer Vielzahl anderer Gesetze. Beispielsweise kann das Kreditwesengesetz (KWG), das Investmentgesetz (InvG) oder auch das Börsengesetz (BörsG) erwähnt werden (Burghof, Koch, Schroff, & Spankowski, 2014, S. 50f). Anspruchsgruppen des Hochfrequenzhandelsgesetzes sind dabei die HF-Händler, der organisierte Markt sowie die BaFin. Im Überblick beinhaltet das Gesetz folgende zentrale Vorgaben für HFT (BaFin) (Hrsg.), o. J., o. S.):

- Erlaubnispflicht für Hochfrequenzhändler,
- Existenz von System- und Risikokontrollen,
- Kennzeichnungspflicht (sog. „Flagging“) von HF-Trades,
- Forderung an/für ein angemessenes Order-Transaktions-Verhältnis gem. § 26 a Börsengesetz (BörsG).

Im Gesetz wird dabei der „Eigenhandel“ entsprechend den Merkmalen von HFT erweitert. In der Konsequenz konnte so eine Aufsichtslücke geschlossen werden „und [es konnten] die Hochfrequenzhändler unter die Aufsicht der Bundesanstalt für Finanzdienstleistungsaufsicht (BaFin)“ (Europäische Zentralbank (EZB) (Hrsg.), 2012, S. 1) gestellt werden. Demnach benötigen HF-Trader in Deutschland neben der Ausübung der Aufsichtspflicht durch die Deutsche Bundesbank eine Erlaubnis der BaFin für ihre Tätigkeit, wie sie aus der MiFID II abzuleiten ist (Europäische Zentralbank (EZB) (Hrsg.), 2012, S. 1 f.).

Hinzu kommt seit dem 01.04.2014 eine Kennzeichnungspflicht für Algorithmen (BaFin) (Hrsg.), 2013, o. S.). Die Akteure an den HFT-Märkten benötigen eine Zulassung der BaFin, algorithmische Handelssysteme derart zu konzipieren, dass es zu keinen Marktstörungen kommt, Änderungen an den Algorithmen dokumentiert werden und über die „Marktmanipulations-Konkretisierungsverordnung" (MaKonV) das Quote Stuffing, das Layering und das Spoofing als marktmanipulative Praktiken eingeordnet und unterbunden werden" (BaFin) (Hrsg.), 2013, o. S.).

Ergänzend ist das BaFin-Rundschrieben 06/2013 zu nennen, das die Leitlinien der ESMA (ESMA-Leitlinien 2012/122 (DE)) für den Hochfrequenzhandel in deutsches Recht umsetzt und für die Einbindung der HFT-Regulierungen in die „Mindestanforderungen an das Risikomanagement" (MaRisk) sorgt (BaFin) (Hrsg.), 2013, o. S.).

### 6.3.4 US-amerikanische Ebene

In den USA existiert nicht – wie in Europa mit der MiFID II – ein übergeordnetes Rahmenwerk. Jedoch können aus dem „Dodd-Frank-Act" – konkret als „Dodd-Frank Wall Street Reform and Consumer Protection Act" (DFA) zu bezeichnen – ähnliche Rahmenbedingungen abgeleitet werden. Die Quellen für die (HFT-)Regulierungen zeigen sich in den USA primär als Gesetzesrecht („Statutory Law") und als Verwaltungsrecht („Administrative Law"). Innerhalb dieser Regelungen finden sich Codes, die als Zusammenstellung und Ordnung von Gesetzen (Acts) zu verstehen sind. Im HFT-Kontext relevant ist der United States Code 12, der den Bereich „Banks and Banking" beheimatet (Ullmann, 2021, S. 143). Demnach herrscht in den USA im Gegensatz zur EU mit ihrem ein Prinzip basiertem Regularium ein regelbasierter Ansatz vor (Ullmann, 2021, S. 144).

Neben dem Dodd-Frank Act ist die verschärfte Regulierung in den USA nach dem „Flash Crash" im Jahr 2010 zu betrachten. In diesem Zusammenhang hat die Commodity Futures Trading Commission (CFTC) die Aufgabe, den Hochfrequenzhandel zu regulieren. In einem sog. „Konzept" finden sich Vorgaben für Vorkontrollen, Nachkontrollen, Systemschutzmaßnahmen, eine Registrierung von Marktverantwortlichen, eine Berichterstattung sowie eine Standardisierung von Auftragsarten. Von besonderer Bedeutung ist dabei die Regulation Automated Trading (RegAT), die im November 2015 von der CFTC veröffentlicht wurde (Ullmann, 2021, S. 157–159). Die RegAT beinhaltet eine zweistufige Risikokontrolle. Zunächst müssen die algorithmisch tätigen Händler dafür sorgen, dass mögliche Gefahren, die von ihren Handlungen ausgehen, ausgeschlossen werden. Auf der zweiten Stufe müssen die Handelsplatzbetreiber dafür sorgen, dass sie „gefährliche“ algorithmische Handelsaufträge nicht ausführen bzw. nicht ausführen dürfen (Ullmann, 2021, S. 159). In diesem Kontext ist auch die Regulierung zu stellen, dass Hochfrequenzhändler seit 2015 unter die Aufsicht der SEC gestellt werden. Schließlich ist als aktuell relevant für den HFT-Kontext die Regulation Systems Compliance and Integrity (RegSCI) aus dem Jahr 2015 zu nennen. Danach müssen Nutzer automatisierter Systeme diese so entwickeln, testen, pflegen und permanent überwachen, dass Standards erfüllt, regelmäßige Belastungstests durchgeführt und bei Systemstörungen Benachrichtigungen generiert werden (Ullmann, 2021, S. 160 f.). Die Richtlinien erhalten hierzu Vorgaben zu (Markt-)Integrität, Kapazität, Ausfallsicherheit, Verfügbarkeit und Sicherheit der Systeme (Ullmann, 2021, S. 161; Zubulake, & Lee, 2011, S. 15–46).

Bei den Vorgaben des FSB bzw. des DFA erfolgt eine Unterteilung in fünf sog. „Workstreams“ (Teilprojekte). Im ersten Handlungsfeld („Workstream 1“) geht es um die indirekten Regulierungen über eine verschärfte Regulierung des Geschäftsbankensektors, das zweite Handlungsfeld („Workstream 2“) behandelt explizit die Regulierung von Geldmarktfonds (insbesondere Verhinderung von sog. „Run Riks“, d. h. Risiken, die durch einen Verkauf von Fondsanteilen durch eine große Anlegergruppe entstehen können). Das dritte Handlungsfeld („Workstream 3“) beinhaltet Ansätze der direkten Regulierung, die an den „ökonomischen Aktivitäten“ (sog. „Economic Functions“) von Banken festgemacht werden. Im letzten Fall haben die Aufsichtsbehörden vor Ort die Aufgabe, die systemischen Risiken von Banken und ihren Geschäftsfeldern zu erkennen und diese anhand von sog. „Policy Toolkits“ zu steuern bzw. zu reduzieren. Ein Schwerpunkt liegt hier auf der sog. „verhaltensorientierten Regulierung“, die aus den identifizierten Risiken Regulierungen ableitet. Der „Workstream 4“ als viertes Handlungsfeld hat die Verbriefungsstrukturen zum Inhalt. Das letzte Handlungsfeld schließlich, der „Workstream 5“, enthält Regulierungsvorschläge für Repo-Geschäfte und die Wertpapierleihe (Michler, 2016, S. 167 f.).

Darauf aufbauend ist für den HFT-Kontext die Veröffentlichung der „RegSCI“ zu nennen, die Standards für den HFT-Handel in den USA sowie für die Ausgestaltung der Marktplätze vorgibt. Des Weiteren haben die USA die Webseite „MIDAS“ eingerichtet, die der Transparenz des HFT dienen sollen, indem diverse Handelsdaten veröffentlicht werden (Walsh, 2016, o. S.).

Dabei spielt für die USA der „Jumpstart Our Business Startups“ (JOBS-) Act aus dem Jahre 2012 eine wichtige Rolle. Obwohl primär für Initial Public Offerings (IPO) formuliert, enthält er auch die Forderung nach Untersuchung, wie sich die „Decimalization“ auf die Märkte auswirkt (Weild, Kim, & Newport, 2012, S. 2). Damit betrifft die JOBS-Regulierung (indirekt) auch HFT, da diese „Decimalization“ den Handel in kleinen „Tickgrößen“ widerspiegelt (Weild,

Kim, & Newport, 2012, S. 2). Die Autoren der Studie zum JOBSC-Act kommen zur Erkenntnis, dass diese beschriebene Entwicklung mitverantwortlich für die zunehmende Instablität der Märkte ist (Weild, Kim, & Newport, 2012, S. 3 f.).

In den USA findet die Regulierung des HFT erste Grundzüge bereits im Jahr 1975 im Rahmen der Verabschiedung des Securities Exchange Act aus dem Jahr 1934. Ziel war hier u. a. die Sicherung einer ökonomisch effizienten Orderausführung und die Herstellung eines fairen Wettbewerbs an den Börsen. U. a. durch Gebote der Orderausführung (Best Execution) und eine Vor- und Nachhandelstransparenz sollte dies gelingen. Als nächster relevanter Schritt für das HFT muss die Verabschiedung der „Intermarket Trading System" (ITS)-Rules im Jahre 1978 erwähnt werden. Kerninhalt ist das Verbot der Ausführung einer Order, wenn an einem anderen Handelsplatz ein besseres Gebot für diese Order existiert (sog. „ITS Trade-Through Rule"). Aufbauend hierauf kann die „New Order Handling Rule" erwähnt werden. Die im Jahre 1997 von der SEC verabschiedete Regelung verlangt, als sog. „Limit Order Display Rule" eine Verbesserung der Gebote, wenn Kundenorders vorliegen, die besser als die eigenen Orders sind. Damit kann ein transparenter Preiswettbewerb gesichert werden. Ergänzend ist die sog. „Firm Quote Rule" als weitere Ausprägung der „IST Trade-Through Rule" zu sehen. Sie verlangt, dass Kundenorders nicht schlechter ausgeführt werden dürfen als die publizierten Gebote der Marketmaker (Zickert, 2015, S. 45–52).

Aufbauend auf diesen grundlegenden Regulierungen erließ die SEC im Jahre 2005 im Rahmen des „Regulation National Market System" umfassende Vorschriften, die die bisherigen Vorgaben konsolidieren und modernisieren sollen (Zickert, 2015, S. 56 ff.):

- standardisierte Sammlung von Vor- und Nachhandelsdaten,
- Verfügbarkeit direkten Datenströme,
- Rückgriffsmöglichkeit auf ausgewiesene Gebote,
- Ermöglichung nuancierter Preisfindungen,
- Verpflichtung zur „Best Execution" und
- Verbot der Zusammenführung von Orders.

Weitere hierauf aufbauende Regelungen finden sich in den USA (die jedoch zeitlich vor dem erwähnten Dodd-Frank Act einzuordnen sind) in

- dem Securities Investor Protection Act aus dem Jahr 1970, die die Arbeit der SEC als privatrechtliche Gesellschaft, die dem Anleger verhaftet ist, regelt,

- den Securities Acts Amendments aus dem Jahr 1975, der eine Modernisierung des Börsenrechts beinhaltete,
- der New Order Handling Rule aus dem Jahr 1997, die insbesondere erweiterte Vorhandelstransparenzanforderungen beinhaltet,
- den Regulation Alternative Tradings Systems, die alternative Handelssysteme wie HFT als einen Unterfall von Börsen behandelt,
- dem Regulation Market System vom 09.06.2005, das analog der MiFID für Europa im Jahr 2007 die Preisbildung in fragmentierten Märkten „sicherer" gestalten will, was u. a. durch die Formulierung von Organisationspflichten für Marktbetreiber und die Einführung einer Mindestpreisänderungsgröße geschehen soll (Ullmann, 2021, S. 146–156).

### 6.3.5 Gegenüberstellung von relevanten Detailregelungen

#### 6.3.5.1 Best Excecution Policy

Für Deutschland bzw. Europa besteht die Verpflichtung der sog. „Best Execution" im HFT-Kontext auf Grundlage der MiFID-Vorgaben; Finanzinstitute bzw. Wertpapierdienstleistungsunternehmen müssen dabei über „Best Execution Policy" verfügen und diese ihren Unternehmen zur Verfügung stellen. Nach MiFID II gilt, dass die Wertpapierdienstleistungsunternehmen „all sufficient steps" (Crossbridge Capital LLP (Hrsg.), o. J., S. 3; auch: J. P. Morgan (Hrsg.), 2021, S. 1 ff.) unternehmen müssen, um für ihre Klienten „the best possible results on a consistent basis when executing orders" (Crossbridge Capital LLP (Hrsg.), o. J., S. 3) zu realisieren. Dies gilt sowohl für „normale" Orders als auch für Orders im HFT-Kontext. Demnach liegt die Verantwortung im europäischen Kontext zur Sicherstellung einer „Best Execution" bei den Wertpapierdienstleistungsunternehmen und damit im Regelfall bei den Kreditinstituten (Crossbridge Capital LLP (Hrsg.), o. J., S. 3). Dabei gilt, dass „firms trading with algorithms should provide continuous liquidity, in an apparent reference to market makers and defines HFT as placing large volume orders based on high-speed analysis of market data" (Rycott, 2013, o. S.).

Im Gegensatz dazu liegt die Verantwortung für die „Best Execution" in den USA bei den Börsen bzw. den Brokern. Die SEC formuliert, dass es Verantwortung des Brokers ist, die bestmögliche verfügbare Ausführung der Orders sicherzustellen. Hierzu hat der Broker die Verpflichtung, die vorliegenden Orders zu prüfen, die er von den Klienten erhalten hat, und periodisch zu testen, zu welchem Preis er über „Market Maker" oder im elektronischen Handel eine bestmögliche Ausführung erzielen kann. Diese Verpflichtung basiert in den USA auf den „Trade Management Guidelines" des „Chartered Financial Analyst Institute" (CFA) (RBC Global Asset Management (Hrsg.), 2010, S. 2). Dabei gilt, dass es sich bei einer „Best Execution"-Order nicht zwangsläufig um eine Order zum „besten" Preis handeln muss: „The determinative factor in best execution is not necessarily the most favorable price point or lowest commission cost, but whether the transaction represents the best quantitative and qualitative execution for the client account. It is the environment created by a process, in which best execution is most likely to be achieved" (RBC Global Asset Management (Hrsg.), 2010, S. 2). Dies macht deutlich, dass „Best Execution" in den USA nicht als eine singulär zu betrachtende Aktivität, sondern als Prozess verstanden wird, bei dem sowohl qualitative als auch quantitative Faktoren berücksichtigt werden, um das Ziel einer „besten Order" zu erreichen (RBC Global Asset Management (Hrsg.), 2010, S. 4).

### 6.3.6 Börsenplattformen und Usancen

In Deutschland bzw. in Europa findet das HFT gem. § 2, Abs. 8, Nr. 2, Buchstabe d des WpHG (bzw. der entsprechenden MiFID-Regulierung, deren Ergebnis diese Regelung im WpHG ist) über Broker statt. Dieser gibt seine Aufträge gleichzeitig an verschiedenen Börsen ab. Je nach Latenz erreichen die (Teil-)Aufträge zu unterschiedlichen Zeiten die Börsen, was dem Händler die Möglichkeit bietet, an Kursveränderungen teilzuhaben, die zeitlich früher gesendete Orders für spätere Orders auslösen (DuHigg, 2009, o. S.).

Im Gegensatz zu Deutschland, bei dem durch HFT rund 30 bis 40 Prozent des Handelsvolumens bestimmt werden, sind es in den USA bereits 70 bis 80 Prozent – ohne die Volumina, die über Dark Pools gehandelt werden (Hendershott, & Riordan, 2013, S. 1001–1024); hierzu liegen keine verlässlichen Zahlen vor (DuHigg, 2009, o. S.). Dabei ist der US-amerikanische Markt von einer großen Anzahl von Börsen geprägt, die sich speziell auf HFT fokussieren: „The US has over 40 dark pool exchanges. There's a microwave tower route from Chicago to New York, which means that if you want to make futures and equities more correlated, you better have a round-trip latency of less than 4.5 m/s. Even though this relates to how competitive US-HFT firms are, all they're doing is simply meeting the demand of liquidity takers" (Quora (Hrsg.), 2017, o. S.). Dies zeigt, dass HFT in den USA eine weitaus größere Bedeutung als in Deutschland bzw. in Europa hat. Technisch finden sich die Aufgaben auch hier bei den Brokern, allerdings sind diese nicht – wie in Europa bzw. Deutschland üblich – bei den Banken angesiedelt, sondern im Regelfall bei Wertpapierfirmen, die gleichzeitig auch die entsprechenden Servertechnologien zur Verfügung stellen (sog. „Market Making Firms“).

# 7 Implikationen, Einordnung und Bewertung des High Frequency Trading

## 7.1 Grundlegende Einordnung

Die Marktwirtschaft ist eine Wirtschaftsordnung, in der Produktion und Verbrauch von Gütern und Dienstleistungen durch Märkte mit freier Preisbildung organisiert werden. Der Markt ist insofern ein Koordinationssystem, in dem der (relative) Preis die Knappheit von Ressourcen anzeigt. Das Preissystem setzt Signale, mit deren Hilfe die Marktteilnehmer ihre Gewinne bzw. ihren Nutzen maximieren. Märkte mit freier Preisbildung und Anreizen zur Nutzenmaximierung sind die Treiber für eine effiziente Allokation von Ressourcen: „Weil jeder einzelne so wenig weiß und insbesondere, weil wir selten wissen, wer von uns etwas am besten weiß, vertrauen wir darauf, dass die unabhängigen und wettbewerblichen Bemühungen Vieler die Dinge hervorbringen, die wir wünschen werden, wenn wir sie sehen“ (von Hayek, 1991, S. 38). Um den Markt und seine Funktionen zu sichern, also Marktversagen durch beispielsweise externe Effekte oder asymmetrische Information zu verhindern, ist es wichtig, die Ordnungskriterien zu beachten (Vanberg, 2011, S. 8 ff.).

Märkte haben die Eigenschaft, Angebot und Nachfrage, also Ressourcen bzw. Kapazitäten und den Bedarf daran, zusammenzuführen. Das gilt grundsätzlich auch für Börsen. Allerdings bestimmt sich die Frage der Erfüllung der Funktionsbedingungen von Märkten durch die Gestaltung des Marktes. Hier spielen an Finanzmärkten die Regulierung bzw. die den Wettbewerb fördernde Deregulierung von Handelsplätzen, die technologische Entwicklung, insbesondere die zunehmende Geschwindigkeit und Automatisierung mittels Computer und Algorithmen, sowie die zunehmende Kapitalkonzentration bei Kapitalsammelstellen wie Pensionskassen oder Fondsgesellschaften eine zentrale Rolle. In diesem



U. Stephan, *Hochfrequenzhandel im Spannungsfeld von Finanzmärkten, Realwirtschaft und Gesellschaft*, Wirtschaftsethik in der globalisierten Welt,
https://doi.org/10.1007/978-3-662-74019-4_7

Zusammenhang stellt sich die Frage, ob der Hochfrequenzhandel die Markt- bzw. Börsenfunktionen auf den drei Ebenen Finanzmärkte, Realwirtschaft und Gemeinwesen als Ganzes verbessert oder zumindest nicht verschlechtert. Die Frage ist folglich, ob HFT u. a. dazu dienen kann, den Kapitalmarkt mit ausreichend Liquidität zu versorgen sowie die Stabilität und Integrität des Marktes und eine angemessene Preisbildung zu gewährleisten (Deutsche Bundesbank (Hrsg.), 2016, S. 37; Cramton, & Stoft, 2006, Abstract), Kapital und Investitionen effizient zusammenzubringen (Versorgung der Wirtschaft mit Kapital) und der Gesellschaft insgesamt einen Dienst zu erweisen. In Bezug auf die Finanzmärkte wurde dabei im Rahmen der Erhebung des Forschungsstandes deutlich, dass die Wertungen von HFT oder besser dessen Wirkung auf den Gesamtmarkt und damit auch auf die Realwirtschaft sowie die Gesellschaft differiert zu betrachten sind.

Märkte sind dabei mehr als das Aufeinandertreffen von Angebot und Nachfrage. Jeder Markt unterliegt seinen eigenen Normen, Regeln und Gesetzen. Beispielsweise treffen Angebot und Nachfrage an den Finanzmärkten unter vollkommen anderen Bedingungen und auf andere Weise aufeinander als am Arbeitsmarkt. Und selbst innerhalb der einzelnen Märkte muss differenziert werden. Denn z. B. die Einstellung eines Arztes unterliegt anderen Regeln als das Anheuern eines Bundesligaprofis. Market Design will verstehen, wie diese verschiedenen Märkte organisiert sind, wie sie funktionieren und wo Anreize liegen. Mit dem Verständnis von den Erfordernissen eines Marktes kann dieser gestaltet werden. Market Design untersucht dementsprechend, wie Regeln und Regulierungen die Funktionsweise und das Ergebnis von Marktprozessen beeinflussen. Dafür gibt es ausreichend Beispiele von Organspendern (wo es nicht um Geld geht) bis zu Radiofrequenzen oder dem Strommarkt, von Internetarbeitsmärkten bis zu Flughafen-Slots (= Start-/Landerechte). Dabei basiert Market Design einerseits auf der Spieltheorie und andererseits auf der „experimentellen Ökonomie“. Auf dieser Basis will Market Design Fehlentwicklungen in den Märkten beheben. Denn damit Märkte funktionieren können, müssen grundsätzliche Merkmale erfüllt sein: (1) eine ausreichende Anzahl von Käufern und Verkäufern ist zusammenzubringen, also eine Wettbewerbssituation unter gleichen Bedingungen schaffen, (2) es muss gewährleistet sein, durch die Preisgabe „privater“ Informationen zu profitieren, und (3) den Marktteilnehmern muss sich die Chance bieten, die für sie beste Alternative wählen zu können (Roth, 2007, o. S.).

Für die Finanzmärkte gilt, dass i. d. R. Intermediäre wie Banken, Börsen oder andere Angebot und Nachfrage zueinander bringen. Die Aufgabe der Intermediäre ist es, Unvollkommenheiten der Finanzmärkte durch die Erbringung der Transformationsleistungen Losgrößen-, Fristen- und Risikotransformation zu überwinden. Dadurch tragen sie dazu bei, dass die Allokationsfunktion des

Marktes in Gang gesetzt werden kann, also die knappen Ressourcen in die effizientesten Verwendungen gelenkt werden. Typischerweise fehlt aber in globalen anonymen Märkten der soziale Druck, sich an informelle und sogar formelle Regeln zu halten. Daher bedarf es eines sanktionsbewehrten Ordnungsrahmens, den es zu diskutierten und zu formulieren gilt. Dies gilt auch oder besonders für das Segment des Hochfrequenzhandels.

Es existieren zahlreiche Untersuchungen zu HFT-Einflüssen auf den Finanzmarkt (Hagströmer, & Nordén, 2013, S. 741; Hanson, 2011, S. 1). Im Rahmen der hier vorliegenden Untersuchung steht die Wirkung des HFT auf die Finanzmärkte nur insofern im Vordergrund, als dass ein „funktionierender" Finanzmarkt die Voraussetzung für positive Wirkungen des Börsenhandels auf Realwirtschaft und Gesellschaft ist.

Zentrale Frage ist, ob HFT die Funktionsweise der Finanzmärkte verbessert und die Finanzmarktstabilität nicht gefährdet, damit HFT positiv auf die Ebenen Realwirtschaft und Gemeinwesen abstrahlen kann. In Bezug auf die Finanzmärkte stehen Fragen der Marktintegrität im Fokus, im Hinblick auf die Realwirtschaft Fragen der Kapitallokation (optimale Allokation der Ressource Kapitel) und der Wohlfahrt (Wohlfahrtsgewinne) sowie in Bezug auf die Gesellschaft Fragen der Ressourcenverwendung und grundsätzlicher Akzeptanz von Börsen im Allgemeinen und HFT im Speziellen.

Dabei muss HFT grundsätzlich aus finanzmarktorientierter, aus realwirtschaftlicher und aus gesellschaftlicher Sicht im Hinblick auf seine Implikationen bewertet und die Interdependenzen der einzelnen Aspekte untereinander betrachtet werden; hierzu dienen die formulierten Hilfsfragen bzw. Indikatoren als Leitlinien, die nachfolgend in den entsprechenden Unterkapiteln behandelt und beantwortet werden. Dies erfolgt im Kontext der Hauptforschungsfrage und der Teilforschungsfrage und kann in Kombination mit der Fokussierung auf die Probleme aus HFT ebenfalls ergänzt um Interdependenzen der Problemstellungen untereinander zu Handlungsempfehlungen führen.

## 7.2 Einordnung und Bewertung aus finanzmarktorientierter Sicht

Als zentrale Frage steht im Fokus, ob HFT in der Lage ist, die Integrität der Märkte zu verbessern. Im Zentrum befinden sich damit Themen wie adverse Selektion, Informationsasymmetrie bzw. -effizienz und Allokationswirkungen sowie die Vernetzung bzw. Verflechtung der Marktteilnehmer untereinander (Kontrahentenrisiken, Liquiditätsrisiken etc.). Typischerweise werden diese Merkmale von Finanzmärkten nicht direkt gemessen, sondern über Indikatoren wie Volatilität, Liquidität, Markttiefe und Bid-Ask-Spreads. Hierzu soll anhand von Sekundärliteratur die ambivalenten Wirkungen von HFT auf die Finanzmärkte dargestellt werden, um zu erkennen, ob bzw. in welchem Ausmaß HFT die Funktionsfähigkeit von Finanzmärkten fördert oder einschränken kann. Im Kern geht es um die Frage, ob Finanzmärkte unter HFT ihre Aufgabe als Intermediär für Anlagen und Investitionen gerecht werden können.

Grundsätzlich haben Finanzmärkte die Aufgaben, Kapital für Investitionen zur Verfügung zu stellen. Gleichzeitig werden Sparmöglichkeiten eröffnet. Dabei sind die relativen Preise von entscheidender Bedeutung für die Allokation der Ressource Kapital. Um diese Aufgaben erfüllen zu können, stehen die Marktintegrität und die Markteffizienz im Zentrum der Diskussion. Mit Marktintegrität ist dabei eine faire und ordentliche Funktionsweise gemeint, die es Marktteilnehmern erlaubt, Vertrauen in die Abläufe und Prozesse an Börsen zu haben. Mit der Markteffizienz ist nicht nur ein effizienter organisatorischer Ablauf des Handelsgeschehens angesprochen, sondern auch die Bereitstellung von Liquidität und Transparenz, um die Preis- bzw. Signalwirkung von Preisen sicherzustellen. Finanzmärkte müssen fair, effizient (prozessual bzw. organisatorisch) und transparent sein, damit alle Marktteilnehmer „Zugang" zu den besten verfügbaren Preisen haben. Sie müssen umgehend neue Informationen in die Kurse inkooperieren (informative Effizienz) und Risiken adäquat abbilden (IOSCO (Hrsg.), 2011, S. 8 f.).

Um die Bedingungen und Voraussetzungen von integren und fairen Märkten analysieren zu können, wird hier auf Merkmale und Indikatoren von Märkten zurückgegriffen. Natürlich bestehen Interdependenzen zwischen den einzelnen Indikatoren, die auf Integrität, Fairness und Effizienz an Finanzmärkten hindeuten. Hier sollen diese Bedingungen bzw. Merkmale, die auf eine funktionierende und faire Handelsordnungen hinweisen, jedoch aus analytischen Gründen einzeln behandelt werden.

### 7.2.1 Marktliquidität

Mit Liquidität ist die Fähigkeit der Finanzmärkte gemeint, einen Vermögensgegenstand ohne signifikante und außergewöhnliche Preiseffekte jederzeit kaufen oder verkaufen zu können (International Organization of Securities Commissions (IOSCO) (Hrsg.), 2011, S. 7 ff.). Eine hohe Liquidität sollte folglich c. p. zu einer niedrigen Volatilität bzw. weniger Preissprünge an den Finanzmärkten führen. Das geringere Risiko von hohen Preissprüngen ist auch der Grund, warum an liquiden Märkten engere Bid/Ask-Spreads gestellt werden (Burghof, Koch, Schroff, & Spankowski, 2014, S. 45). Bei liquiden Märkten gibt es ausreichend Angebot und Nachfrage im Orderbuch, wobei die Liquidität i. d. R. mittels Preisfeststellungen und Umsätzen bestimmt wird. Das Ausmaß an Liquidität hängt i. W. von dem Handelssubjekt, der Handelsplattform den Börsenusancen sowie der genutzten Strategie bzw. der Haltungsdauer der Orders ab (Jones, 2013, S. 17). In der Literatur existiert keine einheitliche Auffassung darüber, was zur Schaffung von Liquidität beiträgt.

Typischerweise übernehmen an Finanzmärkten Market Maker die Preisstellung für Angebot und Nachfrage, insbesondere in weniger liquiden Märkten. Liquidität an den Finanzmärkten hat insofern eine wichtige Aufgabe für die Allokation von Kapital in einer Volkswirtschaft, da die Preissignale kaum oder nicht verzerrt sind. Market Makern, die Liquidität an den Märkten zur Verfügung stellen, kommt somit eine besondere Verantwortung zu. Denn je liquider der Markt ist, desto besser können Transkationen ohne Preiswirkung kostengünstig und schnell durchgeführt werden. Liquidität repräsentiert dabei verschiedene Aspekte: die Marktbreite (Unterschied zwischen Kauf- und Verkaufspreis bzw. die Geld-Brief-Spanne), die Markttiefe (Volumen der Aufträge im Orderbuch), die Unmittelbarkeit (Geschwindigkeit der Orderausführung) und die Widerstandsfähigkeit (Finanzmarktstabilität) (Bank für Internationalen Zahlungsausgleich (BIZ) (Hrsg.), 2004, S. 80; International Organization of Securities Commissions (IOSCO) (Hrsg.), 2011, S. 7). Liquide Märkte verfügen mithin über Markttiefe, Marktbreite und Resilienz, um jederzeit Aufträge ohne Preissprünge ausführen zu können, auch in volatileren Marktphasen (Oesterhelweg & Schiereck, 1993, S. 1–4). Zwischen diesen Aspekten bestehen wiederum Wechselwirkungen (Bank für Internationalen Zahlungsausgleich (BIZ) (Hrsg.), 2004, S. 80). Market Maker sind insofern ein entscheidender Akteur in der Microstruktur von Börsen.

Die reine Orderzahl oder das Ordervolumen gibt noch keinen abschließenden Hinweis auf die Liquidität eines Marktes. Denn i. d. R. ist nicht eindeutig, ob ein „Mehr" an Liquidität auch ein „Mehr" an qualitativ hochwertiger Liquidität im Sinne einer Markttiefe darstellt (Deutsche Bundesbank (Hrsg.), 2016, S. 60 f.). Zu ähnlichen Ergebnissen kommen Jones (2013, S. 1 f.) und Cochrane (2014, o. S.). Zwar sind Orderzahl und Handelsvolumina erste Indikatoren für die Liquidität, es gibt aber erst das Orderbuch Auskunft über die echte Liquidität im Markt, die auch als Markttiefe bezeichnet wird. Es sind folglich Volumina von Angebot und Nachfrage auf beiden Seiten des Orderbuchs, die die Tiefe eines Marktes und damit seine eigentliche Liquidität beschreiben (Cochrane, 2012, o. S.).

HFT muss in Bezug auf Liquidität ambivalent betrachtet werden. Einige Autoren argumentieren, dass HFT zu einer Erhöhung der Effizienzen auf den Märkten und zu einer Verbesserung der Transparenz und damit der Liquidität beiträgt (Bell, 2013, S. 3 f.): „One of the greatest benefits of HFT is that it results in improved market liquidity and reduce costs to investors. HFT improves liquidity by reducing spreads through 'market making (…). In this case [kein Ausgleich der Orders, Anm. d. Verf.] HFT adds value to the market because HFT participants are able to buy the security at the point in time when the seller wishes to sell and then sell that same security to another buyer when she enters the market" (Bell, 2013, S. 7; auch: Steliaros, 2021, S. 1 ff.). Nagel führt hierzu Folgendes aus: Seitens der HFT-Akteure und Börsenbetreiber wird in der Regel betont, dass HFT per Saldo die Marktliquidität und Effizienz bei der Preisfindung spürbar verbessere (Nagel, 2012, o. S.). Durch den Einsatz hochentwickelter Technologie und schneller Handelsalgorithmen können HFT-Unternehmen große Mengen von Wertpapieren in Bruchteilen von Sekunden kaufen und verkaufen. Brogaard, Hendershott und Riordan (2014, S. 2267–2306) heben hervor, dass die schnellsten Händler auf dem NASDAQ OMX-Markt (d. h. diejenigen, die ein optionales Geschwindigkeits-Upgrade abonniert haben) in erster Linie als Market Maker agieren und die Liquiditätsversorgung verbessern. Dies liegt daran, dass Market Marker zur Stellung von Kursen für andere Marktteilnehmer verpflichtet sind. Es wird argumentiert, dass das Geschwindigkeits-Upgrade von Market Makern zur Verbesserung der Bestandsverwaltung (der Positionsverwaltung in Form des Risikomanagements) und nicht für den Handel mit kurzlebigen Informationen genutzt wird (Brogaard, Hendershott & Riordan, 2014, S. 2267–2306). Die HFT-Market-Maker tragen somit dazu bei, eine große Zahl von Aufträgen in den Markt zu halten, was wiederum die Liquidität erhöht. Eine höhere Liquidität kann zu niedrigeren Handelskosten führen, was für die Marktteilnehmer von Vorteil ist (Radanovic, 2017, o. S.). Demnach profitiere die Mehrzahl der Investoren von reduzierten Bid-Ask-Spreads, einem üblichen Indikator für Liquidität.

HFT-Firmen agieren häufig als Market Maker und stellen kontinuierlich Kauf- und Verkaufsangebote ein. Dank der hohen Geschwindigkeit, mit der sie handeln, können sie sehr enge Spreads anbieten, da sie in der Lage sind, sehr schnell auf Marktveränderungen zu reagieren und Risiken effizient zu managen. Dies führt zu einer Reduzierung der Transaktionskosten für andere Marktteilnehmer, was c. p. die Liquidität erhöht. Diese Feststellung wird von mehreren wissenschaftlichen Arbeiten, in denen Datenmaterial der Jahre 2001 bis 2009 verwendet wurde, gestützt. Beispielsweise zeigt eine Studie, dass in den USA mehr als 50 Prozent der besten Bids und Asks von HFT-Akteuren gestellt wurden (Bell, 2013, S. 7 ff.). Bell (2013, S. 7) untersuchte die Wirkungen von HFT auf die Märkte im Zusammenhang mit Liquidität und kommt zum Ergebnis, dass „one of the greatest benefits of HFT is that it results in improved market liquidity and reduce costs to investors". Baron et al. sehen einen Schwerpunkt auf der Verbesserung der Liquidität an Finanzmärkten durch HFT, die für eine Optimierung der Preisbildung und eine Ausbalancierung des Angebots sorgt (Baron, Brogaard, & Kirlenko, 2011/2014, S. 42; auch: Bell, 2013, S. 1; auch: Jones, 2013, S. 1 f. und 15–23; auch: Cochrane, 2014, o. S.; auch: Gai, Yao, & Ye, 2013, Abstract; McEachern, 2009, o. S.). Dabei dürften insbesondere HF-Market Maker angesprochen sein, denen eine positive Wirkung auf die Liquidität an den Märkten unterstellt werden kann. Market Maker setzen i. d. R. Limit Orders, die im Orderbuch der Börse stehen, weshalb Limit Orders als liquiditätsspendend gelten (IOSCO (Hrsg.), 2011, S. 17; Avellaneda, & Stoikov, 2008, S. 217f).

Im Gegensatz dazu sind Market Orders liquiditätsverzehrend (Huh, 2014, S. 2). Da HFT auf Geschwindigkeit angelegt ist, liegt es in der Natur der Sache, dass von Nicht-Market Maker HFT (aktive) Market-Orders gesetzt werden. Theoretische Modelle zeigen laut Breckenfelder (2019, S. 28 ff.), dass der Wettbewerb zwischen HFTs der Marktliquidität abträglich ist. Breckenfelder hat diese theoretischen Vorhersagen empirisch überprüft, indem er analysiert hat, wie sich der Wettbewerb auf den HFT-Handel und die Marktqualität auswirken. Konkret hat er die Auswirkungen der europäische Tick Size Reform der Federation of European Securities Exchanges (FESE) aus dem Jahr 2009 untersucht, bei der die Tick Sizes bei Aktien, aber nicht bei allen, reduziert wurden. Da spekulative Strategien mit aktiven Orderplatzierungen, die typischerweise Liquidität verbrauchen anstatt diese zu spenden, die Märkte prägen und damit ein „mehr" an Marktteilnehmern quasi „automatisch" zu mehr spekulativen (aktiven) und somit Liquidität nutzenden Strategien an den Märkt führt, wird dieser Effekt durch HFT verstärkt. Je mehr HFT-Händler am Markt teilnehmen und auf spekulative Strategien zurückgreifen, desto stärker dürfte dieser (negative) Liquiditäts-Effekt sein (Breckenfelder, 2019, S. 1–8). Demnach verschlechtert sich die Marktqualität, wie Spreads, Volatilität, Marktliquidität und -tiefe, infolge des verstärkten spekulativen Hochfrequenzhandels (Breckenfelder, 2019, S. 1–29). Auch Budish et al. (Budish, Crampton, & Shim, 2015, S. 1547–1621) zeigen auf, dass zunehmender HFT-Wettbewerb schädlich für Liquidität sein kann, während Menkveld und Zoican (Menkveld, & Zoican, 2017, S. 1188–1228) einen negativen Einfluss von HFT auf die Bid/Ask-Spannen nachweisen.

Darüber hinaus agiert HFT mit Limit Orders auf Basis von beispielsweise Duplizität, die aber in hohem Ausmaß wieder gelöscht werden (Rosov, 2015, S. 5; Rosov, & Dick, 2015, S. 2). In der Literatur wird diese Art von Liquidität auch als „Geisterliquidität" diskutiert, die zum einen auf die Fragmentierung der Märkte und zum anderen auf die Strategien verschiedener Händler, Orders an verschiedenen Handelsplattformen zu platzieren, um die Wahrscheinlichkeit einer

Ausführung zu erhöhen, zurückzuführen ist. Wird die Order dann an einem Börsenplatz ausgeführt, werden die Aufträge an den anderen Plattformen gelöscht. Die beobachtete aggregierte Liquidität im Orderbuch dürfte aufgrund dieser Duplizität der Aufträge strukturell höher sein als die tatsächliche Liquidität im Markt. Allerdings birgt diese Duplizierung der Orders das Risiko der mehrfachen Ausführung. Daher ist Geschwindigkeit, mit deren Hilfe die überzähligen Orders gecancelt werden können, nachdem ein Auftrag ausgeführt wurde, von entscheidender Bedeutung. Nur der Hochfrequenzhandel kann (fast) risikofrei mehrere gleiche Orders an verschiedenen Börsenplätzen aufgeben und gegebenenfalls schnell wieder löschen. Schlussendlich bedeutet dies, dass Geisterliquidität zwar im Orderbuch aufgeführt ist, jedoch nicht zur Verfügung steht, wenn sie genutzt werden will. Erst recht können langsamere Händler nicht aufgrund dieser Liquidität handeln, also Aufträge ausführen (Degryse, Hans, Winne, Rudy de, Gresse, Carole, Payne, Richard, & Cross-Venue, S. 1–4).

Van Kervel findet in einer Untersuchung des FTSE 100 an den Handelsplattformen LSE, Chi-X, BATS, Turquoise und NASDAQ OMX Europe, dass beim Settlement einer Order an einer Börse an den anderen Börsenplätzen in signifikantem Umfang Orders gelöscht werden. Die im Handelsbuch angezeigte Liquidität ist folglich viel höher als das tatsächliche Handelsvolumen (Kervel, & Vincent van, 2012, S. 18–21). Kirilenko und Lo kommen ebenfalls zu einem differenzierten Urteil über die Liquiditätswirkungen von HFT. Sie argumentieren, dass es nicht als Regel angesehen werden kann, dass HFT wie klassische Market Maker Liquidität bereitstellt. Denn die HF-Händler, die keine Liquidität über passive Strategien und das Orderbuch bereitstellen, sondern ihren Geschwindigkeitsvorteil ausnutzen, arbeiten am profitabelsten. Dabei steigt die Profitabilität mit der Aggressivität der Liquidität verzehrenden Strategien (Kirilenko, & Lo, 2013, S. 60).

Jedoch bedarf es auch hier einer Betrachtung der einzelnen Handelsstrategie von HFT. Manche HFT-Strategien täuschen Liquidität nur vor, wenn sie Orders ins Orderbuch stellen, diese aber wieder stornieren, sobald entsprechende Gegengeschäfte den Markt erreichen. Andere Strategien handeln erst bei ohnehin ausreichender Liquidität und ziehen sich zurück, steigt die Volatilität an. Der Effekt der vordergründigen Liquiditätsgenerierung durch HFT kann auch durch die Anwendung bestimmter aktiver Strategien, die jedoch als marktmanipulierende Strategien eingestuft sind (Gresser, 2018b, S. 19 f.; Tse, Lin, & Vincent, 2012 (a), S. 1–6; Tse, Lin, & Vincent, 2012 (b), S. 1–9), erreicht werden (Kirilenko, Kyle, Samadi, & Tuzun, 2017, S. 967–998). Aber diese marktmanipulierenden (illegale) Strategien – dazu zählen z. B. das Pinging, das Spoofing, das Quote Stuffing sowie das Sniffing (Kirilenko, Kyle, Samadi, & Tuzun, 2017,

S. 967–998; Baron, Brogaard, & Kirlenko, 2011/2014, S. 16–42; Ehrenhauser, 2018, S. 61–130) – können dazu führen, dass dem Markt zwar Liquidität „präsentiert", aber letztlich entzogen wird. Dies wiederum macht es für Aufsichtsbehörden notwendig, nicht nur die Marktliquidität, sondern auch Markttiefe und somit die Marktintegrität im Blick zu behalten. In der Konsequenz bedeutet dies, dass die Sicherung der Stabilität der Märkte einer geeigneten Rahmenbildung bedarf, durch die (a) externe Verpflichtungen wie Verhaltensregeln, aber auch (b) aufsichtsrechtliche Vorgaben erreicht werden können (Deutsche Bundesbank (Hrsg.), 2018, S. 15; Bouveret, Breuer, Chen, Jones, & Sasaki, 2015, S. 21; Norges Bank Investment Management (NBIM) (Hrsg.), 2013, S. 1).

(Markt-)Liquidität im Sinne von Markttiefe bedeutet folglich, „that there is a bid/offer on the other side when I need it, for the amount I need it (market depth) at reasonable level (market breath)" (Sornette, & von der Becke, 2011, S. 1 ff.; auch: International Organization of Securities Commissions (IOSCO) (Hrsg.), 2011, S. 11 f.). Hierbei wird argumentiert, dass der Einsatz von nicht manipulativen, passiven HFT-Strategien die Liquiditätsbereitstellung auch in volatilen Marktphasen sicherstellen kann, was wiederum für den Gesamtnutzen des Marktes von entscheidender Bedeutung ist. Im Gegensatz zu aktiven Strategien konzentrieren sich passive HFT-Strategien darauf, Liquidität bereitzustellen. Passive HFT-Market Maker stellen kontinuierlich Kauf- und Verkaufsangebote (sog. Bid und Ask) bereit, wodurch sie zur Marktliquidität beitragen. Diese Strategien zielen nicht darauf ab, Preisbewegungen auszunutzen, sondern verdienen an der Spanne zwischen dem Kauf- und Verkaufspreis – dem Spread (Baron, Brogaard, Hagströmer, & Kirilenko, 2019, S. 995–1001). Durch das kontinuierliche Anbieten von Kauf- und Verkaufspositionen tragen sie (die passiven Strategien) dazu bei, die Liquidität aufrechtzuerhalten, was wiederum die Markteffizienz und Stabilität unterstützt (Deutsche Bundesbank (Hrsg.), 2016, S. 37–61).

Als Zwischenfazit kann demnach festgehalten werden, dass Liquidität nicht nur in Form von Orderaufkommen oder Handelsvolumina gemessen werden sollte, sondern, dass das Orderbuch für die Markttiefe und Stabilität von Märkten wichtig ist. Hier spielen Market Maker und zunehmend auch HF-Marker Maker eine wichtige Rolle. Nicht Market Making-HFT steht aber im Verdacht, Liquidität zu verbrauchen und in einigen Fällen sogar durch Ordersetzung und Stornierung vorzutäuschen.

Ein weiterer Aspekt besteht in der Zersplitterung und Fragmentierung von Märkten. Die Liberalisierung und Deregulierung der Börsenlandschaft haben zu einer Fragmentierung des Handels auf verschiedene Börsen und Handelsplattformen (Börsen, Alternative Trading Systems, Multilateral Trading Facilities, Internal Crossing Networks) geführt. Zwar ist das absolute Handelsvolumen gestiegen, es verteilt sich aber auf mehrere Handelsplätze (Adrian, 2016, S. 257). Die Börsen und Handelsplattformen konkurrieren um Aufträge und Handelsvolumen, was durch den technologischen Fortschritt verstärkt wurde (International Organization of Securities Commissions (IOSCO) (Hrsg.), 2011, S. 14–19). Diese Fragmentierung des Marktes hat HFT in der heutigen Form erst möglich gemacht. Zwar hat der Gesetzgeber bzw. haben die Aufsichtsbehörden Regeln wie „Best Execution" in Europa oder „National Best Bid and Offer" in den USA zum Schutz von Anlegern gegen die unvorteilhafte Preisstellungen beschlossen, jedoch sind es HFT, die mit ihrer hohen Geschwindigkeit, mit der Informationen aufgedeckt und analysiert sowie Orders gesetzt werden, die Märkte über verschiedene Lokationen und Instrumente (Underlying und Derivate) zusammenführen. HFT ist insofern über Arbitrage gleichzeitig Profiteur, aber auch Garant für ein hohes Handelsaufkommen und effiziente Preisbildungsprozesse an den Märkten (Cartea, & Penalva, 2012, S. 13–30). Die Ambivalenz steckt in der Tatsache, dass Arbitrage zwar grundsätzlich als effizient angesehen werden kann, sich HFT aber gleichzeitig bei Groß- bzw. Blockorders, die auf mehrere Börsenplätze verteilt werden, vor die „langsameren" Marktakteure drängen kann (Ahmed, Chai, Ding, Jiang, & Sun, 2009, S. 1–26). Beispielsweise werden in Stresssituationen typischerweise Indizes und besonders Derivate auf Indizes schneller gehandelt als die Underlyings. Der Hochfrequenzhandel kann wiederum den Zeitverzug zwischen Index- bzw. Derivatehandel auf den Index und den zugrundeliegenden Underlyings nutzen, um entsprechenden Profit aus der Latenz der Market Maker zu ziehen. Huth zeigt, dass bei einem Anstieg der Marktvolatilität um eine Standardabweichung, das Maß der Informationsasymmetrie um 0,86 Standardabweichungen steigt und die Liquiditätsauffüllung um 0,67 Standardabweichungen abnimmt oder alternativ um rund 20 Prozent zunimmt bzw. um 10 Prozent abnimmt (Huh, 2014, S. 4). Der HFT handelt folglich die Underlyings, bevor Anleger oder Market Maker eine Chance hatten, die Limite anzupassen (Radanovic, 2017, o. S.). Dieses in der Literatur mitunter als parasitär beschriebenes Verhalten ist besonders evident, wenn in besonderen Situationen die Volatilität hoch ist und Indizes deutlich schneller an eine neue Informationslage angepasst werden als Einzeltitel (Adrian, 2016, S. 256–279; Mildenberger, 2023, S. 369–383, Huh, 2014, S. 2, Radanovic, 2017, o. S.).

Eine weitere Thematik, die in der Literatur diskutiert wird, ist die sog. „Resilient Liquidity". Hierunter wird Liquidität verstanden, die benötigt wird, um Marktschocks zu verhindern. Insbesondere in Situationen bzw. bei Meldungen, auf die der Markt sehr volatil reagiert– so die Kritiker –, stellt Nicht-Market-Maker-HFT den Handel ein und folglich auch keine Liquidität zur Verfügung (International Organization of Securities Commissions (IOSCO) (Hrsg.), 2011,

S. 1 ff.). Auch Malceniece, Malcenieks und Putniņš (2019, S. 381–399) stellen fest, dass Nicht-Market-Maker-HFT in Zeiten von Marktstress weniger Quotes und Liquidität bereitstellen. Im Gegenteil, bei zu hoher Volatilität ziehen sich HFT zurück, da das Risiko von (Verlust-)Positionen aufgrund höherer Preissprüngen im Markt zu groß ist. Anders formuliert: Der Rückzug von HFT bei hoher Volatilität kann aufgrund des geringeren Handelsvolumens zu einer Verstärkung der Volatilität bis hin zum Flash Crash führen. Stiglitz spricht dabei von Liquidität durch Hochfrequenzhandel, die künstlich erscheint, in Wirklichkeit aber nicht vorhanden ist, wenn sie benötigt wird (Stiglitz, 2014, o. S.). HFT kann somit in sehr volatilen Marktsituationen zu einer Marktdestabilisierung führen, da sich der Hochfrequenzhandel bei zu hoher Volatilität aus dem Markt zurückzieht (Nagel, 2012, o. S.). Es kommt folglich insbesondere in volatilen Marktphasen nicht nur auf Liquidität an, sondern ebenso auf die Markttiefe, damit die Liquidität auch in Stressphasen gegeben ist, um Schocks absorbieren zu können (Aït-Sahalia, & Saglam, 2013, S. 21–40; Bundesbank (Hrsg.), 2016, S. 38 f.).

Huth (2014, S. 3 ff.) und Breckenfelder (2019, S. 2–29) kommen zu ähnlichen Ergebnissen, argumentieren jedoch über die Spreads, die Market Maker zur Risikoreduzierung erhöhen müssen, wenn sie schnellere Händler im Markt erwarten (vgl. 7.2.2). Die weiteren Spreads führen wiederum nicht nur zu höheren Transaktionskosten, sondern auch zu weniger Quotes im Orderbuch. Im Ergebnis wird der Markt weniger liquide. Zwar darf den schnelleren HFT unterstellt werden, dass Arbitragemöglichkeit reduziert und Liquidität bereitgestellt wird, was wiederum zur Folge hat, dass Marktreaktionen schneller und zu besseren Preisen abgewickelt werden können. Jedoch erscheint dieser Aspekt nur vordergründig gegeben, da die breiteren Spreads c. p. Liquidität reduzieren und gut informierte fundamental orientierte Investoren aus dem Markt drängen. Es existiert folglich ein Trade-off zwischen Geschwindigkeit und Informationseffizienz (Baldauf, & Mollner, 2019, o. S.). Einige Autoren sprechen in diesem Zusammenhang von toxischer Arbitrage, die zu einer signifikanten Ausweitung der Spreads und zu weniger (informations-)effizienten Märkten führen kann (Foucault, Kozhan, & Tham, 2015, S. 1–7).

Grundsätzlich kann eine höhere Liquidität somit dazu beitragen, dass Preise schneller angepasst werden, dass es mehr Teilnehmer auf dem Markt gibt, die aktiv handeln und Informationen über Vermögenswerte und Marktentwicklung erhalten, was dann wiederum zur erwähnten verbesserten Informationseffizienz führt. In Summe kann somit eine höhere Liquidität dazu beitragen, dass die Preise auf den Märkten effizienter und genauer abgebildet werden. Im Rahmen der Allokation von Kapital als zentrale Börsenfunktion kann die Liquiditätsgenerierung dazu führen, dass die Börsen ihre Aufgaben besser – also zum Nutzen der Realwirtschaft – erfüllen können (Chung, & Lee, 2016, S. 15; Morelli, 2016, S. 4 ff.).

Allerdings werfen neue Studien Zweifel daran auf, dass HFT grundsätzlich die Marktfunktionen verbessert. Sie kommen zu HFT-kritischen Ergebnissen (Nagel, 2012, o. S.; Chung, & Lee, 2016, S. 15; Morelli, 2016, S. 4). Beispielsweise gibt es Anzeichen dafür, dass sich HFT insbesondere in sehr volatilen Marktsituationen als heikel – im Sinne einer zusätzlichen Marktdestabilisierung – erweisen könnte (Nagel, 2012, o. S.). Andere Studien gehen davon aus, dass HFT nicht konsequent zur Verbesserung der Marktqualität beiträgt (Jones, 2013, S. 2). Dies gilt insbesondere im Falle der hohen Volatilität an den Märkten. Es kann – so diese Studien – nicht generell ausgeschlossen werden, dass bei bestimmten Marktbedingungen HFT zu extremen Bewegungen an den Märkten führen kann und die Funktion von Finanzmärkten im Hinblick auf ihre Liquidität und damit der Finanzstabilität gefährden kann. Die Studien zeigen, dass HFT unter bestimmten Marktbedingungen tatsächlich die Stabilität und Liquidität der Finanzmärkte gefährden kann. Insbesondere bei hoher Volatilität neigt HFT dazu, schnelle und extreme Preisbewegungen zu verstärken, was zu einem Anstieg der Marktunsicherheit führen kann. Dies widerspricht der Annahme, dass HFT stets zur Verbesserung der Marktqualität beiträgt, da in solchen volatilen Phasen die Liquidität eher abnimmt und das Risiko von Marktinstabilitäten steigt (Chung, & Lee, 2016, S. 15; Morelli, 2016, S. 4). Daher heißt es im HFT-Kontext nicht überraschend: „The effects of HFT over liquidity are under an on-going debate without clear answer" (Jones, 2013, S. 17). Da Liquidität aber die Grundvoraussetzung für geringe Spreads, für niedrigere Volatilität und letztlich auch für die Informationseffizienz, mithin der Funktionsfähigkeit von Finanzmärkten ist, steht ihre Gewährleistung im Zentrum der regulatorischen Bemühungen.

### 7.2.2 Marktintegrität und Markttiefe

Markttiefe ist ein wichtiger Indikator für die Liquidität von Märkten. Sie beschreibt nicht das Handelsvolumen, an der Liquidität vordergründig i. d. R. festgemacht wird, sondern die Menge und das Volumen an (passiven) Limit-Ordern, die im Orderbuch stehen. Markttiefe ist die Fähigkeit des Marktes, große Aufträge ohne signifikante Preisbewegungen abzuwickeln (Weygand, 2009, o. S.). Die Tiefe des Orderbuchs ist von großer Bedeutung für die Finanzmärkte. Das Orderbuch zeigt, wie hoch und zu welchen Preisen Nachfrage bzw. Angebot nach einem bestimmten Vermögensgegenstand bestehen. Der Ask-Preis ist der Mindestpreis, zu dem ein Verkäufer bereit ist, eine bestimmte Menge zu verkaufen, während der Bid-Preis der Höchstkurs ist, zu dem ein Käufer ein festgesetztes Volumen verkaufen möchte. Die Differenz zwischen Bid- und Ask-Preis ist der Spread. Von Befüllung und Tiefe des Orderbuchs sind entsprechend Spreads und Volatilität abhängig (Bank für Internationalen Zahlungsausgleich (BIZ) (Hrsg.), 2004, S. 80; Rosov, 2015, S. 5).

Orderbuch und Markttiefe zeigen mithin ein realistisches Bild der Marktsituation eines Finanzinstrumentes, also die Angebots- und Nachfragedynamik. Die Markttiefe ist ein grundlegender Aspekt für das Verständnis von Marktdynamik und Orderfluss. HFT analysiert das Orderbuch in Sekundenbruchteilen, um Rückschlüsse auf die Marktsituation, in Bezug auf Angebot und Nachfrage zu ziehen. Insbesondere werden Muster im Orderbuch identifiziert. Beispielsweise erkennen HFT-Algorithmen, ob die Nachfrage größer ist als das Angebot. und kaufen infolgedessen den Vermögenswert, um ihn unverzüglich zu einem leicht höheren Preis dem Interessenten anbieten zu können. HFT nutzt insofern die Informationen des Orderbuchs für eigene Strategien. Jedoch setzen HFT auch Limit-Order in das Orderbuch, um anderen Händlern Angebot- oder Nachfrage zu suggerieren. Algorithmen platzieren und stornieren mit hoher Geschwindigkeit und Frequenz Aufträge, um die Marktsituation zu testen, andere Teilnehmer zu einer Reaktion zu provozieren und darauf zu reagieren. Hier schafft HFT Markttiefe und Liquidität, aber nur dann, wenn die Orders nicht bei einer Reaktion umgehend gelöscht werden, was üblicherweise geschieht. Während folglich HFT scheinbar die Markttiefe erhöht, kann das HFT auch zu einem „unzuverlässigen" Handelsbuch führen.

Darüber hinaus zieht sich HFT typischerweise bei höherer Volatilität aus dem Markt zurück. Auch dieser Rückzug beeinflusst das Orderbuch und, Markttiefe, Liquidität und Volatilität (International Organization of Securities Commissions (IOSCO) (Hrsg.), 2011, S. 1 ff.). HFT neigen zum einen dazu, sich bei höherer Volatilität im Markt zurückzuziehen und zum anderen eine Scheinliquidität zu spenden, indem Limit-Orders in das Orderbuch gestellt, aber wieder storniert werden (Bongaerts, & Van Achter, 2015, S. 8–14). Insbesondere bei höherer Dynamik in Märkten und Preisbewegungen zieht sich HFT folglich aufgrund der gestiegenen Risiken aus den Märkten zurück. Dabei präsentiert Markttiefe eben nicht nur vordergründige Liquidität, sondern als Fähigkeit des Marktes, auch in Stresssituationen einen liquiden Handel zu gewährleisten (Bundesbank (Hrsg.), 2016, S. 50). HFT-Märkte sind daher häufig nur „oberflächlich liquide", haben aber keine oder nur eine sehr geringe Markttiefe.

Mit anderen Worten: Hohe HFT-Marktaktivitäten führen zu hohen Orderzahlen, aber noch nicht notwendigerweise zu mehr Markttiefe. Denn die Markttiefe und -integrität verbessern sich erst unter der Voraussetzung, dass die Orders auch zur Ausführung kommen. Eine derartige Verbesserung der Markttiefe kann sich dann wiederum positiv auf die Handelsaktivität auf den HFT-Märkten auswirken (Bouveret, Breuer, Chen, Jones, & Sasaki, 2015, S. 22). Schadhaft wirkt allerdings die bereits angesprochene schnelle Streichung bzw. Glattstellung von Orders. Die Wirkung einer dauerhaften Verbesserung der Markttiefe und -integration wird nicht erreicht (International Organization of Securities Commissions (IOSCO) (Hrsg.), 2011, S. 17 ff.).

Bei den Auswirkungen von HFT auf die Markttiefe und insbesondere die Marktintegrität ist zwischen den von HFT eingesetzten Strategien zu differenzieren. Marktintegrität unterliegt nämlich der Gefahr der Marktmanipulation z. B. über Spoofing oder Layering End-of-Day Manipulation sowie der Entstehung systemischer Risiken (Cumming, Zhan, & Aitken, 2012, S. 2–19; Aitken, Cumming, &, Zhan, 2015, S. 330–349) – d. h., HFT kann zur Instabilität der Finanzmärkte beitragen, da die Geschwindigkeit und das Volumen der Trades die Märkte überfordern und zu systemischen Risiken führen könnten. Ebenso muss die Gefahr erwähnt werden, dass HFT die Preise von den fundamentalen Werten ablenken kann, was ebenfalls die Marktintegrität in Frage stellen kann (International Organization of Securities Commissions (IOSCO) (Hrsg.), 2011, S. 1 ff.). Allgemein anerkannt scheint: Je mehr manipulative Strategien angewendet werden, desto stärker sind die Markttiefe und -integrität gefährdet bzw. können diese von HFT im Sinne des jeweiligen Händlers beeinflusst werden, um den individuellen Profit zu maximieren: „Von verschiedenen Seiten wird diese Form des Handels [HFT, Anm. d. Verf.], bei dem mit spezieller Software ausgestattete Hochleistungscomputer im Millisekunden-Bereich Fake-Orders [über manipulative Strategien, Anm. d. Verf.] in Orderbücher stellen, um den Gehalt der Markttiefe auszuspionieren, scharf kritisiert“ (Weygand, 2009, o. S.). Gleiche Effekte könne sich bei Strategien zeigen, die die Märkte mit Orders fluten, um andere Händler in ihren Handlungen einzuschränken oder diese vollständig vom Markt zu verdrängen. Daher fordert die IOSCO eine „Toolbox“ für die Regulierung von HFT (International Organization of Securities Commissions (IOSCO) (Hrsg.), 2011, S. 7).

Ein weiterer Aspekt, der verschiedene Indikatoren und somit den Gesamtmarkt bzw. dessen Funktionsfähigkeit und Integrität betreffen, wird von Breckenfelder besprochen. Breckenfelder (2020, o. S.) argumentiert, dass Market Maker, die befürchten müssen, von HFT ausgenutzt zu werden, einen Risikoaufschlag auf die Bid/Ask-Spreads erheben. Denn unstrittig erscheint, dass – unabhängig von der grundsätzlichen Geschwindigkeit – Market Maker, die schneller Kontrahenten hinsichtlich Informationsbeschaffung und -verarbeitung erwarten, aus

Gründen des Risikomanagements höhere Spreads stellen (Avellaneda, & Stoikov, 2008, S. 223 f.). Zu ähnlichen Ergebnissen kommt Huh (2014, S. 3 ff.). Er zeigt, dass Market Maker (HFT und noch mehr Nicht-HFT) (a) breitere Spreads und (b) weniger Quotes und damit Liquidität bzw. Markttiefe bereitstellen, wenn sie befürchten müssen, dass andere noch schnellere Marktteilnehmer besser informiert sind und diesen Informationsvorsprung schneller umsetzen können. Die höheren Risikoaufschläge in Form von weiteren Spreads führen aber nicht nur zu weniger Quotes und höherer Volatilität, sondern c. p. auch zum Rückzug fundamental orientierter Marktteilnehmer und damit einer geringeren Informationseffizienz der Kurse. Der höhere Spread und die gestiegene Volatilität senken nämlich die Profitchancen langsamer, aber gut informierter Anleger (Breckenfelder, 2022, S. 1–4). Die Kosten der Informationsbeschaffung übersteigen mitunter die erwarteten Gewinne, da HFT zu Lasten der Nicht-HFT-Anleger Gewinne abschöpfen (Brogaard, 2019, S. 4 ff.; Breckenfelder, 2020, S. 1–4). Die Gewinnpotenziale aus der Geschwindigkeitsasymmetrie zwischen schnellen HFT und „normalen" Händlern steigen für HFT, während das Risiko für Market Maker zunimmt (International Organization of Securities Commissions (IOSCO) (Hrsg.), 2011, S. 17 ff.): „The winner takes it all". Des Weiteren werden die Händler mit höheren Latenzzeiten von Lit-Markets in Dark-Pools abwandern, da sie verhindern wollen, systematisch übervorteilt zu werden. Insgesamt fallen Kosten in Form niedrigerer Markttiefe, höheren Transaktionskosten, geringerem Informationsgehalt der Kurse und adverser Selektion an (Brogaard, Hendershott, & Ricordan, 2019, S. 1621–1658; Easley, Lopez de Prado, & O'Hara, 2012, S. 13 f.; Tong, 2013, S. 14 f.). Insofern sind die zur Verfügung stehenden technischen Ressourcen entscheidend für den Erfolg. Langsamere Händler mit hohem Aufwand der Informationsbeschaffung und-verarbeitung scheiden aus dem Markt aus und der Markt wird „ärmer" an fundamentalen Informationen. Dies kann bei erhöhter Volatilität, bei der die Spreads noch einmal steigen, zu destabilisierenden Wirkungen für den Markt führen und die Marktintegrität nachhaltig beschädigen.

Marktintegrität bedeutet, dass Märkte fair, geordnet und effektiv funktionieren, damit Marktteilnehmer Vertrauen in die Märkte und das Marktgeschehen haben können (International Organization of Securities Commission (IOSCO) (Hrsg.), 2011, S. 8). Die Integrität des Marktes ist durch HFT auf verschiedene Weise erschüttert. Zu nennen sind beispielsweise der hohe Verlust aufgrund automatisierten algorithmischen Handels von Knight Capital 2012 sowie die Strafe der SEC (SEC (Hrsg.), 2013, S. 1 ff.) oder der Flash Crash vom 06.05.2010, als der US-Aktienmarkt binnen gut 30 Minuten um 600 Punkte oder fast 10 Prozent fiel. Navinder Singh Sarao wurde Spoofing, also die Flutung des Marktes mit Orders und anschließender Stornierung, vorgeworfen. Andere Broker reagierten auf die Flut von Verkaufsaufträgen ebenfalls mit Verkäufen, was den Crash perfekt machte. Die International Organization of Securities Commission (IOSCO) schrieb im Juli 2011, dass Algorithmen und HFT an dem Crash beteiligt waren (International Organization of Securities Commission (IOSCO) (Hrsg.), 2011, S. 8). Ein weiterer Baustein, der das Vertrauen in die Märkte erschüttert haben dürfte, war 2014 das Buch „Flash Boys“ von Michael Lewis. Lewis behauptet in seinem Bestseller, dass die US-Märkte manipuliert seien (Lewis, 2014, S. 1 ff.; Ankenbrand, 2014, o. S.).

Und tatsächlich setzt HFT mitunter manipulative Strategie ein. Diese sind zwar mittlerweile verboten, jedoch schwer zu identifizieren. Bei vielen Marktteilnehmern bleibt daher trotzdem die Mutmaßung, dass HFT-Gewinne auf ihre Kosten erzielen werden. Beispielsweise hat die SEC 2014 eine Hochfrequenzhandels-Firma an der New Yorker Wallstreet wegen Manipulation der Schlusskurse der NASDAQ bestraft (SEC (Hrsg.), 2014, o. S.; Cumming, Zhan, & Aitken, 2012, S. 2–19; Aitken, Cumming, &, Zhan, 2015, S. 330–349). Laut BaFin birgt HFT u. a. das Risiko, dass das Handelssystem überlastet wird (BaFin) (Hrsg.), 2019, o. S.).

Ein weiteres Thema sind die zunehmende Zusammenarbeit von Börsen und Hochfrequenzhändlern. Denn die Börsen suchen aufgrund der durch die Fragmentierung der Börsenlandschaft neue Einnahmequellen. Es gibt zwar kaum Daten oder Informationen von bzw. zum HFT, bekannt ist aber, dass HFT in großer Menge Aufträge an die Börse gibt, verändert oder löscht. Betreiber von HFT sind i. d. R. Hedge Funds oder große Investmentbanken, denen als Institutionen ohnehin ein gewisses Misstrauen entgegengebracht wird. Die enge Zusammenarbeit von Börsen und Marktteilnehmern, wie HFT, hat zwar zu neuen Einnahmequellen für die Börsen geführt (beispielsweise Co-Lokation, optimierte Leitungen, Zurverfügungstellung von Börsendaten usw.), jedoch auch potentielle Interessenkonflikte geschaffen (Contratto, 2014, S. 148). Der damalige Chef der Schweizer Börse SIX, Urs Rüegsegger, beschrieb die Zusammenarbeit wie folgt: „Ich würde lügen, wenn ich sagen würde, dass wir nicht im gleichen Dilemma stecken wie andere Börsen auch: Hochfrequenzhändler sind große Kunden von uns, aber diese Kunden sind eben nicht unproblematisch. Und zwar, weil sie die Stabilität des Börsenhandels anfällig machen können“ (Gomez, 2014, o. S.).

Die Zusammenhänge von HFT und den Eigenschaften von Finanzmärkten sind komplex und kontrovers. Dabei gilt, dass Liquiditäts- und Volatilitätswirkungen recht gut analysiert wurden, die Wirkung von HFT auf die Markttiefe aber noch nicht ausreichend betrachtet worden ist (Bijkerk, o. J., S. 10). Unstrittig ist allerdings, dass der Hochfrequenzhandel nicht nur einen großen Einfluss auf die Märkte sowie Markttiefe, Liquidität usw. hat, sondern auch auf den Markt.

Die Wirkungen sind maßgeblich und ambivalent (Aït-Sahalia, & Saglam, 2013, S. 41–52). Hierbei ist wichtig, nicht nur Fairness und Transparenz der Märkte, sondern auch deren Integrität und -Stabilität sicherzustellen (Ankenbrand, 2014, o. S.).

### 7.2.3 Volatilität

Grundsätzlich weist die Volatilität an Finanzmärkten die Häufigkeit und das Ausmaß von Preisveränderungen eines Finanzinstrumentes innerhalb eines bestimmten Zeitraumes aus. Volatilität ist somit ein Maß für Risiko (und Chance) an Finanzmärkten. Typischerweise wird sie durch das statistische Maß der Standardabweichung von Renditen eines Finanzinstrumentes gemessen (Ahlstedt, & Villysson, 2012, S. 4 f.; Walker, & Abramowicz, 2014, o. S.). Volatilität ist somit charakterisiert als „measure of the dispersant of returns" (Jones, 2013, S. 18). Die Volatilität kann aber auch als „implizite" Volatilität aus Finanzderivaten errechnet werden, bei denen sie ein Bestandteil der Preisberechnung ist. Sie bezieht sich dann auf die Erwartungen für künftige Schwankungen der Renditen. Es existiert ein enger Zusammenhang zwischen Liquidität und Volatilität, d. h., grundsätzlich sind liquide Märkte weniger volatil.

Allerdings kann eine höhere Volatilität auch Ausdruck einer schnellen Inkorporation neuer Informationen in die Marktkurse sein. HFT trägt insofern c. p. zur Verringerung der Volatilität bei, indem eine schnelle Reaktion auf Informations- und Preisabweichungen mittels Arbitragemöglichkeiten erfolgt. Durch den sofortigen Ausgleich von Preisanomalien bleibt die Preisentwicklung stabiler, was zu einem besseren Marktumfeld und einer geringeren Unsicherheit für Investoren führt. Eine hohe Volatilität kann somit einerseits als Signal für erhöhte Risiken verstanden werden, andererseits aber auch für eine höhere Informationseffizienz stehen. Studien bestätigen, dass HFT für eine schnellere Inkorporation von Informationen in den Preisen sorgen kann, was auf die schnelle Datenverarbeitung durch die und von den Algorithmen zurückgeführt wird. In Märkten mit HFT verbessert eine rasche Informationsverarbeitung die Markteffizienz, verhindert End-of-Day-Manipulationen und lässt technische Restriktionen sekundär werden, was zur Vermeidung von Volatilitäten führt (Jones, 2013, S. 18; Menkveld, 2011, S. 1 ff.; Cumming, Zhan, & Aitken, 2012, S. 2–19; Aitken, Cumming, &, Zhan, 2015, S. 330–349).

Ahlstedt und Villysson beschreiben positive Folgen von HFT für die Preisentdeckung an Märkten, die sich wiederum vorteilhaft auf die Volatilität– insbesondere auf die kurzfristige Sicht – auswirken kann, denn „HFT is beneficial for the market, by quicker price discovery, lowering the amount of arbitrage opportunities and decreasing the short term volatility or that HFT has (...) no apparent effect on market volatility" (Ahlstedt, & Villysson, 2012, S. 4 f.). Bestätigt wird diese Aussage auch von Barker und Pomerants, die in ihrer Studie eine Reduzierung von Volatilitäten an den Märkten seit der ansteigenden Bedeutung von HFT herausfinden konnten (Barker, & Pomerants, 2011, S. 49).

Kirilenko et al. beschreiben die Auswirkungen von HFT ähnlich wie Ahlstedt und Villysson: „We show that High Frequency Traders (HFTs) did not cause the Flash Crash, but contributed to it by demanding immediacy ahead of other market participants. Immediacy absorption activity of HFTs results in price adjustments that are costly to all slower traders, including the traditional market makers" (Kirilenko, Kyle, Samadi, & Tuzun, 2017, S. 967–998). Ähnlich argumentierten Corsetti et al. (2019, S. 1–8), indem sie auf Grundlage einer Analyse der EZB mit Blick auf die Entwicklungen beim DAX- bzw. Bund-Future zur Erkenntnis kommen, dass HFT-Händler Marktreaktionen und somit Volatilitäten in „normalen" Zeiten aufgrund der Liquiditätsspende vermindern können, in Krisenzeiten jedoch deutlich erhöhen. Auch Zhang argumentiert in seiner Studie aus dem Jahr 2010 analog und macht die Zusammenhänge insbesondere abhängig von der Marktkapitalisierung der Aktien sowie der vorhandenen Unsicherheit an den Märkten (Zhang, 2010, S. 34): „I find that high-frequency trading is positively correlated with stock price volatility after controlling to firm fundamental volatility and other exogenous determinants of volatility. The positive correlation is stronger among the top 3,000 stocks in market capitalization and among stocks with high institutional holdings. The positive correlation is also stronger during periods of high market uncertainty" (Zhang, 2010, Abstract).

In Bezug auf HFT kann aber festgehalten werden, dass ein erheblicher Anstieg der Volatilität tendenziell zum Rückzug von HFT aus dem Markt führt, womit HFT als Counterpart für andere Handelsteilnehmer ausfällt und die Volatilität möglicherweise weiter erhöht wird (Jones, 2013, S. 18; Menkveld, 2011, S. 1 ff.). Matínez und Rosu argumentieren sogar, dass die schnelle Informationsverarbeitung zu höherer Volatilität und sich selbst verstärkenden Rückkopplungen führen kann (Martínez, & Rosu, 2013, S. 41–50). Des Weiteren unterstreicht u. a. Stiglitz (Stiglitz, 2014, S. 5 f.), dass neue Informationen nicht mit der Geschwindigkeit auftreten, mit der HFT handelt. Der Hochfrequenzhandel analysiert stattdessen beispielsweise das Orderbuch oder Zeitreihen von verschiedenen Finanzinstrumenten auf Muster. Da – wie beschrieben – Orders mit hoher Frequenz und Anzahl gesendet und gelöscht werden, ist fraglich, welche Informationen aus diesen technischen Daten und Zeitreihen gewonnen werden können und ob diese

Art von Informationen tatsächlich zu einer verbesserten Informationseffizienz beiträgt.

Eine größere Anzahl an Studien (MacIntosh, 2013, S. 1 ff.; Zhang, 2010, S. 34) bestätigt die differenzierte Sichtung von Ahlstedt und Villysson (2012, S. 4 ff.) oder Kirikenko, Kyle, Samadi und Tuzun (2014, S. 2). Dabei weist MacIntosh insbesondere auf den „Flash Crash" am 06.05.2010 hin und führt aus, dass aufgrund der fortlaufenden Entwicklung von HFT die Wahrscheinlichkeit gestiegen ist, dass ein derartiges Ereignis wieder auftreten kann (MacIntosh, 2013, S. 1; Korsmo, 2014, S. 523). Die auf den ersten Blick negative Einstellung zu HFT relativiert sich jedoch im Laufe der Betrachtung der Studie. Macintosh kommt zu dem Ergebnis, dass HFT dafür sorgt, dass Bid/Ask-Spreads und Volatilitäten reduziert werden, die kurzfristige Preisfindung verbessert wird und HFT zu einer Wettbewerbsverbesserung an den Märkten bei gleichzeitiger Reduktion der Verdienstmargen von Brokern führt (Macintosh, 2013, S. 1). In Summe schließt Macintosh, dass HFT „enhances market quality" (Macintosh, 2013, S. 1) und HF-Händler nicht dafür verantwortlich waren, dass es zum „Flash Crash" kam, sondern die Entwicklung einer begrenzten Marktliquidität aufgrund des Ausfalls einer Börsenplattform und der Konzentration des Handels auf die verfügbaren Börsenplattformen zuzuschreiben ist, die dann aber nicht in der Lage waren, die vorhandenen Volumina zu verarbeiten (Warner, o. J., o. S.). Daher ist es Aufgabe der Aufsichtsbehörden – so Macintosh weiter – „to stop market anomalies before they turn into 'flash crahes'" (Macintosh, 2013, S. 1). Diese Einschätzung bestätigen auch Kirilenko et al. in ihrer Studie und kommen zum Ergebnis, dass „the trading pattern of the most active nondesignated intraday intermediaries (classified as High Frequency Traders) did not change within prices fell during the Flash Crash" (Kirilenko, Kyle, Samadai, & Tuzun, 2016, S. 1).

Ahlstedt und Villysson stellen heraus, „that HFT hinders price discovery and increases market volatility" (Ahlstedt, & Villysson, 2012, S. 4). Ahlstedt und Villysson führen beispielhaft den „Flash Crash" aus dem Jahr 2010 an und beschreiben dieses Ereignis als ein „example of great risk and volatility HFTs create for the market" (Ahlstedt, & Villysson, 2012, S. 4 f., Picardo, 2021, o. S.). In Bezug auf die Studie von Kirilenko, Kyle, Samadi und Tuzun (2017, S. 967–998) sowie die Aussagen von Stiglitz (2014, S. 13) bekräftigen Ahlstedt und Villysson, dass die Handelsstrategien von HF-Tradern durchaus über die Ausnutzung der Geschwindigkeitsvorteile bzw. die zu Grunde liegenden Algorithmen und daraus resultierender schneller Ausführungen dazu geeignet sind, die Volatilität an den Märkten zu erhöhen und entsprechende Preisbewegungen zu generieren (Ahlstedt, & Villysson, 2012, S. 4). Das gilt insbesondere für die kurzfristige Volatilität der Märkte (Nagel, 2012, o. S.), die durch die Algorithmen, die Trends erkennen und sofortige Orders und Trades auslösen, also die Schnelligkeit der Verarbeitung von Informationen, gesteigert wird (Gai, Yao, & Ye, 2013, S. 34). Problematisch ist dabei insbesondere, dass beim automatisierten eigenständigen Handeln der Algorithmen in eine gleiche Richtung aufgrund der ungeheuren Geschwindigkeit kein menschliches Korrektiv existiert, das die negativen Folgen dieser Entwicklung abfedern kann (Gai, Yao, & Ye, 2013, S. 34). Beispielsweise weisen Kahneman, Sibony und Sunstein ((2021, S. 121 ff.) darauf hin, dass Algorithmen, die unter gleichen oder ähnlichen Voraussetzungen entstanden sind, ohne ein Korrektiv die Tendenz aufweisen, sich gegenseitig zu verstärken.

### 7.2.4 Transaktionskosten und Bid/Ask-Spreads

Allgemein werden als Transaktionskosten die Kosten bezeichnet, die bei der Nutzung von Märkten, also der Übertragung von Verfügungsrechten, anfallen. Dabei ist die Transaktionskostentheorie ein wichtiges Element der Neuen Institutionenökonomie. Denn beispielsweise resultiert die gleichzeitige Existenz von Märkten und Unternehmen nebeneinander aus den unterschiedlichen Transaktionskosten, die mit der Übertragung der Verfügungsrechte einhergehen (Williamson, 1994, S. 77).

Grundsätzlich wird dabei zwischen Ex-ante- und Ex-post-Transaktionskosten unterschieden. Zu den Ex-ante-Transaktionskosten werden insbesondere die Informationsbeschaffungs- und Vertragsanbahnungskosten (Coase, 1937, S. 386–405) gezählt, während zu den Ex-post-Transaktionskosten die Abwicklungskosten (Intermediäre und Makler) und die Kontrollkosten gerechnet werden. Oliver E. Williamson formuliert hierzu: „The ex-ante costs of drafting, negotiating, and safeguarding an agreement and, more especially, the ex-post costs of maladaptation and adjustment that arise when contract execution is misaligned as a result of gaps, errors, omissions, and unanticipated disturbances; the costs of running the economic system“ (Williamson, 1994, S. 103).

Auf Finanzmärkten sind insbesondere die Transaktionskosten von Bedeutung, die bei einer Finanztransaktion anfallen und die nicht unmittelbar mit dem eigentlichen Wertpapier oder der Anlage selbst zusammenhängen. Transaktionskosten umfassen verschiedene Gebühren und Kosten, die bei jedem Handelsgeschäft anfallen. Dazu gehören Informationsbeschaffungsaufwendungen, Maklergebühren, Börsengebühren, Steuern und andere Kosten, die mit der Abwicklung von Transaktionen verbunden sind.

Die Höhe der Transaktionskosten kann erheblich variieren und hängt von verschiedenen Faktoren ab, beispielsweise der Art des Handelsgegenstandes bzw. Wertpapiers, dem Volumen der gehandelten Wertpapiere, der Liquidität des Marktes und der Art der Handelsstrategie. Als Transaktionskosten werden demnach Kosten verstanden, die beim Kauf bzw. Verkauf anfallen und in Abhängigkeit u. a. des Transaktionsvolumens unterschiedlich hoch ausfallen können (Baron, Brogaard, & Kirlenko, 2011/2014, S. 42 ff.). Sie entstehen als Folge der Durchführung einer Transaktion, also der Übertragung der Eigentumsrechte an einem Finanztitel. Im Einzelnen können dies Kosten für den Kauf oder Verkauf von Wertpapieren, die Ausführung von Aufträgen und die Verwaltung von Handelskonten sein. Der Einsatz fortschrittlicher Technologie und Algorithmen auch mittels HFT, der große Auftragsvolumina in extrem kurzer Zeit verarbeitet, macht den Handel insgesamt effizienter und verbessert c. p. die operative Effizient die Marktfunktionen. Dennoch können bei HFT verschiedene Arten von Transaktionskosten auftreten, die im Folgenden erläutert werden (Schröder, 2009, S. 33–47):

1. Handelskosten: Dies sind die Kosten, die direkt mit dem Kauf oder Verkauf von Wertpapieren verbunden sind. Dazu gehören Maklergebühren, Börsengebühren, Provisionen und andere Transaktionsgebühren. Bei HFT können diese Kosten aufgrund der hohen Handelsaktivität und des schnellen Handelsstils erheblich sein, sich jedoch über Rückerstattungen und Prämien durch den Börsenbetreiber wieder reduzieren, wenn der Händler für ein entsprechendes Handelsvolumen sorgt.
2. Ausführungskosten: Diese Kosten entstehen durch die Ausführung von Handelsaufträgen. Dazu gehören Gebühren für die Ausführung von Aufträgen, Spread-Kosten (Differenz zwischen Kauf- und Verkaufspreis) und Slippage-Kosten (Preisunterschiede zwischen dem erwarteten Ausführungspreis und dem tatsächlichen Ausführungspreis). Bei HFT können diese Kosten aufgrund der hohen Geschwindigkeit und des automatisierten Handelsalgorithmus, der auf kleinste Preisänderungen reagiert, variieren.
3. Informationsbeschaffungskosten: Diese Kosten entstehen durch den Zugang zu Informationen über Wertpapiere und den Markt. Dazu gehören Kosten für Marktdaten, Brokerberichte, Nachrichtendienste und Analysen sowie für die Einholung von Informationen zu Kontrahenten. Bei HFT können diese Kosten aufgrund des Bedarfs an Echtzeitdaten und wegen der schnellen Reaktionen auf Marktbewegungen sehr hoch sein. Beispielsweise wertet HFT nicht nur verfügbare Fundamental- und Marktdaten aus, sondern auch Satellitendaten.

4. Liquiditätskosten: Diese Kosten entstehen, wenn die Liquidität auf Märkten austrocknet (vgl. Große Finanzkrise und Level-1-, Level-2-und Level-3-Positionen). Positionen können in diesem Fall nur noch unter entsprechenden Preisanpassungen oder gar nicht mehr gehandelt werden. Liquiditätskosten sind damit Kosten für den Ein- und Ausstieg aus Positionen, Preisänderungen aufgrund von Angebot und Nachfrage und Kosten für die Absicherung von Risiken. Grundsätzlich handelt HFT nur in liquiden Märkten, die Kosten können aber in Abhängigkeit Handelsstrategien variieren.
5. Abwicklungs- und Verwaltungskosten: Diese Kosten entstehen durch die Abwicklung von Transaktionen und die Verwaltung von Handelskonten. Dazu gehören Kosten für Clearing, Settlement, Depotverwaltung, Transaktionsberichte und Compliance. In Zusammenhang mit HFT sind insbesondere die Risiko- und Kontrollkosten, sowie beispielsweise die elektronische Kennzeichnung und weitere Melde- sowie Auskunftspflichten zu nennen.

Das HFT steht in einem Wechselverhältnis zu den Transaktionskosten, wobei die Spreads die größte Bedeutung für den Gesamtmarkt haben. Dabei sind die Auswirkungen von HFT auf die Transaktionskosten bzw. Spreads vielfältig und kontrovers diskutiert (Putnins, & Barbara, 2016, S. 2–4). Einige Studien deuten darauf hin, dass HFT zu einer Verringerung der Transaktionskosten führen kann, da die schnelle Handelsausführung und die erhöhte Liquidität des Marktes die Preisstellung verbessern. Die Verringerung der Transaktionskosten, also hier der Bid/Ask-Spreads, erhöht folglich die Effizienz des Marktes im Sinne einer besseren Informationsverarbeitung, da Marktteilnehmer schneller und zu geringeren Kosten auf neue Informationen reagieren können. Dies fördert eine höhere Liquidität und engere Spreads, wodurch wiederum die Preisfindung effizienter wird (Burghof, & Breuer, 2012, S. 94 ff.). Engere Spreads sind entsprechend ein Indiz für eine höhere Informationseffizienz in den Finanzmärkten (Chakrabarty, Jain, Shkilko, & Sokolov, 2019, S. 1183–1198). Sie spiegeln eine schnellere und präzisere Preisfindung wider, da neue Informationen zügig in die Marktpreise integriert werden. Weitere Studien bringen höhere Geschwindigkeiten mit geringeren Geld-Brief-Spannen in Verbindung (Weller, 2018, S. 2184).

Bezüglich der Transaktionskosten konnten Baron et al. feststellen, dass HFT dazu geeignet ist, diese zu reduzieren (Baron, Brogaard, & Kirlenko, 2011/2014, S. 42; Bell, 2013, S. 7). Den Effekt von HFT „to lower transaction costs for investors“ führen die Autoren i. W. auf die Möglichkeit für Investoren zurück, zwischen verschiedenen Handelsplattformen zu wählen. Es sind folglich die Konkurrenzsituation zwischen verschiedenen Plattformen und Handelsfirmen sowie die starke Automatisierung der Handelsabläufe, die verbunden mit einem auch wegen HFT deutlich erhöhten Ordervolumen, zu niedrigeren Transaktionskosten führen (Baron, Brogaard, & Kirlenko, 2011/2014, S. 42). Allerdings können HFT-Algorithmen auch durch ihre schnellen und automatisierten Handelsstrategien zu einer erhöhten Volatilität auf den Märkten beitragen; eine höhere Volatilität verursacht höhere Spreads, da Market Maker das erhöhte Risiko reduzieren. Da v. a. HFT-Market Maker, wie Rosov und Dick (Rosov, & Dick, 2015, S. 15) nachweisen, mittlerweile sehr effizient arbeiten und dadurch das Orderbuch homogen aufgestellt ist, kann dies zu unvorhersehbaren Preisschwankungen und zu höheren Transaktionskosten führen. Das gilt insbesondere dann, wenn Investoren versuchen, große Handelsaufträge, sog. Block-Trades, abzuwickeln (Baron, Brogaard, & Kirlenko, 2011/2014, S. 42 ff.).

Der Effekt sinkender Bid/Ask-Spreads wird auch von Jones bestätigt: „Based on the vast majority of the empirical work to date, HFT and automated, competiting trading venues have substantially improved market liquidity and reduced trading costs for all investors“ (Jones, 2013, S. 51). Ebenso sehen Lattemann et al. eine Steigerung der Handels- bzw. Organisationseffizienz durch HFT und eine Reduzierung der Transaktionskosten: „Als Teil der Wertschöpfungskette trägt HFT zur Erhöhung der Effizienz [an den Märkten, Anm. d. Verf.] und zur Reduzierung der expliziten und impliziten Transaktionskosten im Wertpapierhandel bei“ (Lattemann, Loos, & Gomolka, 2012, S. 92). Erweiternd geht Riordan sogar davon aus, dass HFT „als eine Form technologisch fortgeschrittener Finanzintermediation [zu verstehen ist, Anm. d. Verf.], die für einen effizienten [hier im Sinne einer organisatorischen Effizienz, Anm. d. Verf.] Ablauf des Börsenhandels sorgt“ (Lattemann, Loos, & Gomolka, 2012, S. 92; Brogaard, Hendershott, & Riordan, 2013, S. 1 ff.). Demnach ist es aus Sicht von Riess, & Korgmann nur folgerichtig, HFT als die „höchste Stufe der Evolution im Wertpapierhandel“ (Lattemann, Loos, & Gomolka, 2012, S. 92) zu beschreiben.

Je mehr HFT-Akteure am Markt aktiv sind – von der Anzahl der Akteure ist letztlich die Wettbewerbsfähigkeit des Marktes geprägt –, desto, so Menkveld und Zoican (2017, S. 1188), höher ist die Marktliquidität (aber s. o. nicht die Markttiefe) und umso niedriger sind die Geld-Brief-Spannen. Im Regelfall dürfte man von sinkenden Spreads ausgehen, wenn die Liquidität zunimmt, da dann mehr Käufer und Verkäufer auf dem Markt auftreten, es also zu einem höheren Handelsvolumen und einem intensiveren Wettbewerb kommt. Eine Studie der Europäischen Wertpapier- und Marktaufsichtsbehörde (ESMA) untersucht die Auswirkungen von HFT auf die Liquidität und die Transaktionskosten auf dem europäischen Aktienmarkt. Sie kommt zu dem Ergebnis, dass HFT die Liquidität erhöht und die Transaktionskosten insgesamt gesenkt hat. Insbesondere hat HFT dazu beigetragen, dass kleinere Orders zu geringeren Kosten ausgeführt werden können. Allerdings wurde auch festgestellt, dass HFT zu einer erhöhten Volatilität führen kann, besonders in Zeiten von Marktstress (International Organization of Securities Commissions (IOSCO) (Hrsg.), 2011, S. 21 ff.). Eine weitere Studie, die von der US-amerikanischen Securities and Exchange Commission (SEC) durchgeführt wurde, untersucht die Auswirkungen von HFT auf den US-Aktienmarkt. Sie fand heraus, dass HFT zu einer Verringerung der Transaktionskosten für institutionelle Anleger geführt hat, während die Transaktionskosten für Privatanleger unverändert blieben. Die Studie betonte auch, dass HFT zu einer Verbesserung der Markteffizienz beigetragen hat, indem die Spreads verringert wurden und die Liquidität erhöht wurde.

Eine Metaanalyse von Forschungsarbeiten, die von der Bank für Internationalen Zahlungsausgleich (BIZ) durchgeführt wurde, untersuchte die Auswirkungen von HFT auf verschiedene Finanzmärkte, einschließlich Aktien-, Devisen- und Rohstoffmärkte. Diese Studie kam zu dem Ergebnis, dass HFT zu einer Reduzierung der Transaktionskosten auf allen Märkten geführt hat. Insbesondere wurde festgestellt, dass HFT zu einer Verringerung der Bid/Ask-Spreads und zu einer Erhöhung der Liquidität beigetragen hat (Bank für Internationalen Zahlungsausgleich (BIZ) (Hrsg.), 2004, S. 80 ff.).

Andere Studien legen jedoch nahe, dass HFT zu höheren Transaktionskosten führen kann, da HFT die Fragmentierung der Märkte ausnutzt, was in einer Reduktion des Volumens auf einzelnen Plattformen resultiert. Einige Studien argumentierten, dass HFT zu einer Erhöhung der Transaktionskosten führen kann, insbesondere für kleinere und weniger liquide Wertpapiere. Diese Studien betonen, dass HFT-Algorithmen oft auf Basis von kurzfristigen Preisbewegungen agieren und dadurch die Preise für diese Wertpapiere zum Schaden von langsameren Anlegern beeinflussen können (Putnins, & Barbara, 2016, S. 1–45; Menkveld, 2016, S. 1–24).

Des Weiteren existieren auch Situationen, in denen Spreads steigen, wenn die Liquidität zunimmt. Die Literatur erkennt dies im HFT-Kontext, wenn in Folge höherer Volatilität oder Unsicherheit auf den Märkten die Risikoprämien steigen. Händler bieten dann höhere Spreads an, um das zusätzliche Risiko zu kompensieren. Auch kann es bei einem plötzlichen starken Anstieg der Liquidität zu einer Überforderung von Handelssystemen kommen, was ebenfalls zu einer Vergrößerung von Spreads führen kann (Menkveld, & Zojcan, 2017, S. 1188). Darüber hinaus stellen Market Marker breitere Spreads (vgl. Abschnitt 7.2.2), wenn sie annehmen müssen, dass HFT mit schnelleren Informationsbeschaffungs- und -verarbeitungskapazitäten im Markt aktiv sind. Auch hier spielt Risikomanagement eine Rolle (Breckenfelder, 2019, S. 2–29; Breckenfelder, 2020, S. 2 f.; Baldauf, & Mollner, 2019, o. S).

Schließlich weisen Rosov und Dick darauf hin, dass sich HFT typischerweise in Dark Pools aufhalten, aber dann zu Lit Markets wechseln, wenn die Dynamik der Kursbewegungen zunimmt. Grund dafür ist, dass HFT bei wenig Dynamik in Dark Pools praktisch den gesamten Bid/Ask-Spread (auf jeder Seite knapp am „besten" Angebot) vereinnahmen kann. Bei zunehmender Dynamik wechseln die HFT in die Lit Markets, da sich die Limit-Orders der langsameren Händler oder Market Maker schneller ausführen können, als dass diese ihre Limit-Orders anpassen können. Beispielsweise kauft HFT ein Wertpapier im fallenden Markt „billiger" ein und führt dann die im Orderbuch befindlichen „höheren" Kauforders aus – und vice versa. HFT kann somit seinen Geschwindigkeitsvorteil ausnutzen. Rosov und Dick folgern daraus: „In both cases (...) informed traders self-selecting onto lit venues or uninformed traders self-selected away from lit venues], the consequence is that market marker on a lit venue is more likely to be interacting with an informed trader than an uninformed trader and thus be on the wrong side of the trade. The market maker has to increase her bid-ask spread to compensate for the increased probability of losing money to informed traders" (Rosov, & Dick, 2015, S. 14; auch: Rosov, 2015, S. 4 f.).

Transaktionskosten, insbesondere niedrige Transaktionskosten, können Manipulationen im Markt fördern, weil sie den finanziellen Anreiz und die Machbarkeit solcher Aktionen erhöhen. Wenn die Kosten für den Kauf und Verkauf von Wertpapieren gering sind, können Marktteilnehmer durch häufiges Handeln selbst kleinste Preisbewegungen ausnutzen, ohne dass hohe Gebühren ihre potenziellen Gewinne schmälern (BIS (Hrsg.), 2011, S. 6). Dies erleichtert Strategien wie Quote Stuffing oder Spoofing, bei denen Händler durch das Einreichen und rasche Zurückziehen von Aufträgen den Markt in eine bestimmte Richtung drängen, um künstlich hohe oder niedrige Preise zu erzeugen. Diese Techniken sind besonders bei niedrigen Transaktionskosten profitabel, da die Manipulatoren oft eine hohe Anzahl von Trades ausführen müssen, um eine Wirkung zu erzielen. Im Gegensatz dazu können hohe Transaktionskosten als Barriere gegen Manipulationen wirken, da die Kosten für das häufige Anpassen von Aufträgen die potenziellen Gewinne solcher Strategien reduzieren. Allerdings können auch hohe Transaktionskosten auf Manipulationen hindeuten, wenn Marktteilnehmer die Kosten an ihre Kunden weitergeben oder bewusst komplexe Gebührenstrukturen schaffen, um Transparenz zu vermindern und dadurch strategische Vorteile zu erzielen.

Zusätzlich können Hochfrequenzhandels(HFT-)Algorithmen negative Effekte hervorrufen, wenn sie durch gleichzeitige und schnelle Aktionen unvorhersehbare Marktreaktionen auslösen, was zu künstlicher Volatilität und erhöhten Systemrisiken führt. Solche Dynamiken können zudem das Risiko der adversen Selektion verstärken, indem bestimmte Marktteilnehmer benachteiligt werden, die nicht über vergleichbare Technologien verfügen. Dadurch kann die Marktstabilität untergraben werden, was die negativen Auswirkungen auf die Markteffizienz verdeutlicht. Wenn Algorithmen überwiegend mit anderen Algorithmen handeln und dabei versuchen, sich gegenseitig zu täuschen, können die daraus resultierenden Preisbewegungen stark von taktischen Manövern und kurzfristigen Strategien geprägt sein, statt von neuen, fundamentalen Informationen über den zugrunde liegenden Wert eines Vermögenswertes. In solchen Szenarien reflektieren die Preise nicht notwendigerweise den tatsächlichen Informationsgehalt oder wirtschaftliche Fundamentaldaten, sondern das Verhalten und die Reaktionen der Algorithmen selbst. Diese Preisbewegungen können somit Rauschen oder künstliche Volatilität darstellen, die wenig mit dem eigentlichen Wert der gehandelten Vermögenswerte zu tun haben. Daher könnte die erhöhte Geschwindigkeit des Handels, die gestiegene Liquidität und die (zunächst) engeren Spreads die Effizienz der Informationsverarbeitung im Markt nicht verbessern, sondern vielmehr zu einer Instabilität oder einer geringeren Transparenz über die wahre Marktlage führen.

Insgesamt liefern die Untersuchungen und Forschungsergebnisse einen umfassenden Einblick in die Auswirkungen von HFT auf die Transaktionskosten. Es zeigt sich, dass HFT zu einer Verringerung der Transaktionskosten insgesamt beitragen kann, insbesondere für institutionelle Anleger und bei liquideren Wertpapieren. Dennoch gibt es auch Bedenken hinsichtlich Volatilität und Spreads sowie deren Auswirkungen auf weniger liquiden Wertpapiermärkten. Daher ist es wichtig, die Ergebnisse dieser Studien bei der Entwicklung von Regulierungsmaßnahmen und Anlagestrategien zu berücksichtigen (Putnins, & Barbara, 2016, S. 1–45; Menkveld, 2016, S. 1–24).

### 7.2.5 Zusammenfassung zur Bewertung aus finanzmarktorientierter Sicht

Zusammenfassend kann festgehalten werden, dass eine differenzierte Betrachtung von HFT aus finanzmarktorientierter Sicht notwendig erscheint. Denn HFT zeigt in verschiedenen Studien ambivalente Wirkungen und Interdependenzen.

Dabei kann HFT „beidseitige“ Wirkungen im Sinne von gleichzeitig positiven und negativen Auswirkungen auf den Märkten zeigen, was als Ambiguität von HFT verstanden werden kann, d. h., es existieren Wirkungen, die positiv oder negativ zu werten sind, gleichzeitig aber gegenteilige Wirkungen zeigen.

Während

- auf der einen Seite HFT mit Blick auf die
  - Reduzierung von Volatilitäten (HFT wird hier als stabilisierender Faktor beschrieben) sowie die
  - Reduzierung von Spreads und die
  - Reduzierung von Transaktionskosten sowie einer
  - Generierung von (zusätzlicher) Liquidität (Liquiditätsbereitstellung) bzw. einer
  - Verbesserung der Preisqualität durch eine verbesserte Informationsverarbeitung und des verbesserten Abgleichs von Angebot und Nachfrage – ebenfalls durch eine verbesserte Informationsverarbeitung der Märkte getrieben –

positiv gewertet wird,

- werden auf der anderen Seite die Wirkungen von HFT kritisch betrachtet, da über HFT
  - ein Rückgang der Informationseffizienz,
  - eine adverse Selektion im Sinne einer Verdrängung von „langsameren" Marktteilnehmern (Low-Frequency-Tradern mit höheren Latenzzeiten),
  - systematische Überforderung einzelner Marktteilnehmer wie beispielsweise Options- oder Einzeltitelhändlern (da bei „Marktevents" zuerst die Indizes gehandelt und angepasst werden),
  - eine Liquiditätsnutzung und fehlende Markttiefe,
  - die Generierung von Scheinliquidität,
  - Front-Running und Marktmanipulationen durch Softwarefehler sowie aufgrund von manipulativen Strategien
  - Marktintegrität sowie das Vertrauen in die Funktionsfähigkeit und Fairness von Finanzmärkten

hervorgerufen werden, was insgesamt die Markteffizienz verschlechtert und das Misstrauen von Investoren gegenüber dem Markt bzw. anderen Investoren ansteigen lässt.

In Summe zeigt sich, dass in der „Sphäre Finanzmarkt" unterschiedliche Meinungen zu den Wirkungsmechanismen diskutiert werden. Waren die Studien mit Aufkommen des Phänomens Hochfrequenzhandel zu Beginn des Jahrtausends tendenziell eher positiv, stellte sich in der Folge eine gewisse Ernüchterung ein, als auch die negativen Einflüsse sichtbar wurden. Während die Studien unter

Berücksichtigung von kurzen Zeitsequenzen (oft Sekunden oder gar Millisekunden) – wie beschrieben – ambivalente Ergebnisse zeigen, zeigen Studien unter der Berücksichtigung der Mikrostruktur von Handelsplätzen mitunter erhebliche Probleme auf. Die Europäische Zentralbank (EZB) führt dies in einem Working Paper aus dem Jahr 2013 wie folgt zusammen: „Our analysis suggests that HFTs impose adverse selection costs on other investors, by trading with them when they (HFTs) have better information. „At the same time, HFTs being informed allows them to play a beneficial role in price efficiency by trading in the opposite direction to transitory pricing errors and in the same direction as future efficient price movements“ (Brogaard, Hendershott, & Riordan, 2013, S. 2).

Im Folgenden sollen hierauf aufbauend die Wirkungsmechanismen auf Realwirtschaft und Gesellschaft untersucht werden, um dieses Ergebnis näher zu verifizieren. Internationale Finanzbehörden versuchen daher, die negativen Auswirkungen von HFT zu bekämpfen, während der Anteil des HFT-Handels trotz der immer strengeren Regulationen zunimmt.

## 7.3 Einordnung und Bewertung aus realwirtschaftlicher Sicht

### 7.3.1 Zentrale Fragestellungen und Einordnung

Der Begriff der „Realwirtschaft“ beschreibt den Teil der Gesamtwirtschaft, der die Produktion, den Vertrieb sowie den Konsum von Gütern und Dienstleistungen beschreibt. Realwirtschaft ist insofern komplementär zu den Finanzmärkten bzw. der Finanzwirtschaft zu verstehen. Der Begriff „Gütermarkt“ ist demnach im Gegensatz zum Begriff „Geld- bzw. Finanzmarkt“ als Synonym für den Begriff „Realwirtschaft“ zu nutzen (Spremann, & Gantenbein, 2013, S. 74).

Die zentrale Aufgabe und Funktion der Börsen liegen darin begründet, das Angebot und die Nachfrage nach Kapital zusammenzubringen. Hierdurch erfüllen Börsen eine wichtige Funktion für die Volkswirtschaft, denn sie sorgen für die Finanzierung von Unternehmen für Innovationen und Produktion. Die Sicherung der Unternehmensfinanzierung durch Börsen kann dabei aus verschiedenen Perspektiven betrachtet werden: Börsen ermöglichen es Unternehmen, durch die Ausgabe von Aktien (Eigenkapital) oder Anleihen (Fremdkapital) Kapital zu beschaffen. Dieses Kapital kann für Investitionen, Forschung und Entwicklung, Expansion oder zur Verbesserung der operativen Effizienz verwendet werden. Die finanziellen Mittel sind entscheidend für das Wachstum von Unternehmen und die Weiterentwicklung ihrer Wertschöpfungsketten. Der Zugang zu Kapitalmärkten ermöglicht es somit innovativen Unternehmen, neue Technologien und Geschäftsmodelle zu entwickeln und umzusetzen. Dies fördert den Wettbewerb und die Evolution von Wertschöpfungsketten über verschiedene Industrien hinweg und schafft letztlich Wohlstand (Nabben, & Rudolph, 1994, S. 146 ff.). Die Neuausgabe von Aktien und Bonds findet über den sog. Primärmarkt statt.

Börsen bieten darüber hinaus eine Plattform für den Kauf und Verkauf von Wertpapieren. Die laufende Kurspflege am sog. Sekundärmarkt ist für Unternehmen weshalb von Bedeutung, da sie sich gegebenenfalls zu günstigeren Konditionen am Primärmarkt Kapital beschaffen können. Für Anleger von Kapital spielt am Sekundärmarkt die Liquidität eine wichtige Rolle. Denn diese ermöglicht es (s. o.) ein Investment gegebenenfalls schnell und ohne größere Preisbeeinflussung zu liquidieren. Durch den Handel an der Börse werden dabei kontinuierlich Preise für Wertpapiere ermittelt, die Angebot und Nachfrage widerspiegeln. Diese Preisfindung spiegelt die Bewertung von Unternehmen und deren Vermögenswerten wider. Insofern trägt das Zusammenspiel von Primär- und Sekundärmarkt zur effizienten Allokation von Ressourcen bei. (Finanz-)Märkte präsentieren sich vor diesem Hintergrund als effiziente Koordinationssysteme zur Allokation der Ressource „Kapital“, wenn Bedingungen wie Wettbewerb, freie Preisbildung oder freier Marktzugang, die funktionierende Märkte als unerlässlich gelten, gegeben sind. Gut funktionierende Finanzmärkte führen demnach über die optimale Allokation von Kapital zu Wohlfahrtsgewinnen (Nabben, & Rudolph, 1994, S. 146 ff.).

## 7.3.2 Principal-Agent-Betrachtung

### 7.3.2.1 Überblick

An den Finanzmärkten sind Informationen von entscheidender Bedeutung bei der Bestimmung von Preisen einzelner Vermögenswerte. Informationen sind die Grundvoraussetzung für einen fairen und effizienten (i. S. v. Informationseffizienz) Preisbildungsprozess und Handel an Börsen. Entsprechend können Informationsasymmetrien zu Verzerrungen und Marktversagen führen. Die Inkorporation von Informationen in die Preise ist folglich auch eine Grundvoraussetzung für die Stabilität der Finanzmärkte und eine effiziente Allokation der Ressource Kapital in der Realwirtschaft.

Die Principal-Agent-Theorie nimmt sich durch die Analyse von Auftraggeber(Prinzipal)- und Auftragnehmer(Agent)-Beziehungen des Problems der Informationsasymmetrie an und stellt Lösungsansätze auf. Mit Blick auf das HFT ist die Betrachtung deshalb wichtig, weil HF-Händler einen Informations- und Umsetzungsvorsprung haben, der in Marktversagen und adverser Selektion, mindestens aber in Ineffizienzen münden kann.

#### 7.3.2.2 Informationsasymmetrien

In der Realität sind Informationen nicht immer gleichmäßig zugänglich und verteilt. Die Konzeption der Informationsasymmetrie wird der Neuen Institutionen-Ökonomie zugerechnet. Sie bezieht sich auf eine Situation, bei der ein Marktteilnehmer im Vergleich zu einem zweiten an einer bestimmten Transaktion beteiligten Akteur Zugang zu mehr oder besseren Informationen hat. Bei Informationsasymmetrie geht es mithin um die Interaktion von zwei interdependenten Wirtschaftssubjekten mit unterschiedlichem Informationsstand. Dabei können Informationsasymmetrien den Prozess der Preisbildung von Vermögenswerten an Märkten in erheblichem Maß beeinträchtigen (Hockmann, & Thießen, 2020, S. 71).

Grundsätzlich können drei Arten von asymmetrischer Information unterschieden werden (Hockmann, 2020, S. 71 f.):

- Hidden Characteristics: Mit Hidden Characteristics sind Informationen über Eigenschaften, Qualität und Ausstattung einer Ware oder Dienstleistung, die im Detail nur einem Vertragsteilnehmer (Agent), nicht aber dem anderen (Prinzipal) vorliegt. Diese Eigenschaften etc. werden dem Principal erst ex post bekannt, weshalb er Gefahr läuft, Entscheidungen ex-ante unter unvollständiger oder „falscher“ Information zu fällen.
- Hidden Actions: Bei den Hidden Actions geht es sich um Handlungsspielräume, die ein Auftragnehmer (Agent) nach Vertragsabschluss zu seinem Vorteil ausnutzen kann, die aber vom Auftraggeber (Prinzipal) ex-ante nicht eingeschätzt werden können. Der Informationsvorteil kann folglich vom Auftragnehmer in seinem eigenen Interesse und zu Lasten des Auftraggebers, der diese nicht beobachten und kontrollieren kann, ausgenutzt werden. Der Principal stellt am Ende nur noch das Ergebnis fest.
- Hidden Intentions: Hidden Intention liegen dann vor, wenn der Auftraggeber die Handlungen des Auftragnehmers zwar beobachten, aber nicht beurteilen kann. Hierbei geht es nicht um unvollständige Information bzw. um Informationsdefizite bezüglich der Handlung an sich, sondern um die Fähigkeit, diese qualitativ beurteilen zu können.

#### 7.3.2.3 Adverse Selection

Grundsätzlich kann die ungleiche Verteilung von Informationen in marktwirtschaftlichen Prozessen zu Problemen und zu suboptimalen Ergebnis führen. Mit Adverse Selection wird im Sinne einer nachteiligen bzw. negative Risikoauslese ein Marktzustand bezeichnet, bei dem es systematisch zu unerwünschten Ergebnissen kommt. Adverse Selection, auch bekannt als negative Auswahl, ist ein Begriff aus der Wirtschaftstheorie, der eine Situation beschreibt, in der eine Informationsasymmetrie zwischen zwei Parteien zu einem unerwünschten Ergebnis führt, meistens in einem Vertragsverhältnis (Cohen, & Siegelman, 2010, S. 39–84). Die Informationsasymmetrie bedeutet, dass eine Partei über relevante Informationen verfügt, die der anderen Partei nicht bekannt sind. Dies kann dazu führen, dass die weniger informierte Partei systematisch schlechte Entscheidungen trifft, weil sie nicht in der Lage ist, die Qualität oder den Typ der gegenüberliegenden Partei oder des Produkts adäquat zu beurteilen. Typischerweise weiß eine Seite mehr über den Wert des gehandelten Gutes oder die eigene Risikosituation als die andere. Von Akerlof stammt das berühmte Beispiel des Gebrauchtwagenmarktes (Lopes, & de Jesus, 2019, S. 369). Dabei gibt es zwei Marktteilnehmer, den bezüglich Historie des Fahrzeugs, Zustand, Pflege und Problemen gut informierten Verkäufer von Gebrauchtwagen und den weniger informierten potenziellen Käufer. Der Käufer ist folglich bei der Preisfindung und -festsetzung im Nachteil. Er verfügt nicht über ausreichende Informationen, um eine fundierte Entscheidung treffen zu können. Die Gebrauchtwagen können von hoher Qualität (Peaches) oder minderer Qualität (Lemons) sein. Der Verkäufer kennt die Qualität der angebotenen Fahrzeuge, während sich der Käufer nur einen Erwartungswert zur angebotenen Qualität bilden kann. Um aufgrund des Informationsdefizits nicht ausgenutzt zu werden, ist der Käufer ohne weitere Informationen nur bereit einen marktüblichen Durchschnittspreis zu bieten. Allerdings entspricht dieser Durchschnittspreis nicht dem Marktwert der guten Fahrzeuge. Die Verkäufer können mithin keinen adäquaten Marktpreis für das Angebot von guten Wagen erzielen. Daher werden diese guten Fahrzeuge im Markt nicht mehr angeboten, der Markt versagt. Die Qualität im Gesamtmarkt sinkt, weil weniger Fahrzeuge hoher Qualität und mehr Fahrzeuge minderer Qualität angeboten werden. Die Informationsasymmetrie führt zu sinkender Liquidität und zu adverser Selektion bis hin zum Marktversagen (Akerlof, 1970, S. 488 ff.; Hockmann, & Thießen, 2020, S. 71 f.).

Adverse Selection ist mithin ein Phänomen, das auftritt, wenn bei einem Geschäft oder Vertrag eine Partei aufgrund von Informationsasymmetrie einen

Informationsvorteil hat, der dazu führt, dass die weniger informierte Partei systematisch schlechtere Entscheidungen treffen kann und gegebenenfalls aus dem Markt ausscheidet.

Dies kann aus mehreren Gründen geschehen:

- Informationsasymmetrie: Adverse Selection tritt auf, wenn eine Partei bei einem Handel oder einem Vertrag relevante Informationen besitzt, die der anderen Partei nicht zur Verfügung stehen. Diese Informationsasymmetrie führt dazu, dass die besser informierte Seite ihre Informationen ausnutzen kann, um für sich selbst günstigere Geschäfte abzuschließen, während die schlechter informierte Gegenseite i. d. R. in eine nachteiligere Position gedrängt wird, weil sie die wahren Risiken oder den wahren Wert des gehandelten Vermögenswertes nicht kennt.
- Marktineffizienz und Fehlallokation von Ressourcen: Aufgrund der Informationsasymmetrie und der daraus resultierenden adversen Selektion können Ressourcen falsch alloziert werden. Investoren oder Kreditgeber könnten beispielsweise Kapital in weniger produktive oder riskantere Projekte investieren, weil sie die Qualität der Investitionsmöglichkeiten nicht richtig einschätzen können. Dies führt zu einer ineffizienten Verteilung von Kapital und Ressourcen in der Wirtschaft, was die Gesamtwohlfahrt beeinträchtigt.
- Verlust von Marktvertrauen: Wenn Marktteilnehmer erkennen, dass sie systematisch im Nachteil sind wegen der Informationsvorsprünge anderer, kann dies zu einem Vertrauensverlust in die Märkte führen. Dies kann die Teilnahme am Markt insgesamt verringern, die Liquidität reduzieren und die Kosten für die Beschaffung von Kapital erhöhen. Ein Verlust von Marktvertrauen kann auch die Einführung zusätzlicher regulatorischer Maßnahmen nach sich ziehen, die wiederum ihre eigenen Kosten und Komplexitäten mit sich bringen.
- Verzerrte Preisbildung: Die Effizienz der Marktinformationen beruht auf der Annahme, dass Preise alle verfügbaren Informationen widerspiegeln. Adverse Selection kann jedoch dazu führen, dass Preise die wahren Risiken oder den wahren Wert eines Vermögenswerts nicht genau reflektieren, da die Preissetzung von den ungleichen Informationsständen der Marktteilnehmer beeinflusst wird. Dies untergräbt das Konzept der effizienten Märkte, da die Preise nicht mehr die tatsächlichen Informationen über die Vermögenswerte vollständig einbeziehen.
- Erhöhte Kosten und reduzierte Effizienz: Um die Effekte der adversen Selektion abzumildern, könnten Marktteilnehmer dazu neigen, mehr in die Informationsbeschaffung zu investieren oder risikoaverse Strategien zu verfolgen, was die Gesamtkosten für die Beteiligten erhöht. Diese zusätzlichen

Kosten können die Markttransaktionen verteuern und die Gesamteffizienz der Märkte reduzieren.

Wenn eine Partei in der Lage ist, den Handel zu ihrem Vorteil zu gestalten, kann adverse Selektion entstehen. Diese führt dann zu insgesamt höheren Kosten, also entsprechend der Pareto-Effizienz zu Wohlfahrtverlusten, da schlechtere Investitionsentscheidungen getroffen werden. Unter Umständen werden sogar potenziell profitable Investitionsmöglichkeiten vermieden.

Aufgrund der Geschwindigkeitsvorteile kann bei HFT eine Informationsasymmetrie auftreten. Diese ist nicht oder nicht ausschließlich durch Fundamentaldaten begründet, sondern aufgrund technischer Überlegenheit der HFT gegenüber langsameren Händlern. Die langsameren Händler verfügen zwar über qualitativ hochwertige Fundamentalinformationen, der HFT-Händler kennt jedoch die Absichten der langsameren Händler und kann diese über seinen Geschwindigkeitsvorteil zu seinen Gunsten ausnutzen (Katsuyama, 2017, S. 1 ff.). Es besteht folglich eine begründete Vermutung, dass HFT aufgrund von (geschwindigkeitsbedingten) Informationsasymmetrien zu adverser Selektion führen kann (Stiglitz, 2002, S. 460–470). Dies wiederum kann zu mangelndem Vertrauen in die Integrität des Marktes und Folgen für Liquidität und Markttiefe, Transaktionskosten und Volatilität bis hin zum Informationsgehalt von Preisen führen. An dieser Stelle sei auch an die Diskussion in Abschnitt 7.2.2 zu Market Maker erinnert, die weitere Spreads stellen, sobald sie schnellere HFT-Händler im Markt befürchten. HFT generieren Gewinne zu Lasten von Anlegern mit höheren Latenzzeiten und drängen diese letztlich mit der Folge einer schwächeren Informationseffizienz aus dem Markt (Breckenfelder, 2019, S. 2–29). Der Hochfrequenzhandel und besonders der Wettbewerb unter HF-Händlern führen zu einer Negativauslese (einer adversen Selektion).

Adverse Selection im Kontext der Finanzmärkte und Kapitalallokation ist deshalb problematisch, weil sie zu einer Verzerrung des Informationsgehalts von Preisen und damit zu ineffizienten Marktentscheidungen führen kann. Beispielsweise kann adverse Selektion zu einer Fehlausrichtung der Risiken und Renditen führen und somit die Informationseffizienz der Märkte insgesamt in Frage stellen. Mit anderen Worten: Adverse Selection kann zu einer falschen Verteilung von Risiken und Erträgen führen und dadurch die Effizienz der Marktinformationen insgesamt in Frage stellen. Sie kann demnach zu negativen Wirkungen auf die Kapitalallokation und somit schädlich für die Realwirtschaft sein (Brogaard, Hendershott, & Riordan, 2014, S. 2267 ff.). Oder anders formuliert: Führt HFT zu adverser Selektion, sind die Folgen eine ineffiziente Kapitalallokation in der Volkswirtschaft sowie Wohlfahrtsverluste.

### 7.3.2.4 Moral Hazard

Ein weiteres Problem, das mit unvollständiger Information bzw. mit Informationsasymmetrien auftreten kann, ist Moral Hazard. Von letzterem spricht man, wenn ein Vertragspartner nach Vertragsabschluss aufgrund von Fehlanreizen oder mangels Kontrollmöglichkeiten ein Verhalten entwickelt, das für den anderen Vertragsteil nachteilig ist. Mit Moral Hazard wird somit eine Situation bezeichnet, bei der sich ein einzelner Akteur einen Vorteil verschaffen bzw. nicht für die Kosten seines Handelns einstehen oder Dritte bzw. die Allgemeinheit dafür aufkommen lassen kann. Die Kosten von Handlungen Einzelner werden zum Risiko für Dritte oder das Kollektiv. Moral Hazard wird durch unterschiedliche Interessen bzw. Interessenkonflikte hervorgerufen und wird auch als „Trittbrettfahrer" oder „Free-Rider-Verhalten" bezeichnet (Hockmann, 2020, S. 72).

Moral Hazard kann in Bezug auf HFT unter zwei Bedingungen diskutiert werden – zum einen die Fragestellung, ob HFT zu Finanzmarktinstabilitäten i. S. v. Flash-Crashes oder mindestens einem Vertrauensverlust in die Marktintegrität beitragen kann bzw. diese billigend in Kauf nimmt (Ankenbrand, 2014, o. S.; Krahnen, 2006, S. 7f). An dieser Stelle sei an die Diskussion um den Nutzen von HFT für den Finanzmarkt erinnert, ebenso an die Argumentation von Adrian sowie Mildenberger um parasitäres Verhalten der HF-Trader, also die Nutzung überlegener Technik, ohne zur Verbesserung des Handelsablaufes beizutragen (Adrian, 2016, S. 256–279; Mildenberger, 2023, S. 369–383) oder Transaktionskosten für langsame Händler sogar zu erhöhen (Hirschey, 2016, 3352–3361).

Zum anderen könnte ein weiterer Aspekt für Moral Hazard in Zusammenhang mit HFT darin bestehen, dass HF-Händler die Marktstruktur und Regulierung in einer Weise beeinflussen, die ihnen zuträglich ist. Donald schreibt, dass die Marktstruktur von Marktteilnehmern für Marktteilnehmer geschaffen wurde. Daher könnten die „mächtigsten" Marktteilnehmer versucht sein, aus der Gestaltung der Märkte und ihrer Regeln einen besonderen Vorteil auf Kosten anderer abzuleiten. Donald argumentiert, dass große und mächtige Marktteilnehmer i. d. R. die Infrastruktur, der sie sich bedienen, besitzen und eine große Nähe zu Regulatoren haben. Daher seien diese Marktteilnehmer in der Lage, den Markt in ihrem Interesse zu gestalten und Dritte auszunutzen. Denn die Funktionsfähigkeit von Finanzsystemen hänge stark von ihrer Struktur, dem Market Design und natürlich der Wettbewerbssituation bzw. der Marktmacht einzelner Teilnehmer ab. Aus diesem Grund müsse sich die Bemessung der Qualität von Finanzmärkten wieder stärker am gesellschaftlichen Nutzen als ausschließlich an finanzmarktbezogenen Kennzahlen wie Liquidität oder Volatilität orientieren (Donald, 2014, S. 1–21; von Nell-Breuning, 1974, S. 125) – ein Einwurf, der in ähnlicher Weise auch von Stiglitz geäußert wurde, als er den Zusammenhang von Handelsgeschwindigkeit und dem Auftreten von relevanten neuen Informationen hinterfragte (Stiglitz, 2014, S. 1–20).

#### 7.3.2.5 Principal-Agent-Theorie und Übertragung auf die Untersuchung

Die Principal-Agent-Theorie ist ein Modell der Wirtschaftswissenschaften und gehört zur sog. Neuen Institutionenökonomik. Erstmals dargelegt wurde sie im Jahr 1976 von Jensen und Meckling (Jensen, & Meckling, 1976, S. 305–360), die sich auf die Theorie unvollständiger Verträge bezogen. Allerdings finden sich bereits Darstellungen der Theorie bei Arrow und anderen (Arrow, 1963, S. 941–973; Berhold, 1971, S. 460–482; Ross, 1973, S. 138).

Die Principal-Agent-Theorie ist von Bedeutung, da sie sich nicht allgemein mit den Funktionsweisen des Marktes beschäftigt, sondern konkrete Annahmen zu einzelnen, am Marktgeschehen beteiligten Akteuren darstellen und erläutern kann (Schmidt, 2016, S. 7). Die Theorie wird zur Erklärung von Konstellationen herangezogen, bei denen die beteiligten Akteure über ein unterschiedliches Informationsniveau verfügen. Es handelt sich somit um ein Modell, in dem zwei unabhängige Marktakteure über einen unterschiedlichen Informationsstand verfügen. Die ungleiche Informationsverteilung kann zu Ineffizienzen bis hin zu Marktversagen führen. Die unterschiedlichen Informationsstände sind darauf zurückzuführen, dass Informationsdifferenzen zwischen den Akteuren existieren, die aber in einem Abhängigkeitsverhältnis zueinanderstehen. Letzteres ist dadurch gekennzeichnet, dass ein Auftragshandeln und eine Delegation von Entscheidungsrechten stattfinden (Heider, 2016, S. 62). Der Agent hat einen Wissensvorsprung gegenüber dem Prinzipal (Schmidt, 2016, S. 7). Dieser Informationsvorsprung kann ausgenutzt werden (Willenbacher, 2016, S. 212 ff.). Dabei bewegen sich beide Beteiligte auf einem unterschiedlichen Risikoniveau. Prinzipiell sind verschiedene Risikoneigungen der Akteure möglich; diese sind Risikoneutralität, Risikoaversion und Risikofreude. Klassische Darstellungen der Theorie gehen jedoch von folgenden Grundlagen aus: Während der Auftraggeber (der Prinzipal) risikoneutral ist, ist der Auftragnehmer (der Agent) risikoscheu. Beide Parteien haben unterschiedliche Interessen, verfolgen dabei Nutzenmaximierung (Hockmann, 2020, S. 71; Heider, 2016, S. 62 ff.).

Wichtig ist nun das sog. Signaling. Dies ist ein Konzept innerhalb der Prinzipal-Agent-Theorie, das sich auf die Kommunikation von Informationen von der informierten Seite (dem Agenten) zur weniger informierten Seite (dem Prinzipal) bezieht, um Informationsasymmetrien zu überwinden (Marwala, & Hurwitz,

2015, S. 2). Es handelt sich um einen Prozess, bei dem der Agent aktiv Informationen oder Signale aussendet, die seine Qualitäten, Absichten oder seinen Typen offenbaren, die sonst für den Prinzipal nicht offensichtlich wären (Spence, 1973, S. 355–374; Stiglitz, 1974, S. 219–255). In der Regel werden aber nur solche Signale übermittelt werden, die den Auftragnehmer positiv erscheinen lassen, weshalb der Regulator in Abhängigkeit von Markt und Objekt Vorgaben machen kann bzw. macht. Das Ziel von Signaling ist es, Vertrauen zu schaffen und die Unsicherheiten des Prinzipals zu verringern, indem glaubwürdige Informationen übermittelt werden, die eine fundiertere Entscheidungsfindung ermöglichen. Der Prinzipal wählt einen Agenten anhand der Signale, die dieser aussendet. Diese Signale sollen verdeutlichen, dass der Agent vertrauenswürdig und leistungsfähig ist und somit geeignet ist, um den Anforderungen des Prinzipals gerecht zu werden. Der Prinzipal seinerseits wird ein Monitoring mittels Recherche (Transaktionskosten) sowie Überwachungs- und Garantiekosten aufbringen (Heider, 2016, S. 62 ff.; Jensen, & Meckling, 1976, S. 4 ff.). Signaling und Monitoring zusammen verringern das Risiko von adverser Selektion und Marktversagen (Hockmann, 2020, S. 72 f.).

Für die Übertragung der Prinzipal-Agent-Theorie auf das HFT ist es erforderlich, die Erkenntnisse der Theorie auf den schnellen, algorithmischen Handel anzuwenden. HFT bezieht sich auf den Einsatz von fortgeschrittenen technologischen Mitteln und Algorithmen, um innerhalb von Sekundenbruchteilen große Mengen von Wertpapiertransaktionen durchzuführen. Der Zweck der technischen Aufrüstung ist, durch die hohen Geschwindigkeiten einen Informationsvorsprung nicht nur zu erhalten, sondern auch umsetzen zu können. Allerdings können hieraus besondere Herausforderungen für andere Marktteilnehmer erwachsen, die zu einer weniger optimalen Kapitalallokation führen können.

Denn auf den Finanzmärkten können Informationsasymmetrien in erheblichen Auswirkungen münden, denn sie wirken sich auf die Entscheidungsprozesse und folglich auf die Preisbildung aus. Eines der prominentesten Beispiele für Informationsasymmetrien an Finanzmärkten sind Insider-Informationen, die zu Lasten von Dritten gewinnbringend genutzt werden. Der Verdacht, permanent von besser informierten Händlern ausgenutzt werden zu können, führt dann zu adverser Selektion i. S. v. eines Ausscheidens der betroffenen Marktteilnehmer aus dem Markt.

Der Hochfrequenzhandel ist ein Paradebeispiel für Informationsasymmetrie. Denn der Zweck der aufwendigen Algorithmen und extrem schnellen Computer mit enorm kurzen Latenzzeiten ist es, einen Informationsvorsprung zu erzielen und an den Finanzmärkten in Gewinn umzumünzen (Adrian, 2016, S. 256–260). Der Wettbewerb auf einem „pain playing field“ unter gleichen

Bedingungen ist kaum gegeben. Fraglich ist, ob die Informationsasymmetrien zu echter Benachteiligung und adverser Selektion führen. Zumindest sollte man sich der Informationsungleichgewichte bewusst sein, um damit umgehen zu können (Burghof, & Breuer, 2012, S. 96 ff.). Dies kann dazu beitragen, Risiken zu reduzieren und für beide Seiten fairere Ergebnisse sicherzustellen. Die Argumente wurden bereits in Abschnitt 7.2 für die Finanzmärkte aufgegriffen und strahlen auch auf die Realwirtschaft ab (vgl. Abschnitt 7.2). Allerdings wäre hier zu beantworten, ob die potenziellen Friktionen an den Finanzmärkten auch zu einer weniger optimalen Allokation von Kapital in der Realwirtschaft und damit zu Wohlstandsverlusten führen können. Mitunter steht auch die Integrität der Finanzmärkte in Frage, wenn Anleger nicht in angemessenem Maße bereit sein sollten, sich an den Finanzmärkten zu engagieren und Unternehmen sowie insbesondere „Start-ups“ kein ausreichendes Kapital zur Verfügung stellen. Wie sehr die Marktintegrität und ein gleichberechtigter Zugang im Mittelpunkt der Bemühungen stehen, ist bereits an der Pflicht zu gleichzeitigen Veröffentlichungen von marktbestimmenden Informationen durch Unternehmen und Institutionen abzulesen. Insofern ist es unerlässlich, fairen und transparenten Preisbildungsprozesses in den Mittelpunkt der Betrachtung zu stellen (Breckenfelder, 2020, o. S.).

Ein weiteres Problem besteht dann, wenn Market Maker schnelleren Handel von anderen (HFT-)Marktteilnehmern befürchten müssen, wie bereits in den Abschnitten 7.2.1, 7.2.4 und 7.3.2.3 angesprochen. Das ist per se zwar nicht zu kritisieren, problematisch ist dies aber dann zu werten, wenn Market Maker in der Erwartung schnellerer und besser informierter HFT-Orders ihre Spreads ausweiten müssen, d. h. die Bid-/Ask-Spannen „verbreitern“. Für Marktteilnehmer mit längeren Latenzzeiten wird der Handel teurer, weshalb es sich möglicherweise nicht mehr lohnt, einen Aufwand für die Suche nach fundamentalen Informationen aufzubringen. Die Gewinnmöglichkeiten sind gemindert oder sogar verschwunden. Diese fundamental gut informierten Anleger scheiden in der Folge aus dem Markt aus, wodurch der Markt insgesamt an Informationsgehalt verliert. Die Informationseffizienz nimmt ab, weshalb der Preis c. p. falsche Signale setzt. Im Endeffekt führt dieser Prozess zu einer weniger optimalen Allokation der Ressource Kapital (Breckenfelder, 2020, o. S.).

Ebenso kann als problematisch gelten, wenn aufgrund der Verdrängung von fundamental gut informierten, aber langsameren Händlern überwiegend Algorithmen miteinander handeln, die nicht nur auf Muster in den Zeitreihen verschiedener Finanzinstrumente programmiert sind, sondern durch eine hohe Zahl von Orders und Stornierungen versuchen, andere Marktteilnehmer zu Handlungen zu locken, mindestens aber deren Absichten zu ergründen. Märkte erscheinen in diesem Fall zwar schnell und liquide, verlieren aber wiederum an Informationsgehalt (Biais, & Woolley, 2012, S. 34 f.; Aoyagi, 2018, S. 1 f.).

In diesem Kontext sind mithin die Prinzipal-Agent-Beziehungen auf Finanzmärkten und besonders bei HFT auf verschiedene Weisen zu interpretieren. Es kommt letztlich darauf an, welche Akteure als Prinzipale und welche als Agenten betrachtet werden.

### 7.3.3 Bias vs. Noise

Grundsätzlich muss gem. der Entscheidungstheorie zwischen Risiko und Unsicherheit unterschieden werden. Risiko beschreibt Situationen, in denen Wahrscheinlichkeiten für den Eintritt zukünftiger Ereignisse angegeben werden können. Denn unter Risiko ändern sich die Umweltbedingungen nicht. Beispielhaft können Würfelspiel und Lotto angegeben werden. Bei Unsicherheit hingegen ändern sich nicht nur die Umweltbedingungen, sondern es ist auch nicht bekannt, wie sie sich verändern. Insofern ist es nicht möglich, Wahrscheinlichkeiten für den Eintritt künftiger Ereignisse anzugeben. Kapitalmärkte unterliegen typischerweise Unsicherheit. Insofern müssen sich Marktteilnehmer ein Modell über die Zukunft bilden, um daraus Erwartungen und Entscheidungen abzuleiten (Gigerenzer, 2013, S. 35–50; Haldane, 2011, S. 2 f.).

Viele Marktteilnehmer, insbesondere professionelle Händler, sind vergleichsweise ähnlich ausgebildet. Sofern sie keine unterschiedlichen Präferenzen haben, unterliegen sie folglich einer gewissen Gefahr, die bekannten Informationen gleich oder ähnlich zu interpretieren. Es besteht die Möglichkeit eines Bias. Gleichzeitig gibt es Marktteilnehmer, die ohne diese Ausbildung am Markt teilnehmen oder aber bestimmten Präferenzen unterliegen. Diese Marktteilnehmer interpretieren die gleichen Marktinformationen mitunter unterschiedlich. Sie repräsentieren den Noise im Markt.

Kahneman, Sibony und Sunstein haben die Interpretation von Informationen genauer untersucht. Im Mittepunkt stehen Bias und Noise – nicht eine asymmetrische Informationsverteilung an sich, sondern die Verarbeitung gleicher Informationen (Kahneman, Sibony, & Sunstein, 2021, S. 121 ff.).

Dem Begriff „Noise“ stellen sie den Begriff „Bias“ gegenüber. Unter „Bias“ verstehen die Autoren eine systematisch gleiche Interpretation von Informationen, aufgrund eines einheitlichen Grundverständnisses bzw. einer einheitlichen Theorie, wie diese Informationen zu interpretieren sind. Unter Bias können sich

Entscheider irren, aber in der gleichen Art und Weise. Der zunehmende Einsatz von Algorithmen zur Informationsbeschaffung- und -verarbeitung dürfte diesen Trend unterstützen (Marwala, & Hurwitz, 2015, S. 4–6). Insbesondere HFT-Strategien sind i. d. R. von strategischer Homogenität und stak korreliert (Boehmer, Li, & Saar, 2016, S. 17f). „Noise" hingegen ist dadurch gekennzeichnet, dass ein gleiches Informationsset zu unterschiedlichen Erkenntnissen und somit Handlungen führt. „Noise" bedeutet, dass gleiche Informationen unterschiedlich interpretiert werden und aus diesen unterschiedlichen Interpretationen verschiedene Entscheidungen folgen können. Bezogen auf Kapitalmärkte ist „Noise" das „Rauschen" im Markt, bei dem es nicht möglich ist, Vorhersagen zu treffen. Es ist insofern auch ein gewisses Korrektiv für Bias.

Typischerweise sind Märkte bzw. Aktionen auf Märkten durch Phänomene wie „Bias" (Kongruenz) und „Noise" (Inkonsistenz) als systematische Verzerrung bei der Interpretation von Informationen, sodass sich diese Interpretationen verstärken oder voneinander abweichen, gekennzeichnet. Denn beides sind die Hauptgründe für Fehler bei menschlichen Entscheidungen, worauf Kahneman, Sibony und Sunstein in ihrem Buch „Noise" hinweisen. Bias bezeichnet dabei die Situation, dass Marktteilnehmer das gegebene Informationsset in gleicher oder zumindest ähnlicher Weise interpretieren. Preise können folglich in eine bestimmte Richtung tendieren oder übertreiben. Es kann zu systematischen Verzerrungen kommen. Im Gegensatz dazu ist Noise ein Vorgang, bei dem die gleichen Informationen unterschiedlich interpretiert werde. Noise führt folglich zu Fehlinterpretationen, deren Richtung aber nicht vorhersagbar ist. Die Gründe können dabei beispielsweise in unterschiedlichen Kenntnisständen oder Präferenzen gesucht werden. In der Theorie sollten beide Fehlerquellen nach Möglichkeit ausgeschlossen werden. Da dies aber i. d. R. nicht der Fall ist, müssen beide Phänomene auf Märkten gleichzeitig vorkommen, um sich gegenseitig zumindest teilweise auszugleichen.

Grundsätzlich ist demzufolge beides, „Bias" wie „Noise", geeignet, die Qualität von Entscheidungen zu beeinträchtigen. Aber „Noise" kann zur Relativierung von „Bias" beitragen. Potenzielle Missinterpretationen aufgrund beispielsweise einer homogenen Ausbildung werden durch „Noise" zumindest teilweise korrigiert. HFT ist technisch derart hoch entwickelt und effizient, dass Programmierer mit einer verwandten Ausbildung und ähnlichen Erfahrungen bei der Erstellung der Algorithmen möglicherweise mit einem gleichen bzw. ähnlichen „Bias" unter dem fehlenden Korrektiv des „Noise" selbstverstärkende Wirkungen und Marktverzerrungen zur Folge haben können. Es fehlt die Korrektur des „Bias" durch den „Noise", wodurch sich negative Wirkung algorithmischer Schleifen zeigen können. Sie entstehen, wenn mehrere Algorithmen mit ähnlichen oder gleichen Analyse- und Verarbeitungsprozessen am Markt auftreten und sich dann in ihren Wirkungen gegenseitig verschärfen. Dadurch entsteht ein Kreislauf, der die Marktstabilisierung gefährden kann. Die Algorithmen erzeugen eine Situation, in der das Ergebnis des Marktgeschehens nicht mehr adäquat abgebildet wird. Sogar „Endlosschleifen" können die Folge sein, die im schlimmsten Fall als Auslöser eines (Flash) Crash zu sehen sind: also der Entstehung kurzfristiger starker Kursrückgänge, die durch die Rückkoppelung ausgelöst und/oder verstärkt werden und Ansteckungseffekte auf andere Märkte haben können (Gresser, 2016, S. 73). Natürlich können Algorithmen oder künstliche Intelligenz bei komplexen Entscheidungssituationen und großen Datenmengen gleiche Muster erkennen. Der Effekt sollte durch generative künstliche Intelligenz bzw. maschinelles Lernen weiter verstärkt werden (Arifović, He, & Wie, 2022, S. 1–3). Diese Muster werden nach der Identifizierung von den Algorithmen in ähnlicher Weise interpretiert. Im Kontext mit Börsen im Allgemeinen und HFT im Besonderen geht es bei einem derartigen Bias in der Folge nur noch um die Geschwindigkeit bei der Umsetzung. Gleiches gilt natürlich auch umgekehrt, insbesondere, wenn Entscheider ihre eigenen Fähigkeiten, zu urteilen, überschätzen und entsprechend zu unterschiedlichen Interpretationen eines gleichen Datensets kommen. Denn wie beispielsweise die Behavioral Finance zeigt, unterliegen Menschen vielfältigen kognitiven Verzerrungen, die typischerweise als Noise beschrieben werden.

In einem HFT-Kontext ist diese Diskussion deshalb wichtig, da für HFT ausschließlich Algorithmen eingesetzt werden und deren Entscheidungen aufgrund der hohen Geschwindigkeit des Handelns und Handels nur ex post überprüft werden können. Es stellt sich somit die Frage, wie in einem von Algorithmen dominierten Umfeld, das dem Risiko des Bias unterliegt, ein ausgleichendes Element implementiert werden kann. Dieses Korrektiv könnte durch die langsameren, aber fundamental gut informierten Händler eingebracht werden, die mit ihren Orders die notwendigen Informationen an den Markt geben. Selbst unter der Annahme, dass diese Informationen im Einzelnen durch Interpretationen und Präferenzen verzerrt sind, können sie im Aggregat zu besseren Ergebnissen, also informationseffizienteren Märkten, führen. Für Kapitalmärkte ist es folglich wichtig, „Noise" und „Bias" nicht nur zuzulassen, sondern beide Aspekte als gegenseitiges Korrektiv zu verstehen. Die Balance zwischen Sensitivität, dem Erkennen von Signalen, und der Robustheit, der Vermeidung von Fehlalarmen, ist entscheidend für Funktionsfähigkeit der Finanzmärkte – auch oder gerade bei HFT (Ait-Shalaia, & Yu, 2009, S. 422–457).

### 7.3.4 Markt- und Informationseffizienz

Der typischerweise in der Volkswirtschaft verwendete Begriff der „Effizienz" steht in Zusammenhang mit dem sog. Wohlfahrtprinzip. Dieses wiederum beruht auf dem ökonomischen Prinzip, demzufolge entweder ein gegebener Input an Ressourcen zu einer Maximierung der Wohlfahrt oder ein definiertes Wohlfahrtsniveau durch ein Minimum an Ressourcen erreicht werden soll. Entsprechend führen Effizienzgewinne c. p. immer auch zu einem höheren Wohlstandsniveau bzw. niedrigeren Ressourceneinsatz. Effizienz bemisst sich an der Erfüllung der zugedachten Funktionen. Die Effizienz und damit die wohlfahrtsstiftenden Wirkungen der Kapitalmärkte müssen sich folglich an den Funktionen des Kapitalmarktes messen lassen. Diese sind nach Tobin die Koordination von Angebot und Nachfrage für Risikokapital sowie die Handelbarkeit von Realkapital (Tobin, 1984, S. 354–371). Ersteres erfolgt am Primärmarkt, letzteres am Sekundärmarkt, auf dem wiederum der Hochfrequenzhandel eine wesentliche Rolle spiel (Stephan, 1998, S. 211 f.).

Die Effizienzbetrachtung ist eine holistische, da die verschiedenen Aspekte der Effizienz interdependent sind. Grundsätzlich kann aber zwischen allokativer, operativer und informativer Effizienz unterschieden werden:

- Allokative Effizienz befasst sich mit der optimalen Mittelverwendung.
- Operative Effizienz fokussiert sich auf die Abwicklung sowie Transaktionskosten
- Informative Effizienz stellt den Prozess der Informationsentdeckung und -verarbeitung in den Vordergrund.

Da die Transaktionskosten bereits betrachtet wurden und die Informationseffizienz eine zwingende Voraussetzung für eine effiziente Allokation ist, wird sich im Folgenden auf die Informationseffizienz bezogen, um Rückschlüsse auf die allokative Effizienz ableiten zu können (Fama, 1970, S. 383–417).

Informationseffizienz ist ein Konzept aus der Finanzmarkttheorie, das besagt, in welchem Maße Preise von Wertpapieren die am Markt verfügbaren Informationen widerspiegeln. Die Theorie der Informationseffizienz wurde maßgeblich durch den Ökonomen Eugene Fama (Fama, 1970, S. 383–417) geprägt, der in diesem Zusammenhang die Hypothese effizienter Märkte (Efficient Market Hypothesis (EMH)) formulierte. Diese besagt, dass in einem vollständig (informations-)effizienten Markt die Preise von Wertpapieren zu jedem Zeitpunkt alle verfügbaren Informationen inkorporiert haben. Das bedeutet, dass es unter normalen Umständen nicht möglich ist, systematisch Überrenditen zu erzielen, da alle Informationen bereits im Kurs enthalten sind und dieser sich unmittelbar an neue Informationen anpasst. Die Hypothese effizienter Märkte wird üblicherweise in drei Formen unterteilt: In ihrer schwachen Form nimmt die EMH an, dass alle Informationen über vergangene Preise bereits in den aktuellen Preisen enthalten sind. Das bedeutet, dass eine Analyse der Preisverläufe (technische Analyse) keinen Vorteil bringen kann, da zukünftige Preisbewegungen nicht aus vergangenen abgeleitet werden können. Die halbstrenge Form geht davon aus, dass alle öffentlich verfügbaren Informationen im Preis enthalten sind. Dies schließt nicht nur historische Daten ein, sondern auch alle aktuellen Unternehmensdaten, Wirtschaftsberichte usw. Die Fundamentalanalyse würde in einem solchen Markt keine systematischen Gewinne ermöglichen, da alle relevanten Informationen bereits im Preis Berücksichtigung gefunden haben. Die strenge Form der EMH postuliert, dass zusätzlich zu den öffentlich verfügbaren Informationen auch alle Insiderinformationen im Marktpreis enthalten sind. In der Realität ist die strenge Informationseffizienz kaum zu erreichen, da Insiderhandel reguliert oder verboten ist. Des Weiteren kann es zu Verzögerungen bei der Verbreitung und Verarbeitung von Informationen kommen oder Noise-Trading die Kurse „verfälschen". Daher wird die Informationseffizienz eines Marktes oft als Kontinuum verstanden, auf dem verschiedene Märkte und Wertpapiere unterschiedlich effizient sein können (Stephan, 1998, S. 229–237).

Fraglich ist nun, ob der Hochfrequenzhandel die Informationseffizienz (Informationsbeschaffung und -verarbeitung) verbessert, neutral ist oder negativ wirkt. Denn die Gleichsetzung von Informations- und Allokationseffizienz ist nur unter der Voraussetzung aufrecht zu erhalten, dass allokationsrelevante Informationen unverzüglich und ohne hohe Kosten in die Preise eingearbeitet werden. Da die real existierenden Kapitalmärkte von unterschiedlichen Informationsständen der Marktteilnehmer und differierenden Erwartungen sowie Restriktionen geprägt sind, rückt von Hayeks Konzept des Preises als Aggregat und Kommunikator von Informationen in den Vordergrund. Nach von Hayek ist der marktwirtschaftliche Prozess ein Entdeckungsverfahren (von Hayek, 1945, S. 519–530; von Hayek, 1969, S. 249 f.). Von Hayek weist dem System relativer Preise die Funktion zu, die effiziente Koordination des verstreuten Wissens unter allen Marktteilnehmern sicherzustellen. Preise transportieren folglich Informationen und geben entsprechend Signale an die Marktteilnehmer. Das Preissystem hat v. a. die Funktion, die sich ständig ändernden Bedingungen des Marktes zu koordinieren bzw. entsprechende Informationen bereitzustellen. Gut informierte Preise, also Preise, die viele Informationen inkorporieren, unterstützen effiziente Entscheidungen (Weizsäcker, 2004, S. 1 f.). Die Informationseffizienz von Kursen spiegelt sich somit in der Fähigkeit von Preisen wider, Informationen zu transportieren. Informative

Preise sind die Grundlage für die Allokation von Ressourcen, da sie die Attraktivität von Investitionen signalisieren und Wohlfahrt für die Gesellschaft schaffen. Dabei müssen für informative Preise zwei Bedingungen erfüllt sein: (a) neue Informationen müssen gesucht sowie (b) möglichst schnell und umfassend in die Preise eskomptiert werden.

Die meisten empirischen Studien zum HFT betrachten die Einarbeitung von Informationen in die Preisbildung für sehr kurze Zeiträume und kommen i. d. R. zu der Erkenntnis, dass die Preisentdeckung durch HFT verbessert wird (Deutsche Bundesbank (Hrsg.), 2016, S. 37–61; Menkveld, 2016, S. 1–24; Foucault, Hombert, & Rosu, 2016, S. 335–382; Brogaard, Hendershott, & Riordan, 2014, S. 2267–2306; Chakrabarty, Moulton, & Wang, 2022, S. 100690; Brogaard, Hagströmer, & Riordan, 2015, S. 3407–3443; Carrion, 2013, S. 680–711; Riordan, & Storkenmaier, 2012, S. 416–437; Conrad, Wahal, & Xiang, 2015, S. 271–291; Boehmer, Fong, & Wu, 2021, S. 2659–2688; Zhang, 2017, S. 3–21). Diesen Zusammenhang in Form der schnellen Erfassung von Information haben auch Bouveret et al. untersucht und kommen zum Ergebnis, dass es einen „positive feedback loop“ (Bouveret, Breuer, Chen, Jones, & Sasaki, 2015, S. 22) gibt – hierunter verstehen die Autoren rasche „Antworten“ des Marktes auf Käufe und Verkäufe –, indem „the combination of high HFT activity and low market depth likely amplified the price dynamics [im Sinne von Markttiefe, Anm. d. Verf.]“ (Bouveret, Breuer, Chen, Jones, & Sasaki, 2015, S. 21). Im Ergebnis sorgen diese „raschen Antworten“ im Sinn einer schnellen Inkorporation von Informationen für eine höhere Informationseffizienz (Gerig, 2015, S. 6). Wenn ein Markt effizient funktioniert und Informationen schnell in die Preise einfließen, zieht das mehr Marktteilnehmer an. Diese sind bereit, Handel zu betreiben, da sie darauf vertrauen können, dass die Preise marktgerecht sind. Damit erhöhen sich das Handelsvolumen und die Marktliquidität. In einem informationseffizienten Markt haben alle Marktteilnehmer darüber hinaus gleichzeitig Zugang zu relevanten Informationen. Dies verringert das Problem der asymmetrischen Information, bei dem einige Marktteilnehmer mehr wissen als andere, da in einem effizienten Markt neue Informationen schnell(er) verarbeitet und Preise entsprechend angepasst werden.

Allerdings weisen Baldauf und Mollner (Baldauf, & Mollner, 2019, o. S.) auf einen Trade-off von Geschwindigkeit und Informationseffizienz hin (Schlepper, 2016, S. 29–34). Die Deutsche Bundesbank (2012, S. 47 ff.) führt aus, dass es in kurzen Zeiträumen zu einer höheren Preiseffizienz (einer höheren Informationseffizienz) durch HFT-Händler kommen kann, was aber auch durch das Handeln von Nicht-HFT-Händlern erreicht werden würde (Brogaard, 2011, S. 1 ff.; Stiglitz, 2014, o. S.). Jüngere Studien kommen zu konträren Ergebnissen. Zhang berichtet von Überreaktionen auf fundamentale Nachrichten und Dysfunktionalitäten von Märkten aufgrund von HFT. Er schreibt: „Stock Prices tend to overreact to fundamental news, when high-frequency trading is at a high volume" (Zhang, 2010, Abstract); und weiter: „[…] the evidence that HFT hinderst he market's incorporation of fundamental news has implications for the financial reporting system and for regulators (Zhang, 2010, S. 4). „Taken together, these results suggest that HFT hinders price discovery" (Zhang, 2010, S. 26 und 34). Sornette und von der Becke argumentieren, dass HFT ein Beschleuniger für Bubbles and Crashers sein kann (Sornette, & von der Becke, 2011, S. 3). Beispielsweise teilen Yang und Zhu den Markt ein in fundamental gut informierte Händler und jene, die den Order Flow von gut informierten Investoren (beispielsweise Hedge Funds, institutionellen Kapitalsammelstellen) aufspüren, um im Anschluss den gut informierten Händlern folgen zu können. Broker und insbesondere HFT können die Aufträge von institutionellen Marktteilnehmern dadurch aufdecken, dass sie für Retail-Aufträge bezahlen und entsprechend die Retail-Orders gegen das gesamte Ordervolumen stellen. HFT ist aufgrund der Geschwindigkeit geeignet, diese Informationen gewinnbringend auszunutzen. Daher versuchen die fundamental informierten Marktteilnehmer, ihre Absichten und Informationen zu verschleiern. Die Preisbildung wird insgesamt schlechter (Yang, & Zhu, 2020, S. 1484–1533). Harris, ein ehemaliger Chefvolkswirt der SEC, beschreibt das Verhalten der Anleger, die ausschließlich Order Flows folgen, ohne selbst neue Informationen zu aufzudecken, als unzulässiges und unerwünschtes Front Running (Harris, 2013, S. 7 f.). Insbesondere bei größeren Transaktionen haben HFT die Möglichkeiten, Order Flows aufzudecken und davon zu profitieren. Diese „räuberische" Antizipation geht zu Lasten der großen Investoren. Die Predatory Trader verschärfen die Preisbewegung und erhöhen gegebenenfalls die Transaktionskosten. Brunnermeier und Pedersen sprechen von Front Running und Marktmanipulation (Brunnermeier, & Pedersen, 2005, S. 1832–1845; Xu, & Cheng, 2024, o. S.).

Weitere Autoren argumentieren, dass HFT in parasitärer Weise Gewinne auf Kosten gut informierter Investoren erzielen. Stiglitz schreibt hierzu: „High frequency trading operates in a span of time in the first sphere. As such, it is mostly a zero sum game – or more accurately, a negative sum game because it cost real resources to win in this game" (Stiglitz, 2014, S. 5). Andere Autoren argumentieren, dass das elektronische Front Running die Profite von gut fundamental orientierten Investoren, deren Anreiz, Informationen zu suchen, und letztlich die Informationseffizienz der Preise senkt (Picardo, 2017, o. S.). Dies wiederum führt zu verfälschten Signalen an die Unternehmen und die Investoren, was in einer suboptimalen Kapital-Allokation kulminiert und die Volkswirtschaft als Ganzes belastet (Fox, Glosten, & Rautenberg, 2018, S. 821–891). Aufgrund der geschmälerten Gewinnaussichten werden diese Marktteilnehmer weniger Informationen suchen und der Markt wird weniger informiert (Brogaard, 2001, S. 1 ff.; Stiglitz, 2014, S. 5 ff.; Mildenberger, 2022, S. 374 f.; Adrian, 2016, S. 259). Lewis behauptet in seinem Bestseller „Flash Boys" sogar, dass die Märkte manipuliert seien. Seine Begründung lautet: Hochfrequenzhändler würden mit einer überlegenen technischen Ausstattung Kapitalströme und Order Flows aufspüren (Lewis, 2014, S. 42–47, S. 61) und sich vor die langsameren Händler schieben, um diesen dann das entsprechende Finanzinstrument zu etwas schlechteren Bedingungen anzubieten. Lewis spricht in diesem Zusammenhang von systematischem Front Running. Fundamental gut informierte Investoren reagieren auf die Bemühungen, dass HFT ihren Order Flow entdecken oder folgen will, indem sie „Ablenkungen" streuen. Die Märkte und der Preisbildungsprozess werden dadurch weniger informiert. Da insbesondere HFT-Strategien sowohl auf „Back Runner" als auch im „Front Running" spezialisiert ist, wird der Preisbildungsprozess an Finanzmärkten in Zusammenhang mit HFT mindestens ambivalent diskutiert (Adrian, 2016, S. 259). Abgesehen davon versuchen verschiedene HFT-Strategien auch, mit einer hohen Orderzahl Kontrahenten zu manipulieren.

Wichtig ist es folglich, nicht nur die Inkorporation neuer Informationen in die Kurse unter HFT, sondern ebenso die Informationssuche zu diskutieren. Hier kann auf Abschnitt 7.2.2 verwiesen werden, in dem der Zusammenhang von Market Makern, Spreads und fundamental gut informierten Händlern thematisiert wurde. Gider, Schmickler und Westheide kommen zu dem Ergebnis, dass Märkte unter HFT-Einfluss signifikant an Informationen verlieren. Dabei wird der Informationsverlust der Preise umso größer, je länger die beobachteten Zeiträume sind. Damit, so stellen die Autoren fest, nimmt auch die Entscheidungsqualität für Investitionen mit zunehmenden Zeiträumen ab. Sie schlussfolgern, dass das HFT schädlich für die Anreize zur Suche und Entdeckung neuer Informationen ist, selbst dann, wenn HFT für eine schnelle Inkorporation von existierenden Informationen in die Preise sorgt. HFT benachteilige insofern gut informierte Marktteilnehmer (Gider, Schmickler, & Westheide, 2021, S. 1–5).

Des Weiteren hat Virgilio mittels Simulationen festgestellt, dass HFT praktisch die gesamten Gewinne aus Arbitrage einstreicht. Dabei beschleunigt HFT zwar die Preisbildung, allerdings ausschließlich zum eigenen Vorteil, aber zum Nachteil aller anderen Marktteilnehmer und damit auch des Marktes. Die Möglichkeit der risikolosen Überrenditen widerspricht den Implikationen der Effizienzmarkthypothese und eines fairen sowie integeren Marktes (Virgilio, 2015, S. 69–81).

Obwohl folglich einige akademische Arbeiten die Vorteilhaftigkeit von HFT hinsichtlich der Preisfindung und Informationseffizienz betonen, gibt es v. a. in jüngeren Arbeiten diesbezüglichen zunehmend Zweifel. Eine relative kleine Anzahl von HFT kann mit überlegener Technik eine große Zahl von langsamen Marktteilnehmern in den meisten Fällen schlagen, da sie schneller Orders anpassen oder stornieren können. HFT nutzen auf diese Weise systematisch die offenen Limitorders der langsameren Händler aus. Denn die langsamen Händler sind beim Auftreten höherer Volatilitäten nicht in der Lage, mit ausreichender Geschwindigkeit ihre Orders anzupassen, wohingegen HFT seinen Geschwindigkeitsvorteil ausspielt und in der Lage ist, die Orders auszuführen (Rosov, & Dick, 2015, S. 4 f.). Langsamere und fundamental orientierte Anleger ziehen sich aufgrund sinkender Profitmargen aus dem Markt zurück, der dadurch weniger informiert ist.

Schließlich stellt sich die Frage, ob tatsächlich in der hohen Geschwindigkeit, mit der HFT stattfindet, neue Informationen auftreten. Diese Frage dürfte zu verneinen sei (Stiglitz, 2014, S. 9 f.; Mildenberger, 2022, S. 374 f.). HFT versucht, aus Zeitreihen Muster abzuleiten, Marktteilnehmer zu locken und eine Vielzahl von Orders zu begeben, die dann wieder gelöscht werden. Dieses Verhalten von HFT zeigt, dass weniger auf neue Informationen gehandelt wird als Geschwindigkeitsvorteile zum Nachteil anderer Marktteilnehmer ausgenutzt werden. Diese mutmaßlichen Handelsstrategien der Hochfrequenzhändler können zu einem höheren Misstrauen von langsameren Marktteilnehmern führen und die Marktintegrität beschädigen, was dann wiederum den Rückzug von langsamen, aber gut informierten Anlegern aus dem Markt (Adverse Selection, vgl. 7.3.2.3) bewirken kann.

Es ranken sich viele Mythen und Legenden um die Betreiber von HFT, wie auch gegen HFT selbst. Vielleicht sind diese nicht immer zutreffend, sie führen aber zur Beschädigung der Marktintegrität sowie zu Argwohn gegenüber den Finanzmärkten (Ankenbrand, 2014, o. S.). Daraus wiederum kann resultieren, dass adverse Selektion stattfindet. Nehmen aber weniger gut informierte Investoren am Marktgeschehen teil, schadet das dem Preisbildungsprozess und dem Informationsgehalt der Börsenkurse.

### 7.3.5 Zusammenfassung zur Bewertung aus realwirtschaftlicher Sicht

Finanzmärkte übernehmen eine zentrale volkswirtschaftliche Funktion, indem sie Sparvolumen und Investitionswünsche durch Fristen-, Losgrößen- und Risikotransformation in Einklang bringen. Diese Rolle ist essenziell, da Finanzmärkte über die Preisbildung für Kapital eine effiziente Allokation knapper Ressourcen gewährleisten. Jedoch wird im Kontext des HFT zunehmend diskutiert, ob diese Aufgabe unter den veränderten Marktbedingungen dauerhaft erfüllt werden kann.

HFT zeichnet sich durch den Einsatz technologisch hochentwickelter Algorithmen aus, die es ermöglichen, große Datenmengen in Bruchteilen von Sekunden zu analysieren und darauf basierend Handelsentscheidungen zu treffen. Dieser Geschwindigkeitsvorteil der Informationsbeschaffung und -verarbeitung führt zu asymmetrischen Informationsverteilungen zwischen HFT-Händlern und traditionellen Marktteilnehmern, was mit grundlegenden Problemen wie adverser Selektion und moralischem Risiko einhergeht (Biais, & Woolley, 2012, S. 34 f.; Aoyagi, 2018, S. 1 f.). Die Prinzipal-Agent-Theorie, die auf Jensen und Meckling (Jensen, & Meckling, 1976, S. 305–360) zurückgeht, beschreibt diese Informationsasymmetrien und ihre negativen Effekte auf Markttransaktionen. Analog der Principal-Agent Theorie können HFT-Händler wie Agenten mit einem technologischen (Informations-)Vorsprung agieren, während traditionelle Händler als Prinzipale systematisch benachteiligt werden.

Adverse Selection tritt auf, wenn HFT-Händler durch ihre Schnelligkeit und technische Überlegenheit Handelsmöglichkeiten wahrnehmen, bevor andere Marktteilnehmer agieren können. Dies beeinträchtigt nicht nur die Handelsmöglichkeiten langsamerer Marktteilnehmer, sondern führt auch zu einer Verdrängung langsamerer Händler, deren Entscheidungen auf der Analyse von Fundamentaldaten beruhen. Solche Händler ziehen sich langfristig aus dem Markt zurück, da sie weder ihre Transaktionen zu wettbewerbsfähigen Preisen durchführen können noch eine adäquate Risikoprämie erhalten, um ihr Informationsrisiko auszugleichen (Glosten, & Milgrom, 1985, S. 71–100). Im Endeffekt werden die Preisbildungsmechanismen beschädigt, weshalb die Informationseffizienz des Marktes abnimmt (Burghof, Koch, Schroff, & Spankowski, 2014, S. 47 f.).

Die Verdrängung fundamental informierter Händler hat erhebliche Konsequenzen für die Marktintegrität. Die Preise reflektieren zunehmend kurzfristige Kursverläufe, technische Signale und Handelsstrategien, während die Qualität der fundamentalen Informationen, die in die Preisbildung einfließen, abnimmt. Dadurch sinken die Signalwirkung relativer Preise und die somit Informationseffizienz der Märkte, die als zentraler Indikator für die optimale Kapitalallokation gilt

(Sapusek, 1998, S. 47–53). HFT kann somit zu einem Marktversagen führen, da fundamentale Informationen nicht mehr ausreichend berücksichtigt werden, was die effiziente Verteilung von Kapital beeinträchtigt (Burghof, Koch, Schroff, & Spankowski, 2014, S. 47 f.; Breckenfelder, 2019, S. 1–5).

Ein weiteres Problem ergibt sich aus der Marktstruktur selbst. Nicht-HFT-Händler verlangen häufig höhere Spreads, um das durch Informationsasymmetrien bedingte Risiko zu kompensieren. Doch in einem von HFT dominierten Marktumfeld ist die Durchsetzung solcher Spreads kaum möglich, was ihre Position zusätzlich schwächt. Die Rolle der Market Maker, einschließlich HFT-basierter Market Maker, wird ebenfalls problematisiert: Sie müssen breitere Spreads stellen, um sich vor Verlusten durch schnellere HFT-Händler zu schützen, was die Handelskosten weiter erhöht und die Liquidität verringert (vgl. Menkveld, & Zoican, 2017; Bongaerts, & van Achter, 2016, S. 15 ff.; Huh, 2014, S. 8 ff.). Wettbewerb, der grundsätzlich zu begrüßen ist (Nabben, & Rudolph, 1994, S. 167 ff.), verschärft das Problem abnehmender Liquidität. Denn mit zunehmendem Wettbewerb unter den HF-Händlern wird dem Markt insofern Liquidität entzogen, als die aggressiven aktiven Strategien (Marktorder) versus die passiven Limit-Orders im Orderbuch zunehmen. Vermeintlich steigt die Liquidität, während tatsächlich die Liquidität und vor allem die Markttiefe abnehmen (Breckenfelder, 2019, S. 5–11; Budish, Cramton & Shim, 2015, S. 1547–1621; Menkveld, & Zoican, 2017, S. 1188–1228; Bundesbank (Hrsg.), 2016, S. 40–44 und 50).

Die Dynamik des HFT wirft auch Fragen nach der langfristigen Stabilität der Märkte auf. Während die Geschwindigkeit und Effizienz der Informationsverarbeitung kurzfristige Preisunterschiede ausgleichen können, birgt die Homogenität der Algorithmen Risiken. Kahneman, Sibony und Sunstein (2021) verweisen auf die Begriffe Bias und Noise, die auf HFT-Kontexte übertragbar sind. Homogene Handelsstrategien können systematische Verzerrungen (Bias) verstärken und zu Marktinstabilitäten führen. Dabei könnten die unterschiedlichen Strategien, die auf Noise basieren, potenziell den Bias kompensieren und zur Stabilität der Märkte beitragen.

Die Herausforderung besteht darin, die Vorteile des HFT – insbesondere die erhöhte operative Effizienz und Liquidität – mit den Risiken zu balancieren, die durch Informationsasymmetrien, adverse Selektion und Marktverzerrungen entstehen. Regulierungsmaßnahmen sind notwendig, um die negativen Effekte zu minimieren und die langfristige Markteffizienz zu fördern. Ein zentraler Ansatzpunkt könnte die Begrenzung der technologischen Dominanz einzelner Akteure, insbesondere im Hinblick auf aggressive aktive Hochfrequenzhändler, sein.

Insgesamt zeigt die Analyse, dass HFT zwar zur Verbesserung der operativen Effizienz beitragen kann, jedoch zu asymmetrischer Information und adverser Selektion führen sowie die Markt- und Informationseffizienz in Frage stellen kann. Die Prinzipal-Agent-Theorie bietet einen geeigneten Rahmen zur Untersuchung dieser Effekte, während die Konzepte von Bias und Noise die Bedeutung diversifizierter Informationsinterpretationen unterstreichen. Nur durch eine sorgfältige Abwägung der Chancen und Risiken kann HFT langfristig zum Wohle der Finanzmärkte und der Gesellschaft gestaltet werden.

## 7.4 Einordnung und Bewertung aus gesellschaftlicher Sicht

### 7.4.1 Zentrale Fragestellungen und Einordnung

Nachdem die potenziellen Implikationen von Hochfrequenzhandel für die Finanzmärkte und die Realwirtschaft beleuchtet wurden, möchte der Verfasser hier auf die gesellschaftliche Ebene wechseln. Die Bewertung von HFT aus gesellschaftlicher Sicht ist wichtig, da der extrem schnelle algorithmische Handel nicht nur auf die Finanzmärkte wirkt, sondern weit darüber hinaus. Denn der HFT kann sich in vielfältiger Art und Weise gesellschaftlich auswirken. Dabei wird unter dem Begriff „Gesellschaft" die Betrachtung der Folgen der sozialen Interaktion von Handelnden (Akteuren) verstanden (Hillmann, 1994, Stichwort „Gesellschaft"). Luhmann beschreibt „Gesellschaft" in diesem Zusammenhang als ein autonomes und autopoietisches – sich selbst erhaltendes – System, das dadurch geprägt ist, dass Individuen, ohne dafür ein Bewusstsein entwickelt zu haben, selbst Teil des Systems (der Gesellschaft) sind. Dabei präsentiert sich als elementare Operation der Gesellschaft die Kommunikation, wobei nicht Individuen kommunizieren, sondern die Kommunikation kommuniziert, was den Selbsterhalt des Systems zum Ziel hat (Luhmann, 1997, S. 10 ff.) – oder wie es die Bundeszentrale für politische Bildung ausdrückt: „Gesellschaft ist eine Sammelbezeichnung für unterschiedliche Formen zusammenlebender Gemeinschaften von Menschen, deren Verhältnis zueinander durch Normen, Konventionen und Gesetzen bestimmt ist und die als solche eine Gesellschaftsstruktur ergeben."

Unter gesellschaftlicher Perspektive gilt es im Folgenden zwei Fragestellungen genauer zu betrachten: (1) Schafft HFT gesellschaftlichen Nutzen oder könnten die aufgewendeten Ressourcen an anderer Stelle eine relativ bessere Verwendung im Sinne eines gemeinsamen Gelingens finden? (2) Erhöht HFT die gesellschaftliche Akzeptanz von marktwirtschaftlichen Prozessen, Finanzmärkten und einer effizienten Kapitalallokation?

Die erste Frage bezieht sich auch den Ressourcenverbrauch des modernen Börsenhandels. Insgesamt geht es bei der Betrachtung des Aufwandes von HFT darum, ob die Gesellschaft trotz einer besseren Kapitalallokation und potenzieller Wohlfahrtsgewinne gewillt ist, den immensen Ressourcenaufwand gutzuheißen, der mit HFT einhergeht, oder ob es regulatorische, insbesondere marktnahe, Möglichkeiten gibt, diese Ressourcen in gesellschaftlich besser akzeptierte Verwendungen zu lenken. Zu diskutieren ist hier, ob und unter welchen Voraussetzungen HFT gesellschaftlichen Nutzen stiftet und ob diese Nutzenstiftung die Ressourcenverwendung unter dem Blickwinkel von Opportunitätskosten rechtfertigt. Auf diese Weise kann HFT ein gemeinsames Gelingen unterstützen, wenn die Vor- und Nachteile in Bezug auf den Aufwand ausgewogen und sorgfältig abgewogen werden und die Entwicklung von Rahmenbedingungen unterstützt wird, die sowohl den technologischen Fortschritt als auch das gesellschaftliche Wohl berücksichtigen. Mit anderen Worten: Es geht um die Frage von Kosten und Nutzen des HFT in einem gesellschaftlichen Kontext bzw. um die Frage, ob die Ressourcen in Technik, Personal, Energie und Kapital in Analogie zum Ricardianischen Modells nicht gesellschaftlich anders und „besser" investiert werden können als in HFT.

Dabei geht es nicht nur um Kapital, sondern auch um die „Manpower" und das „Know-how" der Menschen, die zur Entwicklung sowie zum Betrieb des Hochfrequenzhandels eingesetzt werden. Des Weiteren sind auch die technischen Mittel und beispielsweise die Nutzung von Rohstoffen und Energie in die Überlegungen einzubeziehen. Denn solange an den Handelsplattformen „the winner takes it all" gilt und jede Nanosekunde Geschwindigkeit Vorteile mit sich bringt, werden die Marktteilnehmer das Rennen um Geschwindigkeit fortsetzen. Daraus geben sich entsprechend Fragen, wie hoch der Ressourcenverbrauch ist und ob es ggf. Möglichkeiten gibt, den Ressourcenverbrauch zu senken oder den Markt derart zu gestalten, dass die Ressourcen in für die Gesellschaft vorteilhaftere Bereiche gelenkt werden können.

Die zweite Frage hat mit Fairness und Integrität der Märkte zu tun, aber auch mit Transparenz und Stabilität. Entscheidend dürfte sein, dass die Gesellschaft den Finanzmärkten einen Nutzen zugestehen, bzw. unter welchen Umständen sie bereit sind, die Funktion und den Nutzen von Handelsplattformen und Börsen anzuerkennen. Dies gilt in besonderer Weise, wenn sich Märkte zu verselbständigen scheinen, der moderne Börsenhandel somit automatisierten oder autonomen Systemen folgt. Erinnert sei an die sog. Große Finanzkrise der Jahre 2008/09 oder den Flash Crash von 2010. Im Hinblick auf HFT besteht folglich die Frage, ob einzelne hochtechnisierte Marktteilnehmer Gewinne zu Lasten der Gesellschaft und der Finanzmarktstabilität erzielen können, bzw. welche potenziellen Externalitäten der Hochfrequenzhandel erzeugt. In diesem Zusammenhang muss die Frage der Externalitäten von HFT beantwortet werden. Letztlich hängt die gesellschaftliche Bewertung von HFT dann davon ab, wie die positiven und negativen Aspekte gewichtet werden.

## 7.4.2 Aufwand des Hochfrequenzhandels hinsichtlich Technik, Know-how, Energie und Kapital

### 7.4.2.1 Aufwand hinsichtlich Technik

Der Hochfrequenzhandel hat sich als eine der einflussreichsten Entwicklungen in den Finanzmärkten des 21. Jahrhunderts etabliert und die Strukturen sowie die Dynamik an den Märkten wesentlich verändert. Die Entwicklung von der traditionellen Börse mit Open-Outcry-Systemen und spezialisierten Akteuren hin zum modernen automatisierten Computerhandel und technisch hochgerüsteten HFT markiert dabei einen tiefgreifenden Wandel in der Funktionsweise der Märkte und den Anforderungen an Technik, Arbeitskräfte, Energie und Kapital. Dabei ermöglicht die Kombination modernster Technologien (Hardware) und hochentwickelter Algorithmen (Software) das Ausführen von Tausenden von Transaktionen innerhalb von Millisekunden. Gleichzeitig bringt HFT bedeutende Anforderungen in den Bereichen Kapitaleinsatz, Personal und Energie, beispielsweise Energie, mit sich. Die Komplexität, Herausforderungen und Interdependenzen von HFT sind entsprechend erheblich.

Der technologische Fortschritt ist die Grundlage des HFT, die technologische Infrastruktur das Rückgrat des Handels. Handelsentscheidungen in Mikrosekunden erfordern spezialisierte Hardware, optimierte Algorithmen und leistungsstarke Netzwerkarchitekturen. Ohne diese technischen Voraussetzungen wäre HFT in seiner heutigen Form nicht denkbar.

Die Reduzierung von Latenzzeiten – also der Zeit, die eine Order benötigt, um die Börse zu erreichen – ist ein entscheidender Wettbewerbsfaktor im HFT. Denn der Erfolg im Hochfrequenzhandel basiert auf der Fähigkeit, Daten schneller zu verarbeiten als die Konkurrenz. Dabei kommen spezialisierte Hardwarekomponenten wie Field Programmable Gate Arrays (FPGA) und Application-Specific Integrated Circuits (ASIC) ins Spiel. FPGA bieten den Vorteil, dass sie für spezifische Aufgaben programmiert werden können, wodurch sich Berechnungszeiten deutlich reduzieren lassen (Aldrige, 2013, S. 1 ff.). ASIC hingegen sind auf spezifische Anwendungen optimiert und bieten daher noch höhere Geschwindigkeiten bei geringem Energieverbrauch. Darüber hinaus wird durch die Platzierung von High-Performance-Servern in unmittelbarer Nähe zu Handelsplattformen (Co-Location) ein Geschwindigkeitsvorteil bei der Orderausführung gegenüber der Konkurrenz mit höheren Latenzzeiten erreicht und Verzögerungen werden minimiert (Hasbrouck, & Saar, 2013, S. 649; MacKenzie, 2021, S. 1 ff.). Die Leistungsfähigkeit der Hardware wird entsprechend durch spezialisierte Server-Architekturen und hochleistungsfähige Datenspeichersysteme ergänzt. Diese ermöglichen es, große Datenmengen in Echtzeit zu verarbeiten, zu analysieren und darauf zu reagieren. Beispielsweise erlaubt die Verwendung von Mikrowellenkommunikation anstelle von Glasfaserkabeln in bestimmten Netzwerken noch schnellere Datenübertragungen. Unternehmen wie Jump Trading und DRW investieren kontinuierlich in solche Technologien, um Latenzvorteile zu sichern. Andere nutzen das Internet-Protokoll, bei dem Datensätze bekanntlich in kleinere Blöcke oder Pakete aufgeteilt werden. Jedem Paket wird die IP-Adresse der Empfänger-Domain angehängt, damit die Router die einzelnen Pakete an den richtigen Ort senden, wo die Datensätze wieder zusammengesetzt werden. Um die Geschwindigkeit zu optimieren, senden HFT bei Orders einen Datensatz mit unvollständiger Nummer. Will der HFT die Order tatsächlich platzieren, sendet er nur noch den Rest der Nummer. Bei Löschung unternimmt der Händler nichts und das Internet-Protokoll erkennt die Sendung als Falschmeldung (MacKenzie, 2021, S. 168 ff.).

Die Netzwerke spielen somit im Hochfrequenzhandel, bei dem jede Millisekunde zählt, eine wichtige Rolle. HFT-Unternehmen investieren deshalb Milliardenbeträge in hochentwickelte Netzwerkinfrastrukturen, die den schnellen und sicheren Austausch von Daten gewährleisten. Die Reduzierung von Latenzzeiten ist dabei das überragende Ziel – wie schon der Ausbau des Glasfaserkabels durch Spead Networks zwischen New York und Chicago verdeutlicht (MacKenzie, 2021, S. 168 ff.). Eine Order von New York nach Chicago benötigt nämlich rund 13 Millisekunden, da die Kabel typischerweise den Eisenbahnschienen folgen. Ein Problem stellten allerdings die Allegheny Mountains in Pennsylvania dar. Im HFT-Netzwerk braucht die gleiche Order deutlich unter 10 Millisekunden. Nutzt man nämlich Abkürzungen entlang kleinere Straßen, untertunnelt beispielsweise Parkplätze und überquert Flüsse, kann man von New York nach Chicago 150 Kilometer Weg sparen. Am Ende war das HFT-Kabel 1.331 Kilometer lang und mit diversen Verstärkerstationen bestückt (Lewis, 2014, S. 19–32). MacKenzie berichtet, dass für diese Leitung kein Aufwand gescheut und sogar durch Berge gebohrt wurde, um die Rechenzentren in Mahwah (New York) und Aurora (Chicago) auf dem möglichst schnellsten Wege zu verbinden. Diese

Leitung soll noch einmal 1,3 Millisekunden schneller sein als bestehende Glasfaserkabel (MacKenzie, 2021, S. 139). Laut Baldauf und Mollner berichtet die NYSE, dass eine Order eine Medianlatenzzeit von 26 Microsekunden aufweist. Zum Vergleich: Ein mit Schallgeschwindigkeit fliegender Jet schafft in dieser Zeit 1–2 Zentimeter (Baldauf, & Mollner, 2019, o. S.). Auch neue Technologien wie Microwellen, Laser oder Satellitenkommunikation werden genutzt, da sie noch schnellere Übertragungszeiten ermöglichen. Financial Information Exchange (FIX)-Protokolle und der Einsatz redundanter Verbindungen erhöhen die Zuverlässigkeit und reduzieren potenzielle Fehlerquellen (Gresser, 2017, S. 41; Jaccard, 2015, S. 20–50). Neueste Entwicklungen im Bereich der Quantentechnologie könnten den HFT in den kommenden Jahren revolutionieren, indem sie eine noch schnellere Datenübertragung ermöglichen. Nur Lichtgeschwindigkeit scheint die Grenze zu sein (MacKenzie, Beunza, Millo, & Pardo-Guerra, 2012, S. 279–296; MacKenzie, 2021, S. 27–30).

Neben Hardware wie Servern und Netzwerken ist die Software, also die Algorithmen, ein entscheidender Faktor im Hochfrequenzhandel. Die Algorithmen, in deren Optimierung kontinuierlich investiert wird, sind gewissermaßen das Rückgrat des HFT. Sie analysieren kontinuierlich Marktdaten und treffen automatisierte Handelsentscheidungen basierend auf mathematischen Modellen. Momentum-Strategien und Arbitragealgorithmen sind weit verbreitet, wobei letztere Preisunterschiede zwischen verschiedenen Märkten ausnutzen (Aldridge, 2013, S. 112). Allerdings wurden traditionelle arbitragebasierte Modelle in den letzten Jahren zunehmend durch Systeme ersetzt, die auf maschinellem Lernen und künstlicher Intelligenz (KI) basieren. Diese Systeme können selbstständig große Datenmengen verarbeiten und Muster erkennen sowie Strategien entwickeln, um diese auszunutzen (Kumar, 2020, S. 45–63). Dies erhöht die Effizienz und Präzision des Handels. Dennoch oder gerade deswegen gibt es technische Herausforderungen: Die Skalierbarkeit der Systeme bei hohen Handelsvolumina sowie der Schutz vor Cyberangriffen und Manipulationen sind zentrale Probleme. Regulierungsbehörden wie die Commodity Futures Trading Commission (CFTC) und die Europäische Wertpapier- und Marktaufsichtsbehörde (ESMA) verlangen zudem umfassende Sicherheitsprotokolle.

#### 7.4.2.2 Aufwand hinsichtlich Personal und Know-how

Trotz des intensiven Einsatzes von Technik und des hohen Automatisierungsgrads von HFT ist der menschliche Faktor von zentraler Bedeutung. Allerdings haben sich die Anforderungen grundlegend geändert. In den Zeiten des Open-Outcry-Systems waren physische Präsenz und zwischenmenschliche Kommunikation eine zentrale Rolle für die Händler. Händler mussten sich im Handelsraum mit lauten Zurufen und Handzeichen verständigen, um Transaktionen abzuschließen. Diese Arbeit erforderte ausgeprägte Kommunikationsfähigkeiten, schnelles Denken und ein gutes Gespür für den Markt, basierend auf persönlichen Beziehungen und Erfahrung. Mit dem Übergang zum Computerhandel und der Einführung von HFT wurden diese Anforderungen grundlegend verändert. Die physischen Handelsräume wurden durch elektronische Handelsplattformen ersetzt, auf denen Transaktionen automatisiert und in Bruchteilen von Sekunden ausgeführt werden. Statt der physischen Präsenz sowie der emotionalen Intuition sind nun technologische Kompetenz und analytisches Denken gefragt. Marktteilnehmer, die durch automatisierte Systeme unterstützt werden, konzentrieren sich auf Algorithmen, die Handelsdaten wie die Orderbücher an verschiedenen Handelsplattformen oder Liquiditätskennziffern analysieren. Der Hochfrequenzhandel hat diesen Wandel noch weiter vorangetrieben. Die Profile der Arbeitskräfte haben sich stark verschoben: Statt lautstarker Händler auf dem Börsenparkett dominieren heute Programmierer, Datenanalysten und Quantitative Researchers das Bild, die in stillen Büros an der Optimierung von Software und Hardware arbeiten.

Neben der Technik ist folglich hochqualifiziertes Personal der wesentlicher Erfolgsfaktor im HFT. Die Entwicklung, Optimierung und Überwachung der Systeme erfordern hochqualifiziertes Personal aus verschiedenen Disziplinen. Für den ultraschnellen Handels ist es daher erforderlich, Expertise aus Informatik, Mathematik, Physik, Statistik und den Finanzmärkten einzubringen. Informatiker und Ingenieure entwickeln und optimieren die Software- und Hardwarelösungen, während Mathematiker und Physiker Modelle zur Marktanalyse erstellen. Finanzexperten wiederum sorgen dafür, dass die entwickelten Systeme auf die spezifischen Anforderungen der Märkte abgestimmt sind. Diese Interdisziplinarität ist ein zentraler Erfolgsfaktor (Chaboud, Chiquoine, Hjalmarsson, & Vega, 2014, S. 2045–2084).

Quantitative Analysten entwickeln mathematische Modelle und Algorithmen, die den Handel steuern. Sie analysieren Zeitreihen, simulieren Marktszenarien und implementieren Handelsstrategien. Die Entwicklung von Algorithmen ist ein iterativer Prozess, der umfassende Tests und Simulationen erfordert. Dabei wird das sog. Backtesting eingesetzt, bei dem Handelsstrategien anhand historischer Marktdaten getestet werden, um deren Effizienz zu bewerten und gegebenenfalls zu verbessern. Aber auch der Einsatz fortgeschrittener statistischer Techniken, wie Monte-Carlo-Simulationen und Regressionsanalysen, sind üblich, um die Modelle zu adjustieren (Patterson, 2010, S. 184). Die stetige Optimierung der Algorithmen ist essenziell, da sich Marktbedingungen und regulatorische Rahmenbedingungen ständig ändern. Dies erfordert nicht nur technisches Know-how, sondern auch ein tiefes Verständnis der Marktmechanismen (Johnson, 2010, S. 1 ff.). Softwareentwickler setzen die von den „Quants“ entwickelten Modelle in leistungsfähigen Codes um. Die Programmiersprachen C + + und Rust sind besonders beliebt, da sie Echtzeitanwendungen effizient unterstützen. Laut Biais et al. ist die Optimierung des Codes für Parallelverarbeitung und Speicherverwaltung ein wesentlicher Erfolgsfaktor (Biais, Foucault, & Moinas, 2015, S. 298). Netzwerktechniker und Systemadministratoren schließlich gewährleisten den reibungslosen Betrieb der technischen Infrastruktur. Redundanz und Fehlertoleranz sind zentrale Aspekte ihrer Arbeit, um Systemausfälle zu vermeiden (Gresser, 2017, S. 52).

Die kontinuierliche Weiterbildung des Personals ist unerlässlich, da die Märkte und Technologien sich ständig weiterentwickeln. Hochschulen wie das Massachusetts Institute of Technology (MIT) bieten spezialisierte Programme in algorithmischem Handel an und unterstützen die HFT-Unternehmen bei der Rekrutierung. Allerdings ist auch im Bereich des Börsenhandels im Allgemeinen und der Hochfrequenzhandels im Besonderen der Fachkräftemangel eine zentrale Herausforderung. Experten in Bereichen wie Big Data, künstliche Intelligenz und Finanzmathematik sind stark nachgefragt, was die Personalkosten in die Höhe treibt. Gleichzeitig ist die Arbeitsbelastung in der HFT-Branche hoch, was die Mitarbeiterbindung erschwert (Kumar, 2020, S. 45–63).

#### 7.4.2.3 Aufwand hinsichtlich des Energieverbrauchs

Der Hochfrequenzhandel ist ressourcenintensiv, insbesondere in Bezug auf den Energieverbrauch. Vor allem die Rechenzentren, die für den Hochfrequenzhandel betrieben werden, zählen zu den energieintensivsten Einrichtungen weltweit. Der Betrieb dieser Zentren verursacht einen erheblichen Energieverbrauch – wie nicht zuletzt dank der Veröffentlichungen von Cloud-Betreibern bekannt ist. Der Betrieb dieser Datenzentren erfordert nicht nur erhebliche Energiemengen, sondern auch konstante Kühlungsmechanismen der Server, um deren Leistungsfähigkeit zu gewährleisten (Stoll, Schönborn, & Müller, 2021, S. 89–105). Verstärkerstationen entlang der Signalwege erfordern ebenfalls wesentliche Energiemengen (Brogaard, Hendershott, & Riordan, 2019, S. 1621–1658; Budish, Cramton, & Shim, 2015, S. 35). Laut Jones, Patel und Wang (2021, S. 463) entfallen bis zu 3 Prozent des globalen Stromverbrauchs auf Datenzentren, wobei ein signifikanter Anteil auf HFT entfällt. Weltweit haben Rechenzentren aller Art im Jahr 2022 rund 460 Terawattstunden Energie verbraucht, bis 2026 soll sich der Verbrauch verdoppeln. Der Bedarf der Rechenzentren würde dann dem Verbrauch Japans entsprechen (Schulze, 2024, S. 1 ff.).

Die ökologische Nachhaltigkeit des HFT ist umstritten. Angesichts wachsender gesellschaftlicher und regulatorischer Anforderungen zur CO2-Reduktion steht die Branche unter Druck, ihre Prozesse nachhaltiger zu gestalten. Einige Unternehmen haben begonnen, auf grüne Energie umzusteigen oder ihre Rechenzentren in Regionen mit kühlerem Klima zu verlegen, um den Kühlungsbedarf zu reduzieren (MacKenzie, 2021, S. 1 ff.). Das Unternehmen Virtu Financial beispielsweise investiert in erneuerbare Energiequellen, um seinen CO2-Fußabdruck zu reduzieren (Gresser, 2017, S. 75). Der Ressourcenverbrauch stellt somit eine zentrale Herausforderung für den Hochfrequenzhandel dar, insbesondere im Hinblick auf Nachhaltigkeit und Kostenkontrolle.

#### 7.4.2.4 Aufwand hinsichtlich der Kapitalanforderungen

Die hohen Kapitalanforderungen sind eine erhebliche Eintrittsbarriere in den HFT-Markt. Nur gut kapitalisierte Unternehmen können die notwendigen Investitionen tätigen. Kapital ist somit sowohl eine Voraussetzung als auch ein kritischer Erfolgsfaktor im HFT. Dieser intensive Kapitaleinsatz führt zu einer technologischen Überlegenheit, die nur von wenigen Marktteilnehmern erreicht werden kann. Dies wiederum verstärkt die Ungleichheit, also asymmetrische Information und adverse Selektion (vgl. Abschnitt 7.3.2.2 und 7.3.2.3) auf den Märkten und damit die Akzeptanz von HFT, da kleinere und weniger gut ausgestattete Marktteilnehmer nicht die gleichen Möglichkeiten haben, von den Marktbewegungen zu profitieren. Die Dominanz einiger weniger Akteure kann aber nicht nur zu Ungleichgewichten führen, sondern auch die Chancengleichheit einschränken und potenziell zu Wettbewerbsverzerrungen. Das gilt besonders dann, wenn im HFT Gewinne zu Lasten Dritter erzielt werden und sich diese dann aus dem Markt zurückziehen (adverse Selektion). Ein zentraler Punkt in der Diskussion um das HFT ist die Frage, wie viel Kapital für marginale Geschwindigkeitsvorteile investiert wird und ob dieser Kapitaleinsatz im Sinne der volkswirtschaftlichen Wohlfahrt und eines gemeinsamen Gelingens als sinnvoll angesehen werden kann.

Zum einen sind da die erheblichen Kapitalinvestitionen, die für den Aufbau und die Wartung der technischen Infrastruktur erforderlich sind. Die Anschaffung von Servern, Netzwerkinfrastruktur, Antennen, optischen Komponenten und Software erfordert hohe Anfangsinvestitionen. Laut Patterson (2010, S. 214) investierten führende HFT-Firmen schon vor 15 Jahren jährlich bis zu 500 Millionen US-Dollar in neue Technologien. Aldridge argumentiert, dass Unternehmen wie Citadel Securities jährlich Millionen in den Ausbau ihrer Netzwerke und die Weiterentwicklung ihrer Handelsalgorithmen (Aldridge, 2013, S. 112) investieren. Diese Zahlen dürften aber mittlerweile weit überschritten sein. Klar ist, dass es erheblichen Kapitals bedarf, um diese Projekte zu finanzieren. Unternehmen im Hochfrequenzhandel investieren Milliarden, um ihre Infrastruktur und Software kontinuierlich zu verbessern und Wettbewerbsvorteile zu sichern (Brogaard,

Hendershott, & Riordan, 2019, S. 1621–1658; Budish, Cramton, &Shim, 2015, S. 35).

Neben den hohen Investitionen in die technische Infrastruktur benötigen HFT-Firmen auch für ihr operatives Geschäft erhebliche Volumina an Kapital. HFT-Strategien beruhen nämlich auf hohen Handelsvolumina bei geringen Margen pro Transaktion (2013, S. 135). Gleichzeitig spielen Instrumente des Risikomanagements wie Hedging eine wichtige Rolle (Biais, & Woolley, 2012, S. 34 f.). Daher benötigen Unternehmen beträchtliche Liquiditätsreserven, um ihre Geschäfte aufrechtzuerhalten und Marktveränderungen, wie Marktvolatilitäten und unerwartete Ereignisse, abzufedern. Die Regulierungsbehörden verlangen von HFT-Firmen, dass sie ausreichende Kapitalreserven halten und regelmäßige Stresstests durchführen, um ihre Stabilität zu gewährleisten. Diese Anforderungen erhöhen den Kapitalbedarf zusätzlich (MacKenzie, 2021, S. 1 ff.).

Letztlich bleibt der Kapitaleinsatz im HFT ein zweischneidiges Schwert: Während er technologische Innovationen vorantreibt, wirft er auch grundlegende Fragen nach seinem Nutzen für die Gesellschaft und die Realwirtschaft auf, die sorgfältig abgewogen werden müssen.

#### 7.4.2.5 Kritische Reflexion zum Aufwand von HFT und dem daraus resultierenden gesellschaftlichen Nutzen

HFT könnte allerdings am Ende ein die gesellschaftliche Wohlfahrt beschädigendes Rennen um Geschwindigkeit (die außer HFT niemandem nutzt) auslösen (McNamara, 2016, S. 131). Denn beim Wettbewerb um Geschwindigkeit entstehen Kosten – nicht nur wegen der Kosten für alle Marktteilnehmer, die sich entschlossen haben, an diesem Rennen nicht teilnehmen zu wollen, sondern auch aufgrund der potenziellen Beschädigung der Marktintegrität, der Fairness, der asymmetrischen Information und adverser Selection (Brogaard, Hendershott, & Riordan, 2019, S. 1621–1658; Budish, Cramton, & Shim, 2015, S. 35). Wichtig ist es, über diese endogenen Kosten hinaus auch den exogenen Aufwand zu betrachten, den Hochfrequenzhändler im Hinblick auf technische Infrastruktur, Manpower und beispielsweise Energie verursacht.

HFT bringt nämlich sowohl Vorteile als auch Herausforderungen mit sich. Einerseits trägt es zur Marktliquidität und Preistransparenz bei, andererseits wirft es Fragen hinsichtlich Marktstabilität, Fairness und Nachhaltigkeit auf (Bongaerts, & Van Achter, 2015, S. 18 ff.). Die Konzentration des HFT in wenigen großen Unternehmen verstärkt zudem die Ungleichheit auf den Finanzmärkten. Daraus ergibt sich die Frage, ob die im HFT eingesetzten Ressourcen nicht an anderer Stelle der Gesellschaft geeigneter bzw. nutzenstiftender – etwa in der Medizintechnik oder der Modernisierung der Wirtschaft insgesamt – eingesetzt werden, bzw. ob private Gewinnmöglichkeiten bzw. Gewinne zu Lasten Dritter den Wert gesellschaftliche Wohlfahrt senken können. Stattdessen werden sie verwendet, um durch noch kürzere Latzenzzeiten marginale Gewinne zu erzielen, deren gesellschaftlicher Nutzen fragwürdig ist und die mitunter sogar als parasitär beschrieben werden (Stiglitz, 2014, S. 9; Adrian, 2016, S. 256–279; Mildenberger, 2023, S. 369–383). Dem hohen Aufwand beim „Rennen um Geschwindigkeit" und den mit HFT verbundenen Externalitäten steht kaum ein substanzieller realwirtschaftlicher und gesellschaftlicher Mehrwert gegenüber (Burghof, Koch, Schroff, & Spankowski, 2014, S. 47f). Eine „Umleitung" der Ressourcen, die heute in den Hochfrequenzhandel fließen, hätten somit das Potenzial, in sozial relevanten Bereichen gesellschaftliche Wohlfahrt zu stiften.

Der Hochfrequenzhandel ist ein multidimensionales System, das von Technologie, menschlichem Know-how, Energie und Kapital geprägt wird. Während technologische Fortschritte und algorithmische Innovationen die Grundlage bilden, sind der hohe Energieverbrauch und die Anforderungen an Nachhaltigkeit wesentliche Herausforderungen. Die Branche steht vor der Aufgabe, diese Dimensionen in Einklang zu bringen, um ihre Wettbewerbsfähigkeit zu sichern und den gesellschaftlichen Anforderungen gerecht zu werden. Die Transformation spiegelt somit nicht nur den technologischen Fortschritt wider, sondern auch eine zunehmende Abstraktion der Märkte. Insgesamt bleibt der HFT ein kontroverses Thema, das weitere Forschung und regulatorische Maßnahmen erfordert, um sowohl die Vorteile zu maximieren als auch die Risiken zu minimieren. Dafür geeignet dürften insbesondere marktwirtschaftliche Instrumente sein. Das zentrale Problem, das es zu lösen gilt, ist die Frage, wie Aufwand und Ressourceneinsatz im Hinblick auf HFT derart gestaltet werden können, dass nicht nur den Interessen einiger weniger Akteure gedient ist, sondern man auch den Anforderungen der gesamten Gesellschaft gerecht wird. Dies würde sicherstellen, dass die Finanzmärkte ihre Hauptfunktion erfüllen, nämlich die effiziente Allokation von Kapital im Sinne des gesellschaftlichen Wohls (Stiglitz, 2014, S. 11 f.).

Hierbei stehen Fragen im Raum, ob HFT zur gesamtwirtschaftlicher Wohlfahrt beitragen kann, der Nutzen Einzelner durch HFT gegebenenfalls zu Lasten Dritter optimiert werden darf, die Kosten der Gesellschaft in Form von Externalitäten wie der Finanzstabilität reduziert werden oder marktwirtschaftliche („Market Design") oder administrative („Regulierung") Maßnahmen ergriffen werden sollten, um eine geeignetere Verwendung von Kapital und Wissen, Technik und Energie zu finden, die zu einem „besseren" gemeinsamen Gelingen führt, d. h. zu einer „besseren" Nutzung der knappen Ressourcen. Dies gilt insbesondere vor dem

Hintergrund, dass der Handel bereits „heute“ extrem schnell ist und neue Informationen im Regelfall nicht in der gleichen Frequenz veröffentlicht bzw. genutzt werden können. Ein geändertes Marktdesign bzw. Veränderungen in der Mikrostruktur des Handels bzw. der Börsen könnten so Leistungswirkungen entfalten, die die Gelder bzw. Investitionen in eine für die Gesamtwirtschaft wertvollere Verwendung lenken.

### 7.4.3 Gesellschaftlicher Nutzen im Sinne eines gemeinsamen Gelingens

#### 7.4.3.1 Kognitive Disparitäten zwischen menschlichen Grenzen und komplexen Systemen

HFT hat tiefgreifende gesellschaftliche Auswirkungen, die weit über den rein ökonomischen Bereich hinausreichen. Gesellschaftlich betrachtet, beeinflusst der Hochfrequenzhandel nicht nur die Funktionsweise der Finanzmärkte, sondern auch das Zusammenspiel von wirtschaftlichen und sozialen bzw. gesellschaftlichen Strukturen. Der Begriff „Gesellschaft“ bezieht sich in diesem Kontext auf die Gesamtheit der sozialen Interaktionen und Beziehungen zwischen Individuen, die in einem von Normen, Konventionen und Gesetzen bestimmten Rahmen agieren. Diese gesellschaftlichen Strukturen sind von Kommunikationsprozessen geprägt, die, wie Niklas Luhmann es beschreibt, als elementare Operationen zur Selbstorganisation und Selbsterhaltung der Gesellschaft beitragen (Lenglet, 2011, S. 44–66; MacKenzie, 2011, S. 16–18). Fraglich erscheint jedoch, inwiefern HFT zur Auflösung von sozialen Erwartungsgrenzen zwischen Technik und Menschen bzw. zwischen Wirtschaft und Gesellschaft beiträgt (Neckel, 2000, S. 39–53).

Das zentrale Problem mit Blick auf die Geschwindigkeit und die Teilnahme, das es somit zu lösen gilt, liegt in der potenziellen Diskrepanz zwischen den rasanten technologischen Entwicklungen und den gesellschaftlichen Strukturen, die mit diesen Entwicklungen Schritt halten müssen. HFT kann Märkte destabilisieren, indem es zu extremen Volatilitäten führt, die durch menschliche Akteure schwer vorhersehbar oder kontrollierbar sind. Beispielsweise treten sog. Stub Quotes auf, bei denen Aktien zu 1 Cent oder 99.999,99 US-Dollar angeboten werden. Diese Aufträge werden tatsächlich ausgeführt, obwohl sie eigentlich nur als Test für die Funktionsfähigkeit der Börsenplattformen gedacht waren (Egginton, van Ness, & van Ness, 2016, S. 919–925). Darüber hinaus haben Johnson et al. in einer Studie über fünf Jahre festgestellt, dass es in diesem Zeitraum 18.000 ultraschnelle Extremereignisse an den Finanzmärkten gegeben hat (Johnson, Zhao, Guannan, Hunsader, Hong, Meng, & Tivnan, 2003, S. 17). Das technische „arms race“ im HFT kann folglich in einzelnen Situationen Dynamiken entwickeln, an denen Menschen nur noch mittelbar beteiligt sind und deshalb nicht direkt steuern können. Aber während HFT-Algorithmen aufgrund der Geschwindigkeit und Komplexität hochentwickelt erscheinen, sind sie im Kern automatisierte Systeme, die menschliche Eingriffe und die ständige Adaption der Algorithmen erfordern. Die Idee von vollständig autonomen Handelssystemen, die ohne jegliche menschliche Aufsicht agieren, erscheint zwar faszinierend, ist aber in der Praxis aufgrund der Usancen und Regulatorik an Finanzmärkten und besonders im Hochfrequenzhandel noch nicht umgesetzt. Hayles bezeichnet die technische Aufrüstung ein „nonconscious cognitive arms race, […] in which speed rather than consciousness, has become a weapon in the nonconscious cognitive arms race“ (Hayles, 2017, S. 165). Das HFT entzieht sich aufgrund der Geschwindigkeit dem menschlichen Bewusstsein, da die Abwicklung der Aufträge unterhalb der Schwelle menschlicher Wahrnehmung erfolgt. Die kognitive Arbeit der HF-Trader beschränkt sich folglich auf das Programmieren, das Testen und Überwachen der Algorithmen. Eine vorherige Simulation kann die menschliche Kognition unterstützen und die Leistungsfähigkeit verbessern (Beverungen, & Lang, 2017, S. 10 und S. 18).

Die Markteintrittsbarrieren für das HFT sind hoch, weshalb die HF-Trader aufgrund ihres privilegierten Zugangs Profit einstreichen, nicht aufgrund intensiverer Informationsbeschaffung oder besserer Informationsverarbeitung. An Handelsplattformen mit Hochfrequenzhandel ersetzt Geschwindigkeit die „bessere“ Information (Budish, Crampton, & Shim, 2015, S. 1547–1621). Zook und Grote (2017, S. 130) stellen hierzu fest: „The design of capital exchanges, particularly increasing information inequality among market participants, has been a key means through which HFT traders have extracted wealth.“ Oder anders formuliert, die Voraussetzung für den Hochfrequenzhandel ist, dass die Algorithmen schneller als andere menschliche oder maschinelle Marktteilnehmer Daten von den Handelsplattformen analysieren und verarbeiten sowie An- und Verkaufsaufträge rascher an die sich ändernden Marktbedingungen anpassen können (Zook, Grote, 2017, S. 130). Obwohl die derzeitige Technologie, insbesondere das Internet, eine unmittelbare Übertragung von Informationen versprechen, macht HFT deutlich, dass für die Finanzmärkte keine gemeinsame Echtzeit existiert. Zwar dokumentiert das Orderbuch grundsätzlich die aktuelle Marktlage, jedoch hängen der Zugriff auf die Informationen sowie die Geschwindigkeit der Auftragserteilung von den technischen Voraussetzungen der einzelnen Händler ab. Es ist folglich nicht so, wie Marwala und Hurwitz argumentieren, dass der Einsatz von Algorithmen die Informationsasymmetrien abbauen (Marwala, & Hurwitz, 2015, S. 4–8). Denn im Hochfrequenzhandel werden zwar Algorithmen genutzt, aber der Wettbewerbsvorteil basiert auf Geschwindigkeit, die ihrerseits Asymmetrien erzeugt. Die Marktteilnehmer sind von der informellen Asymmetrie abhängig, die HFT erst ermöglicht. Die technische Aufrüstung reduziert die Informationsasymmetrien nicht, sondern verschärft diese noch, wobei die Asymmetrien nicht mehr von Menschen, sondern von Algorithmen ausgenutzt werden (Beverungen, Lang, Ann-Christina, 2017, S. 10 und S. 14). Die technologische Überlegenheit kann zu einer Verschärfung der Ungleichheiten auf den Märkten führen, da nur jene Marktteilnehmer profitieren, die Zugang zu solchen Technologien haben, während andere Marktteilnehmer ausgeschlossen sind.

#### 7.4.3.2 Autonomie und Automation

Typischerweise ist die Fähigkeit, frei und unabhängig Entscheidungen treffen zu können, nicht nur eine Grundvoraussetzung für die Teilnahme am Handel, sondern trägt auch dazu bei, die Komplexität des Marktes besser zu bewältigen und kontinuierlich zu verringern. Mit anderen Worten: Je größer die Entscheidungsfreiheit des Menschen ist, desto eher wird er in der Lage sein, vorhandene Situationen in ihren Wirkungen zu interpretieren bzw. Folgen abzuschätzen und so die Komplexität im eigenen Entscheidungsprozess reduzieren können (Luhmann, 2006, S. 183 f.) – d. h. eine größere Entscheidungsfreiheit ermöglicht es einer Person, Situationen besser zu verstehen und deren potenzielle Auswirkungen oder Konsequenzen genauer einzuschätzen. Mit mehr Entscheidungsfreiheit kann eine Person folglich effektiver die verschiedenen Faktoren und Möglichkeiten, die in einer Situation vorhanden sind, analysieren. Dadurch wird es einfacher, die Komplexität der Situation zu reduzieren, weil die Person in der Lage ist, klare, informierte Entscheidungen zu treffen, ohne von zu vielen Unsicherheiten oder Optionen überwältigt zu werden. Zusammengefasst gilt: Je mehr Entscheidungsfreiheit eine Person hat, desto besser kann sie Situationen bewerten, die möglichen Folgen abschätzen und dadurch die Komplexität ihres eigenen Entscheidungsprozesses verringern.

Die Verschiebung von Entscheidungen und Verantwortung auf datenintensive Algorithmen beschäftigt v. a. die sozialwissenschaftliche Forschung. Dabei geht es um die Konsequenzen der Algorithmierung von Entscheidungsprozessen, mithin der Frage, welche Institutionen bzw. Personen verantwortlich für potenzielle Fehlentwicklungen sind. Entscheidungen, auch die von Algorithmen, sind grundsätzlich in einem gesellschaftlichen Kontext von regulatorischen Anforderungen, wettbewerblichen Situationen und Organisationen, die sie anwenden, zu sehen. Dabei können Algorithmen durch geeignete Datenanalyse Unsicherheiten absorbieren. Fraglich ist aber, ob sie für Ergebnisse und Fehlentwicklungen verantwortlich gemacht werden können oder ein entsprechender Organisationsbezug bestehen sollte (Besio, Fedtke, Grothe-Hammer, Karafillidis, & Pronzini, 2021, S. 129–159; Kette, 2021, S. 160–188). Um diesen Sachverhalt näher aufzuschlüsseln, muss zwischen Autonomie und Automatisierung unterschieden werden.

Autonom sind Systeme dann, wenn im Vorfeld kausale Zusammenhänge nur rudimentär erfasst wurden und folglich das System unter Verwendung von künstlicher Intelligenz selbst bestimmen muss, wie es sich in bestimmten Situationen verhalten soll. Gem. dem Fachforum für Autonome Systeme sind Systeme dann autonom, wenn diese ohne menschliche Steuerung oder detaillierte Programmierung ein vorgegebenes Ziel selbstständig und an die Situation angepasst erreichen (Fachforum Autonome Systeme (Hrsg.), 2017, S. 7; Adler, 2019, o. S.). Die Expertenkommission Forschung und Innovation erklärt, dass autonome Systeme ohne direkte menschliche Weisungen agieren, komplexe Aufgaben lösen, Entscheidungen treffen, eigenständig lernen und auf unvorhergesehene Ereignisse reagieren (Expertenkommission Forschung und Innovation (EFI) (Hrsg), 2018, S. 66–70; Fachforum Autonome Systeme (Hrsg.), 2017, S. 8).

Als Automation gelten Systeme, bei denen alle möglichen Situationen, einschließlich komplexer Zusammenhänge, im Vorherein durchdacht und entsprechend programmiert wurden (Adler, 2019, o. S.). Während sich folglich automatisierte Systeme durch die Fähigkeit auszeichnen, vorgegebene Aufgaben oder Abläufe ohne menschliche Intervention durchzuführen, zeichnen sich autonome Systeme durch die Fähigkeit zur eigenständigen Entscheidungsfindung aus. Automatisierte Systeme dienen in erster Linie der Effizienzsteigerung und der Unterstützung menschlicher Tätigkeiten, während autonome Systeme das Potenzial haben, bestehende Strukturen grundlegend zu verändern, indem menschliche Entscheidungsprozesse ersetzt werden. Automation beschreibt den Grad der Selbständigkeit, mit der ein System vorgegebene Aufgaben ausführt. Autonomie hingegen bezieht sich auf die Fähigkeit eines Systems, in komplexen und dynamischen Umgebungen eigenständig Ziele zu verfolgen und Entscheidungen zu treffen. Während automatisierte Systeme in der Regel auf klar definierte Regeln und Algorithmen angewiesen sind, sind autonome Systeme typischerweise in der Lage, sich an veränderte Bedingungen anzupassen und neue Lösungen zu entwickeln. Während Automation folglich zur Optimierung bestehender Prozesse beitragen, birgt Autonomie das Potenzial für disruptive Veränderungen.

In der Literatur überwiegt ein gesellschaftstheoretischer Blick auf HFT, wobei es (a) um ein Verhältnis von Autonomie und Automation und (b) um ein Verhältnis zwischen Wirtschaft und Gesellschaft geht (Lenglet, 2011, S. 44–66; MacKenzie, 2011, S. 16–18). HFT ist somit durch zwei Dichotomien geprägt:

erstens durch Autonomie (Entscheidungsfreiheit) und Automation (Reduktion von Komplexität) und zweitens durch Wirtschaft und Gesellschaft, d. h., dass auf realwirtschaftlicher Ebene ökonomische und gesellschaftliche Fragestellungen aufeinandertreffen können.

HFT-Algorithmen beschreiben automatisierte Prozesse, bei denen wiederkehrende Aufgaben nach festen Programmen ablaufen. Die Algorithmen besitzen die Fähigkeit, vorgegebene Aufgaben und Prozesse ohne menschliche Intervention durchzuführen. HFT-Algorithmen sind auf klare Regeln angewiesen und können nicht von diesen abweichen. Die Regelbindung ist schon durch die Regulatorik des HFT und dessen Aufsicht bedingt, wenngleich es natürlich Bestrebungen gibt, selbstlernende Systeme zu erstellen. Aktuell reagiert HFT zwar mit extremer Geschwindigkeit, aber diese Reaktionen basieren auf vorab definierten Vorgaben und Aktionen. Die Hochfrequenz-Algorithmen sind hochgradig automatisierte Systeme, jedoch statisch und auf regelmäßige menschliche Überwachung und Adaption angewiesen. Beverungen und Lang schreiben, dass die Algorithmen unter ständiger Beobachtung der Hochfrequenzhändler stehen: HFT „calibrate their bodily rhythms to their algorithms and thereby indirectly to markets“. Ein Händler habe bei Interviews Folgendes angemerkt: „I don't go more than 45 minutes without checking my strategies, that's absolut sure.“ Selbst in der Nacht erlaubt sich der Händler nicht mehr als vier Stunden Schlaf und wacht alle 45 Minuten auf, um nach seinen Algorithmen zu sehen (Beverungen, & Lang, 2017, S. 9–20).

Das HFT basiert somit auf hochautomatisierten Algorithmen. Die Automation im Kontext des HFT bezieht sich dabei auf den Einsatz von fortschrittlicher Computertechnologie und Algorithmen, um Handelsentscheidungen und -transaktionen mit extremer Geschwindigkeit und minimaler menschlicher Intervention durchzuführen. Diese Art des Handels nutzt Algorithmen, die auf eine Vielzahl von Marktdaten in Echtzeit reagieren, um Kauf- oder Verkaufsorders zu platzieren, basierend auf vorprogrammierten Strategien. Die Automation spielt im HFT eine zentrale Rolle und beinhaltet mehrere Schlüsselkomponenten: HFT-Algorithmen sind darauf ausgelegt, Marktgelegenheiten in Milli- oder sogar Mikrosekunden zu erkennen und darauf zu reagieren. Diese Geschwindigkeit ermöglicht es HFT-Systemen, von sehr kleinen Preisunterschieden oder Marktineffizienzen zu profitieren, die nur für extrem kurze Zeitfenster existieren. Automatisierte Handelssysteme können mit einer hohen Präzision operieren, Orders mit spezifischen Parametern (wie Preis und Volumen) platzieren und dabei (neben nicht zu ignorierenden systemischen Fehlern) menschliche Fehler reduzieren, die bei manuellem Handel auftreten können. Durch die Automation können HFT-Firmen eine hohe Anzahl von Trades über verschiedene

Märkte und Instrumente hinweg simultan ausführen. Automatisierte Systeme können auch in Echtzeit Risikomanagement-Strategien implementieren, die es ermöglichen, das Positions-Risiko zu überwachen und zu steuern, Verluste zu begrenzen und die Einhaltung vorgegebener Risikoparameter sicherzustellen. Viele HFT-Algorithmen sind adaptiv und können sich automatisch an veränderte Marktbedingungen anpassen. Sie lernen aus Marktdaten und passen ihre Handelsstrategien entsprechend an, um ihre Effektivität zu maximieren. Automatisierte Handelssysteme benötigen nach der Initialisierung und Einstellung je nach Aufgabe und Situation nur minimale menschliche Eingriffe, aber eine enge Überwachung. Sie können mitunter für längere Zeit autonom operieren, was den Betrieb rund um die Uhr über verschiedene Zeitzonen hinweg ermöglicht (Lenglet, 2011, S. 44–66; MacKenzie, 2011, 16–18).

Automatisierte Systeme wie HFT führen aber zu Spannungsfeldern zwischen Wirtschaft und Gesellschaft, wenn es um die Frage von Verantwortlichkeiten für Entscheidungsprozesse geht. Diese Dichotomie wirft komplexe Fragestellungen auf: Einerseits ermöglicht die Automation von HFT-Systemen, dass Handelsentscheidungen mit hoher Geschwindigkeit und ohne menschliches Eingreifen getroffen werden. Diese Entscheidungen basieren, wie oben beschrieben, auf Algorithmen, die Marktdaten in Echtzeit analysieren und innerhalb von Millisekunden umsetzen können. Gleichzeitig reduziert die Automation im HFT die Komplexität und Fehleranfälligkeit menschlicher Entscheidungsprozesse und schafft eine technologische Ebene, die mit der Geschwindigkeit und Präzision arbeitet, die weit über menschliche Fähigkeiten hinausgeht.

Allerdings muss insbesondere mit Blick auf HFT ein Trade-off zwischen Geschwindigkeit und Komplexität unterstellt werden, wobei die HFT-Algorithmen im Zweifel schnell und weniger komplex erscheinen. Jakob Arnoldi schreibt hierzu: „Current technological developments strongly indicate that strategic priority is granted to speed rather than sophisticated data processing. Crudely put, algos get faster not smarter“ (Arnoldi, 2016, S. 46). Weil Geschwindigkeit vor „Intelligenz“ geht, sind den Handlungsräumen der Algorithmen deutliche Grenzen gesetzt. Die Algorithmen sind für spezifische Muster, Korrelationen oder Signale konstruiert, wobei die Risiken der jeweiligen Handelsstrategie abgewogen sein müssen. Es existieren folglich klare parametrische Grenzen, bei deren Erreichung die Algorithmen den Handel einstellen. Die Algorithmen können somit der Komplexität der Finanzmärkte kaum gerecht werden, wobei das Zusammenwirken von mehreren Algorithmen eine Dynamik erzeugen kann, die zu nicht intendierten Reaktionen bzw. Ergebnissen führen kann (Burghof, Koch, Schroff, & Spankowski, 2014, S. 42). Aufgrund dieser Rückkoppelungsschleifen entstehen kognitive Maschinenökonomien, die wiederum die Stabilität des

Finanzsystems gefährden können (Beverungen, & Lang, 2017, S. 14–18). Das gilt auch für das Zusammenwirken von HFT und künstlicher Intelligenz (KI). Eine einfache „Schwarz-weiß"-Argumentation verbietet sich schon aus dem Grund, dass i. d. R. ein Marktmerkmal verbessert, während ein anderes verschlechtert wird, wie Informationseffizienz versus Liquidität. Allerdings dürfte KI die Wirkung von HFT auf die Finanzmärkte potenzieren (Arfovic, He, & Wie, 2022, S. 1 ff.).

#### 7.4.3.3 Verantwortung von Algorithmen im Hochfrequenzhandel

Typischerweise wird argumentiert, dass Algorithmen nicht nur schneller, sondern auch besser, weil objektiver, als Menschen entscheiden. Daher haben Algorithmen Menschen in vielen Handelssysteme Menschen ersetzt und die Funktionsweise von Finanzmärkten verändert (Kirilenko, & Lo, 2013, S. 51–72). Das gilt in besonderer Weise für den Hochfrequenzhandel, dessen Geschwindigkeit das menschliche Bewusstsein überfordert und sich der menschlichen Kognition entzieht. In den Zeitintervallen, in denen HFT-Algorithmen operieren, können unterhalb der menschlichen Wahrnehmungsschwelle tausende Orders aufgegeben, Finanzmärkte destabilisiert und Brokerfirmen ins Wanken gebracht werden. Nicht Menschen, sondern Algorithmen stehen im Mittelpunkt des Geschehens an den Märkten (Beverungen, & Lange, 2017, S. 10–13). Deshalb stellt sich auf gesellschaftlicher Ebene die Frage nach der Rolle des Menschen in dem beschriebenen technikorientierten kybernetischen System. Der Mensch wird faktisch zum Epilog der Algorithmen und verfängt sich in der Illusion, die Kontrollsysteme beherrschen zu können (Lattemann, 2014, S. 31 und 35). Für die Regulierung entsteht das Dilemma des Regulierungssubjektes und der Instrumente, um die Herausforderungen bewältigen zu können. Gleichzeitig wird die Nutzung von Algorithmen aber auch regelmäßig unter ethischen Aspekten in Frage gestellt. Insbesondere der Aspekt des Managements von Unsicherheit i. S. v. Knight (Knight, 1921, o. S.) muss diskutiert werden, da Algorithmen Krisen verschärfen oder sogar auslösen können. Dies gilt aufgrund der extremen Geschwindigkeit und des hohen Automatisierungsgrades besonders für den Hochfrequenzhandel (Davis, Kumiega, & Van Vliet, 2013, S. 858–874). In Algorithmen sollten deshalb ethische Grundsätze implementiert sein. Dazu müssen die entsprechenden Grundsätze präzise formuliert sein, wobei sich allerdings die Frage stellt, ob Ethik berechenbar ist (Anderson, & Anderson, 2007, S. 19–26). Allerdings überdeckt die technische Komplexität, dass Menschen diese Algorithmen entwickeln, einschließlich der Einschreibung von menschlichem Bias (Welcman, 2022, S. 2–5). Dennoch haben die Algorithmen die Art und Weise, wie Finanzmärkte funktionieren, stark verändert. Grundsätzlich wird bei der Beurteilung der Wirkungszusammenhänge von Algorithmen zwischen normativer Verantwortung, also den grundsätzlich fairen und gleichen Bedingungen, und praktischer Verantwortung, also einer fehlerlosen Programmierung, unterschieden (Angel, & McCabe, 2013, S. 585–595; Franz, 2022, S. 58; Kauffman, Hu, & Ma, 2015, S. 17–21). In ethischer Hinsicht können drei Hauptprobleme identifiziert werden:

1) Transparenz und Verantwortlichkeit

Der Mangel an Transparenz algorithmischer Prozesse, besonders in volatilen Marktphasen, macht es kaum nachvollziehbar, wie Entscheidungsprozesse verlaufen. Dies gilt insbesondere für selbstlernende Algorithmen, deren Entscheidungswege auch den Entwicklern nicht immer vollständig bekannt sind. Chaboud et al. argumentieren folgendermaßen: „In algorithmic trading (AT), computers directly interface with trading plattforms, placing orders without immediate human intervention. The computers observe market data and possibly other information at very high frequency, and based on a bulit-in algorithm, send back trading instructions, often within milliseconds“ (Chaboud, Chiquoine, Hjalmarsson, & Vega, 2014, S. 2045–2085). Und Gomber et al. ergänzen: „High-frequency trading is a new player in the algorithmic trading arena. Compared with algorithmic trading, orders are updated very quickly“ (Gomber, & Zimmermann, 2018, S. 310–332). Es besteht insofern ein Transparenz- und Verantwortungsdefizit zwischen Entwicklern und Nutzern (Welcman, 2022, S. 7 ff.)

2) Fairness und Integrität

Der Einsatz von Algorithmen kann zu strukturellen Ungleichheiten, beispielsweise aufgrund asymmetrischer Information oder einer unterschiedlichen technischen Infrastruktur, führen. Auch Zwang oder Preisverzerrungen gelten als Mangel an Marktintegrität (Shefrin, & Statman, 1993, S. 21–29). Die Ungleichgewichte können wiederum Orders und Preise zu Gunsten der Nutzer von Algorithmen, wie HFT-Firmen, und auf Kosten von Anlegern mit hoher Latenz verzerren (Welcman, 2022, S. 10–13). Denn traditionelle Investoren sammeln große Mengen an fundamentalen und technischen Informationen, während Algorithmen und Computer lediglich auf Geschwindigkeit setzen (Biais, & Woolley, 2011, S. 1 f.). Folglich beklagen die Kritiker des Hochfrequenzhandels, dass dieser die Informationsasymmetrien zwischen verschiedenen Marktteilnehmern verstärken, was die Fairness und die Integrität an den Finanzmärkten schädigt (Zook, & Grote, 2017, S. 121–140; Bundesbank (Hrsg.), 2016, S. 43 ff.).

3) Manipulative Praktiken

Nicht alle HFT-Strategien sind manipulativ, jedoch gelten beispielsweise Spoofing, Layering, Quote Stuffing und Momentum Ignition als verboten (Shorter, & Miller, 2014, S. 23, 34 und 39). Die SEC definiert manipulative Strategien wie folgt: „intentional conduct designed to deceive investors by controlling or artificially affecting the market for security" (SEC, 2008, o. S.). Die Definition betont die Absicht der Manipulation und der Irreführung anderer Marktteilnehmer über die tatsächliche Marktlage. Diese Strategien nutzen Geschwindigkeit und Intransparenz aus, um Marktteilnehmer zu täuschen oder künstlichen Preisbewegungen zu erzeugen. Die Strategien sind sicherlich als ethisch bedenklich zu klassifizieren (Welcman, 2022, S. 13–16). Allerdings sind die Begriffe Manipulation und Irreführung unbestimmt und folglich nur schwer nachweisbar (Wellman, & Rajan, 2017, S. 609–624).

Innovationen, wie Technik und Algorithmen einschließlich maschinellem Lernen, entwickeln die Finanzmärkte ständig weiter. Jedoch gehen mit der Entwicklung auch Bedenken hinsichtlich der Auswirkungen auf die Märkte und Angemessenheit der Regulierung einher. Neben den unbestrittenen Vorteilen können diese Technologien Risiken beinhalten, weshalb sie auch ethisch bewertet werden müssen. Insbesondere die Reaktion unter Unsicherheit will verstanden werden, da sich dieser Markt von der Automatisierung in Richtung Autonomie entwickelt. Denn ein Impuls zur Entdeckung neuer Informationen geht von den Algorithmen typischerweise nicht aus. Deshalb versagen Märkte, die von Algorithmen dominiert sind, bei Strukturbrüchen oder in extremen Situationen. Denn, wie Lattemann schreibt, können die den Algorithmen zugrundeliegenden Modelle die Komplexität der Wirklichkeit nicht vollständig begreifen. In diesen Extremsituationen stellen die Algorithmen entweder den Handel ein oder arbeiten mit den gegebenen Vorgaben weiter, beides mit negativen Folgen und potenzieller Destabilisierung der Märkte insgesamt (Erber, 2012, S. 16; Lattemann, 2014, S. 35). Modelle und somit auch Algorithmen basieren grundsätzlich auf struktureller Stabilität (Fels, 2016, o. S.). Aufgrund der notwendigen Abstraktion sind Marktsituationen unter Unsicherheit nicht im Möglichkeitsraum der Modelle bzw. Algorithmen enthalten. Auch falsche oder fehlinterpretierte Informationen werden in Millisekunden erfasst und mit Hilfe von Aufträgen an die Handelsplattform weitergegeben. Es fehlt bei einem stark auf Algorithmen basierenden Handelssystem das menschliche Korrektiv (Lattemann, 2012, S. 93). Die Algorithmen des Hochfrequenzhandels können folglich nicht bloß ethische Probleme aufwerfen, sondern auch die Unsicherheiten an den Finanzmärkten weiter verschärfen. Nicht nur technische Fehler können die Ursache sein, sondern Algorithmen können auch aleatorische Wirkung in Krisensituationen entfalten (Welcman, 2022, S. 19 f.). Es bedarf folglich geeigneter Regulierung und Sicherungssysteme, um Fehlfunktionen erkennen und beseitigen zu können, bevor einzelne Marktteilnehmer im Sinne von „Animal Spirit“ auf der Suche nach dem schnelleren Gewinn sich selbst ruinieren und gleichzeitig das gesamte Finanzsystem destabilisieren (Erber, 2012, S. 16).

#### 7.4.3.4 Der Begriff der Fairness im Hochfrequenzhandel

Der Hochfrequenzhandel ist seit seiner Einführung in den frühen 2000er Jahren zu einem zentralen Bestandteil moderner Finanzmärkte geworden. Mit der Fähigkeit, große Datenmengen in Bruchteilen von Sekunden zu verarbeiten und entsprechend zu reagieren, hat HFT die Marktstruktur tiefgreifend verändert (Kirilenko, & Lo, 2013, S. 51–72). Diese Transformation hat nicht nur Effizienzgewinne, wie niedrigere Transaktionskosten und eine engere Geld-Brief-Spanne, mit sich gebracht, sondern auch zu Kontroversen über die Fairness dieser Handelsform geführt. Dabei ist es entscheidend, zwischen der zugrunde liegenden Technologie und ihrer spezifischen Nutzung zu differenzieren. Die Technologie des HFT an sich bietet innovative Optionen, jedoch werfen bestimmte Strategien, die durch diese Technologie ermöglicht werden, ethische und regulatorische Fragen auf. Insbesondere wird HFT häufig vorgeworfen, dass es die Chancengleichheit auf den Finanzmärkten beeinträchtigt und einigen wenigen Akteuren unverhältnismäßige Vorteile verschafft (Angel, Harris, & Spatt, 2010, S. 14). Diese Vorwürfe erfordern für eine angemessene Bewertung der Auswirkungen des Hochfrequenzhandels eine fundierte Auseinandersetzung mit dem Begriff der Fairness.

Fairness an Finanzmärkten ist ein vielschichtiges Konzept, das sowohl prozessuale als auch ergebnisorientierte Dimensionen umfasst. Aus prozessualer Perspektive wird Fairness durch gleiche Regeln, gleiche Chancen und gleiche Bedingungen für alle Marktteilnehmer definiert. Diese Fairnessbegriff der Chancengleichheit impliziert, dass alle Akteure auf dieselben Informationen zugreifen und diese Informationen mit vergleichbarer Geschwindigkeit verarbeiten können. Ergebnisorientierte Fairness hingegen fokussiert sich auf die Auswirkungen von HFT auf das Marktgeschehen, insbesondere darauf, ob die Aktivitäten einzelner Akteure dem gesamten Markt zugutekommen oder ihn potenziell destabilisieren. Angel und McCabe argumentieren, dass ein fairer Markt nicht nur gleiche Erwerbsbedingungen gewährleisten sollte, sondern auch sicherstellen muss, dass die Preisbildungsprozesse die Markteffizienz fördert und eine systematische Benachteiligung bestimmter Akteure vermieden wird (Angel, & McCabe, 2013, S. 585–595). Denn grundsätzlich fördert der Wettbewerb Innovationen und optimiert den Ressourceneinsatz, was positive Auswirkungen auf Wirtschaft und damit auf die gesamte Gesellschaft hat.

Shefrin und Statman haben sieben zentrale Kriterien identifiziert, die Fairness an den Finanzmärkten ausmachen. Diese umfassen die Freiheit von Zwang, die Freiheit von Falschdarstellungen, die Gleichheit der Information, gleiche Verarbeitungskapazitäten, Schutz vor impulsivem Verhalten, Preiseffizienz sowie gleiche Verhandlungsmacht (Shefrin, & Statman, 1999, S. 127–151). Insbesondere die Punkte

1) Gleichheit der Information,
2) gleiche Verarbeitungskapazitäten und
3) Preisbildungsprozesse

sind im Zusammenhang mit HFT kritisch zu diskutieren. HFT ermöglicht es seinen Anwendern, Informationen mit einer Geschwindigkeit zu verarbeiten, die für andere Marktteilnehmer unerreichbar ist. Diese technologisch bedingte Ungleichheit schafft Asymmetrien in der Informationsbeschaffung und -verarbeitung, die von vielen als unfair wahrgenommen werden. Brogaard et al. betonen, dass diese Ungleichheit über adverse Selektion zu einer Verschlechterung der Informationsqualität führen kann, insbesondere wenn HFT-Akteure durch Strategien wie „Order Anticipation“ oder „Quote Stuffing“ versuchen, andere Marktteilnehmer zu benachteiligen (Brogaard, Hendershott, & Riordan, 2014, S. 2267–2306; Burghof, Koch, Schroff, & Spankowski, 2014, S. 47f).

Ein weiterer zentraler Aspekt der Fairness betrifft effiziente Preisbildungsprozesse, die sicherstellen, dass Marktpreise alle verfügbaren Informationen widerspiegeln. HFT hat das Potenzial, Preiseffizienz bzw. Informationseffizienz zu fördern, indem Preisanomalien sehr schnell ausglichen werden und Liquidität bereitgestellt wird. Angel et al. weisen jedoch darauf hin, dass bestimmte HFT-Strategien, wie das gezielte Ausnutzen von Preisbewegungen durch Front-Running, die Preisbildung verzerren können (Angel, Harris, & Spatt, 2010, S. 17; Jaccard, 2015, S. 50–80). Diese Strategien führen dann zu einer erhöhten Volatilität und untergraben die Transparenz des Marktes. Darüber hinaus schaffen sie Nachteile für traditionelle Anleger, die nicht in der Lage sind, in gleicher Geschwindigkeit auf Marktveränderungen zu reagieren.

Neben der Preiseffizienz steht die Gleichheit der Verhandlungsmacht im Mittelpunkt der Diskussion. HFT-Akteure investieren nicht nur erhebliche Mittel in Technik und Algorithmen, sondern auch in Infrastruktur wie Glasfaserkabel oder Mikrowellennetze, um Millisekunden-Vorteile gegenüber anderen Marktteilnehmern zu erzielen (Menkveld, 2016, S. 1–24). Diese technologische Dominanz verstärkt die Marktkonzentration, da kleinere Akteure i. d. R. nicht in der Lage sind, mit den hohen Investitionskosten Schritt halten zu können. Angel und McCabe argumentieren, dass diese Dynamik zu einer schleichenden Machtverschiebung zugunsten der technologisch fortschrittlichsten Akteure führt, wodurch kleinere Marktteilnehmer zunehmend marginalisiert werden (Baron, Brogaard, Hagströmer, & Kirilenko, 2019, S. 995–1001; Angel, & McCabe, 2013, S. 585–595).

Die regulatorische Perspektive auf HFT spiegelt diese Ambivalenzen in den Wirkungszusammenhängen des Hochfrequenzhandels wider (Aït-Sahalia, & Saglam, 2013, S. 41–52). Der Dodd-Frank Act in den USA definiert Fairness aus der Sicht des Verbraucherschutzes und klassifiziert Verhaltensweisen als unfair, wenn sie einen wesentlichen Schaden verursachen, der nicht durch Vorteile für die Gesellschaft kompensiert wird (Dodd-Frank Wall Street Reform and Consumer Protection Act, 2010, S. 111–203). In ähnlicher Weise verfolgt die europäische MiFID-II-Richtlinie das Ziel, die negativen Auswirkungen des HFT zu begrenzen, etwa durch Geschwindigkeitsbegrenzungen und strengere Berichtspflichten (European Securities and Markets Authority (ESMA) (Hrsg.), 2014, o. S.). Diese regulatorischen Ansätze erkennen die Vorteile des HFT an, zielen jedoch darauf ab, potenziell schädliche Praktiken zu minimieren und die Chancengleichheit wiederherzustellen. Dabei wird eine utilitaristische Perspektive eingenommen, die fordert, den größtmöglichen Nutzen für die größte Anzahl von Menschen zu erzielen. In diesem Zusammenhang bedeutet dies, dass HFT, wenn es richtig reguliert wird, nicht nur denjenigen Vorteile bringt, die direkten Zugang zu der entsprechenden Technik haben, sondern auch den übrigen Marktteilnehmer nutzt. Eine derartige Lenkung des Marktes kann die positiven Wirkungen von HFT für die gesamte Gesellschaft nutzbar machen, da der Gesamtnutzen bzw. die volkswirtschaftliche Wohlfahrt erhöht wird.

Die Gehirnforschung liefert zusätzliche Argumente für die Bedeutung von Fairness. Studien zeigen, dass faire Bedingungen und Ergebnisse positive Reaktionen im Gehirn hervorrufen, während als unfair wahrgenommene Situationen Unbehagen auslösen (Fehr, & Schmidt, 1999, S. 821). Diese Erkenntnisse unterstreichen, dass Fairness nicht nur ein technischer oder wirtschaftlicher, sondern auch ein ethischer und psychologischer Wert ist, der für das Vertrauen in die Finanzmärkte von zentraler Bedeutung ist.

Insgesamt zeigt die Diskussion, dass HFT sowohl Chancen als auch Risiken für die Fairness und Integrität an den Finanzmärkten birgt. Einerseits kann

HFT durch die Bereitstellung von Liquidität und die Förderung effizienter Preisbildungsprozesse positive Effekte erzielen. Andererseits gefährden bestimmte Strategien die Chancengleichheit und schaffen asymmetrische Marktbedingungen. Die Herausforderung besteht darin, einen regulatorischen Rahmen zu schaffen, der die positiven Aspekte von HFT fördert und gleichzeitig die negativen Auswirkungen begrenzt. Angel et al. schlagen vor, Maßnahmen wie „Speed Bumps" oder Beschränkungen bei der Anzahl und der Geschwindigkeit von Orders einzuführen, um die Geschwindigkeitsvorteile von HFT zu reduzieren (Angel, Harris, & Spatt, 2010, S. 30). Solche Ansätze könnten dazu beitragen, die Marktstruktur fairer zu gestalten und das Vertrauen in die Integrität der Finanzmärkte zu stärken.

Abschließend lässt sich festhalten, dass die Frage der Fairness im HFT-Kontext nicht isoliert betrachtet werden kann. Sie ist eng mit den grundlegenden Prinzipien der Marktstruktur, der Rolle der Technologie und den ethischen Erwartungen der Gesellschaft verbunden. Eine differenzierte Betrachtung und eine durchdachte Regulierung sind notwendig, um die Balance zwischen Effizienz und Fairness zu gewährleisten. Nur durch einen solchen Ansatz kann HFT als integraler Bestandteil moderner Finanzmärkte akzeptiert werden, ohne das Vertrauen der Marktteilnehmer zu gefährden.

#### 7.4.3.5 Der soziale Nutzen der Preisentdeckung

Harvey beschreibt die veränderte Dynamik an den Finanzmärkten als eine raumzeitliche Kompression (Harvey, 1989, S. 240). Grindsted spricht hingegen von einer raum-zeitlichen Implosion (Grindsted, 2015, S. 63). Auch dabei geht es im Grundsatz um informelle Asymmetrien, die von HFT geschaffen und ausgenutzt werden. Die Zerlegung der Zeit in immer kleinere Einheiten, wie durch die Strategien des Hochfrequenzhandels, führt zu einer neuen Dynamik von Wettbewerb und Konkurrenz sowie Beherrschung der Finanzmärkte. Zumindest scheint die Zeit schneller zu schrumpfen als der Raum. Da Raum und Zeit aber ontologisch zusammengehören, eröffnen sich Widersprüche. Die meisten Erklärungsansätze des Hochfrequenzhandeln beziehen sich auf Marktliquidität, Volatilität, Transaktionskosten oder Preisbildungsprozesse. Jedoch ignorieren diese Ansätze typischerweise die Dimension von Raum und Zeit sowie deren Komplementarität. Der Raum wird als Konstante interpretiert, während die Zeit als Variable verhandelbar ist. Die technische Aufrüstung der Finanzmärkte, auf der HFT basiert, ist eine „complete transformation of the temporal regimes within which trading occurs (Hayles, 2017, S. 165). Die Möglichkeit, Nachrichten in Millisekunden zu erfassen, gegebenenfalls Positionen der Konkurrenz auszuloten und Orders zu platzieren, schafft temporäre Informationsmonopole. Der algorithmische Kapitalismus ist insofern in der Lage, sich mittels Geschwindigkeit

Wertschöpfung aus anderen Prozessen anzueignen. Im automatisierten Kapitalismus scheinen Geschwindigkeitsvorteile wichtiger als Wissen und Information. Wenn Zeit aber zum entscheidende Erfolgsfaktor wird, muss sie als knappe Ressource einen Wert haben (Grindsted, 2015, S. 63 ff.). Der Wert liegt in den extrem kurzen Latenzzeiten. Die Zeitrente besteht entsprechend nur über sehr kurze Zeiträume (Haug, 2012, S. 32). Im Grundsatz geht es um die finanzielle Ausbeutung zeitlich begrenzter Marktinformationen seitens HFT. Das ist auch der Grund, warum sich die hohen Investitionen für die einzelnen HF-Händler lohnen. Jedoch entfernt sich der beschleunigte Kapitalismus in Form des Hochfrequenzhandels von den Gebrauchswerten der Produkte, auf denen er basiert, womit die Widersprüche in der Zeit- und Raum-Kompression aufgedeckt sind. Es ist zu befürchten, dass die Beschleunigung aufgrund dieser Widersprüche negative Marktdynamiken hervorruft. Stiglitz schreibt, dass die Beschleunigung zu exzessiven kurzfristigen Kapitalflüssen und Störungen des makroökonomischen Umfelds führen kann, ohne einen Beitrag für die volkswirtschaftliche Wohlfahrt zu leisten (Stiglitz, J., 2014, S. 3 f.). Beispielhaft sei auch einmal mehr auf die Flash Crashes hingewiesen. Das Office for Science der britischen Regierung schrieb hierzu: „Imagine a movie which you slow down frame by frame. Then, HFT slows down and becomes low frequency trading, such as daily trading. If the correspondence is 1 second of HFT corresponds to 1 day of low frequency trading in 1962, say, then one crash per year in 1962 would correspond to one crash every 4 minutes in HFT time!“ (UK Government Office for Science, 2011, S. 10). Sicherlich ist die Funktion der Informationsentdeckung über Preise in einer Volkswirtschaft unerlässlich. Trotzdem ist fraglich, ob eine immer schnellere Entdeckung tatsächlich zu einer höheren gesellschaftlichen Wohlfahrt führt, da diese Beschleunigung gleichzeitig mit erheblichen Kosten bzw. Externalitäten verbunden ist. Daher kann der Hochfrequenzhandel ein Nullsummenspiel darstellen, nicht nur, da sich die allokations- und realwirtschaftlichen Entscheidungen in anderen zeitlichen Dimensionen abspielen, sondern auch, weil die Kosten der Informationsbeschaffung- und -verarbeitung gesamtwirtschaftlich negativ sind (Zoican, 2014, S. 4 ff.; weed, 2013, S. 1). HFT führt nicht zu anderen Beschreibungen der Welt, sondern zu einer anderen zeitlichen Einstellung (Stiglitz, 2014, S. 5–14). Die Beschleunigung ist aber nicht nur eine Frage der Stabilität der Finanzmärkte, sondern auch eine der Fairness und Integrität. Dabei geht es um das Verhältnis von Finanz- und Produktivkapital. Der Hochfrequenzhandel ist durch Autoreferenzialität gekennzeichnet, operiert mit und in sich selbst, lässt aber den Bezug zur Außenwelt vermissen. Diese Autoreferenzialität in einem zeitlichen Horizont von Millisekunden ist kaum kompatibel mit der zeitlichen Dimension der realen Wirtschaft. Wird ein Markt von HFT dominiert, hat er den Bezug zu fundamentalen Ereignissen verloren (Nagel, 2012, o. S.). Stattdessen werden immer weniger Informationen mit immer höherer Geschwindigkeit verarbeitet (Beverungen, & Lange, 2017, S. 9; Lattemann, 2012, S. 91–101). Dabei ist es der Zusammenhang von realwirtschaftlich orientierten Fundamentaldaten zu den Preisbildungsprozessen an den Finanzmärkten, der die Funktionsfähigkeit und Qualität der Märkte determiniert (Nagel, 2012, o. S.). Die Algorithmen und mit ihnen die Finanzmärkte führen ein Eigenleben, das nicht einmal die Marktakteure in der Gesamtheit verstehen (Rieck, 2015, o. S.). Insofern stellt sich die Frage, auf welche ökonomische Realität die automatisierten Entscheidungsprozesse im Hochfrequenzhandel reagieren. Denn die komplexen Programmierungen werden von Informatikern, Mathematikern, Physikern und Ingenieuren vorgenommen, deren natürlicher Fokus nicht auf der fundamentalen Bewertung von Finanztiteln liegt (Davis, Kumiega, Van Vliet, 2013, S. 858–866). MacKenzie et al. schreiben in diesem Zusammenhangt, dass der Hochfrequenzhandel die Zeit schrumpft, nicht aber den Raum (MacKenzie, Beunza, Millo, & Pardo-Guerra, 2012, S. 286). Die mit dem Hochfrequenzhandel verbundene Form der Ausbeutung von Informationsvorsprüngen über Marktgegebenheiten basiert darauf, dass HFT durch die systematische Ausbeutung von Akteuren, die in höheren Latenzzeiten arbeiten, profitiert (Adrian, 2016, S. 261–270). Dabei gilt: Je höher die Preisdifferenzen zwischen den einzelnen Handelsplattformen oder Finanzinstrumenten auf ein bestimmtes Underlying ist, desto besser sind die Arbitragemöglichkeiten von HFT. Die Nicht-Market-Making-Strategien des Hochfrequenzhandels zielen darauf ab, mit der ultraschnellen Platzierung und gegebenenfalls Stornieren von Aufträgen diese Marktbewegungen zu provozieren und auszunutzen (Lewis, 2014, S. 118; International Organization of Securities Commissions (IOSCO) (Hrsg.), 2011, o. S.). Grindsted beschreibt dieses Verhalten als selbsterzeugte Minikrisen als Voraussetzungen für den Extragewinn (Grindsted, 2015, S. 67). HFT schafft insofern temporäre Monopole der Zeit, indem es Innovationen und Technik vortäuscht, in Wahrheit aber manipuliert und langsamere Händler ausbeutet (Grindsted, 2015, S. 63–67). Die extrem schnelle Preisentdeckung hat insofern mehr mit der privaten Nutzenmaximierung einzelner Marktteilnehmer als mit der gesamtgesellschaftlichen Wohlfahrt zu tun (Bundesbank (Hrsg.), 2016, S. 43 ff.). Stiglitz bewertet diese Situation wie folgt: „There is a large redistributive effect associated with the information (particular, with information asymmetry), but no real social benefit. And if it cost anything to gather the information, then there is a net social cost (Stiglitz, 2014, S. 6). Die potenzielle Ausbeutung ist aber nicht nur ein Problem für die Finanzmärkte an sich, sondern aufgrund der ineffizienten Allokationswirkungen auch für die

Realwirtschaft und für die gesellschaftliche Akzeptanz. Wettbewerb und Gewinnstreben sind dann gerechtfertigt, wenn ein sanktionsbewehrter Ordnungsrahmen dazu dient, die negative externen Effekt zu internalisieren (Tacke, 2001, S. 158).

#### 7.4.3.6 Fazit und Folgerung

Ein Ordnungsrahmen für den modernen Hochfrequenzhandel ist zweifellos derart zu gestalten, dass technologische Innovationen ermöglicht, aber derart reguliert werden, dass sie nicht nur den Interessen der „Insider", oft mächtiger Akteure, dienen, sondern auch das Gemeinwohl insgesamt berücksichtigen. Dies könnte durch die Förderung von Transparenz und Anreizstrukturen in den Handelspraktiken erreicht werden, ebenso durch die Entwicklung von Mechanismen bzw. Regelwerke, die sicherstellen, dass auch weniger technologisch fortgeschrittene Marktteilnehmer eine faire Chance haben, an den Märkten teilzunehmen (Lenglet, 2011, S. 44–66; MacKenzie, 2011, S. 16–18).

Der Ordnungsrahmen als Ort der Moral soll dabei zu einem gemeinsamen Gelingen, also zu gesellschaftlicher Akzeptanz und Wohlstand, beitragen. Im HFT-Kontext kann dies erreicht werden, indem vermieden wird, dass Einzelne auf Kosten der Mehrheit bzw. der Gesellschaft agieren und Externalitäten internalisiert werden, indem Kosten dem Verursacher zugerechnet werden

Anreize müssen entsprechend derart gesetzt werden, dass sie kompatibel mit den individuellen Präferenzstrukturen sind. Ein geeigneter Ordnungsrahmen für den Hochfrequenzhandel stellt die Integrität der Märkte, die realwirtschaftliche Wohlfahrt und den gesellschaftlichen Nutzen sicher. Gesellschaftliche Verbesserungen entstehen demnach nicht durch die Erhöhung des moralischen Anspruchs an den Einzelnen, sondern durch den Ordnungsrahmen, der bei Zuwiderhandlung mit Sanktionen droht (Festl, & Festl-Pell, 2012, S. 149). Finanzmärkte basieren auf der Annahme, dass Marktteilnehmer faire Bedingungen vorfinden, weil die regulatorischen Rahmenbedingungen Manipulationen und systematische Risiken wirksam begrenzen. Müssen hingegen Marktteilnehmer befürchten, dass HFT in erster Linie großen und technologisch überlegenen Akteuren zugutekommt und somit zu einer ungleichen Verteilung der Chancen an den Finanzmärkten führt, kann das Vertrauen in die Fairness und Integrität der Märkte leiden und dies zu adverser Selektion führen.

Aus gesellschaftlicher und politischer Sicht stellt sich daher die Frage, wie der Einsatz von HFT reguliert und in Einklang mit sozialen Normen und Werten gebracht werden kann. Die Ziele einer solchen Regulierung wären die Sicherstellung der Marktintegrität und der Schutz vor möglichen negativen externen Effekten, die durch HFT entstehen können. Dazu gehören die Vermeidung von

Marktverzerrungen, die Förderung eines fairen Wettbewerbs und die Sicherstellung, dass die Finanzmärkte weiterhin ihre grundlegende Funktion erfüllen: die effiziente Allokation von Kapital zum Nutzen der gesamten Gesellschaft.

Insgesamt bietet die Auseinandersetzung mit HFT die Möglichkeit, darüber nachzudenken, wie technologische Fortschritte auf eine Weise in die Gesellschaft integriert werden können, die die Vorteile maximiert und gleichzeitig die Risiken begrenzt. Dies erfordert einen sorgfältigen Ausgleich zwischen der Förderung von Innovation und der Bewahrung von Gerechtigkeit sowie Fairness durch Marktintegrität und -stabilität. Nur durch eine solche ganzheitliche Betrachtung kann der Einsatz von HFT letztlich nicht nur wirtschaftlich, sondern auch gesellschaftlich positiv bewertet werden.

### 7.4.4 Zusammenfassung zur Bewertung aus gesellschaftlicher Sicht

Das HFT stellt eine der disruptivsten Entwicklungen an den modernen Finanzmärkten dar. Seine ökonomischen Wirkungen auf Marktparameter wie Liquidität, Volatilität, Transaktionskosten und Informationseffizienz sind gut erforscht und ambivalent bewertet. Die realwirtschaftliche und die gesellschaftliche Perspektive sind bisher hingegen wenig erforscht. Die hier analysierte Perspektive setzt sich mit den sozialen, technologischen, ethischen und regulatorischen Implikationen von HFT auseinander. Im Zentrum stehen Fragen nach Nutzen und Legitimität des HFT in einer von Fairness und Chancengleichheit geprägten Gesellschaft.

Die gesellschaftliche Einordnung des HFT erfolgt primär unter zwei Fragestellungen: Rechtfertigt der Nutzen den enormen Ressourcenaufwand? Trägt HFT zur gesellschaftlichen Akzeptanz marktwirtschaftlicher Prozesse bei? Der Ressourcenverbrauch – insbesondere im Hinblick auf Technik, Know-how, Energie und Kapital – ist enorm und wirft Fragen der Nachhaltigkeit und der Opportunitätskosten auf (Aldridge, 2013, S. 112; Brogaard, Hendershott, & Riordan, 2019, S. 1621–1658). Die Investitionen in ultraschnelle Infrastruktur, Co-Location-Services und spezialisierte Hardware zielen ausschließlich auf Geschwindigkeitsvorteile und nicht auf realwirtschaftliche Verbesserungen (MacKenzie, 2021, S. 168 ff.). Gleichzeitig ist der ökologische Fußabdruck erheblich: Datenzentren, Signalverstärker und Hochleistungsnetzwerke verursachen einen signifikanten Teil des globalen Energieverbrauchs (Jones, Patel & Wang, 2021, S. 456–472). Auch das Humankapital ist hochspezialisiert – Informatiker, Mathematiker und Physiker arbeiten an Algorithmen, deren gesellschaftlicher Nutzen oft unklar bleibt (Chaboud, Chiquoine, Hjalmarsson, & Vega, 2014, S. 2045–2084). Die

Kapitalintensität erzeugt hohe Markteintrittsbarrieren und damit soziale Exklusion (Budish, Cramton, & Shim, 2015, S. 35).

Ein zentrales Problem des HFT ist die Wahrnehmung der Fairness und Integrität. Während HFT theoretisch zur Preiseffizienz beitragen kann, wird in der Praxis i. d. R. eine Verstärkung bestehender Ungleichheiten beobachtet (Shefrin, & Statman, 1999, S. 127–151). Technologische Überlegenheit steht für einen Informations- und Aktionsvorsprung, der den Prinzipien der Marktgerechtigkeit widerspricht (Zook, & Grote, 2017, S. 121–140). Geschwindigkeit ersetzt Wissen – eine Entwicklung, die die Funktion der Finanzmärkte als Orte fairer Preisfindung infrage stellt (Stiglitz, 2014, S. 5–14) und zu adverser Selektion führt. Diese Negativauslese einerseits aufgrund der ausschließlich auf Geschwindigkeit und nicht auf Komplexität programmierten Algorithmen und andererseits infolge der unfairen Handelsbedingungen führt dann in Summe zu weniger informierte Märkten. Zudem erzeugt HFT neue Formen der Marktmanipulation, etwa durch Spoofing, Quote Stuffing oder End-of-Day Manipulation, die zwar illegal sind, aber nur schwer nachweisbar (Shorter, & Miller, 2014, S. 23, 34 und 39; Cumming, Zhan, & Aitken, 2012, S. 2–19; Aitken, Cumming, &, Zhan, 2015, S. 330–349). Die Folge ist ein Vertrauensverlust in die Integrität der Märkte. Das „race to zero latency" wird dabei in der öffentlichen Debatte nicht als technischer Fortschritt, sondern als gefährliche Externalität mit begrenztem volkswirtschaftlichem Mehrwert interpretiert (Mildenberger, 2023, S. 369–383).

Obwohl Algorithmen die Geschwindigkeit menschlicher Wahrnehmung übersteigen, bleiben sie Produkte menschlicher Gestaltung. Dennoch wird Verantwortung zunehmend auf automatisierte Prozesse ausgelagert, wodurch sich Fragen der Haftung, Ethik und Regulierung verschärfen (Hayles, 2017, S. 165; Welcman, 2022, S. 2–5). Die Unterscheidung zwischen Automatisierung (vordefinierte Entscheidungsregeln) und Autonomie (selbstlernende Systeme) zeigt: HFT operiert derzeit noch überwiegend automatisiert, könnte aber durch KI autonome Züge annehmen – mit möglicherweise unvorhersehbaren Konsequenzen. Solche Systeme sind nicht nur technisch komplex, sondern auch sozial potenziell gefährlich, da sie Marktreaktionen auslösen können, die nicht mehr durch menschliche Akteure kontrollierbar sind (Johnson, Menkvel, & Sarno, 2013, 327 f.). Flash Crashes und algorithmische Rückkopplungen sind Indizien einer losgelösten Marktlogik (Arnoldi, 2016, S. 46).

Preisbildungsprozesse sind zentral für eine funktionierende Marktwirtschaft. Doch im HFT droht die zeitliche Fragmentierung von Märkten, diese Funktion zu untergraben. Zeit wird zur Ressource, deren Ausnutzung durch HFT-Algorithmen temporäre Informationsmonopole schafft (Grindsted, 2015, S. 63). Statt einer besseren Allokation entsteht ein parasitäres System, das aufgrund der zeitlichen Dichotomie von Finanz- und Realwirtschaft Anleger mit höherer Latenzzeit ausbeutet, ohne neue Erkenntnisse zu generieren (Lewis, 2014, S. 118; Beverungen, & Lange, 2017, S. 9). Die Beschleunigung führt daher nicht automatisch zu höherer Wohlfahrt – im Gegenteil: Sie kann makroökonomische Stabilität gefährden (Stiglitz, 2014, S. 5–14).

Die Regulierung von HFT bewegt sich zwischen Effizienz, Integrität und Stabilität der Finanzmärkte. Rajan formuliert hierzu: „What is clear is that we are a long way from knowing all the answers on how to reduce the risk of financial instability. It seems obvious that we should use all innovations that finance has created in order to prevent market forces from creating excessive risk. We have to steer between the Scylla of excessive intervention and the Charybdis of a belief that the markets will always get it right (Rajan, 2005, S. 37). Sowohl die US-amerikanische Dodd-Frank-Reform als auch die europäische MiFID-II-Richtlinie zielen darauf ab, missbräuchliches Verhalten einzudämmen, ohne Innovation zu verhindern (ESMA, 2014, S. 53 ff.). Zugleich fordern Ethiker mehr Transparenz, Verantwortlichkeit und Fairness in der algorithmischen Entscheidungsfindung (Angel, & McCabe, 2013, S. 585–595). Die gesellschaftliche Bewertung hängt folglich nicht nur von der operativen und Informationsbezogenen Effizienz von HFT ab, sondern auch von seiner Fähigkeit, kollektive Güter wie Stabilität, Integrität, Gerechtigkeit und Nachhaltigkeit zu fördern.

Der Hochfrequenzhandel ist ein ambivalentes Phänomen: technisch beeindruckend, gesellschaftlich jedoch in Teilen problematisch. Seinem Nutzen für bestimmte Marktparameter wie Liquidität, Volatilität, Spreads etc. stehen ein erheblicher Ressourceneinsatz, Fragen der Fairness sowie potenzielle Risiken gegenüber. Eine gesellschaftlich verträgliche Integration des HFT setzt voraus, dass technologische Innovationen in einem normativen Rahmen stattfinden, der soziale Gerechtigkeit, Marktstabilität und ökologische Nachhaltigkeit nicht gefährdet, sondern stärkt.

Ein zentraler Maßstab zur Bewertung des Hochfrequenzhandels ist dabei die Ordnungsethik, die normative Leitlinien zur Gestaltung wirtschaftlicher Prozesse in einer freiheitlichen Gesellschaft vorgibt. Ordnungsethische Überlegungen setzen nicht nur am Handeln einzelner Akteure an, sondern fragen auch nach den institutionellen Rahmenbedingungen, innerhalb derer wirtschaftliches Handeln stattfindet. In diesem Sinne kann HFT nur dann als legitim betrachtet werden, wenn es mit den Prinzipien von Fairness, Chancengleichheit und Gerechtigkeit einhergeht, die realwirtschaftliche Allokation von Kapital verbessern und den gesellschaftlichen Wohlstand verbessern. Platon sagt in „Der Staat“, dass eine Ordnung gerecht ist, die der Natur des Individuums und der Gemeinschaft genügt

(Platon, 2011). Entsprechend kann nur auf der Grundlage eines sanktionsbewehrten Ordnungsrahmens, bei dem keine systematische Ausbeutung stattfindet, HFT Akzeptanz in der Gesellschaft erfahren.

Insbesondere ordnungsethisch inspirierte marktwirtschaftliche Instrumente – im Gegensatz zu administrativen Ge- oder Verboten – könnten den Hochfrequenzhandel in gesellschaftlich akzeptablere Bahnen lenken. Diese Maßnahmen setzen nicht an der Freiheit des Individuums an, sondern an der Struktur des Marktes, um dessen Funktionsweise im Sinne des Gemeinwohls zu verbessern. Ordnungsethik verlangt hierbei keine Einschränkung, sondern etabliert anreizkompatible Maßnahmen, die die positiven Eigenschaften von Innovationen wie den Hochfrequenzhandel unterstützen, aber die negativen Externalitäten internalisieren.

In einer Marktwirtschaft mit sozialem Verantwortungsanspruch muss HFT daher an seiner Beitragspflicht zur gesellschaftlichen Wohlfahrt gemessen werden. Der Markt darf nicht zur Arena eines technologischen „Rüstungswettlaufs" werden, in dem Ressourcen nur zur Marginalverbesserung von Transaktionsgeschwindigkeiten verwendet werden. Stattdessen sollte eine Ordnung etabliert werden, in der technologische Innovation dann gefördert wird, wenn sie tatsächlich zur Erreichung kollektiver Ziele beiträgt und nicht ausschließlich dem Erfolg Einzelner dient.

Daher ist es aus ordnungsethischer Sicht erforderlich, HFT in einen Ordnungsrahmen einzubetten, der nicht nur auf Effizienz, sondern auch auf Gemeinwohlorientierung, Verantwortung und Stabilität zielt. Nur dann kann das HFT langfristig mit den Grundprinzipien einer freiheitlich-demokratischen und sozialen Marktwirtschaft in Einklang gebracht werden.

## 7.5 Zusammenfassung der Sichten aus verschiedenen Ebenen

Das HFT zählt zu den bedeutendsten technologischen Innovationen der modernen Finanzmärkte. Durch den Einsatz komplexer Algorithmen, extrem geringer Latenzzeiten und spezialisierter Hardware haben sich neue Handelspraktiken etabliert, die sowohl die Mikrostruktur von Finanzmärkten als auch deren gesamtwirtschaftliche und gesellschaftliche Funktionen verändern. Die Forschung zu HFT zeigt ein ambivalentes Bild: Während HFT operative Effizienzgewinne verspricht, rücken zunehmend Risiken wie Informationsasymmetrien, Marktverzerrungen und soziale Exklusion in den Fokus. Die vorgenommene Analyse aus finanzmarktorientierter, realwirtschaftlicher und gesellschaftsethischer Perspektive will das HFT insgesamt hinsichtlich Auswirkungen und Legitimität zu bewerten.

Dabei verdeutlichen empirische Studien die Ambivalenz des HFT in seinen Wirkungen auf die Finanzmärkte. Einerseits kann HFT zur Marktstabilität beitragen, indem es Volatilitäten reduziert, Spreads verengt, Transaktionskosten senkt und zusätzliche Liquidität generiert. Zudem unterstützt die schnelle Informationsverarbeitung eine effizientere Preisbildung (Schlepper, 2016, 15–22). Andererseits stehen diesen Vorteilen gravierende Nachteile gegenüber: HFT kann fundamental orientierte langsamere Marktteilnehmer verdrängen und das Vertrauen in die Fairness der Märkte untergraben, wodurch letztlich die Informationseffizienz indirekt verringert wird. Phänomene wie Front Running, Scheinliquidität, Marktmanipulationen und eine systematische Überforderung traditioneller Akteure verschärfen das Risiko adverser Selektion und beeinträchtigen die Integrität der Märkte (Burghof, & Breuer, 2012, S. 96 ff.).

Finanzmärkte erfüllen auf der realwirtschaftlichen ebene eine zentrale volkswirtschaftliche Funktion in der Allokation von Kapital. Wenn jedoch kurzfristige Arbitragestrategien und technische Signale die fundamentale Informationsverarbeitung überlagern, droht eine Fehlallokation knapper Ressourcen. Zudem erhöht der Wettbewerbsdruck unter HF-Händlern das Risiko eines systematischen Liquiditätsentzugs – insbesondere durch den Rückgang der Markttiefe infolge aggressiver Marktordern (Baron, Brogaard, Hagströmer, & Kirilenko, 2019, S. 1012–1018). Weitere Herausforderungen ergeben sich durch die Homogenität der eingesetzten Algorithmen: Gemeinsame Reaktionsmuster auf Marktereignisse können Bias verstärken und Marktinstabilitäten hervorrufen. Obwohl Noise-basierte Strategien theoretisch kompensierend wirken könnten, bleibt die Gefahr algorithmisch induzierter Rückkopplungen – wie bei Flash Crashes – bestehen. Die kurzfristige Marktstabilität steht somit einer potenziell erhöhten langfristigen Instabilität gegenüber.

Neben der ökonomischen Betrachtung bedarf es einer normativ-ethischen Bewertung von HFT auch auf gesellschaftlicher Ebene. Hierbei stellen sich insbesondere Fragen nach dem gesellschaftlichen Nutzen, der Nachhaltigkeit und der Fairness. Der enorme Ressourcenverbrauch – etwa für Rechenzentren, Co-Location-Services oder spezialisierte Fachkräfte – steht in keinem direkten Verhältnis zu einem realwirtschaftlichen Mehrwert. Statt zur Wohlstandsmehrung trägt HFT primär zur Marginalverbesserung von Transaktionsgeschwindigkeiten bei. Zudem entstehen neue Formen gesellschaftlicher Exklusion: Der Zugang zum Markt wird durch technologische Eintrittsbarrieren limitiert. Damit einher geht eine zunehmende Ungleichheit in der Marktteilnahme, die der Idee von Chancengleichheit und marktbasierter Fairness widerspricht. Auch die Wahrnehmung der Märkte leidet: Algorithmen ersetzen Wissen, Geschwindigkeit verdrängt Analyse – was insbesondere für langfristig orientierte Anleger problematisch ist. Illegale, schwer nachweisbare Praktiken wie Spoofing und Quote Stuffing untergraben zusätzlich das Vertrauen in die Integrität des Finanzsystems. Auch die zunehmende Automatisierung und perspektivisch mögliche Autonomisierung der Handelssysteme verschärfen die Frage nach ethischer Verantwortung und regulatorischer Kontrolle. Die zeitliche Fragmentierung der Märkte durch HFT erzeugt temporäre Informationsmonopole und kann auf diese Weise parasitäre Marktstrukturen fördern, die den gesamtwirtschaftlichen Nutzen der Finanzmärkte unterminieren.

Um die ambivalenten Wirkungen des Hochfrequenzhandels in sozial verträgliche Bahnen zu lenken, ist eine ordnungsethisch fundierte Regulierung erforderlich. Ziel ist nicht die Einschränkung von Innovation, sondern die Etablierung anreizkompatibler Rahmenbedingungen, die Effizienz, Fairness und Nachhaltigkeit miteinander vereinen. Der Markt muss so gestaltet werden, dass technologische Entwicklungen dem Gemeinwohl dienen – etwa durch die Förderung von Preisqualität, Kapitalallokation sowie Marktintegrität und -stabilität. Gleichzeitig muss eine ethische Reflexion algorithmischer Entscheidungsprozesse stattfinden, die Fragen nach Verantwortung, Kontrolle und Haftung klärt. Das HFT ist sicherlich ein technologisch beeindruckendes, jedoch gesellschaftlich ambivalentes Phänomen. Während es zur Steigerung bestimmter Marktparameter beiträgt, wirft es erhebliche Fragen hinsichtlich Fairness, Nachhaltigkeit und gesellschaftlicher Legitimität auf. Die zukünftige Gestaltung des HFT muss sich daher an ordnungsethischen Prinzipien orientieren, die nicht nur Effizienz, sondern auch Verantwortung und Gemeinwohlorientierung in den Mittelpunkt stellen. Nur durch eine solche Balance kann das HFT langfristig mit den Prinzipien einer sozialen und demokratisch legitimierten Marktwirtschaft in Einklang gebracht werden.

# Lösungen für Probleme des High Frequency Trading

# 8

## 8.1 Einführung

In Kapitel 7 wurde gezeigt, dass das HFT grundsätzlich ambivalent zu bewerten ist, aber mit Formen des Marktversagens einhergehen kann. Dieses Marktversagen bezieht sich auf quasi Monopolstellungen der HFT aufgrund erheblicher Sunk Costs und Externalitäten, besonders i. S. v. adverser Selektion und Informationsasymmetrien, und erfordert eine zielorientierte Regulierung. Eine Regulierung scheint aber nur dann angebracht, wenn der Markt aus sich heraus keine Lösungen hervorbringen kann (Maurer, 2014, S. 21 f.). Aus utilitaristischer Sicht liegt beim HFT ein Spannungsverhältnis zwischen u. a. der Liquidität und der Marktstabilität vor. Aus deontologischer Perspektive rechtfertigen Fairnessprinzipien und die Marktintegrität eine institutionelle Ordnung (Madonna, 2017, S. 13 ff.). Regulierung im Rahmen der Ordnungsethik drängt sich somit auf.

Für eine reine Marktlösung ohne staatliche Eingriffe, seien sie administrativ oder marktwirtschaftlich gestaltet, spricht das Arrow-Debreu-Modell. Es wurde von Kenneth Arrow und Gérard Debreu entwickelt und bildet die Grundlage der modernen allgemeinen Gleichgewichtstheorie in der Mikroökonomie. Es beschreibt einen idealisierten Marktmechanismus, in dem unter bestimmten Annahmen ein Pareto-effizientes Gleichgewicht existiert. In diesem Modell werden alle Märkte gleichzeitig betrachtet, wobei sowohl gegenwärtige als auch zukünftige Güter sowie Unsicherheiten durch sog. Zustandskontingente berücksichtigt werden. Dies bedeutet, dass jedes mögliche zukünftige Szenario durch eigene Märkte repräsentiert ist und alle Marktteilnehmer ihre Entscheidungen auf Basis vollständiger Informationen treffen. Arrow und Debreu berücksichtigen verschiedene zukünftige Zustände der Welt, beispielsweise wirtschaftliche



U. Stephan, *Hochfrequenzhandel im Spannungsfeld von Finanzmärkten, Realwirtschaft und Gesellschaft*, Wirtschaftsethik in der globalisierten Welt,
https://doi.org/10.1007/978-3-662-74019-4_8

Entwicklungen, politische Ereignisse oder Naturkatastrophen, wodurch Wirtschaftssubjekten ermöglicht wird, Verträge abzuschließen, die davon abhängen, welcher Zustand tatsächlich eintritt. Mithin besteht für jeden möglichen Zustand der Welt ein Markt für die Zustandskontingent-Güter (der Nutzen und die Verfügbarkeit eines Gutes, also sein Wert, ist abhängig von einem bestimmten Zustand). Diese Märkte sind perfekt, weshalb alle möglichen Risiken handelbar sind und jeder Zustand berücksichtigt ist.

Das Modell basiert auf einigen zentralen Annahmen: Erstens wird von rationalem Verhalten der Akteure ausgegangen, wobei Konsumenten ihren Nutzen und Produzenten ihren Gewinn maximieren. Zweitens setzt das Modell vollständige Märkte voraus, sodass es für jedes Gut und jede Eventualität Preise gibt. Drittens wird vorausgesetzt, dass alle Marktteilnehmer über vollständige Informationen verfügen. Unter diesen Annahmen zeigt das Modell, dass ein allgemeines Gleichgewicht existiert, bei dem Angebot und Nachfrage auf allen Märkten übereinstimmen (Arrow, & Debreu, 1954, S. 265–290).

Ein wesentliches Ergebnis des Modells ist die Pareto-Effizienz des Gleichgewichts: Es ist nicht möglich, die Situation eines Marktteilnehmers zu verbessern, ohne einen anderen schlechter zu stellen. Dies macht das Modell zu einem theoretischen Ideal, das die Effizienz von Märkten untersucht und die Grundlage für die Wohlfahrtstheorie bildet. Allerdings wird es auch für seine stark vereinfachenden Annahmen kritisiert, da reale Märkte häufig unvollständig sind, Informationen asymmetrisch verteilt sind und externe Effekte auftreten (Debreu, 1959, o. S.).

Bruce Greenwald und Joseph Stiglitz widersprechen den Axiomen der allgemeinen Gleichgewichtstheorie. Das Greenwald-Stiglitz-Theorem erweitert die traditionelle Gleichgewichtstheorie, indem es die Annahme vollkommener Märkte und vollständiger Informationen infrage stellt. Das zentrale Ergebnis ihrer Arbeit zeigt, dass Märkte, selbst wenn sie wettbewerblich organisiert sind, im Allgemeinen nicht Pareto-effizient sind, sobald Marktunvollkommenheiten wie Informationsasymmetrien oder unvollständige Märkte berücksichtigt werden. Das Greenwald-Stiglitz-Theorem postuliert demzufolge, dass ein rein marktwirtschaftliches System (Arrow-Debreu) unter unvollständigen Marktbedingungen, wie asymmetrischer Information, zu Fehlentwicklungen hinsichtlich der gesellschaftlichen Wohlfahrt führen kann. Diese Abweichung von der klassischen Theorie hat weitreichende Implikationen für die Wirtschaftspolitik und die Wohlfahrtstheorie.

Im Gegensatz zum Arrow-Debreu-Modell gehen Greenwald und Stiglitz davon aus, dass Informationsprobleme (z. B. asymmetrische Informationen zwischen Käufern und Verkäufern) und allgemein unvollständige Märkte allgegenwärtig sind. Diese Marktunvollkommenheiten führen zu externen Effekten, die verhindern, dass die unsichtbare Hand des Marktes automatisch eine effiziente

Allokation der Ressourcen sicherstellt. Unter den Bedingungen unvollständiger Information entfalten Aktionen von informierten Marktteilnehmern gegenüber allen anderen Akteuren negative Effekte, die diese nicht auflösen oder internalisieren können. Märkte lösen dann nicht mehr ihr Wohlfahrtsversprechen. Pareto-optimale Lösungen sind nicht möglich, wenn Einzelne Informationsrenten vereinnahmen. Der entscheidende Punkt ist, dass Greenwald und Stiglitz die Informationsasymmetrien als konstituierendes Merkmal der Marktwirtschaft ansehen. Die allgemeine Gleichgewichtstheorie von Arrow und Debreu wird abgelehnt, weil das neoklassische Modell zu Fehlbewertungen des Marktgeschehens und damit Wohlfahrtseffekten des Marktes führt. Das Greenwald-Stiglitz Theorem wurzelt in der mikroökonomischen allgemeinen Gleichgewichtstheorie unter Unsicherheit und unvollkommener bzw. asymmetrischer Information. Es wird folglich die Notwendigkeit von Informationssymmetrien und die einer allgemeinen Verfügbarkeit von Informationen für die Gültigkeit des Wohlfahrtstheorems der allgemeinen Gleichgewichtstheorie nach Arrow und Debreu betont. Daraus ergibt sich die Einsicht, dass unvollständige bzw. asymmetrische Informationen die Märkte unvollkommen machen.

Während Arrow und Debreu die Grundlagen für die Idee effizienter Märkte unterstreichen, betonen Greenwald und Stiglitz die Grenzen der Effizienz in der realen Welt. Während im Arrow-Debreu-Modell der Markt allein zu Pareto-optimalen Wohlfahrtsgewinnen führt, sollte nach Greenwald und Stiglitz der regulierende Staat eingreifen. Die letztgenannten Autoren zeigen, dass staatliche Eingriffe in solchen Fällen die Marktergebnisse verbessern können. Insbesondere betonen sie, dass es unter realistischen Bedingungen sinnvoll ist, wirtschaftspolitische Instrumente wie Subventionen, Steuern oder Regulierungen einzusetzen, um Effizienzverluste zu verringern.

Das Theorem stellt eine bedeutende Abweichung von der neoklassischen Tradition dar und hat die Diskussion um Marktversagen und staatliche Interventionen wesentlich geprägt. Es verdeutlicht, dass in einer Welt mit unvollständiger Information und Märkten die zentrale Annahme der klassischen Gleichgewichtstheorie – die Pareto-Effizienz der Marktgleichgewichte – nicht mehr gilt, was die Notwendigkeit einer aktiven Rolle des Staates unterstreicht (Greenwald, & Stiglitz, 1986, S. 229–264). Allerdings bemängeln die Kritiker, dass ineffiziente Marktlösungen und informationsbedingtes Marktversagen durch eine interventionistische Wirtschaftspolitik verbessert werden können (Hahn, 1997, S. 98 f.).

Das Modell von Arrow und Debreu bildet nach wie vor die theoretische Grundlage der allgemeinen Gleichgewichtstheorie. Es bietet eine präzise mathematische Darstellung, die zeigt, dass ein Marktgleichgewicht unter idealisierten

Bedingungen existiert und Pareto-effizient ist. Das Modell wird in der Lehre und der Grundlagenforschung als Referenzmodell verwendet, um die Effizienz von Märkten und die Bedingungen für Gleichgewichtsbildung zu analysieren. Allerdings wird allgemein anerkannt, dass die Annahmen – wie vollständige Märkte, perfekte Information und rationales Verhalten – in der Realität kaum zutreffen sind. Das Theorem von Greenwald und Stiglitz wird heute weithin als realistischer angesehen, da es die Rolle von Marktunvollkommenheiten, asymmetrischen Informationen und unvollständigen Märkten einbezieht. Diese Faktoren spielen in der Praxis eine entscheidende Rolle, wie auch am Beispiel der Finanzmärkte im Allgemeinen und des Hochfrequenzhandels im Besonderen gezeigt wurde. Ihre Ergebnisse haben die moderne Sichtweise auf Marktversagen und die Notwendigkeit staatlicher Eingriffe stark geprägt. Sie dienen oft als Grundlage für wirtschaftspolitische Maßnahmen, die darauf abzielen, Ineffizienzen und Marktversagen in der Realität zu korrigieren. Insbesondere in der Makroökonomie, der Verhaltensökonomie und der Analyse von Finanzmärkten ist die Berücksichtigung solcher Unvollkommenheiten entscheidend.

Regulierungen sollte folglich nur dort ansetzen, wo Marktversagen vorliegt und Regulierung zu verbesserten Ergebnissen führen kann. Mit Blick auf die Einordnung bzw. Bewertung (Probleme) des HFT und die bereits existierenden Regulierungen sollten Handlungsempfehlungen abgeleitet werden, die sowohl der Funktion der Finanzmärkte als auch der Kapitalallokation in der Realwirtschaft und den gesellschaftlichen Anforderungen an ein „gemeinsames Gelingen" entsprechen und deshalb Akzeptanz finden. Dabei ist mit „Akzeptanz" gemeint, dass negative Effekte verhindert oder minimiert sowie positive Effekte erhalten oder ausgebaut werden sollen. Im Ergebnis geht es darum, die positiven Aspekte von Finanzmärkten im Allgemeinen und von HFT bzw. auf HFT-Märkten im Speziellen zu erhalten bzw. sogar zu fördern. Es sollen mithin die negativen Effekte (Externalitäten) vermieden bzw. – wenn nicht vollständig möglich – zumindest in ihren Wirkungen reduziert werden. Die wachsende Bedeutung von Börsenhandel mittels Algorithmen und künstlicher Intelligenz und die Geschwindigkeit des Hochfrequenzhandels machen es notwendig, die Frage, ob die Marktprozesse bzw. Marktfunktionen verbessert werden müssen, zu diskutieren. Denn, wie in Kapitel 7 diskutiert, weist HFT-Ambiguitäten auf (Maystre, & Bicchetti, 2012, o. S.).

Um diese Ambiguitäten aufzulösen, scheint der Ordnungsrahmen geeignet. Denn in Kapitel 3 wurde die Dominanz der Ordnungsethik gegenüber der Individualethik aufgrund theoretischer Überlegungen besprochen. Dies gilt insbesondere bei modernen Großgesellschaften, bei denen die Anonymität kaum sozialen Druck zulässt. Auch Koslowski weist darauf hin, dass der Ordnungsrahmen das geeignete Institut ist, um negative Wirkungen eines liberalisierten Marktes zu vermeiden (Koslowski, 1998, S. 10 ff.).

Finanzmärkte sind heute globale Ereignisse, sie sind geradezu der Prototyp einer anonymen Gemeinschaft. Darüber hinaus liegt es im Wesen von HFT, über Geschwindigkeit Vorteile gegenüber anderen zu erzielen. Folglich dürfte es wenig zielführend sein, HFT ermahnen zu wollen, sich für ein „gemeinsames Gelingen" einzutreten. Nur ein Ordnungsrahmen ist dazu geeignet, HFT in der Weise „einzuhegen", dass die Finanzmärkte fair und integer funktionieren, die Realwirtschaft über eine bestmögliche Kapitalallokation wächst und gesellschaftlich Akzeptanz, auch hinsichtlich des Ressourcenaufwandes, hergestellt wird. Denn es sind die Bedingungen und Spielregeln, die das Handeln beeinflussen, während die zugrunde liegende Motivation kaum zu ändern sein wird. Dabei sollten Regulierungen möglichst gleichzeitig wirken und so Dysfunktionalitäten von (HFT-) Märkten verhindern (Budish, 2016, S. 5 ff.; Budish, Cramton, & Shim, 2016, S. 1614 ff.).

## 8.2 Festlegung des Ordnungsrahmens

Hinsichtlich des Ordnungsrahmens bzw. seiner Gestaltung schreibt Homann: „Nur wenn institutionelle Arrangements homo-oeconomicus-resistent ausgestaltet werden können, sind sie in der Lage, die gewünschte Rolle zu spielen. Wie man nur TÜV-geprüfte Autos in den Verkehr lässt, so kann der Ökonom nur solche Regeln und Institutionen empfehlen, die den – gedanklichen – Homo-Oeconomicus-Test bestanden haben. Andernfalls mutet er gerade den moralischen Akteuren die Ausbeutung durch die weniger moralischen Akteure zu" (Homann, 1997, S. 21).

Fehr, Fischbacher und Gächter gelingt es, die Überlegenheit der Ordnungsethik gegenüber der Individualethik auch empirisch nachzuweisen (Fehr, Fischbacher, & Gächter, 2002, S. 1–25). Ausgangspunkt ist die experimentelle Verhaltensforschung. Diese untersucht, wie Menschen in verschiedenen Situationen agieren, insbesondere in Bezug auf Kooperation und Fairness. Selbst unter der Annahme, dass Modelle der Wirtschaftswissenschaften um Menschen mit altruistischen Eigenschaften ergänzt werden, ist nicht das Individuum in einer anonymen Großgesellschaft der primäre Ort der Moral, sondern vielmehr die Rahmenordnung (Festl, & Festl-Pell, 2012, S. 141–153). Während die Verhaltensökonomik von altruistischem Verhalten ausgeht und damit der Individualethik nahesteht, geht die Ordnungsethik vom Homo oeconomicus aus, der durch entsprechende und geeignete Regeln „gelenkt“ wird. Wesentlich ist jedoch, dass der Eigennutzen und die daraus abgeleiteten Verhaltensweisen keiner moralischen Einordnung folgen, sondern aufgrund bestimmter Anreizstrukturen erzwungen sind (Münch, 2012, S. 20 f.). Fehr et al. zeigen entsprechend, dass moralische Individuen nicht notwendigerweise auch moralischere Ergebnisse hervorbringen. Vielmehr kann bestätigt werden, dass bestimmte Bedingungen für moralisches Handeln unumgänglich sind. Die Autoren legen empirisch dar, dass der Ordnungsrahmen zu einer Verhaltensänderung von Menschen führen kann, was bedeutet, dass der Ordnungsrahmen aufgrund seiner Sanktionsbewehrung dazu führt, dass Menschen dazu angehalten werden, sich „anreizkompatibel“ zu zeigen. Übertragen auf die Argumentation von Homann und Lütge (2005, S. 32) sowie Suchanek (2007, S. 52–54) erkennen Fehr, Fischbacher und Gächter (2002, S. 1–25), dass in einem Ordnungsrahmen nicht defektiert wird bzw. in diesem die suboptimalen Lösungen eines Gefangenendilemmas vermieden werden können.

In einem Ultimatum-Spiel differenzieren die Autoren zwischen Altruisten, die immer kooperieren, grundsätzlich kooperativen Menschen (Reciprocator), die sich aber nicht ausnutzen lassen wollen, und dem (rational handelnden) Homo oeconomicus, der kooperiert, wenn es ihm zu Vorteil gereicht (Fehr, Fischbacher, & Gächter, 2002, S. 1–3).

Alle drei Typen gibt es laut Fehr nicht nur in Experimenten, sondern auch in der realen Welt (Fehr, Fischbacher, & Gächter, 2002, S. 5 f.). Der Altruist kooperiert bedingungslos, er ist intrinsisch motiviert. Der Reciprocator kooperiert grundsätzlich auch dann, wenn er kurzfristig Nachteile dafür in Kauf nehmen muss. Fairness ist Teil seiner Präferenzstruktur, jedoch lässt sich der Reciprocator nicht systematisch benachteiligen bzw. ausbeuten. Er wünscht Kooperation und bestraft diejenigen, die nicht kooperativ handeln (Fehr, 2003, S. 785; Fehr, Fischbacher, & Gächter, 2002, S. 4). Im Gegensatz dazu ist der Homo oeconomicus an der Maximierung seines eigenen Nutzens interessiert. Fairness ist in seiner Präferenzordnung geringer gewichtet. Der Homo oeconomicus kooperiert immer dann, wenn es ihm Vorteile bringt. Fehr et al. zeigen, dass es jeweils 40–60 Prozent Reciprocatoren und Homines oeconomici in der realen Welt gibt und die Altruisten eine Randerscheinung darstellen (Fehr, Fischbacher, & Gächter, 2002, S. 8).

Das Ultimatum-Spiel stellt im Grundmodell eine bilaterale Verhandlungssituation nach. Ein Spieler (A) macht ein Angebot zur Aufteilung eines vorgegebenen Geldbetrages (beispielsweise 100 GE). Der zweite Spieler (B) kann das Angebot anschließend annehmen oder ablehnen. Akzeptiert Spieler B das Angebot, werden die Beträge ausbezahlt. Lehnt er ab, erhalten beide Spieler nichts. Führt man das Ultimatum-Spiel ausschließlich mit Homines oeconomici durch, sollte das Angebot von 1 GE akzeptiert werden, weil sich Spieler B mit 1 GE besser stellt als mit keiner GE. Empirisch kann allerdings festgestellt werden, dass Angebote kleiner 20 Prozent der Gesamtsumme i. d. R. abgelehnt werden (Fehr, Fischbacher, & Gächter, 2002, S. 11). Das Ultimatum-Spiel zeigt, dass Menschen grundsätzlich eine Bereitschaft zur Kooperation haben und sogar Nachteile in Kauf nehmen, um unfaire Praktiken zu bestrafen (Fehr, & Fischbacher, 2003, S. 786). Da Spieler A die Zurückweisung eines geringen Angebots erwartet, bietet er einen höheren Betrag an, um die Wahrscheinlichkeit der Annahme zu erhöhen. Im Durchschnitt wurde bei Experimenten ein Betrag von 42,7 GE angeboten und akzeptiert (Fischbach, Fong, & Fehr, 2009, S. 536).

Allerdings erreichen Fehr et al. mit einer leichten Modifikation des Spiels eine erhebliche Änderung des Ergebnisses. In der Modifikation gibt es nicht einen Spieler B, der das Angebot von A annehmen kann, sondern mehrere. Für den Fall, dass mehr als ein Spieler B das Angebot von A annimmt, wird ausgelost, wer den Zuschlag erhält. Lehnen alle Spieler B das Angebot ab, kommt kein Geschäft zustande und kein Spieler erhält eine GE. Nimmt ein Spieler B das Angebot von A an, während andere Spieler B das Angebot ablehnen, kommt der Deal zwischen A und dem zustimmenden Spieler B zustande. Alle anderen Spieler B gehen leer aus. Mit Hilfe entsprechender Test konnte nun festgestellt werden, dass der Betrag, der im Durchschnitt akzeptiert wird, bei zwei Spielern B von 42,7 GE auf 25,5 GE fällt, bei drei Spielern B sogar auf 16,2 GE (Fischbach, Fong, & Fehr, 2009, S. 536 f.). Im Ergebnis findet folglich eine Annäherung an das Ergebnis des Spiels mit ausschließlich Homines oeconomici statt, wenn auf der Seite der Spieler B, die das Angebot des Spielers A annehmen oder ablehnen können, eine zunehmende Anzahl von Akteuren sind. Je mehr Spieler B, die unabhängig voneinander annehmen oder ablehnen können, desto mehr nähert sich das Ergebnis dem Resultat des Spiels mit reinen Homo oeconimici an. Da sich gem. der Testreihen von Fehr et al. jeweils die Hälfte der Teilnehmer wie Reciprocatoren bzw. Homines oeconomici verhalten, muss daraus folgen, dass die Homines oeconomici die Situation dominieren und das Ergebnis der Interaktion bestimmen. Fehr et al. schließen daraus, dass die Verwässerung des Sanktionsmechanismus dazu führt, dass sich das unkooperative Verhalten und an der Maximierung des Eigennutzen orientierten Verhaltens des Homo oeconomicus durchsetzt (Fischbach, Fong, & Fehr, 2009, S. 531 f.). Denn selbst in dem Fall, dass Spieler B ein Reciprocator ist und somit eigentlich unkooperatives und unfaires Verhalten bestrafen möchte, steigt im Fall der Teilnahme von mehreren Spielern B die Wahrscheinlichkeit, dass er ein unfaires Angebot annimmt, mithin sich wie ein Homo oeconomicus verhält. Der Grund liegt darin, dass ein

Reciprocator B nicht weiß, ob ein anderer Spieler B möglicherweise ein Homo oeconomicus ist. Dann nämlich würde der Homo oeconomicus B das Angebot des Spielers A annehmen und der Peciprocator B ginge ohne Bestrafung des Spielers A leer aus. Der Reciprocator B verhält sich folglich so lange wie ein Homo oeconomicus, wie er nicht weiß, dass die anderen Spieler B auch Reciprocatoren sind und Spieler A damit bei einem unfairen Angebot eine Bestrafung erhält. Das Problem für den Reciprocator B ist aber, dass bei steigender Zahl von Spielern B die Wahrscheinlichkeit steigt, dass sich ein Homo oeconomicus unter ihnen befindet. Deshalb sinkt das Angebot, mit dem Spieler A durchkommt, wenn die Zahl der Spieler B steigt (Fischbach, Fong, & Fehr, 2009, S. 540).

Die Gestaltung des Spiels, die einer anonymen Großgesellschaft nachempfunden ist, zeigt, dass sich Reciprocatoren analog von Homines oeconomici verhalten, obwohl nicht einmal ein Homo oeconomicus teilnehmen muss. Es ist die fehlende Sanktionsmöglichkeit, die die eigentlich kooperativen Teilnehmer dazu bringt, unkooperativ zu agieren. Wird aber ein wirkungsmächtiger Mechanismus zur Bestrafung eingeführt, können Reciprocatoren, wie im eigentlichen Ultimatum-Spiel, den eigennützigen Homines oeconomici aufgrund der drohenden Bestrafung ihre Präferenzen von Kooperation die Fairness aufzwingen. Der sanktionsbedingt Ordnungsrahmen, wie von Homann beschrieben, ist somit eine wichtige Bedingung für das Ergebnis von Interaktionen (Fischbach, Fong, & Fehr, 2009, S. 531–540; Fehr, Fischbacher, & Gächter, 2002, S. 15).

Nicht die Anzahl der Reciprocatoren oder Homines oeconomici ist damit für das Ergebnis des Spiels entscheidend, sondern dessen Ausgestaltung, mithin die Existenz eines sanktionsbewehrten Ordnungsrahmens (Camerer, & Fehr, 2006, S. 47). Ohne Sanktionsmechanismus dominieren die Homines oeconomici das Ergebnis der Interaktion, mit Sanktionsmöglichkeiten sind es die Reciprocatoren. Denn in einer modernen Gesellschaft bieten sich so vielfältige Möglichkeiten zur Interaktion, weshalb es unmöglich ist, die grundsätzlich kooperativen von denjenigen, die systematisch ihren Eigennutz optimierenden Akteuren zu differenzieren. Da in einer Großgesellschaft der unmittelbare soziale Druck fehlt, kann unkooperatives Verhalten auch über einen längeren Zeitraum gewinnbringend sein. Denn die Akteure treffen immer wieder auf andere Interaktionspartner. Es sind aber nicht die Egoisten oder deren Anzahl, die die suboptimalen Ergebnisse hervorbringen, sondern es ist das Fehlen eines geeigneten Ordnungsrahmens, der einen Bestrafungs- oder Belohnungsmechanismus enthält und deshalb für Anreizkompatibilität sorgt. Ohne Ordnungsrahmen verhalten sich auch die eigentlich zur Kooperation und zu Fairness bereiten Teilnehmer unkooperativ. Sie defektieren präventiv, wobei sich das Ergebnis der Interaktion mit einer Erhöhung der Anzahl moralischer Teilnehmer nicht verbessert. Für die moralische Qualität von gesellschaftlichen Interaktionsergebnissen ist folglich die Gestaltung eines geeigneter Ordnungsrahmens von großer Bedeutung (Fest, & Festl-Pell, 2012, S. 144–148). Fehr und Fischbacher zeigen, dass die sich fair verhaltenden Reciprocatoren den Homines oeconomici unter bestimmten Bedingungen Kooperation aufzwingen können (Fehr, & Fischbacher, 2003, S. 785). Ein solcher Ordnungsrahmen schafft Bedingungen, unter denen es für die Individuen rationaler ist, zu kooperieren, statt sich auf Kosten der anderen durchzusetzen (Homann, Lütge, Suchanek, 2005, S. 32; 2007, S. 52–54).

Dabei ist der Ordnungsrahmen einer Volkswirtschaft das funktionale Regelwerk eines Wirtschaftsraumes. Er definiert die Strukturen, innerhalb derer ökonomische Prozesse organisiert und koordiniert werden. Der Ordnungsrahmen stellt folglich das Zusammenspiel von Gesellschaft bzw. von Staat und Markt zur effizienten Steuerung der wirtschaftlichen Aktivitäten sicher. Dabei umfasst er sowohl staatliche Eingriffe in Form von administrativen Maßnahmen als auch marktorientierte Mechanismen, die auf marktwirtschaftlichen Prinzipien beruhen (Eucken, 1952, S. 254; Müller-Armack, 1976, S. 89).

Ein Ordnungsrahmen im Kontext von HFT bezieht sich auf die Gesamtheit der regulatorischen, rechtlichen und ethischen Richtlinien und Normen, die festlegen, wie HFT-Aktivitäten durchgeführt werden sollten, um als legitim und akzeptabel angesehen zu werden. Dieser Rahmen zielt darauf ab, ein Gleichgewicht zwischen den wirtschaftlichen Vorteilen von HFT (wie erhöhte Marktliquidität und Effizienz) und den potenziellen Risiken oder negativen Auswirkungen (wie Marktvolatilität, systemische Risiken oder unfaire Wettbewerbsvorteile) zu schaffen.

Die Grundsätze eines solchen Ordnungsrahmens können umfassen:

- Regulatorische Standards: Festlegung spezifischer Vorschriften für HFT-Praktiken, um sicherzustellen, dass sie den fairen Handel nicht untergraben, Marktmanipulationen vermeiden und zur allgemeinen Stabilität der Finanzmärkte beitragen. Dies könnte Anforderungen an die Transparenz, Handelsstrategien, Risikomanagementpraktiken und die Kapitalausstattung von HFT-Firmen umfassen.
- Marktzugangsregeln: Bestimmungen, die gleiche Wettbewerbsbedingungen für alle Marktteilnehmer gewährleisten, einschließlich des Zugangs zu Handelsplätzen und Informationen. Ziel ist es, eine übermäßige Dominanz von HFT-Akteuren zu verhindern und sicherzustellen, dass traditionelle Investoren nicht benachteiligt werden.

- Überwachung und Durchsetzung: Einrichtung von Mechanismen zur Überwachung von HFT-Aktivitäten in Echtzeit, um regelwidriges Verhalten schnell zu identifizieren und zu sanktionieren. Dies beinhaltet auch die Fähigkeit der Regulierungsbehörden, bei Bedarf in den Markt einzugreifen.
- Transparenzvorschriften: Vorschriften, die HFT-Firmen dazu verpflichten, bestimmte Informationen über ihre Handelsaktivitäten offenzulegen, um für Marktteilnehmer und Aufsichtsbehörden Transparenz zu schaffen. Dies kann dazu beitragen, das Vertrauen in die Märkte zu stärken und informierte Entscheidungen zu ermöglichen.
- Ethik- und Verhaltenskodizes: Entwicklung und Förderung von ethischen Standards und Verhaltenskodizes für HFT-Akteure, die über die gesetzlichen Anforderungen hinausgehen. Diese Kodizes können Praktiken wie das Vermeiden von Strategien, die als schädlich für die Marktintegrität angesehen werden könnten, umfassen und einen sanktionsbewehrten Ordnungsrahmen ergänzen (vgl. Kapitel 3).
- Stakeholder-Engagement: Einbeziehung aller relevanten Stakeholder (einschließlich Regulierungsbehörden, Marktteilnehmer, Akademiker und der Öffentlichkeit) in den Diskurs über HFT und dessen Regulierung. Dies kann dazu beitragen, ein breiteres Verständnis der Auswirkungen von HFT zu entwickeln und einen Konsens über akzeptable Praktiken zu erreichen.

Der Ordnungsrahmen für HFT soll dazu beitragen, die Technologie so zu gestalten und zu regulieren, dass sie die Effizienz und Liquidität der Märkte fördert (beispielsweise durch HFT-Market Maker), ohne die Marktstabilität zu gefährden oder unfaire Vorteile zu schaffen. Die Integrität der Finanzmärkte, eine effiziente Kapitalallokation sowie gesellschaftlicher Wohlstand und die Akzeptanz von HFT hängen davon ab, wie gut dieser Rahmen entwickelt ist und wie effektiv er umgesetzt wird, um die Interessen aller Marktteilnehmer, der Realwirtschaft und der Gesellschaft auszubalancieren.

## 8.3 Administrative Ebene

### 8.3.1 Überblick

Bei administrativen Maßnahmen handelt es sich um staatliche Eingriffe in die Wirtschaft mittels Regeln und Vorschriften, also Ge- und Verboten, um bestimmte Verhaltensweisen der Wirtschaftssubjekte zu erreichen. In der Regel geschieht dies durch Gesetze, Verordnungen oder Richtlinien staatlicher Behörden. Die

Ziele der Regulierung im Hinblick auf HFT sind: Marktintegrität Marktstabilität, Signalwirkung des Preissystems und Kapitalallokation, Anlegerschutz und gesellschaftliche Akzeptanz. Zusätzlich zu den in Kapitel 6 beschriebenen administrativen Maßnahmen zur Regulierung von HFT können weitere Regulierungen ergriffen werden, um eine Internalisierung negativer Effekte von HFT und eine bessere Marktintegrität und -stabilität zu erreichen (vgl. Kapitel 6). Ein möglicher Maßnahmenkatalog kann dabei verschiedene administrative Schritte beinhalten.

Grundsätzlich unterliegt der Hochfrequenzhandel der Regulierung, beispielsweise auch im Hinblick auf die Kapitalanforderungen. Wie in Kapitel 6 dargelegt, existieren bereits verschiedene Vorschriften, auf die hier verweise.

### 8.3.2 Dynamische Transaktionsgebühren und Tobin-Steuer

Die Einführung dynamischer Transaktionsgebühren, die oft als Tobin-Steuer bezeichnet wird, gilt als ein viel diskutiertes Instrument zur Regulierung der Finanzmärkte, insbesondere im Kontext des HFT. Die Idee wurde erstmalig 1972 vorgestellt. Im Kontext des HFT basiert die Idee einer Transaktionssteuer auf dem Gedanken, die Höhe der Abgaben proportional zur Haltedauer eines Wertpapiers oder präziser zur Handelsfrequenz zu gestalten. Die Steuer knüpft an der Transaktion an, weshalb Wertpapiere, die nur für sehr kurze Zeiträume gehalten, auch entsprechend höher besteuert werden, während längerfristige Investments von einer deutlich geringeren Steuer betroffen wären. Im Kern soll diese Maßnahme spekulative Handelsaktivitäten eindämmen, die aufgrund ihrer hohen Frequenz und kurzen Haltedauer als Hauptverursacher von Marktvolatilität und kurzfristigen Preisschwankungen gelten. Tobin argumentierte, dass spekulative Kapitalflüsse destabilisierend wirken können und eine Steuer auf die Transaktionen die Kapitalflüsse verlangsamen würden (Tobin, 1978, S. 154). Der Hochfrequenzhandel ist dabei besonders relevant, da er durch den Einsatz von Algorithmen und automatisierten Systemen ermöglicht, innerhalb von Millisekunden eine Vielzahl von Transaktionen durchzuführen. Diese Handelsform ist, wie gezeigt, ambivalent zu beurteilen, sowohl im Hinblick auf die Funktionsfähigkeit der Finanzmärkte als auch hinsichtlich der Preisbildungsprozesse und Allokation sowie dafür, dass sie keine realwirtschaftlichen Werte schafft, sondern durch arbitrageähnliche Strategien die Instabilität auf den Märkten erhöhen kann.

Die Tobin-Steuer, ursprünglich von John Tobin als Mittel zur Stabilisierung von Wechselkursen vorgeschlagen, hat sich inzwischen als universelleres Konzept etabliert, um spekulativen Handel in verschiedenen Marktsegmenten zu regulieren (Tobin, 1978, S. 154 f.). Im Zusammenhang mit HFT könnte diese Steuer durch die zusätzliche Belastung extrem kurzer Transaktionen dazu beitragen, den wirtschaftlichen Anreiz für derartige Handelsstrategien zu verringern. Untersuchungen zeigen, dass eine solche Steuer die Handelsaktivität signifikant reduzieren könnte, ohne dabei die Effizienz der Märkte erheblich zu beeinträchtigen. Becchetti, Ferrari und Trenta (Becchetti, Ferrari, & Trenta, 2013, S. 485 f.) fanden beispielsweise heraus, dass die Einführung einer ähnlichen Steuer in Frankreich die Volatilität an den Märkten dämpfte und den Einfluss kurzfristiger Handelsstrategien begrenzte. Insbesondere HFT, das sich durch extrem kurze Haltezeiten von unter 100 Millisekunden (bis zu 5 Millisekunden) auszeichnet (Bouvert, Guillaumie, Roqueiro, Winkler, & Nauhaus, 2014, S. 4–11), würde durch dynamische Transaktionsgebühren getroffen werden, da es v. a. auf minimale Margen angewiesen ist, die durch eine solche Steuer unattraktiver werden.

Ein zentraler Vorteil dynamischer Transaktionsgebühren liegt in ihrer Flexibilität, verschiedene Arten von Handelsaktivitäten differenziert zu behandeln. Während traditionelle Marktteilnehmer mit längeren Anlagehorizonten kaum betroffen wären, könnten hochfrequente Händler aufgrund ihrer extrem hohen Transaktionsfrequenz mit erheblichen Kosten konfrontiert werden. Studien von Eichengreen, Tobin und Wyplosz (Eichengreen, Tobin, & Wyplosz, 1995, S. 164) unterstützen diese Ansicht, dass eine geringe Transaktionssteuer die Spekulation bremsen kann, ohne langfristige Investoren zu beeinträchtigen. Frankel argumentiert, dass die Steuer Herdenverhalten und sich selbst verstärkende Rückkoppelungen an den Finanzmärkten verhindern könnte (Frankel, 1996, S. 52)

Kritiker wie Schulmeister (Schulmeister, 2011, S. 72) warnen jedoch vor möglichen Nebenwirkungen, darunter vor einer Verringerung der Marktliquidität und der Gefahr, dass Handelsaktivitäten in unregulierte Märkte verlagert werden. Habermeier und Kirilenko (Habermeier, & Kirilenko, 2001, S. 165–180) sehen nicht nur die Liquidität, sondern auch die Markteffizient sowie die Preisbildungsprozesse gefährdet, was wiederum zu höheren Transaktionskosten und Spreads führen könnte. Stiglitz weist explizit auf die Preisbildungsprozesse hin und argumentiert, dass schnelle Transaktionen zu einer zügigen Implementierung von Informationen in die Preise führen würden und insofern gerechtfertigt seien. Die Ausbremsung des Handels beispielsweise über Transaktionssteuern könnte folglich die Preisbildung und damit die Signalwirkung des Marktes negativ beeinflussen (Stiglitz, 1989, S. 104). Diese potenziellen Risiken machen deutlich, dass die Implementierung einer solchen Steuer sorgfältig gestaltet werden muss, um unbeabsichtigte Folgen zu minimieren. Dennoch kommen immer wieder Stimmen auf, die besonders im Bereich des Hochfrequenzhandels einen regulatorischen Eingriff über Transaktionssteuern fordern.

Die internationalen Dimensionen dieser Maßnahme spielen ebenfalls eine entscheidende Rolle. Ohne eine globale Koordination könnten dynamische Transaktionsgebühren dazu führen, dass HFT-Akteure ihre Aktivitäten in Länder verlagern, in denen keine vergleichbaren Regelungen existieren (Palley, 2001, S. 71–89). Diese Verlagerungen könnten wiederum zu Ungleichgewichten und Instabilitäten im Finanzsystem führen (Froot, & Thaler, 1990, S. 181). Gleichwohl zeigen Beispiele wie die französische Finanztransaktionssteuer, dass auch regionale Maßnahmen wirksam sein können, wenn sie gezielt auf bestimmte Marktsegmente abzielen. Neben der technischen und rechtlichen Umsetzbarkeit stellt sich zudem die Frage nach der Akzeptanz solcher Maßnahmen bei den Marktakteuren, insbesondere, da der Hochfrequenzhandel von großen Finanzinstituten dominiert wird, die erheblichen Einfluss auf regulatorische Entscheidungen haben.

Zusammenfassend lässt sich feststellen, dass dynamische Transaktionsgebühren ein umstrittenes Mittel zur Eindämmung der Spekulation ist. Sie haben das Potenzial, spekulative und volatilitätsfördernde Handelsstrategien und insbesondere den Hochfrequenzhandel zu reduzieren und die Marktstabilität zu erhöhen, ohne die langfristige Effizienz der Märkte zu beeinträchtigen. Jedoch können mögliche Nebenwirkungen erheblich sein. Die Regulierung des Hochfrequenzhandels durch eine Tobin-Steuer unterstreicht die Notwendigkeit, Finanzmärkte nicht nur unter Effizienzgesichtspunkten, sondern auch hinsichtlich ihrer Stabilität und ihres Beitrags zur Gesamtwirtschaft zu bewerten. Dabei kommt es sicherlich auf die genaue Ausgestaltung der dynamischen Transaktionsgebühren an. Insofern sind weitere empirische Studien notwendig, um die langfristigen Auswirkungen solcher Maßnahmen, insbesondere auf Marktliquidität und globale Wettbewerbsfähigkeit, besser zu verstehen (Baker, 2010, o. S.).

### 8.3.3 Synchronisation der Märkte bzw. Marktöffnungszeiten

Die Synchronisation von Marktöffnungszeiten ist eine weitere regulatorische Maßnahme, die diskutiert wird. Dabei geht es darum, die durch globale Zeitzonenunterschiede entstehenden Arbitragemöglichkeiten zu verringern. Letztere resultieren v. a. aus den technologischen Fortschritten, die Hochfrequenzhändlern ermöglichen, minimale Zeit- und Preisunterschiede auf globalen Finanzmärkten effizient auszunutzen (Jones, 2011, S. 27–31). HFT ist durch den Einsatz hochentwickelter algorithmischer Systeme charakterisiert, die Transaktionen innerhalb von Mikrosekunden durchführen und dabei selbst geringste Ungleichgewichte zwischen verschiedenen Märkten profitabel machen. Die Synchronisation von Handelszeiten zielt darauf ab, diese technologiebasierten Vorteile, die v. a. durch globale Asynchronitäten in den Öffnungszeiten entstehen, zu reduzieren.

Hochfrequenzhändler nutzen systematisch Zeitunterschiede zwischen den Märkten, die in verschiedenen Zeitzonen liegen, um Arbitragemöglichkeiten zu realisieren. Beispielsweise können Informationen, die auf einem Markt öffentlich zugänglich werden, von HFT-Systemen innerhalb von Millisekunden analysiert und genutzt werden, bevor diese Informationen auf anderen, geografisch entfernten und zeitlich versetzt operierenden Märkten vollständig reflektiert werden (Arnuk, & Saluzzi, 2009, o. S.; Hanson, & Hall, 2013, S. 9 f.; Manahov, 2016, S. 281–296). Diese Praktiken schaffen nicht nur erhebliche Vorteile für technologisch extrem schnelle Marktteilnehmer, sondern benachteiligen auch traditionelle Akteure, die keinen Zugang zu solchen Technologien und folglich höhere Latenzzeiten haben. Die Folge ist eine Umverteilung von Gewinnen zugunsten von HFT-Akteuren, die nicht auf fundamentalen Marktinformationen, sondern auf strukturellen Gegebenheiten wie den asynchronen Öffnungszeiten der Märkte basiert. Solche Praktiken erhöhen darüber hinaus die Volatilität und gefährden in manchen Fällen die Stabilität der Märkte, da die Geschwindigkeit und das Volumen der HFT-Transaktionen in extremen Marktphasen wie etwa während plötzlicher Kursstürze (Flash Crashes) destabilisierende Auswirkungen haben können (Hinterleitner, 2011, S. 1; Contratto, 2014, S. 152; Gerig, 2015, S. 2 und 5).

Die Synchronisation von Marktöffnungszeiten würde dazu beitragen, die Grundlage für solche Arbitragemöglichkeiten zu reduzieren, indem sie die bestehenden asynchronen Handelszeiten harmonisiert. Dadurch könnten globale Märkte gleichzeitiger agieren, was den Zeitvorteil der HFT-Systeme mindern würde. Diese Maßnahme würde insbesondere den Wettbewerb auf eine gerechtere Grundlage stellen, indem sie sicherstellt, dass Marktteilnehmer auf einheitliche Informationen und Handelsbedingungen zugreifen können, unabhängig von ihrem geografischen Standort oder ihrer technologischen Ausstattung (Smith, Brown, & Lee, 2023, S. 45). Kleinere Marktteilnehmer, die über begrenzte technologische Ressourcen verfügen, könnten von einer solchen Regulierung profitieren, da sie weniger stark durch die Geschwindigkeits- und Effizienzvorteile großer HFT-Akteure benachteiligt wären. Gleichzeitig würde die Harmonisierung der Handelszeiten den Fokus der Marktteilnehmer von der Nutzung technologischer Vorteile zurück auf fundamentale Handelsstrategien lenken.

Obwohl die potenziellen Vorteile der Synchronisation offensichtlich sind, birgt die Umsetzung erhebliche praktische und regulatorische Herausforderungen. Eine globale Harmonisierung der Marktöffnungszeiten könnte zwar die Globalisierung und Integration der Märkte fördern und zu effizienten Kapitalströmen führen (Kirilenko, Kyle, Samadi, & Tuzun, 2017, S. 967–998), sie erfordert aber eine enge Zusammenarbeit zwischen Regulierungsbehörden und Handelsplätzen weltweit, um einheitliche Regeln zu schaffen, die den spezifischen Anforderungen der einzelnen Märkte gerecht werden. Dabei steht die Harmonisierung oft im Spannungsfeld lokaler wirtschaftlicher Interessen. Die Fragmentierung der Märkte kann unter Wettbewerbsgesichtspunkten als vorteilhaft gelten, weil Handelsplätze ihre Preise senken und den Service verbessern müssen. Andererseits kann die Fragmentierung zu einer Aufteilung der Liquidität führen und die Kosten für Technik und Kommunikation erheblich erhöhen. Auch der Aufwand, jede einzelne Handelsplattform aufzusetzen und betreiben, steigt (Baldauf, & Mollner, 2021, S. 93–121). Darüber hinaus könnte die Angleichung der Öffnungszeiten auch unbeabsichtigte Konsequenzen haben, etwa eine Konzentration der Handelsaktivität auf engere Zeitfenster, die wiederum die Liquidität und die Preisbildung beeinträchtigen könnte (Biais, & Foucault, 2014, S. 6–15; Johnson, 2010, S. 305–310). Biais und Woolley argumentieren, dass von einer Konzentration des Handels gerade die finanzstarken Unternehmen, die die Möglichkeit haben, in Technologie zu investieren, profitieren. Die Harmonisierung der Handelszeiten kann somit zu einer Auslese der Marktakteure führen (Biais, & Woolley, 2011, S. 7).

Ein weiterer Punkt ist die Frage, inwieweit HFT-Akteure alternative Strategien entwickeln könnten, um neue Arbitragemöglichkeiten zu schaffen. Hochfrequenzhändler haben sich in der Vergangenheit als äußerst anpassungsfähig erwiesen, indem sie Regulierungen umgehen oder ihre Strategien so optimieren, dass neue Marktgleichgewichte zu ihren Gunsten entstanden sind. Es ist denkbar, dass eine Harmonisierung der Handelszeiten lediglich eine Verlagerung der HFT-Aktivitäten hin zu anderen Märkten oder Handelsplattformen wie Over-the-Counter-Märkten (OTC) bewirken könnte (Smith, Brown, & Lee, 2023, S. 47). Der Platzierung und gegebenenfalls Lösung von Orders von HFT an verschiedenen Börsenplätzen können die Fragmentierung der Märkte mit ineffizienten Preisstellungen vorantreiben (Nahar, Nishat, Shoaib, & Hossain, 2024, S. 1–13). Dies würde die Effektivität der Maßnahme mindern und den Bedarf für ergänzende regulatorische Schritte erhöhen. Auch weist Menkveld darauf hin, dass Handelsstrategien von Hochfrequenzhändlern schneller und effizienter als Strategien anderer Marktteilnehmer über mehrere Märkte und Regionen umsetzen können und somit gerade von einer Harmonisierung profitieren würde (Menkveld,

2013, S. 712–740). Die schnelle Inkorporation von Informationen in die Preise sowie die Angleichung von Preisunterschieden steigern darüber hinaus c. p. die Informationseffizienz der Märkte (Hendershott, & Riordan, 2013, S. 1001–1024).

Trotz dieser Herausforderungen bleibt die Synchronisation von Marktöffnungszeiten eine vielversprechende Möglichkeit, die durch den Hochfrequenzhandel verstärkt globale Chancenungleichheit zu verringern. Sie könnte nicht nur die Marktstabilität erhöhen, sondern auch das Vertrauen der Marktteilnehmer stärken, indem sie die Wettbewerbsbedingungen auf den Märkten fairer gestaltet. Die Marktintegration könnte gestärkt werden. Dennoch erfordert die Umsetzung dieser Maßnahme eine sorgfältige Abwägung der potenziellen Vor- und Nachteile sowie eine intensive internationale Zusammenarbeit. Da bei ist sicherlich auch auf die Sicherheit der Systeme und der technischen Infrastruktur zu achten (Hasbrouck, & Saar, 2013, S. 646–679). Weitere Forschung sollte sich darauf konzentrieren, die langfristigen Auswirkungen auf die Liquidität, die Preisbildung und die allgemeine Marktstabilität zu untersuchen. Auf Grundlage solcher Analysen könnte eine fundierte Entscheidungsgrundlage geschaffen werden, um die Synchronisation der Marktöffnungszeiten als wirksames Instrument zur Regulierung des Hochfrequenzhandels und zur Förderung eines fairen Wettbewerbs zu etablieren.

### 8.3.4 Transparenzvorschriften und die Offenlegung von Algorithmen

Die fortschreitende Digitalisierung hat die Funktionsweise der globalen Finanzmärkte grundlegend verändert. Gleichzeitig ist dieser technische Fortschritt die Grundlage des Handels mit fortschrittlicher Computeralgorithmen und damit des HFT. Trotz der Innovationskraft und den Effizienzgewinnen, die HFT bietet, hat diese Form des Handels zu kontroversen Diskussionen geführt, da sie potenzielle Risiken für die Stabilität und Integrität der Finanzmärkte birgt. Insbesondere die Gefahr, dass manipulative oder destabilisierende Handelspraktiken durch HFT verstärkt werden, hat in den letzten Jahren zu Forderungen nach strengen Transparenzanforderungen geführt. Algorithmische Systeme, wie sie im HFT zum Einsatz kommen, können negative Effekte auf die Marktstruktur und das Vertrauen der Marktteilnehmer ausüben (Johnson, Menkveld, & Sarno, 2013, S. 327).

Der Kern der vorgeschlagenen Transparenzanforderungen besteht darin, dass Unternehmen, die HFT-Systeme nutzen, ihre Algorithmen bei einer zentralen Behörde registrieren und regelmäßigen Prüfungen unterziehen müssen. Diese Registrierung soll sicherstellen, dass die Algorithmen nachvollziehbar sind und den geltenden rechtlichen sowie ethischen Standards entsprechen. Besondere Bedeutung kommt hierbei der Prüfung der Geschwindigkeit und Frequenz von Handelsaktivitäten zu, da diese Faktoren im HFT maßgeblich das Marktgeschehen beeinflussen. Regelmäßige Prüfungen durch eine unabhängige Behörde sind notwendig, um sicherzustellen, dass HFT-Algorithmen keine schädlichen Marktpraktiken wie Quote Stuffing oder Spoofing anwenden, bei denen falsche Marktaufträge gestellt und anschließend zurückgezogen werden, um andere Marktteilnehmer zu täuschen. Derartige Manipulationen können zur Entstehung systematischer Instabilitäten und Verzerrungen des Wettbewerbs beitragen (Johnson, Menkveld, & Sarno, 2013, S. 327). Vor diesem Hintergrund wird in der wissenschaftlichen und regulatorischen Diskussion zunehmend die Notwendigkeit eines zentralen Überwachungssystems für den HFT betont, das in der Lage ist, Transaktionen in Echtzeit zu analysieren und potenziell manipulative Praktiken zu identifizieren. Dabei besteht eine der größten Herausforderungen im Zusammenhang mit HFT in der Geschwindigkeit und Komplexität der Handelsaktivitäten, die traditionelle Überwachungsmechanismen überfordern. Während Ex-post-Analysen, die auf nachträglichen Auswertungen von Handelsdaten basieren, für langsamere Handelsformen ausreichend sein mögen, sind sie für die spezifischen Anforderungen des HFT nicht geeignet (Hasbrouck, & Saar, 2013, S. 646–679). HFT-Strategien operieren häufig mit Auftragsgeschwindigkeiten im Mikrosekundenbereich, wodurch Manipulationen wie das Platzieren und schnelle Löschen von Handelsaufträgen oft nicht rechtzeitig erkannt werden können. Spoofing beispielsweise, bei dem großen Mengen von Aufträgen in den Markt eingebracht werden, um andere Marktteilnehmer zu täuschen und bestimmte Preisbewegungen zu provozieren, kann innerhalb von Sekunden erhebliche Marktverzerrungen verursachen (Menkveld, 2013, S. 712; Avellaneda, 2006, S. 18f). Layering, eine weitere manipulative Praxis, bei der gestaffelte Aufträge auf verschiedenen Preisniveaus platziert werden, um eine künstliche Nachfrage oder ein künstliches Angebot zu simulieren, ist ebenso schwer zu identifizieren und unterbindet einen fairen Wettbewerb (Hendershott, Jones, & Menkveld, 2011, S. 6; Cumming, Zhan, & Aitken, 2012, S. 2–19; Aitken, Cumming, &, Zhan, 2015, S. 330–349).

Vor diesem Hintergrund ist ein zentrales Überwachungssystem erforderlich, das speziell auf die Herausforderungen des HFT abgestimmt ist. Die technischen Grundlagen eines solchen Systems stützen sich auf modernste Technologien wie Big Data Analytics, maschinelles Lernen und algorithmische Erkennung von Preisanomalien. Der Einsatz von Big Data Analytics würde es ermöglichen, große Mengen an Handelsdaten aus verschiedenen Quellen zu aggregieren und in Echtzeit zu analysieren (Aldridge, 2013, S. 76). Auf diese Weise könnten ungewöhnliche Handelsmuster oder signifikante Abweichungen von typischen Aktivitätsprofilen erkannt werden. Algorithmen für maschinelles Lernen könnten auf historischen Daten trainiert werden, um Auffälligkeiten wie eine ungewöhnlich hohe Anzahl von Auftragsstornierungen oder plötzliche Spitzen im Handelsvolumen automatisch zu identifizieren (Hasbrouck, & Saar, 2013, S. 646–679). Solche Auffälligkeiten könnten potenziell auf Manipulationsversuche hinweisen und Regulierungsbehörden in Echtzeit alarmieren.

Die Implementierung eines zentralen HFT-Überwachungssystems stellt jedoch erhebliche technische, rechtliche und organisatorische Anforderungen, wobei die technische Komplexität der Algorithmen und die hohe Geschwindigkeit der Orderausführung ein zentrales Problem darstellen. Eine weitere Herausforderung ist die Integration von Handelsdaten aus verschiedenen Börsen, Handelsplattformen und Clearingstellen. Da Finanzmärkte und HFT globale Phänomen sind, wäre es erforderlich, Daten aus unterschiedlichen Rechtsräumen zu harmonisieren und zusammenzuführen. Die Regulierung muss der globalen Dimension – insbesondere im Kontext des Hochfrequenzhandels – Rechnung tragen. Nationale Alleingänge bei der Regulierung und Überwachung wären nicht effektiv, die Schaffung eines zentralen Überwachungssystems erforderlich. Dies erfordert nicht nur eine enge internationale Koordination und Zusammenarbeit zwischen den zuständigen Regulierungsbehörden, sondern auch die Entwicklung einheitlicher technischer Standards für den Datenaustausch und die Analyse. Ohne international harmonisierte Standards könnten Unternehmen in Länder mit weniger strikten Vorschriften ausweichen, was die Wirksamkeit nationaler Regulierungen untergräbt (ESMA, 2017, S. 12; Diaz-Rainey, & Ibikunle, 2012, 70 ff.). Es bedarf folglich eines multilateralen Ansatzes, der eine Harmonisierung der regulatorischen Anforderungen und den grenzüberschreitenden Austausch von Informationen ermöglicht (Hendershott, Jones, & Menkveld, 2011, S. 9). Ein Beispiel für eine solche internationale Zusammenarbeit ist die Europäische Union, die mit der Richtlinie über Märkte für Finanzinstrumente (MiFID II) einen wichtigen Schritt in Richtung einer einheitlichen Regulierung unternommen hat. MiFID II verpflichtet Marktteilnehmer, die algorithmischen Handel betreiben, zur Implementierung von Kontrollsystemen, die sicherstellen, dass ihre Handelsstrategien nicht zu Marktstörungen führen. Darüber hinaus sieht die Richtlinie vor, dass Handelsplätze Daten über algorithmische Handelsaktivitäten aufzeichnen und den zuständigen Behörden zur Verfügung stellen (European Commission, 2014, S. 18). Ein zentralisiertes Überwachungssystem könnte diese Anforderungen unterstützen, indem es eine standardisierte Plattform für die Analyse und den Austausch von Handelsdaten bereitstellt.

Darüber hinaus müssten strenge Datenschutzbestimmungen eingehalten werden, um die Vertraulichkeit der sensiblen Handelsdaten zu gewährleisten. Handelsdaten aus dem HFT enthalten detaillierte Informationen über die Strategien und Algorithmen der Marktteilnehmer. Ein unbefugter Zugriff auf diese Daten könnte erhebliche Wettbewerbsnachteile für betroffene Akteure verursachen und das Vertrauen in das Überwachungssystem gefährden (Johnson, Menkveld, & Sarno, 2013, S. 331). Deshalb äußern viele Unternehmen Bedenken hinsichtlich der Offenlegungspflichten, da die Veröffentlichung von Algorithmen potenziell sensible Geschäftsgeheimnisse gefährden könnte. Besonders im wettbewerbsintensiven HFT-Markt, in dem technische Überlegenheit entscheidend ist, stellen diese Bedenken eine wesentliche Hürde dar (Herder, 2018, S. 183 f. und S. 195; Gomber, & Nassauer, 2014, S. 18).

Die zentrale Institution, i. d. R. die Notenbank als Aufsichtsbehörde, fungiert dabei als Instanz, die sicherstellt, dass die Algorithmen im Einklang mit den Grundsätzen der Fairness und Marktintegrität betrieben werden (Schmidt, 2022, S. 92–95). In technischer Hinsicht umfassen die Prüfungen u. a. die Analyse der Struktur der Algorithmen, die Simulation potenzieller Marktinteraktionen und die Bewertung der genutzten Datenquellen. Regulierungsbehörden müssen über spezialisiertes Fachwissen und geeignete technische Werkzeuge verfügen, um die eingesetzten Algorithmen adäquat bewerten zu können. Aber die Maßnahmen sind essenziell, um zu verhindern, dass HFT destabilisierende Effekte auf die Marktdynamik hat (Europäische Kommission, 2021, S. 15).

Das Hauptziel der Transparenzanforderungen liegt darin, die durch HFT verursachten Risiken zu minimieren. HFT kann zwar die Liquidität auf den Märkten erhöhen, jedoch birgt er auch das Risiko, aufgrund von Feedbackschleifen und negativen Kaskadeneffekten die kurzfristige Marktvolatilitäten zu verstärken – insbesondere in Stresssituationen. Vorfälle wie Flash Crashes verdeutlichen die Notwendigkeit, die Nutzung von HFT durch klare und transparente Regulierungsmaßnahmen zu kontrollieren, um die Marktintegrität zu festigen. Ein weiteres Risiko besteht darin, dass HFT-Systeme strategisch eingesetzt werden können, um andere Marktteilnehmer zu benachteiligen. Beispiele hierfür sind Front Running, bei dem HFT-Systeme Informationen über Transaktionen und minimale preisliche Differenzen ausnutzen, ohne einen Beitrag zum Informationsgehalt des Marktes zu leisten (Schmidt, 2022, S. 98).

Die potenziellen Vorteile eines internationalen Überwachungssystems wären beträchtlich. Neben der Möglichkeit, Marktmanipulationen in Echtzeit zu erkennen und zu verhindern, könnte ein zentralisiertes HFT-Überwachungssystem dazu beitragen, das Vertrauen in die Integrität der Finanzmärkte zu stärken. Besonders traditionelle Marktteilnehmer, die aufgrund der Geschwindigkeit und Komplexität des HFT oft benachteiligt sind, könnten von einer verbesserten Markttransparenz profitieren. Darüber hinaus könnte ein solches System wertvolle Einblicke in die Funktionsweise des HFT liefern und so die Grundlage für eine evidenzbasierte Regulierung schaffen (Menkveld, 2013, S. 715).

Über die Vermeidung von Risiken hinaus bietet die Einführung von Transparenzanforderungen für HFT auch die Möglichkeit, ethische Standards im Umgang mit Algorithmen zu fördern. Algorithmen, die aufgrund fehlerhafter Programmierung oder absichtlicher Manipulationen Vorurteile oder Marktverzerrungen erzeugen, gefährden nicht nur die Fairness der Märkte, sondern auch deren langfristige Stabilität. Es ist daher von entscheidender Bedeutung, dass Unternehmen, die HFT betreiben, Verantwortung für die Gestaltung und Überwachung dieser Systeme übernehmen. Transparenz bedeutet in diesem Kontext nicht nur die Offenlegung der technischen Funktionsweise von Algorithmen, sondern auch die Verpflichtung, sicherzustellen, dass diese den Prinzipien der Marktintegrität entsprechen. Die ethische Dimension der Transparenz umfasst zudem die Verpflichtung, algorithmische Entscheidungen für die betroffenen Marktteilnehmer nachvollziehbar zu gestalten und diese mit klaren rechtlichen Rahmenbedingungen abzusichern (Europäische Kommission, 2021, S. 22).

Trotz der genannten Vorteile bleibt die Umsetzung eines zentralen Überwachungssystems eine anspruchsvolle Aufgabe. Neben den technischen und organisatorischen Herausforderungen stellt sich auch die Frage der Finanzierung. Die Entwicklung und der Betrieb eines solchen Systems würden erhebliche Investitionen erfordern, die entweder von den Marktteilnehmern selbst oder von staatlichen Stellen getragen werden müssten. Beide Ansätze haben Vor- und Nachteile: Während eine Finanzierung durch Marktteilnehmer kleinere Akteure unverhältnismäßig belasten könnte, könnte eine staatliche Finanzierung auf politischen Widerstand stoßen, insbesondere in Zeiten knapper öffentlicher Haushalte (Johnson, Menkveld, & Sarno, 2013, S. 335).

Insgesamt stellen Transparenzanforderungen für das HFT einen entscheidenden Schritt dar, um die Integrität und Stabilität der Finanzmärkte zu gewährleisten. Sie tragen dazu bei, das Vertrauen der Marktteilnehmer zu stärken und gleichzeitig sicherzustellen, dass algorithmische Systeme nicht nur technisch ausgereift, sondern auch ethisch und rechtlich vertretbar sind. Angesichts der spezifischen Risiken des HFT ist es notwendig, klare und durchsetzbare Regulierungsmaßnahmen zu implementieren, die die Nutzung dieser Technologie kontrollieren, ohne deren potenzielle Vorteile für die Markteffizienz vollständig zu untergraben. Die Entwicklung internationaler Standards und der Austausch bewährter Verfahren können dazu beitragen, die Transparenzanforderungen effektiver zu gestalten und die Herausforderungen des HFT im globalen Kontext zu bewältigen – oder, wie es die Kommission der Europäischen Union formuliert, dass die Regulierung des HFT letztlich nicht nur eine technische Herausforderung darstellt, sondern auch ein zentraler Baustein zur Sicherung der Stabilität und Fairness in einer zunehmend digitalisierten und automatisierten Finanzwelt ist (Europäische Kommission, 2021, S. 30). Ein solches System der internationalen Koordination und Überwachung könnte dazu beitragen, die Risiken des HFT zu minimieren, ohne die potenziellen Vorteile dieser Handelsform zu beeinträchtigen. Aber die Umsetzung der Transparenzanforderungen im ist mit mehreren Herausforderungen verbunden. Deshalb sind weitere Forschungsanstrengungen sowie eine enge Zusammenarbeit zwischen Regulierungsbehörden, Marktteilnehmern und Technologieanbietern erforderlich. Der Erfolg eines solchen Systems hängt davon ab, ob es gelingt, die technischen, rechtlichen und finanziellen Herausforderungen zu bewältigen und das Vertrauen aller Beteiligten zu gewinnen.

### 8.3.5 Höhere Kapitalanforderungen an Hochfrequenzhändler

Die Einführung strengerer Kapitalanforderungen für Unternehmen, die im Bereich des HFT tätig sind, stellt eine weitere Maßnahme dar, um die Stabilität der Finanzmärkte zu fördern. Problematisch erscheint, dass bei HFT aufgrund von Geschwindigkeit und dem Volumen der Transaktionen Risiken in einem Umfang akkumuliert werden, der die Stabilität des gesamten Finanzsystems gefährden kann. Um diesen Herausforderungen zu begegnen, kann die Erhöhung der Kapitalanforderungen ein sinnvoller Ansatz sein, der die Fähigkeit der HFT-Unternehmen stärken soll, Risiken zu tragen bzw. zu kompensieren, insbesondere in Zeiten hoher Marktvolatilität. Damit wird verhindert, dass sich HFT-Unternehmen spontan aus dem Markt zurückziehen müssen (Easley, Lopez de Prado, & O'Hara, 2012, S. 1457–1493).

Ein wesentlicher Aspekt dieser Regulierung liegt in der Stärkung der finanziellen Resilienz von HFT-Unternehmen. Angesichts der Tatsache, dass HFT-Strategien auf eine extrem schnelle Reaktion auf Marktveränderungen ausgelegt sind, haben sie das Potenzial, Marktdynamiken zu verstärken und in Stresssituationen destabilisierend zu wirken. Beispiele wie Feedbackloops mit entsprechenden Volatilitäten verdeutlichen, wie algorithmisch gesteuerte Handelsstrategien zu plötzlichen und deutlichen Marktverwerfungen führen können (Bundesbank (Hrsg.), 2016, S. 60). In solchen Fällen erhöht eine größere Eigenkapitalbasis von HFT-Unternehmen die Möglichkeit, Risiken zu absorbieren und gegebenenfalls Verluste zu tragen, was wiederum das Finanzsystems resilienter und stabiler machen sollte. Strengere Kapitalanforderungen sollen entsprechend gewährleisten, dass Unternehmen über ausreichende finanzielle Puffer verfügen, um auch in Krisensituationen zahlungsfähig zu bleiben und somit systemische Risiken zu minimieren. Denn der Zusammenbruch eines HFT-Unternehmens kann Verwerfungen an den Finanzmärkten hervorrufen und die Stabilität bedrohen. Höhere Kapitalanforderungen könnten mithin die Glaubwürdigkeit und das Vertrauen in Märkte stärken (Kirilenko, Kyle, Samadi, & Tuzun, 2017, S. 967–998).

Ein weiterer zentraler Punkt ist die Begrenzung von Risikoakkumulationen, die durch die hohe Handelsfrequenz und die damit verbundenen kurzfristigen Halteperioden im HFT entstehen können. Da viele HFT-Unternehmen darauf abzielen, durch minimale Kursbewegungen innerhalb kürzester Zeit Gewinne zu erzielen, sind ihre Handelsstrategien häufig mit erheblichen Risiken verbunden. Besonders problematisch ist, dass HFT-Unternehmen ihre Positionen innerhalb von Sekundenbruchteilen auf- und abbauen, was dazu führt, dass Risiken extrem schnell eskalieren können. Die Einführung höherer Kapitalanforderungen dient als Instrument, um diese Dynamiken einzudämmen, indem sie HFT-Unternehmen zwingt, größere finanzielle Reserven vorzuhalten. Dies erhöht nicht nur die Kosten exzessiver Risikobereitschaft, sondern reduziert auch die Wahrscheinlichkeit, dass sich einzelne Unternehmensausfälle zu einer systemischen Krise entwickeln (Kirilenko, Kyle, Samadi, & Tuzun, 2017, S. 967–998).

Neben der Stabilisierung der Märkte zielt die Erhöhung der Kapitalanforderungen zudem darauf ab, Anreize für nachhaltigere Handelspraktiken zu schaffen. Durch die Verpflichtung, höhere Eigenkapitalreserven vorzuhalten, werden HFT-Unternehmen dazu angehalten, ihre Handelsstrategien kritischer zu hinterfragen und sich stärker auf risikoarme und langfristig orientierte Ansätze zu konzentrieren. In der aktuellen Praxis des HFT dominiert typischerweise eine kurzfristige Gewinnorientierung, die dazu führen kann, dass Risiken nicht angemessen bewertet oder gemanagt werden. Die Erhöhung der regulatorischen Anforderungen an das Eigenkapital schafft hier eine Disziplinierungswirkung, die das Verhalten der Marktteilnehmer nachhaltig beeinflussen könnte (Boehmer, Fong, & Wu, 2018, S. 394; Brogaard, Hendershott, & Riordan, 2014, S. 2268).

Schließlich kann angeführt werden, dass Banken, Broker und traditionelle Investoren strengen aufsichtsrechtlichen Regulierungen und insbesondere Kapitalanforderungen unterliegen. Eine Angleichung der Kapitalunterlegung kann die wettbewerbliche Struktur angleichen und für ein stabileres Umfeld sorgen (Menkveld, 2013, S. 712–740).

Eine weitere wichtige Überlegung ist die Wechselwirkung zwischen Kapitalanforderungen und der Marktliquidität. HFT-Unternehmen, genauer HFT-Market Maker, spielen eine Schlüsselrolle bei der Bereitstellung von Liquidität. Durch die Handelsaktivitäten der HFT-Market Maker können sich die Differenzen zwischen Kauf- und Verkaufspreisen (Spreads) verringern. Kritiker der Regulierung argumentieren, dass strengere Kapitalanforderungen die Handelsaktivität dieser Unternehmen einschränken könnten, was potenziell zu einer Verringerung der Marktliquidität und Funktionsfähigkeit der Börsen führen kann. Eine Reduzierung der Liquidität könnte insbesondere in volatilen Marktphasen die Preistransparenz und die Effizienz der Märkte beeinträchtigen. Befürworter der Maßnahme halten dem jedoch entgegen, dass die langfristigen Vorteile einer stabileren Marktstruktur die potenziellen Nachteile überwiegen. Insbesondere in Krisenzeiten wird die Stabilität der Märkte als höherwertig eingeschätzt als die kurzfristige Maximierung der Liquidität (Menkveld, 2016, S. 1–24).

Allerdings könnten höhere Kapitalanforderungen kleinere HFT-Marktteilnehmer vom Markt verdränge und zu einer weiteren Konzentration zu Gunsten der großen und kapitalstarken Firmen beitragen. Aus diesem Grund wäre ein dynamisches Modell, das die tatsächlichen Risikopotenziale berücksichtigt, geeignet. Eine derartige Vorgehensweise würde die systemischen Risiken adressieren, ohne den Wettbewerb übermäßig zu belasten (Pagnotta, & Philippon, 2018, S. 2805). Gleichzeitig sind HFT-Unternehmen Treiber von Innovationen und technologischem Fortschritt. Sie führen somit zu operativen Excellence der Finanzmärkte bei. Hohe Kapitalanforderungen könnten jedoch Investitionen in innovative Handelstechnologien reduzieren (Biais, & Foucault, 2014, S. 5–19).

Die Auswirkungen der vorgeschlagenen Maßnahmen auf das Risikomanagement der HFT-Unternehmen sind ebenfalls von großer Bedeutung. In der Praxis neigen viele Unternehmen dazu, ihre Risiken durch komplexe Derivatstrukturen oder andere Absicherungsstrategien zu minimieren. Diese Ansätze können jedoch dazu führen, dass Risiken intransparent oder an weniger regulierte Marktteilnehmer übertragen werden. Die Erhöhung der Kapitalanforderungen könnte dazu beitragen, solche Praktiken zu reduzieren, indem sie die Unternehmen dazu zwingt, ihre Risiken direkt durch Eigenkapital abzusichern. Dies erhöht nicht nur die Transparenz der Handelspraktiken, sondern stärkt zudem das Vertrauen der Marktteilnehmer in die Integrität der Finanzmärkte (Boehmer, Fong, & Wu, 2018, S. 394–419). Allerdings besteht ohne globale Koordination auch die Problematik, dass die HFT-Firmen nicht in weniger oder unregulierte Märkte bzw. Destinationen abwandern. Unter diesen Umständen wäre nicht nur die Regulierung unwirksam, sondern auch die Transparenz und die Preisbildung könnten darunter leiden (Aldrich, & Lopez-Vargas, 2020, S. 322–352).

Am Ende muss überdies erwähnt werden, dass ein höherer Kapitaleinsatz mit höheren Kosten verbunden ist, die an Anleger weitergegeben werden können. Der Handel an den Finanzmärkten könnte somit insgesamt teurer werden (Brogaard, Hendershott, & Riordan, 2014, S. 2267–2306).

Zusammenfassend lässt sich festhalten, dass die Einführung strengerer Kapitalanforderungen für HFT-Unternehmen ein Schritt ist, um die Risiken des High-Frequency Tradings zu adressieren und die Stabilität des Finanzsystems zu fördern können. Die Maßnahmen zielen darauf ab, die Fähigkeit der Unternehmen zu verbessern, ihre Risiken eigenständig zu tragen bzw. potenzielle Verluste zu absorbieren. Des Weiteren trägt eine höhere Kapitalausstattung gleichzeitig dazu bei, systemische Risiken und potenzielle Marktverwerfungen zu minimieren. Obwohl die Regulierung möglicherweise kurzfristige Auswirkungen auf die Marktliquidität haben könnte, wird sie langfristig als wirksames Instrument zur Förderung einer stabileren und nachhaltigeren Marktstruktur angesehen. In einer zunehmend globalisierten und vernetzten Finanzwelt, in der die Risiken des High-Frequency Tradings eine potenziell weitreichende Wirkung entfalten können, ist die Erhöhung der Kapitalanforderungen ein möglicher und zukunftsweisender Ansatz. Das gilt insbesondere bei einer dynamischen risikobasierten Kapitalsteuerung, die sich beispielsweise am Handelsvolumen oder an der Stornoquote bemisst (Pagnotta, & Philippon, 2018, S. 2795–2825).

### 8.3.6 Einschränkungen bei der Co-Location

Co-Location-Dienste sind untrennbar mit High-Frequency Trading verbunden, da sie eine wichtige Grundlage für die extreme Geschwindigkeit bilden, die HFT auszeichnet. Co-Locations-Dienste ermöglichen es HFT-Firmen, ihre Server in direkter physischer Nähe zu den Börsensystemen bei den Handelsblattformen zu platzieren. Dadurch werden die Latenzzeiten – die Zeitspanne zwischen der Abgabe eines Handelsauftrags und dessen Ausführung – minimiert werden. Wie Harris feststellt, ist die Minimierung von Latenzzeiten ein entscheidender Faktor für den Erfolg von Hochfrequenzstrategien, sei es im Bereich der schnellen Umsetzung von Marktinformationen, der Arbitrage oder des Market Makings (Boco, Germain, & Rousseau, 2017, S. 1–6; Harris, 2003, S. 74). Gleichzeitig werfen diese Dienste jedoch auch grundlegende Fragen zur Fairness und Integrität der Finanzmärkte auf, da sie strukturelle Ungleichheiten zwischen unterschiedlichen Marktteilnehmern verfestigen (Gresser, 2016, S. 332–335 und 358–364).

Im Kontext des Hochfrequenzhandels bietet Co-Location eine Reihe von Vorteilen, die sich unmittelbar auf die Handelsdynamik auswirken. HFT-Akteure können durch die extrem niedrige Latenz schnell auf Marktentwicklungen reagieren und Orders ausführen, bevor andere Marktteilnehmer Gelegenheit dazu haben. Dies ermöglicht es ihnen, Preisanomalien auszunutzen und Arbitragegewinne zu erzielen. Gleichzeitig trägt die Geschwindigkeit von HFT dazu bei, dass Märkte effizienter werden, da Preisdifferenzen schneller korrigiert werden. Marktinformationen werden schneller verarbeitet und in quasi Echtzeit umgesetzt. Dies führt zu einer bessren Informationseffizienz der Märkt (Menkveld, 2013, S. 712–740). Angel, Harris und Spatt betonen, dass HFT-Firmen durch ihre Rolle als Market Maker auch die Liquidität erhöhen können, indem sie kontinuierlich Kauf- und Verkaufsangebote stellen (Angel, Harris, & Spatt, C.S., 2010, S. 1–23). Ähnlich argumentieren Hasbrouck und Saar, deren Studien zeigen, dass HFT die Liquidität erhöhen und dadurch die Bid/Ask-Spreads verringern kann (Hasbrouck, & Saar, 2013, S. 646–679; Brogaard, Hendershott, & Riordan, 2014, S. 2267–2306). Die positiven Effekte auf die Marktstruktur werden jedoch durch die Tatsache getrübt, dass diese Vorteile nur wenigen Akteuren zugänglich sind, die über die finanziellen und technologischen Ressourcen verfügen, um Co-Location zu nutzen. Diese strukturelle Ungleichheit hat dazu geführt, dass die Regulierung von Co-Location-Diensten als zentraler Hebel zur Förderung von Fairness und Wettbewerbsgleichheit in den Märkten betrachtet wird (Gresser, 2016, S. 350–358).

Die Regulierung von Co-Location-Diensten im Zusammenhang mit dem HFT verfolgt in erster Linie das Ziel, die asymmetrischen Vorteile der Marktteilnehmer abzubauen. Hier stellen sich auch ethische Fragen der Gleichbehandlung von Marktteilnehmern bzw. der Annahme, bestimmte Akteure könnten bevorzugt werden (Arnuk, & Saluzzi, 2012, S. 34). Eine mögliche Maßnahme besteht darin, den Zugang zu Co-Location stärker zu standardisieren und transparent zu gestalten, sodass alle Marktteilnehmer gleiche Chancen erhalten. Laut Scott könnten Regulierungsbehörden vorschreiben, dass Börsen allen Akteuren zu gleichen Konditionen Zugang zu Co-Location gewähren müssen, um den Marktzugang und die Wettbewerbsbedingungen anzugleichen (Scott, 2012, S. 128). Eine weitere Option ist die Einführung gestaffelter Gebührenmodelle, die den finanziellen Vorteil der Nutzung dieser Dienste verringern. Denn die Co-Location ist mit Kosten verbunden, die typischerweise nur finanzstarke Unternehmen aufbringen können (Kirilenko, Kyle, Samadi, & Tuzun, 2017, S. 967–998). Diese Maßnahmen könnten dazu beitragen, die Wettbewerbsbedingungen zu nivellieren, ohne die grundlegende Funktionsweise des HFT zu beeinträchtigen. Darüber hinaus könnten technische Standards festgelegt werden, die die maximale

Geschwindigkeit oder die Bandbreite der genutzten Verbindungen regeln, um die Dominanz von HFT zu begrenzen. Solche Standards könnten dazu beitragen, die Geschwindigkeit als Wettbewerbsvorteil zu entschärfen und die Marktstruktur auszugleichen.

Die Auswirkungen solcher Regulierungsmaßnahmen auf das HFT und die Märkte insgesamt sind jedoch umstritten. Einerseits könnten diese Maßnahmen dazu beitragen, die Integrität und Effizienz der Märkte zu erhöhen, indem sie die Liquidität gleichmäßiger verteilen und das Risiko von Marktmanipulationen verringern. Asymmetrische Handelsvorteile, die durch Co-Location-Dienste geschaffen werden, können laut Angel, Harris und Spatt die Transaktionskosten für traditionelle Marktteilnehmer erhöhen und das Vertrauen in die Märkte beeinträchtigen. Eine Regulierung dieser Dienste könnte daher dazu beitragen, die Wahrnehmung von Fairness zu stärken und das Vertrauen der Marktteilnehmer zu erhöhen (Angel, Harris, & Spatt, 2010, S. 1–23). Andererseits besteht die Gefahr, dass solche Regulierungsmaßnahmen unbeabsichtigte Konsequenzen haben. Des Weiteren wird vorgebracht, dass technologische Fortschritte, einschließlich der Entwicklung von Hochfrequenzhandelssystemen, wesentliche Treiber für die Effizienz und Innovation in der Datenverarbeitung und den Finanzmärkten sind (Jain, 2005, S. 2955–2985; Budish, Cramton, & Shim, 2015, S. 1548–1621; Bongaerts, & Van Achter, 2015, S. 3–8). Eine übermäßige Regulierung könnte diese Dynamik bremsen und HFT-Firmen dazu veranlassen, ihre Aktivitäten in weniger regulierte Märkte zu verlagern, was die Effektivität der Maßnahmen untergräbt.

Ein weiterer Aspekt, der im Zusammenhang mit der Regulierung von Co-Location-Diensten im HFT berücksichtigt werden muss, ist die Fragmentierung von Märkten. Da HFT grundsätzlich nur auf Märkten mit bestimmten Eigenschaften aktiv ist, können die Preisbildung und die Transparenz insgesamt geschädigt werden (O'Hara, 2015, S. 257–270). Dies gilt besonders in der internationalen Dimension von Finanzmärkten und dem HFT. Finanzmärkte sind global vernetzt; und Handelsaktivitäten können leicht von einer Region in eine andere verlagert werden. Nationale Regulierungsmaßnahmen könnten daher ins Leere laufen, wenn sie nicht von internationalen Standards begleitet werden. Die Schaffung einheitlicher Regelwerke, wie sie beispielsweise durch internationale Organisationen wie die International Organization of Securities Commissions (IOSCO) angestrebt wird, könnte dazu beitragen, die Fragmentierung der Märkte zu verhindern und die Effektivität der Regulierungsmaßnahmen zu erhöhen. Schließlich kann die Konzentration von HFT innerhalb eines engen Netzverbundes, wie es bei der Co-Location der Fall ist, zu systematischen Risiken führen. Cyber-Angriffe oder Systemausfälle können sich auf en gesamten Markt auswirken und somit destabilisierende Wirkung entfalten (U.S. Securities und Exchange Commission, 2010, S. 45)

Insgesamt lässt sich feststellen, dass die Regulierung von Co-Location-Diensten im Zusammenhang mit dem HFT ein komplexes und kontroverses Thema ist. Während solche Dienste zweifellos Vorteile für die Effizienz und Liquidität der Märkte bieten, schaffen sie auch erhebliche Ungleichheiten zwischen verschiedenen Marktteilnehmern. Regulierungsmaßnahmen könnten dazu beitragen, diese Ungleichheiten zu verringern und die Wahrnehmung von Fairness zu stärken, müssen jedoch mit Bedacht umgesetzt werden, um unbeabsichtigte Nebenwirkungen zu vermeiden. Eine erfolgreiche Regulierung erfordert eine sorgfältige Abwägung zwischen den Vorteilen des HFT und den potenziellen Risiken asymmetrischer Marktstrukturen sowie eine enge internationale Zusammenarbeit, um nachhaltige Lösungen zu entwickeln. Letztendlich ist es das Ziel, die Stabilität und Effizienz der Finanzmärkte zu fördern, ohne die Dynamik und Innovationskraft, die das HFT auszeichnet, zu gefährden (Cioalella, 2015, S. 95–100).

### 8.3.7 Verbot von Prämien für Handelsvolumen

Prämienzahlungen für Handelsvolumen Liquiditätsvergütungen oder Rabatte an Börsen, insbesondere im Kontext des HFT, sind ein zentrales Thema in der Debatte über Marktstruktur und -effizienz. Viele Börsen implementieren Anreizsysteme wie das sog. Maker-Taker-Modell, um Liquidität zu fördern (Burghof, Koch, Schroff, & Spankowski, 2014, S. 43f). Dieses Modell belohnt Marktteilnehmer, die Liquidität bereitstellen („Maker"), durch Gebührenrabatte oder direkte Prämien und belastet Liquiditätsnehmer („Taker") mit höheren Gebühren. Solche Anreizmechanismen zielen darauf ab, das Handelsvolumen zu steigern und dadurch die Attraktivität des Handelsplatzes zu erhöhen (Stoll, 2020, S. 35). Laut Hendershott und Moulton führt dies zu einer Verbesserung der Markteffizienz (Hendershott, & Moulton, 2011, S. 568–604). Hochfrequenzhändler, deren Geschäftsmodell auf schnellen algorithmischen Handelsstrategien basiert, nehmen in diesem System eine zentrale Rolle ein. Durch den Einsatz leistungsstarker Technologien und komplexer Algorithmen generieren HFT-Firmen innerhalb von Sekundenbruchteilen große Handelsvolumina, was ihnen ermöglicht, von den Prämienzahlungen der Börsen erheblich zu profitieren. Allerdings werden die Prämien im Rahmen des Maker-Taker-Modells typischerweise nur an Market Maker vergeben, die Orders ins Orderbuch einstellen und damit liquiditätsstiftend wirken. Sie werden für die Bereitstellung von Liquidität belohnt. Für die aktiven

Taker-Strategien hingegen, die Liquidität verbrauchen, fallen in der Regel höhere Gebühren an. Diese Asymmetrie in der Gebührenstruktur an den Handelsplätzen zielt darauf ab, die Liquidität und die Markttiefe insgesamt zu erhöhen, damit im Orderbuch jederzeit ausreichend Angebote (Quotes) auf beiden Seiten des Marktes für einen reibungslosen Handel ohne größere Preissprünge zur Verfügung stehen (Kiuchi, 2022, S. 161; Study Group (Guy Debelle Chair), 2011, S. 19; Brogaard, Hendershott, & Riordan, 2013, S. 21–23).

Dieser Mechanismus birgt jedoch sowohl Vorteile als auch Risiken für die Marktstruktur. Ein Hauptargument zugunsten von Prämienzahlungen ist, dass sie durch die Förderung von Handelsaktivitäten die Liquidität erhöhen und die Markteffizienz verbessern können. Studien zeigen, dass HFT-Firmen durch ihre umfangreichen Handelsaktivitäten die Geld-Brief-Spannen reduzieren und somit zur Preisfindung beitragen können (Brogaard, Hendershot, & Riordan, 2014, S. 2269). Diese positiven Effekte werden jedoch durch kritische Aspekte relativiert. Ein häufig vorgebrachter Kritikpunkt ist, dass die durch HFT generierte Liquidität oft nur von kurzer Dauer ist. Dieser Effekt wird als „fleeting liquidity“ beschrieben, bei dem Orders in das Orderbuch eingebracht und wieder gelöscht werden, bevor andere Marktteilnehmer darauf zugreifen können. Konkret geben Maker mit ihren Algorithmen Orders in das Orderbuch, um die Prämie zu kassieren. Bevor die Order aber zur Ausführung kommen kann, wird sie zurückgezogen. Der HFT-Maker hat nicht nur einen risikolosen Ertrag erzielt, sondern die kurzfristige Liquidität kann auch das Marktverhalten verzerren und dazu führen, dass Marktteilnehmer mit höheren Latenzzeiten benachteiligt werden, da sie weniger Zugang zu stabilen Handelsbedingungen haben (Jovanovic, & Menkveld, 2015, S. 1295). Zwar können die Rabatte zu Innovationen und effizienten Handelsstrategien führen (Budish, Cramton, & Shim, 2015, S. 1547–1621), die Ungleichgewichte können allerdings dazu beitragen, dass weniger schnelle Teilnehmer, insbesondere, wenn sie Taker sind, mit höheren Handelskosten und geringerer Markttransparenz konfrontiert werden (Madhavan, 2016, S. 204).

HFT wird häufig dafür kritisiert, dass es nicht zur nachhaltigen Marktqualität beiträgt, sondern lediglich darauf abzielt, von den Anreizsystemen der Börsen zu profitieren. HFT-Firmen nutzen ihre technologischen Vorteile, um durch das schnelle Einstellen und Zurückziehen von Orders systematisch Gewinne zu erzielen. Diese Strategien erhöhen zwar das Handelsvolumen, bringen jedoch in der Regel keinen langfristigen ökonomischen Mehrwert für andere Marktteilnehmer (Menkveld, 2013, S. 712–740). Dieses Verhalten wird in der Literatur als parasitär und schädlich erachtet (Adrian, 2016, S. 256–279; Mildenberger, 2023, S. 369–383; Burghof, Koch, Schroff, & Spankowski, 2014, S. 44).

Ein weiterer wichtiger Aspekt besteht in den ethischen und regulatorischen Herausforderungen, die sich aus der gezielten Nutzung von Prämienzahlungen durch HFT-Firmen ergeben. Kritiker argumentieren, dass diese Maßnahmen einem kleinen Kreis gut ausgestatteter Akteure erhebliche Vorteile verschaffen und damit Fairness und Marktintegrität gefährden. Darüber hinaus könnten manipulative Strategien wie Spoofing und Quote Stuffing gefördert werden (Lewis, 2014, S. 112). Regulierungsbehörden wie die US-amerikanische Securities and Exchange Commission (SEC) und die Europäische Wertpapier- und Marktaufsichtsbehörde (ESMA) haben diese Problematik erkannt und Maßnahmen ergriffen, um die Transparenz und Integrität der Märkte zu verbessern. In der Europäischen Union wurde beispielsweise im Rahmen der MiFID II-Richtlinie versucht, die Aktivitäten des algorithmischen Handels zu regulieren, indem strengere Anforderungen an Handelsalgorithmen und Berichtspflichten eingeführt wurden (European Securities and Markets Authority, 2017, S. 13). Diese regulatorischen Bemühungen zielen darauf ab, eine Balance zwischen den Vorteilen von HFT und den potenziellen Risiken für die Marktstruktur zu finden.

Für Börsen selbst stellen Prämienzahlungen ein zweischneidiges Schwert dar. Einerseits fördern sie durch höhere Handelsvolumina die Liquidität und steigern die Einnahmen der Börsen. Andererseits können sie zu einer Bevorzugung von handelsstarken Marktteilnehmern, Wettbewerb zwischen den Handelsplätzen und einer Marktfragmentierung führen, bei der sich Liquidität auf mehrere Plattformen verteilt und kleinere Marktteilnehmer zusätzliche Kosten tragen müssen, um auf diese Fragmentierung zu reagieren (Easley, Lopez de Prado, & O'Hara, 2012, S. 19–29; Kirilenko, & Lo, 2013, S. 68; Angel, Harris, & Spatt, 2010, S. 8). Malinova und Park zeigen, dass Rabatte und Liquiditätsvergütungen die Renditen für fundamental orientierte Investoren schmälern können (Malinova, & Park, 2015, S. 271–291). Darüber hinaus besteht das Risiko, dass Handelsplätze sich in der Absicht, Handelsvolumen anzuziehen, in Gebühren und Rabatten überbieten sowie durch die Bevorzugung von HFT-Firmen langfristig eine Marktstruktur prägen, die weniger stabil und anfällig für exogene Schocks ist (Foucault, & Menkveld, 2008, S. 119–158). Hier zeigt sich, dass sich auch die Handelsplattformen in eine gewisse Abhängigkeit dahingehend begeben, dass die asymmetrische Gebührenstruktur eine wichtige Einnahmequelle für die Börsen darstellt, gleichzeitig aber Marktintegrität und Fairness des Marktgeschehens gefährden können (Menkveld, 2013, S. 713). Börsen stehen daher vor der Herausforderung, ihre Anreizsysteme so zu gestalten, dass sie sowohl kurzfristige Liquiditätsvorteile als auch langfristige Marktstabilität fördern.

Zusammenfassend lässt sich sagen, dass Prämienzahlungen für Handelsvolumen ein effektives Mittel sind, um die Handelsaktivität an Börsen zu erhöhen, gleichzeitig jedoch auch erhebliche Herausforderungen mit sich bringen, insbesondere im Zusammenhang mit HFT. Während diese Maßnahmen unmittelbar positive Effekte wie eine erhöhte Marktliquidität haben können, bergen sie mittelbar das Risiko von Marktverzerrungen und einer Verschlechterung der Fairness. Regulatorische Maßnahmen wie MiFID II sowie die verstärkte Überwachung durch Behörden sind wichtige Schritte, um die negativen Auswirkungen solcher Anreizsysteme zu minimieren. Dennoch bleibt die Frage, ob die gegenwärtigen Regelungen ausreichen, um eine ausgewogene Marktstruktur zu gewährleisten, weiterhin offen.

### 8.3.8 Förderung von Investoren mit höheren Latenzzeiten

Die fortschreitende Digitalisierung und der technologische Fortschritt haben die Dynamik und Funktionsweise der Finanzmärkte grundlegend verändert. Besonders das HFT hat mit ambivalenten Wirkungen als bedeutende Innovation Einzug gehalten. HFT-Unternehmen nutzen leistungsfähige Algorithmen, die innerhalb von Millisekunden auf Marktbewegungen reagieren können. Unterstützt durch ultraschnelle Netzwerke und den Zugang zu unmittelbaren Marktdaten, handeln diese Unternehmen mit einer Geschwindigkeit, die für traditionelle Investoren und Marktteilnehmer mit höherer Latenz unerreichbar ist. Biais und Foucault weisen darauf hin, dass diese technologische Überlegenheit den Wettbewerb auf den Finanzmärkten signifikant verändert hat (Biais, & Foucault, 2014, S. 6–15). Sie führt nicht nur zu einer Konzentration der Marktmacht bei HFT-Unternehmen, sondern verstärkt auch die bestehenden Barrieren für kleinere Akteure, die nicht über die finanziellen oder technischen Ressourcen verfügen, um mit HFT-Akteuren zu konkurrieren (Baron, Brogaard, Hagströmer, & Kirilenko, 2019, S. 995–1001; Johnson, 2010, S. 305–310).

Die zentrale Problematik des HFT liegt in der damit verbundenen Ungleichheit im Marktzugang. HFT hat nicht nur Zugriff auf hochentwickelte Technologien und extrem schnelle Verbindungen, sondern profitiert auch von privilegierten Datenquellen, etwa Co-Location-Services, bei denen Server physisch in unmittelbarer Nähe der Börsen platziert werden, um die Latenzzeiten zu minimieren (Madonna, 2017, S. 3–7). Laut Chordia et al. haben diese Vorteile es HFT ermöglicht, nicht nur Marktverzerrungen auszunutzen, sondern auch einen erheblichen Teil der Marktliquidität und damit der Marktintegrität zu kontrollieren. Dies geschieht häufig auf Kosten traditioneller Investoren, die weder in der Lage sind, auf dieselben Daten in Echtzeit zuzugreifen, noch in vergleichbarer Geschwindigkeit zu handeln (Chordia, Roll, & Subrahmanyam, 2001, S. 247–274; Bundesbank

(Hrsg.), 2016, S. 44). Die Frage, wie gleiche Wettbewerbsbedingungen geschaffen werden können, wird daher zunehmend diskutiert, insbesondere im Hinblick auf die Förderung von Maßnahmen, die langsameren Akteuren den Zugang zu ähnlichen Technologien und Infrastrukturen ermöglichen.

Ein Ansatz zur Förderung des Marktzugangs langsamerer Akteure besteht darin, Subventionen oder steuerliche Anreize einzuführen, die den Erwerb moderner Handelssoftware und den Zugang zu Hochgeschwindigkeitsnetzwerken erleichtern. Diese Maßnahmen zielen darauf ab, den technologischen Rückstand zu verringern und Marktteilnehmer mit höheren Latenzzeiten in die Lage zu versetzen, effektiver an den Märkten teilzunehmen. Laut einer Analyse der Internationalen Organisation der Wertpapieraufsichtsbehörden (IOSCO, 2019, S. 12) könnten solche Subventionen dazu beitragen, die Wettbewerbsfähigkeit traditioneller Investoren zu stärken und gleichzeitig die Marktliquidität zu erhöhen. Darüber hinaus könnten gezielte Investitionen in die Digitalisierung und die Schaffung technologischer Infrastruktur, etwa eines Zugangs zu gemeinsamen Netzwerken oder Rechenzentren, alle Marktteilnehmer befähigen, auf Augenhöhe mit HFT-Unternehmen zu handeln.

Neben finanziellen Anreizen spielt auch die Wissensvermittlung eine entscheidende Rolle. Während HFT-Unternehmen über spezialisierte Expertise und technische Ressourcen verfügen, fehlt es privaten Marktteilnehmern häufig an den nötigen Kenntnissen, um mit den komplexen Anforderungen moderner Finanzmärkte Schritt zu halten. Gomber et al. argumentieren, dass Bildungsinitiativen und Schulungsprogramme ein wesentlicher Bestandteil einer umfassenden Förderstrategie sein könnten. Diese könnten beispielsweise darauf abzielen, langsamere Akteure in der Nutzung algorithmischer Handelsstrategien zu schulen oder sie mit den technischen Anforderungen des HFT vertraut zu machen. Der Aufbau eines breiteren technologischen Verständnisses könnte langfristig nicht nur die Teilnahme am Markt erhöhen, sondern auch die Innovationsfähigkeit der gesamten Branche stärken (Gomber, Arndt, Lutat, & Uhle, 2011, S. 34).

Eine weitere wichtige Maßnahme zur Förderung des Marktzugangs traditioneller Akteure könnte in der Einführung von regulatorischen Anpassungen bestehen. Hochfrequenzhändler profitieren in der aktuellen Marktstruktur von der Fähigkeit, durch Geschwindigkeit sowie privilegierte Daten Zugang zu Handels- und Arbitrage-Strategien zu erhalten, die für andere Marktteilnehmer unzugänglich bleiben. Regulierungsbehörden könnten den gesamten Markt verlangsamen (beispielsweise mittels Speed Bumps), wie von verschiedenen Wissenschaftlern (Budish, Cramton, & Shim, 2015, S. 1617) vorgeschlagen. Diese Mechanismen verlangsamen den Handel gezielt, um den Vorteil der schnellen Reaktionszeit von HFT-Unternehmen zu neutralisieren. Solche Maßnahmen würden es kleineren Akteuren ermöglichen, auf dieselben Marktchancen zuzugreifen, ohne durch technologische Nachteile behindert zu werden.

Ein weiterer Aspekt regulatorischer Anpassungen könnte in der Begrenzung der Kosten für Marktdaten bestehen. Der Zugang zu Echtzeitdaten ist für den erfolgreichen Handel essenziell, stellt jedoch für Nicht-HFT-Marktteilnehmer eine erhebliche finanzielle Belastung dar. Laut Chordia et al. könnten Maßnahmen zur Senkung dieser Kosten oder zur Bereitstellung öffentlicher Datenplattformen dazu beitragen, den technologischen Rückstand langsamer Akteure zu verringern und ihre Wettbewerbsfähigkeit zu erhöhen (Chordia, Roll, & Subrahmanyam, 2001, S. 247–274).

Das Ziel all dieser Maßnahmen ist es, die strukturellen Nachteile von Akteuren mit höheren Latenzzeiten konsequent zu verringern und eine nachhaltigere Marktstruktur zu schaffen, die auf Chancengleichheit und Fairness basiert. Die Förderung des Marktzugangs könnte nicht nur dazu beitragen, das Vertrauen in die Integrität der Märkte zu stärken, sondern auch dazu, das Risiko systemischer Instabilitäten zu mindern. IOSCO betont, dass eine diversifizierte Marktstruktur, die nicht allein von HFT-Unternehmen dominiert wird, langfristig zur Stabilität und Effizienz der Finanzmärkte beiträgt. Eine solche Marktstruktur könnte zudem die Abhängigkeit von wenigen dominanten Akteuren reduzieren, was das Gesamtrisiko für die Märkte senken würde (IOSCO, 2019, S. 14).

Gleichzeitig müssen jedoch auch mögliche Herausforderungen und Risiken berücksichtigt werden. Die Bereitstellung von Subventionen und anderen Fördermitteln könnte erhebliche Kosten verursachen, die von der breiten Öffentlichkeit getragen werden müssten. Zudem besteht das Risiko, dass solche Mittel ineffizient eingesetzt oder von größeren Marktteilnehmern missbraucht werden, wenn keine klaren Kontrollmechanismen implementiert sind (Jaccard, 2015, S. 101–108). Ein weiteres Risiko besteht darin, dass übermäßige regulatorische Eingriffe den technologischen Fortschritt behindern könnten. Während die Einführung von Maßnahmen wie Batch Auctions oder Speed Bumps die Begrenzung von Marktdatenkosten oder die Erhöhung der Tick Size Vorteile bieten könnten, müssen solche Eingriffe gleichzeitig dazu führen, dass die Innovationsfähigkeit von HFT-Unternehmen nicht eingeschränkt wird. Denn eine geringere Innovationskraft der Finanzmärkte bzw. ihrer Teilnehmet einschließlich des HFT hätte langfristig negative Auswirkungen auf die Wettbewerbsfähigkeit der gesamten Branche und auf die Finanzierung der Wirtschaft (Gomber, Arndt, Lutat, & Uhle, 2011, S. 39).

Zusammenfassend lässt sich sagen, dass die Förderung des Marktzugangs für traditionelle Investoren eine essenzielle Maßnahme darstellt, um die Ungleichheiten, die durch den HFT entstehen, zu verringern. Subventionen, Bildungsinitiativen und regulatorische Anpassungen könnten dazu beitragen, technologische Barrieren abzubauen und eine diversifiziertere Marktstruktur zu schaffen. Dennoch ist es von entscheidender Bedeutung, dass solche Maßnahmen sorgfältig geplant und evidenzbasiert umgesetzt werden, um potenzielle Risiken zu minimieren. Nur durch eine enge Zusammenarbeit zwischen Regulierungsbehörden, Marktteilnehmern und wissenschaftlichen Institutionen kann eine nachhaltige Lösung gefunden werden, die den Herausforderungen der modernen Finanzmärkte gerecht wird. Hier besteht weiterer Forschungsbedarf.

## 8.4 Marktwirtschaftliche Ebene

### 8.4.1 Überblick

Marktwirtschaftliche Instrumente der Regulierung setzen Anreize, Externalitäten in Entscheidungsprozesse an Märkten nach dem Verursacherprinzip zu berücksichtigen. In der Allokation von Ressourcen sollen diese externen Effekte einbezogen werden. Die traditionelle Wirtschaftstheorie versteht Märkte als Orte des Aufeinandertreffens von Angebot und Nachfrage. Diese Sichtweise vernachlässigt jedoch die Komplexität und die Struktur institutioneller Regeln, die die Effizienz von Märkten bestimmen. Market Design beschäftigt sich mit den spezifischen Mechanismen und Funktionsweisen einzelner Märkte. Die Disziplin des Market Designs basiert dabei sowohl auf der Spieltheorie, die strategisches Verhalten von Individuen in Entscheidungssituationen berücksichtigt, als auch auf der experimentellen Ökonomik, die Werkzeuge zur Verfügung stellt, um die Spieltheorie zu testen (Milgrom, 2004, S. 45).

Ziel ist es, Märkte so gut zu verstehen, dass mit passgenauen Regeländerungen die Funktionsweise verbessert werden kann. Market Design ist eine marktwirtschaftliche Antwort zur Verbesserung von Märkten, einschließlich der Internalisierung von Externalitäten, durch dessen Einsatz verhindert werden kann, dass der Markt als effizientes Koordinationssystem durch Regulatorik ineffizient wird und seine entscheidende Rolle als Informations- und Koordinationssystem verliert. Market Design beschäftigt sich folglich mit Marktstrukturen und spezifischen Regeln, um die Funktionsweise von Märkten zu optimieren bzw. bestimmte Ziele zu erreichen. Ockenfels schreibt hierzu: „Marktdesign ist die Kunst, Institutionen so auszugestalten, dass die Verhaltensanreize für individuelle

Marktteilnehmer mit den übergeordneten Zielen des Marktarchitekten im Einklang stehen“ (Cramton, & Ockenfels, 2011, S. 3). Auf diese Weise gelingt es, den Raum an möglichen Ergebnissen des marktwirtschaftlichen Prozesses zu beeinflussen und Wirkung auf Märkte, Akteure, Preisbildung und letztlich auf das Marktergebnis zu nehmen. Market Design als Teil des Ordnungsrahmens unterstützt folglich Marktteilnehmer bzw. gibt Anreize, Handlungen derart auszurichten, dass sie mit gesellschaftlich gewünschten Zielen kongruent sind (Roncella, & Ferrero, 2022, S. 149).

Die Gestaltung des Markts zielt insofern auf faire und transparente Märkte ab, sie unterstützt die Marktintegrität und -stabilität. Die Regeln können sicherstellen, dass alle Marktteilnehmer, unabhängig von Größe, Marktmacht und technischer Ausstattung, gleichberechtigten Zugang zu den Märkten haben und ein fairer Wettbewerb gewährleistet ist. Market Design will den Markt derart gestalten, dass er der ökonomischen Effizienz und der gesellschaftlichen Verantwortung gerecht wird. Auf diese Weise kann das Vertrauen in Märkte im Allgemeinen und Börsen im Speziellen verbessert werden.

In Bezug auf den Hochfrequenzhandel sollte folglich der Markt derart gestaltet werden, dass die positiven Eigenschaften wie Liquiditätsbeschaffung und Informationsentdeckung durch das Preissystem erhalten, aber negative Externalitäten wie adverse Selektion oder asymmetrische Information vermieden werden. Die hier diskutierten Maßnahmen beziehen sind auf eine Veränderung des Microdesigns von Handelsplattformen ab. Direkte Eingriffe können unbeabsichtigte Konsequenzen haben, weshalb sie i. d. R. nicht die effektivste Methode zur Adressierung der Komplexität der Finanzmärkte sind. Hier geht es folglich nicht um administrative Eingriffe wie Ge- und Verbote, sondern um Methoden, das Microstruktur des Börsenhandels zu verändern. Es geht um strukturelle Anpassungen, die auf eine Verbesserung der Markttransparenz, Integrität und Stabilität abzielt, ohne die Effizienz des Marktes als Koordinationssystem zu beeinträchtigen. Die vorgestellten Maßnahmen können insofern eine angemessene Antwort auf die Herausforderungen des modernen Börsenhandels unter dem Einfluss von HFT sein.

### 8.4.2 Tick Size

Die mikrostrukturellen Eigenschaften von Finanzmärkten haben einen entscheidenden Einfluss auf die Marktqualität, die Effizienz der Preisfindung und die Liquiditätsbereitstellung. Ein zentraler mikrostruktureller Parameter ist die Tick Size, also das kleinstmögliche Preisänderungsintervall, in dem ein Wertpapier gehandelt werden kann. Die Gestaltung der Tick Size ist Gegenstand intensiver wirtschaftswissenschaftlicher und regulatorischer Debatten, insbesondere im Zusammenhang mit dem HFT. Hochfrequenzhändler operieren mit extrem kurzen Haltedauern, hoher Ordergeschwindigkeit und algorithmisch optimierten Strategien, die oft von engen Spreads profitieren. Dabei wir die Tick Size als eine relevante Größe für die Profitabilität von HFT angesehen. Denn eine Vergrößerung der Tick Size kann erhebliche Auswirkungen auf die Marktmechanismen haben, indem sie die Rentabilität von HFT-Strategien verändert, die Marktliquidität beeinflusst und das Verhalten institutioneller Investoren sowie traditioneller Market Maker modifiziert (Breckenfelder, 2020, o. S.).

Die Tick Size ist ein wesentlicher Bestandteil der Marktstruktur und beeinflusst unmittelbar die Handelskosten, die Preisbildung und die Liquidität an den Märkten. Während einige Studien argumentieren, dass eine größere Tick Size zu einer Erhöhung der Marktliquidität führen und exzessive Handelsaktivitäten durch Hochfrequenzhändler einschränken könnte, weisen andere darauf hin, dass breitere Spreads die Handelskosten erhöhen und die Effizienz der Preisfindung beeinträchtigen könnten (Chordia, Roll, & Subrahmanyam, 2008, S. 249–268; Foucault, Roell, & Sandas, 2013, S. 54).

Die Tick Size beeinflusst mehrere zentrale Mechanismen auf Finanzmärkten, insbesondere die Geld-Brief-Spanne (Bid/Ask-Spread), die Orderbuchstruktur und die Liquiditätstiefe (O'Hara, 2015, S. 257–270). Eine kleinere Tick Size ermöglicht enge Spreads und verringert die direkten Handelskosten für Marktteilnehmer. Eine größere Tick Size hingegen reduziert die Anzahl möglicher Preisniveaus und kann dazu führen, dass sich Orders auf weniger Stufen konzentrieren. Dies kann zu einer Erhöhung der Markttiefe führen, da das Handelsvolumen auf spezifische Preisniveaus aggregiert wird (Goldstein, & Kavajecz, 2000, S. 125–149). Der zentrale Vorteil einer Vergrößerung der Tick Size kann folglich in der möglichen Erhöhung der Marktliquidität liegen. Empirische Untersuchungen zeigen, dass eine zu kleine Tick Size zu einer Fragmentierung der Liquidität führen kann, da sich Orders auf zahlreiche enge Preisstufen verteilen. Dies erschwert es institutionellen Investoren, größere Transaktionen zu platzieren, ohne signifikante Preisbewegungen auszulösen (Bartlett, & McCrary, 2019, S. 37–60). Durch eine größere Tick Size könnten sich Kauf- und Verkaufsorders auf weniger Preisstufen konzentrieren, was die Marktliquidität an diesen Stufen erhöht und die Markttiefe verbessert (Foucault, Roell, & Sandas, 2013, S. 51–78).

Im Zusammenhang mit dem HFT sind diese Mechanismen von besonderer Bedeutung. Ihre Strategien basieren darauf, dass sie schneller als andere Marktteilnehmer auf Preisbewegungen reagieren können. Eine Vergrößerung der Tick

Size könnte diesen Vorteil schmälern, da diese die Möglichkeit verringert, feinkörnige Preisdifferenzen auszunutzen (Easley, Lopez de Prado, & O'Hara, 2012, S. 1457–1493). Gleichzeitig könnte dies die Anzahl kurzfristiger Orderplatzierungen reduzieren, die nicht auf tatsächliche Handelsintentionen, sondern auf das Testen der Marktreaktion abzielen (Menkveld, 2013, S. 712 ff.). Des Weiteren kann ein zu kleiner Tick Size zu einer erhöhten Volatilität und einer höheren Belastung der Marktinfrastruktur führen, da eine große Anzahl an Orders innerhalb kürzester Zeit platziert und storniert werden kann (Harris, 1991, S. 389–415). Manipulative Strategien wie Spoofing oder Quote Stuffing können mittels größerer Tick Size vermieden oder wenigstens eingeschränkt werden. Mit Tick Size können insofern negative Wirkungen von HFT reduziert werden und die Marktstabilität kann erhöht werden (Kirilenko, Kyle, Samadi, & Tuzun, 2017, S. 967–998).

Ein weiterer potenzieller Vorteil ist somit die Reduktion ineffizienter Orderflut durch Hochfrequenzhändler. Studien zeigen, dass HFT-Strategien auf minimalen Preisbewegungen basieren und dabei eine hohe Anzahl kurzfristiger Orderplatzierungen generieren. Diese sog. Flickering Quotes, also extrem kurzfristige Kauf- und Verkaufsangebote, können die Marktstabilität beeinträchtigen und institutionelle Investoren benachteiligen (Yao, & Ye, 2018, S. 20–45). Eine größere Tick Size könnte den wirtschaftlichen Anreiz für solche Strategien verringern und damit zu einer nachhaltigeren Marktstruktur beitragen (Easley, Lopez de Prado, & O'Hara, 2012, S. 1457–1493). Andererseits sollte nicht übersehen werden, dass größere Tick Size die Modellierung von Algorithmen weniger komplex gestaltet und daher die Implementierung von HFT-Strategien erleichtert.

Darüber hinaus könnte eine größere Tick Size sowohl HFT als auch traditionelle Market Maker stärken. Eine größere Tick Size könnte es ihnen ermöglichen, profitablere Spreads anzubieten und eine stabilere Liquiditätsbereitstellung zu gewährleisten (Menkveld, 2013, S. 712–740). Das gilt insbesondere vor dem Hintergrund, dass Market Maker, die schneller HFT im Markt erwarten, aus Gründen des Risikomanagements höhere Spreads stellen. Die höhere Profitabilität aufgrund der größeren Spreads könnte dazu führen, dass Market Maker sogar mehr Liquidität zur Verfügung stellen (Breckenfelder, 2020, o. S.).

Trotz dieser Vorteile gibt es auch signifikante Nachteile. Eine größere Tick Size kann zu gesteigerten Handelskosten für Investoren führen, da breitere Spreads entstehen. Während eine enge Tick Size den Wettbewerb zwischen Liquiditätsanbietern erhöht und so zu minimalen Spreads führt, kann eine größere Tick Size dazu führen, dass die Geld-Brief-Spanne zunimmt, wodurch insbesondere traditionelle Investoren höhere Kosten tragen müssen (Goldstein, & Kavajecz, 2000, S. 125–149; Wahal, 2006, S. 351–383). Entsprechend weisen Chordia et al.

darauf hin, dass institutionelle Marktteilnehmer von einer Ausweitung der Tick Size c. p. profitieren, da sie von einer potenziell höheren Liquidität profitieren. Für Kleinanleger und HFT können sich hohe Tick Size jedoch nachteilig auswirken, da die Nutzung kleiner Preisdifferenzen unterbunden wird und die Transaktionskosten steigen (Chordia, Roll, & Subrahman, 2008, S. 249–268; Werner, & Kleidon, 1996, S. 61–89).

Ein weiteres Risiko besteht in der Reduktion der Preisfindungseffizienz. Märkte mit kleiner Tick Size ermöglichen eine präzisere Abbildung von Angebot und Nachfrage, da Preisbewegungen in kleineren Schritten erfolgen. Eine größere Tick Size könnte dazu führen, dass Preisbewegungen weniger granular sind und Marktpreise dadurch weniger präzise auf neue Informationen reagieren (Foucault, Roell, & Sandas, 2013, S. 54). Die Marktqualität könnte sinken und die Preisentdeckung leiden (Harris, 2003, S. 114; Werner, & Kleidon, 1996, S. 61–89). Biais und Hillion weisen darauf hin, dass auch die mit einer höheren Tick Size verbundene gegebenenfalls sinkende Liquidität zu negativen Auswirkungen auf die Preisbildungsprozesse führen kann (Biais, & Hillion, 1994, S. 743–780).

Zudem könnten einige Hochfrequenzhändler, die als Liquiditätsanbieter fungieren, aus dem Markt verdrängt werden. Denn die Ausnutzung kleinster Preisdifferenzen durch die HFT wird eingeschränkt, weshalb viele HFT-Strategien nicht verfolgt werden können. HFT-Unternehmen, die darauf spezialisiert sind, dürften aus dem Markt ausscheiden (Menkveld, 2013, S. 730). Obwohl HFT aber oft kritisch betrachtet wird, haben zahlreiche empirische Studien gezeigt, dass bestimmte Hochfrequenzhändler zur Marktliquidität beitragen und Arbitrageprozesse effizienter gestalten können (Hendershott, & Moulton, 2011, S. 1–20; Hendershott, Jones, & Menkveld, 2011, S. 1–33). Die höhere Tick Size und damit die Reduzierung möglicher Preisniveaus können mit der Möglichkeit einher gehen, dass Händler weniger Orders platzieren (Angel, 1997, S. 665). Eine größere Tick Size könnte dazu führen, dass diese Akteure sich aus dem Markt zurückziehen oder alternative Strategien entwickeln, was sich potenziell negativ auf die Marktqualität auswirken könnte. Die abnehmende Liquidität kann dann wiederum zu einer erhöhten Volatilität führen (Biais, Foucault, & Moinas, 2015, S. 292–313). Es gibt folglich mit Blick auf die Tick Size einen Trade-off zwischen Liquidität und Volatilität. Während größere Tick Sizes die Liquidität erhöhen können, indem Market Maker aufgrund geringerer Risken und höherer Profitabilität mehr Limit Orders in das Orderbuch stellen, können die größeren Tick Sizes auch in einer erhöhten Volatilität münden, da größere Spreads höhere Preissprünge bedeuten. Dieser Trade-off zwischen Liquidität und Volatilität im Kontext von Tick Sizes muss wohl abgewogen sein, um eine optimale Balance erreichen zu können (O'Hara, 2014, S. 23). Darauf weist auch die SEC in der Weise hin, dass die Auswirkungen von Tick Size auf den Markt und die Preisbildungsprozesse genau beobachtet werden müssen. Unerwünschte Nebenbedingungen wie eine Verzerrung des Wettbewerbs zwischen den Marktteilnehmern sollten ausgeschlossen werden (Securities Exchange Commission (SEC), 2012, S. 34).

Die Vergrößerung der Tick Size ist ein komplexes regulatorisches Instrument mit weitreichenden Implikationen für die Marktstruktur. Die Tick Size sind ein komplexes Thema der Marktstruktur mit Vor- und Nachteilen. Während sie dazu beitragen kann, die Marktliquidität zu verbessern, ineffiziente Orderflut zu verringern und traditionelle Market Maker zu stärken, birgt sie gleichzeitig das Risiko höherer Handelskosten, einer reduzierten Preisfindungseffizienz und potenziell höherer Volatilität durch eine mögliche Beeinträchtigung der Marktqualität aufgrund des Rückzugs bestimmter Hochfrequenzhändler. Die optimale Tick Size hängt stark von der spezifischen Marktstruktur und den gehandelten Wertpapieren ab, sodass eine differenzierte Herangehensweise erforderlich ist. In dieser Fragestellung liegt weiterer Forschungsbedarf.

### 8.4.3 Mindesthaltedauer

Die Einführung gesetzlich vorgeschriebener Mindesthaltedauern für Finanzinstrumente stellt ein potenzielles Instrument der Finanzmarktregulierung dar, das darauf abzielt, kurzfristige Handelsaktivitäten einzuschränken, langfristigere Anlagestrategien zu fördern und die Stabilität der Märkte bzw. die Marktintegration zu erhöhen. Unter Mindesthaltedauern versteht man festgelegte Zeiträume, innerhalb derer ein Finanzinstrument nach dem Erwerb nicht weiterverkauft werden darf (Jones, 2013, S. 3; Burghof, & Breuer, 2012, S. 98 ff.). Ein besonderer Fokus bei der Diskussion über Mindesthaltedauern liegt auf ihrer möglichen Wirkung im Kontext des Hochfrequenzhandels, der als eine der Ursachen für Marktvolatilität und systemische Risiken gilt, da diese Handelspraktiken oftmals keine langfristige Wertorientierung haben und die Marktstabilität untergraben können (Leal, Napoletano, Roventini, & Fagiolo, 2016, S. 74 ff.). In der Literatur wird von einem Hot-Potato-Effekt geschrieben, bei dem HF-Trader, um die Risikopositionen niedrig halten zu können, Positionen nur sehr kurz halten und damit die Volatilität erhöhen können (Martínez, & Rosu, 2013, S. 31–50). Eine Verlangsamung des Handels soll sowohl die Marktstabilität als -integrität erhöhen. Bei diesen Ansätzen wird davon ausgegangen, dass HFT ein unfaires, volatiles und gefährliches Marktumfeld schafft (Bell, & Searles, 2014, S. 36).

Mindesthaltedauern könnten hier eine Schlüsselrolle spielen, indem sie eine wirksame Barriere gegen superschnelle Handelsaktivitäten darstellen. Durch die

Festlegung von Haltefristen für Finanzinstrumente würden die Möglichkeiten und Vorteile des auf niedrige Latenzzeiten ausgerichteten Börsenhandels begrenzt und die Hochfrequenzhändler gezwungen, ihre Handelsstrategien langfristiger auszurichten. Mit Mindesthaltezeiten könnten die sog. Flickering Quotes gestoppt werden. Langsamere, aber fundamental ausgerichtete Marktteilnehmer hätten eine größere Sicherheit, dass die Orders auch ausgeführt würden. Dies könnte zu einer Reduktion von Preisvolatilitäten führen, die häufig durch die kurzfristige Dynamik des Hochfrequenzhandels verursacht werden. Auch könnte das Verhältnis von Liquidität verbrauchenden Markt-Orders zu Liquidität stiftenden Limit-Orders verbessert und dadurch Markttiefe geschaffen werden (Jones, 2013, S. 47). Langfristige Anlagestrategien gelten typischerweise als den Markt stabilisierend, da die Investoren den Fokus stärker auf fundamentale ökonomische Daten lenken und weniger anfällig für externe Schocks sind.

Ein zentraler Vorteil der Einführung von Mindesthaltedauern wäre die Eindämmung jener negativen Effekte des HFT, die mit der sog. „latency arbitrage" verbunden sind. Diese Form des Handels nutzt minimale Zeitverzögerungen zwischen verschiedenen Handelsplattformen aus, um Gewinne zu erzielen, ohne dass eine tatsächliche Wertschöpfung stattfindet. Einige Autoren sprechen in diesem Zusammenhang von einem parasitären Handel, da sich HFT auf die Informationssuche und -verarbeitung Dritter stützt, ohne selbst einen Mehrwert im Preisbildungsprozess zu leisten (Mildenberger, 2023, S. 374 f.; Adrian, 2016, S. 256 ff.). Studien zeigen, dass solche Handelspraktiken den Wettbewerb auf den Märkten verzerren und v. a. institutionellen Investoren mit Zugang zu technologischen Ressourcen zugutekommen. Mindesthaltedauern könnten diesem ungleichen Spielfeld entgegenwirken, indem sie den Handelstakt verlangsamen und somit den Einfluss von Technologie auf den Marktzugang reduzieren.

Darüber hinaus könnten Mindesthaltedauern auch dazu beitragen, die zunehmende Fragmentierung der Märkte zu adressieren, die durch den Hochfrequenzhandel verstärkt wird. Der Wettbewerb zwischen verschiedenen Handelsplattformen, der häufig durch Hochfrequenzhändler ausgenutzt wird, führt zu einer erhöhten Komplexität und erschwert die Preisfindung. Indem Mindesthaltedauern die Frequenz von Transaktionen reduzieren, könnten sie dazu beitragen, die Integrität der Preisbildung zu stärken und den Marktteilnehmern eine klarere Grundlage für ihre Entscheidungen zu bieten. Denn zumindest theoretisch erhöhen die Verzögerungen die Wahrscheinlichkeit, dass der einem Marktteilnehmer angezeigte Kurs auch tatsächlich zum Handel zur Verfügung steht – insbesondere dann, wenn mehr fundamental orientierte Investoren im Markt vertreten sind. Indem die Limitorder durch die temporäre Verzögerung riskanter und somit teurer wird, findet eine adverse Selektion dahingehend statt, dass der extrem schnelle

Handel mit manipulativen Strategien im Markt verringert wird (Morelli, 2017, S. 203).

Trotz der potenziellen Vorteile gibt es jedoch auch Herausforderungen und Kritikpunkte, die bei der Einführung von Mindesthaltedauern berücksichtigt werden müssen. Ein häufig vorgebrachter Einwand ist, dass solche Maßnahmen die Marktliquidität verringern könnten. Insbesondere kann HFT aber dazu führen, dass Informationen schneller in den Preisen eskomptiert werden, dass also die Informationseffizienz steigt. Eine Reduktion dieser Handelsaktivitäten durch Mindesthaltedauern könnte die Flexibilität von Investoren einschränken, insbesondere in Märkten, die stark auf kurzfristige Anpassungen angewiesen sind. Die Preisbildungsprozesse würden behindert werden (Morelli, 2017, S. 203). Dazu wirken Mindesthaltezeiten asymmetrisch, denn sie belasten die passive Limitorders von Liquiditätssteller bezüglich Risiken stärker als aktive Marktorders von Liquiditätsnehmern. In der Folge müssten Market Maker die Bid/Ask-Spreds auweiten (Jones, 2013, S. 47; Bell, Searles, 2014, S. 40 f.).

Auch stellt sich die Frage, wie lange eine Mindesthaltedauer sein sollte, um effektiv zu wirken, ohne gleichzeitig die Effizienz der Märkte zu gefährden. Während kurze Fristen möglicherweise nur begrenzte Auswirkungen auf das HFT hätten, könnten übermäßig lange Fristen Investoren davon abhalten, angemessen auf Marktveränderungen zu reagieren. Zu lange Mindesthaltezeiten schädigen den Markt im Hinblick auf Liquidität, Transaktionskosten und Preisentwicklung. Derartige Marktverhältnisse würden aus Perspektive des Risikomanagements zu adverser Selektion und somit zu einem Rückgang der Marktaktivität führen. Außerdem könnten intelligente Algorithmen die Maßnahme umgehen, bzw. es könnten neue Arten von manipulativen Strategien entstehen (Morelli, 2017, S. 203).

Ein weiterer Aspekt, der berücksichtigt werden muss, ist die internationale Dimension des HFT. Da dieser in global vernetzten Märkten operiert, könnten nationale Vorschriften zu Mindesthaltedauern dazu führen, dass Händler ihre Aktivitäten in weniger regulierte Märkte verlagern. Dies würde die Wirksamkeit der Maßnahmen untergraben und könnte gleichzeitig zu Wettbewerbsnachteilen für die betroffenen Märkte führen. Um solche Effekte zu minimieren, wäre eine internationale Koordinierung erforderlich, um einheitliche Standards für Mindesthaltedauern festzulegen und die globale Marktstabilität zu fördern. Mindesthaltedauern gelten insofern als ein grobes Instrument, um den negativen Auswirkungen des HFT einzuschränken. Einige Börsen (u. a. PHLX, NASDAQ) sind daher dazu übergegangen, längere Haltezeiten mit Rabatten zu incentivieren (Jones, 2013, S. 47 f.).

Zusammenfassend lässt sich sagen, dass die Einführung von Mindesthaltedauern ein Ansatz ist, um den Einfluss des HFT auf die Finanzmärkte zu reduzieren und langfristige Anlagestrategien zu fördern. Mindesthaltedauern könnten dazu beitragen, diese negativen Effekte zu minimieren und die Marktteilnehmer zu einer nachhaltigeren und stabilisierenden Orientierung zu bewegen. Dennoch bleibt die Herausforderung bestehen, die Maßnahmen so auszugestalten, dass sie sowohl effektiv als auch praktikabel sind, ohne die grundlegende Funktionsweise der Märkte zu beeinträchtigen. Der Ansatz gilt insgesamt als wenig zielpassend. Eine sorgfältige Abwägung der Interessen aller Beteiligten sowie eine enge internationale Zusammenarbeit sind hierbei von zentraler Bedeutung (Fox, Gloster, & Rautenberg, 2015, S. 191–277).

### 8.4.4 Quotes-to-Trade Ratio

Die Quote-to-Trade-Ratio (QTR), die das Verhältnis zwischen aufgegebenen Handelsorders und tatsächlich ausgeführten Transaktionen misst, ist ein zentraler Indikator in der Analyse moderner Finanzmärkte (Bundesbank (Hrsg.), 2016, S. 46). Besonders im HFT hat die QTR stark an Bedeutung gewonnen. Denn sie ist mit dem Aufkommen des algorithmischen Handels und besonders dem HFT stark gestiegen (Hendershott, & Jones, 2011, S. 1–33; Rosu, Soili, & Tham, 2020, S. 5). Im HFT werden häufig sehr große Mengen an Orders in Sekundenbruchteilen generiert, angepasst und gelöscht (Gomber, Arndt, Lutat, & Uhle, 2011, S. 76 f.; Nahar, Nishat, Shoaib, & Hossain, 2024, S. 3). Diese Aktivitäten führen jedoch dazu, dass nur ein Bruchteil der Orders tatsächlich ausgeführt wird, was eine hohe QTR zur Folge hat (Angel, Harris, & Spatt, 2010, S. 5–23; Burghof, & Breuer, 2012, S. 98 ff.). Empirische Studien belegen, dass die QTR über die Jahre aufgrund der professionelleren Überwachungsmechanismen von Market Makern, die auf Marktveränderungen reagieren, aber auch aufgrund manipulativer Quote Stuffings oder infolge von Spoofing-Strategien von HFT gestiegen ist (Rosu, Sojli, & Tham, 2017, S. 1 ff.; Hasbrouck, & Saar, 2013, S. 646–679). An der zunehmenden Diskrepanz von Aufträgen zu Ausführungen von Orders ist der Einfluss von HFT auf die Marktstruktur ersichtlich (Menkveld, 2013, S. 712–740). Die Metrik gibt insofern Einblicke in das Marktgeschehen, die Liquiditätsbereitstellung und die Effizienz der Handelsplattform. Vor diesem Hintergrund haben Regulierungsbehörden und Handelsplattformen Maßnahmen eingeführt, um die QTR zu monitoren und zu begrenzen, um auf diese Weise potenziell negativen Auswirkungen des HFT entgegenzuwirken.

Im Hochfrequenzhandel werden sog. „Quote Wars“ besonders deutlich, bei denen Marktteilnehmer durch das massenhafte Platzieren und Löschen von Orders versuchen, andere Akteure zu täuschen oder Marktbewegungen zu provozieren. Diese Strategien nutzt die Tatsache, dass Marktpreise und Orderbücher durch jede eingereichte Order beeinflusst werden können, selbst dann, wenn diese Order letztlich nicht ausgeführt wird. Ziel ist es, den Wettbewerb zu überbieten und durch Informationsvorteile Profite auf Kosten langsamer Händler zu erzielen (Adrian, 2016, S. 212–279). Gleichzeitig führen diese Praktiken zu einer künstlich aufgeblähten Liquidität, die in keinem Verhältnis zur tatsächlichen Marktaktivität bzw. Markttiefe steht (Arnuk, & Saluzzi, 2008, S. 13). Sean Hendelman, CEO von T3 Capital, ordnete diese Aktivitäten daher wie folgt ein: „People are relying on the [stock quote data] and the data is not real“ (Lauricella, & Stasburg, 2010, o. S.). Darüber hinaus belastet die enorme Anzahl an Orders die technische Infrastruktur der Handelsplattformen, was zu Verzögerungen oder gar Systemausfällen führen kann. Dies ist besonders kritisch, da das HFT stark auf die Geschwindigkeit und Stabilität von Handelssystemen angewiesen ist (Aldridge, 2011, S. 25 f.). Mit Quote Stuffing wollen HF-Trader die Handelssysteme verlangsamen und somit die Aktivitäten anderer Marktteilnehmer ausbremsen, um selbst ihre Geschwindigkeitsvorteile ausspielen zu können (Biais, & Woolley, 2012, S. 1–7; Gai, Yao, & Ye, 2013, S. 2–9). Beim Spoofing werden ebenfalls in hoher Geschwindigkeit Aufträge an die Handelsplattformen gegeben, allerdings mit der Absicht, andere Marktteilnehmer zu täuschen und den Preis zu manipulieren (Aldridge, 2011, S. 2)

Die Einführung regulatorischer Maßnahmen zur Begrenzung der QTR ist daher auch eine direkte Antwort auf die Herausforderungen des Hochfrequenzhandels. Regulierungsbehörden wie die Europäische Union oder die US-amerikanische Börsenaufsichtsbehörde (SEC) haben erkannt, dass die übermäßige Generierung und Löschung von Orders die Marktintegrität gefährden können. Im Rahmen der europäischen Richtlinie Markets in Financial Instruments Directive II (MiFID II) wurden Vorschriften erlassen, die explizit auf das HFT abzielen. Artikel 17 der Richtlinie verpflichtet algorithmische Händler dazu, sicherzustellen, dass ihre Aktivitäten keine unverhältnismäßige Belastung für die Märkte darstellen. Dies umfasst u. a. die Festlegung von Schwellenwerten für die QTR sowie die Implementierung von Kontrollmechanismen, um die Einhaltung dieser Vorschriften zu gewährleisten. In den USA verfolgt die SEC ähnliche Ansätze, indem sie spezifische Anforderungen an Hochfrequenzhändler stellt, um exzessive Handelsstrategien zu regulieren und Marktmanipulation zu verhindern (Nahar, Nishat, Shoaib, & Hossain, 2024, S. 7).

Ein zentrales Ziel dieser regulatorischen Eingriffe ist es, die Marktstabilität zu fördern und die negativen Auswirkungen des HFT zu minimieren, ohne dessen positive Effekte wie die Bereitstellung von Liquidität und die Reduzierung von Arbitragegelegenheiten zu gefährden. Empirische Untersuchungen zeigen, dass die Begrenzung der QTR in vielen Fällen zu einer signifikanten Reduzierung von „phantom liquidity"-Orders führt, bei denen Orders lediglich kurzfristig im Orderbuch verbleiben und keine Handelsintention verfolgen (Easley, Lopez de Prado, & O'Hara, 2012, S. 19–29). Die Begrenzung der QTR führt zu einer erhöhten Transparenz und besseren Verlässlichkeit der Orderbücher, was wiederum die Preisfindung effizienter macht. Denn die QTR gibt den Marktteilnehmern Hinweise, wie wahrscheinlich eine Orderausführung bei einer bestimmten Handelsplattform ist. Eine hohe QTR kann somit zu adverser Selektion führen und die Marktqualität verschlechtern. Auch kann die hohe QTR bedeuten, dass insbesondere große institutionelle Orders marktbeeinflussend sein können. Gleichzeitig kann eine Senkung der QTR die Volatilität reduzieren und die Belastung der technischen Infrastruktur verringert, was insbesondere im HFT von Bedeutung ist, da Verzögerungen in der Datenübertragung erhebliche finanzielle Nachteile für die Marktteilnehmer bedeuten können (Hasbrouck, & Saar, 2013, S. 646–679; Eggington, van Ness, & van Ness, 2016, S. 1–25).

Trotz dieser positiven Entwicklungen gibt es auch kritische Stimmen, die vor den potenziellen Nebenwirkungen einer strengen Regulierung der QTR warnen. Insbesondere im HFT, das auf eine hohe Flexibilität bei der Orderplatzierung angewiesen ist, könnte eine zu enge Begrenzung dazu führen, dass innovative Handelsstrategien eingeschränkt werden, obwohl sich die Technik weiterentwickelt. Algorithmen, die auf der schnellen Analyse von Marktsignalen basieren, generieren naturgemäß eine große Anzahl von Orders, um auf minimale Marktbewegungen zu reagieren. Eine starre Regulierung der QTR könnte daher die Fähigkeit der Händler beeinträchtigen, effiziente Arbitragegeschäfte durchzuführen, was die Markteffizienz verringern könnte (Menkveld, 2013, S. 712–740). Die schnellen Anpassungen von Orders sind dann Ausdruck der neuen Nachrichtenlage (Gomber, Arndt, Lutat, & Uhle, 2011, S. 15). Darüber hinaus reduziert die Möglichkeit zur Anpassung und Stornierung von Orders das Risiko für Händler und Market Maker, womit adverse Selektion vermieden wird (Harris, & Panchapagesan, 2005, S. 25–67). Dem Markt stehen mehr Liquidität und engere Spreads zur Verfügung, womit sich Preisbildungsprozesse sowie Informationseffizienz verbessern können (Hendershott, & Moulton, 2011, S. 568–604; Hasbrouck, & Saar, 2013, S. 646–679; Chaboud, Chiquoine, Hjalmarsson, & Vega, 2014, S. 2045–2085). Außerdem kann das hohe Angebot an Liquidität die Spreads verkleinern und somit die Handelskosten senken. Darüber hinaus besteht die Gefahr, dass Marktteilnehmer in weniger regulierte Handelsplätze ausweichen, um den Vorgaben zu entgehen, was zu einer Verschiebung von Handelsvolumina und möglichen neuen Risiken führen könnte (Friedrich, & Payne, 2015, S. 214–223). In jedem Fall kann die QTR schon deshalb kein alleiniger Maßstab zur Beurteilung der Marktqualität und -integrität sein, weil die einzelnen Märkte unterschiedliche Liquidität besitzen. Es wird aufgezeigt, dass die QTR in illiquiden Märkten besonders hoch ist. Gleiches gilt für Wertpapiere mit einer geringen Analysten-Coverage, wenigen institutionellen Aktionären, geringem Handelsvolumen und niedriger Volatilität. Auch die Tick Size hat einen Einfluss auf die QTR (Yao, & Ye, 2018, S. 2157–2183). Obwohl die QTR mit dem Aufkommen des algorithmischen Handels und insbesondere des HFT deutlich gestiegen ist, verbietet sich, eine direkte Linie von hoher QTR zu HFT zu ziehen (Rosu, Sojli, & Tham, 2020, S. 8 f., 12 und 14 f.).

Die langfristigen Auswirkungen der QTR-Regulierung, insbesondere im Kontext des HFT, bleiben deshalb Gegenstand aktueller Forschung. Insbesondere die Höhe der zugebilligten QTR ist umstritten, da diese von diversen Faktoren abhängt. Studien deuten darauf hin, dass die Begrenzung exzessiver Orders sowohl die Stabilität als auch die Transparenz der Märkte verbessern kann, solange die Maßnahmen sorgfältig kalibriert sind. Gleichzeitig kann eine hohe QTR aber zudem für die Funktionsfähigkeit der Märkte mit Liquidität und effizienten Preisbildungsprozessen sprechen. Regulierungsbehörden stehen dabei vor der Herausforderung, eine Balance zwischen der Förderung von Marktintegrität und der Unterstützung technologischer Innovationen zu finden. Einige Handelsplattformen haben trotz Kritik (Friedrich, & Payne, 2015, S. 214–223) Gebührenmodelle eingeführt, bei denen Händler mit einer hohen QTR zusätzliche Kosten tragen müssen (Excessive Messaging Fees), andere bringen Mindesthaltezeiten ins Spiel. Darüber hinaus verlangen die Regierungsbehörden Transparenz über die Handelsaktivitäten, einschließlich der QTR. Regulierungsbehörden wie die US-amerikanische Securities and Exchange Commission (SEC) oder die European and Securities Markets Authority (ESMA) wollen auf diese Weise manipulative Strategien wie Quote Stuffing oder Layering unterbinden. HFT-Orders müssen daher gekennzeichnet sein, um die Handelsabsichten identifizieren zu können (Deutsche Bundesbank, in: Monatsbericht Oktober 2016, S. 39). Die Financial Industry Regulatory Authority (FINRA) in den USA hat bereits Strafen gegen Händler verhängt, die manipulative Strategien verfolgen (Eggington, van Ness, & van Ness, 2016, S. 3 f.; Aldridge, 2013, S. 19 f.).

Angesichts der weiterhin wachsenden Bedeutung des HFT und seiner komplexen Dynamik ist es essenziell, dass regulatorische Ansätze kontinuierlich angepasst und optimiert werden. Die Regulierung der QTR zeigt jedoch bereits jetzt, dass gezielte Maßnahmen dazu beitragen können, die negativen Effekte exzessiver Handelsaktivitäten zu minimieren und gleichzeitig die Funktionsfähigkeit der Finanzmärkte zu stärken. Eine adaptive und technologieoffene Regulierung wird dabei entscheidend sein, um sowohl die Integrität der Märkte als auch die Innovationskraft der Marktteilnehmer nachhaltig zu gewährleisten.

### 8.4.5 Speed Bumps und Batch Auctions

Die Begrenzung von Handelsgeschwindigkeiten kann als eine zentrale regulatorische Maßnahme verstanden werden, um die negativen Auswirkungen des HFT auf die Finanzmärkte zu minimieren und gleichzeitig die Stabilität sowie die Integrität der Märkte zu gewährleisten. HFT hat in den vergangenen Jahrzehnten erheblichen Einfluss auf Struktur und Funktionsweise der Börsen und Handelsplattformen ausgeübt. Nicht nur die Geschwindigkeit, sondern auch Marktstruktur, Handelsstrategien, Liquidität und Preisbildungsprozesse sind von den Veränderungen betroffen (O'Hara, 2014, S. 18–27; O'Hara, 2015, S. 257–270). Hochfrequenzhändler nutzen mit ihrer überlegene Infrastruktur Marktstrukturen aus, um Aufträge anderer Marktteilnehmer aufzuspüren und ihre Orders vor diesen zu platzieren. HFT hat dazu Strategien entwickelt, um den Geschwindigkeitsvorteil auszunutzen, ohne selbst zur Informationsentdeckung beizutragen. Es profitiert insofern von der Informationssuche und -beschaffung Dritter, die wiederum zu ungünstigeren Preisen handeln müssen. (Mildenberger, 2023, S. 374 f.). Zusätzlich ermöglicht der sog. „Frontrunning"-Effekt es HF-Trader, von Preisschwankungen zu profitieren, die von ihnen selbst ausgelöst oder verstärkt wurden. Dies führt nicht nur zu einer Verzerrung des Preisbildungsprozesses, sondern benachteiligt zudem Investoren, die höhere Latenzzeiten haben. Auch die Wirkungszusammenhänge auf Liquidität, Volatilität, Preisbildung etc. müssen (siehe Kapitel 7) mindestens als kontrovers gelten (Kirilenko, Kyle, Samadi, & Tuzun, 2017, S. 967–998). Während HFT in einigen Bereichen zu Verbesserungen der Funktionsfähigkeit von Finanzmärkten geführt hat, birgt es gleichzeitig Risiken sowie negative Externatitäten, die die Fairness der Handelsprozesse und die Marktintegrität gefährden können.

Um solchen Risiken zu begegnen, haben Handelsplattformen Maßnahmen ergriffen, die darauf abzielen, Handelsgeschwindigkeiten zu begrenzen, die negativen Effekte des HFT einzudämmen und damit den Bedenken der Kritiker von HFT zu begegnen. Eine effektive Maßnahme ist die Einführung technischer Limitierungen, wie Mindestwartezeiten vor der Ausführung von Orders. Diese sog. „Minimum Resting Times" erfordern, dass ein Auftrag für eine festgelegte

Dauer im Orderbuch verbleiben muss, bevor er geändert oder storniert werden kann. Sog. „Speed Bumps“ sind künstliche Verzögerung von Transaktionen, die den technologischen Vorsprung von HFT-Unternehmen neutralisieren und so ein faireres Wettbewerbsumfeld schaffen soll. Auf diese Weise soll die Chancengleichheit am Markt erhöhen und die Fairness im Marktgeschehen verbessern. Ein Speed Bump funktioniert, indem allen Marktteilnehmern eine standardisierte Verzögerung auferlegt wird, bevor ihre Handelsaufträge ausgeführt werden. Diese Verzögerung – oft nur wenige Millisekunden – ist ausreichend, um die Effizienz von HFT-Strategien zu reduzieren, die auf minimalen Geschwindigkeitsunterschieden basieren. Ein Speed Bump unterbindet diesen Vorteil, indem es die Reaktionszeit aller Teilnehmer angleicht und dadurch die Geschwindigkeit als entscheidenden Wettbewerbsfaktor eliminiert. Dies würde nicht nur die Fairness auf den Märkten erhöhen, sondern auch dazu beitragen, das Vertrauen traditioneller Investoren in die Marktintegrität zu stärken (Woodward, 2018, S. 16 f.).

Ein weiteres Ziel des Speed Bumps ist die Begrenzung der negativen Effekte von HFT auf traditionelle Investoren, insbesondere im Hinblick auf Adverse Selection. Hierbei handelt es sich um eine Situation, in der langsamere Marktteilnehmer zu ungünstigen Preisen handeln müssen, da HFT-Akteure schneller auf Marktveränderungen reagieren und profitabler handeln können. Investoren mit höheren Latenzzeiten werden auf diese Weise aus dem Markt gedrängt. Kyle und Lee weisen darauf hin, dass ein Speed Bump diesen Effekt deutlich verringern kann, da HFT-Akteure aufgrund der Verzögerung nicht mehr in der Lage sind, ihre Strategien in Echtzeit zu optimieren. Dies führt zu einer Verbesserung der Marktqualität und senkt die Handelskosten für traditionelle Investoren (Kyle, & Lee, 2017, S. 33 ff.). Zudem kann ein Speed Bump dazu beitragen, die Volatilität zu verringern, die durch die hohe Frequenz und Aggressivität von HFT-Strategien verursacht wird, insbesondere in Stresssituationen oder bei plötzlichen Marktbewegungen (O’Hara, 2014, S. 18–27; O’Hara, 2015, 257–270). Gleichzeitig steigt die Liquidität aufgrund einer steigenden Anzahl von Limit-Orders im Orderbuch durch die Einführung von Speed Bumps (Liu, & Xu, 2024, S. 4 f.).

Obwohl ein Speed Bump viele potenzielle Vorteile bietet, ist die Maßnahme nicht unumstritten. Kritiker argumentieren, dass HFT-Akteure eine wichtige Rolle bei der Bereitstellung von Liquidität spielen und eine Einschränkung ihrer Aktivitäten negative Auswirkungen auf die Marktliquidität haben könnte. O’Hara betont, dass eine Verringerung der Handelsfrequenz zu breiteren Spreads und geringeren Handelsvolumina führen könnte, insbesondere in weniger liquiden Märkten (O’Hara, 2014, S. 18–27). Des Weiteren kann sich ein negativer Einfluss auf die Preisbildung in der Form ergeben, dass informierte Händler den

Markt verlassen und zu anderen Handelsplattformen wechseln. Speed Bumps können somit gleichzeitig die adverse Selektion sowie die Liquidität verbessern und die Preisbildungsprozesse behindern (Liu, & Xu, 2024, S. 8–13). Darüber hinaus besteht die Gefahr, dass HFT-Unternehmen neue Strategien entwickeln, um die Verzögerung zu umgehen, beispielsweise durch optimierte Algorithmen oder eine Anpassung ihrer Infrastruktur (Woodward, 2018, S. 31). Solche Entwicklungen könnten die Wirksamkeit eines Speed Bumps langfristig untergraben und erfordern daher eine kontinuierliche Überwachung und Anpassung der Regulierung.

Die praktische Umsetzung eines Speed Bumps zeigt jedoch, dass diese Maßnahme in spezifischen Marktumgebungen erfolgreich sein kann. Ein prominentes Beispiel ist die 2016 zugelassene US-amerikanische Börse IEX (Investors Exchange), die eine Verzögerung von 350 Mikrosekunden eingeführt hat, um den Einfluss von HFT auf die Preisbildung zu reduzieren. Studien deuten darauf hin, dass diese Maßnahme zu einer verbesserten Marktqualität und geringeren Kosten für traditionelle Investoren geführt hat. Aus diesem Grund habe auch andere Börsen wie die NYSE American Speed Bumps eingeführt – bzw. die NASDAQ das Programm NASDA Extended Life und an der Chicago Stock Exchange das LEAD-Programm. Die Programme und Speed Bumps unterscheiden sich insbesondere hinsichtlich der Behandlung von Market Makern. Die IEX hat somit zu einem innovativen Wettbewerb um die Gestaltung von Speed Bumps geführt (Woodward, 2018, S. 16–39).

Auch Untersuchungen zur Midpoint Extended Life Order (M-ELO) der NASDAQ unterstützen die Annahme, dass Speed Bumps nicht nur zu weniger Mini-Crashs führen, sondern auch zu einer verbesserten Liquiditätsversorgung (Goncalves, Kräussl, & Levin, 2019, S. 12).

Dennoch bleibt offen, ob ein Speed Bump in anderen Märkten mit unterschiedlichen Strukturen und Teilnehmerprofilen ähnliche Effekte erzielen kann. Insbesondere in Märkten mit hoher HFT-Aktivität könnte die Maßnahme weniger effektiv sein, da HFT-Akteure oft in der Lage sind, regulatorische Änderungen schnell zu antizipieren und anzupassen. Darauf weisen auch Khapko und Zoican hin. Sie argumentieren, dass Speed Bumps aufgrund intelligenter Algorithmen, die die Zeitverzögerungen zu umgehen in der Lage sind, nur einen Teil der Investitionen in Geschwindigkeit vermeiden zu können. Das Rennen, der Schnellste zu sein, wird folglich nur eingeschränkt, aber nicht verhindert (Khapko, & Zoican, 2020, S. 19 f.). Entsprechend haben einige HFT-Firmen bei der SEC interveniert, dass unterschiedliche temporäre Verzögerungen an verschiedenen Handelsplätzen es unmöglich machen würden, den korrekten Preis eines Wertpapiers zu einem bestimmten Zeitpunkt zu ermitteln (McCrank, 2017, o. S.). Die veröffentlichten Kurse seien veraltet (Turner, 2015, o. S.) und eine unfaire Diskriminierung bestimmter Marktteilnehmer würde sowohl die Liquiditätsbereitstellung als auch die Markteffizienz behindern (Osipovich, 2016, o. S.). Insbesondere sei die Wirkung einiger Speed Bumps zu asymmetrisch, da einige Börsen es Market Makern erlauben würden, gegen Gebühren die Speed Bumps zu umgehen und die Verzögerungen zu vermeiden. Auf diese Weise gelingt es diesen Marktteilnehmern, den Handel an anderen Plattformen zu beobachten und gezielt entscheiden zu können, ob sie ihre Orders stornieren oder ausführen lassen, ohne die Verzögerungen durch Speed Bumps in Kauf nehmen zu müssen (UNSW Sydney, 2017, o. S.).

Budish et al. argumentieren deshalb, dass diese Mindestwartezeiten nur die Symptome angreifen, nicht aber das eigentliche Problem lösen. Dazu schlagen sie eine Umstellung der Mikrostruktur der Börse von einem kontinuierlichen zu einem mit regelmäßigem Abstand wiederkehrenden Auktionssystem vor. Während das Continuous Trading den Zweck der sofortigen Ausführung von Orders verfolgt, sobald eine kompatible Gegenorder am Markt platziert wird, werden bei Auktionen die Handelsaufträge in festen Intervallen gesammelt und gemeinsam ausgeführt, anstatt kontinuierlich verarbeitet zu werden. Im Batch Auction Trading werden folglich alle eingehenden Orders während eines gegebenen Zeitintervalls gesammelt und gleichzeitig zu dem Preis abgerechnet, zu dem die meisten Orders gegeneinandergestellt werden können. Der Zweck besteht in der Ausführung und Abrechnung von Börsengeschäften aufgrund von aggregiertem Angebot und aggregierter Nachfrage. Das Batch Auction Trading ist insofern eine besondere Form der temporären Verzögerung von Handelsaufträgen und schränkt die Geschwindigkeit von HFT ein. Die Form des Börsenhandels eliminiert die Möglichkeit, durch minimale Geschwindigkeitsvorteile systematisch zu profitieren, da alle Aufträge innerhalb eines bestimmten Zeitfensters gleichbehandelt werden. Den Unterschied bzw. die Möglichkeit, Gewinn zu erzielen, ist nicht mehr durch die höhere Geschwindigkeit, sondern durch die bessere Information determiniert. Fricke und Gerig haben analysiert, dass die Auktionen alle 0,2–0,9 Sekunden erfolgen sollten, um keine negativen Auswirkungen auf Liquidität und Preisbildung zu haben (Fricke, & Gerig, 2018, S. 529–534). Sie argumentieren, dass dieses Zeitintervall geeignet erscheint, um die Marktqualität zu verbessern (Fricke, & Gerig, 2018, S. 538–532).

Budish et al. begründen ihren Vorschlag damit, dass kontinuierlicher Handel zu einem technischen Wettbewerb um Geschwindigkeitsvorteile führt, wodurch Ressourcen ineffizient allokiert und Arbitragegewinne auf Kosten der Markttiefe und der Liquidität erzielt werden. Sie zeigen dies durch Vergleich von SPDR S&P 500 ETF (SYP) und dem E-Mini-Future Kontrakt (ESA). Beide

Finanzinstrumente korrelieren typischerweise miteinander. Jedoch gibt es immer wieder stärkere Abweichungen, die von HFT mittels mechanischer Arbitragemöglichkeiten ausgenutzt werden können, ohne einen Mehrwert für den Preisbildungsprozess und die Marktintegrität zu schaffen (Cochrane, 2014, o. S.). Budish et al. zeigen, dass kontinuierlicher Handel mit serieller Auftragsverarbeitung asymmetrische Handelsmöglichkeiten schafft. Denn bei sequenzieller Auftragsverarbeitung können Händler mit schnellerer Informationsbeschaffung und -verarbeitung systematische Gewinne gegenüber langsameren Investoren erzielen. Liquiditätsanbieter, sowohl Market Maker als auch Limit Orders im Orderbuch von langsameren Händlern, sind somit einem strukturellen Risiko ausgesetzt, dauerhaft von HFT ausgenutzt zu werden. Budish et al. schlagen daher anstatt des kontinuierlichen Handels eine Orderabwicklung in kurzen Zeitintervallen vor. Dadurch könnten die Geschwindigkeitsvorteile reduziert werden und der Wettbewerb um Schnelligkeit kann wieder auf den Wettbewerb um Informationen und Preise gelenkt werden. Die Ressourcen, die heute in die Geschwindigkeit fließen, könnten anderweitig verwendet werden. Insofern adressiert die vorgeschlagene Änderung der Marktstruktur von Continuous Trading auf Batch Auction Trading systematisch die negativen Externalitäten von HFT (Budish, Cramton, & Shim, 2015, S. 1–63).

Vor diesem Hintergrund ist der Wechsel der Taiwan Stock Exchange (TWSE) am 23. März 2020 von Frequent Batch Auction Trading zu einem Continuous Trading von Interesse. Lee et al. vergleichen Wirkungszusammenhänge von Liquidität und Preisbildung mit der Hong Kong Stock Exchange, die keine Änderung an der Microstruktur des Handels vorgenommen hatte. Sie stellen fest, dass das Handelsvolumen ohne einen nennenswerten Anstieg der Volatilität signifikant zulegte. Die Verarbeitung von Informationen in den Kursen verbesserte sich insbesondere bei kleineren und mittelgroßen Unternehmen. Die Spreads veränderten sich kaum. Allerdings profitieren liquidere Wertpapiere stärker von der Umstellung als Papiere mit geringeren Handelsumsätzen. Denn das Handelsvolumen stieg insbesondere infolge eines deutlichen Anstiegs der Anzahl von aggressiven Marktorders. Die Handelsgewinne von Anlegern mit höherer Latenzzeit nehmen ab, was trotz einer Transaktionssteuer von 0,15 Prozent in Taiwan mit der Zunahme von HFT in Verbindung gebracht wird. Damit nahm auch die adverse Selektion zu. Letztendlich profitierten institutionelle Hochfrequenzhändler, während Investoren mit höherer Latenz, insbesondere Retail-Anleger, c. p. negativ betroffen waren (Lee, Ricco, & Wang, 2024, o. S.).

Die empirischen Untersuchungen scheinen folglich die theoretischen Analysen zu bestätigen. Bei sinkenden Spreads steigt die adverse Selektion deutlich (Indriawan, Pascual, & Shkilko, 2024, S. 5 f.). Dies bekräftigen auch Indriawan et al., die bestätigen, dass Investoren mit höherer Latenzzeit durch den kontinuierlichen Handel benachteiligt werden. Batch Auction scheint hingegen strukturell adverse Selektion zu verringern. Indriawan et al. haben die Daten der TWSE mit denen der Korean Stock Exchange verglichen. Analog zu Lee et al. (Lee, Ricco, & Wang, 2024, o. S.) finden Indriawan et al. eine Abnahme der Spreads, jedoch eine Zunahme der Latzenzarbitrage. Dafür spricht auch, dass sich die durchschnittliche Transaktionsgröße verringert, während das Gesamtvolumen annähernd konstant bleibt. Das ist konsistent mit der Hypothese, dass Häufigkeit und Fragmentierung der Transaktionen unter Continuous Trading zunehmen. Auch die Volatilität steigt leicht an. Die Ergebnisse legen nahe, dass Batch Auctions als Alternative zum kontinuierlichen Handel angesehen werden können (Indriawan, Pascual, & Shkilko, 2024, S. 1–30).

Zusammenfassend lässt sich sagen, dass die Einführung eines Speed Bumps bzw. einer sequenziellen Auktion ein vielversprechender Ansatz ist, um die negativen Effekte des Hochfrequenzhandels zu begrenzen und die Marktintegrität zu stärken, wenngleich die Auswirkungen derartiger Eingriffe auf die Märkte vielfältig sind. Technische Limitierungen wie Mindestwartezeiten und Batch Auctions tragen grundsätzlich dazu bei, die Stabilität der Märkte zu gewährleisten und die negativen Externalitäten des Hochfrequenzhandels zu minimieren. Die Maßnahmen zielen darauf ab, die durch technologische Vorteile verursachte Ungleichheit zwischen Marktteilnehmern zu verringern und das Vertrauen in die Finanzmärkte zu erhöhen. Empirische Studien zeigen, dass technische Begrenzungen wie Mindestwartezeiten und Auktionen die Marktvolatilität reduzieren, ohne die Liquidität signifikant zu beeinträchtigen (Foucault, 2016, S. 53–67). Ein weiterer Vorteil ist die Eindämmung des sog. „Rüstungswettlaufs" im Bereich der Hochfrequenztechnologie. Hochfrequenzhandel erfordert immense Investitionen in Infrastruktur, beispielsweise Glasfaserkabel, ultraschnelle Prozessoren und Co-Location-Services. Diese Investitionen führen zu hohen Kosten, die von den Marktteilnehmern getragen werden, ohne dass sie langfristige Vorteile für die Qualität und Integrität der Märkte bringen.

Trotzdem stellen einige Studien einen Trade-off zwischen der Liquidität und dem Preisbildungsprozess fest. Während Speed Bumps den Markt für langsamere Händler stabilisieren, geht diese Stabilisierung zu Lasten der Preisbildung. Der Trade-off besteht insofern zwischen Chancengleichheit und Fairness auf der einen Seite und der Markteffizienz bzw. dem Preismechanismus als Entdeckungsverfahren auf der anderen Seite (Liu, & Xu, 2024, S. 6 und 32). Budish et al. betonen deshalb, dass die Einführung eines Speed Bumps als Teil eines umfassenderen regulatorischen Ansatzes erfolgen sollte, der die langfristige Stabilität und Effizienz der Märkte sicherstellt. Die Autoren argumentieren, dass intermittierende

Handelsmechanismen wie Batch Auctions eine effizientere Nutzung von Ressourcen ermöglichen und gleichzeitig die Stabilität der Märkte fördern (Budish, Cramton, & Shim, 2015, S. 1–63).

Dennoch gibt es auch kritische Stimmen. Einige Marktteilnehmer und Ökonomen argumentieren, dass Geschwindigkeitsbegrenzungen Innovationen hemmen und potenziell die Liquidität verringern könnten. Besonders in hochvolatilen Marktsituationen könnte eine reduzierte Liquidität dazu führen, dass Preisschwankungen verstärkt werden. Auch potenzielle Nachteile wie ein reduziertes Handelsvolumen und die Anpassungsfähigkeit von HFT-Akteuren berücksichtigt werden. Kritiker weisen darauf hin, dass regulatorische Maßnahmen oft zu „Schlupflöchern" führen, da Hochfrequenzhändler ihre Strategien anpassen, um bestehende Regeln zu umgehen. Aldridge und Krawciw betonen, dass Regulierungsbehörden kontinuierlich neue Entwicklungen im Hochfrequenzhandel überwachen und ihre Maßnahmen anpassen müssen, um effektiv zu bleiben. Besonders mit der fortschreitenden Entwicklung von Technologien wie künstlicher Intelligenz ergeben sich neue Herausforderungen. Algorithmen könnten zukünftig Handelsstrategien entwickeln, die bestehende Regulierungsmechanismen umgehen und neue Risiken für die Märkte schaffen (Aldridge, & Krawciw, 2017, o. S.). Deshalb bleibt die effektive Regulierung des Hochfrequenzhandels eine fortwährende Herausforderung, die sowohl technologische als auch regulatorische Innovationen erfordert. Zukünftige Forschung sollte darauf abzielen, die langfristigen Auswirkungen dieser Maßnahmen auf die Marktstruktur, die Liquidität und das Verhalten der Marktteilnehmer besser zu verstehen.

### 8.4.6 Circuit Breaker und Kill Switches

Circuit Breaker und Kill Switches sind Sicherheitsmechanismen, die in verschiedenen technologischen und finanziellen Kontexten eingesetzt werden, um Systeme vor Überlastung, Fehlfunktionen oder unerwünschten externen Einflüssen zu schützen. Beide Mechanismen dienen dazu, kritische Situationen zu erkennen und darauf zu reagieren, indem sie entweder den Betrieb vorübergehend unterbrechen oder das System vollständig deaktivieren.

Finanzmärkte sind durch ihre hohe Dynamik und Sensibilität gegenüber externen Schocks anfällig für hohe Kursschwankungen. In der Vergangenheit haben starke Marktbewegungen zu Panikverkäufen, Liquiditätsengpässen und Marktverwerfungen geführt, die teilweise erhebliche wirtschaftliche Konsequenzen nach sich gezogen haben. Um solchen Entwicklungen entgegenzuwirken, wurden verschiedene regulatorische Mechanismen implementiert, darunter Circuit

Breaker und Kill Switches. Beide Systeme dienen dazu, Handelsaktivitäten in außergewöhnlichen Situationen zu kontrollieren, unterscheiden sich jedoch in ihrer Funktionsweise, Zielsetzung und Wirkung auf die Marktstabilität. Eine kritische Analyse dieser Mechanismen ist notwendig, um ihre Vor- und Nachteile abzuwägen und mögliche Schwachstellen sowie Verbesserungspotenziale zu identifizieren.

Circuit Breaker unterbrechen in elektrischen Systemen den Stromfluss, sobald ein gefährlicher Strompegel erreicht wird, wodurch Überhitzung und mögliche Brände verhindert werden. Während Circuit Breaker folglich ursprünglich aus der Elektrotechnik stammen und dort als automatische Schaltgeräte fungieren, die Stromkreise vor Überlastung und Kurzschlüssen schützen, haben sie im Finanzwesen eine analoge Anwendung gefunden. Sie sollen bei extremen Marktvolatilitäten Handelsunterbrechungen auslösen, um Panikverkäufe und Marktcrashs zu verhindern (Kobayashi, & Hashimoto, 2011, S. 355–372). Kill Switches hingegen sind in der Softwareentwicklung, der industriellen Automatisierung und anderen Bereichen verbreitet, wo sie als Notfallmechanismen dienen, um Systeme sofort zu deaktivieren, wenn eine kritische Situation erkannt wird. Beide Mechanismen bieten erhebliche Vorteile, bergen aber auch potenzielle Nachteile, die sorgfältig abgewogen werden müssen.

Circuit Breaker sind automatisierte Handelsunterbrechungen, die durch starke Kursbewegungen ausgelöst werden. Sie wurden insbesondere nach dem Börsencrash von 1987 eingeführt, als massive Verkaufswellen zu einem plötzlichen Wertverlust führten und das Vertrauen in die Märkte erschütterten (Brady Commission, 1988, S. 28–57). Ziel der Circuit Breaker ist es, extreme Kursrückgänge zu verlangsamen, indem der Handel für eine bestimmte Zeit ausgesetzt wird. Die Auslösung erfolgt nach vordefinierten Regeln: An den US-Börsen gibt es beispielsweise drei Stufen, die sich an der prozentualen Abwärtsbewegung des S&P 500-Index orientieren. Bei einem Rückgang um 7 Prozent, tritt eine erste Handelsunterbrechung von 15 Minuten in Kraft. Fällt der Index um 13 Prozent, erfolgt eine erneute Unterbrechung, und bei einem Minus von 20 Prozent wird der Handel für den restlichen Tag ausgesetzt (Securities and Exchange Comission (SEC), 2012, S. 3–10). Diese Mechanismen sind in den meisten großen Märkten weltweit etabliert, darunter auch in Europa und Asien (Kim, & Yang, 2004, S. 109–146; European Securities an Markets Authority (ESMA), 2021, S. 59–63), wenngleich die Wirksamkeit der Circuit Breaker in der wissenschaftlichen Literatur nicht eindeutig diskutiert wird (Alderighi, Gurrola-Perez, Lin & Speth, 2021, S. 7).

Ein zentraler Vorteil der Circuit Breaker liegt in ihrer Fähigkeit, Systeme vor Überlastung zu schützen. Die automatische Reaktion ist besonders wichtig in komplexen elektrischen Netzen, wo manuelle Eingriffe zu langsam wären, um Schäden zu vermeiden. Gleiches gilt im algorithmischen Börsenhandel im Allgemeinen und bei HFT im Besonderen, wo Circuit Breaker zur Marktstabilität beitragen können, indem sie extreme Volatilitäten abmildern. Bei plötzlichen Kursstürzen oder -sprüngen unterbrechen sie den Handel für einen bestimmten Zeitraum, was den Anlegern die Möglichkeit gibt, Emotionen zu hinterfragen und rationale Entscheidungen zu treffen (Goldstein, Evans, & Mahoney, 2015, S. 386–405). Die Funktionsweise der Circuit Breaker basiert mithin auf der Annahme, dass durch eine Unterbrechung des Handels emotionale Reaktionen abgemildert und rationalere Entscheidungen ermöglicht werden. Diese Unterbrechungen können dazu beitragen, Panikverkäufe zu verhindern und das Vertrauen in die Marktintegrität zu stärken. Die NYSE begründete entsprechend die Einführung 1988 wie folgt: „Die Börse und andere Marktzentren sind besorgt, dass ausgefeilte Handelsstrategien im Zusammenhang mit dem Programmhandel zu übermäßiger Volatilität führen könnten, die das Vertrauen der Anleger in die Fairness und Ordnungsmäßigkeit der Wertpapiermärkte untergräbt und tatsächlich eine Bedrohung für die Lebensfähigkeit der amerikanischen Kapitalmärkte darstellen könnte“ (Santoni, & Liu, 1993, S. 261). Ein weiterer Vorteil der Circuit Breaker ist ihre Automatisierung. Da sie ohne menschliches Zutun ausgelöst werden, reagieren sie schnell und zuverlässig auf kritische Situationen, was in vielen Fällen entscheidend ist, um größere Schäden zu verhindern (Sifat, & Mohamad, 2019, S. 1130–1169; Chen, Petukhov, Wang, & Xing, 2023, S. 1–5). In der Praxis hat sich gezeigt, dass diese Schutzmechanismen tatsächlich dazu beitragen können, übermäßige Panikverkäufe zu verlangsamen und Marktteilnehmern Zeit zur Neubewertung ihrer Positionen zu geben. Weder steigt die Volatilität noch das Handelsvolumen auf anderen Plattformen noch nach der Wiedereröffnung des Marktes. Händler halten sich zurück, bis der Hauptmarkt wieder geöffnet hat – das gilt insbesondere für HFT (Clapham, Gomber, & Panz, 2017, S. 11 ff.). Zudem tragen sie zur allgemeinen Marktstabilität bei, indem sie exzessive Volatilität dämpfen und eine geordnete Preisfindung fördern (Yu, 2021, S. 567–572). Wie Lin et al. zeigen, gilt diese stabilisierende Wirkung auch nach der Wiederaufnahme des Handels. Die Volatilität bleibt niedriger als vor dem Handelsstopp; und die Liquidität führt zu niedrigeren Spreads und somit Handelskosten. Insgesamt können laut der Studie durch Circuit Breaker Ungleichgewichte abgebaut werden, was zu einer Stabilisierung der Märkte beiträgt (Lin, Gurrola-Perez, & Speth, 2022, o. S.; Gomber, Haferkorn, Lutat, & Zimmermann, 2013, S. 71–87). Circuit Breaker beruhigen die Märkte folglich nicht nur in der Situation, in der sie implementiert werden, sondern führen auch nach der Wiedereröffnung der

Märkte zu einem besseren Gleichgewicht, wenngleich sie langfristig fundamentale Anpassungen natürlich nicht vermeiden können (Lauterbach, & Ben-Zion, 1993, S. 1909–1925).

Trotz dieser Vorteile gibt es ebenso Nachteile, die mit der Verwendung der Circuit Breaker verbunden sind. Ein häufiges Problem ist die Fehlauslösung, bei der der Mechanismus aufgrund von Fehlern im System oder falschen Signalen ausgelöst wird. Solche Fehlauslösungen können zu unnötigen Unterbrechungen führen, die den Betrieb stören und Kosten verursachen. Ein Beispiel hierfür sind falsche Alarme in elektrischen Systemen, die in ungeplanten Abschaltungen resultieren können, oder im Finanzwesen Handelsunterbrechungen, die aufgrund von technischen Fehlern ausgelöst werden. Ein weiterer Nachteil ist die Komplexität der Implementierung. In komplexen Systemen erfordern Circuit Breaker eine sorgfältige Planung und Wartung, um sicherzustellen, dass sie korrekt funktionieren. Dies kann hohe Kosten und einen erheblichen Aufwand für die Systemintegration mit sich bringen. Darüber hinaus können Circuit Breaker im Finanzwesen zu Marktverzerrungen führen. Indem sie den laufenden Preisbildungsprozess unterbrechen, können sie Anleger dazu verleiten, ihre Positionen zu ändern, was wiederum den Markt beeinflusst und in unerwünschten Ergebnissen resultieren kann. Gleichzeitig gibt es kritische Stimmen, die darauf hinweisen, dass Circuit Breaker lediglich eine kurzfristige Beruhigung des Marktes bewirken, ohne fundamentale Probleme zu lösen. So zeigen empirische Studien, dass sich Marktteilnehmer in Erwartung einer Handelsunterbrechung teilweise sogar zu verstärkten Verkäufen gedrängt fühlen, um ihre Positionen noch vor der Auslösung eines Circuit Breakers abzustoßen. Dieser sog. Magnet-Effekt kann dazu führen, dass die erhoffte Stabilisierung des Marktes ins Gegenteil umschlägt. Je näher der Markt dem Schwellenwert kommt, desto schneller steigt die Wahrscheinlichkeit, dass der Circuit Breaker ausgelöst wird und die Volatilität steigt (Chen, Petukhov, Wang, & Xing, 2023, S. 22 f.; Wong, Kong, & Li, 2016, S. 1–15). Ein weiterer Kritikpunkt ist, dass Circuit Breaker zu einer Einschränkung der Marktliquidität führen können. Denn während der Handelsaussetzung können Investoren keine Transaktionen durchführen, was insbesondere in Krisensituationen problematisch sein kann. Zudem wird argumentiert, dass Circuit Breaker die Illusion einer Sicherheit schaffen, die in der Realität nicht existiert. Der Handel wird zwar temporär ausgesetzt, doch fundamentale Preisbewegungen können dadurch nicht verhindert, sondern lediglich verzögert werden. Circuit Breaker können insofern zu einer schwächeren Preisbildung bzw. weniger effizienten Marktgleichgewicht führen. Sobald der Handel wieder aufgenommen wird, können sich die vorhergehenden Trends unvermindert fortsetzen, was im schlimmsten Fall sogar in noch größeren Marktturbulenzen resultiert. Denn das durch Unsicherheit ausgelöste Herdenverhalten verstärkt die Volatilität weiter (Chen, Petukhov, Wang, & Xing, 2023, o. S.; Haddock, 1989, o. S.; Wang, Kim, & Suardi, 2022, o. S.). Das gilt auch für den Fall, dass die Wertpapiere an mehreren Handelsplattformen notiert sind. Stoppt ein Markt den Handel, können die Liquidität und damit auch die Volatilität den Handelsplatz wechseln (Subrahmanyam, 1994, S. 237–254; Kyle, 1985, S. 1315–1335).

Kill Switches bieten ebenfalls eine Reihe von Vorteilen, insbesondere in Situationen, in denen eine sofortige und vollständige Deaktivierung eines Systems erforderlich ist. Ein zentraler Vorteil ist die Möglichkeit, ein System sofort zu deaktivieren, wenn eine kritische Situation erkannt wird. Dies ist besonders wichtig in Bereichen wie der Entwicklung von Software und Algorithmen, da beschädigte oder unsichere Anwendungen potenziell Daten beschädigen oder verlieren könnten. Durch die sofortige Deaktivierung können Kill Switches dazu beitragen, solche Schäden zu verhindern und die Sicherheit des Systems zu gewährleisten. Ein weiterer Vorteil ist der Schutz vor Datenverlust. In der industriellen Automatisierung können Kill Switches verhindern, dass fehlerhafte Prozesse weiterlaufen und potenziell wertvolle Daten oder Ressourcen gefährden. Darüber hinaus sind Kill Switches relativ einfach zu implementieren und erfordern keine komplexe Infrastruktur, was sie zu einer kosteneffektiven Lösung macht. Diese Einfachheit macht sie zu einer attraktiven Option für viele Anwendungen, bei denen Sicherheit und Zuverlässigkeit von entscheidender Bedeutung sind.

Während aber Circuit Breaker darauf abzielen, den gesamten Markt vor extremen Bewegungen zu schützen, sind Kill Switches gezielte Mechanismen, die den Handel einzelner Marktteilnehmer stoppen können. Diese Systeme wurden insbesondere mit dem Aufkommen des algorithmischen Handels relevant, da fehlerhafte Algorithmen oder unerwartete technische Störungen in Sekundenschnelle massive Schäden verursachen können (Rapa, 2023, o. S.; Securities and Exchange Commission (SEC), 2015, S. 3 f.). Ein prominentes Beispiel für einen solchen Vorfall war der sog. Knight Capital-Crash im Jahr 2012, bei dem ein defekter Algorithmus des gleichnamigen Handelsunternehmens in wenigen Minuten Verluste von über 400 Millionen US-Dollar verursachte (Securities and Exchange Commission (Securities and Exchange Commission (SEC, 2013, S. 40). Kill Switches wurden daraufhin verstärkt als Sicherheitsmechanismus in Handelsinfrastrukturen integriert, um derartige Risiken zu minimieren. Sie ermöglicht es einer Handelsplattform oder einer Aufsichtsbehörde, den Handel eines bestimmten Akteurs unverzüglich zu stoppen, wenn Anzeichen für eine unkontrollierte oder fehlerhafte Handelsaktivität auftreten. Im Gegensatz zu Circuit Breakern sind Kill Switches somit individuell auf einzelne Marktteilnehmer anwendbar und nicht auf den gesamten Markt. Dies hat den Vorteil, dass gezielt Risiken eliminiert werden können, ohne den Handelsfluss für andere Akteure zu beeinträchtigen. Kill Switches können entweder manuell, beispielsweise durch eine Compliance-Abteilung oder eine Aufsichtsbehörde, aktiviert oder automatisch durch Algorithmen nach zuvor definierten Kriterien ausgelöst werden, wenn ungewöhnliche Handelsmuster erkannt werden. Die Vorteile von Kill Switches liegen in ihrer Fähigkeit, systemische Risiken zu reduzieren, die insbesondere im Hochfrequenzhandel entstehen. Durch die schnelle Deaktivierung eines Marktteilnehmers können großflächige Marktstörungen verhindert und das Vertrauen in die Handelsinfrastruktur gestärkt werden. Damit können Kill Switches sogar Anleger an die Handelsplätze ziehen (Suppan, 2021, o. S.). Zudem bieten Kill Switches eine direkte regulatorische Kontrolle über verdächtige oder risikobehaftete Handelsaktivitäten, was zu einer höheren Marktintegrität beiträgt (European Securities and Markets Authority (ESMA), 2014, S. 53 ff.).

Allerdings gibt es auch Nachteile, die mit der Verwendung von Kill Switches verbunden sind. Ein potenzielles Problem ist das Missbrauchspotenzial. Da Kill Switches ein System vollständig deaktivieren können, besteht die Gefahr, dass sie missbraucht werden, um Systeme ohne legitimen Grund zu deaktivieren. Dies könnte zu erheblichen Unterbrechungen führen und den Betrieb beeinträchtigen. Ein Beispiel hierfür ist die Möglichkeit, dass böswillige Akteure einen Kill Switch aktivieren, um einen Dienst zu stören oder Daten zu manipulieren. Ein weiterer Nachteil ist die Gefahr von Fehlfunktionen. Wie bei jedem automatisierten System besteht das Risiko, dass ein Kill Switch aufgrund eines technischen Fehlers ausgelöst wird, was zu unerwünschten Deaktivierungen führen kann (Mackenzie, Massoudi, & Foley, 2012, o. S.; Patterson, 2014, o. S.). Solche Fehlfunktionen können erhebliche Auswirkungen haben, insbesondere in kritischen Systemen, wo eine ungeplante Deaktivierung schwerwiegende Folgen haben könnte. Schließlich kann die eingeschränkte Flexibilität von Kill Switches ein Problem darstellen. Einmal aktiviert, deaktiviert ein Kill Switch das System vollständig, was in einigen Fällen eine Überreaktion darstellen kann. In Situationen, in denen eine gezieltere Lösung angemessener wäre, könnte die vollständige Deaktivierung in unnötigen Unterbrechungen und Ineffizienzen resultieren. Wenn ein Kill Switch fälschlicherweise aktiviert wird, könnte dies dazu führen, dass ein Marktteilnehmer ungewollt vom Handel ausgeschlossen wird, selbst wenn kein tatsächliches Risiko besteht (Rapa, 2023, o. S.). Dies kann insbesondere in Märkten mit hoher Volatilität problematisch sein, da automatisierte Systeme nicht immer zwischen normalen Marktschwankungen und tatsächlichen Fehlfunktionen unterscheiden können (Brogaard, Hendershott, & Riordan, 2013, S. 1).

Zudem kann die Möglichkeit der gezielten Deaktivierung einzelner Marktteilnehmer intransparent sein, da nicht alle Akteure über die gleichen Informationen zur Aktivierung und Anwendung dieser Mechanismen verfügen. Ein weiterer kritischer Punkt ist, dass Kill Switches das Vertrauen in algorithmische Handelssysteme untergraben könnten. Wenn Händler befürchten müssen, dass ihr Handel unerwartet gestoppt wird, könnte dies zu einer geringeren Marktliquidität und einer insgesamt ineffizienteren Preisbildung führen – zumal sich die Frage stellen lässt, wie wirksam im heutigen Umfeld von Best Execution, Smart Order Routing und HFT derartige Abschaltmechanismen sind oder die Abschaltung an der einen zu größeren Problemen an anderer Stelle führen (Rapa, 2023, o. S.). Die Algorithmen dürften zu intelligent programmiert sein, um sich durch Kill Switches aufhalten zu lassen. Insofern muss diskutiert werden, welche Art von Kill Switches am besten dazu geeignet sind, den Herausforderungen moderner Märkte zu begegnen (Boston University, 2013, S. 71 ff.). Darüber hinaus könnte eine übermäßige Regulierung durch Kill Switches Innovationen im algorithmischen Handel behindern und die Wettbewerbsfähigkeit der Märkte einschränken (Gomber, Arndt, Lutat, & Uhle, 2011, S. 7).

Bei der Betrachtung der Vor- und Nachteile der Circuit Breaker und Kill Switches wird deutlich, dass beide Mechanismen erhebliche Vorteile in Bezug auf Sicherheit und Stabilität bieten, aber auch potenzielle Nachteile haben, die sorgfältig abgewogen werden müssen. Circuit Breaker sind besonders nützlich in Situationen, in denen eine vorübergehende Unterbrechung ausreicht, um das System zu stabilisieren, während Kill Switches in kritischen Situationen, die eine sofortige und vollständige Deaktivierung erfordern, besser geeignet sind. Ein wichtiger Aspekt, der bei der Implementierung dieser Mechanismen berücksichtigt werden muss, ist die Balance zwischen Sicherheit und Flexibilität. Während es wichtig ist, Systeme wie die Finanzmärkte vor Schäden zu schützen, ist es ebenso bedeutsam, sicherzustellen, dass diese Mechanismen nicht zu häufig oder unnötig ausgelöst werden, was zu Unterbrechungen und Ineffizienzen führen kann.

In der Praxis hängt die Wahl zwischen Circuit Breakern und Kill Switches stark vom spezifischen Anwendungsfall ab. In elektrischen Systemen und an traditionellen Finanzmärkten, wo eine vorübergehende Unterbrechung oft ausreicht, um das System zu stabilisieren, sind Circuit Breaker die bevorzugte Wahl. In Bereichen wie der Entwicklung von Algorithmen, wie im Hochfrequenzhandel, oder der industriellen Automatisierung, wo eine sofortige und vollständige Deaktivierung erforderlich sein kann, sind Kill Switches i. d. R. die bessere Option. Unabhängig von der Wahl des Mechanismus sind jedoch eine sorgfältige Planung und Implementierung entscheidend, um zu gewährleisten, dass diese Sicherheitsmechanismen effektiv und effizient funktionieren, ohne unnötige Unterbrechungen oder Komplikationen zu verursachen.

Sowohl Circuit Breaker als auch Kill Switches sind folglich wichtige Instrumente zur Marktstabilisierung, jedoch in unterschiedlichen Anwendungsbereichen und mit potenziellen Schwachstellen. Während Circuit Breaker darauf abzielen, Marktpaniken zu entschärfen und extreme Volatilität zu reduzieren, dienen Kill Switches als gezielte Notfallmaßnahmen für einzelne Marktakteure. Beide Mechanismen haben sich in bestimmten Situationen als wirksam erwiesen, bergen aber auch Risiken, die sorgfältig abgewogen werden müssen. Die fortlaufende Analyse und Anpassung dieser Schutzmechanismen durch Regulierungsbehörden sind entscheidend, um ihre Effektivität zu maximieren und negative Nebenwirkungen zu minimieren. Insbesondere im Kontext der zunehmenden Automatisierung und Digitalisierung des Handels wird es in Zukunft von entscheidender Bedeutung sein, ein Gleichgewicht zwischen Marktsicherheit und Effizienz zu gewährleisten. Das gilt in besonderer Weise vor dem Hintergrund der Geschwindigkeit, mit der der Hochfrequenzhandel abläuft.

Zusammenfassend lässt sich sagen, dass Circuit Breaker und Kill Switches unverzichtbare Werkzeuge in der modernen Technologie und dem Finanzwesen sind. Sie bieten erhebliche Vorteile in Bezug auf Sicherheit und Stabilität, aber sie haben auch ihre jeweiligen Nachteile. Obwohl von Regulierungsbehörden präferiert, sollten eine sorgfältige Planung und Implementierung dieser Mechanismen entscheidend sein, um sicherzustellen, dass sie effektiv und effizient funktionieren, ohne unnötige Unterbrechungen oder Komplikationen bzw. Marktverzerrungen zu verursachen. Durch die Abwägung der Vor- und Nachteile und die Anpassung an die spezifischen Anforderungen des Systems können diese Mechanismen dazu beitragen, die Sicherheit und Zuverlässigkeit von Systemen in einer Vielzahl von Anwendungsbereichen zu gewährleisten.

### 8.4.7 Order-Randomisierung

Die Randomisierung von Orders, eine Technik, bei der die Reihenfolge von Handelsaufträgen zufällig bestimmt wird, ist in den letzten Jahren zu einem zentralen Thema in der Diskussion um den Hochfrequenzhandel geworden. Das Ziel dieser Methode ist es, die Vorhersagbarkeit von Orderflüssen zu verringern und damit die Möglichkeit für Hochfrequenzhändler, aus historischen Daten Muster zu erkennen und diese für profitable Handelsstrategien auszunutzen, zu erschweren. Dabei werden Orders nicht in Echtzeit, sondern mit einer zufälligen Verzögerung (Random Delay) an die Börse übermittelt.

In Märkten, in denen Orders kontinuierlich in der Reihenfolge ihrer Platzierung ausgeführt werden, ist Geschwindigkeit ein wichtiger Faktor. In diesem First-come-first-serve-Prinzip können sich Hochfrequenzhändler auf Kosten anderer Marktteilnehmer sowohl bei der Platzierung von Aufträgen als auch bei deren Stornierung Vorteile verschaffen (Bundesbank (Hrsg.), 2016, S. 43 ff.). Diese negativen Auswirkungen des Hochfrequenzhandels will die Randomisierung überwinden. Der Anreiz, in höhere Geschwindigkeit zu investieren, würde verschwinden, Schnelligkeit wäre kein strategischer Vorteil mehr.

Die Randomisierung beschreibt in diesem Kontext die bewusste Einführung eines Zufallselements in die Verarbeitung bzw. Reihenfolge von Orders, um Geschwindigkeitsvorteile auszugleichen. Zum einen soll sie die Fairness auf den Finanzmärkten erhöhen, indem sie sicherstellt, dass alle Marktteilnehmer, unabhängig von ihrer technologischen Ausstattung und ihrem Zugang zu Informationen, die gleichen Chancen haben. Zum anderen zielt sie darauf ab, das Risiko von Marktmanipulationen zu reduzieren. Durch das Stören von Mustern in den Orderflüssen wird es für Marktteilnehmer schwieriger, künstliche Nachfrage oder Angebot zu schaffen und so den Marktpreis zu beeinflussen. Randomisierte Orders können somit manipulative Praktiken wie Front Running oder Spoofing erschweren. Lewis beschreibt in seinem Buch „Flash Boys", wie HFT-Firmen Informationsvorsprünge nutzen, um risikolose Gewinne zu erzielen. Eine Randomisierung könnte diese Praktiken unterbinden (Lewis, 2014, S. 112).

Randomisierung kann durch Börsen implementiert oder von Händlern selbst strategisch genutzt werden. Handelsplattformen setzen Randomisierungsmechanismen ein, um den Wettbewerb um Geschwindigkeit, das sog. Race to the Top, zu begrenzen. Die Investors Exchange (IEX) in den USA ist ein prominentes Beispiel für eine Börse, die bewusst eine Verzögerung von 350 Mikrosekunden für alle eingehenden Orders eingeführt hat. Diese Verzögerung, auch Speed Bump genannt, kombiniert mit zufälligen Elementen in der Reihenfolge der Orderausführung, soll sicherstellen, dass HFT-Firmen nicht automatisch bevorzugt werden, wenn sie aufgrund ihrer Geschwindigkeit schneller auf Marktdaten reagieren können als Teilnehmer mit höherer Latenz. Die Einführung von Verlangsamungen in Verbindung mit einer zufälligen Auswahl bei den Ausführungen verunmöglicht es, systematisch von Geschwindigkeitsvorteilen zu profitieren. Studien zeigen, dass diese Methode nicht nur die Fairness erhöht, sondern auch die Preisfindung stabilisiert, indem sie die Marktvolatilität reduziert, die mit HFT-Strategien einhergehen kann (Budish, Cramton, & Shim, 2015, S. 1548–1553). Die Einführung von Randomisierung zielt folglich darauf ab, die Marktfunktionen zu verbessern und die Fairness für langsamere Marktteilnehmer, wie Nicht-HFT-Investoren oder traditionelle Händler, zu erhöhen. Chordia et al. argumentieren, dass zufällige

Elemente in der Orderausführung die Fähigkeit von HFT-Algorithmen, präzise Vorhersagen zu treffen, erheblich einschränken. Dies führt dazu, dass die Chancengleichheit unter den Marktteilnehmern gefördert wird, da es nicht möglich ist, Handelsstrategien auf Grundlage minimaler zeitlicher Vorteile zu optimieren (Chordia, Roll, & Subrahmanyam, 2001, S. 247–274).

Neben diesen von Börsen implementierten Mechanismen nutzen Marktteilnehmer Randomisierung auch strategisch, um ihre Handelsabsichten zu verschleiern. Händler platzieren beispielsweise Iceberg Orders, bei denen nur ein Teil des tatsächlichen Ordervolumens sichtbar ist, während der Rest verborgen bleibt. Durch zufällige Anpassungen der sichtbaren Volumina können Investoren verhindern, dass ihre Positionen von HFT-Algorithmen erkannt und ausgenutzt werden (Madhavan, 2016, S. 209). Darüber hinaus verwenden Händler Smart Order Routing-Systeme, die Orders auf verschiedene Handelsplätze und zu unterschiedlichen Zeitpunkten verteilen. Diese zufällige Streuung erschwert es Hochfrequenzhändlern, die Handelsmuster eines Teilnehmers zu analysieren und die eigenen Strategien darauf abzustimmen. Randomisierung kann auch eine wichtige Rolle bei der Bekämpfung von Marktmanipulationstechniken wie Quote Stuffing spielen. Hierbei platzieren Händler große Mengen von Orders im Orderbuch, nur, um diese unmittelbar danach zu stornieren, um andere Marktteilnehmer zu täuschen oder den Marktzugang zu behindern. Zufällige Reihenfolge der Orderausführung bzw. der -verarbeitung können verhindern, dass solche Taktiken effektiv ausgeführt werden (Aldridge, 2013, S. 148–152).

Gleichzeitig können Randomisierungsmechanismen dazu beitragen, extreme Marktbewegungen wie Flash Crashes zu verhindern, die oft durch algorithmische Handelsaktivitäten ausgelöst werden. Easley et al. zeigen, dass Märkte, die stark auf HFT-Strategien angewiesen sind, anfälliger für solche Preisbewegungen sind. Zufällige Verzögerungen können diese Dynamik abschwächen, indem sie die Geschwindigkeit und Intensität von Orders im Markt regulieren (Easley, Lopez de Prado, & O'Hara, 2012, S. 19–29). Kirilenko et al. unterstützen diese These und zeigen, dass HFT-Firmen oft auf schnelle Reaktionszeiten angewiesen sind, um manipulative Strategien umzusetzen. Durch die Randomisierung wird die Wahrscheinlichkeit von Flash Crashes verringert, da plötzliche, massenhafte Orderausführungen vermieden werden. Kirilenko et al. analysieren den Flash Crash von 2010 und kommen zu dem Schluss, dass Hochfrequenzhandel zu extremen Marktvolatilitäten führen kann, die durch Randomisierung abgemildert werden könnten. Sie argumentieren, dass eine zufällige Verzögerung die Wahrscheinlichkeit von Kettenreaktionen verringert, die zu Marktinstabilitäten führen (Kirilenko, Kyle, Samadi, & Tuzun, 2017, S. 967–998).

Trotz ihrer Vorteile ist Randomisierung nicht unumstritten. Denn es gibt neben den positiven Aspekten auch Kritik an der Randomisierung von Orders. Kritiker argumentieren beispielsweise, dass diese Methode zwar die Vorhersagbarkeit von Orderflüssen verringern, aber nicht vollständig eliminieren kann. Intelligente Algorithmen könnten weiterhin Muster in den randomisierten Daten erkennen und daraus Rückschlüsse auf die Absichten anderer Marktteilnehmer ziehen. Zudem weisen Kritiker darauf hin, dass zufällige Verzögerungen die Transparenz und Effizienz der Märkte beeinträchtigen könnten. Budish et al. argumentieren, dass Randomisierung in volatilen Märkten die Preisfindung verlangsamen könnte, was zu größeren Preisschwankungen führen kann (Budish, Cramton, & Shim, 2015, S. 1560).

Eine weitere Herausforderung besteht darin, dass HFT-Firmen ihre Aktivitäten möglicherweise auf weniger regulierte Märkte verlagern, wenn Randomisierungsmechanismen in stärker regulierten Märkten eingeführt werden. Ebenfalls weist Menkveld darauf hin, dass solche Verlagerungen zu einer Fragmentierung der Liquidität führen könnten, was wiederum die Marktqualität insgesamt beeinträchtigen würde. Randomisierte Orders können die Markteffizienz beeinträchtigen, da sie die Geschwindigkeit der Preisanpassung verlangsamen (Menkveld, 2013, S. 715). Angel, et al. warnen vor einer solchen Fragmentierung, die die Marktqualität insgesamt verschlechtern könnte. Sie argumentieren, dass eine unkoordinierte Einführung von Randomisierung zu einer Zersplitterung der Handelsaktivitäten führen könnte, was die Marktintegrität untergrabe (Angel, Harris, & Spatt, 2010, S. 8).

Hendershott und Moulton führen das Argument an, dass schnelle Orderausführung zu engeren Geld-Brief-Spannen und geringeren Transaktionskosten führen, was durch Randomisierung gefährdet werden könnte. Sie zeigen, dass die Einführung von Randomisierungsmechanismen die Liquidität und die Preiseffizienz negativ beeinflussen könnte. Die Implementierung von Randomisierungsmechanismen erfordert darüber hinaus erhebliche technologische Anpassungen an den Börseninfrastrukturen (Hendershott, & Moulton, 2011, S. 568–604). Foucault und Menkveld weisen darauf hin, dass solche Änderungen hohe Kosten verursachen und möglicherweise zu einer Fragmentierung der Märkte führen könnten (Foucault, & Menkveld, 2008, S. 119–158). Sie argumentieren, dass die Einführung von Randomisierung die Wettbewerbsfähigkeit von Börsen beeinträchtigen könnte, insbesondere, wenn sie nicht global umgesetzt wird. Randomisierte Orders könnten die Bereitschaft von Market Makern verringern, Liquidität bereitzustellen, da ihre Risiken durch die Unvorhersehbarkeit der Orderausführungen steigen. Malinova und Park zeigen, dass Liquiditätsbereitsteller auf stabile und vorhersehbare Marktbedingungen angewiesen sind, um effektiv zu agieren. Sie argumentieren, dass eine Randomisierung die Risikoprämien für Market Maker erhöhen könnte, was zu höheren Transaktionskosten für alle Marktteilnehmer führen würde (Malinova, & Park, 2015, S. 271–291).

Zusammenfassend kann die Randomisierung ein effektives Instrument sein, um die negativen Auswirkungen des Hochfrequenzhandels zu mindern sowie eine gerechtere Marktstruktur und damit eine verbesserte Marktintegrität zu schaffen. Mechanismen wie zufällige Verzögerungen und strategische Randomisierung durch Handelsplattformen können dazu beitragen, die Bedeutung von Geschwindigkeit zu reduzieren und manipulative Handelsstrategien zu erschweren. Gleichzeitig müssen potenzielle Nachteile wie die Beeinträchtigung der Transparenz und Effizienz sowie mögliche Verlagerungen von Handelsaktivitäten sorgfältig berücksichtigt werden. Ziel muss es sein, stabilere und fairere Finanzmärkte zu schaffen. Eine sorgfältige Abwägung der Vor- und Nachteile sowie weitere empirische Forschung sind notwendig, um die Auswirkungen dieses Mechanismus vollständig zu verstehen. Budish et al. betonen, dass eine Kombination aus Randomisierung und anderen regulatorischen Maßnahmen erforderlich ist, um die Integrität der Finanzmärkte zu wahren (Budish, Cramton, & Shim, 2015, S. 1550–1560).

Empirische Studien zur Wirksamkeit der Randomisierung liefern ein gemischtes Bild. Einige zeigen, dass die Randomisierung zu einer geringeren Vorhersehbarkeit von Orderflüssen führt und damit das Risiko von Marktmanipulationen verringert. Andere weisen darauf hin, dass die Effekte der Randomisierung begrenzt sind und HFT-Algorithmen weiterhin in der Lage sind, profitable Handelsstrategien zu entwickeln.

Ein wichtiger Punkt, der in der Diskussion um die Randomisierung oft vernachlässigt wird, ist die Interaktion dieser Maßnahme mit anderen regulatorischen Instrumenten. Die Wirksamkeit der Randomisierung kann durch andere Maßnahmen, beispielsweise kürzere Handelszeiten oder höhere Mindestgrößen für Orders, verstärkt oder abgeschwächt werden (Brogaard, Hendershott, & Riordan, 2014, S. 2267–2306; Menkveld, & Foucault, 2009, S. 505–541).

Offene Fragen und zukünftige Forschungsbedarfe sind zahlreich. Wie sollte die Randomisierung optimal gestaltet werden, um die gewünschten Effekte zu erzielen, ohne die Marktliquidität zu beeinträchtigen? Welche langfristigen Auswirkungen hat die Randomisierung auf die Marktstruktur und das Verhalten der Marktteilnehmer? Wie kann die Wirksamkeit der Randomisierung in Kombination mit anderen regulatorischen Maßnahmen maximiert werden?

Die Randomisierung von Orders kann somit ein vielversprechender Ansatz zur Verbesserung der Marktqualität sein. Allerdings ist sie keine Allzweckwaffe und muss im Kontext anderer regulatorischer Maßnahmen betrachtet werden.

Zukünftige Forschung sollte sich auf die Entwicklung von umfassenderen und effektiveren Regulierungsansätzen konzentrieren, um die Integrität der Finanzmärkte zu gewährleisten. Die empirische Evidenz zur Randomisierung von Orders ist begrenzt, da dieser Ansatz bisher nur in wenigen Märkten getestet wurde. Es fehlen insbesondere Langzeitstudien, um die tatsächlichen Auswirkungen auf Marktqualität und Stabilität zu bewerten. Kirilenko et al. betonen, dass weitere Forschung notwendig ist, um die Auswirkungen von Randomisierung auf verschiedene Marktteilnehmer und Marktsegmente zu verstehen (Kirilenko, Kyle, Samadi, & Tuzun, 2017, S. 967–998).

### 8.4.8 Risk Management im algorithmischen Handel

Der Hochfrequenzhandel hat die Finanzmärkte in den letzten beiden Jahrzehnten grundlegend verändert. Während HF-Trader durch ultraschnelle, automatisierte Handelsentscheidungen Liquidität bereitstellen und Arbitragemöglichkeiten effizient nutzen können, sind mit dieser Handelsform auch neuartige Risiken verbunden. Allgemein wird das Risiko erhöhter Marktvolatilität und potenzieller Marktstörungen als zentrales Problem angesehen. So können bereits die enorme Geschwindigkeit und Anzahl von Ordereingaben, Änderungen und Stornierungen in sehr kurzer Zeit Handelssysteme überlasten und Kaskadeneffekte auslösen, welche die Kursvolatilität signifikant steigern können (BaFin), 2019, o. S.). Ein oft zitiertes Beispiel ist der „Flash Crash" vom 6. Mai 2010, bei dem der Dow Jones-Index innerhalb von Minuten um rund 1000 Punkte einbrach und sich kurz darauf wieder erholte. Untersuchungen ergaben, dass dieser extreme Kursrutsch zwar nicht unmittelbar von HFT ausgelöst, jedoch durch reflexartiges Verhalten und sehr hohe Orderzahlen der HFT verstärkt wurde (Contratto, 2014, S. 143–160). Solche Ereignisse offenbaren systemische Risiken: Wenn Algorithmen in Panik verkaufen oder sich gegenseitig Feedbackschleifen geben, kann dies zu abrupten Kurseinbrüchen oder erheblichen Liquiditätsrückgängen führen, die das Vertrauen in die Marktstabilität erschüttern (Leal, Napoletano, Roventini, & Fagiolo, 2016, S. 68–74).

Neben der Marktvolatilität bestehen im Hochfrequenzhandel erhebliche operationelle Risiken. Schon kleinste Softwarefehler oder technische Störungen können aufgrund der Handelsgeschwindigkeit zu außerordentlich großen Verlusten in kürzester Zeit führen. Ein prominentes Beispiel ist der Fall der US-Firma Knight Capital im August 2012: Durch einen Softwarefehler platzierte das Handelssystem innerhalb von ca. 45 Minuten massenhaft falsche Kauforders im Wert von rund 7 Milliarden US-Dollar. Das Unternehmen erlitt Verluste von über

440 Millionen US-Dollar, da es keine sofort greifenden Notfallmechanismen gab (Dolfing, 2019, o. S.; Adler, 2012, o. S.). Späteren Analysen zufolge hätte ein sofortiges Abschalten der Handelsalgorithmen – ein sog. Kill Switch – die Schäden deutlich begrenzen können. Bei Knight Capital fehlten jedoch dokumentierte Notfallprozeduren und ein automatischer Handelsstopp, sodass der fehlerhafte Algorithmus rund 20 Minuten länger unkontrolliert weiterlief und Orders an der Börse platzierte (Chawla, 2020, S. 11). Dieser Vorfall unterstreicht, wie wichtig technologische Sicherheitsvorkehrungen und ein wirksames Risikomanagement im HFT sind, um menschliche Fehler oder Programmfehler abzufangen, bevor sie eskalieren (Dolfing, 2019, o. S.).

Technologische Sicherheitsmaßnahmen gelten als erste Verteidigungslinie gegen die spezifischen Risiken des Hochfrequenzhandels. HFT-Firmen setzen auf robuste IT-Infrastrukturen, die hinsichtlich Hardware, Software und Netzwerkverbindungen hoch performant und fehlertolerant ausgelegt sind (Lovells (Hrsg.), 2016, o. S.). Dazu gehören Redundanzsysteme, etwa doppelte Server- und Datenleitungssysteme, um bei einem Ausfall einzelner Komponenten den Handel ohne Unterbrechung fortsetzen zu können. Eine zentrale technologische Maßnahme ist der bereits erwähnte Kill Switch. Branchenstandards definieren einen solchen als Kontrollmechanismus, der beim Aktivieren augenblicklich alle Handelsaktivitäten eines Teilnehmers unterbindet, neue Aufträge verhindert und offene Orders löscht (Chawla, 2020, S. 3). Diese Maßnahme wird als effektive Sicherung betrachtet, um Situationen wie automatisierte „Amokläufe" von Algorithmen zu entschärfen, welche die Marktintegrität bedrohen könnten (Futures Industry Association (FIA), 2024, o. S.). Ergänzend werden Handelssysteme mit automatischen Vor- und Nachhandelskontrollen ausgestattet. Vor dem Absenden einer Order an den Markt prüfen Pre-Trade Controls, ob die Order bestimmten Parametern entspricht – z. B., ob die Ordergröße oder der Preis innerhalb vordefinierter Grenzen liegt. Auffällige oder fehlerhafte Orders, die stark von Marktpreisen oder üblichen Volumina abweichen, werden automatisch abgelehnt, um „fat-finger errors" oder Preisexzesse zu verhindern (Lovells (Hrsg.), 2016, o. S.; Chawla, 2020, S. 2).

Auch Regulatoren fordern entsprechende Maßnahmen. Beispielsweise müssen gem. Art. 48 Abs. 4 MiFID II Handelsplätze Verfahren einführen, die Aufträge zurückweisen, welche festgelegte Volumen- oder Preisschwellen überschreiten oder offensichtlich fehlerhaft sind. Auf Seiten der HFT-Unternehmen selbst werden in den Handelsalgorithmen eingebaute Sicherheitsgrenzen implementiert. Z. B. sorgen Limits für maximale Ordergrößen pro Trade, Maximalvolumina pro Zeiteinheit oder Verlustbegrenzungen dafür, dass ein Algorithmus seine Positionen oder Verluste nicht unkontrolliert ausweiten kann. Werden solche

Schwellenwerte überschritten, greifen automatische Schutzmechanismen – etwa das Drosseln weiterer Orders oder eben das vollständige Stoppen des Handelsprogramms. Ergänzt wird dies durch Echtzeit-Überwachungssysteme, die laufend alle Positionen, Orderaktivitäten und Risikokennziffern überwachen. Moderne HFT-Risikomanagementsysteme generieren Echtzeit-Warnmeldungen, sobald ungewöhnliche Handelsaktivitäten auftreten oder Limits verletzt werden (Lovells (Hrsg.), 2016, o. S.). Innerhalb von Sekundenbruchteilen können dann Gegenmaßnahmen eingeleitet werden, sei es automatisch durch die Software oder durch Intervention eines Risikomanagers. Diese Vielzahl an technologischen Kontrollmechanismen – von Kill Switches über Vor-Trade-Limits bis zu Echtzeit-Monitoring – zielt darauf ab, Fehlfunktionen oder außer Kontrolle geratene Algorithmen rechtzeitig zu erkennen und unschädlich zu machen, bevor sie die Marktordnung gefährden.

Aufgrund der systemischen Bedeutung dieser Vorsichtsmaßnahmen haben Regulierungsbehörden weltweit reagiert und spezifische Vorgaben für den algorithmischen Handel erlassen. In der EU schreibt die Finanzmarktrichtlinie MiFID II in Art. 17 vor, dass Wertpapierfirmen mit algorithmischen Handelsstrategien wirksame Risikokontrollsysteme und belastbare, resiliente Handelssysteme betreiben müssen. Diese Systeme sind regelmäßig strengen Tests zu unterziehen, um ihre Funktionsfähigkeit unter Realmarktbedingungen sicherzustellen, und es müssen Notfallpläne für Geschäftsunterbrechungen existieren. MiFID II verlangt etwa, dass algorithmische Handelsfirmen Notfall- und Geschäftskontinuitätspläne (Business Continuity Arrangements) bereithalten, damit auch im Falle technischer Störungen ein geordneter Handel gewährleistet bleibt (Ortkemper, 2012, o. S.). Darüber hinaus müssen Algorithmen gem. den Regulatory Technical Standards (RTS 6) zu MiFID II vor ihrem Einsatz gründlich getestet und genehmigt werden. Veränderungen an Handelsalgorithmen dürfen nur nach formalisierter Freigabe erfolgen, um unkontrollierte Effekte zu vermeiden. Besonders hervorzuheben ist die Pflicht zur ständigen Überwachung: Firmen müssen ihre algorithmischen Handelssysteme in Echtzeit beobachten und über automatische Alarme verfügen, die Anzeichen von ungeordnetem Handel oder Limit-Überschreitungen sofort signalisieren (Lovells (Hrsg.), 2016, o. S.). Gleichzeitig schreiben die Regeln vor, dass Handelsplätze Sicherheitsmechanismen wie Handelsunterbrechungen (Circuit Breakers) einsetzen. MiFID II (Art. 48 Abs. 5) verlangt von Börsen, den Handel vorübergehend aussetzen oder einschränken zu können, wenn es in kurzer Zeit zu erheblichen Preisbewegungen kommt. Europäische Börsen nutzen hierzu häufig Volatilitätsunterbrechungen auf Einzeltitel-Ebene, die bei Erreichen bestimmter (nicht veröffentlichter) Kursschwellen automatisch eine

Auktionsphase einleiten, um den Markt abzukühlen. Solche Mechanismen wurden nach bekannten Zwischenfällen verstärkt harmonisiert, wie die europäischen Leitlinien der ESMA zu Handelsunterbrechungen zeigen. Auch Orderlimits und Meldepflichten wurden verschärft: In Deutschland trat bereits 2013 das Hochfrequenzhandelsgesetz in Kraft, das HFT-Firmen einer Erlaubnispflicht unterwarf und organisatorische Pflichten einführte (BaFin), 2020, o. S.). Hierzu zählen etwa die Kennzeichnung aller algorithmisch generierten Orders und Limits für die Quote-to-Trade-Ratio, um exzessive Orderschnelligkeit einzudämmen. Insgesamt zielen die regulatorischen Maßnahmen darauf ab, durch verbindliche Standards das Risikomanagement im HFT zu stärken und Marktstörungen vorzubeugen. So müssen Handelsalgorithmen Stresstests unterzogen werden: Mindestens jährlich ist zu überprüfen, ob die Systeme auch unter außergewöhnlichen Marktbedingungen robust und stabil bleiben (Lovells (Hrsg.), 2016, o. S.). Gem. RTS 6 sind dabei Szenarien wie ein plötzlich verdoppeltes Orderaufkommen oder Handelsvolumen durchzuspielen, basierend auf dem höchsten Wert der letzten sechs Monate, multipliziert mit einem Faktor, typischerweise zwei (Financial Conduct Authority (FCA) (Hrsg.), 2017, o. S.). Diese Stressszenarien stellen sicher, dass die Algorithmen selbst bei extremer Auslastung oder Marktstress keine ungeordneten Reaktionen zeigen. Die Regulierer verlangen zudem, dass HFT-Firmen jederzeit in der Lage sein müssen, alle offenen Aufträge unverzüglich zu stornieren – sei es durch eigene Kill Switch-Funktionalität oder durch von der Börse bereitgestellte „Cancel-on-Disconnect"-Mechanismen, die bei Verbindungsverlust automatisch alle Orders löschen (Simons & Simons (Hrsg.), 2016, o. S.). Insgesamt hat der Gesetzgeber ein mehrschichtiges Kontrollsystem etabliert, das von präventiven Limitierungen bis hin zu Eingriffsmöglichkeiten in Echtzeit reicht, um den Hochfrequenzhandel in geordnete Bahnen zu lenken (Lovells (Hrsg.), 2016, o. S.).

Neben den technologischen und regulatorischen Vorgaben spielen auch strategische Risikomanagementmaßnahmen der Handelsfirmen selbst eine entscheidende Rolle. Professionelle HFT-Akteure haben interne Risikokontrollabteilungen und ausgefeilte Strategien entwickelt, um die potenziellen Verluste und Risiken aus ihren Handelsaktivitäten zu begrenzen (Chawla, 2020, S. 8 ff.). Hierzu gehören klare Handels- und Verlustbegrenzungen: Viele Firmen setzen interne Limits für den maximal tolerierten Tagesverlust oder für die Größe offener Positionen. Wird ein bestimmter Verlustschwellenwert erreicht, greift ein automatischer Stop-Loss-Mechanismus, der alle Positionen schließt oder die Handelstätigkeit des betreffenden Algorithmus pausiert. Solche Verlustbegrenzungen schützen das Unternehmen vor ruinösen Ausreißer-Verlusten und zwingen zur sofortigen Risikoentschärfung, bevor Schieflagen eskalieren können. Darüber hinaus nutzen HFT-Firmen Diversifikationsstrategien, um nicht zu einseitig Risiken aufzunehmen. Durch die Verteilung des Handels auf unterschiedliche Märkte, Asset-Klassen und unkorrelierte Handelsstrategien wird das Gesamtrisiko gestreut. Eine breite Diversifikation – etwa die parallele Anwendung verschiedener Handelsalgorithmen mit unabhängigen Strategien – kann dazu beitragen, das Risiko extremer Verluste zu verringern und stabilere Erträge zu erzielen (Bitpanda (Hrsg.), o. J., o. S.). Sollte eine Strategie unerwartet Verluste generieren oder aufgrund veränderter Marktbedingungen versagen, können Gewinne aus anderen Strategien diese abfedern. Zudem beobachten viele HFT-Häuser kontinuierlich die Marktliquidität und Volatilität sowie andere Marktindikatoren, um ihre Aktivität situativ anzupassen. In Phasen außergewöhnlicher Unsicherheit oder Illiquidität ziehen sich risikoaverse Akteure temporär aus dem Markt zurück, um nicht in Flash Crash-artige Ereignisse verwickelt zu werden – dies ist ebenfalls eine Form des Risikomanagements durch Anpassung der Handelsintensität an das Marktumfeld. Ein weiterer wichtiger Baustein ist die regelmäßige Simulation von Stressszenarien im Rahmen interner Risikomodelle (Simons & Simons (Hrsg.), 2016, o. S.). Mit Hilfe von umfangreichen Marktdaten werden „Was-wäre-wenn"-Analysen simuliert (Stichwort „Monte Carlo Simulation"), um die Reaktion der Algorithmen auf hypothetische Schocks zu prüfen. Beispielsweise können extreme Kurseinbrüche, Ausfälle wichtiger Marktteilnehmer oder abrupt steigende Volatilitäten im Testlabor durchgespielt werden. Die dabei gewonnenen Erkenntnisse erlauben es, die Algorithmen robuster zu machen und Parameter so zu kalibrieren, dass auch in ungewohnten Marktsituationen geordnete Reaktionen erfolgen. Solche unternehmensinternen Stresstests gehen oft über die regulatorischen Mindestanforderungen hinaus und dienen dem Feintuning der Handelsstrategien und Risikolimits (The Board of the International Organization of Securities Commission (IOSCO) (Hrsg.), 2021, S. 17).

Schließlich umfasst strategisches Risikomanagement auch die Vorbereitung auf den äußersten Notfall – gewissermaßen einen Abwicklungs- oder Notfallplan, um eine geordnete Marktteilnahme sicherzustellen, selbst wenn gravierende Probleme auftreten (The Board of the International Organization of Securities Commission (IOSCO) (Hrsg.), 2021, S. 23). Hierbei planen HFT-Unternehmen im Voraus, wie sie im Fall eines katastrophalen Systemausfalls oder einer unkontrollierten Handelsaktivität reagieren würden. Wichtige Fragen sind: Wer entscheidet über das Ziehen des Kill Switch im Ernstfall? Wie werden verbliebene offene Positionen schnell und möglichst verlustarm geschlossen? Wie kommuniziert das Unternehmen mit Börsen und Aufsichtsbehörden, um größeren Marktverwerfungen vorzubeugen? Ein solcher Notfall- bzw. Abwicklungsplan stellt sicher, dass im Krisenfall alle Beteiligten wissen, was zu tun ist, um die Marktstabilität insgesamt zu erhalten. Die Bedeutung solch vorausschauender Planung wird auch von Aufsehern betont. Beispielsweise forderte die New Yorker Notenbank 2015 im Kontext algorithmischer Handelsrisiken, dass Firmen umfassende und abgestimmte Verfahren für die Incident Response bereithalten. Für schlimmste Szenarien müssten „Break Glass"-Prozeduren dokumentiert und getestet sein. Alle relevanten Mitarbeiter sollten mit den Abläufen vertraut und regelmäßig für Krisen geschult sein (Senior Supervisors Group (Hrsg.), 2015, S. 1–6). Nur durch solch vorbereitete und geübte Notfallmaßnahmen kann im Ernstfall eine schnelle und koordinierte Reaktion erfolgen, die sowohl die eigene Risikoposition des Handelsunternehmens sichert als auch eine Ansteckung des übrigen Marktes verhindert. Sollte dennoch ein Hochfrequenzhändler in existenzielle Schwierigkeiten geraten, ermöglichen vorbereitete Abwicklungspläne ein geordnetes Zurückfahren der Handelsaktivitäten in Abstimmung mit den Aufsichtsbehörden und Handelsplattformen, ohne Panik am Markt auszulösen. Damit ähnelt dieses Konzept den im Bankensektor etablierten Abwicklungsplänen (Bank Recovery and Resolution Directive und Single Resolution Mechanism), übertragen auf den Handelsbereich: Das Ziel ist es, auch einen Ausfall oder den Rückzug eines wichtigen Marktakteurs ohne Systemschock zu bewältigen.

Zusammenfassend zeigt sich, dass die Maßnahmen des Risikomanagements im HFT auf mehreren Ebenen ansetzen und sich gegenseitig ergänzen. Zunächst gilt es, die inhärenten Risiken – ob erhöhter Volatilität, technisches Versagen oder Fehlfunktionen von Algorithmen – überhaupt zu erkennen. Darauf aufbauend greifen technologische Schutzmechanismen ein, die in Echtzeit Überwachung und automatische Eingriffe ermöglichen, sobald ein hohes, möglicherweise systemisches Risiko droht. Flankiert werden sie von regulatorischen Vorgaben wie MiFID II in Europa oder Reg NMS in den USA (zusammen mit Securities Exchange Act 1934 und Regulation Alternative Trading System 1998), die einen verpflichtenden Rahmen schaffen und Mindeststandards für sichere Handelssysteme, Limits und Notfallvorkehrungen setzen (Simons + Simons (Hrsg.), 2016, o. S.; Smith, 2010, S. 2 ff.). Schließlich komplettieren unternehmensinterne Strategien das Bild: Durch Limits, Diversifikation, Stresstests und Notfallpläne stellen HFT-Firmen sicher, dass ihr aggressives Geschäftsmodell nicht unkontrolliert in gefährliche Bereiche driftet. All diese Maßnahmen zielen darauf ab, die Vorteile des HFT – höhere Liquidität, engere Spreads und effizientere Preisfindung – nutzen zu können, ohne die Stabilität und Integrität der Märkte zu kompromittieren. Die Erfahrungen vergangener Zwischenfälle haben die Branche gelehrt, dass nur ein ganzheitliches Risikomanagement, das technologische, regulatorische und strategische Vorkehrungen vereint, das HFT dauerhaft in geordneten Bahnen hält und das Vertrauen aller Marktteilnehmer bewahren kann. Damit aus der „schnelllebigen Parallelwelt“ des HFT keine Gefahr für das Finanzsystem entsteht, bleibt die ständige Weiterentwicklung dieser Sicherheitsnetze und Kontrollmechanismen eine wesentliche Aufgabe für Handelsteilnehmer und Aufseher zugleich (Lovells (Hrsg.), 2016, o. S.).

# Schlussfolgerungen

# 9

HFT zeigt sowohl positive als auch negative Wirkungen, Pauschalurteile verbieten sich. In der öffentlichen Diskussion ist HFT jedoch primär negativ belegt und wird mit „Flash Crashes" sowie weiteren negativen Marktereignissen und einem Vertrauensverlust in Märkte bei gestiegenen Marktineffizienzen und einem Rückzug von Marktakteuren in Verbindung gebracht. Dies gilt insbesondere auch deshalb, weil im gesellschaftlichen Diskurs die Ökonomisierung aller Lebensbereiche (Homann, 2008, S. 9) sowie Marktmacht im Allgemeinen und an Finanzmarktakteuren im Speziellen beklagt werden. Der Ruf nach einer Regulierung von HFT im Sinne der Internalisierung negativer externer Effekte ist daher zu hören. Dabei fokussiert sich diese Diskussion primär auf die Formulierung von Geboten und Verboten. Verkannt wird hierbei, dass HFT auch marktförderliche Wirkungen zeigen kann. Vor diesem Hintergrund scheint es notwendig, die Wirkungen von HFT differenziert zu betrachten. Hierzu sollte nicht nur eine Analyse der Wirkungen von HFT auf die Finanzmärkte in Betracht gezogen, sondern es sollten auch die Dimensionen Realwirtschaft und Gesellschaft berücksichtigt werden, weil dadurch eine breite Wertung der (Aus-)Wirkungen von HFT sowie eine ethisch-moralische Diskussion von Folgen von HFT möglich sind. Diese Struktur ermöglicht es darüber hinaus, förderliche und schädliche Aspekte von HFT insgesamt zu erkennen und zu bewerten. Ziel muss es sein, die negativen Wirkungen von HFT zu vermeiden bzw. zumindest abzumildern und die positiven Effekte beizubehalten bzw. zu verstärken (Harris, 2013, S. 6–9).

Dabei geht es auf der Ebene der Finanzmärkte um die Art und Weise, wie diese Handelsform auf die Funktionsstrukturen der Finanzmärkte wirkt. Diese Wirkung darf etnsprechend den Ausführungen in Abschnitt 7.2 als ambivalent



U. Stephan, *Hochfrequenzhandel im Spannungsfeld von Finanzmärkten, Realwirtschaft und Gesellschaft*, Wirtschaftsethik in der globalisierten Welt,
https://doi.org/10.1007/978-3-662-74019-4_9

beschrieben werden. Das HFT kann beispielsweise gleichzeitig die Preisbildungsprozesse verbessern und die Volatilität erhöhen. Auf Ebene der Realwirtschaft (Abschnitt 7.3) kann HFT zunächst aufgrund der verbesserten Preisbildungsprozesse zu einer effizienten Allokation führen, jedoch infolge von Informationsasymmetrien und adverser Selektion die Märkte weniger informiert machen. Im gesellschaftlichen Kontext (Abschnitt 7.4) ist zu unterscheiden, inwieweit HFT zu Wohlfahrtsgewinnen oder tendenziell zur Destabilisierung von Finanzmärkten führen kann. Davon zu trennen ist die Frage nach den Opportunitätskosten. Selbst unter der Annahme, dass HFT die Märkte nicht schädigt sowie Kriterien der Fairness und Integrität erfüllt, könnte es angebracht sein, eine geeignete Regulierung bzw. einen entsprechenden Ordnungsrahmen für das HFT einzuführen, um die immensen Ressourcen in Verwendungen zu leiten, die gesellschaftlich gewünscht und akzeptiert werden. Auf diese Weise kann der Ordnungsrahmen zu einem gemeinsamen Gelingen beitragen.

Das HFT als Form des algorithmischen Handels hat sich im letzten Jahrzehnt rasant entwickelt und wirft in den Rahmenbedingungen der Marktwirtschaft erhebliche ordnungsethische Fragen auf. Zentral ist die Sorge, ob HFT noch dem Leitbild fairen und effizienten Wettbewerbs entspricht oder ob hier regulatorischer Handlungsbedarf besteht. In einer Marktwirtschaft im Verständnis des Ordoliberalismus übernimmt der Staat die Aufgabe, Spielregeln für Märkte zu setzen, um Wettbewerbsergebnisse im Sinne des Gemeinwohls zu gewährleisten. Insofern weist eine derart verstandene Marktwirtschaft mit einem anreizkompatiblen und sanktionsbewehrten Ordnungsrahmen eine sittliche Qualität auf. Die Analyse des HFT im Lichte der Ordnungsethik zielt nun darauf ab, die Herausforderungen zu identifizieren, die diese Handelspraktik für das Marktgeschehen und die moralische Legitimation des Wettbewerbs mit sich bringt, und Lösungsmöglichkeiten aufzuzeigen, die marktwirtschaftliche Mechanismen nutzen, anstatt in den Preismechanismus oder die Allokation administrativ einzugreifen. Die Ordnungsethik ist ein wirtschaftsethischer Ansatz, der auf anreizkompatiblen Regelsetzungen basiert (Homann, & Lütge, 2005, S. 1 ff.).

Aus ordnungsethischer Sicht steht zunächst die Frage der Fairness und der Wettbewerbsbedingungen im Vordergrund. HFT-Firmen investieren enorme Summen in technologische Infrastruktur – z. B. in ultraschnelle Glasfaserleitungen oder sogar Mikrowellenfunkstrecken zwischen Börsen –, lediglich, um winzige zeitliche Vorteile im Nanosekundenbereich zu erlangen. An dieser Stelle ist zwischen Handlungen von HFT zu differenzieren. Während HFT-Market Maker mittels passiver Limitorders im Orderbuch zu Liquidität, Markttiefe und engeren Spreads beitragen, ermöglichen diese Geschwindigkeitsvorteile es Hochfrequenzhändlern mit aktiven Markt-Orders, anderen Marktakteuren systematisch voraus zu sein, etwa, indem sie Orders von langsameren Investoren antizipieren und sich dazwischeschalten (Hirschey, 2016, S. 3321–3326). Der positiven Funktion von Market Makern auf die Finanzmärkte, auf die Realwirtschaft und damit auch auf die gesellschaftliche Wohlfahrt, stehen die HFT-Händler entgegen, von denen Kritiker in diesem Zusammenhang von „Front Running betreibenden Parasiten" sprechen: Solche Händler nutzen aufgrund ihrer Geschwindigkeitsvorteile Preisbewegungen aus, bevor langsamere Akteure reagieren können (Mildenberger, 2023, S. 374f; Adrian, 2016, S. 258f; Harris, 2015, S. 1–94; Lattemann, 2014, S. 35). Es gleicht einem „Katz und Maus"-Spiel, bei dem die Anleger versuchen, Wege zu finden, ihre Absichten verstecken zu können, während HFT immer komplexere Strategien entwickelt, um genau diese Absichten herauszufinden (Adrian, 2016, S. 261). Stiglitz (2014, S. 5–9) argumentiert, dass diese Jagd nach minimalen Timing-Vorteilen einem reinen Nullsummen-Spiel gleicht, ja sogar einen negativen Gesamtnutzen hat, da erhebliche reale Ressourcen aufgewendet werden, um sich gegenseitig zu übertrumpfen. Hierbei handelt es sich um einen technologischen Wettlauf, der gesellschaftlich kaum Wert schafft, aber beträchtliche Kosten verursacht (z. B. teure Netzwerkinfrastruktur, Co-Location-Gebühren an den Börsen, Entwicklungskosten für Algorithmen). Dieser Wettlauf um Geschwindigkeit führt zu adverser Selektion und damit zu Ungleichgewichten und Ineffizienzen im Markt (Burghof, Koch, Schroff, & Spankowski, 2014, S. 43f). Gomber et al. (Gomber, Arndt, Lutat, & Uhle, 2011, S. 29 ff.) empfehlen die Regulierung aller räuberischen HFT-Strategien, die die Marktintegrität gefährden oder schädliche Auswirkungen auf andere Marktteilnehmer haben. Ordnungsethisch stellt sich die Frage, ob ein solcher Wettbewerb um Zeit im Sinne eines leistungsorientierten Wettbewerbs gerechtfertigt ist. Fairer Wettbewerb in der Marktwirtschaft soll idealerweise ein Leistungswettbewerb sein, bei dem der Markterfolg auf besserer Leistung, Innovation oder effizienterer Befriedigung von Kundenbedürfnissen beruht – nicht auf dem Ausnutzen von Regelungslücken oder exklusiven Zugangsprivilegien. Wenn der Erfolg im Handel primär davon abhängt, teure technische Aufrüstungen vorzunehmen, die sich nur große spezialisierte Akteure leisten können, droht eine Wettbewerbsverzerrung: Kleinere Marktteilnehmer (etwa traditionelle Investoren oder langsamere Händler) sind benachteiligt, obwohl sie inhaltlich (hinsichtlich Informationsverarbeitung oder Kapitalallokation) nicht zwangsläufig schlechter sind, sondern nur langsamer. Dies verletzt das Prinzip gleicher Wettbewerbsbedingungen (level playing field). Einige Wirtschaftsethiker monieren, dass die aktuelle Marktarchitektur HFT erlaube, Preise zu Lasten anderer Händler zu beeinflussen, was dem Gebot des fairen Wettbewerbs widerspreche (Peukert, 2015, S. 204). Ordnungsethisch besteht hier eine Herausforderung: Die Spielregeln des Marktes müssen so beschaffen sein, dass Wettbewerbsvorteile aus produktiver Tätigkeit erwachsen – und nicht aus der Ausnutzung struktureller Asymmetrien. Eine zentrale Einsicht der Ordnungsethik nach Homann und Lütge (Lütge, 2012, S. 89–108; Homann, & Lütge, 2005, S. 82 ff.) ist nämlich, dass auf Märkten freiwillige moralische Zurückhaltung einzelner Akteure nicht stabil ist, wenn solche Akteure dadurch Wettbewerbsnachteile erleiden. Moralisch motivierte Selbstbeschränkung kann von weniger moralischen Akteuren systematisch ausgebeutet werden, weshalb die moralischen vom Markt verdrängt werden (Homann, 2015, S. 56f). Vielmehr zielt die Ordnungsethik darauf ab, moralische Normen in pluralistischen Gesellschaften durch institutionelle Rahmenbedingungen abzusichern. Im Gegensatz zur Individualethik, die auf Verhaltensänderungen setzt, fokussiert sich die Ordnungsethik auf Anreizsysteme und die Veränderungen von Strukturen der Interaktion, um gesellschaftliche Probleme zu lösen. Denn moralisches Verhalten kann in anonymen Großgesellschaften nicht allein durch individuelle Tugenden gesichert werden, sondern darüber hinaus ist sie auch durch die Schaffung von Anreizstrukturen mittels einer Rahmenordnung zu gewährleisten. Die Regeln sollten dabei derart gestaltet werden, dass sie Anreize für verantwortliches Handeln schaffen (Knoepffler, 2006, S. 8). Aus ordnungsethischer Sicht stellt sich die Frage, wie institutionelle Rahmenbedingungen gestaltet werden können, um die Vorteile von HFT zu nutzen und gleichzeitig die Risiken zu minimieren. Neben administrativen Eingriffen können marktwirtschaftliche Mechanismen zur Lösung beitragen. Übertragen auf das HFT bedeutet dies: Solange die Regeln es zulassen, dass Geschwindigkeit unbedingt ausgespielt wird, kann man von einzelnen Akteuren kaum erwarten, freiwillig auf diese Vorteile zu verzichten – dies würde einem „moralischen Selbstmord" im Wettbewerb gleichkommen. Folglich sind faire Rahmenregeln erforderlich, die gleiche Zugangs- und Geschwindigkeitsvoraussetzungen für alle garantieren, damit Wettbewerb wieder auf Sachebene (Preis, Qualität, Informationen) statt auf reiner Technikalität stattfindet.

Ein weiteres zentrales Problemfeld ist die Auswirkung von HFT auf die Stabilität und Integrität der Märkte. Befürworter von HFT betonen, dass Algorithmen in der Regel Liquidität bereitstellen und Preisungleichgewichte zwischen Märkten ausgleichen. Tatsächlich agieren manche HFT-Firmen als neue Market Maker: Beispielsweise dokumentiert Menkveld die Handelsstrategie eines großen HFT-Akteurs, der an mehreren Börsenplätzen simultan handelt und überwiegend Liquidität anbietet. Dieser Akteur handle „wie ein moderner, multilateral agierender Market Maker" (Menkveld, 2011, S. 4) und trage durch permanente Kauf- und Verkaufsangebote zur Liquidität im Orderbuch bei. Solche Aktivitäten können die Geld-Brief-Spannen verengen und Transaktionskosten für andere Marktteilnehmer senken. Empirische Studien stützen diese Sicht teilweise (Menkveld, 2011,

S. 10 ff.; Hendershott, Jones, & Menkveld, 2011, S. 1–33; Bell, 2013, S. 7f): Die Einführung von algorithmischem Handel führte an einigen Märkten zu enger werdenden Spreads und höherer Effizienz in der Kursbildung. Es wird aufgezeigt, dass die Zunahme automatisierten Handels die Liquidität verbessert und die Kurse informativer macht. Diese Ergebnisse deuten darauf hin, dass HFT unter normalen Marktbedingungen einen positiven Beitrag zur Markteffizienz leisten kann – insbesondere durch Arbitrage zwischen Märkten (die dafür sorgt, dass gleiche Wertpapiere an verschiedenen Börsen zum selben Preis gehandelt werden) und durch schnellere Umsetzung neuer Informationen in Preise.

Allerdings häufen sich auch Evidenzen, dass HFT in gewissen Situationen die Marktstabilität gefährdet. Denn die Modelle, denen die HFT-Algorithmen zugrunde liegen, können immer nur eine Abstraktion der tatsächlichen Gegebenheiten liefern und die Komplexität der Realität nicht abbilden (Lattemann, 2014, S. 35). Ein prominentes Beispiel ist der sog. Flash Crash vom 6. Mai 2010, bei dem die US-Finanzmärkte innerhalb von Minuten dramatisch einbrachen und sich kurz darauf wieder erholten. Eine umfangreiche empirische Analyse dieses Ereignisses durch Kirilenko et al. (Kirilenko, Kyle, Samad, & Tuzun, 2014, S. 1f, 16f und, 26) kommt zu dem Ergebnis, dass Hochfrequenzhändler den Crash zwar nicht ausgelöst haben, aber erheblich zur Verstärkung der Turbulenzen beitrugen. Konkret zeigten die HFT-Algorithmen an diesem Tag ein prozyklisches Verhalten: Anfangs absorbierten sie einen Teil des massiven Verkaufsdrucks (sie kauften zunächst die fallenden Futures), doch nahezu zeitgleich versuchten sie auch, ihre Positionen mit aktiven Market Orders wieder abzubauen und somit Liquidität am Markt zu verbrauchen, um nicht auf Verlustpositionen sitzen zu bleiben. Die Studie beschreibt, dass HF-Trader aggressiv „Immediacy" nachfragten, also sofortige Ausführung eigener Verkäufe, noch vor anderen Akteuren. Dieses gleichzeitige Rückzugverhalten entzog dem Markt Liquidität genau in dem Moment, als sie am dringendsten benötigt wurde. Das Ergebnis war ein Liquiditätseinbruch: Selbst kleine Verkaufsorders konnten mangels Gegenangebote weitere Kursstürze auslösen. Die Autoren sprechen davon, dass die Preisanpassungen, die durch die HFT-Aktivitäten erfolgten, für langsamere Marktteilnehmer und traditionelle Market Maker kostspielig waren (Kirilenko, Kyle, Samadi, & Tuzun, 2014, S. 1–26). HFT hat somit in Stresssituationen das Potential, wie ein „Brandbeschleuniger" zu wirken – ein Phänomen, das auch als „Hot-Potato-Handel" bezeichnet wird, bei dem Wertpapiere zwischen schnellen Händlern blitzartig hin- und hergereicht werden, ohne dass jemand bereit ist, vorübergehend die Risiken zu tragen und den Markt zu beruhigen (Martínez, & Rosu, 2013, S. 31–40). Solche Ereignisse untergraben das Vertrauen in die Marktintegrität. Es gilt einen Ausgleich zwischen Effizienz und Integration zu finden (Merli, Massa, & Lucchetti,

2014, S. 188 ff.). Wenn Orders in Millisekunden große Kursausschläge erzeugen können, stellt sich die Frage, ob der Marktprozess noch zuverlässig die fundamentalen Werte widerspiegelt oder er durch technisches Rauschen dominiert wird. Stiglitz (Stiglitz, 2014, S. 4–11) argumentiert in diesem Zusammenhang, dass ultraschneller Handel die Preisfindung nicht wirklich verbessert – die minimale Beschleunigung der Preisreaktion habe keinen erkennbaren gesellschaftlichen Nutzen, könne aber die Volatilität erhöhen. Die kostenintensive Konkurrenz um noch höhere Geschwindigkeiten kann darüber hinaus die Transaktionskosten erhöhen und somit toxisch wirken (Foucault, Kozhan & Tham, 2015, S. 1–7). Mit anderen Worten: Ob eine Aktie die richtige Bewertung in 1 Sekunde oder in 1 Millisekunde erreicht, ist für die Kapitalallokation im realwirtschaftlichen Sinn irrelevant (Nagel, 2012, o. S.), doch die Bemühungen, diese Millisekunde herauszuholen, können Risiken und Kosten erzeugen. Empirische Belege dafür, dass HFT zu besserer Preisfindung beiträgt, sind aufwendig, wenn man davon ausgeht, dass neue Informationen nicht mit Millisekunden-Frequenz auftreten (Peukert, 2015, S. 204; Koslowski, 2015, S. 134f). Da Fundamentaldaten für HFT eine untergeordnete Rolle spielen, mehren sich vielmehr die Hinweise, dass extreme HFT-Aktivitäten kurzfristige Überreaktionen fördern und Marktpreisbildung zeitweise weniger robust machen. Denn typischerweise basieren die Handelsentscheidungen von HFT-Algorithmen weniger auf fundamentalen Daten, sondern mehr auf der Analyse des Orderbuchs in den vergangenen Sekunden oder auf Indikatoren der technischen Analyse (Nagel, & Zajonz, 2012, S. 99f). Auch Manipulationsmöglichkeiten werden diskutiert: Einige HFT-Strategien standen im Verdacht, durch sog. Quote Stuffing, bei dem das Handelssystem mit dem massiven Einstellen und Stornieren von Orders in kurzer Zeit verlangsamt wird, Layering (Täuschung durch gestaffelte Scheinofferten), bei dem andere Teilnehmer durch gestaffelte Schein-Orders getäuscht werden, oder Spoofing, bei dem Handelsabsichten nur vorgetäuscht werden, die Märkte gezielt zu manipulieren (Aleksandrova, 2021, S. 2–19). Solche Praktiken sind zwar bereits illegal, aber ihre Überwachung wird durch die enorme Geschwindigkeit und Datenflut erschwert. Jedoch selbst ohne direkte Manipulation sind HFT-Algorithmen bedingungslos auf Gewinnmaximierung ohne Rücksicht auf Marktverzerrungen sowie deren ökonomische und soziale Folgen programmiert, was die Stabilität und Integrität der Märkte beschädigen kann. Der Appell von Moor (2006, S. 18–21), die Algorithmen von vornherein unter ethischen Aspekten zu programmieren, damit sie beispielsweise Fairness berücksichtigen, läuft regelmäßig ins Leere, wenn es heißt: Der Schnellste gewinnt alles. Unter Betrachtung des Gesamtmarktes scheint es einen Punkt zu geben, an dem mehr Geschwindigkeit nicht mehr Nutzen bringt.

Aber solange einzelne Hochfrequenzhändler über Geschwindigkeitsvorteile Profite erzielen können, werden sie kaum freiwillig langsamer werden (Zoican, 2014, S. 8). Insgesamt ergibt sich ein ambivalentes empirisches Bild: HFT verbessert in ruhigen Zeiten Liquidität und Effizienz, kann aber in Stressphasen Liquidität entziehen und Volatilität sprunghaft erhöhen (Hautsch, Noé, & Zhang, 2017, S. 56–61). Ordnungsethisch betrachtet ergibt sich daraus die Forderung, weniger zu appellieren als vielmehr die Rahmenordnung derart anzupassen, dass HFT im Normalbetrieb nützt, aber in Ausnahmesituationen nicht zum Schadensfaktor wird. Dabei nutzt die Ordnungsethik zur Lösung normativer Problemstellungen Gesetze und Vorschriften, stellt aber die Anreizstrukturen und Vorteile in den Mittelpunkt (Lütge, 2007, S. 47).

Vor diesem Hintergrund stellt sich die Regulierungsfrage: Wie kann der Ordnungsrahmen der Marktwirtschaft angepasst werden, um die unerwünschten Nebenwirkungen des Hochfrequenzhandels zu begrenzen, ohne die positiven Aspekte des technologischen Fortschritts zu verspielen? Dabei konkurrieren grundsätzlich zwei Ansätze: administrative Eingriffe einerseits und marktwirtschaftliche (systemimmanente) Lösungen andererseits. Administrative Eingriffe umfassen direkte Regulierungsmaßnahmen durch den Gesetz- oder Verordnungsgeber bzw. die Aufsichtsbehörden. Beispiele wären das Verbot von Prämienzahlungen für das Ordervolumen, die Einschränkung der Co-Location, höhere Kapitalanforderungen sowie spezifische Verbote gewisser HFT-Techniken. Ein oft diskutierter regulatorischer Eingriff ist die Finanztransaktionssteuer (FTT), die in sehr kleiner Höhe auf jede Transaktion oder Order erhoben würde. Ein solcher Preisaufschlag würde insbesondere den hochfrequenten Handel bei kleinsten Preisdifferenzen unattraktiv machen. Stiglitz (Reuters, 2015. o. S.) befürwortet explizit eine solche Steuer als Mittel, um den sozial schädlichen Hyperaktivitäten an den Märkten einen Riegel vorzuschieben: HFT müsse nicht völlig verboten, aber durch geeignete steuerliche Maßnahmen ausgebremst werden. Einer Finanztransaktionssteuer wird zugetraut, die extrem kurzfristigen Strategien unrentabel zu machen, während längerfristige Investitionen kaum betroffen wären. Diese Idee folgt dem ordnungspolitischen Prinzip, negative externe Effekte via Preise zu internalisieren – hier würden die sozialen Kosten des HFT (z. B. Systemrisiken, Ressourcenverschwendung im Speed-Arms-Race) den Verursachern angelastet. Allerdings könnte eine Tobin Tax die Liquiditätsstellung von passiven Orders im Orderbuch durch HFT-Market Maker reduzieren und die Transaktionskosten im Sinne von Bid/Ask-Spreads erhöhen (Pomeranets, 2012, S. 4–8; Keightley, 2021, S. 1–6). Deshalb könnte auch die Volatilität steigen, insbesondere, weil Händler in Länder bzw. auf Handelsplattformen ohne Finanztransaktionssteuerausweichen. Schließlich könnten durch eine Transaktionssteuer auch legitime

Preisanpassungen eingeschränkt werden und somit die Preisbildungsprozesse und Informationseffizienz der Märkte leiden (Colliard, & Hoffmann, 2017, S. 16–25; Matheson, 2011, S. 16–20; Habermeier, & Kirilenko, 2001, S. 3–13 und 22f). Darüber hinaus wäre es technisch herausfordernd, bei der hohen Geschwindigkeit, mit der beim HFT Orders gestellt und wieder gelöscht werden, die Steuer zu erheben. Deren Erhebung dürfte nicht nur wegen der Geschwindigkeit und der hohen Stornierungsquote administrativ ausgesprochen komplex sein, sondern auch aufgrund der Definition von Finanzinstrumenten, die der Steuer unterliegen sollen (Buckley, Masciandaro, Passarelli, Schäfer, Schulmeister, & Vella, 2012, S. 76–103). Insgesamt warnt die Deutsche Bundesbank, dass eine Finanztransaktionssteuer erhebliche negative Auswirkungen auf die Märkte und damit auf die Allokationsfunktion sowie die gesellschaftliche Wohlfahrt haben kann (Dombret, 2011, S. 5).

Neben Steuern wurden auch Melde- und Zulassungspflichten als administrative Antwort eingeführt, um Risiken des HFT durch Transparenzanforderungen und Sicherheitsmechanismen zu minimieren (Filimonov, & Sornette, 2014, o. S.; Bitpanda, o. J., o. S.). In Deutschland etwa verpflichtet das 2013 erlassene Hochfrequenzhandels-Gesetz HFT-Akteure zur Registrierung bei der BaFin und schreibt risikobegrenzende Vorkehrungen vor (BGBl I 2013 (HFT-Gesetz)). Zudem erlaubt es den Börsen, Gebühren für exzessive Orderstornierungen zu erheben, um marktstörendem Quote Stuffing entgegenzuwirken. Solche Maßnahmen sind administrativer Natur, da sie per Regulierung von außen Vorgaben setzen, wie HFT betrieben werden darf. Vorteile dieser Eingriffe sind ihre potenzielle Wirksamkeit und Klarheit: Sie können bestimmte exzessive Verhaltensweisen direkt unterbinden (z. B. würde eine 0,1-prozentige Finanztransaktionssteuer viele arbitragebasierte HFT-Strategien sofort unrentabel machen). Auch signalisieren sie gesellschaftlich, dass der Gesetzgeber Fehlentwicklungen adressiert und für Fairness sorgt. Nachteile sind jedoch die möglichen unerwünschten Nebenwirkungen: Eine falsch kalibrierte Steuer oder zu rigide Geschwindigkeitsbremse könnte generell Liquidität und Handelsvolumen verringern und damit auch langfristige Investoren schädigen (durch höhere Spreads sowie geringere Marktqualität). Außerdem besteht die Gefahr, dass der Handel in weniger regulierte Märkte oder Schattenbereiche ausweicht – gerade bei global mobilen Finanzmarktakteuren. Administrative Regeln können zudem Innovationsanreize dämpfen: Wenn jede neue algorithmische Strategie sofort regulativ limitiert wird, könnten auch nützliche Innovationen unterdrückt werden. Schließlich ist die genaue Ausgestaltung komplex: Wo genau zieht man die Grenze zwischen wünschenswertem algorithmischem Handel und schädlichem HFT? Eine starre Regel könnte zu Umgehungsstrategien führen oder ineffektiv bleiben, wenn sie nicht international abgestimmt ist.

Demgegenüber setzen marktwirtschaftliche Lösungen auf Anpassungen innerhalb des Marktsystems selbst, insbesondere durch kluges Market Design. Darunter versteht man die durch Börsen und Marktorganisatoren gestalteten Mechanismen und Auktionsformate, die den Handel strukturieren. Die Idee lautet, durch Änderung der Spielregeln des Marktes die Anreize so zu verändern, dass problematische Verhaltensweisen wie der extreme Speed-Wettlauf von selbst eingedämmt werden, ohne dass externe Verbote nötig sind. Dieser Ansatz ist eng mit den Prinzipien der Ordnungsethik verknüpft: Anstatt appellativ an die Moral einzelner Händler zu appellieren, wird die institutionelle Architektur verbessert, damit egoistisches Verhalten im neuen Rahmen zu einem besseren Gesamtergebnis führt. Wie Karl Homann, Christoph Lütge und Ingo Pies (Homann, & Lütge, 2005; Homann, 2002; Pies, 2000) betonen, bedarf es anreizkompatibler Regeln, die sicherstellen, dass die individuellen „Spielzüge" der Marktteilnehmer zu gesellschaftlich erwünschten Ergebnissen aggregieren. Übertragen bedeutet dies: Das Marktdesign sollte derart beschaffen sein, dass Hochfrequenzhändler ihre Profite durch Nutzung des Marktsystems erzielen (etwa Bereitstellung von Liquidität, effizientere Preisstellung) statt über Geschwindigkeit durch Ausnutzen von Timing-Vorteilen zulasten anderer. Die bessere Information entscheidet dann über eine Positionierung im Markt, nicht die Geschwindigkeit (Nagel, & Zajonz, 2012, S. 99).

Es gibt mehrere konkrete Market-Design-Vorschläge, die genau dieses Ziel verfolgen. Ein besonders prominenter Lösungsvorschlag ist die Einführung von Frequent Batch Auctions anstelle eines kontinuierlichen Handels. Dieses Konzept wurde von Budish et al. (2015, S. 1–51) ausgearbeitet. Die Autoren diagnostizieren, dass das aktuell vorherrschende kontinuierliche Limit-Order-Buch einen Konstruktionsfehler aufweist: Beim Continuous Trading wird so agiert, als ließe sich in kontinuierlicher Zeit handeln, anstatt in diskreten Intervallen. Tatsächlich aber führen mikroskopisch kleine Zeitvorsprünge zu systematischen Arbitrage- und Profitmöglichkeiten. Empirisch zeigen Budish et al. (2015, S. 1–51), dass an modernen Börsen Kurskorrelationen zwischen Märkten auf kleinsten Zeitskalen kurzzeitig zusammenbrechen, was regelmäßig kleine Preisdifferenzen erzeugt. Diese können von HFT ausgenutzt werden – der Schnellste schnappt sich risikofrei einen Gewinn (einen mechanischen Arbitragegewinn), indem er z. B. eine Aktie auf Markt A kauft und gleichzeitig auf Markt B teurer verkauft, bevor dort die Preise nachziehen. HFT ist in der Lage, sich aufgrund der hohen Geschwindigkeit zwischen bzw. vor die Trades zu setzen, allerdings ohne einen erkennbaren

Nutzen zu stiften (Mildenberger, 2023, S. 374f; Adrian, 2016, S. 258). Solche Gelegenheiten treten sehr häufig auf und führen zu einem permanenten Wettrüsten um Geschwindigkeit. Budish et al. (2015, S. 1–51) sprechen von einem Gefangenendilemma: Alle HFT-Unternehmen müssen investieren, nur, um mit den anderen mitzuhalten, und erzielen letztlich ähnliche relative Positionen wie zuvor, allerdings unter hohen Kosten – ein sozial sinnloser Ressourcenverbrauch. Die Kosten dieses Rennens – etwa in Form breiterer Spreads – tragen letztlich die Endinvestoren, während kein realwirtschaftlicher oder gesellschaftlicher Mehrwert entsteht (Budish, Cramton, & Shim, 2015, S. 35, 46 und 49; Bundesbank (Hrsg.), 2016, S. 61). Frequent Batch Auctions sollen dieses Dilemma auflösen. Die Idee lautet, Kauf- und Verkaufsorders nicht mehr sofort bei Eintreffen zu matchen, sondern in sehr kurzen festen Intervallen zu sammeln – beispielsweise jede Sekunde oder alle 100 Millisekunden – und dann gebündelt auszuführen. Alle Orders innerhalb eines Intervalls gelten als gleichzeitig eingegangen und werden in einer einheitlichen Auktion zum selben Preis abgewickelt. Damit würde ein Großteil des Zeitvorsprungs an Bedeutung verlieren: Ob ein Trader eine Order 100 Mikrosekunden vor einem anderen absendet, spielt keine Rolle mehr, solange beide im selben Intervall liegen. Entscheidend wird wieder der Preis, den man bietet oder verlangt, nicht die letzte Nanosekunde Zeitvorteil. Budish et al. (2015, S. 1–51) zeigen in ihrem Modell, dass durch Frequent Batch Auctions die Anreize zum Wettrüsten drastisch sinken – die Börse würde auf einen langsameren Takt umschalten, in dem menschliche Zeitmaßstäbe (Hundertstel- oder Zehntelsekunden) die Einheit bilden. Der Wettbewerb würde sich auf Preis- und Mengenangebote verlagern, was klassischer leistungsorientierter Wettbewerb ist, während reine Schnelligkeit an Bedeutung verliert. Simulationskalibrierungen und empirische Kalibrierungen deuten darauf hin, dass dadurch die Spreads enger würden und die Markttiefe größer würde, wovon Investoren insgesamt profitieren. Frequent Batch Auctions sind ein genuin marktwirtschaftlicher Lösungsansatz, weil sie den Handel weitgehend frei ablaufen lassen, aber den Modus optimieren. Interessanterweise greifen sie auf ein Auktionsprinzip zurück, das dem traditionellen Parketthandel ähnelt (dort gab es auch Auktionen zu bestimmten Zeiten, etwa Eröffnungs- und Schlussauktionen), jedoch in hochfrequenter Taktung, um die Kontinuität nahezu zu erhalten. Bisher wurden Frequent Batch Auctions in der Praxis allerdings kaum umgesetzt; Börsen zögern, ihr etabliertes System umzustellen, und befürchten auch Wettbewerb untereinander um Händler, falls nur einzelne dieses System nutzen. Die Börse in Taipeh (Taiwan) ist sogar den umgekehrten Weg gegangen (Indriawan, Pascual, & Shkilko, 2022, S. 1–30; Lee, Ricco, & Wang, 2024). Gleichwohl hat der Vorstoß wichtige Impulse geliefert: Er zeigt, dass Market Design als Stellhebel dienen kann, um HFT-Probleme an der Wurzel (dem Zeit-Arbitrage-Vorteil) anzugehen, statt die Symptome zu bekämpfen (Budish, Cramton, & Shim, 2015, S. 1–51).

Ein zweiter, in der Praxis bereits erprobter Market-Design-Ansatz sind sog. Speed Bumps, künstliche Verzögerungen im Handelssystem. Die US-amerikanische Aktienplattform IEX (Investors Exchange) hat als erste einen solchen Mechanismus eingeführt, bekannt geworden durch Michael Lewis' Buch „Flash Boys". Der minimale Zeitpuffer genügt, um sicherzustellen, dass IEX stets aktuelle Marktdaten von anderen Börsen verarbeiten kann, bevor auf IEX eine Order ausgeführt wird. Damit wird verhindert, dass HF-Trader einen Informationsvorsprung mittels Latency-Arbitrage ausnutzen (z. B. eine Preisänderung von einer anderen Börse) und in der Anpassung von Quotes schneller sind als die Börse selbst. Speed Bumps sollen die Chancengleichheit zwischen ultraschnellen und gewöhnlichen Teilnehmern herstellen, indem sie alle um einen festen, sehr kleinen Zeitraum bremst. 350 Mikrosekunden sind für einen normalen Investor irrelevant (Menschen reagieren in Millisekunden-Bereichen ohnehin nicht), für aggressive HFT-Strategien aber bedeutsam genug, um ihren Geschwindigkeitsvorsprung zunichte zu machen. Dieses Market Design versucht somit, den Vorteil der Co-Location und Überlegenheit der Netzwerke zu neutralisieren, ohne den Marktzugang einzuschränken oder gar zu verwehren, indem eingehende liquiditätsnehmende Orders für einige hundert Mikrosekunden aufgehalten werden (Turner, 2017, o. S.). Solche Mikroverzögerungen sind technisch gesehen marginal, aber strategisch effektiv, um die Latency-Arbitrage durch HFT zu erschweren. Ordnungsethisch lässt sich dies interpretieren als Versuch, einen fairen Ausgleich herzustellen: nicht das vollständig freie Spiel der Kräfte in absurd kurzen Zeithorizonten, sondern eine bewusste Setzung von minimalen Grenzen, sodass wettbewerbliches Handeln wieder in den Bereich kommt, der allen Beteiligten offensteht. Die schnelle Konkurrenz wird folglich nicht ausgeschaltet, aber gezähmt und auf ein vernünftiges Maß zurückgeführt. Die Ordnungsethik spricht von Maßnahmen, die Anreizstrukturen derart zu gestalten, dass sie sowohl Innovationen als auch Stabilität fördern und gleichzeitig Missbrauch verhindern. Stiglitz (2014, S. 1–14) nennt die Maßnahmen „Tapping the brakes" (Reuters, 2015, o. S.).

Neben Batch Auctions und Speed Bumps gibt es weitere marktbasierte Ideen. Eine davon ist die verstärkte Nutzung von stochastischen Elementen – z. B. zufällige kurze Handelsstopps oder Randomisierung des Zugangs, um die Berechenbarkeit für HFT zu senken. Theoretisch könnte eine Börse etwa alle 10 Minuten einen zufälligen kurzen Auktionstopp einlegen, um etwaigen sich aufschaukelnden Algorithmen sprichwörtlich „den Wind aus den Segeln zu nehmen". Kirilenko et al. (2018, S. 20) empfehlen auf Basis ihrer Flash-Crash-Analyse, vermehrt kurze Handelsunterbrechungen (Circuit Breakers) einzusetzen, die bei plötzlichen Ungleichgewichten greifen. Solche Mechanismen zwingen alle Marktteilnehmer, innezuhalten und sich neu zu orientieren, statt in Bruchteilen von Sekunden kopflos Liquidität abzuziehen. Auch dies ist keine klassische „harte" Regulierung im Sinne eines permanenten Verbots, sondern ein dynamisches Marktdesign-Element, das in Ausnahmefällen greift, um den Markt zu stabilisieren. Die US-Börsen haben nach dem Flash Crash tatsächlich Volatilitätsunterbrecher („Limit up/Limit down"-Regeln) implementiert, die extreme Kursausschläge einzelner Titel kurzfristig aussetzen, was HFT-Algorithmen daran hindert, ins Bodenlose zu handeln (Kirilenko, Kyle, Samadi, & Tuzun, 2017, S. 967–998).

Es zeigt sich, dass marktwirtschaftliche Lösungen v. a. dort ansetzen, wo die Ursachen der HFT-Probleme liegen: im Zeitvorteil und in der Sequenzialität des kontinuierlichen Handels. Indem sie diese Parameter verändern, bewirken sie, dass die Spielanreize für HFT neu justiert werden. Wichtig ist es, hervorzuheben, dass diese Ansätze die Grundprinzipien der Marktwirtschaft respektieren: Wettbewerb und Dezentralität bleiben erhalten, lediglich der Rahmen wird optimiert. Ordnungsethisch gesprochen setzt man auf die „unsichtbare Hand" in einem verbesserten Regelwerk: Die Händler können weiterhin ihrem Gewinnstreben nachgehen, doch die Architektur sorgt dafür, dass dieses Streben weniger auf Kosten anderer geht und möglichst im Einklang mit der Marktstabilität steht (Homann, & Suchanek, 2005, S. 16). Es handelt sich somit um Lösungen im Geiste der Marktwirtschaft, die weder auf komplette Deregulierung (laissez-faire trotz Tendenz zu Marktversagen aufgrund von asymmetrischer Information und Externalitäten) noch auf übermäßige staatliche Lenkung setzen, wie Ge- und Verbote, sondern auf eine kluge Ordnungspolitik, die „Wettbewerb als Entdeckungsverfahren" (von Hayek, 1969, S. 249–265) ermöglicht, ohne seine Grundlagen zu unterminieren.

In der Abwägung zwischen administrativen Eingriffen und marktbasierten Lösungen spricht viel dafür, vorrangig dem Market Design den Vorzug zu geben, wo immer dieses ausreicht. Administrative Eingriffe – wie Verbote oder Steuern – sind grobkörnige Instrumente, die schnell auch nützliche Teile des HFT mit eliminieren könnten. Sie laufen zudem Gefahr, innovationshemmend zu wirken und die Marktliquidität zu verschlechtern. Marktwirtschaftliche Lösungen hingegen versuchen, selektiv dort anzusetzen, wo das Problem entsteht, und nutzen dabei die Kreativität des Wettbewerbs. Entsprechend schlägt Stiglitz zwar eine Finanztransaktionssteuer vor, doch gleichzeitig räumt er ein, dass „weniger aktive Märkte" letztlich wünschenswert seien, weil sie stabiler und gemeinwohlorientierter funktionierten und eine Finanztransaktionssteuer dieses Ziel kaum erreichen wird (Stiglitz, 2015, S. 1–14; Reuters, 2015, o. S.) – und genau hier kann ein neu gestaltetes Auktionsverfahren ansetzen, um die Aktivitätsfrequenz zu senken, ohne verbietende Eingriff von außen. Dennoch ist eine gewisse Kombination beider Ansätze denkbar und möglicherweise notwendig: Rahmenregeln gesetzlicher Art können einen Grundsockel an Fairness und Stabilität garantieren (etwa Meldepflichten, Kapitalanforderungen für HFT-Firmen, Verbot eindeutig manipulativer Praktiken), während darüber hinaus die Feinsteuerung über marktwirtschaftliche Maßnahmen, beispielsweise Market Design, erfolgen kann. Börsen, Marktakteure und Regulierer stehen idealerweise im Dialog: Börsen verfügen über das Know-how, innovative Handelsmechanismen zu entwickeln, Marktakteure entwickeln Handelsstrategien und nutzen die Mikrostruktur der Handelsplattformen, Regulierer können Anreize setzen oder Vorgaben machen, damit solche Mechanismen auch im Markt implementiert werden (ggf. sogar koordiniert zwischen Handelsplätzen, um gleiche Wettbewerbsverhältnisse und Fairness herzustellen).

Abschließend lässt sich festhalten, dass das HFT eine Bewährungsprobe für den ordnungspolitischen Rahmen moderner Finanzmärkte darstellt. Es zeigt exemplarisch, wie technischer Fortschritt alte Marktregeln unter Druck setzt und zu neuen Verwerfungen führen kann. Denn eine abschließende Beurteilung, ob HFT aus ethischer und ökonomischer Sicht als „nützlich“ oder „schädlich“ zu werten ist, ist kaum möglich. Letztlich ist diese Wertung abhängig von der Marktsituation (ruhiger Handel oder hohe Volatilitäten), von der Funktion, die HFT ausfüllt (aktive Market Orders oder liquiditätsspendende Market Maker), sowie von der eingenommenen Perspektive (Handelsplattformen und Händler vs. Kapitalanlagegesellschaften). Allerdings können die aufgezeigten Probleme des HFT durch eine anreizkompatible Regulierung gelöst werden. Aus ordnungsethischer Perspektive darf die Antwort deshalb nicht darin bestehen, den Marktmechanismus als solchen zu verteufeln – schließlich haben Märkte große Wohlstandsgewinne ermöglicht –, sondern darin, die Regeln des Spiels so anzupassen, dass auch unter neuen Bedingungen die wohlfahrtsfördernden Kräfte des Wettbewerbs zur Geltung kommen und missbräuchliche Ausnutzung eingedämmt wird. Der Ansatz der Ordnungsethik nach Homann lehrt, dass moralische Ziele und Marktergebnisse versöhnt werden können, wenn man die richtigen Anreize im System verankert (Lütge, 2007; Pies, 2015; Suchanek, 2007; Homann, 1995). Im Falle des HFT bedeutet dies konkret: Durch eine kluge Neugestaltung der Handelsarchitektur – sei es durch diskrete Auktionen, minimale Verzögerungen oder andere Mechanismen – kann aus einem derzeit teils dysfunktionalen

Wettrüsten wieder ein produktiver Wettbewerb werden, der Innovation und Liquidität fördert, ohne Fairness und Stabilität zu opfern. Beides, Fairness sowie Stabilität, sind Voraussetzungen für langfristige Investitionen. V. a. rückt die Suche nach der besseren Information wieder in den Mittelpunkt, nicht aber sind es die technischen Möglichkeiten (Nagel, & Zajonz, 2012, S. 98f). In diesem Sinne haben liquide, transparente und informationseffiziente Märkte über eine effiziente Kapitalallokation Rückkoppelungen auf die Realwirtschaft sowie über Wohlfahrtsgewinne auf die Gesellschaft. Jedoch ist zu hinterfragen, ob das uneingeschränkte HFT dazu beiträgt, ob also dem Ressourcenaufwand bzw. der adversen Selektion insgesamt entsprechende volkswirtschaftliche Erträge gegenüberstehen. Konkret geht es um die Frage, ob Märkte entsprechend Adam Smith bzw. Kenneth Arrow und Gérard Debreu grundsätzlich effizient sind oder aufgrund beispielsweise von asymmetrischer Information und Externalitäten nicht immer vollkommen funktionieren. Damit kann die Börse nicht die Gesamtheit der Funktionen erfüllen, die ihr zugesprochen werden. Im Gegenteil, es besteht die Gefahr, dass HF-Händler die Börse allein für ihre Zwecke „missbrauchen", Kurse manipulieren und deshalb letztlich die Volkswirtschaft, die Unternehmen und damit jedes Individuum einen Wohlfahrtsverlust erleidet. Weitere Autoren bezeichnen den Versuch des Handels in immer kürzeren Zeitintervallen als Raum-Zeit Kompression, über die eine Zeitrente erzielt werden soll. Der HFT schafft temporäre Marktinformationsmonopole. Jedoch weist er auf die Thematik hin, dass sich die ultraschnellen Händler von der Produktion bzw. dem Unternehmen der Realwirtschaft, auf dem sie basieren, entfernen (Nagel, 2012, o. S.). Fraglich erscheint folglich das Verhältnis von Finanz- und Produktivkapital, bei dem HFT die technische und informative Unterlegenheit von Low Latency tradern ausbeutet. Denn es geht weniger um die bessere Information als um die höhere Geschwindigkeit (Budish, Crampton, & Shim, 2015, S. 1547–1621; Adrian, 2016, S. 268; Nagel, & Zajonz, 2012, S. 99). Dabei ist sicherlich nicht jede Informationsasymmetrien schädlich. Im Gegenteil, die Monetarisierung von Wissensvorsprüngen ist der Anreiz, neue Informationen zu suchen (Steiner, 2019, S. 94–107). Jedoch erzeugt das HFT typischerweise Minikrisen, als Voraussetzung von Extragewinnen, indem Marktbewegungen provoziert oder Volatilitäten erhöht werden (Grindsted, 2015, S. 63–67). Nagel und Zajonz (2012, S. 100) sprechen, gestützt auf die US-amerikanische Aufsichtsbehörde SEC, von Hunderten von Mini Flash Crashs. Die Intransparenz des algorithmischen HFT sorgt mindestens für große Unsicherheit, wodurch diese Handelsform in einem Widerspruch zu den Grundprinzipien von Börsen stehen, für die Transparenz und faire Bedingungen für beide Marktseiten zu einem konstituierenden Element gehören. Vertrauen sowie Integrität sind in diesem Zusammenhang die entscheidenden

Schlagworte. Die Intransparenz von HFT bzw. dessen Algorithmen untergräbt jedoch dieses Vertrauen, wenn nicht die gleichen Spielregeln für alle gelten (Breuer, & Burghoff, 2012, S. 97f). Stiglitz formuliert in diesem Zusammenhang Folgendes: „Indeed, one of the arguments for more active markets is that they do a better job at revealing information. But even if that were true, it does not mean that welfare is increased“ (Stiglitz, 2014, S. 2). Und Stiglitz weiter: „Less active markets can not only be safer markets, they can better serve the social functions that they are intended to serve“ (Stiglitz, 2014, S. 14). Es ist folglich nicht per se davon auszugehen, dass HFT die Preisbildung verbessert und für Wohlstand sorgt. Im Gegenteil könnte HFT zwar innerhalb von Mikrosekunden Informationen adaptieren. Jedoch weist die Bundesbank darauf hin, dass der „ökonomische Wert von Preisen, welche um Sekundenbruchteilen effizienter sind, ist für den menschlichen Betrachter jedoch schwierig nachzuvollziehen“ (Bundesbank (Hrsg.), 2016, S. 45). Kirilenko et al. wollen den Hochfrequenzhandel nicht direkt abschaffen, aber doch zähmen. Sie schreiben hierzu: „Based on our results, appropriate regulatory actions should aim to encourage HFTs to provide immediacy, while discouraging them from demanding it, especially at times of significant, but temporary liquidity imbalances. In fact automated markets, this can be accomplished by a more diligent use of short-lived trading pauses that temporarily halt the demand for immediacy, especially if significant order flow imbalances are detected“ (Kirilenk, Kyle, Samadi, & Tuzun, 2013, Abstract).

Nagel und Zajonz ziehen in diesem Kontext wie folgt ein Fazit: „Ein Markt, der zum überwiegenden Teil von HFT dominiert wird, ist gleichzeitig auch ein Markt, an dem die meisten Orders jegliche Verbindung zu fundamentalen Faktoren verloren hat“ (Nagel, & Zajonz, 2012, S. 100). Ein echtes Investment findet immer seltener statt“ (Lattemann, 2014, S. 34f). Da folglich im Zusammenhang mit dem HFT am Arrow-Debreu-Theorem gezweifelt werden kann, ist ordnungsethische Regulierung nicht nur gewünscht, sondern geboten, die auch die Anreizstrukturen des Börsenhandels im Allgemeinen und des HFT im Besonderen aufnimmt (Lütge, 2007, S. 43).

Sollte dieses Vorhaben gelingen, würde die Marktwirtschaft einmal mehr ihre Fähigkeit zur Selbstreform unter Beweis stellen. Andernfalls könnten strengere regulatorische Eingriffe langfristig unvermeintlich werden, um das Vertrauen in die Finanzmärkte zu sichern. Regelbasiertes Vertrauen ist grundsätzlich verlässlicher als emotionales Vertrauen (Tanner, 2014, S. 87–95). Das optimale Gleichgewicht aus Markt und Regelwerk zu finden, bleibt eine ordnungspolitische Herausforderung, die das HFT mit aller Schärfe sichtbar gemacht hat. Dabei zeichnen die bisherigen Forschungsergebnisse in Summe ein ambivalentes Bild von HFT (Musciotto, Piilo, & Mantegna, 2021, S. 1). Mildenberger erkennt beispielsweise, dass selbst unter der Annahme, dass HFT nicht moralisch verwerflich sei, er trotzdem gesellschaftlich unsinnig bis schädlich sein könne, da wertvolle Ressourcen verschwendet würden (Mildenberger, 2023, S. 375). Doch die Vielzahl an vorgeschlagenen Lösungen zeigt auch: Die Marktwirtschaft bietet im eigenen Werkzeugkasten innovative Antworten, um ihre Auswüchse zu korrigieren – und genau hierin liegt eine ihrer großen Stärken. Aufgrund der Bedeutung von Finanzmärkten im Allgemeinen sowie von HFT im Besonderen für die Allokation von Kapital und den gesamtgesellschaftlichen Wohlstand besteht kaum Zweifel daran, dass die Gestaltung eines Ordnungsrahmens hohe Priorität besitzt (Burghof, Koch, Schroff, & Spankowski, 2014, S. 42). Dabei ist ein Gleichgewicht aus individueller Freiheit und kollektiver Stabilität bei der Gestaltung des institutionellen Rahmens und der Marktregeln von entscheidender Bedeutung (von Weizsäcker, 2005, S. 102–111). Die Ordnungsethik liefert wertvolle Ansätze zur Gestaltung eines sanktionsbewehrten Regelwerkes, das sowohl Innovationen zulässt als auch Stabilität fördert. Durch transparente Regeln, technologische Überwachungen sowie marktbasierte Mechanismen können die Vorteile des HFT genutzt und seine Risiken minimiert werden. Allerdings ist weitere Forschung dazu erforderlich, wie ein optimaler Ordnungsrahmen konkret ausgestaltet werden kann – insbesondere auch bezüglich der Fragestellung, wie Ethik in Algorithmen und selbstlernenden Systemen implementiert werden kann.

# Literaturverzeichnis

Adler, J. (2012). Raging Bulls – How Wall Street Got Addicted to Light-Speed Trading. Wired Magazine. Business. 08.03.2012, o. S.

Adler, R. (2019). Autonom oder vielleicht doch nur hochautomatisiert? Was ist z.B. der Unterschied zwischen autonomem Fahren und hochautomatisiertem Fahren? Blog des Fraunhofer-Institut für Experimentelles Software Engineering. Fraunhofer IESE. Kaiserslautern. 6. September 2019. o. S.

Adrian, J. (2016). Informational Inequality – How high Frequency Traders use premier Access to Information to prey on Institutional Investors. Duke Law & Technology Review, 14(1), S. 256–279.

Ahlstedt, J., & Villysson, J. (2012). High Frequency Trading. o. O.

Ahmed, M., Chai, A., Ding, X., Jiang, Y., & Sun, Y. (2009). Statistical Arbitrage in High Frequency Trading Based on Limit Order Book Dynamics. Order A Journal on the Theory of ordered sets and its Applications. S. 1–26.

Aitken, M., Cumming, D., & Zhan, F. (2015). High frequency trading and end-of-day price dislocation. Journal of Banking & Finance, 59(2015), S. 330–349.

Aït-Sahalia, Y., & Saglam, M. (2013). High frequency Traders – Taking Advantage of Speed. National Bureau of Economic Research (NBER). Working Paper 19531. S. 1–52.

Aït-Sahalia, Y., & Yu, J. (2009). High Frequency Market Microstructure Noise Estimates and Liquidity Measures. Annals of Applied Statistics. 3(1). S. 422–457.

Akerlof, G.A. (1970). The Market for Lemons – Quality Uncertainty and the Market Mechanism. Quarterly Journal of Economics, 84(3), S. 488–500.

Albust, S. (2013). Grundlagen des High Frequency-Tradings und Ansätze zur Regulierung. Hamburg.

Alderighi, S., Gurrola-Perez, P., Lin, K., & Speth, B. (2021). Circuit Breaker and other Market Safeguards. World Federation of Exchanges (WFE), 1(2021), S. 7.

Aldrich, E.M., & Lopez-Vargas, K. (2020). Experiments in High-Frequency Trading: Comparing two Market Institution. Experimental Economics. 23(2), S. 322–352.

Aldridge, I. (2009). High-frequency trading – a practical guide to algorithmic strategies and trading systems. New York.

Aldridge, I. (2013). Market Microstructure and the Risk of High Frequency Trading. o. O.



U. Stephan, *Hochfrequenzhandel im Spannungsfeld von Finanzmärkten, Realwirtschaft und Gesellschaft*, Wirtschaftsethik in der globalisierten Welt,
https://doi.org/10.1007/978-3-662-74019-4

Aldridge, I. (2013). High-Frequency Trading – A Practical Guide to Algorithmic Strategies and Trading Systems. London/New York.
Aldridge, I., & Krawciw, S. (2017). Real-Time Risk – What Investors should know about FinTech, High-Frequency Trading, and Flash Crashes. London/New York.
Aleksandrova, S. (2021). On detecting Spoofing Strategies in High Frequency Trading. TU Wien. Institut der Finanz- und Versicherungsmethematik. Seminararbeit. Wien. Februar 2021
AMF (Hrsg.) (2017). Study of the Behavior of High-Frequency Traders on Euronext Paris. Eigenverlag.
Anand, A., Samadi, M., Sokobin, J., & Venkataraman, K. (2019). Institutional Order Handling and Broker-Affiliated Trading Venues. Washington.
Anatolyev, St., Seleznev, S., Selezneva, V. (2019). Does Index Arbitrage distort the Market Reaction to Shoks? Centre for Economic Research and Graduate Education – Economic Institute (GERGE-EI), Working Paper Series 651, Prague, Dezember 2019, S. 1–44.
Anderson, M., & Anderson, S.L. (2007). Machine ethics – Creating an ethical intelligent agent. AI Magazine, 28(4), S. 15–26.
Angel, J.J. (1997). Tick Size, Share Price, and Stock Splits. In: Journal of Finance, 1997, 52(2), S. 655–681.
Angel, J.J., & McCabe, D. (2013). Fairness in financial markets – The case of high frequency trading. Journal of Business Ethics, 112(4), S. 585–595.
Angel, J.J., Harris, L., & Spatt, C.S. (2010). Equity Trading in the 21stCentury. Marschall School of Business Working Paper, 9(2010), S. 5–23.
Ankenbrand, H. (2014). Hochfrequenzhandel: Keine Angst vor den Flash Boys. Frankfurter Allgemeine Zeitung (Hrsg). F.A.Z. Online 27. April 2014.
Aoyagi, J. (2018). The Dark Side of Regulating Fast Informed Training – Coexistence of slow and fast markets and strategic speed choices by High-Frequency-Traders. Social Science Research Network, 1(2018), S. 1–84.
Apel, K.-O. (1973). Transformation der Philosophie. Frankfurt.
Aquilina, M., Budish, E., & O'Neill, P. (2021): Quantifying the high-frequency trading arms race – A simple new Methodology and Estimates. BIS Working Papers, 955(2021), S. 1–71.
Thomas von Aquin, Th. von (1994). Summa Theologiae – Ziel und Handeln des Menschen I-II., übersetzt von Klaus Jacobi. Freiburg im Breisgau.
Arentz, O. (2008): Finanzmarktregulierung – notwendig oder Übel? Otto-Wolff-Institut Discussion Paper, 07(2008), S. 1–19.
Arifovic, J., He, X.-Z., & Wie, L. (2022). Machine Learning and Speed in High-Frequency Trading. Journal of Economic Dynamics and Control, 6(139), S. 1–10.
Aristoteles (1921). 12. Kapitel. o. O.
Aristoteles (1990). Politik, Buch VII. Kapitel 1. Übersetzung von Eugen Rolfes. Hamburg.
Aristoteles (1991). Politik – Buch II und III (Buch II – Über die Verfassungen, die in einigen Staaten in Kraft sind, und andere Verfassungen, Buch III – Über die Verfassung). Berlin.
Aristoteles (2019). Nikomachische Ethik (NE). Berlin.
Aristoteles (2020). Nikomachische Ethik. In: Flashar, H. (Hrsg.), Aristoteles Werke, Band 6. Berlin/Boston.
Arnuk, L., & Saluzzi, J. (2008). Toxic Equity Trading Order Flow and Wall Street: The real Force behind the Explosion in Volume and Volatility. Themis Trading LLC White Paper 17

Arnuk, S, & Saluzzi, J. (2012). Broken Markets – How High Frequency Trading and predatory Practices on Wall Street are destroying Investor Confidence and your Portfolio. FT Press, Upper Saddle River

Arnuk, S., & Saluzzi, J. (2009). Latency Arbitrage: The real Power behind predatory High Frequency Trading. o. O.

Arquint, N. (2014). Internationalisierung der Finanzmarktaufsicht. Zeitschrift für Gesellschafts- und Kapitalmarktrecht, 02(2014), S. 1–12.

Arrow, K. J., & Debreu, G. (1954). Existence of an Equilibrium for a competitive Economy. Econometrica, 22(3), S. 265–290.

Arrow, K.J. (1963). Uncertainty and the Welfare Economics of Medical Care. American Economic Review, 53(1963), S. 941–973.Austin, J. (2016). The Essential Elements of Market Integrity and Market Fairness. Faculty of Law Blogs, University of Oxford, 20. September 2016.

Avellaneda, M. (2006). Algorithmic and High-Frequency Trading – An Overview. New York.

Avellaneda, M., & Stoikov, S. (2008). High-frequency trading in a limit order book. Quantitative Finance. 8(3). S. 217–224.

Avramovic, A. Lin, V., & Krishnan, M. (2017). Market Structure. We're all high Frequency Trader now. Credit Suisse (Hrsg.). Trading Strategy. 15. March 2017. S. 1–8.

AZSLIDE (Hrsg.) (2017). HFT – high frequency trading, Trading oder Betrug, Teil 1. o. O.

Baker, D. (2010). The Benefits of Financial Transactions Taxes. o. O.

Baldauf, M., & Mollner, J. (2019): Asymmetric speed bumps – A market design response to high frequency trading. https://voxeu.org/article/asymmetric-speed-bumps-response-high-frequency-trading, Zugriff am 20.02.2022.

Baldauf, M., & Mollner, J. (2021). Trading in Fragmented Markets. Journal of Financial and Quantitative Analysis, 56(1), S. 93–121.

Bank for International Settlement (BIS), (2015). The Framework for financial Supervision: Macro and Micro Issues, Policy Paper, No. 7, Juni 2015. Basel.

Bank for International Settlement (BIS). (2011). High-Frequency Trading in the Foreign Exchange Market. Markets Committee Study Group (Chair: Guy Debelle of Reserve Bank Australia). September 2011. Basel.

Bank für Internationalen Zahlungsausgleich (BIZ) (Hrsg.) (2004): Internationales Bankgeschäft und internationale Finanzmärkte. Eigenverlag.

Barker, W., & Pomerants, A. (2011). The Growth of High-Frequency Trading – Implications for Financial Stability. Bank of Canada, Financial System Review, 6(32011), S. 47–52.

Rycott, I. (2013). Dan Barnes assesses the clampdown on HFT. HFT on Trial. Trading: HFT. GT Global Trading. Markets Media Group. July 17, 2013 (www.bestexecution.net/trading-hft/, Zugriff am 02.11.2018).

Baron, M.D., Brogaard, J., Hagströmer, B., & Kirilenko, A.A. (2019). Risk and Return in High Frequency Trading. Journal of Financial and Quantitative Analysis, 54(3). S. 933–1024.

Bartelborth, T. (2019): Kohärentismus. In: Grajner, M., & Melchior, G. (Hrsg.), Handbuch Erkenntnistheorie. Stuttgart, S. 238–245.

Bartlett, R.P., & McCrary, J. (2019). How Rigged Are Stock Markets? Evidence from Microsecond Timestamps. In: Journal of Financial Markets, 45, S. 37–60.

Baumol, W. J., & Oates, W. E. (1988). The Theory of Environmental Policy, 2. Auflage Cambridge.

Baumol, W.J. (1975): Business Responsibility and Economic Behavior. In: Phelps, E.S. (Hrsg.), Altruism, Morality, and Economic Theory. New York, S. 45–56.

Becchetti, L., Ferrari, M., & Trenta, U. (2013). The Impact of the French Tobin Tax. Applied Economics Letters, 20(5), S. 485–486.

Becker, M., Schmidt, J., & Zintl, R. (2021). Politische Philosophie, 5. Auflage. Paderborn.

Belghanou, I. (2021). Theorie der Wirtschafts- und Unternehmensethik, insbesondere der Unternehmensverantwortung in der Praxis. ZNWU Project Paper No. 3, Hochschule Darmstadt, Fachbereich Wirtschaft, Darmstadt Business School. Darmstadt.

Bell, H.A. (2013). High Frequency Trading – Do Regulators Need to Control this Tool of Informationally Efficient Markets? Policy Analysis, 731(2013), S. 1–11.

Bell, H.A., & Searles, H. (2014). An Analysis of Global HFT Regulation: Motivation, Market Failures, and Alternative Outcomes. Mercatus Center George Mason University Working Paper, 14(11)

Ben-David, I., Franzoni, F., & Moussawi, R., (2014). Do ETF increase Volatility? NBER Working Paper 20071. National Bureau of Economic Research, Cambridge. MA.

Benedikt XVI. (2005). Enzyklika Deus Caritas Est, 26/29(2), S. 40–45.

Benos, E., & Sagade, S. (2016). Price Discovery and the Cross-Section of High-Frequency Trading. Journal of Financial Markets. Forthcoming. S. 1–44.

Bentham, J. (1777). A Fragement on Government. In: Burns, J.H., & Hart, H.L.A. (Hrsg.), A Comment on the Commentaries and a Fragment on Government. London, S. 391–551.

Bentham, J. (1789/1907). An introduction to the Principles of Morals and Legislation. Oxford.

Bentham, J. (2013). Eine Einführung in die Prinzipien der Moral und Gesetzgebung. Übersetzung von Irmgard Nash und Richard Seidenkranz. Verlag Senging, Saldenburg.

Berg, H. (1992): Wettbewerbspolitik. In: Apolte, T., Bender, D., Berg, H., Cassel, D., Erlei, M., Grossekettler, H., Hartwig, K.-H., Hübl, L., Kerber, W., Nienhaus, V., Ott, N., Siebke, J., Smeets, H.-D., Thieme, H.J., & Vollmer, U. (Hrsg.), Vahlens Kompendium der Wirtschaftstheorie und Wirtschaftspolitik, Band 2. München, S. 241–242.

Berhold, M.A. (1971). Theory of Linear Profit-Sharing Incentives. The Quarterly Journal of Economics, 85(3), S. 460–482.

Besio, C., Fedtke, C., Grothe-Hammer, M., Karafillidis, A., & Pronzini, A. (2021). Verantwortungsvolle Maschinen ohne Verantwortlichkeit? Datenintensive Algorithmen in Organisationen. Social Systeme. 26(1–2). S. 129–159

Beverungen, A., & Lange, A.-Ch. (2017). Zeitlichkeit und Kognition im Hochfrequenzhandel. In: Balke, F., Siegert, B., Vogl, J. (Hrsg.), Medien der Finanz, München, S. 9–20.

Biais, B., & Foucault, T. (2014). HFT and Market Quality. Bankers, Markets & Investors, 128(2014), S. 5–19.

Biais, B., & Hillion, P. (1994). Insider and Liquidity Trading in Stock and Options Markets. Review of Financial Studies, 7(4), S. 743–780.

Biais, B., & Woolley, P. (2011). High Frequency Trading. Working Paper. Institut d'Economie Industrielle (IDEI). Toulouse School of Economics. Toulouse.

Biais, B., & Woolley, P. (2012). The Flip side: High Frequency Trading. Financial World. Financial Markets Group. London School of Economics, 2(2012), S. 34–35.

Biais, B., Foucault, T., & Moinas, S. (2011). Equilibrium High Frequency Trading. Working Paper, Toulouse School of Economics.

Biais, B., Foucault, T., & Moinas, S. (2015). Equilibrium Fast Trading. Journal of Financial Economics, 116(2), S. 292–313.

Bieger, T., zu Knyphausen-Aufseß, D., & Krys, C. (2011). Innovative Geschäftsmodelle – Konzeptionelle Grundlagen, Gestaltungsfelder und unternehmerische Praxis. Wiesbaden.

Bijkerk, W. (o. J.): Market Developments – High Frequency Trading. https://www.iosco.org/research/pdf/Market_Developments_High_Frequency_Trading.pdf, Zugriff am 20.07.2021.

Bitpanda Academy (o.J.). High Frequency Trading, Investieren, Lektion 72 / 75. o. S.

Blasco, N., Corredor, P., & Ferreruela, S. (2017): Can agents sensitive to cultural, organizational, and environmental issues avoid herding? Finance Research Letters, 22(2017), S. 114–121.

Böckenförde, E.-W. (1967). Die Entstehung des Staates als Vorgang der Säkularisation. In: Böckenförde, E.-W. (Hrsg.), Säkularisation und Utopie – Erbacher Studien, Ernst Forsthoff zum 65. Geburtstag. Stuttgart/Berlin/Köln/Mainz, S. 75–94.

Böckenförde, E.-W. (1991): Recht, Staat, Freiheit – Studien zur Rechtsphilosophie, Staatstheorie und Verfassungsgeschichte, erweiterte Ausgabe. Frankfurt.

Boco, H., Germain, L., & Rousseau, F. (2017). High Frequency Trading – Strategic Competition between Slow and Fast Traders. Working Paper. 21. März 2017.

Bodek, H. (2013). The Problem of HFT – Collected Writings on High Frequency Trading & Stock Market Structure Reform. o. O.

Boehmer, E., Fong, K., & Wu, J. (2018). International Evidence on Algorithmic Trading. In: Journal of Financial Economics, 127(2), S. 394–419.

Boehmer, E., Fong, K.Y.L., & Wu, J.L. (2021). Algorithmic Trading and Market Quality – International Evidence. Journal of Financial and Quantitative Analysis, 56(2021), S. 2659–2688.

Boehmer, E., Li, D., & Saar, G. (2016). Correlated high-frequency trading. Working Paper. Februar 2016.

Böhm, A. (2000). Qualitative Forschung. In: Flick, U., von Kardorff, E., & Steinke, I. (Hrsg.), Qualitative Forschung – Ein Handbuch. Reinbek bei Hamburg, S. 475–476.

Bongaerts, D., & Van Achter, M. (2015). High-Frequency Trading and Market Stability. Working Paper. Erasmus University Rotterdam. Januar 2015.

Bongaerts, D., & Van Achter, M. (2016). Competition among Liquidity Providers with Access to High-Frequency Trading Technology – High-frequency trading and market stability. SSRN, 1(2016), S. 1–89.

Bonjour, L. (1976). The Coherence Theory of Empirical Knowledge. Philosophical Studies, 30(1976), S. 281–312.

Bonß, W., Dimbath, O., Maurer, A., Pelizäus, H., & Schmid, M. (2021). Gesellschaftstheorie – Eine Einführung. Bielefeld.

Boston University (Hrsg.) (2013). High Frequency Trading – Developments in Banking Law. Review of Banking and Financial Law, 32(2013), S. 71–100.

Bouveret, A., Breuer, P., Chen, Y., Jones, D., & Sasaki, T. (2015). Fragilities in the US Treasury Market – Lessons from the 'Flash Rally' of October 15, 2014. IMF Working Paper, 15(222), S. 1–44.

Bouveret, A., Guillaumie, C., Roqueiro, C. A., Winkler, C., & Nauhaus, S. (2014). High-frequency trading activity in EU equity markets. European Securities and Markets Authority (ESMA). Economic Report, 1(2014).

Brady Commission (Hrsg.) (1988). Report of the Presidential Task Force on Market Mechanisms, 1(1998), S. 28–57.

Brecht, B. (2004). Die Dreigroschenoper. In: Hecht, W., Kopf, J., Mittzenwei, W., & Müller, K.-D. (Hrsg.), Brecht, Bertolt – Werke – Große kommentierte Berliner und Frankfurter Ausgabe, Band 2, Stück 2. Frankfurt.

Breckenfelder, H.-J. (2013). Competition between High-Frequency Traders, and Market Quality, Version 3.1. Stockholm.

Breckenfelder, H.-J. (2020). Competition between High-Frequency Traders, and Market Quality. VOX EU, 1(2020), o. S.

Breckenfelder, J. (2019). Competition among high-frequency traders, and market quality. Frankfurt.

Brennan, G., & Buchanan, J.M. (1985). The Reason of Rules – Constitutional Political Economy. Cambridge.

Breuer, A., Burghof, H.-P. (2012). Bedeutungswandel durch algorithmischen Handel, High Frequency Trading – Kosten und Nutzen im Wertpapierhandel und die Notwendigkeit der Marktregulierung. Wirtschaftsinformatik – Meinung und Dialog. 02/2012. S. 97–98.

Breyer, F., & Kolmar, M. (2010): Grundlagen der Wirtschaftspolitik. Tübingen.

Brogaard, J. (2010). High Frequency Trading and its Impact on Market Quality, Working Paper, Northwestern University Kellogg School of Management. Evanston.

Brogaard, J., Hagströmer, B., & Riordan, R. (2015). Trading Fast and Slow – Colocation and Liquidity. Review of Financial Studies, 28(12), S. 3407–3443.

Brogaard, J., Hendershot, T., & Riordan, R. (2014). High Frequency Trading and Price Discovery. The Review of Financial Studies, 27(8). S. 2267–2306.

Brogaard, J., Hendershott, T., & Riordan, R. (2013). High Frequency Trading and Price Discovery. European Central Bank Working Paper Series, 1602(2013), S. 1–55.

Brogaard, J., Ringgenberg, M., & Sovich, D. (2019). The Economic Impact of Index Investing. in: The Review of Financial Studies. 32(9). S. 3461–3499.

Brunnermeier, M.K., & Pedersen, L.H. (2005). Predatory Trading. The Journal of Finance. 60(4). S. 1825–1863.

Buchanan, J., & Tullock, G. (1962). The Calculus of Consent – The Logical Foundations of Constitutional Democracy. Michigan.

Buchanan, J.M. (1975). The Limits of Liberty – Between Anarchy and Leviathan. University of Chicago Press. Chicago.

Buchanan, J.M. (1984). Die Grenzen der Freiheit – Zwischen Anarchie und Leviathan. Tübingen.

Buchanan, J.M. (1990). The Economics and the Ethics of Constitutional Order. Michigan.

Buchanan, M. (2015): Physics in finance – Trading at the speed of light. Nature, 518(2015), S. 161–163.

Buckley, R. P., Masciandaro, D., Passarelli, F., Schäfer, D., Schulmeister, St., & Vella, J. (2012). The Financial Transaction Tax – Boon or Bane?, Intereconomics. 47(2), S. 76–103

Budish, E. (2016). A Market Design Approach to the HFT Debate – The Case for Frequent Batch Auctions. Chicago.

Budish, E., Cramton, P., & Shim, J. (2015). The High-Frequency Trading Arms Race: Frequent Batch Auctions as a Market Design Response. Quarterly Journal of Economics, 130(4), S. 1547–1621 und Journal of Finance, 70(4), S. 1547–1621.

Budish, E., Cramton, P., Kyle, A.S., Lee, J., & Malec, D. (2012). Flow Trading. NBER Working Paper Series, 31098(2012), S. 1–67.

Bundesanstalt für Finanzdienstleistungsaufsicht (BaFin) (Hrsg.) (2018). Marktmanipulation. Berlin.

Bundesanstalt für Finanzdienstleistungsaufsicht (BaFin) (Hrsg.) (2019): Algorithmischer Handel und Hochfrequenzhandel. https://www.bafin.de/DE/Aufsicht/BoersenMaerkte/Handel/Hochfrequenzhandel/high_frequency_trading_node.html, Zugriff am 15.08.2021.

Bundesanstalt für Finanzdienstleistungsaufsicht (BaFin) (Hrsg.) (o. J.). Algorithmischer Handel und Hochfrequenzhandel. Frankfurt.

Bundesanstalt für Finanzdienstleistungsaufsicht (BaFin) (Hrsg.) (2018). Verordnung zur Konkretisierung des Verbotes der Marktmanipulation (Marktmanipulations-Konkretisierungsverordnung – MaKonV). Frankfurt.

Bundesanstalt für Finanzdienstleistungsaufsicht (BaFin) (Hrsg.) (o. J.). Algorithmischer Handfel und Hochfrequenzhandel. https://www.bafin.de/DE/Aufsicht/BoersenMaerkte/Hochfrequenzhandel/high_frequency_trading_node.html, Zugriff am 16.11.2018.

Bundesanstalt für Finanzdienstleistungsaufsicht (BaFin) (Hrsg.) (2013). Rundschreiben 06/2013 (BA) – Anforderungen an Systeme und Kontrollen für den Algorithmushandel von Instituten. https://www.bafin.de/SharedDocs/Veroeffentlichungen/DE/Rundschreiben/rs_1306_ba_algorithmushandel.html, Zugriff am 15.10.2017.

Bundesanstalt für Finanzdienstleistungsaufsicht (BaFin) (Hrsg.) (2025).Marktmanipulation. 04.06.2025 (www.bafin.de)

Bundesgesetzblatt, Teil 1 (2013). Gesetz zur Vermeidung von Gefahren und Missbräuchen im Hochfrequenzhandel vom 7. Mai 2013 (Hochfrequenzhandelsgesetz), BGBl I 2013, Teil I, Nr. 23, ausgegeben zu Bonn am 14. Mai 2013

Bundesverband Alternative Investments e. V. (BAI) (Hrsg.) (o. J.). BAI-FactSheet Algorithmischer und Hochfrequenzhandel. https://bvai.de/fileadmin/PDF/FactSheet-Algortihmischer_und_Hochfrequenzhandel.pdf, Zugriff am 01.09.2017.

Burghof, H.P., & Breuer, A. (2012). High Frequency Trading – Kosten und Nutzen im Wertpapierhandel und Notwendigkeit der Marktegulierung. Wirtschaftsinformatik, 54(2), S. 91–101.

Burghof, H.P., Koch, C., Schroff, S., & Spankowski, U. (2014). From Trading Floor Trading to Electronic High Frequency Trading (HFT) – Market Implications and Regulatory Aspects. Bankhistorisches Archiv, 40(1–2), S. 38–51.

Carrion, A. (2013). Very Fast Money – High-Frequency Trading on the NASDAQ. Journal of Financial Markets, 16(4), S. 680–711.

Cartea, Á., & Penalva, J. (2012). Where is the value in high frequency trading? The Quarterly Journal of Finance, 2(3), S. 1–46.

Cartea, A., Jaimungal, S., & Penalva, J. (2015). Algorithmic and High-Frequency Trading, Cambridge.

Castura, J., Litzenberger, R., Gorelick, R., & Dwivedi, Y. (2010). Market efficiency and microstructure evolution in US equity markets – A high-frequency perspective. RGM Advisors Working Paper. 30. August 2010.

Chaboud, A.P., Chiquoine, B., Hjalmarsson, E., & Vega, C. (2014). Rise of the Machines – Algorithmic Trading in the Foreign Exchange Market. The Journal of Finance, 69(5), S. 2045–2085.

Chaboud, A.P., Dao, A., & Vega, C. (2019). What makes HFTs tick? Tick size changes and information advantage in a market with fast and slow traders. SSRN. June 21, 2019. S. 1–60.

Chakrabarty, B., Jain, P.K., Shkilko, A., Sokolov, K. (2019). Unfiltered market access and liquidity – Evidence from the SEC Rule 15c3–5. Journal of Management Science, 67(2), S. 1183–1198.

Chakrabarty, B., Moulton, P.C., & Wang, X. F. (2022). Attention – How High-Frequency Trading Improves Price Efficiency Following Earnings Announcements. Journal of Empirical Finance, 57(2022), S. 100690.

Chawla, K. (2020). Using Actor-Network Theory to Examine Knight Capital Group's Downfall.: STS Research Paper Presented to the Faculty of the School of Engineering and Applied Science, University of Virginia, 02(2020), S. 1–15.

Chen, H., Petukhov, A., Wang, J., & Xing, H. (2023). The Dark Side of Circuit Breaker. o. O.

Chen, Y., Cramton, P., List, J. A., & Ockenfels, A. (2021). Market Design, Human Behavior, and Management Science. 67(9), S. 5317–5348

Chesbrough, H. (2007). Business Model Innovation – It's not just about technology anymore. Strategy and Leadership, 35(2007), S. 12–17.

Chlistalla, M., Speyer, B., Kaiser, S., & Mayer, T. (2011). High-frequency trading – Better than its reputation. Frankfurt.

Chordia, T., Roll, R., & Subrahmanyam, A. (2001). Market Liquidity and Trading Activity. Journal of Financial Economics, 60(2–3), S. 247–274.

Chordia, T., Roll, R., & Subrahmanyam, A. (2008) Liquidity and Market Efficiency. Journal of Financial Economics. 87(3). S. 249–268.

Chung, K.H., & Lee, A.J. (2016). High-frequency Trading – Review of the Literature and Regulatory Initiatives around the World. Asia-Pacific Journal of Financial Studies, 45(1), S. 7–33.

Cioalella, G. (2015). Describing and Regulating High-Frequency Trading – A European Perspective. In: Gregoriou, G.N. (Hrsg.) (2015), The Handbook of High Frequency Trading. Amsterdam/Boston/Heidelberg/London/New York/Oxford/Paris/San Diego/San Francisco/Singapore/Sydney/Tokyo, S. 95–110.

Clapham, B., Gomber, P., & Panz, S. (2017). Coordination of Circuit Breakers? Volume Migration and Volatility Spilloverin fragmented Markets. SAFE Working Paper, 196(2017), S. 1–38.

Coase, R. H. (1960). The Problem of Social Cost. Journal of Law and Economics, 3(1960), S. 1–44.

Cochrane, J.H. (2005). Liquidity, trading and asset prices. NBER Asset Pricing Program Review. National Bureau of Economic Research.

Cochrane, J.H. (2012). Weird stuff in High Frequency Markets. The Grumpy Economist (Blog). February 28, 2012.

Cochrane J.H. (2014). Budish, Cramton and Shim on High Frequency Trading. The Grumpy Economist (Blog). February 28, 2014.

Cohen, A., & Siegelman, P. (2010). Testing for Adverse Selection in Insurance Markets. Journal of Risk and Insurance, 77(1), S. 39–84.

Coleman, J. (1990/1991). Grundlagen der Sozialtheorie, 3 Bände. München.

Colliard, J.-E., & Hoffmann, P. (2017). Financial Transaction Taxes: Market Composition, and Liquidity. European Central Bank. Working Paper Series. No. 2030. February 2017

Comerton-Forde, C., & Putnins, T. J. (2015). Dark Pool Trading and the Price Discovery Process, in Journal of Financial Economics, 118(1), S. 70–92.

Conrad, J.S., Wahal, S., & Xiang, J. (2015). High Frequency Quoting, Trading, and the Efficiency of Prices. Journal of Financial Economics, 116(2), S. 271–291.

Contratto, F. (2014). Hochfrequenzhandel und systemische Risiko – Risikovorsorge im Finanzmarktrecht gestützt auf das Vorsorgeprinzip. Zeitschrift für Gesellschafts- und Kapitalmarktrecht, 9(2), S. 143–160.

Cooper, R., Davies, M., & van Vliet, B. (2016). The Mysterious Ethics of High-Frequency Trading. Business Ethics Quarterly. 26(1). S. 1–22.

Corbin, J., & Strauss, A. (1990). Grounded Theory Research: Procedures, Canons, and Evaluative Criteria. Qualitative Sociology, 13(1), S. 1–19.

Corcilius, K. (2009): Aristoteles praktische Syllogismen in der zweiten Hälfte des 20. Jahrhunderts. History of Philosophy & Logical Analysis. 12(2009. S. 101–132.

Corsetti, G., Lafarguette, R., & Mehl, A. (2019). Fast trading and the virtue of entropy: evidence from foreign exchange market. ECB Working Paper Series. No 2300. European Central Bank. July 2019.

Cramton, P., & Ockenfels, A. (2000). Market Design kann Leben retten. Frankfurter Allgemeine Zeitung (Hrsg.). F.A.Z. Online 27.04.2000.

Cramton, P., & Ockenfels, A. (2011). Economics and design of capacity markets for the power sector. o. O.

Cramton, P., & Stoft, S. (2006). The Convergence of Market Designs for Adequate Generating Capacity With Special Attention to the CAISO's Resource Adequacy Problem. White Paper for the California Electricty Oversight Board. MIT-CEEPR Working Paper No. 06–007.

Cramton, P., Bergemann, D., & Bobbio, E. (2020): Auctions and Market Design. Köln/Yale.

Cramton, P., Shoham, Y., & Steinberg, R. (2006). Combinatorial Auctions. Cambridge.

Crossbridge Capital LLP (Hrsg.) (o. J.). Best Execution Policy. http://www.crossbridgecapital.com/extra/docs/best-execution-policy/Crossbridge-Best-Execution-Policy-2018.pdf, Zugriff am 01.10.2018.

Čuk, T., & van Waeyenberge, A. (2018). European Legal Framework for Algorithmic and High Frequency Trading (MiFiD 2 and MAR) – A Global Approach to Managing Risks of the Modern Trading Paradigm. European Journal of Risk Regulation, 9(2018), S. 146–153.

Cumming, D. J., Zhan, F., & Aitken, M. J. (2012). High frequency trading and end-of-day manipulation. Working Paper 16. Juli 2012.

Da, Z., Shive, S. (2018). Exchange Traded Funds and Asset Return Correlations. European Financial Management. 24(1), S. 136–168.

Dahrendorf, R. (2007): Auf der Suche nach einer neuen Ordnung – Vorlesungen zur Politik der Freiheit im 21. Jahrhundert. München.

Dammert, T. (2012). High Frequency Trading – Aktueller Stand und Einfluss auf den Kapitalmarkt. Akademieverlag. Saarbrücken.

Davis, E.P. (2003): Towards a Typology for systemic Financial Instability. London.

Davis, M., Kumiega, A., & van Vilet, B. (2013). Ethics, Finance and Automation – A Preliminary Survey of Problems in High Frequency Trading. Science and Engineering Ethics, 19(3), S. 851–874.

Davis, R. (2012). Business Process Modelling with ARIS – A Practical Guide. Berlin/Heidelberg.
Debreu, G. (1959). Theory of Value – An Axiomatic Analysis of Economic Equilibrium. Yale.
Deutsche Börse AG (Hrsg.) (2018). Hochfrequenzhandel; RTS und ITS. http://deutsche-boerse.com/dbg-de/regulierung/regulatory-dossiers/mifid-mifir/mifid-i-to-mifid-ii/mifid-ii-mifir/RTS-und-ITS/2826832; http://deutsche-boerse.com/dbg-de/regulierung/regulatory-dossiers/mifid-mifir/mifid-i-to-mifid-ii/mifid-ii-mifir/RTS-und-ITS/2826832, Zugriff am 10.11.2018.
Deutsche Börse AG (Hrsg.) (o. J.). Hochfrequenzhandel (HFT). http://deutsche-boerse.com/dbg-de/regulierung/regulatorytopics/reg-topic-hft, Zugriff am 15.11.2018.
Deutsche Börse AG (Hrsg.). (2021). Strategien zur nachhaltigen Finanzierung der Zukunft Deutschlands. S. 8–14.
Deutsche Bundesbank (2011). Anlegerverhalten in Theorie und Praxis. In: Deutsche Bundesbank (Hrsg.), Monatsbericht Nr. 01/2011, Frankfurt, S. 45–48.
Deutsche Bundesbank (2016). Bedeutung und Wirkung des Hochfrequenzhandels am deutschen Kapitalmarkt. In: Deutsche Bundesbank (Hrsg.), Monatsbericht, Nr. 37/2016. Frankfurt, S. 37–62.
Deutsche Bundesbank (2018). Der Markt für Bundeswertpapiere – Haltestruktur und wesentliche Einflussfaktoren auf die Renditeentwicklung. In: Deutsche Bundesbank (Hrsg.), Monatsbericht, Nr. 7/2018. Frankfurt, S. 15–25.
Deutsche Bundesbank (Hrsg.) (o. J.). Institutionelle Investoren. https://www.bundesbank.de/Navigation/DE/Service/Glossar/_functions/glossar.html?lv2=32036&lv3=62180, Zugriff am 04.07.2018.
Deutscher Bundestag (Hrsg.) (2010). Drucksache 17/13300, 17. Wahlperiode, Schlussbericht der Enquete-Kommission „Wachstum, Wohlstand, Lebensqualität – Wege zu nachhaltigem Wirtschaften und gesellschaftlichem Fortschritt in der Sozialen Marktwirtschaft". Berlin.
Deutscher Bundestag (Hrsg.) (2013). Finanzausschuss Wortprotokoll 123. Sitzung, Mittwoch, den 16.01.2013, Öffentliche Anhörung. Deutscher Bundestag, 17. Wahlperiode, Protokoll Nr. 17/123, BT-Drucksache 17/11631. Berlin.
Diaz-Rainey, I., & Ibikunle, G. (2012). A taxonomy of the 'dark side' of financial innovation: the cases of high frequency trading and exchange traded funds. International Journal of Entrepreneurship and Innovation Management, 16(1–2), S. 51–72.
Dick, D. (2013). An Ugly High-Frequency Mess. CFA Magazine, 24(1), S. 24–25.
Dietzfelbinger, D. (2004). Aller Anfang ist leicht: Unternehmens- und Wirtschaftsethik für die Praxis, 4. Auflage. Herbert Utz Verlag, München.
Dolfing, H. (2019). Case Study 4 – The $440 Million Software Error at Knight Capital, Case Studies, Project Failure, June 05, 2019. o. O.
Dolgopolov, S. (2014): High-Frequency Trading, Order Typs, and the Evolution of the Securities Market Structure – One Whistleblower's Consequences for Securities Regulation. Chicago.
Dombret, A. (2011). Quo Vadis EU? Herausforderungen für die Währungsunion. Deutsche Bundesbank. Rede beim CDU-Wirtschaftsrat in Berlin. 20. Oktober 2011.
Donald, D. C. (2014). Market Quality and Moral Hazard in Financial Market Design, 2014, S. 1–21.

Downs, A. (1957). An Economic Theory of Political Action in a Democracy. Journal of Political Economy, 65(2), S. 135–150.

Dreier, J. (2005). Moral Relativism and Moral Nihilism. In: Copp, D. (Hrsg.), The Oxford Handbook of Ethical Theory. Oxford, S. 240–264.

Duffy, J., Rabanal, J. P., Rud, O. A. (2021). The Impact of ETF's on Asset Markets. Experimental Evidence, 16(2021), S. 1–47.

DuHigg, C. (2009). Stock Traders Find Speed Pays in Milliseconds. New York.

Durbin, M. (2010). All About High-Frequency Trading – The Easy Way to Get Started. London.

Düwell, M., Hübenthal, C., & Werner, M.H. (Hrsg.) (2011). Handbuch Ethik. 3. Auflage. Stuttgart/Weimar.

Easley, D., Lopez de Prado, M.M., & O'Hara, M. (2012). Flow Toxicity and Liquidity in a High-Frequency World. Review of Financial Studies, 25(5), S. 1457–1493.

Easley, D., Lopez de Prado, M.M., & O'Hara, M. (2012). The Volume Clock – Insights into the High-Frequency Paradigm. Journal of Portfolio Management, 39(1), S. 19–29, 145.

ECOPLAN/INFAS, (2024). Externe Effekte der Verkehrs 2021, Umwelt-, Unfall- und Gesundheitseffekte des Strassen-, Schienen-, Luft- und Schiffsverkehrs, Auftraggeber Bundesamt für Raumentwicklung, Bern, 16.12.2024.

Edmunds, B. (2014). Politische Wirtschaftsethik globaler Finanzmärkte. Wiesbaden.

Egginton, J. F., van Ness, B. F., & van Ness, R. A. (2016). Quote Stuffing. Financial Management, 45(3), S. 583–608.

Egginton, J. F., van Ness, R.A., & van Ness, M.E. (2016). Dealers and Changing Obligations: The Case of Stub Quoting. Reviewof Quantitative Finance and Accounting. 47(4). S. 919–941.

Ehrenhauser, M. (2018). Die Geldroboter: Wie Hochfrequenzmaschinen unser Erspartes enkassieren und Finanzmärkte destabilisieren. Wien.

Eichengreen, B., Tobin, J., & Wyplosz, C. (1995). Two Cases for Sand. o. O.

El-Shagi, M., Ilgmann, C., Die Bedeutung der Besitzverpflechtung von Kapitalgesellschaften für die Finanzmarktkrise, (2010). Ordo Jahrbuch für die Ordnung von Wirtschaft und Gesellschaft. de Gruyter (Hrsg.). Band 62. Stuttgart. S. 299–323.

Enquête Kommission des Deutschen Bundestages „Wachstum, Wohlstand und Lebensqualität" (Hrsg.) (2013): Regulierung der Finanzmärkte. Vierteljahresheft zur Wirtschaftsforschung, 28(4), S. 107–137.

Enste, D. H., Wildner, J. (2014). Mitverantwortung und Moral – Eine unternehmensethische Reflexion. Institut der deutschen Wirtschaft Köln (Hrsg.). IW Positionen Nr. 63. Köin

Erber, G. (2012). Hochfrequenzhandel bedroht die Funktionsfähigkeit der Finanzmärkte. DIW Wochenbericht, Deutsches Institut für Wirtschaftsforschung (DIW), 79(45), S. 16.

Ernst & Young (Hrsg.) (2015). Algo Trading ausgebremst? Neue Regeln im Hochfrequenzhandel. Frankfurt.

Eucken, W. (1952). Grundsätze der Wirtschaftspolitik, Tübingen.

Eucken, W. (1990). Grundsätze der Wirtschaftspolitik. 6. Auflage. Tübingen.

Eucken, W. (2004). Grundzüge der Wirtschaftspolitik, 7. Auflage. Tübingen.

Eurex (Hrsg.) (2013). Hochfrequenzhandelsgesetz (HFT-Gesetz): Implementierung des Order-Transaktions-Verhältnisses (OTR). Eurex Rundschreiben 213/13. 27. September 2013.

Eurex (Hrsg.) (2017). Introduction of a maximum number of 10Gbit/s Connection to Eurex T7. Eurex Circular 015/17. 27. January 2017.

Europäische Kommission (Hrsg.) (2021). Weißbuch zur Künstlichen Intelligenz – Ein europäischer Ansatz für Exzellenz und Vertrauen. Brüssel.

Europäische Zentralbank (EZB) (Hrsg.) (2012). Stellungnahme der Europäischen Zentralbank vom 13. Dezember 2012 zum Hochfrequenzhandel (CON/2012/107). Frankfurt.

European Commission (Hrsg.) (2011). Review of the Markets in Financial Instruments Directive (MiFID). Brüssel.

European Commission (Hrsg.). Directive 2014/65/EU (MiFID II). Brüssel.

European Securities and Markets Authority (ESMA) (Hrsg.) (2014). Reply form for the ESMA MiFID II/MiFIR Discussion Paper. Paris.

European Securities and Markets Authority (ESMA) (Hrsg.) (2014). Final Report – ESMA's Technical Advice to the Commission on MiFID II and MiFIR 19. December 2014, ESMA/2014/1569. Paris.

European Securities and Markets Authority (ESMA) (Hrsg.) (2016). List of competent authorities to carry out the duties provided for by the Directive 2004/39/EC on Markets in Financial Instruments Directive (MiFID I) as required by Article 48 (1) of MiFID I and delegation of part those duties under Article 48 (2) of MiFID. Paris.

European Securities and Markets Authority (ESMA) (Hrsg.) (2017). MiFID II Technical Standards on Algorithmic Trading. Paris.

European Securities and Markets Authority (ESMA) (Hrsg.) (2021). MiFID II Review Report – MiFID II/MiFIR Review Report on Algorithmic Trading, ESMA70–156–4572, 09/2021. Paris.

European Security and Market Authority (ESMA) (Hrsg.) (2012). Proposal for a Regulation of the European Parliament and of the Council on insider dealing and market manipulation (market abuse), Communication 651. Brüssel.

Evercore ISI (Hrsg.), Electronic Trading – Market Structure 2021, Current State of U.S. Market Structure, Regulations and Fragmentation. o. O.

Fachforum Autonome Systeme im Hightech-Forum (Hrsg.) (2017). Autonome Systeme – Chancen und Risiken für Wirtschaft, Wissenschaft und Gesellschaft. Deutsche Akademie der Technikwissenschaften (acatech). Langversion. Abschlussbericht. Berlin. April 2017

Fama, E.F. (1970). Efficient Capital Markets – A Review of Theory and Empirical Work. Journal of Finance, 25(1970), S. 383–417.

F.A.Z. (Hrsg.) (2021): Anleihehandel – An den Märkten übernehmen die Roboter. Frankfurter Allgemeine Zeitung, F.A.Z. Online, 25. Oktober 2021.

Federal Reserve Bank of Atlanta (Hrsg.). Financial Markets Conference – Tuning Financial Regulation for Stability and Efficiency, 15.-16.04.2014. Atlanta.

Fehr, E., & Schmidt, K. M. (1999). A Theory of Fairness, Competition, and Cooperation. Quarterly Journal of Economics, 114(3), S. 821.

Fehr, E., & Fischbacher, U. (2003). The Nature of Human Altruism. Nature. 425(6960). S. 785–791.

Fehr, E., Fischbacher, U., & Gächter, S. (2002): Strong Reciprocity, Human Cooperation and the Enforcement of Social Norms. Human Nature, 13(1), S. 1–25.

Fels, J. (2016). King, Keynes and Knight: Insights into an uncertain Economy. PIMCO (Hrsg.). Macro Perspectives, July 2016.

Festl, M.G., & Festl-Pell, D. (2012). Wirtschaftsethik – Individualmoral oder Rahmenordnung, ein Beitrag zum Einfluss der Verhaltensökonomik auf die Wirtschaftsethik. Zeitschrift für Wirtschafts- und Unternehmensethik, 13(2), S. 141–153.

Filimonov, V., & Sornette, D. (2014). Hochfrequenzhandel – Mythos, Wirklichkeit und die größeren Zusammenhänge. Die Volkswirtschaft, 10. Mai 2014, o. S.

Financial Conduct Authority (FCA) (Hrsg.) (2016): Are high-frequency traders anticipating order flow? Cross venue evidence from the UK market. o. O.

Financial Conduct Authority (FCA) (Hrsg.) (2017). Article 10 Stress Testing, Article 17, Abs. 1 of Directive 2014/65/EU, 2017. o. O.

Financial Conduct Authority (FCA) (Hrsg.) (2018). Algorithmic and High Frequency Trading (HFT) Requirements. https://www.fca.org.uk/mifid-ii/8-algorithmic-and-high-frequency-trading-hft-requirements, Zugriff am 01.07.2018.

Financial Stability Board (FSB) (Hrsg.) (2017). Artifical Intelligence and machine learning in financial services – Market developments and financial stability implications. http://www.fsb.org/wp-content/uploads/P011117.pdf, Zugriff am 03.07.2018.

Financial Stability Board (FSB). RCG for Asia – FinTech, Correspondent Banking, Macroprudential Policies and Financial Market Integrity, Press Release, 28. November 2017. London.

Fischbacher, U., Fong, C.M., & Fehr, E. (2009). Fairness, Errors and the Power of Competition. Journal of Economic Behavior & Organization, 72(1), S. 527–545.

Floridi, L., Cowls, J., Beltrametti, M., & Chatila, R. (2018). AI4People – An ethical Framework for a good AI Society: Opportunities, Risks, Principles, and Recommendations. Minds and Machines. 28(4). S. 689–707.

Foucault, T. (2016). Where are the Risks in High Frequency Trading. Financial Stability Review, Banque de France, 20(2016), S. 53–67.

Foucault, T., & Menkveld, A.J. (2008). Competition for Order Flow and Smart Order Routing Systems. The Journal of Finance, 63(1), S. 119–158.

Foucault, T., Hombert, J., & Roşu, I. (2016). News trading and speed. The Journal of Finance, 71(1), 335–382.

Foucault, T., Roell, A., & Sandas, P. (2013). Market Making with Small Tick Sizes. Review of Financial Studies, 26(3), S. 51–78.

Foucault, T., Kozhan, R., & Tham, W.W. (2015). Toxic Arbitrage. Working Paper. HEC Paris. Februar 2015

Fox, M. B., Gloster, L.R., & Rautenberg, G. V. (2015). The new Stock Market Sense and Nonsense. Duke Law Journal, 65(2), S. 191–277.

Frankel, J.A. (1996). How well do Foreign Exchange Markets Function – Might a Tobin Tax help? NBER Working Paper No. 5422. January 1996.

Frankena, W. K. (1973). Ethics – Second Edition, Band 1. Englewood Cliffs.

Franz, M. (2022). Hochfrequenzhandel – Ethische Betrachtung. In: Digitalisierung und Gemeinwohl – Impulse für eine nachhaltige Digitalisierungspolitik. Hrsg. Thomas Kunkel und Florian Sprenger. Dessau/Roßlau. S. 57–62

Fricke, D., & Gerig, A. (2016). Too fast or too slow? Determining the optimal Speed of Financial Markets. Quantitative Finance. 18(4). S. 519–532.

Friedman, M. (1970). The social Responsibility of Business is to increase its Profits. New York Time Magazin. September 13. 1970. S. 32–33.

Friedrich, S., Payne, R. (2015) Order-to-Trade Ratio and Market Liquidity. Journal of Banking and Finance, 50(2015), S. 214–223.

Fritsch, M. (2011). Marktversagen und Wirtschaftspolitik, 8. Auflage. München.

Froot, K.A., & Thaler, R.H. (1990). Anomalies: Foreign Exchange. Journal of Economic Perspectives, 4(3), S. 179–192.

Futures Industry Association (FIA) (2024). Best Practices for automated Trading Risk Controls and System Safeguards, July 2024. o. O.

Gabriel, K., Klein, A., Schaefers, K., Utz, S. (2016). Gut oder Börse? Überlegungen zum ethischen Börsenhandel. Studie des Corporate Responsibility Interface Center (CRIC). Hrsg. Alternativen Bank Schweiz AG. Olten, Schweiz.

Gai, J., Yao, C., Ye, M. (2013). The Externalities of High Frequency Trading, WBS Finance Group Research Paper. No. 180 (Cornell, NBER) April 2013.

Gaus, G.F. (2012). The order of public reason: A theory of freedom and morality in a diverse and bounded world. Cambridge.

Gekko, G. (2019). The rise of the financial machines – Computers increasingly call the shots in financial markets. London.

Gerig, A. (2015). High-Frequency Trading Synchronizes Prices in Financial Markets. Working Paper Series, Securities and Exchange Commission (SEC), Division of Economic Risk Analysis (DERA), 1(2015), S. 1–10.

Gibbons, R. (1992). Game Theory for Applied Economists, Princeton, NJ.

Gider, J., Schmickler, S.N.M., & Westheide, C. (2021). High-Frequency Trading and Price Informativeness. Leibnitz-Institut für Finanzmarktforschung. Sustainable Architecture for Finance in Europe (SAFE). Working Paper No. 248.(Erstveröffentlichung 2019).

Giegold, S., (2008). Regiert Geld die Welt? Zur Rolle der Internationalen Finanzmärkte. Schriftenreihe Ökologie. Band 24. Heinrich-Böll-Stiftung. Berlin.

Gigerenzer, G. (2013). Risiko – Wie man die richtigen Entscheidungen trifft, 2. Auflage. München.

Glaser, B., & Strauss, A. (1967). The discovery of grounded theory – Strategies for qualitative research. Chicago.

Glosten, L. R., Nallareddy, S., & Zou, Y. (2021). ETF Activity and Informational Efficiency of Underlying Securities. in: Management Science. 67(1). S. 22–47.

Glosten, L., & Milgrom, P. (1985). Bid, ask and transaction prices in a specialist market with heterogeneously informed traders. Journal of Financial Economics, 14(1985), S. 71–100.

Göbel, E. (2013). Unternehmensethik– Grundlagen und praktische Umsetzung, 3. Auflage. Stuttgart.

Göbel, E. (2024). Unternehmensethik – Grundlagen und praktische Umsetzung, 7. Auflage. Tübingen.

Goebbels, R. (2012). Finanzmärkte im Dienst der Realwirtschaft. Brüssel.

Goldman Sachs (Hrsg.) (2021a): Modelling the trade Dynamics of Chinese Equities. o. O.

Goldman Sachs (Hrsg.) (2021b): The cost of trading factor strategies – Risk premia, market impact and crowding. o. O.

Goldman Sachs (Hrsg.) (2022): QES Academic Review. o. O.

Goldstein, M.A., & Kavajecz, K. A. (2000). Eighths, Sixteenths, and Market Depth – Changes in Tick Size and Liquidity Provision on the NYSE. Journal of Financial Economics, 56(1), S. 125–149.

Goldstein, M.A., Evans, J. E., & Mahoney, J. (2015). Circuit Breakers, Volatility, and the U.S. Equity Markets. Evidence from NYSE Rule 80A, Research Gate, 08(2015), S. 386–405.
Goldstein, M.A., Kumar, P., & Graves, F. C. (2014). Computerized and High-Frequency Trading. Financial Review, 49(2), S. 177–202.
Gomber, P., Arndt, B., Lutat, M., & Uhle, T. (2011). High Frequency Trading. Frankfurt am Main.
Gomber, P., Arndt, B., Lutat, M., & Uhle, T. (2011). Zusammenfassung der Studie „High-Frequency Trading“. Goethe Universität Frankfurt am Main.
Gomber, P., Haferkorn, M., Lutat, M., & Zimmermann, K. (2013). The Effect of Single-Stock Circuit Breakers on the Quality of fragmented Markets. Enterprise Application and Services in the Finance Industry. Hrsg. F.A. Rabhi und P. Gomber. S. 71–87. Berlin.
Gomber, P., & Nassauer, F. (2014). Neuordnung der Finanzmärkte in Europa durch MiFID II/MiFIR. SAFE White Paper, No. 20 Goethe Universität Frankfurt, Sustainable Architecture for Finance in Europe (SAFE). Frankfurt.
Gomber, P., & Zimmermann, K. (2018). Algorithmic Trading in Practice. S.-H. Chen, M. Kaboudan, & Y.R Du (Hrsg.). The Oxford Handbook of Computational Economics and Finance. Oxford University Press. Oxford. S. 310–322
Gomolka, J. (2011). Algorithmic Trading – Analyse von computergesteuerten Prozessen im Wertpapierhandel unter Verwendung der Multifaktorenanalyse. Diss. Potsdam.
Goncalves, J., Kräussl, R., & Levin, V. (2019). Do „Speed Bumps“ prevent Accidents in Financial Markets? CFS Working Paper, 636(2019).
Greenwald, B. C., & Stiglitz, J. E. (1986). Externalities in Economies with imperfect Information and incomplete Markets. The Quarterly Journal of Economics, 2(101), S. 229–264.
Gregoriou, G.N. (Hrsg.) (2015). The Handbook of High Frequency Trading. Amsterdam/Boston/Heidelberg/London/New York/Oxford/Paris/San Diego/San Francisco/Singapore/Sydney/Tokyo.
Gresser, U. (2016). Co-Location und Dark Pools im Hochfrequenzhandel. In: Gresser, U. (Hrsg.), Praxishandbuch Hochfrequenzhandel, Band 1 – BASIC, Analysen, Strategien, Perspektiven. Berlin/Heidelberg, S. 319–364.
Gresser, U. (2016). Praxishandbuch Hochfrequenzhandel, Band 1, Basic, Analysen – Strategien – Perspektiven. Wiesbaden.
Gresser, U. (2018a): Praxishandbuch Hochfrequenzhandel, Band 2. Wiesbaden.
Gresser, U. (2018b): Hochfrequenzhandel – kompakt, verständlich, aktuell. Berlin/Heidelberg.
Grewendorf, G., & Meggle, G. (Hrsg.) (1995). Linguistik und Philosophie. Weinheim.
Grindsted, T.S. (2015). Geographien des Hochfrequenzhandels – Widersprüche des Algorithmischen Kapitalismus. Das Argument, 311(2015), S. 63–67.
Große Kracht, H.-J. (2001). Kritik an der radikalliberalen Markttechnologie – John Rawls, James Buchanan und das Theorieprogramm der „Neuen Interaktionsökonomik“ bei Karl Homann, 1. Teil. Orientierung, 65(2001), o. S.
Gscheidmeyer, H.-J. (2017). Eine Übersicht ethischer Positionen. Köln.
Guo, X. (2012): High Frequency Trading. Berkley.
Habermas, J. (1981). Theorie des kommunikativen Handelns, Band 1. Frankfurt am Main.

Habermas, J. (1983). Diskursethik – Notizen zu einem Begründungsprogramm. In: Habermas, J. (Hrsg.), Moralbewusstsein und kommunikatives Handeln. Frankfurt am Main, S. 53–126.

Habermas, J. (1983): Moralbewusstsein und kommunikatives Handeln, 14. Auflage. Berlin.

Habermas, J. (1991). Erläuterungen zur Diskursethik. Berlin.

Habermas, J. (1996/1999). Die Einbeziehung des Anderen. Frankfurt am Main.

Habermeier, K., & Kirilenko, A. (2001). Securities Transaction Taxes and Financial Markets. International Monetary Fund. IMF Working Paper. WP 01/51). May 2001.

Haddock, D.D. (1989). Economic Analysis of the Brady Report – Public Interest Special Interest or Rent Extraction. Cornell Law Review, 74(5), S. 841–864.

Hagströmer, B., & Nordén, L.L. (2013). The Diversity of High-Frequency Traders. Journal of Financial Markets, 16(4), S. 741–770.

Hahn, F.R. (1997). Globalisierung und Wirtschaftspolitik. WiFo Monatsberichte, 2(1997), S. 98–99.

Haldane, A. (2011). The race to Zero. International Economic Association Sixtheenth World Congress, Beijing. 8. July 2011.

Hanson, T. A., Hall, J. R. (2013). Statistical Arbitrage Trading Strategies and High Frequency Trading, Kent State University, College of Business Administration, Department of Finance, 13.01.2013, S. 9–10.

Hanson, T.A. (2011): The Effects of High Frequency Traders in a Simulated Market. Midwest Association 2012 Annual Meeting Paper, 08(2011), S. 1–26.

Harris, E. F., Panchapagesan, V. (2005). The Information content of the Limit Order Book – Evidence from NYSE Specialist Trading Decisions. Journal of Financial Markets, 2005, 8(1), S. 25–67.

Harris, L. (1991). Stock Price Clustering and Discreteness. Review of Financial Studies, 4(3), S. 389–415.

Harris, L. (2003). Trading and Exchanges: Market Microstructure for Practitioners. Oxford University Press. Oxford.

Harris, L. (2013). What to do about High Frequency. Financial Analysts Journal, 69(2), S. 6–9.

Harris, L. (2015). Trading and Electronic Markets: What Investment Professional need to know. Research Foundation of CFA Institute. Charlottesville. 2015

Hartwig, K.-H. (1992). Umweltökonomie, in: Vahlens Kompendium der Wirtschaftstheorie und Wirtschaftspolitik, Band 2, 5. Auflage. München, S. 123–162.

Harvey, D. (1989). The Condition of Postmodernity. Cambridge.

Hasbrouck, J., & Saar, G. (2013). Low-Latency Trading. Journal of Financial Markets, 16(4), S. 646–679.

Haug, W.F. (2012). Hightech Kapitalismus in der großen Krise. Hamburg.

Hautsch, M. (2017). High-Frequency Trading – Risks and Benefits, OeNB Economic Conference, 29.05.2017. Wien.

Hautsch, N., Noé, M., & Zhang, S.S. (2017). The Ambivalent Role of High-Frequency Trading in Turbulent Market Periods. CFS Working Paper, 580, Goethe Universität Frankfurt. December. 22. 2017.

Hayles, N. K. (2017). Unthought – The Power of the cognitive Nonconscious. London.

Hegel, G.W. (1986). Grundlinien der Philosophie des Rechts, oder Naturrecht und Staatswissenschaft im Grundriss. Frankfurt am Main.

Heider, A.K. (2016). Unternehmenskultur und Innovationserfolg in Familienunternehmen. Wiesbaden.
Heider, F. (2015). Die risikobasierte Finanzmarktregulierung im Kontext der Wissensteilung nach Hayek – eine wissenstheoretische Analyse, Diss. Düsseldorf.
Heinrich, B., & Leist, S. (2000). Bankenarchitekturen im Informationszeitalter – Zur Rolle des Geschäftsmodells. In: Österle, H., & Winter, R. (Hrsg.), Business Engineering – Auf dem Weg zum Unternehmen des Informationszeitalters. Berlin/Heidelberg, S. 141–165.
Hendershott, T., & Moulton, P. C. (2011). The Fading of Traditional Market Making. Journal of Financial Economics, 99(3), S. 1–20.
Hendershott, T., & Moulton, P.C. (2011). Automation, Speed, and Stock Market Quality – The NYSE's Hybrid. Journal of Financial Markets, 4(14), S. 568–604.
Hendershott, T., & Riordan, R. (2013). Algorithmic Trading and the Market for Liquidity. Journal of Financial and Quantitative Analysis, 48(4), S. 1001–1024.
Hendershott, T., Jones, C. M., & Menkveld, A. J. (2011). Does Algorithmic Trading improve Liquidity. Journal of Finance, 66(1), S. 1–33.
Hengsbach, F. (2005). Moral an die Börse? Zeitschrift für Wirtschafts- und Unternehmensethik, 6(1), S. 9–21.
Hepp, M. (2002). Interoperabilität, Metamarktplätze und agentenbasierte Arbitrageure. o. O.
Herder, J. (2018). Regieren Algorithmen? Über den sanften Einfluss algorithmischer Modelle. In: Mohabbat Kar, R., Thapa, B.E.P., & Parycek, P. (Hrsg.), (Un)berechenbar? Algorithmen und Automatisierung in Staat und Gesellschaft, Fraunhofer-Institut für Offene Kommunikationssysteme (FOKUS), Kompetenzzentrum Öffentliche IT (ÖFIT). Berlin, S. 183 f. und 195.
Herzog, L., & Honneth, A. (Hrsg.) (2014): Der Wert des Marktes – ein ökonomisch-philosophischer Diskurs vom 18. Jahrhundert bis zur Gegenwart. Berlin.
Hessisches Ministerium für Wirtschaft, Energie, Verkehr und Landesentwicklung (Hrsg.) (2014). Hinweise zur Erfüllung der Verpflichtung zur Kennzeichnung von Handelsalgorithmen, Stand: 22. September 2014. Frankfurt.Hillmann, K.H. (1994). Gesellschaft. In: Hillmann, K.H. (Hrsg.), Wörterbuch der Soziologie, 4., überarbeitete und ergänzte Auflage. Stuttgart, Stichwort: Gesellschaft.
Hinterleitner, G. (2011). Marktqualität und Insiderhandel auf Kapitalmärkten, Diss. Graz.
Hirschey, N. (2016). Do high-frequency traders anticipate buying and selling pressure? Working Paper. London Business School, 67(6). S. 3321–3345.
Hobbes, T. (1982). Leviathan, ed. With an Introduction by C. B. Macpherson, Harmondsworth u. a., 1651/1982. o. O.
Hobbes, T. (2017). De cive/vom Bürger, Reclams Universal Bibliothek, Nr. 18601. Stuttgart.
Hockmann, H.J., & Thießen, F. (2020). Grundlagen des Investmentbanking. Stuttgart.
Höffe, O. (2002): Lexikon der Ethik. München.
Höffe, O. (2018). Einführung. In: Höffe, O. (Hrsg.), Thomas Hobbes De Cive. Berlin/Boston, S. 7–8.
Höffner, J. (1985): Wirtschaftsordnung und Wirtschaftsethik – Richtlinien der katholischen Soziallehre, Der Vorsitzende der deutschen Bischofskonferenz Nr. 12, Eröffnungsreferat des Kardinals Joseph Höffner bei der Herbstvollversammlung der deutschen Bischofskonferenz in Fulda, 23. September 1985. Bonn.

Holtermann, K., & Schneider, K. (2018). Mensch schlägt Roboter – Intelligente Algorithmen krempeln die Finanzwelt um, doch die Veränderungen sind für die Kunden meist noch unsichtbar. Handelsblatt, 31.08.2018, S. 9.

Homann. K. (1992). Prinzipien der Ordnungspolitik. Ordo, Jahrbuch für die Ordnung von Wirtschaft und Gesellschaft, Band 43. Tübingen. S. 3–28.

Homann, K. (1994). Homo-oeconomicus und Dilemmastrukturen. In: Sautter, H. (Hrsg.), Wirtschaftspolitik in offenen Volkswirtschaften, Festschrift Helmut Hesse zum 60. Geburtstag, Göttingen, S. 387–414.

Homann, K. (1994/1997). Sollen und Können – Grenzen und Bedingungen der Individualmoral. Wien.

Homann, K. (1995). Gewinnmaximierung und Kooperation – Eine ordnungsethische Reflexion. Kiel Working Paper, 691(1995). Kiel.

Homann, K. (1997). Die Bedeutung von Anreizen in der Ethik. In: Harpes, J.-P., & Kuhlmann, W. (Hrsg.), Zur Relevanz der Diskursethik in Wirtschaft und Politik. Münster, S. 139–166.

Homann, K. (1997). Individualisierung: Verfall der Moral? Zum ökonomischen Fundament aller Moral. in: Bundeszentrale für politische Bildung. Aus Politik und Zeitgeschichte (APuZ), 16.05.1997, o. S.

Homann, K. (1997). Sinn und Grenze der ökonomischen Methode in der Wirtschaftsethik. In: Aufderheide, D., & Dabrowski, M. (Hrsg.), Wirtschaftsethik und Moralökonomik – Normen, soziale Ordnung und der Beitrag der Ökonomik. Volkswirtschaftliche Schriften (VWS), Band 478, Berlin, S. 11–42.

Homann, K. (1999). Das Problem der „Instrumentalisierung“ der Moral in der Wirtschaftsethik. In: Kumar, B.N., Osterloh, M., & Schreyögg, G. (Hrsg.), Unternehmensethik und die Transformation des Wettbewerbs: Shareholder Value – Globalisierung – Hyperwettbewerb; Festschrift für Prof. Dr. Dr. h.c. Horst Steinmann zum 65. Geburtstag. Stuttgart, S. 53–70.

Homann, K. (2001). Ökonomik – Fortsetzung der Ethik mit anderen Mitteln. In: Siebeck, G. (Hrsg.). Artibus ingenuis – Beiträge zur Theologie, Philosophie, Jurisprudenz und Ökonomik. Tübingen, S. 851–110.

Homann, K. (2002). Die Bedeutung von Dilemmastrukturen für die Ethik. In: Lüthge, C. (Hrsg.), Vorteile und Anreize – Zur Grundlegung einer Ethik der Zukunft. Tübingen, S. 94–106.

Homann, K., (2002). Vorteile und Anreize – Zur Grundlegung einer Ethik der Zukunft, Hrsg. Christoph Lütge. Tübingen.

Homann, K. (2003). Braucht die Wirtschaftsethik eine „moralische Motivation“? Wittenberg Zentrum für Globale Ethik, Diskussionpapier Nr. 03/04, S. 16–19.

Homann, K. (2004). Gesellschaftliche Verantwortung der Unternehmen – Philosophische, gesellschaftstheoretische und ökonomische Überlegungen. Wittenberg.

Homann, K. (2007). Ethik in der Marktwirtschaft, Roman Herzog Institut, Position, Nr. 3. München.

Homann, K. (2007). Moral und ökonomisches Gesetz. In: Streeck, W., & Beckert, J. (Hrsg.), Moralische Voraussetzungen und Grenzen wirtschaftlichen Handelns, MPIfG Working Paper 07/06, Forschungsbericht aus dem MPIfG. Max-Planck-Institut für Gesellschaftsforschung. Köln, Gesamtwerk.

Homann, K. (2008). Das ethische Programm in der Marktwirtschaft. In: Waldkirch, R. (Hrsg.), Die Moral der Wirtschaft – gesellschaftliche Verantwortung und Mittelstand. Berlin, S. 9–11.

Homann, K. (2008). Was bringt die Wirtschaftsethik für die Ethik? Abschiedsvorlesung an der Ludwig-Maximilians-Universität München am 17. Juli 2008, Diskussionspapier, 2008/04, Wittenberg Centrum für globale Ethik. Lutherstadt Wittenberg.

Homann, K. (2011). Ordnungstheoretischer Ansatz von Karl Homann – Das Verhältnis von Ethik und Ökonomie. e-Unternehmensethik, 1(2011), S. 5–16.

Homann, K. (2012): Theoriestrategien der Wirtschaftsethik, Wittenberg Zentrum für Globale Ethik, Diskussionspapier Nr. 2012/04. Lutherstadt Wittenberg.

Homann, K. (2014). Die moralische Qualität der Marktwirtschaft. Wittenberg.

Homann, K. (2014). Sollen und Können – Grenzen und Bedingungen der Individualmoral. Wien.

Homann, K. (2014): Theorie von Markt, Mensch und Moral oder: Wie denken wir über Ethik und Ökonomie? Wittenberg-Zentrum für Globale Ethik e. V. (Hrsg.), Diskussionspapier Nr. 2014/2. Wittenberg.

Homann, K. (2015). Wir sind mit unseren intuitiven Moralvorstellungen noch nicht in der Moderne angekommen. Berlin.

Homann, K. (2015). Theoriestrategien der Wirtschaftsethik. Schriften des Vereins für Socialpolitik. Wirtschaftsethische Perspektiven X. Hrsg. Neck, R. Bd. 228/X. S. 45–66

Homann, K. (2019). Alles nur Gier? Frankfurter Allgemeine Zeitung (Hrsg.). F.A.Z. Online. 02.09.2019.

Homann, K. (2022). Kooperation oder Konflikt? Das Problem der sozialen Ordnung, Wittenberg Zentrum für Globale Ethik, Dinner Speech bei den Gremiensitzungen des Wittenberg Zentrum für Globale Ethik e. V. am 16. Juni 2022 in Berlin. Berlin.

Homann, K., & Blome-Drees, F. (1992). Wirtschafts- und Unternehmensethik. Göttingen.

Homann, K., & Lütge, C. (2005). Einführung in die Wirtschaftsethik, 2. Auflage. Münster.

Homann, K., & Lütge, C. (2005). Ökonomik – Eine Einführung, 2 Auflage. Tübingen.

Homann, K., & Lütge, C. (2013). Einführung in die Wirtschaftsethik, 3., überarbeitete Auflage. Münster.

Homann, K., & Pies, I. (2007). Moral oder ökonomisches Gesetz? Diskussionspapier, No. 2007–08. Martin-Luther-Universität Halle-Wittenberg, Lehrstuhl für Wirtschaftsethik Halle (Saale).

Homann, K., & Suchanek, A. (2000/2005). Ökonomik – Eine Einführung, 2. Auflage. Tübingen.

Homann, K., & Lütge, C. (2004) Einführung in die Wirtschaftsethik, München.

Hoppe, H.-H. (2016). Ökonomik als Wissenschaft und die Methode der Österreichischen Schule. 2. Auflage. mises.at

Horn, K. (2009). Der Realismus des Adam Smith. Frankfurt.

Horn, K. (2011): Diesseits von Angebot und Nachfrage. o. O.

Horn, K. (2023). Adam Smith @300 – Der schottische Moralphilosoph und Ökonom. Menschenfreund, Reformer und großer Liberaler. Friedrich Naumann Stiftung für die Freiheit (Hrsg.). Ludwig Erhard Forum. 06(2003).

Horn, K.I. (1996). Moral und Wirtschaft. Tübingen.

Hubig, C., & Luckner, A. (2013). Klugheitsethik/Provisorische Moral. In: Grunwald, A., & Simonidis-Puschmann, M. (Hrsg.), Handbuch Technikethik. Stuttgart, S. 148–153.

Hübner, D. (2001). Entscheidung und Geschichte: Rationale Prinzipien, narrative Strukturen und ein Streit in der Ökologischen Ethik. Freiburg im Breisgau/München.

Hübner, D. (2010). Ethik und Moral – Typen ethischer Theorien, Aspekte von Handlungen, Stufen der Verbindlichkeit. In: Fuchs, M., Heinemann, T., Heinrichs, B., & Hübner, D. (Hrsg.), Forschungsethik – Eine Einführung. Stuttgart, S. 1–39.

Huh, Y. (2014). Machines vs. machines – High frequency trading and hard information. Finance and Economics Discussion Series (FEDS). Working Paper 2014–33. Federal Reserve Board. Division of Research and Statistics.

Hull, J. C. (2018). Options, Futures, and other Derivatives. 10th Edition. Pearson. Boston.

Illing, G. (2010). Geld- und Finanzpolitik in der Wirtschaftskrise. Ifo Institut für Wirtschaftsforschung an der Universität München. München. 63(7). S. 10–16.

Indriawan, I., Pascual, R., & Shkilko, A. (2024). On Effects of Continuous Trading, Working Paper No. 3707154. 29. Februar 2024, S. 1–30.

International Organization of Securities Commissions (IOSCO) (Hrsg.) (2011). Regulatory Issues Raised by the Impact of Technological Changes on Market Integrity and Efficiency, Technical Committee of the International Organization of Securities Commissions. Final Report. FR 09/11.

International Organization of Securities Commissions (IOSCO) (Hrsg.) (2014). Market risk Trends 2014 – A Survey of Securities Market Risk Trends 2014 – Methodology and Detailed Results. Staff Working Paper of the IOSCO Research Department, Juni 2014, SWP, 5(2014), S. 1–25.

International Organization of Securities Commission (IOSCO) (Hrsg.) (2012). Thematic Review on Business Continuity Plans with respect to Trading Venues and Intermediaries. FR 03/21, May 2021.

Internationale Energy Agency (IEA) (Hrsg.) (2024). Electricity 2024, Analysis and Forcast to 2026. Paris.

Internationaler Währungsfonds (IWF) (Hrsg.) (2003): Global Financial Stability Report – Market Developments and Issues. Washington.

Irrgang, B. (2017). Hermeneutisch Ethik – Pragmatisch-ethische Orientierung in technologischen Gesellschaften. Darmstadt.

Jaccard, G. (2015). High Frequency Trading: The Technological Puzzle. Working Paper. 5. Dezember 2015.

Jahraus, O. (2011). Theorietheorie. In: Jahrhaus, O., & Grizelj, M. (Hrsg.), Theorietheorie – Wider der Theoriemüdigkeit in den Geisteswissenschaften. München, S. 17–40.

Jain, P.K. (2005). Financial market design and the equity premium – Electronic versus floor trading. Journal of Finance, 60(6), S. 2955–2985.

Jakobs, H.J. (2016). Wem gehört die Welt? Die Machtverhältnisse im globalen Kapitalismus. München.

Janke, W. (2002). Das Glück der Sterblichen: Eudämonie und Ethos, Liebe und Tod. Wiesbaden.

Jarrow, R.A., & Protter, P. (2012). A dysfunctional role of high frequency trading in electronic markets. International Journal of Theoretical and Applied Finance, 15(03).

Jensen, M.C., & Meckling, W.H. (1976). The Theory of the Firm: Managerial Behavior, Agency Costs and Ownership Structure. Journal of Financial Economics. 3(4). S. 305–360.

Johansson, H. (2013). High Frequency Trading: Market abuse and how to reestablish confidence in the market? Jönköping.

Johnson, B. (2010). Algorithmic Trading and DMA – An Introduction to Direct Access Trading Strategies. London.

Johnson, B., Menkveld, A. J., & Sarno, L. (2013). High-Frequency Trading and Price Discovery. Review of Financial Studies, 26(2), S. 327–335.

Jones, C.M. (2013). What do we know about high-frequency trading? Columbia Business School Research Paper, 13(11), S. 1–54.

Jones, N., Patel, A., & Wang, J. (2021). Energy Efficiency in High-Frequency Trading, Journal of Sustainable Finance & Investment, 12(3), S. 456–472.

Jovanovic, B., & Menkveld, A.J. (2015). Middlemen in Limit Order Markets. Social Science Research Network Working Paper. New York University and VU Vrije Universiteit Amsterdam.

Kahneman, D., Sibony, O., & Susntein, C.R. (2021). Noise – Was unsere Entscheidungen verzerrt – und wie wir sie verbessern können. München.

Kalcher, J. (2017): Moralische Rollenkonflikte in der Wirtschaft – Ethische Herausforderungen für das Individuum in unterschiedlichen ökonomischen Handlungskontexten. Dissertation Heinrich-Heine-Universität, Philosophische Fakultät. Düsseldorf.

Kant, I, (1785/1911). Grundlegung zur Metaphysik der Sitten. In: Kants gesammelten Schriften, Hrsg. von der Preußischen Akademie der Wissenschaften, Band IV. Berlin.

Kant, I. (1788). Kritik der praktischen Vernunft. In: Königlich Preußische Akademie der Wissenschaften (Hrsg.), Kant's gesammelte Schriften, Band 5. Berlin.

Kant, I. (1795). Zum ewigen Frieden – Ein philosophischer Entwurf. DB Sonderband: 100 Werke der Philosophie, Kant-W., 11(224/225), 20.657.

Kant, I. (1983). Grundlegung der Metaphysik der Sitten. AA IV, S. 421. Leipzig.

Kant, I. (1983). Schriften zur Ethik und Religionsphilosophie. Darmstadt.

Kant, I. (1997). Metaphysik der Sitten. Einleitung zur Rechtslehre Akademische-Ausgabe, VI(1997), S. 230–231.

Kaschak, H.J. (2015). Werte. In: Kaschak, H.J. (Hrsg.). Mentaltraining für Finanzdienstleister und Versicherungsvermittler – So meistern Finanzvermittler psychische Drucksituationen. Wiesbaden, S. 127–132.

Khashanah, K., Florescu, I., & Yang, S. (2014): On the Impact and Future of HFT, White Paper. September 2014.

Katsuyama, B. (2015): PRI in Person 2015 – Day 2, Keynote Brad Katsuyama. https://www.youtube.com/watch?v=N9hoqFpDjVs, Zugriff 15.08.2021.

Katsuyama, B. (2017): Testimony of Investors Exchange Chief Executive Officer Bradley Katsuyama before the U.S. House of Representatives Committee on Financial Services. Subcommitee on Capital Markets, Securities, and Investment. June 27, 2017. o. O.

Kauffman, R. J., Hu, Y., & Ma, D. (2015). Will high-frequency trading practices transform the financial markets in the Asia Pacific Region? Financial Innovation, 1(1), S. 1–27.

Kaya, O., & Schildbach, J. (2016). High-frequency trading. Deutsche Bank Research (Hrsg.). Research Briefing. Global Financial Markets. May 24, 2016.

Keightley, M. P. (2021) Financial Transactions Taxes: In Brief. Congressional Research Service. CRS Report R42078. Feburary 23, 2021.

Kersting, W. (1994). Die politische Philosophie des Gesellschaftsvertrags. Darmstadt.

Kersting, W. (2012). Wie gerecht ist der Markt? Ethische Perspektiven der sozialen Marktwirtschaft. Hamburg.

Kette, S. (2021). Computer says no? Konsequenzen der Algorithmisierung von Entscheidungsprozessen. Soziale Systeme. 26(1–2). S. 160–188.

Khapko, M., & Zoican, M. (2020). Do Speed Bumps curb low-latency Investments? Evidence from a laboratory Market, 1(2020), S. 19–20.

Kim, Y.H., & Yang, J.J. (2004). What makes Circuit Breakers attractive to Financial Markets? A Survey. In: Financial Markets, Institutions and Instruments, 13(3), S. 109–146.

Kirchgässner, G. (1998). Globalisierung – Herausforderung für das 21. Jahrhunder. Außenwirtschaft, 53(1998), S. 29–50.

Kirchgässner, G., (2000). Ökonomische Theorie der Politik – Eine Einführung. 2. Auflage. Springer. Berlin/Heidelberg.

Kirchgässner, G. (2013). Homo oeconomicus, 4. Auflage. Tübingen.

Kirchgässner, G., & Schneider, F., (2002). On the political Economy of Environmental Policy. CESifo Working Paper, 741(2002), S. 1–30.

Kirchner, S. (2015). High frequency trading – Fact and fiction. Policy, A Journal of Public Policy and Ideas, 31(4), S. 8.

Kirilenko, A., Kyle, A. S., Samadi, M., & Tuzun, T. (2014). The Flash Crash: The Impact of High Frequency Trading on an electronic Market. October. S. 1–26

Kirilenko, A., Kyle, A.S., Samadi, M, & Tuzun, T. (2017). The Flash Crash – High Frequency Trading in an Electronic Market. Journal of Finance, 2017, 72(3), S. 967–998.

Kirilenko, A., Kyle, A. S., Samadi, M., & Tuzun, T. (2018). Automation, Intermediation and the Flash Crash. Journal of Investment Management (Forthcoming). S.

Kirilenko, A., & Lo, A.W. (2013). Moore's Law versus Murphy's Law – Algorithmic Trading and its Discontents. The Journal of Economic Perspectives, 27(2), S. 51–72.

Kittsteiner, T., & Ockenfels, A. (2006). Market Design: A Selective Review. Zeitschrift für Betriebswirtschaft. Sonderheft 5. S. 121–143.

Kiuchi, T. (2022). High-Frequency Trading in Japan – A unique Evolution. In: Heckel, M., & Waldenberger, F. (Hrsg.), The Future of Financial Systems in the digital Age –Perspectives from Europe and Japan, Perspectives in Law, Business and Innovation, German Institute for Japanese Studies, S. 159–183.

Klein, N. (2000). Ökonomische Erkenntnistheorie und ordnungspolitische Implikation. Lohmar/Köln.

Klemperer, P. (2002). What really matters in auction design. The Journal of Economic Perspectives, 16(1), S. 169–189.

Klemperer, P., (2004). Auctions – Theory and Practice. Princeton University Press. Princeton.

Knight, F. (1921). Uncertainty, and Profit. Mifflin/Boston/New York.

Knoepffler, N. (2006). Projekt „Wirtschaftsethik" – Zur Aufhebung des Ansatzes von Karl Homann. Martin-Luthe-Universität Halle Wittenberg. Diskussionspapier No 2006–6. Halle (Saale)

Knütter, R., & Mohr, B. (2008): Zentralbank-Kommunikation und Finanzstabilität – Eine Bestandsaufnahmen. Diskussionsbeitrag, 43(2008), S. 1–66.

Kobayashi, S., & Hashimoto, T. (2011). Benefits and Limits of Circuit Breaker – Institutional Design using artificial Future Markets. Evolutionary and Institutional Economics Review, 7(2011), S. 355–372.

Kögler, A. (2015). Fünf Antworten zum Hochfrequenzhandel in Deutschland. https://www.finance-magazin.de/finanzierungen/kapitalmarkt/fuenf-antworten-zum-hochfrequenzhandel-in-deutschland-29113/, Zugriff am 16.08.2021.

Kordesch, R.M. (2015): Wirtschaftseinheit Kirche – Eine Untersuchung aus der Perspektive der Kommunikativen Theologie und der Integrativen Wirtschaftsethik. Berlin.

Korsmo, C. (2014). High-Frequency Trading: A Regulatory Strategy. Korsmo.

Korte, H. (2017). Einführung in die Geschichte der Soziologie. Berlin/Heidelberg.

Koslowski, P. (1998/2010). Ethik des Kapitalismus, 6., durchgesehene Auflage. Tübingen.

Koslowski, P. (2009). Ethik der Banken. München.

Koslowski, P. (2015). Finanzkrise und Finanzethik. Schriften des Vereins für Socialpolitik. Wirtschaftsethische Perspektiven X. Hrsg. Neck, R. Bd. 228/X. S. 129–150

Krahnen, J.P. (2006). Die Stabilität von Finanzmärkten – Wie kann die Wirtschaftspolitik Vertrauen schaffen? Center for Financial Studies (CFS) Working Paper, 05(2006), S. 1–10.

Kress, S.L. (1996). Effizienzorientierte Kapitalmarktregulierung – Eine Analyse aus institutionsökonomischer Perspektive. Wiesbaden.

Kremer, D. (2016). Hochfrequenzhandel – Kampf um jede Mikrosekunde. Frankfurter Allgemeine Zeitung (Hrsg.). F.A.Z. Online. 29. Juli 2016.

Krugman, P., & Wells, R. (2010). Volkswirtschaftslehre. Schaeffer Poeschel. Stuttgart.

Kühn, M. (Hrsg.) (2009). John Stuart Mill – Utilitarismus. Hamburg.

Kumar, P., Goldstein, M., Graves, F., & Borucki, L. (2011). Trading at the Speed of Light – The Impact of High-Frequency Trading on Market Performance. Regulatory Oversight, and Securities Litigation, 02(2011), o. S.

Kumar, S., & Patel, R. (2019). High-Frequency Trading and Market Inefficiencies. London.

Küng, H. (1990). Projekt Weltethos. München.Kunze, M. (2007): Unternehmensethik und Wertemanagement in Familien- und Mittelstandsunternehmen – Projektorientierte Analyse, Gestaltung und Integration von Werten und Normen. Wiesbaden.

Kyle, A. (1985). Continuous Auctions and Insider Trading. Econometrica, 53(6), S. 1315–1335.

Kyle, A.S., & Lee, J. (2017). Toward a fully continuous Exchange. o. O.

Landes, D. (2010). Wohlstand und Armut der Nationen – Warum die einen reich und die Anderen arm sind, aus dem Amerikanischen von Ulrich Enderwitz, Monika Noll, Rolf Schubert. München.

Lange, A.C., Lenglet, M., & Seyfert, R. (2016). Cultures of High Frequency Trading – Mapping the Landscape of Algorithmic Developments in Contemporary Financial Markets. Economy and Society, Vol. 45, No. 2, S. 149–165

Lattemann, C. (2012). High Frequency Trading. Kosten und Nutzen im Wertpapierhandel und Notwendigkeit der Marktregulierung. BISE, Wirtschaftsinformatik, 54(2), S. 91–101.

Lattemann, C. (2014). Algorithmic Trading – Wer beherrscht den Wertpapierhandel? In: Kooperation ohne Akteure? Automatismen in der Globalisierung. Hrsg. Claus Leggewie, Duisburg. S. 27–35.

Lattemann, C., Loos, P., Gomolka, J., Gomber, P., Riordan, R., Breuer, A., Nagel. J., & Zajonz, R., (2012). High Frequency Trading – Costs, Benefits in Securities Trading and ist Necessity of Regulation. Research Gate. Business & Information Systems Engineering (BISE). BISE Discussion. April 2012

Lauterbach, B., & Ben-Zion, U. (1993). Stock Market Crashes and the Performance of Circuit Breakers: Empirical Evidence. The Journal of Finance, 48(5), S. 1909–1925.

Leal, S. J., Napoletano, M., Roventini, A., & Fagiolo, G. (2016). Rock around the clock: An agent-based model of low-and high-frequency trading. Journal of Evolutionary Economics, 26(1), S. 49–76.

Lee, Y-T., Ricco, R, & Wang, K. (2024). Frequent Batch Auctions vs. Continuous Trading – Evidence from Taiwan.

Lenglet, M. (2011). Conflicting codes and codings – How algorithmic trading is reshaping financial regulation. Theory, Culture & Society, 28, 44–66.

Levy, J. (2011). Your Options Handbook – The Practical Reference and Strategy Guide to Trading Options. New York.

Lewis, M. (2014). Flash Boys – A Wall Street Revolt. London/New York.

Lewis, M. (2016). Wie Insider die Börse manipulieren – Flash Boys. München.

Liebig, St. (2007). Theoretische Grundlagen und methodische Zugänge einer erklärenden Soziologie der Moral. Duisburger Beiträge zur Soziologischen Forschung, No. 6/2007. Institut für Soziologie Universität Duisburg-Essen, Fachbereich für Gesellschaftswissenschaften.

Lienemann, W. (2008). Grundinformation Theologische Ethik. Vandenhoeck und Ruprecht. Göttingen.

Lin, K., Gurrola-Perez, P., & Speth, B. (2022). Circuit Breaker and Market Quality. WFE Research Working Paper, 3(2022), S. 1–19.

Lin, P. H., Rakity, I., Stan, C. G., & Vijayakumar, S. (2024). Assessing the Impact of High-Frequency Trading on Market Efficiency and Stability. OxJournal. 17.09.2024. o. S.

Lin-Hi, N., & Suchanek, A. (2009): Eine wirtschaftsethische Kommentierung der Finanzkrise. Wittenberg.

Liu, B., & Xu, K. (2024). Speed Bumps and Stock Market Quality. Evidence from NYSE American. New York.

Lohmann, H.M. (2002). Joseph Stiglitz – Die Schatten der Globalisierung. http://www.deutschlandfunk.de/joseph-stiglitz-die-schatten-der-globalisierung.730.de.html?dram:article_id=101826, Zugriff am 25.08.2017.

Lopes, B., & de Jesus, R.L. (2005). The Market for Lemons – Quality Uncertainty and the Market Mechanism. The Quarterly Journal of Economics, 84(3), S.488–500.

Lovells, H. (2016). MiFID II – Algorithmic and High-Frequency Trading for Investment Firms, December 2016. o. O.

Luhmann, N. (1989). Paradigm lost – Über die ethische Reflexion der Moral. Frankfurt.

Luhmann, N. (1989). Vertrauen – Ein Mechanismus der Reduktion sozialer Komplexität, 3. Auflage. Stuttgart.

Luhmann, N. (1997). Die Gesellschaft der Gesellschaft, 2. Teil. Frankfurt am Main.

Luhmann, N. (1998). Theory of Society. Stanford.

Luhmann, N. (2006). Organisation und Entscheidung, 2. Auflage. Wiesbaden.

Luhmann, N. (2008). Die Moral der Gesellschaft. Frankfurt am Main.

Lütge, Ch. (2005). Economic Ethics, Business Ethics and the Idea of Mutual Advantages. Business Ethics – A European Review, 14(2), 108–118.

Lütge, Ch. (2007/2012). Was hält eine Gesellschaft zusammen? Ethik im Zeitalter der Globalisierung. Tübingen.

Lütge, Ch. (2011). Das Gefangenendilemma und seine ethischen Implikationen bei Aristoteles und Hume. o. O.
Lütge, Ch. (2012). Wirtschaftsethik ohne Illusionen – Ordnungstheoretische Reflexionen. Mohr Siebeck. Tübingen.
Lütge, Ch., & Uhl, M. (2017). Wirtschaftsethik. München.
Lütge, Ch. (2019). The Ethics of Competition: How a Competitive Society is good for all. Edward Elgar Publishing. Cheltenham.
Lütge, Ch. (2024). Wirtschaftsethik in realistischer Perspektive, Mohr Siebeck, Tübingen, 2024.
Lütz, S. (2002). Der Staat und die Globalisierung von Finanzmärkten – Regulative Politik in Deutschland, Großbritannien und den USA. Frankfurt/New York.
Lutz-Bachmann, M. (2013). Grundkurs Philosophie. Band 7: Ethik. Reclam, Universal Bibliothek, Ditzingen/Stuttgart.
MacIntosh, J.G. (2013). High Frequency Traders: Angels or Devils? C.D. Howe Institute. Commentary No. 391. Financial Services. Oktober 2013.
MacKenzie, D. (2021). Trading at the Speed of Light: How Ultrafast Algorithms are Transforming Financial Markets. Princeton University Press. Princeton.
MacKenzie, D. (2011). How to make money in microseconds. London Review of Books, 33(10), S. 16–18.
MacKenzie, D., Beunza, D., Millo, Y., & Pardo-Guerra, J.P. (2012). Drilling through the Allegheny Mountains – Liquidity Materiality and High Frequency Trading. Journal of Cultural Economy, 5(2012), S. 279–296.
MacKenzie, M., Massoudi, A., & Foley, S. (2012). Markets, Rage against the Maschine – While Technology has made Trading cheaper, Investors fear the System is too complex to manage. Financial Times, October 16, 2012.
Madhavan, A. (2016). Exchange-Traded Funds and the new Dynamics of Investing. Oxford.
Madhavan, A., & Wahal, S. (2014). Exchance-Traded Funds, Market Structure and the Fash Crash. Financial Analysts Journal, 79(4). S. 20–35.
Madhavan, A., & Sobczyk, A. (2016). Price Dynamiucs and Liquidity of Exchance Traded Funds. Journal of Investment Management. 14(2). S. 86–102.
Madonna, L. (2017). The Ethics of High Frequency Trading Moral Cents 2. No. 1Kansas City. S. 1–15.
Malceniece, L., Malcenieks, K., & Putniņš, T. (2019). High frequency trading and comovement in financial markets. Journal of Financial Economics, 134(2), S. 381–399.
Malinova, K., & Park, A. (2015). Market Design and the Speed of Price Discovery – Evidence from the Canadian Market. Journal of Financial Economics, 115(2), S. 271–291.
Manahov, V. (2016). A note on the Relationship between High-Frequenca Trading and Latency Arbitrage. International Review of Financial Analysis, 1(2016), S. 281–296.
Mandes, A. (2016): Algorithmic and High-Frequency Trading Strategies – A Literature Review. Giessen.
Mankiw, G. N., Taylor, M. P. (2008). Grundzüge der Volkswirtschaftslehre, 4. Auflage. Stuttgart.
Mankiw, N. G. (2015). Principles of Economics, 7. Auflage. Stanford.
Märkt, J. (2002): Zur Methodik der Verfassungsökonomik – Die Aufgabe eines vertragstheoretisch argumentierenden Ökonoms. Freiburger Diskussionspapiere zur Ordnungsökonomik, 2(4), S. 1–41.

Marondel, J. (2017): Gibt es wirklich effiziente Märkte? Jevenstadt.
Martínez, V. H., & Rosu, I. (2013). High frequency traders, news and volatility. HEC Paris Research Paper. No. 968(2013), vorgestellt auf der AFA San Diego 2013.
Marwala, T., & Hurwitz, E. (2015). Artificial Intelligence and Asymmetric Information Theory. arXiv preprint arXiv:1510.02867.
Marx, A. (2003). Wirtschaftsethik. Mannheim.
Marxsen, S. (o. J.): Regionalbörsen – Wettbewerb als Taktgeber. Die Bank – Zeitschrift für Bankpolitik und Praxis, o. J., o. S.
Matheson, Th. (2011) Taxing Financial Transactions: Issues and Evidence. International Monetary Fund. IMF Working Paper. WP 11/54. March 2011.
Maurer, J. (2014). Hochfrequenzhandel: Segen oder Fluch? Hamburg.
Mayer, H.O. (2009). Interview und schriftliche Befragung: Entwicklung, Durchführung und Auswertung, 5. Auflage. München.
Maystre, N., & Bicchetti, D. (2012). The rise of the machine – Does high-frequency-trading alter commodity prices. VOX EU/CECPR, 05.04.2012, o. S.
McCrank, J. (2017). Wall Street braces for rough ride as Exchanges seek more Speed Bumps. In: Reuters, Business Insider, April 4, 2017, o. S.
McEachern, G.C. (2009). HFT is market making evolved, says NYSE exec. o. O.
McNamara, S.R. (2016). The law and ethics of high-frequency trading. Minnesota Journal of Law, Science & Technology, 17(1), Article 2, S. 71–152.
McNamara, St. (2015). Ethics, Cost-Benefit Analysis, and the HFT Debate. CLS Blue Sky Blog, Columbia Law School, New York.
Meck, S., & Zschaler, E.W. (2012). Ethisches Management und die Formen der Macht in Organisationen: Ethisches Management 1.1 Theoretische Grundlagen des Wertemanagements: Ethik, Moral, Werte, Normen und Regeln, Werte und Persönlichkeit. Ingolstadt.
Menkveld, A.J. (2011). High Frequency Trading and The New-Market Makers. Tinbergen Institute. Discussion Paper. 11–076/DSF21. Tinbergen Institute, Amsterdam/Rotterdam, S. 1–46.
Menkveld, A.J. (2013). High Frequency Trading and the New-Market Makers. In: Journal of Financial Markets. 16(4). S. 712–740.
Menkveld, A.J. (2014). High-Frequency Traders and Market Structure. Financial Review, 49(2), S. 333–344.
Menkveld, A.J. (2016). The Economics of High-Frequency Trading, Taking Stock. Annual Review of Financial Economics, 18(1), S. 1–24.
Menkveld, A.J., & Foucault, T. (2009). Market Making with costly Information Acquisition. In: Review of Financial Studies, 22(2), S. 505–541.
Menkveld, A.J., & Yueshen, B. Z. (2019). The Flash Crash – A Cautionary Tale about highly fragmented Markets. Management Science, 65(10), S. 4470–4488.
Menkveld, A.J., & Zoican, M. (2017). Need for speed? Exchange latency and liquidity. The Review of Finance Studies, 30(4), S. 1188–1228.
Merli, R., Massa, I., & Lucchetti, M.C. (2014). High Frequency Trading: Technology, Regulation and Ethical Issues. In: Achievements and Challenges of Commodity Science in the Age of Globalization. Hrsg. Polish Society of Commodity Science. September 2014. S. 179–192.
Michler, A.F. (2016). Ansätze zur Regulierung des Schattenbankensektors. List Forum, 2016(41). S. 145–171.

Mieth, D. (2002). Sozialethik als hermeneutische Ethik. JCSW, 43(2002), S. 217–240.
Mildenberger, C.D. (2023). What (if anything) is wrong with High-Frequency Trading? Journal of Business Ethics, 1(2023), S. 369–383.
Milgrom, P. (2004). Putting Auction Theory to Work. Cambridge University Press. Cambridge.
Mill, J. St. (1963). Utilitarianism. Toronto.
Mill, J.S. (1998). Utilitarism. Oxford.
Miller, R. S., & Shorter, G. (2016). High Frequency Trading, Overview of Recent Developments. Washington.
Min, B.-W. (2013). Philosophisch-ethische Ansätze und ihre praktischen Aspekte zur Unternehmensethik in Deutschland. 한· 독사회과학논총, 23(4), 25–50.
Mises, L. von (1927/1993). Liberalismus – Mit einer Einführung von Hans-Hermann Hoppe. Sankt Augustin.
Mishkin, F.S. (2013). The Economics of Money, Banking and Financial Markets, 10. Auflage. Boston.
Mokyr, J. (2009). The Enlightened Economy – An Economic History of Britain 1700–1850. New Haven/London.
Moor, J.H. (2006). The nature, importance, and difficulty of machine ethics. Intelligent Systems, 21(4), S. 18–21.
Morelli, M. (2016). Regulating Secondary Markets in the High Frequency Age – A Principled and Coordinated Approach. Michigan Business & Entrepreneurial Law Review, 6(1), S. 79–107.
Morelli, M. (2017). Implementing High Frequency Trading Regulation, A Critical Analysis of current Reforms. Michigan Business & Entrepreneurial Law Review, 6(2), S. 203.
Müller, D. (2016). „Erratische" Turbo-Händler im Devisenmarkt – Bulletin der EZB behandelt den Hochfrequenzhandel. Börsenzeitung, 10(2016), o. S.
Müller, J.F., & Lütge, C. (2014). Ordnungsethik als übergreifender methodischer Ansatz zur Analyse von bereichsethischen Fragestellungen. In: Maring, M. (Hrsg.), Bereichsethiken im interdisziplinären Dialog. Schriftenreihe des Zentrums für Technik und Wirtschaftsethik am Karlsruhe Institut für Technologie (KIT), Band 6. Karlsruhe, S. 79–93.
Müller-Wienbergen, I. (2016). Unternehmensinvestitionen in die eigene Vertrauenswürdigkeit gegenüber Mitarbeitern – Illustriert am Bonussystem im vertrieblichen Retailbanking, Diss. Leipzig.
Münch, P.A. (2012): Die globale Finanzkrise als Kumulation von Dilemmastrukturen – Plädoyer für eine Ethik mit ökonomischer Methode, Diss., TU München, Peter Löscher-Stiftungslehrstuhl für Wirtschaftsethik, Technische Universität München. München.
Münch, P.A. (2015). Die Ordnungsethik der globalen Finanzkrise – Eine Analyse anhand von Dilemmastrukturen. Wiesbaden.
Musciotto, F., Piilo, J., & Mantegna, R.N. (2021). High-Frequency Trading and Networked Markets. Proceedings of the National Academy of Science (PNAS). 118(26). S. 1–8
Nabben, S., & Rudolph, B. (1994). Die Börse als Marktplatz und Dienstleister. Marketing ZFP, 3(1994), S. 167–180.
Nabben, S., & Rudolph, B. (1994). Funktionen der Börse als Marktplatz und Dienstleister. Beiträge zur Theorie der Finanzmärkte, 6. Januar 1994. Frankfurt.

Nagel, J. (2012). High Frequency Trading und Marktimplikationen – Eine Einschätzung aus Notenbanksicht – Rede anlässlich der TradeTech DACH 2012, Deutsche Bundesbank, Frankfurt a.M., 04.07.2012. Frankfurt.

Nagel, J., Zajonz, R. (2012). Hochfrequenzhandel – Eine Einschätzung aus Notenbanksicht. High Frequency Trading – Kosten und Nutzen im Wertpapierhandel und die Notwendigkeit der Marktregulierung. Wirtschaftsinformatik. Meinung und Dialog. 54(1). 02/2012. S. 98–100

Nahar, J., Nishat, N., Shoaib, A. S. M., & Hossain, Q. (2024). Market Efficiency and Stability in the Era of High Frequency Trading – A comprehensive Review. International Journal of Business and Economics, 1(3), S. 1–13.

Narang, R. K. (2013). Inside the Black Box – A Simple Guide to Quantitative and High Frequency Trading, Volume 883). New York.

Natterer, P. (2008): Aristotelisch-thomistische Handlungstheorie und Ethik. Sonderdruck aus Handlungstheorie und Ethik. Norderstedt.

Nicholson, W., & Snyder, C. (2012). Microeconomic Theory – Basic Principles and Extensions, 11. Auflage. Mason.

Nida-Rümelin, J. (1993). Kritik des Konsequentialismus. München.

Nida-Rümelin, J. (2005). Theoretische und angewandte Ethik: Paradigmen, Begründungen, Berieche. In: Nida-Rümelin, J. (Hrsg.), Angewandte Ethik – Die Bereichsethiken und ihre theoretische Fundierung: Ein Handbuch. 2. Auflage. Stuttgart, S. 2–88.

Nikitin, A. (2016): Die Risiken des Hochfrequenzhandels für die Finanzmarktstabilität. München.

Nikkei Asien Review (Hrsg.) (2017). Japan's new rules on high frequency trade set for April. https://asia.nikkei.com/Business/Banking-Finance/Japan-s-new-rules-on-high-frequency-trade-set-for-April, Zugriff am 10.11.2018.

Norges Bank Investment Management (NBIM) (Hrsg.) (2013). High Frequency Trading – An Asset Manager's Perspective. NBIM Discussion Note, No. 01/2013 vom 30.08.2013, S. 1–28.

O'Hara, M. (1995). Market Microstructure Theory. Cambridge.

O'Hara, M. (2015). High-Frequency Market Microstructure. Journal of Financial Economics, 116(2), S. 257–270.

O'Hara, M. (2014). High Frequency Trading and its Impact on Markets. Financial Analysts Journal, 70(3), S. 18–27.

Ockenfels, A. (2021). Marktdesign für eine resiliente Impfstoffproduktion. Perspektiven der Wirtschaftspolitik, 22(3), S. 259–274.

Ockenfels, A. (o. J.). Marktdesign. Wiesbaden.

Oesterhelweg, A., & Schiereck, D. (1993). Meßkonzepte für Liquidität von Finanzmärkten. Kiel.

Ohlms, C. (2005). Aktives Investmentportfolio-Management – Optimierung von Portfolios aus derivatebasierten dynamischen Investmentstrategien, Diss. Wiesbaden.

Ortkemper, B. (2012). New Rules for High Frequency Trading, Federal Financial Supervisory Authority (BaFin), Publications & Data, Topic, High-Frequency Trading, 22.11.2012.

Osipovich, A. (2016). NASDAQ proposed Alternative to Speed Bumps. WSJ, November 25, 2016, o. S.

Osterwalder, A., Pigneur, Y. (2010). Business Model Generation – A Handbook for Visionaries, Game Changers, and Challengers. New York.
Pagnotta, E., & Philippon, T. (2018). Competing on Speed. Econometrica, 86(6), S. 2795–2825.
Palley, T.I. (2001). The Economic Case for a Tobin Tax. Review of Political Economy, 13(1), S. 71–89.
Panther, St. (2004): Governanceethik als Wirtschaftsethik – Versuch des Weiterdenkens in kritischer Absicht, Konstanz Institut für Werte Management (KIeM), KIeM – Working Paper Nr. 13/2004. Konstanz.
Parsons, T. (1977). Social Structure and Symbolic Media of Interchange. In: Social Systems and the Evolution of Action Theory. New York. NY. S. 204–228.
Parsons, T. (1990). Prolegomena to a Theory of Social Institutions. American Sociological Review. 55(3). S. 319–333.
Patterson, S. (2010). The Quants – How a new Breed of Math Whizzers conquered Wall Street and neary destroyed it. Crown Business, 01(2010), S. 184–214.
Patterson, S. (2012/2013). Dark Pools – The Rise of the Machine Traders and the Rigging of the U.S. Stock Market. New York.
Patterson, S. (2014). Race to Zero – High-Speed Stock Traders turn to Laser Beams. WSJ, 12.02.2014.
Pelzig, D. (2012). Normdurchsetzung durch Privatrecht. Juristische Fakultät der Ruprecht-Karls-Universität Heidelberg (Hrsg.), Heidelberger Rechtswissenschaftliche Abhandlungen, Band 6. Heidelberg.
Perman, R., Ma, Y., Common, M., Maddison, D., & McGilvray, J. (2011). Natural Resource and Environmental Economics, 4. Auflage. Pearson.
Peukert, H. (2015). Finanzmarktreformen aus wirtschaftsethischer Sicht. Schriften des Vereins für Socialpolitik. Wirtschaftsethische Perspektiven X. Hrsg. Neck, R. Bd. 228/X. S. 179–216
Phys Org (Hrsg.) (2013). High-frequency trading tactic lowers investor profits. https://news.umich.edu/high-frequency-trading-tactic-lowers-investor-profits/, Zugriff am 28.06.2018.
Picardo, E. (2016). You'd Better Know Your High-Frequency Trading Terminology. https://www.investopedia.com/articles/active-trading/042414/youd-better-know-your-highfrequency-trading-terminology.asp, Zugriff am 10.12.2017.
Picardo, E. (2017). An Introduction to Dark Pools. http://www.investopedia.com/articles/markets/050614/introduction-dark-pools.asp, Zugriff am 01.06.2017.
Picardo, E. (2021): 4 Big Risk of Algorithmic High-Frequency Trading. https://www.investopedia.com/articles/markets/012716/four-big-risks-algorithmic-highfrequency-trading.asp, Zugriff am 03.09.2021.
Pieper, A. (2001). Glückssache – Die Kunst, gut zu leben. Hamburg.
Pieper, A. (2003). Einführung in die Ethik, 5. Auflage. Tübingen.
Pies, I. (2000). Ordnungspolitik in der Demokratie: ein ökonomischer Ansatz diskursiver Politikberatung. Tübingen.
Pies, I. (2008). Unternehmensethik für die Marktwirtschaft – Moral als Produktionsfaktor. Diskussionspapier Nr. 2008–1. Martin-Luther-Universität Halle-Wittenberg. Lehrstuhl für Wirtschaftsethik. Halle (Saale).

Pies, I. (2011). Die zwei Pathologien der Moderne – Eine ordonomische Argumentationsskizze. Diskussionspapier. Nr. 2011–14. Martin-Luther-Universität Halle-Wittenberg. Lehrstuhl für Wirtschaftsethik. Halle (Saale).

Pies, I. (2011). Karl Homanns Programm einer ökonomischen Ethik – „A View from Inside" in zehn Thesen. Diskussionspapier. Nr. 2011–1. Martin-Luther-Universität Halle-Wittenberg. Lehrstuhl für Wirtschaftsethik. Halle (Saale).

Pies, I. (2012). Ethik der Skandalisierung – Fünf Lektionen. Diskussionspapier Nr. 2012–3. Martin-Luther-Universität Halle-Wittenberg. Lehrstuhl für Wirtschaftsethik. Halle (Saale)

Pies, I. (2013). The ordonomic Approach to order Ethics. Discussion Paper No. 2013–04. Martin-Luther-University, Chair of Economic Ethics. Halle (Saale).

Pies, I. (2015): Individualethik versus Institutionenethik? – Zur Moral (in) der Marktwirtschaft. Diskussionspapier, Nr. 2015–7, Martin Luther University Halle-Wittenberg, Lehrstuhl für Wirtschaftsethik, Halle (Saale). S. 1–29.

Pies, I. (2015). Guter Rat muss nicht teuer sein – Ordonomische Schriften zur Politikberatung. Bd. 1–2. Berlin.

Pies, I. (2016). Moderne Klassiker der Gesellschaftstheorie – Von Karl Marx bis Milton Friedman. Mohr Siebeck. Tübingen.

Pies, I. (2020). Moralparadoxon der Moderne: Ordonomische Überlegungen zur modernen Ethik als Ethik der Moderne. Diskussionspapier No. 2020–01. Martin-Luther-Universität Halle-Wittenberg, Lehrstuhl für Wirtschaftsethik, Hrsg. Ingo Pies. Halle.

Pies, I. (2022). 30 Jahre Unternehmensethik – Ein ordonomischer Rückblick, Überblick und Ausblick. Diskussionspapier Nr. 2022–01. Lehrstuhl für Wirtschaftsethik, Martin-Luther-Universität Halle-Wittenberg. Hrsg. Ingo Pies, Halle.

Pies, I., & Meyer zu Schwabedissen, H. (2004). Ethik und Ökonomik: Ein Widerspruch? Wittenberg Zentrum für Globale Ethik, Diskussions-Papier Nr. 04–4. Wittenberg.

Pies, I., & von Winning, A. (2013). Wirtschaftsethik. Diskussionspapier Nr. 04–13. Wittenberg Zentrum für Globale Ethik. Lutherstadt Wittenberg.

Pigou, A. C. (1920). The Economics of Welfare. London.

Pindyck, R. S., & Rubinfeld, D. L. (2018). Microeconomics, 9. Auflage. Boston.

Pippin, R. (2005). Die Verwirklichung der Freiheit: Der Idealismus als Diskurs der Moderne. Frankfurt/New York.

Platon (2011). Der Staat. in: Platon Sämtliche Werke. Band 2. übersetzt von Friedrich Schleiermacher. Hrsg. Thomas A. Szlezak. Felix Meiner Verlag, Hamburg.

Pomeranets, A., Financial Transaction Taxes: International Experiences, Issues and Feasibility, in: Bank of Canada Review. Financial Market Department. Autumn 2012.

Poundstone, W. (1992). Prisoner's Dilemma. New York

Prewitt, M. (2012). High-Frequency Trading: Should Regulators Do More. Mich. Telecomm. & Tech. L. Rev., 19, 131.

Puls, Th. (2009). Externe Kosten am Beispiel des deutschen Straßenverkehrs – Ökonomisches IW Analysen. Konzept, politische Relevanz, praktische Möglichkeiten und Grenzen. Forschungsberichte aus dem Institut der deutschen Wirtschaft Köln. Nr. 53, Institut der deutschen Wirtschaft. Köln.

Putnins, T.J., & Barbara, J. (2016). Heterogeneity in the effects of algorithmic and high-frequency traders on institutional transaction costs. Research Working Paper Series.

No. 113/2016. Project F005. Centre for International Finance and Regulation (CIFR) Towards Financial System Integrity. Juli 2016.
Quante, Michael (2011): Einführung in die Allgemeine Ethik. Darmstadt.
Quora (Hrsg.) (2017). Can high frequency trading be as profitable as it is in the USA in countries with a less competitive stock market environment? In: https://www.quora.com/Can-high-frequency-trading-be-as-profitable-as-it-is-in-the-USA-in-countries-with-a-less-competitive-stock-market-environment, Zugriff am 15.11.2018.
Radanovic, D. (2017). Geschwindigkeit als entscheidender Wert im Wertpapierhandel. Börsenzeitung, 11(2017), o. S.
Radanovic, D. (2019). Mehr Fairness statt maximaler Geschwindigkeit. Börsenzeitung, 04(2019), o. S.
Radanovic, D. (2017). Je schneller, desto besser? – Geschwindigkeit als entscheidender Wert im Wertpapierhandel. Börsenzeitung, 29.11.2017, o. S.
Rajan, R.G. (2005). Has Financial Development made the World riskier? NBER Working Paper Series, Working Paper 11728, S. 1–45.
Rapa, J. (2023). Trading System Kill Switch – Panacea or Pandora's Box? o. O.
Ratzinger, J. (1986). Marktwirtschaft und Ethik. In: Ross, L. (Hrsg.), Stimmen der Kirche zur Wirtschaft, 2. Auflage. Köln, o. S.
Rawls, J. (1971). A Theory of Justice. Cambridge.
Rawls, J. (1971/1979). Eine Theorie der Gerechtigkeit. Frankfurt am Main.
Rawls, J. (1975). Eine Theorie der Gerechtigkeit. Frankfurt am Main.
Rawls, J. (2001). Justice as a Fairness – A Restatement (deutsche Übersetzung: Gerechtigkeit als Fairness – Ein Neuentwurf). Frankfurt am Main.
Rawls J. (2020). Gerechtigkeit als Fairneß. Hrsg. Corinna Mieth und Jakob Rosenthal, 7. Ausgabe. Stuttgart
RBC Global Asset Management (Hrsg.) (2010). Best Execution – Defining Best Execution in an Increasingly Complex Trading Environment. https://us.rbcgam.com/resources/docs/pdf/whitepapers/equity%20trading%20paper_best%20execution.pdf, Zugriff am 02.11.2018.
Reese-Schäfer, W. (2001). Kommunitarismus. München.
Rehm, J. (2005). Weltethos – Ethik – Werte in den Religionen. In: Schreiner, P., Sieg, U., Elsenbast, V. (Hrsg.), Handbuch Interreligiöses Lernen. Gütersloh, S. 206–216.
Reuters, The Problems of HFT, Joe Stiglitz Edition, November 6, 2015
Richter, R., & Furubotn, E. G. (2010). Neue Institutionenökonomik, 4. Auflage. Tübingen.
Rieck, C. (2013). Einführung in die Wirtschafts- und Sozialwissenschaften. Berlin.
Rieck, C. (2015). Roboter unterwandern die Finanzwelt. finanzen.net, 06.07.2015.
Ringe, W.-G., & Patel, J. (2019). The Dark Side of Bank Resolution – Counterparty Risk Through Bail-In. Hamburg.
Riordan, R., & Storkenmaier, A. (2012). Latency, Liquidity, and Price Discovery. Journal of Financial Markets, 15(4), S, 416–437.
Röpke, J., & Stiller, O. (Hrsg.) (2006): Theorie der wirtschaftlichen Entwicklung. Berlin.
Röpke, W.(1937/1994): Die Lehre von der Wirtschaft. Bern.
Rosov, S. (2015). Liquidity in Equity Markets, Characteristics, Dynamics, and Implications for Market Quality. Position Paper. Research & Policy Center. CFA Institute (Hrsg.). 1. August 2015.

Rosov, S., & Dick, D. (2015). A Hollowed-Out Market? – A new Report examines Concerns about Market Liquidity. CFA Institute Magazin (Interview „Viewpoint“ von Crystal Detamore-Rodman), 11/12(2015), S. 14–16.
Ross, S. A. (1973). The Economic Theory of Agency – The Principal's Problem. American Economic Review, 63(2), S. 134–139.
Rosu, I., Sojli, E., & Tham, W.-W. (2017). Quotes, Trades and the Cost of Capital, HEC Paris. Discussion Paper No. 1232. 24. July 2017.
Rosu, I., Sojli, E., Tham, W.-W. (2020). Quoting Activity and the Cost of Capital. Journal of Financial and quantitative Analysis (forthcoming), 7. September 2020.
Roth, A.E. (2002). The Economist as Engineering – Game Theory, Experimentation, and Computation as Tools for Design Economics. Econometrica, 70(4), S. 1341–1378.
Roth, A.E. (2007). The Art of Designing Markets. Harvard Business Review, 10(07), o. S.
Roth, A.E. (2015). Who gets What – and Why, The new Economics of Matchmaking and Market Design. Houghton Mifflin. Harcourt/Boston.
Roth, S.J. (2006): VWL für Einsteiger, 5. Auflage. Stuttgart.
Rüstow, A. (2001): Das Versagen des Wirtschaftsliberalismus, 3., überarbeitete Auflage. Marburg.
Sajnovits, A. (2019): Die MiFID II-Regulierung von Datenbereitstellungsdiensten in Deutschland. Zeitschrift für Bankrecht und Bankwirtschaft, 31(3), S. 162–168.
Samuelson, P.A., & Nordhaus, W.D. (1995): Volkswirtschaftslehre – Das internationale Standardwerk der Makro- und Mikroökonomie, 14. Auflage. München.
Samuelson, P.A., & Nordhaus, W.D. (1998): Volkswirtschaftslehre – Das internationale Standardwerk der Makro- und Mikroökonomie, 15. Auflage. Wien/Frankfurt am Main.
Santoni, G.J., & Liu, T. (1993). Circuit Breakers and Stock Market Volatility. Journal of Futures Markets, 13(3), S. 261.
Sapusek, A. (1998). Informationseffizienz auf Kapitalmärkten – Konzepte und empirische Ergebnisse. Wiesbaden.
Sargeant, N. (2017). What is the difference between hedging and speculation? http://www.investopedia.com/ask/answers/06/hedgingversusspeculation.asp, Zugriff am 01.07.2017.
Sautter, H. (2010). Moral und Wirtschaft: zwei Welten? Göttingen.
Scarano, N. (2002). Metaethik – Ein systematischer Überblick. In: Düwell, M., Hübenthal, C., & Werner, M.H. (Hrsg.), Handbuch Ethik. Stuttgart/Weimar, S. 25–35.
Schaal, G.S., & Heidenreich, F. (2016). Einführung in die politische Theorie der Moderne, 3. Auflage. Opladen/Toronto.
Schachtschabel, H. G. (1971). Geschichte der volkswirtschaftlichen Lehrmeinung. In: Schaeffer, H. (Hrsg.), Schaeffers Grundriss des Rechts und der Wirtschaft, Abteiilung III, Wirtschaftswissenschaften), Band 66. Stuttgart/Düsseldorf, Gesamtwerk.
Schild, I. (2017). Demokratie und Pluralismus. In: Forum Politische Bildung (Hrsg.), Wahlen und wählen – Informationen zur politischen Bildung, 41(2017), S. 39–50.
Schimank, U. (2007): Elementare Mechanismen. In: Benz, A., Lütz, S., Schimank, U., & Simonis, G. Wiesbaden. S. 29–45
Schinasi, G.J. (2004): Defining Financial Stability. In: IMF Working Paper, WP/04/187, S. 1–19.
Schlepper, K. (2016). High-frequency trading in the Bund futures market. Deutsche Bundesbank (Hrsg.). Discussion Paper. No. 15/2016. Frankfurt.

Schmidt, C. (2016): Steigerung der Objektivität Interner Revisoren – Rotation als effektives Instrument. Wiesbaden.

Schmidt, L. (2022). Transparenz in der digitalen Wirtschaft. Berlin/Heidelberg.

Schmidt, S. (2010). Markt ohne Moral – Das Versagen der internationalen Finanzelite. München.

Schmidt, T. (2009). Deontologische Ethik. In: Stoecker, R., Neuhäuser, C., & Raters, M.-L. (Hrsg.), Handbuch Angewandte Ethik. Stuttgart, S. 43–49.

Schmoller, G., (1900). Grundriß der allgemeinen Volkswirtschaftslehre, Band 1. Leipzig.

Schnebel, E. (2016). Nanotrading – Übung, Algo-Trading – Hochfrequenzhandel. Frankfurt.

Schnebel, E. (2017). Wirtschaftsethik im Management: Rationalität und Verantwortung in organisationalen Handlungen – Mit einem Geleitwort von Prof. Dr. Karl Homann und Prof. Dr. Arnold Picot, Habil. Wiesbaden.

Schönberger, R., 2020, Thomas von Aquin – neue Tugenden und alte Tugendethik? In: Halbig, C., Timmermann, F. U., (Hrsg.), Handbuch Tugend und Tugendethik. Wiesbaden. S. 177–197.

Schröder, G. (2009). Approach matters – Die ambivalente Bedeutung von Rationalität und Transaktionskosten in Douglass Norths entwicklungsökonomischen Ansatz. In: Pies, I. & Leschke, M. (Hrsg.), Douglass Norths ökonomische Theorie der Geschichte, Konzepte der Gesellschaftstheorie, Nr. 15. Tübingen, S. 33–47.

Schulmeister, S. (2011). Mit hoher Frequenz zur Krise? High-Frequency Trading und seine Auswirkungen auf die Finanzmärkte. WiFo-Monatsberichte. Wien. 1(2011), S. 63–84.

Schulze, A. (2024). Eine nicht-intrusive Methode zur Bestimmung des Stromverbrauchs von Software in Rechenzentren. Masterarbeit. FH Münster. Fachbereich Elektrotechnik und Informatik. 11. Dezember 2024.

Schumpeter, J.A. (1987). Theorie der wirtschaftlichen Entwicklung – Eine Untersuchung über Unternehmergewinn, Kapitel, Kredit, Zins und den Konjunkturzyklus. Berlin.

Schwaabe, C. (2018). Politische Theorie, 4. Auflage. Paderborn.

Schwarting, R. (2014). High Frequency Trading aus organisations-soziologischer Perspektive – Eine Grenzstellen-Verortung, Working Paper Reihe Organisationssoziologische Analysen 12(2014). Universität Bielefeld, Fakultät für Soziologie, Arbeitsbereich Organisation. Bielefeld, S. 1–26.

Scott, H.S. (2012). Interconnectedness and Contagion – Financial Panics and the Crisis of 2008. Committee on Capital Markets Regulation. Working Paper. 26. Juni 2012

Securities and Exchange Commission (SEC) (Hrsg.) (2008). Fast Answers Section. o. O.

Securities and Exchange Commission (SEC) (Hrsg.) (2010). Concept Release on Equity Market Structure, Release No. 34–61358, File No. S7–02–10. Washington.

Securities and Exchange Commission (SEC) (Hrsg.) (2010). Concept Release on Equity Market Structure, Federal Register 75, No. 13, 21.01.2010, S. 3594–3614.

Securities and Exchange Commission (SEC) (Hrsg.) (2010). Findings regarding Market Events of 06.05.2010, S. 45.

Securities and Exchange Commission (SEC) (Hrsg.) (2012). Market-Wide Circuit Breaker Approval Order, Release No. 34–67090, 05/2012, S. 3–10.

Securities Exchange Commission (SEC) (Hrsg.) (2012). Report on Impact of Decimalization. o. O.

Securities and Exchange Commission (SEC) (Hrsg.) (2013. In the Matter of Knight Capital Americas LLC, Release No. 70694, 10(2013), S. 6.

Securities and Exchange Commission (SEC) (Hrsg.) (2014). Equity market structure literature review – Part II – High frequency trading. Staff of the Division of Trading and Markets, 18.03.2014, S. 1–37.

Securities and Exchange Commission (SEC) (Hrsg.) (2014). SEC Press Release, SEC charges New York Based, High Frequency Trading Firm with Fraudulet Trading to Manipulate Closing Prices. New York.

Securities and Exchange Commission (SEC) (Hrsg.) (2015). Self-Regulatory Organizations, NASDAQ OMX BX, Inc., Order Approving Proposed Rule Change to adopt a Kill Switch, Release No. 34–76116, 10(2015), S. 3–4.

Securities and Exchange Commission (SEC), What we do, Mission (www.sec.gov/about.).

Sen, A. (1997): Inequality, unemployment, and contemporary Europe. International Labour Review, 136(2), S. 155–171.

Senior Supervisors Group (Hrsg.) (2015). Algorithmic Trading Briefing Note, April 2015, S. 1–6.

Shefrin, H., & Statman, M. (1993). Ethics, Fairness and Efficiency in Financial Markets. Financial Analysts Journal, 49(6), S. 21–29.

Shefrin, H., & Statman, M. (1999). Behavioral Portfolio Theory. In: Journal of Financial and Quantitative Analysis, 35(2), S. 1–127.

Shorter, G., & Miller, R.S. (2014). High Frequency Trading: Background, Concerns, and regulatory Developments, Congressional Research Service (CRS). R43608. 19. Juni 2014.

Sifat, I.M., & Mohamad, A. (2019). Circuit Breakers as Market Stability Levers: A Survey of Research, Praxis, and Challenges. International Journal of Finance and Economics, 24(3), S. 1130–1169.

Simons + Simons (Hrsg.) (2016). Algo and High Frequency Trading under MiFID 2 – A few more Pieces in the Puzzle, Publications. o. O.

Smith, A. (1974). Der Wohlstand der Nationen. München.

Smith, A. (1994). Theorie der ethischen Gefühle. Philosophische Bibliothek. Hrsg. Walter Eckstein. Hamburg.

Smith, R. (2010). Is High-Frequency Trading inducing Changes in Market Microstructure and Dynamics? Cornell University. Working Paper. arXiv:1006.5490. 29. Juni 2010.

Smith, R., Brown, A., & Lee, C. (2023). Regulatory Challenges in the Digital Age. Cambridge.

Sohmen, E. (1992). Allokationstheorie und Wirtschaftspolitik. 2. Auflage. Tübingen.

Solomon, N. (2012). Proposed Guidance on Certain Manipulative and Deceptive Trading Practices. IIROC Notice, 12(0221), 17.07.2012, S. 1–25.

Sornette, D., & Von der Becke, S. (2011). Crashes and High Frequency Trading. Swiss Finance Institute Research Paper, 11(63), 1–29.

Spence, M. (1973). Job Market Signaling. Quarterly Journal of Economics. 87(3). S. 355–374.

Spremann, K., & Gantenbein, P. (2013): Finanzmärkte – Grundlagen, Instrumente, Zusammenhänge, 2. Auflage. Konstanz.

Steiner, H. (2019). Asymmetric Information, Libertarianism, and Fraud. Review of Social Economy. 77(2). S. 94–107.

Steliaros, M. (2021): Real-time Adaptive Modelling for Trading. o. O.

Stephan, U. (1998). Informationseffizienz von Aktienindexoptionen. Diss. Wiesbaden.

Stephan, U., & Thießen, F. (2013). Die Selbstheilungskräfte von Wirtschaftssystemen aus geistes- und evolutionswissenschaftlicher Sicht. Working Papers in Economics/ Wirtschaftswissenschaftliche Diskussionspapiere, WWDP 111(2013), S. 1–15.

Sievers, G., & Dubcova, G. (2019). Ethik und Ökonomie im Unternehmen – Ein Widerspruch? Current Problems oft he Corporate Sector. Proceedings of the International Scientific Conference. Hrsg. Department of Business. Faculty of Business Management. University of Economics in Bratislava. S. 392–403

Stigler, G.J. (1971). The Theory of Economic Regulation. The Bell Journal of Economics and Management Science, 2(1), S. 3–21.

Stiglitz, J.E., & Rosengard, J. K. (2015). Economics of the Public Sector, 4. Auflage. New York.

Stiglitz, J.E. (1974). Incentives and Risk Sharingin Sharecropping. Review of Economic Studies. Oxford Journals. 41(2). S. 219–255.

Stiglitz, J.E. (1989). Using Tax Policy to curb Speculative Short-Term Trading. Journal of Financial Services Research, 3(2/3), S. 104.

Stiglitz, J.E. (2002). Information and the Change in the Paradigm in Economics. The American Economic Review, 92(3), S. 460–501.

Stiglitz, J.E. (2014). Stiglitz Asks, Does Excessive Financial Activity Undermine the Economy? Federal Reserve Bank of Atlanta, April 2014, o. S.

Stiglitz, J.E. (2014): Tapping the Brakes – Are Less Active Markets Safer and Better for the Economy? Proceedings of the Federal Reserve Bank of Atlanta 2014 Financial Markets Conference – Tuning Financial Regulation for Stability and Efficiency, Federal Reserve Bank of Atlanta. S. 1–20.

Stock Market Watch (Hrsg.) (o. J.): High-frequency Trader (HFT). http://thestockmarketwatch.com/learn/high-frequency-trader/, Zugriff am 03.09.2021.

Stoll, H., Schönborn, T., & Müller, F. (2021). Energy Consumption in Algorithmic Trading – Challenges for Sustainability, in: Financial Systems Review, 12(4), S. 89–105.

Stoll, H.R. (2020). Friction in U.S. Equity Markets. In: Financial Analysts Journal, 76(2), S. 35–36.

Ströbele, M. (1999): Ökonomische und rechtliche Grundlagen der Regulierung und Deregulierung. In: Ströbele, M. (Hrsg.), Die Deregulierungswirkungen der europäischen Integration, Hohenheimer volkswirtschaftliche Schriften, Band 34. Frankfurt, S. 13–70.

Stuttgart Financial (Hrsg.) (2019): Projektbericht – Notwendigkeit zur Reform des ordnungspolitischen Rahmens für den Wertpapierhandel. Stuttgart.

Subrahmanyam, A. (1994). Circuit Breakers and Market Volatility – A theoretical Perspective. Journal of Finance, 49(1), S. 237–254.

Suchanek, A. (2000/2005). Is Profit Maximization the Social Responsibilty of business? Milton Friedman and Business Ethics. Diskussionspapier des Wittenberg Zentrums für Globale Ethik, Nr. 2005–4. Wittenberg.

Suchanek, A. (2001). Ökonomische Ethik. Tübingen.

Suchanek, A. (2002): Das Verhältnis von Markt und Moral. In: Aßländer, M.S. (Hrsg.), Handbuch Wirtschaftsethik, 2. Auflage. Stuttgart, S. 109–121.

Suchanek, A. (2007). Ökonomische Ethik, 2. Auflage. Tübingen.

Suchanek, A. (2008). Ethik der Sozialen Marktwirtschaft, Wittenberg-Zentrum für Globale Ethik, Diskussionspapier Nr. 2008–5. Wittenberg.

Suchanek, A. (2009). Business Ethics and the Golden Rule, Wittenberg-Zentrum für Globale Ethik, Diskussionspapier Nr. 2008–3. Wittenberg.
Suchanek, A. (2010). Grundlagen der Wirtschaftsethik, 3. CSSA-Kolloqium „Grundwerte und Leitlinien für verantwortliches Handeln in der Sozialen Marktwirtschaft". Bad Münder, 1–20.
Suchanek, A. (2010). Wir brauchen eine alltagstaugliche Ethik, Wittenberg-Zentrum für Globale Ethik, Diskussionspapier Nr. 2010–02. Wittenberg.
Suchanek, A. (2014). Moralisches Urteilsvermögen, Witttenberg-Zentrum für Globale Ethik, Diskussionspapier Nr. 2014–1. Lutherstadt Wittenberg.
Suchanek, A. (2015). Unternehmensethik – In Vertrauen investieren. Tübingen.
Suchanek, A. (2024). Soziale Nachhaltigkeit. Human Ressources Manager, 13.06.2024, o. S.
Suchanek, A., & von Broock, M. (2008). Wertemanagement und Konsistenz. In: Bertelsmann Stiftung (Hrsg.), Wertemanagement und Wertschöpfung in Unternehmen – Fallstudien international erfolgreiche Unternehmen. Gütersloh, S. 17–54.
Suchanek, A., & von Broock, M. (2011): Konzeptionelle Überlegungen zum „Leitbild für verantwortliches Handeln in der Wirtschaft", Wittenberg-Zentrum für Globale Ethik, Diskussionspapier 2011–02. Lutherstadt Wittenberg.
Suchanek, A., & von Broock, M. (2012): Stakeholder-Dialoge – Investitionen in einem gemeinsames Spielverständnis. In: Wittenberg-Zentrum für Globale Ethik (WZGE) (Hrsg.), Diskussionspapier Nr. 2012–05. Lutherstadt Wittenberg.
Sunken, J., & Schubert, K. (2018). Ökonomische Theorie der Politik, 2. Auflage. Wiesbaden.
Suppan, S. (2021). Kill Switches and Price Limits – Safety Valves of legalized excessive Speculation. Institute for Agriculture and Trade Policy (IATP), 10. Mai 2021.
Tacke, V. (2001). Funktionale Differenzierung als Schema der Beobachtung von Organisationen. In: Tacke, V. (Hrsg.), Organisation und gesellschaftliche Differenzierung. Wiesbaden, S. 141–169.
Tanner, J. (2014). Die Währung der Finanzmärkte ist Vertrauen – Nachhaltigkeit und Hinterhältigkeit eines mentalen Phänomens in historischer Perspektive. In: Baberowski, J. (Hrsg.), Was ist Vertrauen? – Ein interdisziplinäres Gespräch. Frankfurt am Main, S. 73–100.
Teall, J.L. (2013). Financial Trading and Investing. Waltham.
Temporale, R. (Hrsg.) (2015): Europäische Finanzmarktregulierung – Handbuch zu EMIR, MiFID II/MiFIR, PRIIPs, MAD/MAR, OTC-Derivaten und Hochfrequenzhandel. Stuttgart.
Temporale, R., Wenzel, T., Rodriguez, P.D., & Dreyer, D. (2018). Algo Trading ausgebremst? Neue Regelungen im Hochfrequenzhandel. Frankfurt.
The Economist (Hrsg.) (2014). Free exchange – Frequent but inefficient, High-frequency trading might reduce liquidity, not boost it as its defenders claim. https://www.economist.com/news/finance-and-economics/21635078-high-frequency-trading-might-reduce-liquidity-not-boost-it-its-defenders, Zugriff am 15.11.2017.
The Netherlands Authority for the Financial Markets (NFA) (Hrsg.) (2016). A Case Analysis of Critiques on High-Frequency Trading. Amsterdam. June 2, 2016.
Thielemann, U. (2009). Der integrative Ansatz der Unternehmensethik – eine knappe Darstellung durch Abgrenzung vom ökonomistischen und vom separativen Konzept. In: Maring, M. (Hrsg.). Verantwortung in Technik und Ökonomie. KIT Publishing. S. 207–217.

Thielemann, U. (2011): Das Prinzip Markt – Kritik der Theorie externer Effekte, Diss. St. Gallen.

Thielemann, U. (o. J.). Regulierung. http://www.mem-wirtschaftsethik.de/regulierung/, Zugriff am 01.09.2017.

Thielmann, U. (2004). Schwierigkeiten bei der Umsetzung ökologischer Einsichten im ökonomischen Handeln – ein wirtschaftsethischer Orientierungsversuch – Mit einer Auseinandersetzung mit Stephan Schmidheinys „Kurswechsel". In: Zierhofer, W., & Steiner, D. (Hrsg.), Vernunft angesichts der Umweltzerstörung. Wiesbaden, S. 45–68.

Tobin, J. (1978). A Proposal for International Monetary Reform. Eastern Economic Journal, 4(3), S. 154.

Tobin, J. (1984). On the Efficiency of the Financial System. Lloyds Bank Review, 153(1984), S. 354–371.

Trillhaas, W. (1972). Religionsphilosophie. Berlin/New York.

Tse, J., Lin, X., & Vincent, D. (2012 a). AES Analysis. High Frequency Trading – The Good, the Bad, and the Regulation. Credit Suisse (Hrsg.). Trading Strategy. 5. December 2012. S. 1–7.

Tse, J., Lin, X., & Vincent, D. (2012 b). AES Analysis. High Frequency Trading – Measurement, Detection and Response. Credit Suisse (Hrsg.). Trading Strategy. 6. December 2012. S. 1–12.

Turner, M. (2015). The Heroes of Flash Boys are being attacked by their biggest Rivals. Yahoo Finance, Business Insider, November 12, 2025.

Turner, M. (2017). A War of Words between 2 of America's Stock Exchanges has taken a strange Twist. Business Insider, March 13, 2017

UK Government Office for Science (2011). Crashes and High Frequency Trading, UK Government's Foresight Project on The Future of Computer Trading in Financial Markets. Foresight Driver Review, DR7(2011), o. S.

Ullmann, F. (2021): Die Regulierung des Hochfrequenzhandels. Dresden.

Ulrich, P. (1991). Schwierigkeiten mit der unternehmensethischen Herausforderung – Anmerkungen zu Dieter Schneiders Beitrag Unternehmensethik and Gewinnprinzip in der Betriebswirtschaftslehre. Zeitschrift für betriebswirtschaftliche Forschung, 43(1991), o. S.

Ulrich, P. (1993). Ökologische Unternehmungspolitik im Spannungsfeld von Ethik und Erfolg. In: Seidel, E., & Striebel, H. (Hrsg.). Betriebliche Umweltökonomie. Wiesbaden, S. 80–106.

Ulrich, P. (1997): Integrative Wirtschaftsethik – Grundlagen einer lebensdienlichen Ökonomie. Bern.

Ulrich, P. (1998). Worauf kommt es in der ethikbewussten Unternehmensführung grundlegend an? Integrative Unternehmensethik in fünf Thesen. In: Ulrich, P., & Wieland, J. (Hrsg.). Unternehmensethik in der Praxis – Impulse aus den USA, Deutschland und der Schweiz. Bern, S. 15–27.

Ulrich, P. (2000): Integrative Wirtschaftsethik – Grundlagenreflexion der ökonomischen Vernunft. Ethik und Sozialwissenschaften, 11(4). S. 555–567.

Ulrich., P. (2000). Integrative Economic Ethics – Towards a Conception of Socio-Economic Rationality. In: Contemporary Economic Ethic and Business Ethic. Hrsg. Peter Koslowski. Berlin/Heidelberg. S.37–54

Ulrich, P. (2002). Der entzauberte Markt – Eine wirtschaftsethische Orientierung. Freiburg im Breisgau.

Ulrich, P. (2008). Integrative Wirtschaftsethik – Grundlagen einer lebensdienlichen Ökonomie, 4. Auflage. Bern.

UNSW Sydney (2017). How Speed Bumps are curbing High Frequency Traders, UNSW Sydney, Business School, Business Think, 16.08.2017. Sydney.

Vaananen, J. (2015). Dark Pools & High Frequency Trading for Dummies. Chichester.

van Kervel, V. (2012). Liquidity – What You See Is What You Get? Unpublished Manuscript, 03.05.2012, S. 18–19.

van Kervel, V., & Menkveld, A.J. (2015). High-Frequency Trading around Large Institutional Orders. o. O.

Vanberg, V.J. (1994). Rules and Choices in Economics and Sociology. London.

Vanberg, V.J. (2007). Die Ethik der Wettbewerbsordnung und die Versuchungen der Sozialen Marktwirtschaft. o. O.

Vanberg, V., (2008). Die Ethik der Wettbewerbsordnung und die Versuchungen der Sozialen Marktwirtschaft. Walter Eucken Institut e. V., Freiburger Diskussionspapiere zur Ordnungsökonomik No. 08/6, Albert-Ludwig Universität, Wirtschafts- und Verhaltenswissenschaftliche Fakultät, Institute für Allgemeine Wirtschaftsforschung, Abteilung Wirtschaftspolitik. Freiburg im Breisgau.

Vanberg, V.J. (2011). Moral und Wirtschaftsordnung – Zu den ethischen Grundlagen einer freien Gesellschaft, Walter Eucken Institut e. V., Freiburger Diskussionspapiere zur Ordnungsökonomik No. 11/1, Albert-Ludwig Universität, Wirtschafts- und Verhaltenswissenschaftliche Fakultät, Institute für Allgemeine Wirtschaftsforschung, Abteilung Wirtschaftspolitik. Freiburg im Breisgau.

Varian, H.R. (2004). Grundzüge der Mikroökonomik, 6. Auflage. München/Wien.

Varian, H.R. (2014). Intermediate Microeconomics – A modern Approach, 9. Auflage. New York.

Virgilio, G.P.M. (2015). High-Frequency Trading and the Efficient Market Hypothesis. International Conference on Restructuring of the Global Economy. Rome. The Business and Management Review, 6(3), 69–81.

vom Brocke, J. (2003). Referenzmodellierung – Gestaltung und Verteilung von Konstruktionsprozessen. Berlin.

Thomas von Aquin, T. (1942). Von den Tugenden der Seele. Freiburg.

von Auqin, T. (1933). Summa Theologica – Die deutsche Thomas-Ausgabe. Graz.

von Broock, M., & Suchanek, A. (2009). Investitionen in den Faktor Vertrauen. Diskussionspapier des Wittenberg-Zentrums für Globale Ethik, Nr. 2009–3. Wittenberg.

von Broock, M. (2012). Spielzüge – Spielregeln – Spielverständnis – Eine Investitionsheuristik für die Soziale Ordnung. Marburg.

von der Pfordten, D. (2008). Fünf Elemente normativer Ethik – Eine allgemeine Theorie des normativen Individualismus. o. O.

von Hayek, F.A. (1945). The Use of Knowledge in Society. American Economic Review, 15(1945), S. 519–530.

von Hayek, F.A. (1967/1969). Die Ergebnisse menschlichen Handelns, aber nicht menschlichen Entwurfs. In: Hayek, Friedrich August von (Hrsg.), Studien, Gesammelte Aufsätze. Tübingen, S. 97–107.

von Hayek, F.A. (1969). Der Wettbewerb als Entdeckungsverfahren. Tübingen.

von Hayek, F.A. (1991). Die Verfassung der Freiheit. Tübingen, 3. Auflage. Tübingen.
von Hayek, F.A. (1996): Die verhängnisvolle Anmaßung – Die Irrtümer des Sozialismus. Tübingen.
von Hayek, F.A. (2002). Grundsätze einer liberalen Gesellschaftsordnung – Aufsätze zur politischen Philosophie und Theorie, Teil 1, Band 5. Tübingen.
von Hayek, F.A. (2003). Recht, Gesetz und Freiheit: Eine neue Darstellung der liberalen Prinzipien der Gerechtigkeit und der politischen Ökonomie. Gesammelte Schriften in deutscher Sprache. Abteilung B. Band 3. Hrsg. Viktor J. Vanberg. Tübingen
von Joisten, K. (Hrsg.) (2009). Narrative Ethik – Das gute und das Böse erzählen. Deutsche Zeitschrift für Philosophie, Sonderbände 17. Berlin.
von Nell-Breuning, Oswald (1974). Kapitalismus – kritisch betrachtet – Zur Auseinandersetzung um das „bessere System". Freiburg im Breisgau.
von Suntum, U. (1999). Die unsichtbare Hand – Ökonomisches Denken gestern und heute. Berlin/Heidelberg.
von Weizsäcker, C.C. (2005). Hayek und Keynes – Eine Synthese. Vortrag auf Einladung des Walter Eucken Instituts an der Universität Freiburg. In: Freiburger Diskussionspapiere zur Ordnungsökonomik, 5(4), 1–25.
Vuorenmaa, T.A. (2012). The Good, the Bad, and the Ugly of Automated High-Frequency Trading. Valo Research and Trading, 6(2012), S. 1–42.
Wah, E., & Wellman, M.P. (2013): Latency Arbitrage, Market Fragmentation, and Efficiency – A Two-Market Model. University of Michigan. Proceedings of the fourteenth ACM conference on Electronic Commerce, ACM, 6(2013), S. 855–872.
Wahal, S. (2006). Entry, Exit, Market Makers, and Liquidity. Journal of Financial Economics, 80(2), S. 351–383.
Waibl, E. (2004). Grundriss der Medizinethik für Ärzte, Pflegeberufe und Laien. Münster.
Walker, S., & Abramowicz, L. (2014). Flash Boys Raise Volatility in Wild New Treasury Market. https://www.bloomberg.com/news/articles/2014-11-18/flash-boys-invade-treasury-bond-market-in-new-era-of-volatility, Zugriff am 10.06.2018.
Walsh, A. (2016). Evaluating Germany's Success in Regulating High Frequency Trading. https://www.theregreview.org/2016/10/25/walsh-germany-regulating-high-frequency-trading/, Zugriff am 01.07.2018.
Wang, X., Kim, M.H., & Suardi, S. (2022). Herding and China's market-wide Circuit Breaker. Journal of Banking and Finance, 05. o. S.
Warner, J. (o. J.): Flash Crash. https://www.ig.com/de/trading-strategien/flash-crash-erklaert-190712, Zugriff am 15.07.2021.
Watrin, C. (1994): Die Bedeutung von Wirtschaftsethik und Ökonomik für die Bewältigung des Alltags. Die Neue Ordnung: Zeitschrift für Religion, Kultur, Gesellschaft, Institute für Gesellschaftswissenschaften Walberberg, 48(5), S. 340–344.
Weber, M. (1919). Politik als Beruf. München.
Weber, M. (1972). Wirtschaft und Gesellschaft – Grundriss der verstehenden Soziologie, 5. Auflage. Tübingen.
weed e. V. (Hrsg.) (2013). Faktenblatt Hochfrequenzhandel. Wirtschaft, Ökologie & Entwicklung (WEED). Berlin. März 2013
Weild, D., Kim, E., & Newport, L. (2012). The trouble with small tick sizes – Larger tick sizes will bring back capital formation, jobs and investor confidence. Capital Markets Series, Grant Thornton LLP. September 2012.

Welcman, Y. (2022). Ethical use of Algorithms in Times of Uncertainty and Crisis – The Case of High-Frequency Trading. Tel Aviv University. Working Paper. 02. August 2022.

Weller, B.M. (2018). Does algorithmic trading reduce information acquisition. Review of Financial Studies, 31(6), S. 2184–2226.

Wellman, M. P., & Rajan, U. (2017). Ethical Issues for Autonomous Trading Agents. Minds and Maschines, 2017, Vol. 27, No. 4, S.609–624

Werner, I. M., & Kleidon, A. W. (1996). Tick Size, Spreads, and Liquidity – An Analysis of Nasdaq Securities Trading Near $10. In: Journal of Financial Economics, 45(1), S. 61–89.

Werner, M. H. (2021). Einführung in die Ethik. Berlin.

Weygand, H. (2009). High Frequency Trading für jedermann. https://www.godmode-trader.de/artikel/high-frequency-trading-fuer-jedermann,1905065, Zugriff am 10.10.2017.

Willenbacher, P. (2016): Die Gestaltung unternehmerischer Anreizsysteme aus verhaltenswissenschaftlicher Perspektive, Diss. Wiesbaden.

Williamson, O.E. (1994). Transaction Cost Economics and Organization Theory. In:

Willms, M, (1992). Strukturpolitik. In: Apolte, T., Bender, D., Berg, H., Cassel, D., Erlei, M., Grossekettler, H., Hartwig, K.-H., Hübl, L., Kerber, W., Nienhaus, V. Ott, N., Siebke, J., Smeets, H.-D., Thieme, H.J., Vollmer, H. (Hrsg.), Vahlens Kompendium der Wirtschaftstheorie und Wirtschaftspolitik, Band 2, 5. Auflage. München, S. 372–403.

Wolters, G. (1984). Ordnung. In: Mittelstraß, J. (Hrsg.), Enzyklopädie Philosophie und Wirtschaftstheorie, Band 2. Mannheim.

Wong, K.M., Kong, X. W., & Li, M. (2016). The Magnet Effect of Circuit Breakers and its Interactions with Price Limits. Working Paper. 29. November 2016.

Woodward, M. (2018). Bumping up the Competition – The Influence of IXE's Speed Bump in US Financial Markets, 2018, S. 16–39.

Wörner, E. (1988). Termingeschäfte als Instrumente des Zinsrisiko-Managements. Frankfurt am Main.

Wurzer, M.S. (2014). Wirtschaftsethik von ihren Extremen her – Darstellung und Kritik der Ansätze von Karl Homann und Peter Ulrich, EPISTEMATA, Würzburger Wissenschaftliche Schriften, Reihe Philosophie, Band 539–2014, Würzburg.

Xu, J. (2014). Optimal Strategies of High Frequency Traders. AFA Meeting Paper. Boston. 21. Januar 2014.

Xu, Z., & Cheng, X. (2024). The Effects of High-Frequency Anticipatory Trading: Small Informed Trader vs. Round-Tripper. arXiv.org. 26 Feb 2024. O. S.

Yang, L. & Zhu. X. (2020). Back-Running: Seeking and Hiding Fundamental Informatin in Order Flow. The Review of Financial Studies. 33(4), S. 1484–1533.

Yao, C., & Ye, M. (2018). The Impact of Tick Size on Market Quality. Journal of Financial Market. 35, S. 20–45.

Yao, C., & Ye, M. (2018). Why Trading Speed matters – ATale of Queue Rationing under Price Controls. Teview of Financial Studies, 31(2018), S. 2157–2183.

Yu, H. (2021). Examining the Effectiveness of Circuit Breakers by Quantifying the S&P 500 Index's Development: Implications for Financial Market Regulation. Proceedings of the 2021 1st International Conference on Control and Intelligent Robotics, 1(2021), S.567–572.

Zhang, F. (2010). High-frequency Trading, Stock Volatility, and Price Discovery, Working Paper. Yale School of Management. 14. October 2010 (revised 27. December 2010).

Zhang, F. (2017). Need for Speed – An Empirical Analysis of Hard and Soft Information in a High Frequency World. Journal of Futures Markets, 38(1), S. 3–21.

Zhou, L., Zhang, L., & Fang, Y. (2021): Comparison of Production-Triggering Strategies for Manufacturing Enterprises under Random Orders. In: Engineering, 7(6), S. 798–806.

Zickert, P.G. (2015): Regulierung des Hochfrequenzhandels in US- und EU-Aktienmärkten, Diss. Frankfurt.

Zoican, M. (2014). Finance at the Speed of Light – Is faster Trading always better? https://voxeu.org/article/finance-speed-light, Zugriff am 15.04.2022.

Zook, M., & Grote, M. H. (2017). The Microgeographies of global Finance – High Frequency Trading and the Construction of Information Inequality. Environment and Planning A: Economy and Space, 49(1), S. 121–140.

Zubulake, P., & Lee, S. (2011). The High Frequency – How Automated Trading Strategies have Revolutionized the Markets. Hoboken. NJ.

FSC
www.fsc.org
MIX
Papier | Fördert
gute Waldnutzung
FSC® C083411

Kolibri 360 GmbH
Ferdinand-Jühlke-Straße 7
99095 Erfurt, Deutschland
produktsicherheit@kolibri360.de